가짜 영어 바로잡기 사전

연세대 명예교수 **김동길** 감수

최동욱 지음

가짜영어 바로잡기사전

초판인쇄	2010년 2월 5일
초판발행	2010년 2월 10일
지은이	김동길 감수 / 최동욱 지음
발행인	서덕일
펴낸곳	문예림
주소	서울 광진구 군자동 1-13호 문예하우스 101호
전화	02-499-1281
팩스	02-499-1283
홈페이지	www.bookmoon.co.kr
이메일	book1281@hanmail.net
출판등록	1962년 7월 12일
등록번호	제2-110호

ISBN : 978-89-7482-522- 5 (13790)

잘못된 책은 구입하신 서점에서 교환하여 드립니다.

© 2002 Copyright by Choi Dong-wook

추천의 글

한국 방송계의 기린아로, 그리고 누구도 따를 수 없는 다양한 취미와 교양의 사나이로 알려진 최동욱씨가 이번에 〈아하! 알고보니 가짜 영어 바로잡기 사전〉을 펴내게 된 것을 축하하여 맞이 아니합니다.

그는 우리나라 방송가의 PD로 DJ로 1960년대, 70년대, 80년대를 주름잡았습니다. "금주의 히트파레이드," "탑튠쑈," "세시의 다이얼," "영시의 다이얼" 등 기억에 아직도 남아있는 많은 프로들은 아마도 그가 없이는 불가능한 프로들이었을 것입니다.

최동욱은 말에만 뛰어난 재능을 타고 난 것이 아니라 글 솜씨도 대단한 사람이어서 신문사의 영화, 방송, 가요담당 기자로서도 명성이 자자하였습니다. 그가 출판한 책만도 족히 열다섯 권은 됩니다.

그는 우리말을 매우 사랑하는 사람으로 알려져 있습니다. 우리나라의 외래어 표기정책이 갈팡질팡하는 것을 개탄하면서 조상이 만들어 전해 준 한글이 그 순수함과 그 아름다움을 침해당하고 있다고 분개하고 있습니다

프랑스 정부는 프랑스어가 외래어 때문에 상처를 입지 않게 하기 위하여 막대한 국고지원을 하고 있다는데 우리처럼 될 대로 되라고 내버려두는 한심한 나라도 없을 겁니다.

〈아하! 알고보니 가짜 영어 바로잡기 사전〉의 원고를 뒤적거리면서 그의 해박한 지식에 놀라지 않을 수 없습니다. 시간만 있다고 할 수 있는 일도 아니고 노력만 한다고 될 작품도 아닙니다. 모든 값있는 작품이 그러하듯, 재능 플러스 정성 아니고는 이런 작품이 나올수 없습니다.

나는 최동욱 이라는 인간을 또한 사랑합니다. 사람이란 재능이 있으면 교만하게 마련인데 그는 누구를 대하나 겸손합니다. 남에게 퍼주기를 좋아하는 너그러운 성격의 사나이입니다.

그래서 그는 육십의 언덕을 올라가면서도 결코 숨차지 않으리라 믿습니다.

이 책이 우리 모두에게 큰 도움이 될 것을 확신하는 바입니다.

2003년 4월 3일
연세대 명예교수 김동길

머리말 왜 "아, 하! 알고보니" 가짜 영어 바로잡기 사전을 써야 했는가?

우리의 현실이나 생활 속에는 21세기를 정의하는 의욕적인 표현들이 무성하다. 모두 자신들 중심으로 미래지향적이고 당대 최고, 최상을 구사하는 말들을 좋아한다. 하여튼 현대에 사는 우리는 세계화 시대에 사는 것만은 틀림없다.

우리의 것, 내 것, 우리만의 말도 이제는 세계적으로 동화되어야 하는 시대를 살아가고 있다. 우리의 것을 승화시켜 세계화를 지향해야만 살아 남게 된 세상이다. 이런 세상을 살면서 가장 중요한 관건이 바로 용어의 세계화라는 것도 부인할 수 없게 되었다.

우리만 통하는 말이 세계에서 이해될 리 없고, 우리가 잘못 받아들여 와전된 표현들이 세계 사람들에게 통할 리는 더욱 만무하다.

우리의 언어 구조는 매우 우수하고 우리의 한글은 세계에 자랑할 만하다는 말을 귀에 따갑도록 듣고 있다. 이런 우수한 말(언어 구조)과 표현(한글)을 두고도 편협하고 낡은 지식으로 일관된 고루한 표현이나 표기만을 고집한다는 것은 바로 세계화에 역행하는 결과를 초래하는 무서운 과오를 범하게 될 것이라 믿는다.

우리의 말과 글은 순수한 우리의 전래 언어에다 중국의 한자문화가 접목되어 오래도록 그 틀 안에서 큰 골격이 이루어져 왔다. 여기에 일제 식민 36년 동안 일본문화를 강요당하며 일본 언어에 젖어버린 중국식 한자문화마저 일본식 한자로 흡수되거나 수정된 표현들로 익숙해 졌다. 해방이 되면서 밀물처럼 밀려 들어온 미국문화는 또 다른 언어문화의 충격 그 자체였다.

이렇게 해서 우리는 '순수한 우리말'과 '중국의 한자', '일본의 언어' 그리고 '영어로 지칭되는 미어'가 혼류되어 가히 한국은 4중 언어 국가라는 다중언어 시대속에 살고 있다고 할 만하다.

바야흐로 영어는 세계어로 자리잡고 있음은 누구나 다 아는 바와 같다. 그것도 영국식 영어가 아닌 미국식 영어 쪽으로 집약되고 있는 것이다.

그래서 이제는 미국 영어를 제대로 구사해야만 출세한다는 말에 실감이 갈 정도가 되었다. 그런데 우리가 영어를 구사하는데 있어서 가장 중요한 것이 바로 바른 용어의 구사와 발음에 달려 있다고 하겠다.

우리가 영어를 제대로 구사하는데 있어서 가장 큰 세 가지 장애는 첫째로 로마자 읽기식의 낡은 지식의 폐습이고, 둘째는 일본식 발음체계에 젖은 타성이며, 셋째는 일본식 영어를 진짜 영어인 줄 알고 익히거나 남용하는 인습에 있다.

어제 오늘은 아니지만 일제치하에서 빼앗기고 강요된 언어에서 벗어난지 도 57년이 지났지만, 일본의 언어와 문화는 오히려 더욱 강하게 창궐하고 있다. 각종 전문용어는 물론이고, 각종 미디어에서 표현하는 용어에서부터 각급 학교의 교재는 물론이거니와 젊은 학생 사이에서 구사되는 언어 가운데서도 상당히 많은 일본식 한자 용어와 일본식 영어가 유행처럼 크게 번지고 있다. 아니 이전 보다 더욱 그 정도가 높아진 느낌이다.

새로운 용어가 구사되면 마치 새 지식인양 너나 없이 마구 만연해 버리는 결과를 알고 보면 바로 미국이나 세계적으로 통하지도 않는 우물안 개구리 소리로만으로 그치는 경우가 허다하다.

정확한 통계가 연구가 뒤 따라야 하겠지만, 현내 우리말 가운데 일본식 한사 용어와 일본식 영어 용어가 80%를 넘을 것이라는 우려에 실망감을 금치 못한다.

실재로 한국의 학자나 출판사의 이름으로 펴낸 영한사전의 대부분이 일본의 '英和사전'을 그대로 옮겨 실은 것이 많고, 심지어 한글사전의 내용 가운데서도 일본 국어사전의 해석 내용들이 상당히 번역되어 그대로 실려 있음을 발견한다면 아마도 놀라거나 분개할 의인이 많을 것이다.

이렇게 가다가는 한국 언어속의 일본 언어문화의 침식은 가히 신문화 식민화 라는 무서운 현상으로까지 번져 그 우려가 공염불은 아닐 듯싶다.

솔직히 말해서 이제는 일본의 문자 문화식민화와 일본식 표기의 노예에서 해방이 될 때다.

우리는 모두가 자랑하는 좋은 문자와 여러 외국의 말소리까지도 비슷하게 적고 소리를 낼 수 있음에도 불구하고, 반쪽 발음이 무성한 일본의 표현이나 일본에서 만든 한자술어나 영어 단어를 억지로 꿰어 맞춘 이른바 화제(和製)영어까지 닮아야 직성이 풀리는 비뚫지고 잘못된 식민 근성은 이제 버릴 때도 훨씬 지난 것이 아닐까!

필자는 이런 용어들에 대한 깊은 우려와 수정 작업의 필요성을 느껴왔다. 누군가가 그런 작업을 위한 선봉에 서야하고, 누군가 그런 과제를 풀어야만 하는 지혜와 용기가 필요하다는 생각도 해왔다.
그리고 그런 언어 문화에 대한 수정은 하루라도 빠를 수록 그만큼 민족적 자긍과 사회의 발전에 결정적 기여를 하게 되리라는 확신도 해 보았다.
이 조그만한 사전은 바로 그런 작업의 선두에서 새롭고 독창적인 우리 언어 문화의 수정과 정립에 대한 열의와 용기있는 관계자들이 아주 많이 나오고 그런 운동이 국민적 문화 창달과 향상에 이바지하는 동기가 될 수 있도록 제창을 하는 의미에서 무거운 붓을 들게 되었으며, 또한 그러기 위해서 현행 외래어의 표기에 괘념하지 않고 필자의 짧은 지식을 수정의 과제로 제시하는 의미에서 감히 이 어려운 작업에 착수를 하기에 이르렀다.
사실 여기에 실은 표제어들은 필자가 20여년 전부터 구상해 온 것이지만, 미국에서 생활하는 10여년 전부터 구체적인 자료와 검증의 기회를 집중적으로 수집하여 정리한 것들이다.
그리하여 지난 1998년 가을에 일단 마무리 작업을 해 두었지만 선뜻 출판에 용기를 갖는 현인을 만날 기회를 얻지 못했었다.
그러다가 그 뜻을 (주)을지 L & C의 최정일 사장님을 만남으로 인하여 배려와 실현의 기회가 온 것이다. 그리고 이 어려운 작업을 위해 이원도 편집장의 사려 깊은 이해와 섬세한 꾸밈이 크게 작용하여 결실을 얻은 것에 감동을 갖게 됨을 무한한 기쁨으로 맞이하게 되었다.

이제 우리의 말을 다듬어 가면서 세계적인 언어문화와 동화해야 하는 과제를 안고 있다. 그렇다고 해서 내 조국이나 민족의 얼이 쇠잔되어가거나, 고유한 우리말이나 언어가 축소되거나 소멸되리라는 편협한 편견은 자기 중심의 아집에서 벗어나지 못한 소치일 수도 있다.
이 작은 소망이 우리 문화를 살찌우고 우리 문화의 공고함에 보다 깊은 뿌리로 내리기를 빌어 마지 않는 바이다.

2003년 1월
베벌리 힐스 오두막에서
최동욱

일러두기

우리 한글에서 기본 모음 10개는 영원 불변한다. 중모음 21개를 더 한다 해서 어렵거나 복잡할 것이 하나도 없는 가히 과학적인 소리 체계를 갖추고 있다. 그래서 한글이 위대하다는 소리가 나올 만하다.

그러나 서구 각 나라의 모음은 일정한 소리를 내지 않고 필요와 요건에 따라 오락가락한다. 더구나 미국 영어에서는 모음의 변덕이 이만 저만이 아니다. 우리 한글처럼 한번 정하면 요지부동이 아니라 그야말로 천태만상으로 변한다.

그래서 영어 특히 미국어를 배우려면 먼저 모음의 변화부터 이해하여야 한다는 말에 실감이 간다. 우리가 영어를 배우는데 가장 큰 장애는 영어의 모음을 한글의 모음처럼 단순 발음 취급하는 데서 오는 혼란에서 비롯된다.

이를테면 모음의 첫 자인 'a'인 경우만 해도 무려 9가지의 다른 발음이 나온다. 에이[ei], 애[æ], 아아[a:], 아[a], 오오[ɔ:], 에[e], 에[ɛ], 이[i], 어[ə] 등 9가지의 소리가 글머리나 자음과 자음 사이, 또는 글꼬리에서 각기 다른 발음으로 구사된다. 그러니 이런 변화 무쌍한 영어의 발음을 어쩌면 일일이 파악해야만 한다는 부담도 당연하게 안게 되었다.

이렇듯 모음 불변의 습관에 젖은 우리는 영어의 모음조차도 일편단심으로 생각하는데다 외래어 표기법마저 가나다라 식으로 주어 맞추다 보니 영어 자체를 로마자로 읽어 버리거나 로마자 형태로 표기하려 하는 폐단에 젖어 버렸다.

또 외래어 표기법이나 한글 관련 정책이 갈팡질팡하면서 단음을 무시하는 편협성 때문에 의사 전달에 치명적인 장애 요소로 작용하게 된 것도 부인할 수 없는 필연적 과실이라 아니 할 수 없다.

가장 중요한 외국어 구사의 장애는 바로 일본식 영어의 도입과 일상화에 있다. 잘 알려진 대로 일본에서는 외래어의 표기를 구분하여 자국말은 '히라카나'로 표시하면서 외래 도입 언어는 '카타카나'로 적고 있다.

뿐만 아니라 영어의 단어나 숙어들을 그들의 편의대로 토막을 내거나 합성해서 로마자로 읽는 것이 다반사다. 더욱이 영어 단어들을 나열하여 영어에서는 쓰이지 않는 일본에서 만들어낸 영어 숙어를 사용하고 있는데 이것들을 비판이나 언어 검증도 없이 그대로 들여다 마치 최신 유행 용어처럼 너나 없이 마구 사용하는 병폐와 그런 방임적 태도가 결국 그 원인의 단초를 제공하기에 이르렀다.

영어의 능력을 어느 정도 향상했다는 사람들이 정작 영어권 사람을 만나거나 외국에 나가서 그런 영어나 영어 발음을 구사하니 통할 리 만무하다.

더욱 아이러니한 것은 일본식 영어 표현을 한국식 발음 표기로 바꿔 사용하다 보니 정작 일본에 가서 가타카나어의 와전된 표현 때문에 그나마 일본에서조차 써먹지 못하는 우스꽝스런 경우도 허다하다.

이 책에서는 필요에 따라 어원을 밝혔고, 주요 나라의 표현들도 더불어 참조하도록 꾀하였다. 표제어들은 우리가 일반화하였거나 관용화된 소리 중심으로 수집하여 표기했고, *다음에 바른 표현과 표기를 제시했다.

본문에서 표기한 외래어 표기는 한글 외래어 표기를 극복하고, 필자 독자적으로 리뷰한 현실 표기로 일관했음에 양해를 구한다.

예) 로스앤절레스 → 로스 앤젤러스

주의사항 |
이제까지 여러분이 배워왔던 영어이겠지만 저마다 발음상의 차이가 있다고 해도 미국 현지에서 사용되고 실제로 발음되고 있는 음운 체계에 근거하였으니 아무쪼록 미국식으로 표현된 영한사전의 발음 표기에 유의하기 바란다.

가곡, 아리아
* **예창, 아리어**

'가곡(歌曲)'은 일반적인 대중가요와 구분하여 예술적 의도로 창작된 성악용 소곡을 일컫는 말로 쓰이고 있다. 그러나 가곡이란 일본에서 만들어 쓰고 있는 한자어인 '카쿄쿠'를 본뜬 말이다.

일본에서는 가요 가운데서 노래부를 수 있는 곡의 총칭이라 했고, 서양 음악의 예술가곡의 의미로 '아리아(aria)'라고 표현한다. 특히 창작된 독창용의 성악곡을 가리키는 것이 일반적인데 대부분 피아노 반주로 이루어지는 짧은 곡이 주류를 형성하고 있다.

또한 '가곡'은 교육적인 분야의 음악으로 '창가(唱歌)'와 같은 부류로 취급하다가 일본 메이지(明治) 말기 무렵부터 예술음악으로서 적극적으로 수용되었다. 그 이후 일본 독자적인 신민요와 이른바 '레디오 가요'가 유행되면서 일본 독자적인 가곡을 창작하는 운동이 활발하게 진행되었다.

한국에서 '가곡'이란 옛시조를 담아 부르는 노래 형태를 말했다. 조선말기 고종때의 가객(歌客) 박효관(朴孝寬)이 1876년에 제자 안민영과 엮은 시조와 가사를 담은 "가곡원류"가 유명하다. 또 고려때를 비롯하여 조선중기 이후부터 궁중이나 상류사회에서 유행하던 고상한 성가(聲哥)를 통틀어 '가곡'이라 했다. 만일 이를 한자를 빌어 표현하자면 예술 가창이란 말을 줄여 '예창(藝唱)'이라 하면 좋을 듯하다.

가드맨	건물이나 특정한 장소, 또는 이동 물체의 안전과 경비를 맡는 사람을 '가드 맨(guard man),' 그런 일을 하는 여자를 '가드 우먼(guard woman)'이라 하는 사람들이 종종 있다. 그러나 이런 말들은 영어에 존재하지 않는 일본식 영어 표현이다.
*** 씨큐러티 가드**	

영어로는 '씨큐러티 가드(security guard)' 또는 그냥 '가드(guard)'라고 해야 마땅하다. 미국식 영어에서는 '씨큐러리 가앗'처럼 발음하는 경향이 있다.

한편 야간에 경비 근무를 하는 사람을 '나잇 왓처(night watcher),' 또는 줄여서 '왓처'라고도 한다.

가든(마당)	'가든 파티'를 했다고 자랑하는 친구들의 이야기를 자주 듣는다. 자기집 앞이나 뒤에 곁들인 뜰이나 잔디밭에서 가족이나 친지들이 모여 고기를 구어 먹는 바비큐를 하거나 간단한 야외 탁자나 자리를 펴고 다과를 즐기는 여가를 두고 '가든 파티'라는 표현을 즐겨 쓰고 있다.
*** 야드**	

그러나 영어에서는 가든 파티(garden party)라는 말이 별로 쓰이지 않는다. 굳이 가든 파티라 한다면 야채나 잡초가 무성한 채소밭 가운데이거나 잡초를 헤친 곳에서 파티를 한다는 이상한 경우가 되어 버린다.

영어에서 '가든(garden)'은 영국에서인 경우 '가아든'에 가깝게 발음하면서 집에 딸려 있거나 집근처의 한쪽 땅에 잡초가 있거나 화초, 식물, 야채 등을 재배하는 터를 말한다.

또 미국에서인 경우는 '가알든'에 가깝게 'r' 발음을 강조하면서 화초가 있는 마당이나 장소를 가리키는 명사로 쓰인다.

이 때문에 "가든파티를 했다"는 표현에 대하여 네이티브 스피커들은 이해를 잘 못할 게 뻔하다.

우리말의 '마당'이나 '뜰'은 집 안팎에 평평하게 닦아 놓은 곳을 말하는 순수한 우리말이다. '정원(庭園)'은 집안에 있는 뜰이나 꽃밭 등을 일컫는 말로 쓰이는데 일본에서 만들어진 한자 숙어이고, 같은 뜻의 중국 표현은 '庭院' 으로 표기하고 '팅유안' 으로 소리낸다.

영어로 파티를 마당이나 뜰에서 한다면 '가든' 보다는 '야드(yard)' 가 더 알맞은 표현이 된다. '야드' 는 울타리나 담장으로 둘러싸인 땅이나 집, 학교의 구내 또는 잔디 등을 심은 집안의 앞뜰이나 뒤뜰을 가리킨다.

가라오케
* 캐리오키, 노래방

'가라오케' 는 '카라오케' 라는 일본 발음의 한국식 관용 표현이다. 이 말은 1970년대 초반부터 일본에서 생겨난 싱어롱의 반주용 테이프에서 비롯되었다.

이 말뜻은 노래가 들어 있지 않은 '비어 있다(공=空)' 는 뜻의 일본 발음 '카라' 와 반주에 쓰이는 관현악이라는 뜻의 '오케스트라 (orchestra)' 의 머리 음절을 딴 '오케' 를 합성해서 만든 일본식 조어이다. 즉 '노래 반주용으로 녹음 된 음악을 재생하는 기계' 를 의미한다.

영어로는 '싱어롱 테이프' 또는 '프리 리코디드 백킹 뮤직(pre-recorded backing music)' 이 된다. 그러나 요즘에는 '카라오케' 라는 말이 세계적으로 관용어가 되었으며, 미국에서도 이를 그대로 '캐리오키' 라 발음한다.

일본의 '카라오케' 의 기원은 1972년에 비롯되었다. "彈き語る(ひきがたり=히키가타리)"라는 일종의 노래자랑 프로그램이 있었는데 '히키가타리' 는 순수 피아노나 바이올린, 또는 샤미센(三味線) 등의 악기를 연주하면서 노래를 부르는 것을 뜻한다.

서민들이 연회를 베풀 때 여흥을 제공하는 연예인들이 반주용 녹음 테이프를 마련하고, 여기에 마이크와 에코박스, 코인박스(유료 이용) 등을 구비하여 8트랙 재생 장치를 고안한 것이 첫 시발점이 되었다.

이런 장치가 가장 먼저 대중에 선보인 것은 고베(神戶)의 스낵점 '美保' 에서 이 시설이 공개되면서부터였는데 富澤一誠이란 사람이 '카라오케 창세기의 원조' 라 알려져 있다. 이것이 상품화되기 시작한 것은 '8JUKE(에잇 죽크=죽박스의 일본식 준말)' 라는 음향기기의 명칭에서였다.

그런데 음악계에서는 직업 가수의 연습용에 반주만을 따로 녹음한 테이프나 레코드를 '뮤직 마이너스 원' 이라 부르는 일이 있었다. 또 공연할 때 가수가 도착하기 전에 밴드 연습을 '가수가 있는 것처럼' 관중에게 임시로 긴 반주 음악을 들려주는 것을 "카라(空)오케로 하자" 는 습관이 뮤지션 사이에서 통용되기도 하였다. '카라오케' 란 말은 바로 여기에서 비롯되었던 것이다.

1976년에 음향기기 메이커 '크리온' 이 반주만을 녹음한 재생 장치에 마이크를 곁들여 'Karaoke' 란 상표를 달아 발매하기 시작했다. 그리고 1978년부터는 가정용 '카라오케' 를 개발하면서 본격적인 보급이 시작되었다.

한편 1980년부터는 VHS 테이프에 영상 첨가가 개발되면서부터 전세계적인 유행의 도화선이 불붙게 되었다.

가(街), 로(路)
* 애버뉴, 스트릿

우리나라의 행정 단위 가운데 최소 단위로 리(里), 동(洞)이 있다. 이 가운데 '동' 은 주로 도시 지역의 구획 단위로 많이 쓰인다. 마을이나 특정한 토지 구역에 대하여 그 이름을 붙일 때 대개 자연의 명칭이나 사람의 이름 등이 동원되었고, 그 단위 명칭 뒤에 '가(街)' 나 '로(路)' 를 붙이는 일이 대다수였다.

'세종로동,' '종로 2가,' 또는 '장충동 1가,' '충정로 3가' '태평로동 1가' 등이 그것이다. 여기서 'XX-가' 나 'XX-로' 는 일정한 입체적 구역을 말함은 물론이다. 그러나 미국이나 영국 등 유럽에서는 행정 최소 단위는 '씨티(city)' 이고, 우리식의 '가' 나 '로' 등은 우리처럼 일정한 입체적 단위 구역이 아니라 길을 중심으로 이루어진 것 자체가 우리와 근본적으로 다르다.

최근 한국에서도 구미식 주소 방식을 도입해야 한다는 필요성이 높게 제기되고 있는 가운데 서울의 강남 일부 지역을 실험적으로 가로 중심의 주소제를 실시하고 있다.

미국의 가로명 가운데 '애버뉴(Avenue)'와 '스트릿(Steet)'이 가장 많은데 대개 애버뉴는 남북으로, 스트릿은 동서로 뻗는 길에 붙여지는 것이 보통이다.

큰길에는 '블러바드(Boulevard)'가 있고, 이밖에 '써클(Circle),' '드라이브(Drive),' '코트(Court),' '글렌(Glen),' '그린(Green),' '하이웨이(Highway),' '레인(Lane),' '파아크웨이(Parkway),' '플레이스(Place),' '플라자(Plaza),' '로드(Road),' '트레일(Trail),' '비스터(Vista),' '뷰(View),' '웨이(Way),' '캐넌(Canyon)' 등을 거리의 고유명칭 뒤에 붙여 길 이름으로 쓰고 있다.

그런데 문제는 이 가운데서 '가'나 '로'인 경우를 마치 한국의 행정 단위인 동(洞)의 '가'나 '로'처럼 취급하여 1st Street을 1가, 5th Avenue도 5가 하는 식으로 얼버무리는 경우도 발생한다. 결론부터 말하면 잘못된 표현법이다.

가장 대표적인 지역이 뉴욕시의 맨해튼 버로(지구)인데 수없이 교차되는 애버뉴와 스트릿을 어떻게 우리말로 지칭하느냐 하는 것에 큰 의문점이 생긴다. 여기에 대하여 한국에서는 아직도 표준 명칭이 제정되어 있지 않은데서 더욱 큰 혼란이 야기될 수밖에 없는 것이다.

미국에서 한인들이 가장 많이 밀집해 사는 로스 앤젤러스에는 애버뉴보다 스트릿에 차례 번호가 붙어 있는 지역이 유난히 많다. 이를테면 남북으로 뻗은 가로길 가운데 '웨스턴 애버뉴'인 경우 첫 번째 길(1st Street)부터 266th Street까지 동서로 뻗는 길들이 십자로를 이루며 교차되어 있다. 이 길들에 대하여 한인들은 5가, 12가, 59가, 222가 따위로 표현하고 있는 것이다. 만일 순번이 붙은 Street을 '가'로 표현한다고 해도 이것은 당연히 5번째 길(5번가), 59번째 길(59번가), 222번째 길(222번가)이라 해야 옳은 명칭이라고 볼 수 있다.

이런 경우에 일본 사람들은 그들 방식대로 확연하게 구분하고 있는 것은 하나의 본보기로 보여 진다. 이를테면 5th Avenue는 '5번가(番

街)'로, 12th Street는 '12정목(丁目)'을 붙여 구별하고 있다.

가라지	일반적으로 차고를 '거라쥐(garage)'라 한다. 그런데 이를 '가라지'라고 표현하거나 집 부근 노상에 차를 세우는 공간도 '가라지'라 말하는 것은 맞지 않는 표현이다.
✱ **거라쥐**	

'거라쥐'는 차를 두거나 수리하기 위해 마련된 건물의 특정한 공간을 의미하며, 반드시 지붕이 드리워져 있는 형태를 뜻한다. 지붕이 없는 노상에 세울 수 있도록 구획된 장소는 '파킹 랏(parking lot)'이고, 집 부근 담벼락 옆이나 적절한 공간에 한 대의 차를 세울 수 있도록 지정한 곳이거나, 주차장의 차 한 대씩을 세울 수 있도록 구획된 곳은 '파킹 스페이스(parking space)'라 한다. 또 복수의 사람이 여러 종류의 차를 운전하거나 정비하는 시스템을 가진 주차 공간을 '모터 풀(motor pool)'이라 한다.

흔히 군대의 수송부를 '모터 풀'이라 부르는 것처럼 관청이나 큰 회사, 신문사, 방송사들의 수송부를 '모터 풀'이라 부르는 것이 제격인 셈이다.

가라지 세일	이미 사용했거나 불필요해진 가정용품, 개인 의류품 등을 자기 집밖에 내놓고 남들에게 헐값에 파는 일을 '거라쥐 쎄일(garage sale)'이라 한다. 보통 자기의 차고, 즉 '거라쥐'에다 펼쳐 놓는다는 데서 유래된 말이다.
✱ **거라쥐 쎄일**	

만일 차고가 아니고, 뜰이나 집 잔디밭에 펼쳐 놓았을 때에는 '야드 쎄일(yard sale),' 또는 '이스테잇 쎄일(estate sale)'이라 한다. 거라쥐나 야드 쎄일은 개인이 자기 집의 주변에서 행해지는 소유품의 판매 행위를 특정 상행위로 보지 않기 때문에 당국의 판매 허가나 판매세 납부 등의 의무가 주어지지 않는 것이 특징이다.

가모 * 썩커	'가모를 잡는다' 라는 말을 흔히 쓴다. 어떤 일에 있어서 희생양이 되는 봉(鳳)이 된다는 의미로 쓰이는 말이다. 그런데 여기서 '가모' 는 일본말 'カモ(카모)' 를 그대로 들여다 약음화하여 쓰고 있는 완전 일본식 표현이다. 일본어 국어사전에서 カモ는 오리를 뜻하는 명사이지만 속어로 '봉,' 즉 이용하기 좋은 사람을 두고 일컫는 말로 사용되고 있다. 영어로는 '썩커(sucker)' 에 해당이 된다. 우리식 표현으로 "가모를 만들다" 는 make a sucker of로, "가모가 되다" 는 fall an easy victim to 등으로 표현할 수 있다.
가빠, 갓바 * 매킨타쉬, 레인코트	짐을 싣고 가던 화물 자동차가 갑작스레 비를 만나 차를 길 한쪽에 세우고, 싣고 있는 화물이 비에 젖지 않게 둘러치는 넓은 포장용 덮개를 '가빠' 또는 '갓바' 라 한다. 물론 우리말에는 없는 표현이고, 얼핏 일본어에서 온 것이 아닌가 추정된다. 사실 이 표현은 일본 사람들이 쓰던 말이지만, 그렇다고 일본어는 아니다. 포르투갈어의 '카파(capa)' 를 일본에서 들여다 관용화한 것뿐이기 때문이다. 포르투갈어에서 '카파' 는 비가 올 때 사람의 어깨에서 무릎 위까지 걸치는 망토, 머리에 쓰는 비나기 모자, 가구나 기구를 덮는 커버, 보호, 피막 등을 뜻하는 말이다. 영어로는 '레인코트(raincoat),' '워터프루프 코트(waterproof-),' '레인 케이프(-cape),' 고무 방수포 또는 방수 외투라는 뜻의 '매킨타쉬(mackintosh)' 등으로 표현하기도 한다.
가솔린 스탠드 * 개스 스테이션	자동차에 연료를 보충할 수 있는 시설, 즉 주유소를 '가솔린 스탠드' 라고 말하는 사람들이 많은데, 이 말은 영어에 없는 일본식 영어 표현이다. 주유소를 미국에서는 '개스 스테이션(gas station)' 이라고 표현한다.

또한 주유소 종업원이 손님을 맞이하여 연료를 공급하는 동안 유리창을 닦아주거나 엔진 후드를 열고 배터리, 엔진 오일, 타이어의 공기압 따위를 검사하여 안전하게 운행을 도모하도록 간단한 점검을 제공하는 일을 '푸울 써비스(full service)'라 하고, 운전자가 직접 펌프(주유기)에서 노즐을 사용하여 연료를 급유하는 일을 '쎌프 써비스(self service)'라고 한다.

영국에서는 이를 '패트롤 스테이션(patrol station)'이라고도 한다.

가방
* 백

작은 물건을 넣어 운반하는 상자나 큰 주머니를 우리는 통틀어 '가방'이라고 말해 오고 있는데 '가방'이란 말은 일제 때부터 일본 사람들이 쓰는 말을 그대로 오늘까지 수정 없이 사용하고 있는 말이다.

본래 가방이란 말은 중국의 남부 화남어에서 쓰이는 '夾板'의 그 지역 발음이 '찌아판' 또는 '카반'이고, 그 뜻은 '상자' 또는 뚜껑이 위로 열리는 '궤'를 뜻한다. 한자 '夾'은 상고대와 중고대 중국어음으로 '캅'에 가깝게 소리내다가 근대에는 '키아'로 변했고, 현대에는 '찌아' 등으로 그 소리값이 변했다. '板'은 '판'에 가까운 소리를 낸다. 그런데 요즘 일본 사람들은 정작 '가방'이란 표현을 잘 쓰지 않고, 대신 영어에서 받아들인 '백(bag)'을 '박꾸'로 발음하며 쓰고 있다.

가방을 영어 표현에서는 일반적으로 '백(bag)'이지만, 사용 목적에 따라 다음과 같이 구분하여 쓴다. 여기서 '백'은 어떤 경우에도 '빽'으로 발음하지 않음에 유의하자.

백의 여러 가지 구분을 살펴보면

• 퍼어스(purse) : 돈지갑이 들어가는 멜빵 없는 여성용 휴대백.
• 숄더 백(shoulder bag) : 멜빵 달린 여성용 휴대백.
• 숫케이스(suitcase) : 옷을 넣을 수 있는 두툼한 작은 케이스.
• 브립케이스(briefcase) : 서류들을 넣어 운반하는 작은 케이스(영국은 '브립 백').
• 레서 백(leather bag) : 가죽으로 만든 일체의 케이스.

- 어테쉐이케이스(attachecase) : 업무용 서류 등을 넣을 수 있는 얇은 케이스.
- 트레블링 백(traveling bag) : 여행에 나설 때 여러 물건을 넣기 편하게 고안된 소프트형의 케이스.
- 트렁크(trunk) : 손잡이가 달린 단단하고 두텁게 만든 여행용 대형 케이스.

가스 스토브
* **개스 히터**

겨울철에 가정이나 사무실, 영업 장소 등에서 가스에 의한 난방용 기구를 벽 앞에 설치하거나 벽에 거는 모습을 흔히 보게 된다. 이를 '가스 스토브(gas stove)' 라 부른다.

그러나 이 표현은 일본식 영어 표현이다. '석유 스토브' 나 '연탄 스토브' 를 연관시킨 것 같다. 그러나 '가스 스토브' 라 하면 주방에서 조리용의 개스 레인지의 별칭으로 쓰는 말이 된다.

미국 영어에서는 이를 '개스 히터(gas heater)' 라 하고, 영국에서는 '개스 파이어(gas fire)' 라 부르고 있다.

가스 테이블
* **개스 레인지, 개스 스토버**

천연가스(gas)로 쓰는 2개 이상의 버너를 설치한 가스 기구를 '가스 테이블' 이라 표현하는 사람들이 있다. 그러나 이것은 일본 사람들이 영어 단어를 적당히 꿰어 맞추어 쓰고 있는 일본식 영어 표현이다.

물론 미국 사람들에게 '가스 테이블' 이라 하면 알아들을 리 없다. 영어로는 '개스 스토브(gas stove),' '개스 레인지(gas range)' 또는 '개스 쿠커(gas cooker)' 등으로 표현한다.

가수
* **싱어, 소리꾼**

흔히 노래를 부르는 일을 직업으로 삼는 사람을 '가수' 라 부른다.

그러나 유감스럽게도 이 말은 우리가 만들어 쓰고 있는 우리말이 아니라 일본 사람들이 만든 말, 'かしゅ(카슈)' 라 해서 노래 부르는 일을 직업으로 삼는 사람이라고 한 말을 우리가 그대로 받아 아직도 예사로 쓰고 있는 표현이다. 그래서 아예 일본식 발음으로 '카수' 라 부르는 사람들도 있는 듯싶다.

한자어 가운데 手(손수)는 일본 사람들이 솜씨나 어떤 일에 종사하는 직업인을 일컫는 인칭 대명사의 접미어로 쓰고 있다. 노래 부르는 일을 직업으로 삼는 사람을 가수(歌手)라 하고, 철도 경비 직원을 경수(警手), 전기 등의 공사를 하는 사람을 공수(工手), 바둑의 명인을 국수(國手), 기사 밑에서 기술을 보조하는 사람을 기수(技手), 깃발을 들고 있는 이는 기수(旗手), 말을 타고 시합을 하는 이를 기수(騎手), 어떤 일에 이골이 난 산 사람을 명수(名手), 운동 경기를 위해 뽑힌 사람을 선수(選手), 역에서 일하는 사람은 역수(驛手), 자동차 운전을 하는 사람을 운전수(運轉手), 운전수를 도와주는 일을 하는 조수(助手), 배에서 키를 잡는 이를 조타수(操舵手), 야구에서 공을 던지는 선수는 투수(投手), 총잡이나 포를 쏘는 사람을 포수(砲手), 전화를 중계해 주는 이를 교환수(交換手) 등으로 부르고 있다. 순수한 우리말에 '소리꾼'이 있고, 서양에서는 '싱어(Singer)'라고 부른다.

가요
* **파퓰러 쏭, 팝쏭**

'가요(歌謠)'란 말은 본디 우리가 쓰고 있지 않는 한자 표현에 불과하다. 영어로는 '파퓰러 쏭(popular song),' '팝쏭(pop song)'이라고 표현한다.

'가요'는 일본에서 운문(韻文) 형식의 음악성을 동반한 산문이나 회화 부분을 일컫는 총칭으로 쓰여진 말에서 도입된 표현이다. 즉 가요는 일본에서 문학의 세계에서부터 문학 이전의 세계에 걸쳐 언어와 음성 표현을 가미한 음악적 영역에 접속한 한 문학 형태로 쓰이는 말이다.

그러나 한국에서 쓰이고 있는 대중 음악의 한 분야로 쓰이는 '가요'는 일본의 '가요곡(歌謠曲)'에서 빌려 온 말이다. 가요곡(카요쿄쿠)은 1932년(쇼와 7년)경 일본에서 레디오가 발달하고 레코드 회사가 탄생하면서 생겨난 말이며, 초기에는 낭곡(浪曲), 제문(祭文), 속곡(俗曲) 등을 주체로 해서 의리나 인정, 연애의 세계를 노래했다.

여기에 1955년부터 일본에서 텔러비전의 보급이 급격히 증가하면서 대중 시청자에게 어필하는 노래를 대량생산해야만 했다. 원칙적으로 일본인에 의해 작사 작곡되어 대중에게 널리 애호되어 불리는 노래를 목적으로 레코드나 레디오, 텔러비젼 등 매스 미디어에 의해서 전달되는 노래를 '가요곡(카요쿄쿠)' 이라 부르기 시작했다.

가요곡의 내용은 세상 사는 감정을 노래하고, 연애가, 망향가 등을 내용으로 노래하다가 최근에는 음반 제작 기술의 발달과 전파의 현대화에 힘입어 대량생산과 소비가 어우러지는 커다란 문화산업의 주요한 부분을 차지하기에 이르렀다.

그 부산물로 1951년에는 거대한 NHK에 의해 '홍백가합전(가요홍백전의 뜻)' 이란 그해 최고의 가수와 가요곡 퍼레이드가 탄생했고, 1959년에는 레코드 대상 등 각종 시상식 제도가 생겨나 대중의 인기와 가요곡, 그리고 이를 부르는 가수의 스타 시대가 열렸다.

한국에서는 역시 일본 표현인 '창가(唱歌),' '유행가(流行歌)' 로 통칭하다가 50년대에는 '대중 유행 음악,' '대중 음악' 이라 하다가 '대중가요' 로 부르기도 했다. 60년대 초에 KBS에서 일본에 쓰고 있는 '카요쿄쿠' 의 일본식 한자 표현을 음역하여 '가요곡,' 이를 줄여 '가요' 라고 쓰기 시작하여 오늘날에는 마치 우리말처럼 쓰여지고 있는 것이다.

가제, 거즈
* **고즈**

의료용으로 쓰는 엷은 면말이나, 철사 등으로 뜬 엷은 망을 두를 수 있게 만든 것을 '가제' 또는 '거즈' 라 통용하고 있다. 이 말은 독일어의 'gaze(가제= '가쎄' 에 가깝게 발음)' 에서 따온 말이고, 그 뜻은 엷은 천이나 비단, 또는 의료용의 엷은 면말이를 말한다.

미국 영어에서는 '고즈(gauze)' 라 하는데, '고오스' 에 가깝게 발음한다.

가톨릭
* **캐설릭**

'천주교의,' '구교의' 등의 뜻을 한국에서는 '가톨릭' 이라 쓰고 표현한다.

로마를 중심으로 고대 후기로부터 중세에 걸쳐서 유럽에 널리 포교가 된 크리스트교를 일컬어지면서 크리스트교의 정통성을 승계하고 있다고 주장하고 있다.

가톨릭은 보수적 경향이 강하고, 예배(미사) 의식이 어느 크리스트종파보다 강하다. 한국에서는 '천주교' 또는 '구교' 로 통칭하기도 하면서 한때 '캐톨릭,' '카톨릭' 등으로 불리다가 최근에는 '가톨릭' 으로 다듬어 쓰고 있다.

가톨릭 교회는 로마 교황이 통솔하는 로먼 캐설릭(Roman Catholic)이 8억 5천만 명의 신도를 이끄는 세계 최대의 종교이고, 이탤리에서는 '깟똘리코(cattolico)' 라도 발음한다.

천주교를 로마자 'catholic' 으로 표기하는 것은 영어뿐이고, 그 발음은 '가톨릭' 이 아니고 '캐설릭' 이 된다.

그럼에도 불구하고 한국에서는 일본식 발음 표현에 가까운 '가톨릭' 으로 표기하는 까닭이 따로 있는 듯하다. 한편 독일어로는 '카토리쉬(katholisch),' 프랑스어는 '까토리끄(catholique),' 스페인어로는 '까또리꼬(catolico),' 포르투갈어로는 '까토리쿠(catolico)' 라 한다.

까페
* 캐페이

한국에서 '까페(cafe)' 라 하면 경양식을 겸해 술을 팔거나, 손님을 접대하는 여자가 있는 서양식 탁자를 둔 술집을 말한다.

영어에서는 크고 작은 식당이, 실내 또는 한길에 연한 옥외에 탁자를 둔 작은 레스토랑을 말하고 '캐페이' 로 발음해야만 알아듣는다. 또 커피를 전문으로 파는 룸, 또는 캐비닛(칸막이)을 둔 나이트클럽을 일컫기도 한다.

'cafe' 는 본래 프랑스어에서 왔는데 커피(coffee)를 뜻하고, 식사 후의 커피 마시는 시간을 말한다. 또 커피 판매점(커피샵)을 말하기도 한다. 특히 프랑스에서는 커피를 포함해서 여러 종류의 술을 마시는 업소를 일컫는다.

그러니까 '까페' 는 프랑스식 표현이고, 영어로는 '캐페이' 라 발음하는 점에 유의해 주자.

한편 인도(sidewalk)에 연한 옥외 테이블을 둔 곳을 '까페 테라스(cafe terrace)'라 부르는 것은 일본식 영어 표현이다. 이를 영어로는 '싸이드워크 캐페이(sidewalk cafe)'라 한다.

감독
* **매니저**

축구나 야구 등 스포쓰 팀의 선수(플레이어)들의 훈련과 관리, 시합에서 작전을 도맡아 시행하는 책임 있는 사람을 우리는 흔히 '축구 감독,' '야구 감독' 등으로 표현한다. 이것은 일본에서 사용하고 있는 용어의 한자를 그대로 음역한 일본식 표현이다. 영어로는 '매니저(manager)'라 한다.

일반적으로 매니저는 회사나 어떤 조직에서 경영 또는 운영의 분야를 맡은 피고용 책임자를 말하고, 예능계에서 가수나 배우의 관리를 맡아보는 사람을 일컫는다.

또 스포쓰에서는 특정한 팀의 훈련(training)과 조직(organizing), 그리고 시합 때 출전 선수를 배치하고 관리하는 사람을 뜻한다.

일반적으로 고등학교의 교장(principal)이나 교감, 신문사나 방송국의 각 부서의 국장, 일반 회사의 중역, 영화·연극에서의 연출가 등은 매니저 대신 디렉터(director)로 달리 표현하기도 한다.

갓길
* **쇼울더**

고속도로나 자동차 전용 도로 등의 길 양쪽 가장자리를 '갓길'이란 표현으로 쓰는 사람들이 있다. 1990대 초부터 한국에서 한 문학평론가의 제의로 쓰기 시작한 것으로 알려져 있다. '갓길'이란 말은 '길어깨' 또는 '노견(路肩)'이라는 표현이 부자연스러운 일본 표현이라는 발상에서 얼떨결에 생겨난 조어다.

그러나 이 표현이 도로 구조를 전혀 모르고 붙인 말재주에 불과하다는 데 문제가 있고 마땅히 폐기되어야 할 정크 언어다. 영어로는 '쇼울더(shoulder)'라 한다.

'쇼울더'는 자동차 도로나 자전거 도로, 보도 또는 보행자로 등의 길에 접속해서 만든 띠 모양의 도로의 난간 부분을 말한다. 이는 도로의 주요한 구조를 보호하기 위해서 양쪽에 적절한 여유 폭을 두어, 교통의 안정성과 쾌적성을 갖게 하는 데 목적이 있다. 이 여유 폭은 형식에 따라 전노견, 반노견, 협노견 그리고 보호노견 등 4종류로 구분되고, 그 부수 기능으로 비상주차, 고장차의 비상대피, 비상구난차의 긴급로 등으로 이용된다.

한국의 일부 몰지각 운전자들이 고속도로 등의 정체 구간에서 이 '쇼울더'를 이용해서 통행을 시도하는 부당한 운행을 한다고 해서 이 '노견'이 결코 길이라 일컬을 수는 없다.

여기서 '노견'이란 표현이 일본에서 만든 용어여서 그를 기피하기 위해 '갓길'이라는 억지 말로 쓴 것이라면, 한국에서 쓰고 있는 도로 용어의 대부분이 일본에서 만들어진 한자 표기를 그대로 우리 음으로 옮긴 것들인 현실이고 보면, 이를 하루아침에 다 뜯어고칠 수도 없는 일이다.

문제는 적절한 표현이라면 일본에서 만들어졌다고 해도 받아들일 것은 소화하는 것도 무리는 아닐 것이다. '노견'이란 표현은 그리 거부감도 없이 쓸 수 있는 'shoulder'에 대한 적절한 우리 표현이 될 수 있겠으나, 이를 풀어서 '길어깨'라 쓴다면 더욱 자연스럽다.

한편 shoulder를 로드싸이드(roadside)와 혼동을 하는 경우도 있다. 쇼울더는 도로 구조상의 용어이고, 로드싸이드는 도로상의 어떤 부분을 지칭하는 일반 명사인 셈이다.

이를테면 자동차 메이커가 일정 기간 주행중인 자사 제품이 고장일 때 어디에든 달려가 고장 수리를 해 준다는 '로드싸이드 써비스(roadside service)'라는 표현을 많이 쓴다.

개그맨
* **카머디언, 카믹**

한국의 TV에서 묘한 명칭을 쓰는 2개의 예능자 그룹이 있다. 하나는 'TV 탤런트'이고, 다른 하나는 '개그맨'이 그것이다.

한국에서 '개그맨'란 표현이 생기기 시작한 것은 1970년대 초부터였다. 당시 일반 코미디언들이 저속한 내용과 과장된 연기가 지탄을 받을 때였다. 한 상업 방송이 20대 초반의 젊은 코미디언들을 공개로 뽑고는 이를 '개그맨'이라 이름 붙여준 데서 비롯되었다.

그러나 이들 개그맨들은 어설픈 연기에 대사의 내용도 말장난의 범주에서 크게 벗어나지 못한 어정쩡한 위치였고, 일반 코미디언의 범주를 벗어나지 못했다. '개그맨'이란 표현은 영어의 'gagman(갭맨)'의 잘못된 발음이다.

본래 '객(gag)'은 코미디 프로그램을 위해 그 대본을 쓰는 것을 말하고, '객'을 쓰는 사람을 '객맨'이라 했다. 또 만담이나 익살과 해학으로 웃기는 코미디언을 말하기도 하는데 이는 코미디 라이터, 또는 '객스터(gagster)'라 부르기도 한다.

이렇게 놓고 볼 때, 한국 TV에서 젊은 코미디언을 이른바 '개그맨' 표현으로 불리는 것은 그 역할과 명칭이 걸맞지 않는다는 지적이 나올 만하다

본래 '객'이란 외과 수술 용어로, 환자의 입을 벌리게 하는 기구를 말하는데 비유적으로 '입을 다물어라,' '발언을 금한다,' '언론 통제,' '사기,' '농담' 등의 뜻을 담고 있다.

개라, 캬라
＊ 퍼포먼스 피

배우나 가수, 연주가 등 예능인들이 레디오나 텔러비전 또는 무대나 연주 행사에 출연하여 그 대가로 받는 돈(출연료)을 '개라' 또는 '캬라'라고 말하는 이들이 아직도 많다.

이 말은 영어의 '개런티(guarantee)'란 말을 일본에서 '캬라'로 표기하고 그 단어의 머리 글자를 토막내어 쓰고 있는 일본식 표현이다.

그러나 영어의 '개런티'는 보증, 보증인이라는 명사이고, 동사로는 보증하다를 뜻하고, 다짐하다라는 타동사이다. 예능인의 출연료와는 본뜻이 다르다. 이런 경우, 영어에서는 '퍼포먼스 피(performance fee)' 또는 '페이(pay)'라고 한다.

개스 스탠드	주유소를 '개스 스탠드'라 부르는 이들이 많다. 그러나 구미에서 '개스 스탠드'란 말은 통하지도 않을뿐더러 그런 말도 없다.
* **개스 스테이션**	

왜냐하면 이 말이 일본에서 영어 단어를 나열하여 '가스 스탄도'로 만든 이른바 일본 영어이기 때문이다. 그런 줄도 모르고 이것이 영어이겠거니 하고 거침없이 쓰는 한국인들도 많다.

휘발유를 영국에서는 '페트롤(petrol)'이라 하고, 미국에서는 '개설린(gasoline)'이라 한다. 자동차 등에 사용하는 휘발유를 판매하는 주유소를 영국에서는 '페트롤 스테이션'이라 한다. 그러나 미국에서는 '개설린 스테이션,' 줄여서 '개스 스테이션(gas station)' 또는 '써비스 스테이션'이라고도 한다.

미국에서는 휘발유를 흔히 '개스(gas)'라 말하는 점에 유의해야 한다. 한국식으로 '개스' 하면 프로판 가스나 도시 가스 등 천연가스를 말하지만, 이를 미국에서는 '내추럴 개스'라 하고, 그냥 '개스'라 하면 으레 휘발유를 지칭한다.

갤라리아	로스 앤젤러스의 쌘 퍼낸도 밸리(속칭 '밸리')에 노스릿지(Northridge)가 있는데, 지진으로 큰 피해를 입었던 곳이다. 지진의 피해가 있던 자리에 매머드급 대형 쇼핑센터가 들어섰고, '노스릿지 갤러리어(Northridge Galleria)'라는 상호가 붙었다.
* **갤러리어**	

L.A.의 코리아타운에도 '갤러리어'란 간판이 자주 등장했다. '로데오 갤러리어'와 '윌셔 갤러리어'가 준(準)백화점 형태의 쇼핑센터를 표방하더니 2001년 말에는 코리아타운 한복판인 올림픽 블러바드와 웨스터 애버뉴가 교차하는 동남 블록에 대규모의 쇼핑센터 '코리아타운 갤러리어'가 문을 열어 이곳 한인 사회의 구심점이 되고 있다.

'Galleria'는 본디 라틴어에서 galeria가 이탤리에서 galleria, 프랑스로 가서는 galerie, 그리고 중세 영어에서 gllerie로 받아들였다.

1439년에는 기둥이 있는 화랑을 뜻하면서 'gallery(갤러리)'로 변했고, 16세기 후반부터는 화랑 미술관을 뜻하다가 1630년에는 교회나 극장 등의 내벽에 잇대어 길게 드리운 회랑을 뜻하는 말로 쓰였다.
'galleria'는 이탤리식 표현의 '갈레리아'이지만 그 스펠링을 영어에서도 그대로 받아들여 '갤러리어'로 발음하고, 지붕이 있거나 닫혀질 수 있는 실내 구역(a covered or enclosed area)이라 했다.
옥스퍼드 영어사전(2001판)에서는 쇼핑이나 대식당 등이 들어서 있는 상용 건조물이라 풀이하고 있기도 하다. Galleria는 '갈레리아,' '갤라리아'라 하지 않고, 영어에서는 '갤러리어'로 발음하는 점에 유의하자.

갱(깽)
* 갱스터

'갱'이라고 하면 보편적으로 범죄에 해당하는 행위를 위해 조직된 일당이거나 그 일원으로 통용하는 것이 보통이다.
그러나 본래의 '갱'은 단순히 어떤 목적, 또는 사회적인 활동을 목적으로 뜻을 같이 한 사람들이 모인 동아리를 말한다. 또 음악 활동을 위한 그룹이나 밴드를 말하기도 한다.
이를테면 1960년을 전후로 차어 세게적으로 명성을 날린 싱어들의 명수 미치 밀러가 이끈 합창단을 가리켜 'Mitch Miller & His Gang'이라 했다. 여기서 갱은 무리를 지은 사람들이란 뜻이 된다.
한편 '갱'은 범죄 조직단을 말하는 복수로 쓰이기도 하지만, 그 멤버의 한 사람을 말할 때는 반드시 갱스터(gangster)로 표현해야 한다. '갱'은 '깽'처럼 된소리를 내지 않도록 하는 것이 옳은 발음이다.

걷어내다
* 테이크 아웃

축구(soccer)를 중계하는 스포쓰 캐스터가 상대방 선수와 혼전에서 공을 상대방 선수로부터 빼앗아 내는 상태를 "볼을 걷어냈다"란 말로 남발한다. 수비를 하던 선수가 불리해서 공의 방향을 안전한 쪽으로 옮기거나 의도적으로 골라인 또는 터치라인으로 옮기는 일도 "걷어냈다"고 한다. 뿐만 아니라 방어하던 선수가 공격 선수로부터 공을 빼앗아 길게 차내는 일도 "길게 걷어냈다" 하는가 하면 상대방 선수가 공격해 오던 공을 골키퍼가 막아내는 일 조차도 "골키퍼가 걷어냈다"는 식으로 표현한다.

또 "뽈을 빼냈습니다"란 표현도 서슴없이 쓰고 있다. '걷어냈다' 또는 '거둬냈다'는 말은 우리말 사전에는 없는 표현이고, 다만 '거둬들인다'는 말은 흩어져 있는, 헤아릴 수 없는 특정 물건을 모은다는 뜻이 있다.

또 '빼낸다'는 표현은 '남에게 속한 것을 자신의 편으로 안전하게 돌려낸다'는 뜻을 품고 있지만, 축구에서처럼 연속성 공격이 지상 목표인 경기에서, 공의 향방을 말할 때는 불합리한 표현이 아닐 수 없다.

영어에서는 '테이크 아웃(take out)'이라 한다.

건배
* **치어스, 토스트**

술잔을 부딪히며 건강이나 행복을 빌거나, 어떤 일에 대하여 축하를 할 때 환호하는 소리로, 흔히 '건배!'라고 한다.

'건배(乾杯)'란 술잔에 담긴 술을 비울 때까지 다 마신다는 뜻을 가진 '캄파이'라는 일본식 표현에서 비롯된 용어다.

한때 군사 정권 시절에 '위하여!'가 유행한 적도 있었지만 이 또한 당치 않은 억지 표현에 불과하다. 그럴 바에야 차라리 '축배!'가 더 어울리지 않겠는가!

영어로는 '토스트(Toast!)' 또는 '치어스(Cheers!)'라 한다. 또 잔을 비우자는 뜻에서 '버텀스 업(Bottoms-up!)'이란 말도 쓴다. 그러나 bottoms up은 비속어로 궁둥이를 올린다는 뜻에서 성행위에서 정상 체위가 아닌 배후 체위(dog fashion), 또는 항문 성교(anal copulation)를 뜻하는 말과 같기 때문에 주의를 해서 써야 한다.

이를테면 어떤 모임의 단결을 다짐하면서 술잔을 나눌 때 축배의 선창자가 잔을 들자는 권유를 '토스트'라 하고 이에 호응하며 잔을 서로 가볍게 부딪거나 환호할 때 하는 소리를 '치어스'로 표현한다.

'치어스'는 보통 친한 사이에서 흔히 쓰이는 표현이며, 또 '드링크 업(drink up, 마시자, 마셔 버리자의 뜻)'도 가끔 쓰인다.

서로의 건강을 빌면서 축배를 나눌 때는 "To your health!(투 유어 헤얼쓰=그대의 건강을 빈다!)"나 "To life!(투 라이프=멋있는 인생을 축복하자!)"란 표현도 자주 쓰인다.

축배란 말은 나라마다 조금씩 달리 표현된다. 독일에서는 '쑤트링켄(zutrinken)'이라 해서 건강을 회복하며 마신다는 뜻의 표현을 즐겨 쓰고 있다. 프랑스에서는 '토스트(toast)'란 영어를 그대로 받아들여 축배할 때 일반적으로 많이 쓰고, 축배를 한다는 자동사는 '토스테(toaster)'라 한다.

이탤리에서는 '브린디시(brindisi)'가 축배의 인사말이다. 잔을 높이 올리거나 서로 가볍게 부딪히며 나누는 인사말은 '쌀룻떼'라 한다. 또 "즐겁고 건강하기를 빈다"는 인사말로 축배를 할 때 "고데레 디 부오나 쌀룻떼(godere di buona salute)"라 한다. 스페인이나 멕시코에서도 '브린디시'란 표현을 쓴다.

'Brindisi'는 이탈리아어로 '축배를 드는 일'이나 축하연에서 축배를 받는 사람을 뜻하기도 한다. 이 말은 독일어의 (Ich) bring dir's, 즉 '나는 그대에게 그것을 가져오다'란 뜻에서 유래했는데 이것이 'brindisi'로 변했고, 프랑스에서는 'brinde(브랭드)'로 받아들여 역시 축배란 표현으로 쓰고 있다.

'스콜(Skoal!)'이란 표현은 덴마크어로서 'skaal'과 노르웨이어, 스웨덴어의 'tmzkf(skál)'에서 온 축배의 뜻이다. 또 중국 사람들은 '친친(chin-chin)'이란 표현을 즐겨 쓴다.

한편 캠프나 단체 활동에서 흥을 돋우거나, 사기를 높이기 위해 축배를 들 때에, '힙 힙 허라(Hip hip hurrah!)'를 쓰기도 한다. 이런 경우는 한 사람이 '힙 힙' 하고 선창하면 술잔을 든 나머지가 동시에 '허라'로 화답한다. '허라'는 격려와 만세의 뜻을 지니고 있다. '허라'는 '후라'로 발음하지 않는 점에 유의하자.

걸 프렌드

* **프렌드,
프렌드 어브 마인**

남녀 사이에도 연애 감정 없이 동성 친구처럼 사귀며 지내는 젊은이들이 많다. 남학생이 여자 친구를 가리켜 아무 부담 없이 사귀는 여자 친구라는 뜻으로 '걸 프렌드'란 표현을 쓰고, 여자인 경우도 남자와 우정으로만 사귀는 사이를 '보이 프렌드'라는 말을 서슴없이 사용한다. 그러나 영어에서는 좀 심각하다. '걸 프렌드(girl friend)'나 '보이 프렌드(boy friend)'라 하면 서로 교제하는 연인이라는 뜻이 된다.

연인으로 교제하지 않고 단순히 친구로만 사귀는 사이라면 그냥 '프렌드(friend),' 또는 '프렌드 어브 마인(friend of mine)'이라 한다.

한편 영어의 '러버(lover)'와 '걸 프렌드' 또는 '보이 프렌드'와도 구분이 있다. 즉, 이성으로 연인처럼 다정하게 사귀는 사이를 보이 프렌드 또는 걸 프렌드라 하는 것에 대해, 러버(lover)는 침실에서 함께 잠을 자는 사이를 가리키는 말인 점에 유의해 두어야 한다.

여기서 참고로 알아두어야 할 것은 연인과 애인의 차이이다. 이 한자 표현이 모두 일본에서 만들어진 것을 우리가 음역해서 쓰고 있는 말인데 일본에서는 연인(戀人=코이비토)은 남녀가 서로 진실된 사랑을 나누는 사이이고, 애인(愛人=아이진)은 불륜 관계의 정부(情婦)를 뜻하는 말로 구별하고 있는 점이 다르다.

걸 헌트
* 픽 업 어 걸

"걸 헌트"란 타이틀의 영화가 있었다. 1963년에 미국 MGM에서 만든 샘 퍼킨퍼 감독의 작품 "Honeymoon Machine"을 세기영화사에서 수입하면서 "걸 한트"라는 일본식 발음 표기로 제목을 바꿔 달고 선전했었다. 이보다 1년 전인 1962년에는 같은 세기영화사가 MGM영화 "Where The Boys Are"를 들여다가 "보이 한트"라는 이름을 붙였었다. 이들 '걸 헌트'나 '보이 헌트'는 영어의 'girl hunt,' 'boy hunt'라는 표현임을 쉽게 알 수 있다.

이를테면 사내가 여성을 찾아 헤매는 것을 '걸 헌트,' 아가씨가 사내를 유혹하는 일을 '보이 헌트'라 했다. 여기서 '헌트'를 '한트'라 표기한 것 자체가 일본식 발음이지만 '보이 한트'나 '걸 한트' 모두 일본에서 만들어 쓰여진 일본식 영어 표현이다.

그러나 영어에는 이런 말이 없다. 영어로는 '픽 업 어 걸(pick up a girl),' 완곡한 표현으로 '행어라운드(hangaround),' '행어바웃

(hangabout)' 이란 표현도 쓴다.

게라
* **프루프, 갤리**

신문사나 잡지 또는 단행본의 편집실에서 본 인쇄에 들어가기 전에, 원고를 수정용으로 인쇄하는 것을 교정쇄, 또는 '게라' 라고 말한다. 요즘에는 사진 식자 등의 보급이 확산되었고, 퍼스널 컴퓨터에 의한 기사 작성 등이 일반화되면서 인쇄 매체의 초교(첫 번째 교정) 종이는 차츰 사라지고 있기는 하지만, 교정의 작업을 하는 편집자 사이에서는 아직도 '게라' 가 일반화된 전문 용어처럼 쓰이고 있다.

'게라' 라는 표현은 일본에서 들어온 것이다. 영어에 '게라' 라는 표현은 없다. 다만, '갤리(galley)' 에서 와전되어 '게라' 라 쓰는 잘못된 표현일 뿐이다.

오자나 오식에 대한 교정 업무를 맡아보는 이들이 정작 '갤리' 를 '게라' 라 교정하여 쓰는 자가당착은 참으로 난센스가 아닐 수 없다.

영어에서 교정을 표현할 때, '프루프리딩(proofreading),' '프루프' 또는 '갤리' 를 가장 많이 쓰고 있다.

게릴라
* **거릴러, 게리야**

소규모 비정규적인 전투 부대를 '게릴라,' '게릴라 부대' 등으로 쓴다.
'게릴라' 는 스페인어 'guerrilla' 에서 왔고, 그 발음은 '게리야' 라 발음한다. 이 말은 19세기 초부터 쓰이기 시작했는데 1808년부터 1814년 사이, 프랑스 나폴레옹 군대가 이베리아 반도에 침입하자 스페인과 포르투갈이 영국의 지원을 받아 프랑스와 싸운 이른바 '퍼닌설러 전쟁(Peninsula War)' 때 생겨난 말이다. 소규모 전쟁이란 뜻의 스페인 말에서 비롯되었는데 스페인어로 전쟁을 'guerra(게라)' 라 한다.
Guerrilla는 유격대 혹은 게릴라전이나 그 전술을 뜻하는데 소규모지만 부정기적으로 대규모 정규군을 유린하는 등 때로는 위력을 발휘하여 전과를 높이기도 한다.

한편 게릴라를 프랑스에서는 '게리야(guerilla),' 이탈리아어로 '게리라(guerriglia),' 독일어로는 '게릴라(guerilla)' 라 표현한다.

영어는 이를 'guer(r)illa(거릴러)'로 받아들였고, 일본에서는 영어 표현을 도입하여 로마자 읽기식으로 'ゲリラ(게리라)'로 쓰고 있다.
한국에서 쓰고 있는 표현은 다분히 일본 표현의 '게리라'를 표방했고, 다만 문자 정리 계통에서 로마자의 'l' 사운드를 강조하여 '게릴라'로 표현된 것이다.

게이 빠
* 게이 보이 바

여장을 한 남자가 손님을 받고 접대하는 술집을 흔히 '게이 빠(gay bar)'라 한다.
그런데 영어에서 '게이 바'는 동성연애자들끼리 모이는 바를 말한다. 미국에서는 샌 프란시스코가 동성연애자들이 많이 모이는 곳으로 소문나 있고, '게이 바'도 많다. '게이(gay)'는 본래 남성 동성애자를 지칭했지만, 요즘에는 남녀 구별을 하지 않고 쓰는 경우가 많다.
영어에서 여장 남자가 서브하는 술집이란 말은 없지만, 굳이 표현한다면, '게이 보이 바'라 할 수 있다.

게임 세트
*** 게임,
더 게임스 오우버**

야구나 테니스 등의 경기가 끝났다는 표현으로 '게임 세트(game set)'라 말하는 것은 일본인들이 만든 일본식 영어다. 물론 영어에는 이런 표현이 없다. 물론 미국에서는 게임이 끝났음을 알리는 말로 주심이 '게임!(game)'이라고 선언한다.
영어에서는 일반적으로 The game's over. 또는 That's the game.이라면 시합이 완전히 끝났다는 말이다. 통속적인 말로 That's it.이라 하기도 한다. "더 이상 없다, 이상이다, 됐다"는 뜻이다.
한편 테니스에서도 경기의 세트별 종료는 '게임 앤드 세트 오우버(game and set over)'라 하고, 경기가 완전히 끝나면 '게임' 또는 '맷치 오우버(match over)'라 하고 단순히 '쎄트(set)'라 해도 시합이 끝났음을 의미한다.
게임 오버나 게임 세트 등은 1대 1로 승부를 겨루는 스포쓰 경기의 끝남을 의미하는 일본식 영어 표현이고, 이들 두 가지 표현은 같은 의미로 쓰이고 있다.

공을 갖고 2패로 나눠, 룰을 만들어 승부를 결정하는 시합을 미국에서는 '게임'이란 말이 일반적이지만, 영국에서는 '맷치(match)'란 표현을 잘 쓴다. 그러나 일반적으로 1대 1로 맞서 싸우는 시합을 '맷치'란 말로 많이 표현한다.

게츠버그	
* **게티즈벅**	

Gettysburg는 영어를 공부하는 사람이나 서양사를 전공하는 이들 사이에는 매우 친숙한 지명이다. 1863년 11월 18일, 미국의 18대 에이브러험 링컨 대통령이 이곳에서 했던 연설이 유명했기 때문이다.

"Fourscore and seven years ago our fathers brought forth on this continent a new nation… (87년 전 우리들의 조상은 이 대륙에 새로운 국가를 이룩했다)"로 시작해서 독립선언의 구절 가운데서 유명한 "All men are created equal(사람은 모두가 평등하다)"란 말을 인용하면서 "…government of the people, by the people, for the people(국민에, 국민에 의한, 국민을 위한 정부)"을 역설했다.

그런데 이 지명을 '게츠버그' 또는 '게티스버그' 등으로 표현하는 이들이 많다. 더구나 일본식 표기 'ゲティスバーク(게티스바구)'에서 영향을 받은 듯한 표기에 가깝다는 인상이 든다.

그러나 현지 발음은 '게티즈벅'으로 소리낸다. 특히 어미의 지명에 붙여지는 '-berg'은 '버그'처럼 소리내지 않고, '버억'에 가깝게 닫힘 사운드를 구사하는 것이 보통이다.

'게티즈벅'은 미국 북동부 펜실바니아 주의 남부에 자리한 행정상 '버로(borough)'이고 공업 마을이다. 인구(2000센서스)는 7,490명이다. 10년 전보다 465명이 늘었다.

미국 시민전쟁('남북전쟁'은 일본식 표기) 때의 대표적 전장(戰場)이기도 하지만, 미국에서 가장 많은 시민전쟁 기념물이 콜렉션되어 있는 국립전쟁 박물관(Gettyberg National Military Park)과 시민전쟁 모형(밀납인형) 박물관 등이 있는 관광 명소이기도 하다.

견본시장	경제 용어 가운데서 '견본시장(見本市場)'이란 말이 많이 등장한다. 한자 표현으로 '견본'은 상품 등의 품질과 효용 등을 나타내기 위해 생산된 전체 제품 가운데서 가려낸 일부의 상품이거나 이와 같은 목적으로 특별히 만든 것을 의미한다. 일본어 사전에 견본이라는 말은 'みほん(미혼)'이라 표현하고 있다.
* **트레이드 페어**	

우리 국어사전에서도 '전체 상품의 품질이나 효용 등을 알리기 위한 소량의 본보기 상품'이라고 풀이하고 있다. 일본 사전의 내용 그대로를 축소한 주석임을 알 수 있다.

그런데 더욱 놀라운 것은 '견본시(見本市)'라는 일본말 'みほんいち'란 표현에서 더욱 표현 방법이 확연하다. 즉 일본 사전에서 상품의 견본을 전시하여 선전하거나 소개를 하여 그것으로 하여금 상품을 거래하는 시장이라고 표현했다.

우리 국어사전에서는 '상품 견본을 진열하여 선전하거나 소개 및 대량 거래를 도모하는 시장'이라 풀이하고 있다. 이쯤 되고 보면 백제 무렵에 일본에 글을 가르쳤다는 긍지는 간 데 없고, 이제 국어사전에서 일본의 표제어와 주석까지도 역수입하여 올려 실어야 하는지 개탄스럽다.

본디 우리말에 견본시나 견본시장이란 말은 없었다. 한자어 '견본'이란 말을 쓰고 이해를 한다 해도 '견본시(장)'을 상품 거래장이라는 뜻으로 알거나 쓰는 일은 더욱 없었다.

다시 말해서 '견본시(장)'은 일본 사람들의 그들의 필요에 따라 만들어진 억지 표현이라고 할 수 있다.

영어에서 견본은 sample, sampler이지만, 일본식 한자 표현인 견본시장은 '트레이드 페어(trade fair)'가 합당한 표현이다.

고(go)	방송을 제작하고 진행하는 이들 사이에서 잘 쓰는 용어 가운데 '고우(go)'가 있다. 프로그램 제작 진행 감독이나 연출자 또는 지휘자가 스텝이나 출연자 또는 조연자에 대해 연기나 특정 행위를 지시하는 명
* **고우 온**	

령어로 쓰이는 말이다.

스튜디오 용어 가운데 'go theme(고우 씸)'이라 하면 오디오 조정원(엔지니어)이나 사운드 엔지니어(음악 효과원)에게 주제 음악이나 삽입 음악 등의 시작을 지시할 때 쓰는 표현이다. 또 리허설 등에서 특정 장면의 반복을 지시하는 시그널로 'go back(고우 백)'이라 표현한다. 한편 슬랭으로 '그대로 진행할 것을 동의한다'는 뜻으로 쓰이기도 하고, '고우 어헤드(Go ahead),' 또는 '고우 프로젝트(Go project)' 등으로 표현하기도 한다.

그런데 한국 방송계나 영화계에서 감독이나 PD가 "자, '고' 합시다." 또는 이를 직역해서 "자, 갑시다." 란 표현을 남발하고 있다.

"자, 시작합시다" 란 쉬운 우리 표현을 두고도, '갑시다,' '고 합시다' 등이 멋스러운 표현으로 여길지 몰라도 분명히 잘못 쓰여지고 있는 표현이다.

고로케
* **크로켓**

제과점 진열장에서 튀김의 종류 가운데 가장 일반화된 과자가 '고로케' 일 것이다.

고기, 야채, 계란 등을 화이트 소스에 혼합하여 둥글게 다져 만든 다음에 '브레드 파우더(빵가루)'를 묻혀 끓는 기름에 튀겨 내는 요리를 말한다.

이것은 프랑스어로 '크로케뜨(croquette)'라 부르는 것을 일본에서 'コロッケ(코로케)'로 받아들였고, 한국 사람들도 이를 본받아 '고로케'로 와전된 것이다.

그러나 요즘 일본에서는 이를 'クロケット(쿠로켓또)'로 수정하고 있다. 일본에서조차 수정하고 있는 표현을 이전 표현 그대로 고집하는 일도 마땅히 수정되어야 할 것으로 여겨진다.

'Croquette'는 영어에서도 프랑스어를 그대로 들여와 '크로켓'으로 발음하고 있다.

고무	탄력성을 가진 고분자 합성물을 가리켜 우리는 '고무'라고 말한다.
* **러버**	이 말은 일본 사람들이 네덜란드의 말 '곰(gom)'에서 따온 것인데, '고무'에 가깝게 발음이 되는 것을 일본에서 'ゴム(고무)'로 받아들여 관용화된 것이고, 우리가 이를 그대로 받아들인 것이다.
	'기무치'가 아니라 '김치'라고 해야 마땅하듯이 '고무'가 아니라 '곰'으로 해야 하지만, 영어 표현으로는 '러버(rubber)'로 쓰는 것이 일반화되어 있다.
고무 반도	고무를 잘라 만든 긴 끈이나 줄, 둥근 모양의 밴드를 '고무 반도'라 말한다. 이것은 일본식 영어 발음에다 일본식 표현이다.
* **러버 밴드**	영어로는 '러버 밴드(rubber band),' 영국에서는 신축성 있는 끈이나 줄이란 뜻으로 '일래스틱 밴드(elastic band)'라 한다.
고 사인	교통 신호 가운데서 진행을 알리는 녹색불이 켜지면, 멈춰 기다리던 사람이나 자동차, 일반 교통이 진행을 하게 된다. 이를 '고 사인(go sign)'이라 하는 이들이 많은데 이것은 일본식 영어 표현이다.
* **그린 라잇**	영어로는 '그린 라잇'이 켜있다고 하고, '기브 더 그린 라잇(give the green light),' '기브 더 고 시그널(give the go signal)' 등의 표현을 쓴다. 이를 비유하는 말로 무슨 일에 실행하도록 기회를 주는 일을 두고 '고 사인'이란 표현도 쓰는 것은 잘못이다. 이런 경우를 영어로는 '기브 퍼미션(give permission),' '기브 더 고 어헤드(give the go-ahead)'라 한다.
고스펠	'Gospel'은 미국의 종교음악에서 말하는 gospel music 또는 gospel song을 줄인 표현이다. 그 기원은 1920년대에 미국 혹인들 사이에서 불리는 흑인영가(spiritual)로부터 파생된 흑인 특유의 찬송가 형태를 이루고 있다.
* **가스펄**	리드미컬하고 쏘울풀(soulful)한 노래의 형태를 이루고 있는데, 주로

성경의 신약성서 내용에서 시를 간추려 성가로 표현한 것들이 많다. 이것은 뒤에 '리듬 & 블루스'에 큰 영향을 주었다.

한편 한국의 일부 가수들이 느리고 감상적인 내용의 기독교적 내용을 노래하는 세이크리드 쏭(sacred song)이나 복음성가(inspiration song) 등을 무조건 '고스펠'이라 하는 경우가 있다.

그러나 이것은 다음의 2가지가 모두 맞지 않는다. 첫째 '고스펠'이라 하지 않고 '가스펠'로 발음하는 점이 틀리고, 둘째는 '가스펠'은 한국의 이른바 성가처럼 차분하고 느린 템포가 아니라 빠르고, 리듬이 있고, 절규하는 것이 근본적으로 다른 것이다.

고, 스톱
* 트래픽 씨그널

도로의 교통 신호기를 '고, 스톱(go stop)'이라 말하는 것은 일본식 영어 표현에서 본받은 것이다.

사람이나 자동차의 왕래가 많은 곳에 교통 신호기를 설치하는데, 차를 운전하는 사람이나 걸어 다니는 사람들이 모두 신호기가 지시하는 신호를 잘 지키기만 하면 교통사고는 결정적으로 줄어들게 된다.

교통 신호기를 영어로 '트래픽 씨그널(traffic signal)' 또는 '트래픽 라잇(traffic light)'이라 하고 줄여서 그냥 '라이트(lights)'라 하기도 한다.

곤로
* 쿠커, 쿠킹 스토브

무심코 쓰는 일상어 가운데서 '곤로'라는 말이 있다. '석유 곤로'니 '가스 곤로,' 심지어 '등산용 곤로'라는 말까지 엮어 쓰고 있다.

그런데 우리말에서 아무리 살펴보아도 '곤로'라는 말은 없다. 다만 느른하고 고달프다는 뜻의 한자 표현인 '노곤(勞困)'의 도치법으로 '곤로(困勞)하다'라는 형용사로 가끔 쓰이고는 있다.

그런데 놀랍게도 최근 한국의 연세대학 언어 정보 개발 연구원이 펴낸 연세 한국어 사전에서 '곤로'는 "석유, 전기, 가스 등을 이용하여 열을 내는 취사 도구"라는 주석을 달고는 옆의 참고란에 일본어로는 'こんろ(콘로)'이고, 유의어로는 '풍로'라 덧붙이고 있다. 마치 '곤로'라는 우리말을 일본에서 들여다 こんろ(콘로)'라 표현하는 것처럼 꾸몄다.

그러나 '곤로'는 한자로 불화(火)변에 땅곤(昆)자를 쓰고 여기에 화로로(爐)자를 붙여 '콘로'로 발음하는, 완전히 일본어에서 온 표현이다. 이를 일본어 사전에서는 "금속이나 흙으로 만들어 휴대하고 운반하기 편리한 취사 등에 쓰이는 작은 爐"라 했고, "석유 콘로, 가스 콘로, 전기 콘로 등이 있다"고 했다.

일제의 강점기 국어교육을 받던 잔재도 58년이나 지난 오늘에까지 의역도 아닌 완전한 일본어를 그대로 옮겨 쓰는 말이 우리말에는 헤아릴 수 없이 많다. 이런 것들은 당연히 자기 나라말로 다듬은 다음에 받아들이거나 동화할 수는 있을 것이다. 그러므로 일어를 마치 제나라 말처럼 아무런 거리낌도 없이 오랜 동안 버젓이 쓰고 있는 현상은 마땅히 수정되어야 할 것이다.

더구나 '콘로'를 '곤로'로 약음화하고, 자음접변까지 거들어 '골로'라고 표현하는 일은 우스꽝스러운 표현이 아닐 수 없다. 일본어에서는 우리 같은 자음접변이란 존재하지 않는다.

영어로는 a movable cooking stove라고 하고, 석유나 휘발유를 넣는 방식을 '개스 쿠커(gas cooker),' 또는 '개스 링(gas ring),' 프로판 개스를 이용하는 것은 '내추럴 개스 쿠커(natural gas cooker),' 전기 방식은 '일렉트릭 쿠커' 등으로 쓴다.

곤색	짙푸른 빛을 흔히 '곤색'이라 하는 이들이 많다. 그런데 이 '곤색'이 일본어의 '紺色(곤이로)'에서 왔다고 말하는 학자가 있고, 그래서 한자의 한국어의 음역으로 '감색'이어야 옳다고 주장하는 이도 있다.
* **다크 블루**	

그러나 이 두 가지가 다 틀린 말이다. 일본말에 이 紺色이란 표현은 거의 쓰지 않고, 대신 '紺靑色(곤조우이로)'를 쓰는데 그 뜻은 '산뜻한 남빛'이라 했다. 일본어 가운데 우리 발음으로 '곤색'이란 말은 '混色(곤쇼꾸)' 뿐이고, 그 뜻은 '2가지 이상의 색을 혼합하여 다른 빛깔을 내는 일'이라 설명하고 있다.

결국 '곤색'은 우리 음역의 곤색이 아니라, 혼합색이라는 뜻의 표현을 누군가 잘못 받아들였고, 오해에서 기인된 것이다. 그러니까 '곤색(일본어),' '紺色' 따위는 억지 표현이다.

우리가 표현하는 '곤색'은 우리 표현으로 하면 '감색' 보다는 '감청색'이 더 낫고, 남색 또는 '반물'이란 우리말 표현도 있다. 영어로는 '다크 블루(dark blue),' 또는 '딥 블루(deep blue)'에 해당된다.

| 곤조
| * **거쓰(근성)**

"곤조부린다"거나 "그 친구 곤조통이다"란 말이 일상에서 자주 쓰인다. 제 고집만 부리면서 성질이 못되었다는 부정적인 의미로 '곤조' 라는 말을 쓴다.

그런데 '곤조'는 알고 보면 일본어를 그대로 빌어쓰고 있는 표현이다. 일본어 가운데 'こんじょう(콘조우)'란 말이 있고, 한자로 '根性'라 쓴다. 이것을 한국에서 한자 음역만 해서 그대로 받아들이면서 오용이 된 것이다. 영어로는 '끼쓰(guts)' 디프 표현된다.

일어에서 '콘조우'는 '성질(性質)'의 기초를 이루는 것을 가리키는 말인데, 무엇을 참고 견디는 근본된 힘을 일컫는 '끈기(根氣),' 정의감 또는 용기 등을 문제로 삼을 때 쓰이는 말이다. 이를테면 '도국 근성(島國根性=섬나라 근성),' '비굴한 근성,' '근성이 좋다'처럼 특이한 성질의 타고난 성격을 강조하거나, 담력(또는 배짱), 도량 등이 있느냐 없느냐를 가늠하는 말로 쓰인다.

달리 표현하면 사물을 대하는 천성을 내포한 특성이나 긍정적인 측면 등 함축성 있는 뜻을 담고 있다.

한편 '콘조우 쿠사리(-くさり)'라 하면 양심이 마비되거나 마음이 비뚤어지거나, 그런 사람을 일컫는 부정적인 명사로 쓰이는 욕이 되고, '쿠삿타 곤조우'라 하면 썩어빠진 근성을 뜻한다.

골덴 바지
* **코더로이 팬쓰**

옷감의 표면이 세로 방향으로 두텁고 얇은 골을 교차시킨 면직물로 만든 바지를 흔히 '골덴 바지,' '고루땡 바지' 등으로 표현한다.

영어의 '코더로이 팬쓰(corduroy pants)'를 일본 사람들이 '코-루-덴' 또는 '코루듀로이'라 표기하고 발음한다. 한국에서 이 말을 그대로 본 따 사용하고 있는 것은 잘못된 표현이 아닐 수 없다.

'corduroy'는 일부 영한 사전에서 '코듀로이'로 표기했으나 이 또한 구식 일본 사전에서 옮겨 쓴 발음 표기이다. 'corduroy'를 영국에서는 '코저로이'라 하고, 미국에서는 '코더로이'로 발음한다.

골든 볼
* **골던 고울,
위닝 고울**

2002 월드컵 2라운드(8강)에서 영국팀과 격돌한 한국팀이 연장전에서 안정환의 헤딩 슛이 골로 성공하면서 승리했을 때 '골든 볼'이니 '골든 꼴'이라 표현하는 이들이 많았다.

그런데 일본에서 '골든 고울'을 'ゴールデン ボール(고루덴 보루=golden ball)'로 표현했던 것을 본 따, '골든 볼'이라 쓰는 사람들이 있다.

그러나 일본식 영어인 '골든 볼'은 속어로 남자의 생식기 가운데서 불알을 가리키는 '긴타마(金玉)'을 일컫는 말이라 해서 일본에서조차 이런 표현을 기피하고 있다. 그래서 뒤늦게 '고루덴 고오루'로 바꿔 사용하고 있다. 그런데 이 표현마저 본받아 '골든 골' 식으로 받아 쓰는 이들이 생겨났다.

그러나 싸커(축구)에서 연장전의 선취 득점으로 승리를 결정짓는 것을 '위닝 고울(winning goal)'이라 하고, 이를 '골든 고울(golden goal)'이라 표현하기도 한다. 승리를 굳히는 귀중한 득점이니 그야말로 황금 같은 골일 것이다.

세계적인 유력지 "로스 앤젤러스 타임스(The Los Angeles Times)"는 2002년 6월 19일자 스포쓰 섹션 머리기사에서 한국은 이탤리와의 접전 88분만에 '골던 고울'을 성공시켰다고 보도하면서 "Round of 16: South Korea knocks out on of favorites, 2–1, on 'golden goal' after trying score in the 88th minute."라 썼다.

그리고 그 이튿날 같은 스포쓰 섹션의 'Commentary(논평)' 컬럼에서 한국의 싸커 영웅 안정환이 이탤리 '페루지아(Perugia)' 팀에 소속해 있으면서도 그의 조국 한국 대표팀의 일원으로 뛰면서 이탈리 팀을 집으로 돌려보낸 '위닝 고울'을 만들었기 때문에 해고되었다고 보도했다. 그러면서 그것이 오히려 미국 프로페셔널 싸커팀 '갤럭시(Galaxy)'에서 영입할 수 있는 좋은 기회라는 역설 기사가 나왔다(… South Korean hero Ahn Jung-Hwan, who scored the winning goal that put his country in the quarterfinals and sent Italy home.)'

스페인어 멕시코 TV의 스포쓰 중계에서도 해설자나 캐스터 자막에서도 모두 'gol de oro(꼴 데 오로=황금의 꼴)'이라 표현했다.

싸커의 득점을 영어에서는 '고울(goal)'로 발음하지만 스페인어에서는 '꼴(gol),' 이탈리아어에서는 '골(gol),' 프랑스어로는 '골(goal),' 네덜란드어에서는 '고올(goal),' 포르투갈어로는 '골(gol)'이라 하고, 일본 표기로는 '고오루(ゴール)'라 각각 표현한다.

영어에서만 '고울'로 소리내고 대부분 '골' 또는 '고쓸' 비슷 소리를 내어 비슷한 표현을 하고 있다. 'goal'의 어원은 분명치 않지만, 고대 영어 '갤란(gǣlan)'에서 왔고, '목표'란 뜻을 지녔다. 중세 영어에서 '골 바운더리(gol boundary),' 또는 '리미트(limit)'에서 발달된 말이라 여겨지고 있다.

한편, 영어 교육을 앞세운 일부 사람들 사이에서 '골든 고울'이 틀린 말이고, '써든 데드'라 써야 한다고 오도하는 이들도 있다.

골프 등에서 타이 스코어의 게임이 된 경우 결승을 가리기 위한 단 1차례의 승부, 즉 1회 연장전을 '써든 데스(sudden death)'라 한다. 빈사나 급사를 뜻하는 명사이기도 하지만 동전을 던져 단판에 승부를 가늠하는 것도 써든 데스라고 표현한다.

골든 디스크
* **골드 레커드**

'골드 레코드(Gold Record)'는 레코드나 카세트 테이프 또는 컴팩 디스크(CD) 등의 출고 매출을 기준으로 하여 싱글인 경우 1백만 달러($1million) 이상 또는 50만장 이상, 앨범인 경우 50만 유니트(장)가 팔린 것을 기준으로 한다. 1989년 1월 1일부터 시행된 RIAA인증은 싱글이나 앨범이 1백만장 이상이면 '플레티넘(Platinum)', 2백만장 이상이면 '멀티 플레티넘' 그리고 앨범이 1천만장 이상 매출이면 '다이어먼드' 레커드로 인증한다.

와싱턴 D.C.에 있는 '미국 음반 산업 협회(Recording Industry Association of America, RIAA)'에서 공식으로 인증하여 수여하는 금제 디스크 모형의 상패를 의미하기도 한다.

1960년대에 바이닐 싱글(EP)의 가격이 매당 1달러 내외였을 때, 1백만 달러가 1백만 장에 해당했기 때문에 일부에서는 1백만 장 판매가 '밀리언셀러' 이고, 이것이 곧 '골든 레코드' 라고 잘못 인식하고 있기도 하다. (1958~1988)

한편 RIAA가 인증하여 수여하는 실물 크기의 금빛 레코드 모형을 '골든 디스크' 라 할 수 있지만, 그 자체의 공식 명칭은 반드시 '골드 레커드' 로 표현하고 있다.

골든 아워/피크 타임
* 프라임 아워(타임)

레디오나 TV 프로그램의 시청률이나 청취율이 가장 높은 시간대를 두고 흔히 '골든 아워(golden hour)' 라는 말을 쓴다. 이것은 일본 사람들이 영어 단어를 짜맞춰 억지로 만들어 낸 일본식 영어 표현이다. 제대로 된 영어 표현은 '프라임 아워(prime hour),' '프라임 타임' 또는 '피크 아워(peak hour)' 등으로 쓴다.

우리나라는 대개 저녁 7시부터 10시까지를 기준 삼아 이 시간에 시청률이 가장 높다고 해서 광고료도 가장 비싼 시간으로 삼고 있다. 미국에서는 저녁 7시부터 11시까지, 일본에서는 저녁 7시부터 9시까지를 프라임 아워로 여기고 있다.

한편 '골든 타임' 이라 하면 '오우버타임(overtime)' 을 뜻하기도 한다. 또 미국에서 'golden hours,' 또는 'golden time' 이라 하면, 프로그램의 예정 종료 시간을 넘기거나 더 연장하여 출연하는 일들을 뜻하는 용어로 쓰이고 있다.

꼴
* **고울**

2002 월드컵에서 한국 대표팀이 6월 4일, 첫 번째 대결에서 동유럽의 강호 폴란드를 2:0으로 크게 이기자 이를 중계하던 캐스터나 해설자 그리고 관중 모두 '꼴!' '꼴-인'을 외쳐댔다. 이어 이탤리 팀을 2:1로 극적 역전승을 올리자 또 한차례 '꼴, 꼴, 꼴'이 터져 나왔다.

이 감격의 순간에 흥분된 어조가 동원이 되고, 그 표현도 강하게 나오기 마련이다. 평소 된소리를 즐기는 한국인들의 센소리는 때로는 불필요할 정도로 남용되거나, 오히려 센소리를 표기해야 하거나 센소리로 낼 때는 오히려 약음으로 처리하는 경우가 많다.

soccer도 제대로의 발음은 '싸커'이고 그런 표현이 가능한데도 이를 '사커'로 약화시키고, '쎈터'도 '센터'로 표현을 약화시키고는 그 발음은 '쎈터'로 읽으라고 한다면 그건 큰 모순이 아닐 수 없다.

싸커에서 득점을 뜻하는 '고울(goal)'도 부드럽게 '고오울' 하면 되는 것을 굳이 '꼴' 하고 센 발음으로 힘주어 발음을 해야 직성이 풀리는 모양이다.

만일 '꼴'이라는 발음을 빗댄다면 이탤리어에서 언덕이나 산길을 뜻하는 '꼴레(colle)'의 어미를 잘라 쓰는 형태로써 지명에 많이 쓰는 "작은 산이나 언덕"을 뜻하는 'col(꼴)'이라는 말이 되어 버린다. 이탤리어에서 싸커의 득점은 영어 형태를 그대로 받아들여 goal(고울)이라 하고 gol!(골)이라 하면 관중의 환호 가운데 "1점 들어갔다"는 감탄사로 쓰여지고 있다.

또 스페인어에서 '꼴'이라 말하면 양배추(캐비지)를 뜻하는 말이 된다. 스페인 말에서 싸커의 득점은 '골(gol)'이라 한다. 독일어로는 'goal(고울)'이라 하고 프랑스어에서도 영어를 받아들여 goal이라 쓰고 '골'로 발음한다.

그러니까 싸커가 영국에서 생겨났던 것처럼 득점을 뜻하는 영어의 'goal(고울)'은 독일, 이탈리아, 프랑스에서 모두 goal 그대로를 받아쓰면서 독일어에서만 장음으로 '고울' 하고 발음하고 다른 나라에서는 단음으로 '골' 해 버린다. 그러나 어느 나라도 우리처럼 센소리로

'꼴' 하거나 '꼬울' 또는 '꼬올' 하고 발음하는 나라는 없다.

꼴 쎄레모니
(골 세리모니)
* **고울 쎌러브레이션**

2002년 6월 10일, 월드컵 D조 2차 예선이 열리던 오후 3시 30분의 대구 월드컵 경기장. 한국과 미국 대표가 격돌하여 1대 1로 비겼다. 안정환의 뒷덜미에 맞고도 고울로 연결된 행운의 득점이었다.

이를 다룬 일부 기사 가운데서 '반지의 제왕' 안정환이 후반 33분 동점골을 넣고 코너로 달려갔을 때, 관중들은 반지에 입을 맞추는 '골 세리머니'를 펼칠 것으로 예상했다. 그러나 반지에 키스한 안정환은 곧바로 허리를 숙인 채 스케이트 타는 모습을 연출했다. 안정환의 뒤를 따르던 7~8명의 한국 선수들도 약속이나 한 듯 그라운드에서 스케이트를 탔다. 어리나 미국감독은 경기 후 "한국 선수들이 뭘 한 것인지 모르겠다"고 했지만, 안정환의 골 세리머니를 이해하지 못하는 한국 관중들은 없었다고 기사를 작성했다. 여기에서 '골 세리머니'와 '스케이트 타는 모습을 연출'이라는 묘한 표현들이 속출하고 있다.

우선 '골 세리머니'는 영어 단어 'goal ceremony'라 쓰고 읽은 표현일 것 같다. 그러나 영어에는 도대체 그런 표현도 없고, 그런 말도 쓰여지지 않고 있다.

영어의 ceremony는 '세레모니'도 아니고, 구식 영국 발음 '세리모니'도 아닌 '쎄러모니' 또는 '쎄러머니'로 발음한다. 이 말은 종교적이거나 국가적 또는 사회적으로 치르는 엄숙한 공식 의식을 말한다. 예의와 형식이 갖춰진 의전, 의식이 이루어지는 행사(식전)를 뜻한다.

그런데 득점한 선수가 기쁨을 표시하는 제스쳐(액션)를, 그것도 자유롭게 즉흥적으로 취한 상태를 두고 '골 쎄리머니'라 붙여 주는 말은 아무리 이해하려 해도 얼토당토않은 엄청난 오용에 불과하다. 거기다 일반적인 관용 표현은 '꼴 쎄레모니'로 더 떠들썩하다.

또 '스케이트 타는 모습을 연출하였다'라고 했는데 축구 경기 도중, 득점을 이룩한 선수가 지난번 동계 올림픽 때 심판의 편파성 판정이 이유라며 항의하는 의미에서 스케이팅하는 모습을 해 보이는 '연출'

을 했다고 했다.

연출이라는 표현은 각본에 의한 배우의 연기나 세트 조명 음악이나 효과음을 포함하는 무대장치 등을 종합하여 무대나 영화의 무대 또는 세트를 지도하는 일을 말한다. 그러니 이 얼마나 엉뚱한 표현이 되었는가!

하기야 유력 일간지의 논설위원의 고정 칼럼에서조차 "… 거기다 골을 넣은 선수가 온몸으로 기쁨을 표현하는 각양각색의 골 세리머니까지 곁들여지면 그라운드는 열광의 도가니에 빠진다. … 골을 넣은 선수가 두 팔을 치켜들거나 환호성을 지르는 정도의 소박한 월드컵 골 세리머니는 94년 미국 대회를 계기로 다양한 의식으로 변했다."고 써댔다.

축구 경기장이 그라운드(ground)가 아니고 '필드(field)'이듯, '골 세리머니'가 아니라 '고울 쎌러브레이션(goal celebration)'으로 써야 옳았다.

사실 축구에서보디 풋볼(미식축구)에서 '터치다운(touchdown-득점)'한 선수가 기쁨을 나타내는 제스처로 여유 있고 극적인 몸짓을 하는 '터치다운 쎌러브레이션'에서 흉내낸 것이다.

여기서 '쎌러브레이션'은 단순한 축하나 축전, 의식 등을 나타낸다. '쎄러머니'가 종교적이고 엄숙한 의식이라면 '쎌러브레이션'은 비공식적이거나 격식 없이 단순한 축하나 그 의식을 말한다.

축구에서 골을 성공시킨 선수가 즐거워하는 제스처는 '골 세리모니'라 하지 않고, 마땅히 '고울 쎌러브레이션'으로 표현하는 것이 옳다.

골-인
﹡고울

축구 경기를 TV중계로 방송하는 캐스터(또는 아나운서)가, 공이 골 포스트의 네트 안으로 꽂히면 흥분된 어조로 "골-인!"하고 절규하는 소리를 흔히 듣는다.

그러나 골-인(goal-in)은 영어에는 없는 말이다. 더구나 일본 사람들이 만든 일본식 영어를 그대로 들여와 오래도록 쓰고 있는 것은 좀 부끄러운 일이다. '골(goal)' 하면 이미 공이 골 포스트 안으로 들어가 득점이 이루어진 상태를 말한다. 그러니까 공이 들어간(골) 데다 다시 '안으로'라는 부사를 붙인다는 것이 자칫 강세어조로 들릴지 모르지만, 중복 표현에 불과하다. 발음도 '꼴'이 아니고 '고울'이다. 아마도 '골(득점)'을 '공(ball)'으로 혼동하는 폐단에서 비롯된 표현이 아닐까도 싶다. 이런 경우 캐스터는 단순히 "고울이 되었습니다." 또는 "고오오오울!"이라고만 해도 훌륭한 현장 설명이 되고도 남는다.

2002 월드컵 2라운드에서 한국이 이탈리아와 연장전 접전 88분에 귀중한 '골던 고울'이 터지는 장면을 중계하는 스페인 TV의 한 캐스트는 '골', '골', '골'을 12번 반복한 다음 30초 동안 '고오오오오오오오…올'이라 환호한 다음 또 다시 '골'을 12번 반복하고 다시 30초 동안 '고오오…올'을 연호하는 장면은 매우 인상적이고 감동으로 받아 들여졌다. 이 경우 한국의 캐스터와 해설자는 서로 말이 충돌되면서 제각기 다른 '골', '꼴', '드디어 해냈습니다' 등의 흥분된 어조로 마치 말싸움을 하듯 흐트러진 표현을 진행하는 것과는 매우 대조적이었다.

한편 마라톤이나 단거리 육상경기에서 결승선(finish line)을 '골 라인'이라 하고, "결승점에 골인했습니다"하는 식의 표현도 물론 사용해서도 안 된다.

영어로는 '크로스 더 피니쉬 라인(cross the finish line)'이 가장 일반적인 표현이다.

또 젊은이들 사이에서 연애나 중매가 결실이 되어 '드디어 결혼하게 되었다'는 의미를 "결혼에 꼴인하다"라는 표현도 가끔 쓴다. 이것 역시 일본식 영어이기 때문에 이런 표현은 쓰지 않는 편이 더 교양 있어 보인다. "그들은 드디어 결혼했다."라는 말은 영어로 '갓 메어리드(got married)'를 써서 "They finally got married." 하면 된다.

공구리, 콩쿠리 * **콩크리트**	시멘트에 모래나 자갈을 섞어 물 등을 혼합한 뒤 굳히는 '콩크리트(concrete)'를 일본 사람들이 '공구리' 또는 '콩쿠리'라 줄여서 말한

다. 이 말을 그대로 본떠 쓰는 이들이 아직도 많다. '콩쿠리'는 영어로 '콩크리트'라 해야만 제대로 된 표현이 된다.

영어의 콩크리트는 다져서 웅결되어 굳힌 것이라는 의미를 지니고 있다.

한편 시멘트를 주원료로 다진 것은 '시멘트 콩크리트'이고, 도로포장용으로 쓰는 애스폴트('아스팔트'는 잘못)를 주원료로 한 것은 '애스폴트 콩크리트'라 한다.

|과속 방지턱|
|*스피드 범프, 감속 띠*|

도로나 주택가, 건물 진입로 등의 일정한 구간의 노상에 자동차들이 감속을 하도록 돕고 둥그스름한 두렁을 만들어 놓은 것을 흔히 '과속 방지턱'이라 한다. 그러나 과속을 방지하는 것은 이 턱이 아니라 근본적인 속도 제한을 위한 교통 규제가 할 일이다.

다만 모든 차들이 감속을 하지 않을 수밖에 없는 것은, 교통 규제와는 관계없이 인간을 위한 밀언저 운행이 된 방편이다. 그를 위해 도로의 일정한 지점에 인위적으로 설치한, 노면에 변형을 준 두렁이 '스피드 범프'인 것이다.

더러 이를 두고 '둔덕'이나 '턱'으로 더불어 쓰고자 하는 이들도 있으나 우리말 가운데 '둔덕'은 두둑하게 규모가 큰 언덕진 곳을 일컫는 의미를 담는 말이어서 해당이 되지 않는다. 또 '턱'은 평평한 곳에 갑자기 조금 높이 솟은 상태를 말하는데, 대부분 각이 진 상태가 보통이어서 이런 것에 차바퀴가 걸리면 차체에 큰 충격을 줄 뿐만 아니라 타이어가 자칫 상하게 되는 것이니 이 또한 적합하지 않은 표현이다.

'과속 방지턱'이라는 어설픈 표현보다는 차라리 '감속 띠'가 좋을 것이다. 이를 영어로는 '스피드 범프'란 간단한 용어를 쓰고 있다.

|관광 코스|
|*싸잇씨잉 트립, 관광 트립*|

여행사가 관광객을 모집하여 특정 관광지를 향하는 목적지의 여행 루트를 '관광 코스'라 한다. 그런데 여기서 '-코스'는 이런 경우에 해당되지 않는 잘못 쓰여지고 있는 영어 표현이다.

'코스(course)'는 일정 기간 연속 수업이나 강의를 뜻하는 말로 쓰이고, 배나 비행기의 진로를 '코스'라 한다.

또 육상경기나 수상 경기, 경마 등에서 선수들이 진행하는 진로를 레이스 코스라 말한다. 골프에서도 전 홀을 코스라 표현한다. 그리고 고급 음식에서 몇 번의 요리 접시가 나오는 과정을 코스로 표현하기도 한다. 그러나 사람이 걷거나 자동차나 마차 등 육상에서 타고 가는 도로 등에는 '코스'라는 표현을 쓰지 않는다.

이를테면 '당일 코스,' '2박 3일 코스,' '드라이브 코스,' '조깅 코스,' '등산 코스,' '산책 코스' 등은 잘못된 표현이다.

'당일 코스'는 '데이 트립(day trip)'이다. 관광 코스의 영어 표현은 '싸잇씨잉 트립(sightseeing trip)'이라 한다.

교차로
* 인터쎅션, 교차점

2개 또는 그 이상의 도로가 평면에서 서로 건너 교차하는 도로의 구조를 흔히 '교차로'라 말한다. 그러나 교차로라는 표현은 2개 이상의 도로가 교차하는 노선을 말하는 것인지, 또는 교차되는 지점을 가리키는 말인지 분명하지가 않아 혼란을 부른다.

도로 공학에서는 직각이거나 그에 가까운 각도로 교차하는 도로의 연석(curb)의 도로면, 또는 연석이 설치되어 있지 않은 경우 차도의 바깥선의 연장된 둘레의 안쪽 구역을 일컬어 '교차 지점'이라 하고, 줄여서 '교차점'이라 한다. 자동차가 서로 교차하면서 충돌 사고를 일으킬 가능성이 있는 구역을 교차점이라 말한다.

교차점을 영어로는 '인터쎅션(intersection)'이라 표현하고, 영국에서는 '정크션(junction)'이라 달리 표현한다.

한편 미국에서 '정크션'이라 하면 일정 노선에서 파생되는 다른 노선으로 갈리는 분기 지점을 말하기도 한다.

교통 체증
* 트래픽 잼, 정체

도로의 교통량이 일시에 많아져서 내달릴 수 없게 되거나, 돌발적인 사태 등으로 길이 일시적으로 소통되지 않는 현상을 두고 흔히 '교통 체증' 또는 '체쯩' 등으로 표현하는 이들이 많다. '체증'은 사람이 음식물을 먹거나 마신 뒤, 체하여 소화가 잘 안되는 증세를 일컫는 말인데, 이를 도로 교통의 흐름에 비유한 표현으로 즐겨 쓰고 있다.

아무래도 적절치가 못하다는 생각이다. 왜냐하면 과식이나 딱딱한 음식을 섭취하여 소화가 잘 안 되는 것이 아니고, 체했다는 것은 분명히 탈이 난 현상을 말한다. 그러니까 사고 등 돌발적인 사항 때문에 길이 막혔다면 체증이라는 표현을 동원해도 무리는 없겠지만, 일반적으로 도로가 막혀 잘 소통되지 않는 경우에는 맞지 않는 표현이다.

우리 표현에 '삽체(澁滯)'가 있다. 일이 잘 나가지 않고 머뭇거리는 상태를 뜻하는데, 오히려 일본의 교통 용어 가운데는 정체를 '삽체(쥬우타이)' 라는 표현으로 쓰고 있기도 하다.

영어에서는 도로가 어떤 장애 요소 때문에 소통이 원활하지 못하여 차들이 길에 늘어 서행하는 경우를 '백드 업(backed up)' 이라 표현한다. 우리말로는 '지체(遲滯)' 라는 표현이 가장 적합하다.

또 도로가 일시적으로 막히거나 순간적으로 정지해야 하는 일이 자주 반복될 정도의 도로 환경을 표현할 때는 '잼(jam)' 이라 구분하여 사용하고 있다. 우리말 표현으로는 '정체' 란 말을 이런 때에 쓰는 것이 제격이다.

한편 교차점(인터섹션)에서 차들이 서로 뒤엉켜 있거나, 눈이나 빙판 등으로 도로상에 교통하는 차들이 뒤엉켜 버린 혼란스런 도로 환경을 말할 때는 영어로 '트래픽 잼드(traffic jammed)' 라 하고, 우리 표현의 '교통마비' 라는 표현이 적절하다.

구데타, 쿠테타 * **쿠데타**	군대를 풀어 무력이나 경찰력을 비합법적으로 동원하여 정권을 탈취하는 일을 '구데타' 또는 '쿠테타' 라 말하는 사람들이 종종 있다. 무력을 통해 권력의 기존 세력을 구축하거나 축출하고 새로운 권력을 장악하는 일을 '쿠데타' 라 말한다. 또 기존의 지배 세력간에 세력 다툼으로 생긴 폭력적인 정권교체도 '쿠데타' 에 속한다.

'구데타' 또는 '쿠테타' 등으로 표현하거나 표기하는 것은 일본식 발음에서 와전된 표현이다. 이 말은 프랑스어 'coup d' État(꾸데따)', 즉 무력 정변이라는 뜻을 영어에서도 그대로 받아 들여 '쿠데타'로 발음한 것이다.

따라서 무력 쿠데타는 중복어가 되고, 무혈 쿠데타는 사리에 맞지 않는 표현이 된다. 왜냐하면 쿠데타가 반드시 피를 흘려야만 하는 유혈 사태를 뜻하는 한정된 말이 아니기 때문이다.

기프트 카드
* **깁트 써티피컷,
깁트 봐우처**

상품권에 대한 시비는 항상 있어 왔다. 한때는 상품권의 유통을 전면 금지한 일도 있었다. 최근에는 오히려 범람하여 시중에서 상품권을 할인하여 파는 밀매도 성행하는 등 그 부작용은 커지고, 상품권 자체에 대한 가치도 차츰 퇴색되어 가는 느낌이다.

상품권은 순수한 의미에서 물건을 편리하게 살 수 있는 유가증권이란 차원을 넘어서 선물이나 뇌물용으로 더 활용이 되고 있는 것도 사실이다. 그래서 상품권을 '선물권'으로 불리기도 한다.

선물권은 대개 표지용 두께의 종이에 인쇄된 것이 대부분이다. 이를 일본에서 '기프트 카드(gift card)'로 영어 단어를 합성하여 사용한 것을 한국에서도 그대로 표방하여 '기프트 카드'로 받아들여 쓰고 있다.

영어로는 '깁트 써티피컷(gift certificate),' 또는 '깁트 봐우처(gift voucher)'라 말한다. 이때 'gift'를 '기프트'로 표기하거나 소리내지 않고, '깁트'로 발음하는 점에 유의해 두면 유익하다.

한편 최근에는 대형 체인점에서는 전자 띠를 두른 플라스틱 카드에 일정 액수를 입력하여 발행하면서 이를 '깁트 카드'란 말로 쓰고 있다. 한편 미국에서는 깁트 카드나 깁트 써티피컷에 유효기간을 설정하는 일이 불법으로 규정되었다.

그녀
* **쉬, 여인**

남자의 3인칭을 '그'라 하고, 그 상대적인 말로 여자의 3인칭을 '그녀'라는 말로 쓰는 게 거의 일반화되었다.

그런데 이 '그녀(彼女)'라는 말은 우리말이 아닌 일본에서 만들어 쓰는 말이고, 그 나마 성인 여성에게만 붙여주는 호칭임을 알고 나면 좀 쑥스러워질 것이다. 일본말로 시집을 아직 가지 않은 젊은 여자나 소녀를 일컫는 3인칭으로 '오토메(乙女)'란 말을 쓴다.

그러나 '카노죠(彼女)'는 보통 15세부터 25사이의 여성을 호칭할 때 쓰는 3인칭이다. 특히 '카노죠'는 다른 사람의 애인(걸프렌드)이나 부인을 일컬을 때도 쓰인다.

그런데 한국에서는 '그녀'라는 말은 일본에서 만들어 쓰고 있는 한자 숙어인 '彼女'를 음역하여 아무 여자에게나 붙여 주고 있는데 좀 문제의 소지가 있을 법하다. 더구나 한글의 국어사전들에서 마저 '그녀'의 표제어를 그 여자, 그 여인이라 일관된 주석을 다는 것으로 그치고 있다.

영어의 '쉬(she)'는 일본식 한자 표현인 '카노죠'와는 사용 범위가 다르고, 엄격하게 말해서 우리말에는 마땅히 해당할 만한 표현이 없다. 그렇다고 일본식 표현인 '그녀'를 아무 여자에게나 붙여 주는 3인칭 대명사로 쓰는 것은 좀 우스꽝스럽다.

참고로 일본 표현으로 '연인(戀人=코이비또)'은 사랑하는 상대의 남자/여자를 일컫지만, '애인(愛人=아이진)'은 기혼자의 연인이거나 정부(情夫, 情婦) 등, 불륜의 상대 등을 일컫는 말이 되어 큰 차이를 나타낸다.

그라운드
* 필드

" …긴 머리를 휘날리며 탁월한 볼 키핑력으로 그라운드를 휘젓다가 큰 제스처와 함께 강슛을 날린 뒤 골을 넣고는 결혼 반지에 입맞춤하는 모습은 안정환의 트레이드마크가 되었다…" 월드컵 예선전의 결과를 두고 한 통신사 기자가 작성한 기사의 한 부분이다.

축구 경기를 하는 운동장을 대부분 '그라운드(ground)'로 표기하고 그렇게 읽는다. 영어에서 그라운드는 흙, 토지 땅바닥을 뜻하고, 여기서 파생되어 기초나 근거, 이유, 배경, 밑바닥 등을 의미를 갖는다.

운동장으로 쓰일 경우에는 포장이나 잔디밭 시설이 되어 있지 않은 맨땅 그대로의 형태를 이룬 상태를 뜻한다. 우리가 일컫는 축구장은 '그라운드'라 하지 않고, 'soccer field(싸커 필드)' 또는 단순히 '필드(field)'라 표현한다.

영어 사전에서 "baseball/soccer/sports etc. field: an area of ground where a sport is played"라고 설명되어 있다. 축구 경기장을 필드라 하듯이 야구(baseball)를 하는 경기장도 '필드'라고 한다.

|그랜드 세일|
|* **빅 쎄일**|

우리의 백화점이나 일반 상점 등에서 대대적인 판매 활동을 위하여 세일한다는 뜻의 영어 표현으로 '그랜드 세일(grand sale)'이란 표현을 쓴다. 단어 하나하나는 영어임에는 틀림이 없다. 그러나 영어에서는 그랜드 세일이란 표현을 쓰지 않는다.

대매출(大賣出)이란 한자나 '그랜드 세일'이란 영어 표현 모두 일본에서 만들어 쓰고 있는 표현들을 그대로 들여온 말들이다.

이를 영어로는 '빅 세일(big sale)'이라고 표현한다.

글래머
* **어트랙티브 피겨, 나이스 피겨**

육체가 풍만한 젊은 여성을 가리켜 '글래머 걸(glamour girl)'이란 표현을 쓴다. 그러나 영어에서 '글래머'란 가슴이나 엉덩이가 큰 육체파 여성을 가리키는 뜻은 전혀 없다. 오히려 아름다움으로 사람을 이끄는 마력이 있다거나 흥분을 자아낼 정도로 성적 매력이 있음을 의미한다.

영어에서 육체파 여성을 가리키는 표현으로 '어트랙티브 피겨(attractive figure)' 또는 '나이스 피겨(nice figure)'라 한다.

한편 '글래머 스탁스(glamour stocks)'이란 말이 있는데 이것은 유망주란 뜻으로 쓰이기도 한다.

한편 곡선미의 성적 매력이 있는 여인을 '커베이서스 걸(curvaceous girl)'이라고도 한다.

그레이드 업	어떤 여건이나 환경 또는 사람의 지위나 계급을 올리는 일을 또는 '그레이드 업(grade-up)'이라 표현하는 이들이 있다. 기계의 성능이나 컴퓨터의 기능을 높이는 것을 가리켜 '업그레이드(upgrade)'라고 부른다.
*** 업 그레이드**	

누구나 자기 자신의 능력이나 처해 있는 환경에 비해 우대를 하거나 분에 넘치는 후대를 할 때마다 싫어할 사람은 없을 것이다. 그러나 영어에서는 '그레이드 업'이란 말은 없고, '업 그레이드(up-grade)'라 해야 맞다.

항공 여객기를 탈 때 마일리지를 축적하여 일반 객석에서 2등석, 2등석에서 1등석으로 격상하는 일도 '그레이드 업'이 아니라 '업그레이드'라고 해야 마땅하다.

'그레이드 업'은 '구레에도 압뿌'로 쓰는 일본식 영어 표현에서 들여온 잘못된 표현이다.

그로테스크	괴상하거나 기괴한 사람, 또는 우스운 사람을 가리켜 '그로테스크'하다는 표현을 사용하는 경우를 자주 대한다. 권투선수가 패색이 짙어 일그러진 얼굴을 표현할 때도 '그로테스크'해졌다는 말을 쓴다. 이것은 일본에서 네덜란드어 'grotestk(그로테스크)'를 들여다 쓴 말이다. 영어로는 '크리피(creepy)' 또는 '비잘(bizarre),' '스푸키(spooky)'라 한다.
*** 크리피**	

영어와 프랑스어에서 사용하는 '그로테스크(grotesque)'라는 말은 모양이나 형태가 괴상한 무늬의 소재이거나 미술을 가리킬 때 쓰인다. 본디 이 말은 15세기 말에 발굴된 고대 로마의 지하 유적인 '그로타(grotta)' 벽화에 기괴한 것들이 그려져 있는 모습에서 유래된 말이다.

그룹 사운드	1960년대 후반부터 한국의 젊은 음악인들 사이에서 '그룹 사운드'란 말이 관용화되다시피 만연했고 아직까지 즐겨쓰는 이들이 있다.
*** 보컬 그룹, 밴드**	

무대에서 연주활동을 하는 전자 악기를 다루면서 노래를 부르는 소규

모 팀들이 스스로를 '그룹 사운드'라 불렀고, 심지어 음악 단체에서까지 '○○그룹 사운드 분과위원회' 따위로까지 표기되기도 했었다.

영어에서 '그룹사운드(group sounds)'란 락 그룹(rock group), 또는 그에 의한 음악적 음향을 뜻하지만 음악 연주(musical performance) 행위자를 일컫는 말로 쓰이지는 않는다.

다만 '그룹 사운드'란 말이 쓰인 것은 1960년대 후반에 일본에서 일렉트릭 기타에 의한 그룹들의 활동이 유행을 이루면서 4인조 내외의 소그룹 밴드를 '구루푸 사운즈(Group Sounds)'란 명칭으로 쓰기 시작했던 것이다.

즉, 일본에서 1966년부터 '타이거스', '블루 코멧스' 등을 시작으로 붐을 이뤄 1968년까지 이른바 '그룹 사운즈'의 전성기를 이루었다.

이 말을 한국에서 4인조 내외의 밴드가 노래하며 연주하는 형태를 일본식 표현 그대로 본받아 쓰는 과정에서, 복수를 단수로 와전하여 '그룹 사운드(group sound)'로 차용해서 쓴 일본식 영어 표현이었던 것이다.

영어로는 보컬 그룹(vocal group), 락 그룹(rock group), 락 밴드(rock band), 그리고 공식 명칭으로는 '보컬 & 인스트러멘털 그룹(vocal & instrumental group)'이라 한다. 여기서 'rock'을 '락'이라 표현하면 'lock'으로 둔갑되어 잠근다는 말로 변하게 되는 점에 구별이 필요하다.

그리스도
* **크리스트,
크라이스트**

기독교에서 '그리스도'는 구세주라는 뜻이고, 즉 예수(Jesus)를 일컫는 말이다.

'그리스도'는 옛 히브리어로 구세주라는 뜻의 '메시아'를 그리스말로 '이에수스 크리스토스(Iesous Khristos)'라 표현된 데서 연유했다.

메시아는 왕이 즉위의 의식을 거행할 때 성유(聖油)를 붓는 사람이라는 뜻에서 '왕' 또는 '구원해 준 사람'을 뜻한다.

한국 기독교계의 용어 가운데 '구주 예수 그리스도'는 같은 말을 중복한 겹말이 되는 모순된 표현이다. 즉, 구주(救主)가 바로 그리스도 란 말이기 때문이다. 그러나 한국의 기독교계가 쓰고 있는 '그리스도' 의 표현은 아무래도 출처가 불분명하다.

스페인이나 이탈리아에서는 '크리스토' 라 하지만 '그리스도' 란 발음과 다소 거리가 있고, 일본에서 '쿠리스또' 라 한 것도 약간의 차이가 있다.

'그리스도' 는 라틴어로 '크리스투스(Christus),' 그리스어로는 '크리스토스,' 프랑스어로 '크리스트(Christ)' 이고, 독일어는 '크리스투스(Christus),' 이탈리아어와 스페인어로는 '크리스토(cristo),' 러시아어에서는 '흐리스토스,' 그리고 영어로는 '크라이스트(Christ)' 라 한다. 한편 한국의 초기 성서는 중국어 성서를 번역했다고 했는데, 한자 표기와 그 발음은 '예수 그리스도' 를 '야소기독(耶蘇基督, 이에쑤기두)' 라 표현하였고, 일본 성서에서는 '이에수 기리스또' 라 하였다.

그릴
* **그릴 룸**

고급스런 시설의 간편한 양식당을 흔히 '그릴(grill)' 이라 부른다. 사실 그냥 '그럴' 이라 하면 굽는 '고기 요리' 라는 뜻이다.

이런 종류의 식당을 말할 때는 '그릴 룸(grillroom)' 이라 해야 바른 표현이 된다.

글로벌(지구촌)
* **글로벌(세계적인)**

현대는 '글로벌' 시대이다. 고도의 컴퓨터 기술의 발달로 통신의 혁명을 이룩하여 전 세계가 하나가 된 듯이 어느 곳에서나 일어나는 사태와 사건을 금방 전달받는 번갯불 정보시대를 실감하게 한다.

그래서 지구가 하나의 이웃과 같다고 해서 1968년에 마셜 맥클루언(Marshall McLuhan)과 크웬틴 피오리(Quentin Fiore)가 공동으로 집필한 "세계 사람들의 전쟁과 평화(War and Peace in the Global Village)" 란 책 속에 '지구촌(Global Village)' 이란 말을 사용하기도 했다.

그러나 여기서 '지구촌' 이란 표현은 통신망의 발달로 세계가 마치 한 마을에서 소식을 주고받는 것 같다는 비유일 뿐, 지구가 하나의 마을이라는 정의는 결코 아니다. 따라서 "지구촌 사람들"이니 "지구촌 곳곳에서 …" 따위의 표현은 성립이 되지 않는 것이다.

또한 외신에서 표현되고 있는 'global'이란 형용사는 "세계적인, 지구상의"란 뜻인데 이를 무조건 '지구촌'하는 식으로 명사화해서 옮기는 일은 잘못된 표현이다.

기브 앤드 테이크
* 디펜드 온 이치 아더

한 영한사전에서는 '기브 앤드 테이크'를 "교환, 서로 주고받음, 공평한 거래, 스스로 상대에게 이익을 주고 그 대신 상대로부터 이익을 얻음"이라 풀이하고 있다.

내가 물질이나 어떤 매개를 제공했으니, 너도 또한 내게 베풀어야 한다는 당위성을 전제로 하는 '주고 받기식'의 상호의존적인 표현쯤으로 착각하는 경우가 많다.

그러나 영어에서 'give-and-take'는 서로 대등한 입장에서 타협하는 공정한 거래, 또는 상호 양도하거나 대화를 주고받는 일, 또는 아이디어의 상호 교환을 뜻한다.

만일 우리식으로 무엇을 '주었으니 받는다'는 식의 의미는 영어로는 '디펜드 온 이치 아더(depend on each other)'로 사용해야 할 것이다.

기브스
* 깁스, 플래스터 캐스트

운동이나 사고로 골절이 되면 병원에서 뼈를 맞추고, '기브스'를 한다고 말한다. '기브스' 또는 '기프스'는 독일어의 석고라는 뜻의 '깁스(gips)'에서 왔다.

이 말을 일본에서 들여다 표기하는 과정에서 일본어 표기로 'p'의 닫는 소리(종성)가 불가능하기 때문에 '기푸스(ギプス)' 또는 '기부스(ギブス)'로 표기한 것이다.

우리는 행복하게도 소리의 종성이 가능하기 때문에 일본 사람들처럼 '기부스'라 하지 않아도 원음에 가깝게 '깁스'라는 소리를 내고 표기가 가능하다.

그럼에도 불구하고 굳이 아직까지도 일본식 발음 표기 그대로 '기부스,' '기프스' 따위를 고집하는 일부 의료인이나 일반 사용자들이 있음은 안타까운 일이 아닐 수 없다.

영어로는 '플레스터 캐스트(plaster cast),' 또는 '플레스터(plaster)' 라고 한다.

기차

* **로커모티브, 열차, 트레인**

검은 연기를 뿜으며, 기적을 울리면서 달리는 기차(汽車)는 생각만 해도 로맨틱한 여행의 기분이 샘솟고, 아스라한 향수를 불러일으키게 한다.

그런데 우리가 이처럼 추억을 담고 있는 기차도 1960년대 초에 디젤 엔진으로 움직이는 기동차가 도입되어 보급되면서부터 차츰 자취를 감추고, 동력에 의한 기동차(汽動車)가 차량을 이끄는 '열차' 의 시대로 바뀐 지 오래되었다.

증기기관을 원동력으로 하여 레일 위를 운행하는 증기기관차만 있을 때는 이를 '기차' 라 했지만, 기동차로 대체된 지금에는 기차는 박물관이나 특수지역의 관광목적을 위해 전시된 것들 뿐, 모두 '열차(列車)' 로 불리는 기동차뿐이다.

'기차' 라는 표현의 한자를 그대로 쓰면 '汽車' 가 되는데, 이것은 중국이나 대만 또는 홍콩에서 일반 휘발유나 디젤을 연료로 하여 내연기관(엔진)에서 동력을 얻어 움직이는 자동차를 일컫는 말이 된다. 그 발음은 '취췌' 라 한다. 물론 '자동차(自動車)' 는 일본에서 만든 한자 표기이다.

영어로는 기관차를 '로커모티브(locomotive)' 라 하고 객차나 화차 등 차량을 끄는 일종의 운행 단위는 이를 '트레인(train),' 지하철은 '섭웨이 트레인(subway train)' 이라 한다.

ㄴ

나레이터 모델

*캠페인 레이디, 데먼스트레이션 레이디

한국에서 90년대 중반부터 갑자기 '나레이터 모델,' 또는 '내레이터 모델'이라는 새로운 직종이 생겨났다.

동아일보에서 펴내는 현대 시사용어 사전에서 '내레이터 모델'을 다음과 같이 설명하고 있다: "친절하고 세련된 몸가짐과 헌신적인 자세로 행사장에서 참관객을 안내하고 행사 내용을 설명하는 전문 직업인." 그리고는 "새롭게 각광받는 직업으로 부상하면서 기본 예절교육, 자기 연출법, 인사법 등 2~3개월 과정의 전문 학원들이 15곳 정도 성업중"이라고 덧붙이고 있다.

영어 단어 'narrator'와 'model'을 합성한 표현이다. 그런데 이 조어는 명사와 명사를 접목할 수 없는 억지 단어의 나열이고, 무엇보다 영어에는 그런 말이 없다.

본디 narrate(내레이트)는 라틴어 'narrare'에서 왔는데, '말하다, 서술하다, 이야기하다'라는 뜻을 지니고 있다. narrator(내레이터)는 TV나 연극 등에서 화면이나 무대에는 나서지 않고 그 배후에서 목소리만을 구사하면서 이야기나 해설을 하는 사람을 말한다. 옛날 무성영화의 변사도 '내레이터'에 해당한다.

그러나 '내레이터'는 사람들 앞에 얼굴을 내밀지 않는다는 의미가 내포되어 있는 것이다. 그러나 model(마들)은 특정 디자이너가 만든 옷이나 물건의 홍보를 위해 전시하거나 돋보이도록 하는 사람이나 마네킹을 뜻한다.

그러니까 얼굴을 나타내지 않고 말로만 한몫 하는 '내레이터'와 얼굴과 몸매를 주로 사람들에게 들어내 보이는 '마들'과는 서로 상반되는 역할이고, 배치되는 용어이다.

그런데 〈내레이터+마들〉을 합성해 버렸으니 이건 이만저만한 모순이 아닐 것이다.

이런 일을 하는 사람을 영어로는 '데먼스트레이션 레이디,' '캠페인 걸,' '세일스 워먼' 등으로 표현한다.

나바조 (인디언)
* **나버호**

'Navajo'는 북어메리커 주에 사는 최대의 어메리컨 인디언 부족의 이름이다. 이를 로마자 읽기식으로 '나바조'라 읽는 이들이 있는데, 정식 발음은 '나버호'이다.

나버호 인디언은 미국 남서부에 주로 유목을 하며 300여 년 동안 살아 왔다. 지금은 농업과 축산업을 경제 수단으로 삼아 모포를 짜고 은 장신구를 만드는 등, 예술적이고 창조적인 지적 생활을 하는 인디언 부족으로 알려져 있다.

한편 애리조나 주 북동쪽에는 '나버호 카운티'가 있다. 또 '나버호 내셔널 모뉴먼트'는 관광지로 유명하다.

나스닥
* **내스댁**

미국의 전미증권협회(NASD)가 증권 업자나 일반 투자가에게 거래된 증권 가격의 상장 정보를 알려 주기 위해서 컴퓨터를 이용하는 자동 통보(오토메이션) 시스템을 '내스댁(NASDAQ)'이라 한다.

'National Association of Securities Dealers Automated Quotation'의 머리 글자 N-A-S-D-A-Q를 모아 소리내는 것이 바로 '내스댁'이다.

NASTAQ은 '나스닥'하는 식으로 로마자 읽기로 하지 않고 '내스댁'이라 부르는 점에 유의하자.

그런데 요즘 한국에서도 '내스댁'을 모방하여 증권거래소에서 운영하는 장외 주식 거래시장을 '코스닥'이라 한다. 'Korean Securities Dealers Automated Quotation'의 머리 글자를 맞춰 1996년 7월부터

가동했다.

이 때도 KOSDAQ을 로마자 읽기식으로 '코스닥' 하지 않고, '코스댁' 또는 '카스댁' 으로 부르게 된다.

한편 된소리를 즐기는 이들은 더러 '나스닥' '코스닥' 이라는 표현도 잘못이다.

| 나이브
| * **이너선트**

순진무구하다는 뜻으로 '나이브' 하다는 표현이 남용되고 있다. 이 표현은 일본 사람들이 영어의 '나이브(naive)' 를 들여다 잘못 쓰고 있는 것을 한국 사람들이 그대로 따라하는 어설픈 표현이다.

영어의 '나이브' 는 젊기 때문에 단순하고 세상을 모르며 특정 분야에 경험이 없고 전문적 지식이 없는, 아직은 철이 덜 든, 천진난만한 모습을 나타내는 부정적인 뜻을 품고 있다. 더욱이 경험과 현명함이 부족하다는 뜻을 가진 부정적인 뉘앙스가 있는 말이 된다.

단순하게 순진하고 순수하다는 말의 영어 표현으로는 '이너선트(innocent),' '쎈시티브(sensitive)' 가 적격이다.

| 나이타, 나이터 경기
| * **나잇(나잇 게임),
| 이브닝 게임(싸커)**

운동경기를 하다가 해가 져서 어두운 운동장을 전기 조명으로 밝히고 경기를 속행하는 야간 경기가 있다. 이를 두고 흔히 '나이타' 또는 '나이터 경기' 라고들 말한다. 이것은 일본 사람들이 만든 일본식 영어인 나이타(nighter의 일본식 발음)에서 기인했다. 그러나 구미에서 '나이터' 라 하면 통하지 않을 뿐만 아니라, 그런 말 자체가 없다.

이런 경우의 바른 영어 표현은 '나잇 게임(night game)' 또는 줄여서 그냥 '나잇' 으로 쓴다. 미국에서 나이트 게임이 시작된 것은 1930대 후반부터였다.

한편, 야구 용어 가운데서 '트와이나잇(twinight)' 과 '트와이나이터' 란 말을 쓰고 있다. 이것은 2팀이 하루에 두 번 게임을 갖는 더블헤더(doubleheader) 때, 첫 번째 경기는 오후에 시작하고, 두 번째 경기는 전등불을 밝히고 밤에 한다는 뜻으로 쓰이기도 한다.

순 수 한 우 리 말 찾 기 품 앗 이

한편 싸커 경기의 야간 경기인 경우에는 '이브닝 게임(evening game)' 이란 표현을 쓴다. 또 '이브닝 킥오프(evening kick-off)' 또는 '플러드라잇 게임(floodlight game)' 이란 표현도 쓴다. 조명 시설이 된 곳이라는 뜻에서이다.

나이트 쇼
* **밋나잇 쑈**

영화나 연극 등의 심야 흥행을 흔히 나이트 쇼라 한다. 주말이나 특정한 날에 통상적인 상영 또는 상연 시간을 넘겨 심야를 전후로 하는 연장 흥행을 말한다.

그러나 영어에서는 이를 '밋나잇 쑈(midnight show)' 라 하고 밤새워 이루어지는 흥행은 '올나잇 쑈(all-night show)' 라 한다. 이때 한글의 'ㄹ' 접변처럼 '올라잇' 으로 발음하지 않도록 해야 한다. 'all night' 은 '온나잇' 에 가깝게 발음되는 점에 유의하자.

나쭈찌
* **나투씨**

이탤리 가구 가운데서 가죽 제품을 선전하는 광고 가운데 '나쭈찌' 가죽이라는 표현이 많이 등장한다. 'Natuzzi' 를 한글로는 '나쭈찌' 또는 '나추치' 등으로 읽는 이들이 있다. 그러나 이 표현의 이탤리 발음은 '나투씨' 가 옳다.

이른바 '나쭈찌' 는 어떤 설명으로도 잘못된 와전일 뿐이다. 더욱이 이 표현의 어미 '--zzi' 를 '찌' 로 한 것은 더욱 우습다.

'z' 를 한글의 'ㅈ' 쯤으로 여긴 모양이고 'z' 가 두개 겹치니까 이것도 쌍지읒(ㅉ)으로 오인한 데서 온 잘못이다. 이탤리 철자 발음에서 'z' 는 우리식의 'ㅈ' 이 아니고 'ㅊ' 은 더욱 아니고 쌍시옷보다 더 센 발음이다.

'나투씨' 는 이탤리 동남쪽 아드리아해에 연한 항구 도시인 바리가 있는 싼테라모 인 콜레(인구 2만 5천 명)에 Natuzzi Corporate Press 본사가 있고 미국 본사는 노스 캐럴라이너 주의 하이 포인트 시(인구 7만 명)에, 그리고 캐너다에 지사가 있다.

'나투씨' 그룹은 1959년 에 창업한 가죽 제품 가구 회사로 출발하여

59

지금은 이탈리아 굴지의 가죽 가구회사로 성장하면서 북미주와 유럽 시장을 석권하고 있다. 1995, 1997년에 ISO 9001, ISO 9000 스탠더드를 획득했다.

나타리 우드
* **내틀리 웃**

50년대에 미녀 배우 Natalie Wood가 있었다. 'Natalie'는 라틴말로 'birthday'란 뜻이다. 미국의 여배우 가운데서 눈이 유난히 크고 예뻤던 Natalie Wood을 우리는 '나타리 우드'라고 불렀다.

그런데 미국 사람들이나 영어를 쓰는 사람들에게 '나타리 우드'가 예쁘고 어쩌고 말을 하면 전혀 알아듣지 못한다. 미국에서는 이 배우의 이름을 '내틀리 웃'이라 부르고, 약음으로 '내르리-'처럼 들리게 소리낸다.

내틀리는 1938년에 샌 프랜시스코에서 출생하여 1981년 로스 앤젤러스의 앞 바다에 있는 유명한 관광지 샌타 캐틸리나 섬에서 세상을 떠났다.

"이유 없는 반항(1955)"을 비롯해서 "초원의 빛(1961)," "웨스트 싸이드 스토리(1961)" 등의 작품에서 명연기를 남겼다.

나팔
* **트럼핏, 버글**

"나팔을 분다"라고 하면 쉴새 없이 지껄여 대는 모습을 빗대어 하는 말이다. 나팔 소리처럼 시끄럽게 들린다는 비유에서 나온 말이다.

'나팔'이라 하면 모든 금관 악기(brass)를 일컫는 말로 쓰고 있다.

그러나 군대에서 신호용으로 만든 핑거 버튼이 없는 것은 '버글(bugle)'이라 하고, 일반 군악대나 관현악에 편성된 연주용은 '트럼핏(trumpet)'이라 구분하는데 일반적 금관악기를 통틀어 일컬을 때는 '브래스(brass)'라 부른다.

'나팔'이란 말은 본래 네덜란드의 말 '루퍼(roeper)'에서 나온 말이다. 중국에서 이를 '라빠(喇叭)'라 했고, 고대 인도의 범어(산스크리트)에서 '라바(rava)'라 불렀다.

이 가운데서 일본 사람들이 중국에서 쓰여진 '라빠'를 그대로 들여다

'ラッパ(랏빠, 喇叭)라 쓴 것이다. 이것을 다시 한국에서는 이 한자 표음을 따서 '나팔'로 쓰게 된 것이다.

그런데 여기서 '叭'은 입벌릴 팔의 의미가 있는데, 정작 나팔은 입을 벌려 연주하는 것이 아니라 입술을 다물고 부는 것이기 때문에 오히려 '불 취(吹)' 자를 택하는 것이 더 합리적일 뻔했다.

한편 나팔을 부는 사람을 '나팔수'라 말하는 것도 일본식 한자 숙어인데 영어로는 '버글러(bugler)'라 하고, 한 때 유행하던 바지 통이 넓은 '나팔 바지'는 '벨 바텀스(bell bottoms)'라 표현한다.

| 낙서
| * **그래피토우**

국어사전에서 '낙서'는 "책을 베낄 때 잘못하여 글자를 빠뜨리고 씀. 장난으로 아무데나 함부로 글자를 씀, 또 그 글자"라 풀이하고 있다.

그런데 낙서라는 말은 일본에서 9세기 초에 만들어 쓰여지고 있는 일본식 한자 숙어로 '落書(らくがき)'라 적고, 문이나 벽 또는 써서는 안 되는 부적절한 장소에 불필요한 글씨나 그림 등을 함부로 적거나 칠하는 일을 말한다.

또 한때 'ラクショ(라쿠쇼)'로 표현했는데 본래는 권력자에 대하여 비판이나 사회에 대하여 풍자를 적은 익명의 문서를 말했었다. 이를 사람들의 눈에 잘 띄는 장소에 떨어뜨려 사람들이 집어갈 수 있도록 한 것이다.

그러니까 우리가 쓰고 있는 '낙서'란 말은 일본식 한자 숙어를 음역하여 쓰고 있는 일본말에서 온 표현이다.

영어로는 '그래피토우(graffito)'라 하고, 화장실 등의 벽이나 문에 낙서 금지의 경고문으로 'No Graffiti'라고 쓴다.

또 마구 갈겨쓴다는 뜻에서 '스크리블링(scribbling)'이란 말로도 표현하고 벽에 낙서 금지를 'No scribbling'으로도 쓴다.

| 남바링
| * **넘버링 머신**

서류 등에 정리하는 일련 번호를 메기는 일을 '넘버링(numbering)'이라 한다. 그리고 그런 숫자가 장치된 사무용 기기도 '남바링,' 또는

'넘버링'으로 얼버무린다. 그러나 '넘버링'은 번호를 정리하는 그 자체를 말하고, 번호를 부여하기 위해 잉크가 첨가된 숫자를 눌러 찍는 기기는 반드시 '넘버링 머신'이라 구분하여 표현해야만 한다.

남방 샤츠
* **알로하 셔트**

따뜻한 봄날이나 여름철에 남자들이 외출용 간편한 웃옷으로 남방 샤츠를 즐겨 입는다. 넥타이를 매지 않고 컬러 폭이 비교적 넓은 흰빛의 셔츠도 그대로 남방 샤츠로 얼버무려 버린다.

남방 샤츠에서 남방은 말 그대로 남쪽 나라들을 가리키는 '南方'이다. 이 남방은 일본이 제2차 세계대전의 와중에 이른바 '태평양전쟁'을 치를 때, 동남 에이서의 여러 나라와 남양 여러 섬을 지칭한 용어에서 비롯되었다.

그러나 실제로 남방 셔츠를 즐기는 디자인이나 패션이 이들 남방과는 상당히 차이가 있고 오히려 하와이의 알로하 셔트(Aloha shirt)를 더 많이 닮았다.

영어에서 '남방 샤츠'를 일컫는 마땅한 표현은 없고 대신 '알로하 셔트,' '허와이언 셔트'라 부르면 무난하다. 그러나 엄밀하게 보면 '알로하 셔트'는 여러 색상이나 야자수, 여러 가지 자연 그림을 프린팅한 소재로 만드는 경우가 일반적이다.

낭만
* **로맨스**

우리나라 사람들은 '낭만'을 참 좋아한다. 그리고 일상 언어 가운데서도 걸핏하면 '낭만'을 즐겨 쓴다. 낭만은 한자로 浪漫이라 적는다. 그런데 그 뜻을 새겨 보려고 하면 애매모호하기 짝이 없다.

민중서림이 펴낸 국어사전에서는 '낭만'이 "현실성이 적고 매우 정서적이며 이상적인 상태"라고 주석을 달았고, '낭만적'은 "환상적이며 달콤한 것을 구하는 것, 또는 현실적이 아니고 공상적인 것"을 뜻한다고 했다.

또 동아출판사의 국어사전에서는 "주정적(主情的), 또는 이상적으로 사물을 파악하는 일, 또는 그렇게 하여 파악된 세계"라고 했다.

그러나 '낭만'이란 일본에서 프랑스어 'roman(로망)'을 '浪漫'이라 쓰고 'ろうまん'이라 표기한다는 사실을 알고 나면 짐짓 꺼림직스러운 표현임을 알게 될 것이다. 즉, 일본어로 '浪漫'이란 한자의 발음은 프랑스어의 '로망'에 가까운 '로만'으로 소리내기 때문이다.

프랑스어에서 '로망'은 소설 장편소설, 중세 로망스어로 쓴 이야기를 뜻한다. 또 로망스(romance)는 연가(戀歌)를 뜻한다.

일본어에서 쓰는 '로만'은 프랑스어 'roman'에서 온 말이라 했고, 근대의 로만스어(romanish)로 쓰는 일을 일컫는다. 로만어는 스위스 동남부에서부터 이탤리 북동부 지역에 이르는 사이에서 쓰이는 레트-로만스(Rhaeto-Romance)를 일컫는다. 레트-로만스는 로만스어를 비롯해서 라틴어, 프리울어를 통틀어 일컫고, 인도유럽어족 가운데서 이탤리어파의 로만스어를 쓰는 무리의 하나이다.

'로만'은 소설처럼 변화가 풍부하고 감미로운 사건, 연애 사건 등을 다룬 것이 많다고 했다. 정서적이면서 더 아름다운 미래를 지향하는 낙천적인 상태를 뜻하기도 한다. 또 전기적 요소가 많은 산문 소설이거나 일반적으로 장편소설, 꿈과 모험을 동경하는 내용이 가득 찬 이야기 등을 말한다고도 주석을 달고 있다.

결국 우리가 쓰는 '낭만'이란 말은 우리말에는 없는 일본식 한자 표기를 그대로 음역하여 빌어 쓰고 있는 주체성 없는 표현임을 알 수 있다.

이 말의 영어 표현은 바로 '로맨스(romance)'가 된다.

내일을 향해 쏴라
＊ 붓치와 썬댄스 스토리

1969년에 미국의 20세기 팍스사가 만든 영화 "붓치 캐시디와 썬댄스 킷(Butch Cassidy and Sundance Kid)"이라는 영화가 있었다. 한국에는 1970년에 수입 상영되면서 "내일을 향해 쏴라"란 제명으로 둔갑을 했다.

조지 로이 힐 감독이 폴 뉴먼과 롸벗 렛퍼드와 캐설린 로즈를 주연으로 내세워 새로운 감각의 웨스턴을 실현한 당시 뉴씨네마의 최고 걸

작품으로 꼽히는 명화다.

특히 아카데미상의 오리지널 각본과 촬영, 작곡 그리고 주제가 부문에서 최우수상을 받기도 했다. B. J. 타머스가 노래한 "Raindrops Keep Falling On My Head"가 바로 이 영화의 주제가인 것은 너무도 유명하다.

그런데 한국에서 제명으로 쓰인 "내일을 향해 쏴라"는 일본 영화계에서 의역하여 붙인 일본식명 "明日に向って撃て"을 한국 영화업자(남아)가 수입하여 상영하면서 그대로 가져다 번역해서 붙인 것이었다.

참고로 미국이나 유럽 영화에 일본이 의역한 일본 제명을 그대로 한국에서 사용한 예를 몇 가지 들어본다.

원제목(제작국)	일본식명	한국식명	제작/한국개봉년도
13 Jours En France(프랑스) (프랑스의 13일)	하얀 연인들	하얀 연인들	1968/1970
A Summer Place(미국) (여름 휴양지)	피서지의 사건	피서지에서 생긴 일	1959/1961
Anastasia(미국) (애너스타샤)	추상(追想)	추상	1956/1957
Blackboard Jungle(미국) (흑판 정글/교실의 음모)	폭력교실	폭력교실	1955/1960
The Country Girl(미국) (순진한 시골처녀)	갈채(喝采)	갈채	1954/1957
Darling Lili(미국) (내 사랑 릴리)	밀애(密愛)	밀애	1970/1971
The Longest Day(미국) (사상 가장 긴 날)	사상 최대의 작전	사상 최대의 작전	1962/1965
Love Is A Many Splendored Thing (사랑은 찬란한 것)	모정(慕情)	모정	1955/1956
My Darling Clementine(미국) (내 사랑 클레멘타인)	황야의 결투	황야의 결투	1946/1956
Raintree County(미국) (레인트리 카운티)	애정이 꽃피는 나무	애정이 꽃피는 나무	1957/1958

The Spirit of St. Louis 날아라, 저것이 파리의 등불이다	저것이 파리의 등불이다	1957/1959
("세인트 루이스의 혼" 호)		
To Sir With Love(미국) 　　　　언제나 마음만은 태양	언제나 마음은 태양	1967/1972
(선생님을 존경해요)		
Waterloo Bridge (미국) 　　　　애수(哀愁)	애수	1940/1955
(워털루 다리)		
Where The Boys Are (미국) 　　　보이 헌트	보이 헌트	1960/1962
(사내들은 어디 있을까)		
The Young Ones (영국) 　　　　틴에이지 스토리	틴에이지 스토리	1961/1964
(젊은이들)		

넘버 플레이트
* **라이쎈스 플레이트**

자동차의 등록 번호판을 흔히 '넘버 판,' '넘퍼 플레이트(number plate)' 라 한다. 이것은 일본식 영어에서 들어온 잘못된 영어 표현이다.

한때 중세 영어에서는 이런 표현을 한 적은 있었지만, 근대 영어에서 이런 말을 쓰이지 않는다.

자동차 차량에 대하여 '넘버' 란 표현을 쓰지 않는 이유는 단순한 순번을 쓴 번호판이 아니라 자동차가 등록을 마치고 합법적으로 부여된 일련 번호나 기호라는 뜻이기 때문이다. 우리말로도 자동차 번호판이 아니라 등록판이 되어야만 옳다.

이를 영어로는 '라이쎈스 플레이트(license plate),' 또는 '레지스트레이션 플레이트(registration plate)' 라 한다.

네고
* **네고시에이션, 디일**

교섭이나 흥정을 뜻하는 영어의 '네고시에이션(negotiation)' 을 흔히 '네고' 라고 한다. 이 말은 일본에서 '네고시에이션' 의 앞 토막을 잘라 간략형으로 쓰고 있는 일본식 영어이다.

negotiation은 보통 복수 형태를 취하지만 단수 무관사로 쓰는 경우가 더 많다. 그러나 미국이나 영국에서는 '네고시에이션' 보다는 '디일(deal),' '디일링(dealing)' 을 더 많이 사용한다. "It's deal." 이라고 하면 '만사 결정 끝' 이다.

네바다	한국의 관광객들이 미국 여행을 나설 때 빼놓지 않는 목적지 가운데 '라스 베이거스'를 손꼽는다.
* **너배더**	

그런데 '라스 베이거스'는 우리 한글 표기대로 읽어도 통하지만, 이 도시가 속한 Nevada 주를 제대로 발음하거나 알아듣지 못해 곤욕을 치르는 경우를 자주 보게 된다. 우리는 '네바다'라 쓰고 읽지만, 네이티브 스피커들은 이를 잘 알아듣지 못한다. 왜냐하면 '너배더'로 발음하기 때문이다. 그것도 첫 음절 '너'는 거의 들리지 않고 '-배더'만 액센트를 두고 있으니 더욱 알아듣지를 못한다.

'Nevada' 주는 미국의 50개 주(State) 가운데서 1864년에 36번째 주가 되었고 '실버 스테이트(Silver State)'란 별명을 갖고 있다.

이 주의 이름은 씨에라 너배더(Sierra Nevada) 산맥의 이름을 줄인 형태인데, 스페인 말로 "내리는 눈," 또는 "쌓인 눈"이란 뜻인 '네바다'에서 왔고, 눈을 은빛에 비유하여 '실버'란 말을 인용하여 "눈의 주"가 된 것이다.

지명이 된 'Nevada'는 물론 스페인어에서 왔고 스페인어의 발음은 '네바다'이지만, 현대 영어권의 네이티브 스피커들은 '너배더'로 발음한다.

우리식 표기로 '네바다주' 하면 자칫 '너의 바다를 다오'라는 뜻으로 오해하기 십상이다.

너배더 주에는 세계적인 도박과 휴양도시 '라스 베이거스(인구 47만 8천434명: 2000센서스)'가 있고, '리노(Reno, 인구 18만 명),' '후버 댐(Hoover Dam)' 등 유명한 관광지가 있다. 주 정부 소재지는 인구 5만 2천500명인 칼슨 시티(Carson City)이다.

네온 사인	한국 서울 도심지의 네온 사인은 그 휘황 찬란하기가 미국이나 일본을 앞선 느낌이 들 정도이다. 미국에서처럼 업소가 간판을 내걸 때마다 시 정부 당국에서 '싸인 퍼밋(간판 허가)'이 나와야 되는 것과 달리, 한국에서는 이 점에 있어서는 매우 자유스럽다. 그래서 간판은 기
* **니안 싸인**	

본 규약쯤 무시한 채, 한 업소에서도 적게는 2개 이상, 심하면 20여 개의 간판들을 주렁주렁 매달거나 내걸고 있는 실정이다.

어떤 대중문화 학자의 "간판의 크기와 모양, 그리고 복수 이상의 부착은 그 사회나 국가의 문화 정도와 반비례한다"는 말처럼 후진국이나 개발도상국들은 선진국들의 간판의 크기와 수량에 비해 훨씬 많은 것이 특징이라는 말에 공감이 간다.

서울을 비롯한 전국의 도시들은 간판의 물결로 도시가 미화되는 듯한 착각이 들 정도다.

우리가 표현하는 '네온 사인'과 미국식 발음인 '니안 싸인'은 대표적인 한미 발음 차이의 한 표본이다.

네온 개스를 유리관 속에 충전하여 만든 램프로 광고나 장식용에 쓰는 것을 '네온 사인(Neon Sign)'이라 부른다. 네온은 액체 공기를 저온에서 증발하여 헬륨과의 혼합기체를 만들고, 이것을 분리한 개스를 방전광이나 네온 사인 등에 넣어 쓴다.

독일, 스페인, 네덜란드어로는 '네온(neon)'이라 하고, 프랑스에서는 '네옹(neon)'이라 하는데 형광등을 뜻하기도 한다. 포르투갈어에서는 '네오니오(neonio)'라 한다.

한편 '클라이슬러' 자동차가 만드는 소형 승용차 'Neon'도 '네온'이 아닌 '니안'이라 부른다.

네이비 블루
* **네이벌 블루**

짙은 청색을 흔히 '네이비 블루(navy blue)' 색이라 말한다. 해군의 유니폼 색깔이 푸른빛인데서 연유해서 일컫는 일본식 영어 표현이다.

그러나 영어에서 '네이비 블루'라 말하면 해군 병사를 일컫는 닉네임이 된다. 그리고 이를 색상에 비유하는 말로 쓸 때는 형용사를 써서 '네이벌 블루(naval blue)'라 한다.

한편 해군복장식 패션을 '네이비 루크(navy look)'라 하는 것도 '네이벌 룩(naval look)'이라 해야 옳다.

네일 세다카	팝송 "Oh, Carol"은 1959년 가을에 나와 한국에서도 대단한 인기를 누린 노래다. 이 노래를 부른 가수 Neil Sedaka는 당시 20세였다.
*** 니얼 씨대키**	

뉴욕 브룩클린 출신으로 고등학교 친구인 캐럴 킹을 위해서 써준 노래였고, 캐럴 자신도 이 노래에 대한 화답(answer song)으로 "Oh, Neil"을 노래하기도 했다.

우리는 Neil Sedaka를 로마자 읽기 방식으로 '네일 세다카'라 읽고 부르고 있다. 다분히 일본식 표현 'ニール セダカ(니루 쎄다카)'를 많이 표방했다. 그러나 본인이나 미국 방송에서는 '니얼 씨대키'로 발음한다.

영어 이름 Neil은 아일랜드에서 왔고, "champion"이란 뜻을 지니고 있다.

니얼 씨대키는 1938년생. 엘러멘터리 스쿨 때부터 피아노를 쳤고, 링컨 고등학교의 동창 하워드 그린필드가 써 준 시로 많은 노래를 작곡도 했다.

그가 17살이던 1956년 6월 10일에는 구 소련 모스크바에서 열렸던 제3회 차이코프스키 피아노 콩쿠르에 출전하여 우승을 차지할 정도의 피아노에 큰 재능을 갖고 있었다. 줄리어드 음악원에서 클래시컬 피아노를 전공한 그를 피아노 대가 아르트루 루빈슈타인이 특별히 인정하기까지 했지만, 뜻을 달리하여 대중 음악 세계로 들어왔던 것이다.

네임 밸류	사회에서 1급에 속하는 인정을 받는 사람에 대하여 그 지명도를 '네임 밸류(name value)'가 있다는 말로 흔히들 쓴다.
*** 네임, 웰노운**	

운동선수로 이름이 떨치고 있는 사람, 가수나 배우로 인기를 유지하고 있는 유명 예능인, 촉망을 받는 스포쓰 플레이어(선수), 사회적으로 활동이 큰 저명 인사, 일류 대학의 명강의 교수, 정치적으로 지명도가 높은 사람이나 고급 관리 등에 대하여 '네임 밸류'가 있다는 표현들을 보통으로 쓰고 말한다.

본래 '밸류(value)'는 가치나 가격 평가, 그리고 일반 평가 등의 뜻을 지니고 있지만, 사람의 가치를 뜻하는 'name value'란 영어는 없다.

이것은 일본에서 만든 억지 영어이기 때문이다.

영어로는 '웰 노운(well known),' 또는 '페이머스(famous)' 라 하고, 사람에 대하여는 단순히 '네임(name)' 만으로 그 뜻이 통한다.

그러나 구체적으로는 명사에 대하여 '노터블(notable),' 또는 '썰레브러티(celebrity)' 라는 말을 쓴다. 또 유명 상품에 대하여는 '네임 브랜드(name brand)' 를 쓰기도 한다.

네임 카드
* **카드, 콜링 카드**

명함을 더러 '네임 카드' 로 표현하는 사람들이 있다. 자기 이름이나 사업체의 이름 등을 작은 종이에 인쇄해서 처음 인사를 나누는 사람이나, 자기의 인지를 필요할 때 다른 사람에게 건네주는 이름을 새긴 카드라는 뜻을 그대로 영어로 옮겨 쓰고 있는 것이다.

그런데 영어에서 '네임 카드' 라는 말은 없고 또 그런 말은 통하지 않는다. 우리식으로 통용하고 있는 명함은 그냥 '카드(card),' 또는 '마이 카드(my card)' 라 하고, 정식으로는 '콜링 카드' 라고 한다. 그런데 최근에는 전자식 카드를 이용한 전화 사용 카드를 '콜링 카드' 로 부르는 바람에 자칫 혼동하기가 쉬워졌다. 영국에는 '비지팅 카드(visiting card)' 라고 한다.

한편 직장이나 자기 비즈니스와 관계되는 회사나 상점의 이름을 새겨 넣은 명함을 '비즈니스 카드(발음은 '비스니스' 에 가깝다)' 라 하는 경우는 일반화되어 있다.

넥타이 핀
* **타이 핀, 타이 클립**

남자들의 정장에서 넥타이에 거는 핀을 흔히 '넥타이 핀' 이라고 하는 것은 잘못된 표현이다. 영어의 올바른 표현은 '타이 핀(tie pin),' 또는 '스틱 핀(stick pin)' 이라고만 해야 맞다.

대개 진주나 인조 보석 장식에 핀을 설치하여 '백 핀(조임 버튼)' 으로 고정하는 타입을 '타이 핀' 이라 한다. 그러나 타이의 질감이 섬세한 실크인 경우에 스틱 핀을 사용하면 섬유 조직을 상하게 하고 흠이 생기는 결점이 있다.

한편 막대처럼 '바'로 된 것도 통틀어 '타이 핀'이라 말하는 사람들이 많은데, 이는 '타이 클립(tie clip)'이라고 구분해서 표현해야 옳다.

네트 인
* 넷 볼, 넷 코드

테니스, 탁구 또는 배구 등의 구기 시합 가운데서 선수가 친 공이 중앙 네트에 걸리거나 접촉하는 일을 '네트 인'이라 말하는 사람들이 많다. 그러나 이것은 영어에는 없는 일본에서 만들어진 가짜 영어 표현이다.

영어에서는 '터치 더 넷 앤 폴 인투(touch the net and fall into)'라 하고 테니스인 경우에는 '넷 코드(net corde)'라 한다. 그러나 '넷 볼(net ball)'이란 표현이 가장 일반적인 표현이다.

네트 타치
* 넷 파울

테니스나 탁구 또는 배구 등의 볼 게임에서 선수가 친 공, 또는 선수의 몸 일부가 네트에 접촉하는 반칙을 범할 때, '네트 타치' 또는 '타치 네트'란 표현을 많이 쓴다.

이것은 우리가 만들어 쓰는 영어도 아니고 진짜 영어는 더욱 아니다. 바로 일본에 영어 단어를 끼워 맞춰 만들어 쓰는 일본식 영어를 한국 스포쓰계에서 비판 없이 그대로 들여다 쓰는 잘못된 영어이다. 영어로는 '넷 파울(net foul)'이라 한다.

노가다
* 내비, 도카타

노동판에서 막일을 하거나 아무 일이나 닥치는 대로 노동을 해서 생계를 유지하는 사람을 일컬어 '노가다'라 하고, 그런 일을 하는 일터를 '노가다 판'이라는 말을 흔히 쓰고 있다.

우선 이 말은 일본말에서 왔고, 그나마도 와전되어 쓰이고 있다. 일본말에서 '노카타'는 한자로 '野方'이라 하고 그 뜻은 들이나 고지대 등을 개간한 곳, 고지대에서 경작에 적당치 않은 곳 등을 일컫는 말이다. 한편 '도카타'는 한자로 '土方'이라 쓰고 그 뜻은 토목공사에서 모래를 푸거나 운반하는 일에 종사하는 사람을 일컫는 비어이고 도로나 철도 또는 운하 등의 건설 현장에 종사하는 미숙련 토역꾼, 또는 잡역

인부를 두고 하는 말이다.

한국에서 발행되고 있는 대부분의 국어사전에도 한글 표제로 '노가다'를 등재하고 있으면서 "노가다는 일본어 '도카타'에서 왔고 토목공사장에서 막노동을 하는 사람"이라고만 주석을 달고 있다.

그러나 정작 일본어에서는 '도카타'를 '노카타'로 혼동해서 사용하는 일도 없을 뿐만 아니라 '노카타' 그 자체가 토목공사의 막일꾼을 뜻하는 말로 바꾸거나 속어로도 쓰는 일이 없다.

이렇게 놓고 볼 때, 누군가가 먼저 한국의 국어사전에 '노가다'를 올리고 토목공사의 막일꾼'이라 주석을 달았고, 모든 국어사전이 거의 한결같이 이 말을 그대로 전재하고 있음은 더욱 매우 우스꽝스러운 일이다.

'노가다(노카타)'가 '도카타'에서 온 말도 아니거니와 설혹 그렇다 하더라도 '노가다'는 엄연히 농촌과 농사, 개간지 등에 관련된 일들을 가리키는 말이다.

다시 말해서 농사짓는 일이나 개간하는 일 자체를 '노카타'라 하고, 노동 현장의 막노동 일꾼을 '도카타'라 하는 말 자체에 혼동이 있었고 이 과정에서 '도카타'를 '노카타'로 오인했음이 분명하다. 그나마 '노카타'도 '노가다'로 와전되어 사용해 온 것이다.

노동자의 막일꾼을 영어로는 '내비(navvy)'라 쓴다. (*해군을 일컫는 navy는 '네이비'라 발음.)

노 마크	특정한 상대에 대해서 특별히 경계하거나 방어하지 않는 일을 노 마크란 표현을 쓴다.
* **언마크드**	

또 스포츠에서 공격쪽의 선수가 수비쪽 선수의 방어망을 피해 자유스럽게 공격에 성공하는 표현으로도 쓴다.

이를 영어로는 '언마크드(unmarked)'라 표현은 '언막윽드'처럼 발음한다.

| 노브라 | 브레이지어를 착용하지 않은 것을 흔히 '노브라'라 부르는 이들이 많
| * **브랄리스,** | 다. 영어에는 그런 표현이 통하지도 않는 순전히 일본에서 멋대로 만
| **노 브라스** | 들어 함부로 쓰여지고 있는 일본식 영어 표현이다.

이를 영어로 표현할 때는 '브랄리스(braless)', '위다웃 웨어링 어 브라(without wearing a bra),' '낫 웨어링 어 브라(not wearing a bra)' 등으로 말한다. 또 '노 브라스(no bras)'라고 표현해도 통한다.

'브라(bra)'는 영어의 'brassiere(브레이지어 또는 브러지어)'의 약자이고 중세 프랑스어의 갓난아이의 긴소매 달린 옷이란 뜻의 'brassire(브라시에르)'에서 왔다.

| 노 브랜드 | 유명 메이커의 제품이 아니거나 브랜드 이름을 붙이지 않은 상품에
| * **오프 브랜드** | 대해 흔히 '노 브랜드'라는 말을 쓴다. 이런 제품에 대하는 고객의 반응은 싸구려 제품이거나 저가품으로 푸대접하기 마련이다.

또 일상 잡화 가운데서 값이 싸고 박리다매 대상의 상품에 대해서도 그런 표현을 붙인다.

그러나 영어에서 '노 브랜드'라는 말은 없고 굳이 말을 억지로 만들어 본다면 브랜드를 붙이거나 사용하지 말라는 말로 변질된다.

브랜드가 사용되어 있지 않거나, 이름 없는 제품에 대한 영어 표현은 '오프 브랜드(off brand)'라 한다.

| 노 카트 | 60년대 이후부터 한국에서는 외국 영화를 수입할 때 정부 당국이 사전
| * **언컷, 언센서드** | 에 심의를 하게 되고, 그 내용이 지나친 애정 표시를 하거나 난폭한 연기가 들어 있을 때에는 미풍양속을 해친다는 이유로 수입 자체를 거부하거나, 일부를 가려 특정한 장면의 필름을 삭제하는 일이 잦았다.

이런 현상에 대하여 삭제하지 않은 필름이나 공연물에 대하여 '노 카트'라는 표현을 써 왔다.

영화를 제작하거나 수입한 필름에 대하여 윤리 규정에 의하여 문제되는 장면을 삭제하는 일을 흔히 '카트'라 하고, 삭제되지 않은 상태를 '노 카트'라는 표현을 써 오고 있다. 카트는 일본식 발음이고, 노 카트는 일본식 영어다.

여기서 카트는 영어의 컷(cut)을 말하는데, '노 커트'라 말하면 "커트 하지 말라"는 명령어가 되어 버린다.

이를 영어에서는 '언컷(uncut),' 또는 '언센서드(uncensored)'라 표현한다.

노 크랏지, 노구랏찌
* **오토매틱 트랜스미션**

구식 자동차는 대부분 수동식 변속기를 썼기 때문에 운전대에 변속을 위한 클러치 페들이 꼭 설치되어 있다. 자동변속기를 장착한 차가 아직은 희귀 선택 과정일 때, 변속 클러치 페들이 없기 때문에 이를 '노 클라치(no clutch)'라 불렀다.

이것은 영어에는 없는 일본식 영어 표현이다. 영어로는 '오토매틱 트랜스미션(automatic transmission)'이라 하고 이를 줄여서 '오토매틱'이라고도 한다.

한편 수동식은 '매뉴얼 트랜스미션,' 이를 줄여서 '매뉴얼'이라 하고 변속 레버가 길게 드리운 것에서 이를 '스틱(stick),' 또는 '스틱 타입'이라고도 한다.

노 타이
* **위다웃 어 타이**

드레스 셔트(흔히 말하는 와이샤쓰)에 넥타이를 착용하지 않은 것을 '노 타이' 또는 '노 넥타이'라고 말하는 이들이 많다. 얼핏 들으면 "타이를 매지 말라," "넥타이는 안 된다"는 말로 들린다.

이런 말들은 일본에서 영어 단어를 끼워 맞춰 멋대로 만든 일본식 영어이고 이를 분별 없이 유식한 영어처럼 그대로 가져다 쓰는 일부 한국인들의 타성에 젖은 비속어이다.

뿐만 아니라 드레스 셔트가 아닌 깃이 넓고 넘기는 셔트까지도 '노 타이'라는 말로 쓰고 심지어 남방 셔츠(샤츠)까지도 노 타이로 얼버무려 부르는 경우도 허다하다.

드레스 셔트에 넥타이를 매지 않고 편한 복장을 하는 것을 영어로는

	'위다웃 어 타이(without a tie)'라 한다. ('셔트'는 '샤츠' 항목 참조) 따라서 '노 타이 샤쓰' 따위의 말도, 넥타이를 매지 않은 셔츠 차림의 간편 복장을 일컫는 일본식 영어 표현에서 본받은 잘못된 말이다.
노이로제 * **누로우서스, 뉴로우시스**	신경증, 또는 심리적인 원인으로 정신장애나 기능적 신체장애를 일으키는 현상을 두고 '노이로제'라고 한다. 현대인들은 심리적인 게 원인이 되어 위궤양 등 기질적 신체장애를 일으키는 경우가 많은데 이를 심신증이라도 부른다. 여기서 '노이로제'는 영어가 아닌 독일어 'neurose'에서 왔다. 독일어에서는 여성 명사로 '노이로서'에 가까운 발음을 하고 신경증을 뜻하는 의학 용어로 쓴다. 그러나 영어에서는 'neurosis'라 표기하고 '뉴로우서스'로 발음한다. 영어권에서 신경증이나 신경증상을 뜻하는 '노이로제'는 전혀 통하지 않는 이상한 소리가 된다. 한편 신경질은 '너버스니스(nervousness),' 또는 누로우티시즘이라고 하는데 정신질환은 아니지만 선천적으로 자극에 민감한 체질을 갖고 있거나, 어떤 사물에 대한 반응을 쉽게 일으켜 불안, 피로, 두통 등을 일으키는 불안증상을 나타내는 현상을 말한다. 더러 어떤 사물이나 사항에 대하여 성질을 자제하지 못하고 과민반응을 보이며 교양스럽지 못한 성질을 내는 괴벽스런 행동이나 성격과는 좀 다르다. '누로우서스'는 '싸이코누러시스(psychoneurosis)'라고도 한다.
노타치 * **노 대깅**	어떤 사람이나 사건 등에서 아무런 관계가 없는 일을 비유적으로 말하거나, 손을 대지 말라는 뜻 등을 의미할 때 '노타치(no touch)'란 말을 흔히 쓴다. 이런 경우 영어에서는 '난 어브 원스 비즈니스(none of one's business),' 그러니까 'None of my business(나와 상관 없는 일)'처럼 쓰인다.

비즈니스 대신 '칸선(concern)'을 쓰기도 하고 손을 대지 말라는 의미는 '돈 타치(don't touch)'가 된다.

옛날 금광을 캐던 시절, 외국인 소유의 광산에서 한국인 노동자들에게 금괴나 금고에 손을 대지 말라고 경고문으로 써 붙인 "Do Not Touch"를 '노타치(no touch)'로 와전하여 관용화한 일도 있었다.

한편 야구에서 러너가 베이스에 터치하지 않거나, 베이스맨이 러너의 터치에 실패할 경우 등에도 '노 터치'를 쓰기도 한다. 그러나 영어에서는 '미쓰 더 댁(miss the dag),' 또는 '노 대깅(no dagging)'이라 한다.

노톨
* **씨니어 씨티즌, 올드 퍼슨**

노인이나 노년층에 속하는 이들에 대하여 '노톨'이란 표현을 쓰는 경우를 가끔 듣는다. 우리말이려니 하고 아무리 그 말뜻을 찾으려 해도 쉽사리 해답을 찾을 수 없다.

이 말이 바로 일본에서 노인들을 지칭해서 '노또루'라는 데서 배워 온 표방 언어이었기 때문이다.

이 표현의 유래는 중국어의 '노두아(老頭兒)'의 발음 'lao-tou-er'에서 비롯되었다는 설이 있다.

영어로는 '올드 퍼슨,' '씨니어 퍼슨,' 또는 '씨니어 씨티즌,' '올드 포크(old folk)' 등으로 쓴다.

노츠 베리 팜
* **낫스 베리 파암**

로스 앤젤러스에서 3대 관광 루트를 이야기 할 때, 흔히 '디즈니랜드'를 첫손에 꼽고, 그 다음이 '유니버설 스튜디오' 그리고 '낫스 베리 파암'을 든다.

이 가운데서 '낫스 베리 파암(Knott's Berry Farm)'을 '노츠 베리 팜,' 또는 '낫츠 베리 팜' 등으로 표기하거나 발음하는 이들이 많다.

그러나 올바른 표현은 '낫스 베리 파암'이 되어야 한다. 물론 이 때 '낫츠'는 한국인들이 로마자 't'와 's'가 어미에 어울릴 때 이를 't∫'와 같은 발음기호로 오인하고 잘못 쓰는 습관을 버려야만 한다. '낫츠'가 아니라 '낫스'가 되는 것이다.

'-파암'은 우리 표기에 'f' 표기가 불가능하기 때문에 파열음 'ㅍ'으로 대체하는 것 말고는 대체로 원음에 가까운 표기가 한글로 가능하다. 'Knott's Berry Farm'은 서부 개척시대의 회고적 분위기를 주제로 '고스트 타운(폐허도시),' '캠프 스누피' 등 5개 권역과 공룡 탐험. 그리고 최근에는 500만 달러를 들여 1분에 6차례 앞뒤로 요동하는 '부머랭 코스터' 등이 설치되어 있다.

이 공원은 '낫트(Knott)' 부부가 경영하던 치킨 디너 레스토랑이 발전해서 가족 공원으로 개설했다가 지금은 세계적인 관광 주제공원(theme park)이 되었다.

'낫스 베리 파암'의 입장료는 2002년 봄을 기준으로 어른이 40달러, 3~11세 어린이와 65세 이상 씨니어는 30달러를 받는다.

한편 디즈랜드 파크도 1955년에 개장할 때 어른 입장료가 단돈 1달러였는데, 48년이 지난 지금은 그 40배가 넘는 43달러(어린이 33달러)로 올랐다. '유니버설 스튜디오(할리웃)'는 45달러 (어린이나 씨니어 35달러)를 받고 있다.

| 노하우 (요령) | 다른 사람에 비해 좀더 구체적이고, 일상적인 것에 비해 요령을 터득하고 있는 상태를 두고 흔히 '노하우'라는 말로 남용하여 쓰고 있다. 영어로는 no-how(노-하우)가 아닌 knowhow(노우하우)라는 말에서 인용하는 말이 본질을 벗어나 잘못 적용하고 있는 느낌이다.

'노우하우'는 실용적 지식(프랙티컬 나리지)이나 숙련 또는 전문적 지식이나 숙련을 뜻하는 말로 쓰인다.

이를테면 '테크니컬 노우하우(technical knowhow)'라는 표현이 제격이다. |

※ 노우하우 (숙련된 지식)

| 논 스톱 | 요즘 영어 표현 가운데 '논 스톱'이라 표현이 남용되다시피 유행이다. 심지어 TV 프로그램 타이틀에까지 '논 스톱'이 동원되고, 영어 회화를 다룬 책에까지 '논 스톱'을 강조하면서 무한질주라는 억지 표 |

※ 난 스탑

현으로 옮겨 놓기까지 한다.

영어의 'non-stop'은 도중에서 멈추지 않는 직행으로, 비행기나 우주선이 도중에 무착륙으로, 끊임없이 연속적으로 하는 등의 형용사와 전치사로 쓰인다. 또 명사로는 버스 등의 직행이나 직행 열차를 뜻하기도 한다.

Non-stop을 다들 '논 스톱'으로 발음하고 있다. 이것은 영국식 발음이고 일본표기 'ノンストップ(논스톱뿌)'에서 영향을 받은 인상이 짙다. 왜냐하면 현대 영국 영어에서도 '논스톱'이 차츰 '난 스탑' 쪽으로 변화하고 있기 때문이다.

1970년대 서울 퇴계로에 '무겐'이란 간판을 단 클럽이 있었다. 사람들은 무심코 뜻도 모를 독일어쯤으로 여겨 넘겼다. 그러나 이 말은 일본어 'むげん(無限)'이란 말이었다. 일본어에서 '무겐'은 수량이나 정도에 한도가 없는 일을 뜻한다고 했다. 그러나 한국의 국어사전에서 '무한'을 '한이 없음'이라고만 막연한 주석을 달고 있다. 심지어 '난 스탑'을 무한질주라는 따위의 억지 표현을 주어 맞추는 난센스까지 남용되고 있다. 무한질주란 방향도 절제도 없는 무질서와 무궤도를 뜻하는 부정적인 뉘앙스가 있는 표현이다.

논타이틀
* **난타이틀드 맷취**

운동경기, 특히 권투 시합에서 타이틀을 걸지 않고 실시하는 시합을 흔히 '논타이틀'전이란 표현을 쓴다.

영어에서는 '난 타이틀드 맷취(non titled match),' 또는 한판 승부라는 뜻의 '바웃(bout)'을 '맷취' 대신 써서 'non titled bout'이라고 하기도 한다.

농산물
(파암 프로덕트)
* **프러두스,
프러듀스**

농산물 집하장이라는 표현이 일반화되어 있다. 그리고 수퍼마켓에 가면 싱싱한 야채와 과일을 언제나 구할 수 있다. 일반적으로 야채와 과일을 두루 '농산물,' 영어로는 Farm Product라 표현하는 이들이 많다. 이를 영어에서는 '프러두스(produce)' 또는 '프러듀스'라 한다.

곧 가공하지 않은 상태의 원형 그대로의 밭에서 나는 푸성귀 (vegetables)나 과일(fruits)나무에서 딴 일체의 식용 열매를 두루 일컬어 '프러두스' 라 표현하는 점에 유의해 두자.

누드 쇼
* **스트립 쑈**

주점(큰 술집)이나 특수 유흥업소에서 여성이 관객들을 즐겁게 해주기 위해서 옷을 벗는 율동을 해 보이는 여흥을 흔히 '누드 쇼(nude show)' 라 표현한다. 이는 잘못된 영어 단어의 나열이다.

영어에서는 'nude show' 란 표현은 쓰지 않고, 대신 '스트립 쑈(strip show),' 또는 '스트립티스(striptease)' 라 하고, 그 댄서를 '스트리퍼(stripper),' '스트립티서(stripteaser),' '스트립티스 댄서' 란 표현으로 쓰고 있다.

'Nude' 는 '누드' 또는 '뉴드' 로 발음하는데, 본래 예술 용어에서 '옷을 일부 벗은, 또는 옷을 입지 않은 상태' 를 의미했다. 나체화, 나체상 등이 일반화된 표현이고, 그 모델이 되는 사람을 '누드 모델' 이라 말하는 것은 널리 알려진 대로다.

한편 '스트립 쑈' 를 제공하는 전문 업소에서는 간판에 'NUDE' 를 표현하는 경우도 있지만 이것은 옷을 벗는 예술(?)이라는 뜻을 품은 선전 용어로 받아들여진다.

뉴스
* **누즈, 뉴즈**

레디오나 텔러비전, 신문, 또는 잡지에서 새 소식을 전하는 일을 '뉴스' 라 발음한다. 그러나 이 표현은 일본식 발음을 그대로 흉내낸 것이다. News의 올바른 표현은 '누즈' 또는 '뉴즈' 이다. 이때 '-즈' 는 우리 표현의 완전한 '즈' 가 아니고, 우리 발음 구조에 없는 이를 다문 상태에서 목젖에서 나는 'z' 파열음이이고, '즈' 보다는 '스' 에 더 가까운 소리다.

'뉴즈' 는 단수 취급으로 보도, 정보, 새 소식의 뜻인데 그 어원은 중세 영어의 'newes' 에 두기도 하지만, 인도 유럽어의 'newo(새로움),' 고대 프랑스어의 'noveles(새로운 것)' 에서 찾고 있다.

한편 방위의 north(북), east(동), west(서), south(남)에서 머리글자를 꿰어 맞춰 만든 말이라고 하는 이들도 있지만 그건 코미디에서나 써 먹을 억지다. 왜냐하면 동양에서는 방위 순서를 동서남북(EWSN)으로 하고, 서양에서는 북남서동(NSWE)으로 하기 때문이다.

니꾸사꾸
* 럭쌕, 백팩

등산 등을 할 때 간이 식량이나 장비 등을 간편하게 마련하고 등에 짊어질 수 있도록 멜빵을 드리워 만든 큰 주머니를 대부분 '니꾸사꾸'라고 부른다. 더러는 '유크샤꾸'니 '류크샤크' 또는 '륙색' 등 다양하게 표현하고 있다.

이 말은 본디 독일어 '루크싸크(rucksack)'에서 왔다. 독일어에서 '루크(ruck)'는 급히 끌어당기거나 민다는 뜻에서 무거운 물건을 들어올리거나 움직일 때 지르는 고함소리를 뜻하고, 돌연 빨리 움직이는 모습을 나타낼 때 쓰이기도 한다. 또 사직(퇴직)을 한다는 명사로도 쓰이고, 뒷면을 뜻하는 이면이란 의미도 포함하고 있다.

'싸크(sack)'는 두터운 천이나 질감으로 만든 자루를 의미한다. 여기서 sack의 독일식 발음은 [zak]로 표기돼 것을 한글 국어사전 대부분이 '자크'로 옮긴 것은 잘못이다.

더구나 '차크'도 아니고 '싸크'에 가까운 소리를 낸다. 마치 독일의 명차 'Mercedes-Benz'를 '-벤츠'로 잘못 발음하는 것과 같다. '벤쓰'가 옳은 소리이기 때문이다.

독일에서 이 두 말을 합성하여 ruck-sack으로 쓰고 '룩싹'으로 발음하며, 등에 지는 큰 자루란 말로 쓰고 있다.

이 말을 일본에서 들여다 쓰면서 '류쿠삭쿠(リュックサック)'로 표기해 쓰면서 '륙쿠' 또는 '삭쿠'로 각각 떼어 줄여 쓴 말로도 사용하고 있다. 이것을 한국에서 그대로 받아 '류구사꾸'니 '유꾸사꾸'라는 말을 일반적으로 쓰고 있는 것이다.

영어에서도 독일어의 ruck-sack을 그대로 받아들이고, 이를 '럭쌕'으로 발음한다. 그러나 일반적으로는 '백팩(backpack)'이 가장 많이 통용되는 말이다.

니스

*바니쉬

'니스'는 건축용 도료의 일종으로 가구 등 목공품이나 유화 등의 표면에 칠을 하여 광택을 내거나 투명한 막을 이루어 보호하고 습기를 방지하는 데 쓰인다. '니스'란 말은 본래 그리스어의 리비야의 옛 도시 이름이던 'bernice'에서 유래하여 영어로 '바니쉬(varnish)'라 쓰고 있다.

이것을 일본 사람들이 들여다 'ワニス(와니수)'로 와전된 발음 표현을 했고, 그를 다시 줄여 'ニス(니수)'로 표현한 것이다. 한국에는 이를 그대로 가져다가 아직도 '니스'로 부르고 있다.

영어의 '바니쉬'는 '바아니쉬' 또는 '바아어니쉬'처럼 장음으로 소리를 내는데 단음으로 처리되면 자칫 '바닛쉬'처럼 잘못 표현되는 점에 유의해야 한다.

니코틴

*니커틴

매년 5월 31일은 세계보건기구(WHO)에서 1989년부터 시행하는 세계 금연의 날이다. 이날 하루만이라도 금연을 하여 건강을 지키자는 취지에서 발의되었다. 이제 담배가 건강에 치명적이라는 사실에 대한 인식은 이전에 비해 크게 향상되었다.

담배 가운데 함유되어 있는 요소들 가운데 '니코틴'이 가장 해롭다는 사실도 널리 알려져 있다.

'니커틴(nicotine)'은 담배와 살충제에서 발견되는 인체 유해 물질의 화학 용어다. 니커틴 속에는 무색, 기름기, 물에 녹기 쉽고, 중독성이 높고 액체의 소금기 등이 들어 있다. 사람의 신경과 소뇌 척추 등을 마비시키는 요소가 함유되어 있는 해로운 물질이다. 담배(tobacco)에는 잎담배나 시거, 시거렛 할 것 없이 모든 종류에 2~8%의 니커틴이 들어 있는 것으로 알려져 있다.

그러나 '니코틴'은 두통 등의 증상을 치료하는 약품으로 매우 귀중한 요소를 갖고 있다는 긍정적 면에 대하여는 그다지 아는 사람이 없다.

그런데 우리가 흔히 쓰는 '니코틴'은 'nicotine'에서 왔고 그 발음은 '니커틴'이어야 한다. '니코친'이란 표현은 일본에서 모음 뒤에 오는 't' 사운드를 '트'로 하지 못하고 'チ'로 표기하여 'ニコチン(니코친)'이라 한 것을 한국에서 그대로 받아들여 쓴 표현이다.

영어에서 '니커틴'이라 표현하지만, 미국에서는 '니커린'에 가깝게 발음한다.

닉카드 전지
* 니클 캐드미엄 쎌

충전 가능한 2차 전지를 '니클 캐드미엄 쎌'이라 말한다. 정(正)극은 고차의 수산화 니클, 부(負)극은 금속 캐드미엄, 그리고 전해액은 30%정도의 수산화 칼리엄을 적용해서 큰 전류를 발생하게 하는 것이 특징이다.

또 낮은 온도에서도 작동이 가능하다. 이를 닉카드 전지라 말하는 것은 일본에서 약식으로 만든 조어이다. 즉 니클에서 첫 음절 '닉,' 캐드미엄에서 첫 음절을 로마자 읽기식으로 짤라 '카도(카드)'를 억지로 접속해서 '닉카도(닉카드)'로 만들어 쓴 것이다.

영어로는 '니클 캐드미엄 쎌(nickel cadmium cell 또는 battery)'이라 부른다.

닝겔 액
* 링거 솔루션

병원에 입원한 환자에게 급여하는 영양제 주사 가운데 닝겔 주사는 일반화된 상식처럼 알려져 있다.

'닝겔'은 '링겔'의 와전된 소리이고 '링겔'은 영국의 의학자 시드니 링거(Sidney Ringer: 1835-1910)가 고안했다고 해서 붙여진 별칭이다. 여기서 의학자 링거가 링겔이 된 것은 일본식 표기 'リンゲル(링게루)'를 한국에서 도입해서 쓰는 과정에서 '링겔'로 살짝 바꿔 놓은 것이다. 링게루나 링겔은 같은 아류의 로마자 읽기식의 잘못된 표현이다.

링거는 생리적 염류 용액의 일종인 구급용 주사액으로 혈관이나 정맥에 주사하여 환자의 안정을 도모하는 데 좋은 효험이 있다고 하여 널리 쓰여지고 있다.

ㄷ

다나 안드류스
* **데이너 앤드루스**

영어 이름 가운데 'Dana'가 있다. 흔하지 않지만 발음하기가 고약한 이름 가운데 하나다.

보통 로마자 읽기식으로 '다나'라 표현하는 것이 보통이지만, 들은 풍월로 '데이나'로 표현하는 이도 있다. 그러나 제대로 된 발음은 '데이너'이다.

1946년에 미국에서 제작되어 아카데미 작품상, 감독상, 각색상, 남우주연상 등, 8개의 상을 휩쓴 명작 "우리 생애에서 가장 좋았던 해(The Best Years of Our Lives)" 가운데 프레드릭 마취, 매너 로이와 함께 출연한 여배우 Dana Andrews(데이너 앤드루스)도 바로 그 이름을 가졌다. Andrews도 안드류스, 앤드류스 등은 구식의 영국식 발음표현이다.

데이너는 프랑스 이름 Danielle(다니엘러=대니얼), 또는 Danille(다니에=대니얼)의 애칭이고 Danite(다니뜨=대나잇)라고도 부른다.

이 이름들은 모두 Daniel(대니얼)에서 파생된 것이다. 귀부인을 수호하는 의인이라는 히브리어 Daniel에서 왔고, 구약성서에서 신앙이 두터운 예언자 다니엘에서 비롯된 이름이다.

영어에서는 Danell, Dannel, Dennel로 발전했고, 프랑스에서는 Daniau(다니오), Deniau(데니오)로 변했다. 독일에서는 Dangel(단겔), Dangle(단글레) 등으로도 불렸다. 아일랜드에서는 겔어 Domhnall(도날), Donald(다널드), Dan(댄), Danny(대니) 등으로 불리웠다.

아일랜드 민요 "Londonderry Air"를 바탕으로 웨설리가 다듬어 쓴 "Danny Boy"란 세계적 명곡도 바로 Danny라는 이름의 소년을 주제로 했다.

다스, 타스
* **더전**

12진법에서 12를 세는 단위를 흔히 '다스,' 또는 '타스' 라고 하는 표현이 관용화되어 있다.

본래 12진법은 고대 그리스와 로마 시대에서 유래한 것이다. 라틴어에서 '두오(duo)' 는 '2'를 뜻하고, '데쳄(decem)' 은 10을 뜻한다. 또 '12' 를 프랑스어에서는 '두즈(douze)' 라 했다.

이 12진법은 중세 중국에서도 도입이 되어 이를 '타(打=중국 발음 '다')' 로 표기한 것을 도입하면서 한자의 음역으로 '타수(打數)로 받아들이는 한편, 일본에서 표현하는 '다수(ダース)' 와 혼용하여 쓰여 왔다. 12단위를 '다스' 라 표현한 것은 영어에서 'dozen' 의 생략 기호로 'doz' 또는 'dz' 라 부르는 데서 기인한 듯하다. 이것을 일본에서 'ダース(타수)' 로 전용하여 사용한 것이다.

그러나 영어에서 'dozen' 의 발음은 '더전' 에 가깝게 발음이 되고, 'doz' 나 'dz' 로 표기하는 기호도 '도즈' 니 '다스' 따위로 읽지 않고 '더전' 으로 발음한다.

한편 제과점에서 baker's dozen이라고 하면, 하나를 덤으로 더 주던 데에서 13개를 뜻한다는 것도 알아두자.

12를 영어로는 '더전(dozen),' 독일어로는 '듯쌘트(dutzend)' 이고, 프랑스어로는 '두제느(douzaine)' 라 한다. 이탤리어로는 '도씨나(dozzina)' 이고, 스페인어로는 '도세나(docena)' 라 한다.

다시방
* **대쉬보드**

자동차 조수석 앞 유리창 아래 선반 부분을 흔히 '다시방' 이라고 하는 이들이 많다. 이것은 잘못된 일본식 발음이고 표현이다.

영어로는 '대쉬보드(dashboard)' 라 하는데 앞좌석 앞에 보관함으로 드리워진 것도 '다시방' 으로 부르는 이들도 많다. 이것은 '글로브 박스'로 부른다.

계기판 부분은 '인스트러멘털 패널,' 또 중앙의 공기 토출구, 카오디오, 에어컨디셔너의 스위치 등이 배치된 부분은 '샌터 콜솔'이라고 한다.

다우존스 공업 지수
* 다우존스 산업 지수

뉴욕 증권거래소(New York Stock Exchange: NYSE)의 주가지수를 나타내는 것 가운데서 대표적인 30개 사의 주가를 계산해서 그 평균 주가를 발표하는 것을 '다우 존스 산업 평균 지수(Dow Jones Industrial Average)'라 한다. 또 Dow Jones 30 Industrial Average라고도 부른다. 이것은 뉴욕의 세계적인 경제지 "월 스트릿 저널"을 발행하는 '다우 존스 & 컴퍼니(다우존스 사)'가 1897년부터 매일 자료를 발표하는 주가지수이다.

다우 지수는 전세계의 투자가들이 가장 깊이 관여하고 있는 주가 지수여서 미국은 물론 전세계에 그 파급효과도 크게 작용하고 있는 것은 이미 잘 알려져 있는 사실이다.

그런데 여기서 '인더스트리얼(industrial)'을 공업이라 번역하고 '다우 존스 공업 지수'로 표현하는 미디어나 사람들이 있다.

그러나 다우 존스 30종에는 일반 공업회사 뿐만 아니라 백화점이나 식품회사에 전화회사, 컴퓨터 관련 하이텍 기업 등도 포함이 되어 있다.

다우 존스는 모두 네 파트로 나뉘어 있는데, 30종의 인더스트리얼 외에 20종의 운수산업주(transportation), 15종의 전기, 수도, 가스 등 공익사업주(utility), 이상 세 파트를 복합한 65복합주 등의 주가지수가 있다.

Industrial average는 운수 산업과 공익사업을 제외한 산업의 주가지수에 해당한다. 그런데 문제는 이를 '공업지수'라고 표현하는 데 있다.

영어의 industrial은 '산업의, 공업의'란 뜻의 형용사이고, 명사형을 취하면 '산업 근로자, 생산회사' 등의 뜻이 된다.

따라서 Dow Jones 30종에는 물론 순수 공업회사가 아닌 일반 산업회사도 섞여 있으니 만큼 당연히 '공업'이 아닌 '산업'으로 표현해야 마땅하다. 또 industrial이란 말 자체도 공업이나 산업이란 뜻을 포괄적으로 갖고 있기 때문에, 이를 공업이란 뜻으로만 편협하게 보는 것은 문제가 있다. film industrial을 '영화 산업'이라고 하지, '영화 공업'이라고 말하는 사람은 없다.

한편 다우 존스 산업 평균 지수에서 average는 평균 지수라는 의미를 지니고 있지만 실제로는 주가의 평균가가 아니고 주가의 인덱스(index=지수)를 말한다. 그 단위는 '포인트(점)'인데, 달러라는 뜻은 아니다.

다이야

* **타임테이블, 스케줄**

버스나 열차의 운행 시간을 도표로 만든 시각표를 흔히 '다이야'라고들 한다. 버스 다이야, 열차 다이야 등이 그것이다. 그러나 이것은 영어에는 없는 일본식 표현이다. 도형이나 일람표를 뜻하는 영어의 '다이어그램(diagram)'의 앞 음절을 잘라 로마자 방식으로 읽은 데서 기인된 것이다.

더더욱 한심한 것은 대부분 일본의 영화(英和=English-Japanese)사전을 번역하여 전재한 우리의 영한 사전들에서도 "(열차의) 다이어, 운행표…"라고 버젓이 등재하고 있는 노릇이다.

영어로는 '타임테이블(time table),' 또는 '스케줄(schedule)'이라 한다. '열차 다이야'는 '레일웨이 스케줄(railway schedule)'이라고 해야 옳다.

다이아, 다이아몬드

* **다이어먼드**

"심순애는 김중배가 준 다이야 반지에 눈이 어두워 그만 사랑을 팔고 말았던 것이었다…" 귀에 익은 신파 대사의 한 구절이다.

보석 가운데에서도 고급으로 여기는 다이어먼드는 누구나 갖고 싶어하는 보석의 상징처럼도 여기고, 결혼 반지에는 으레 다이어먼드 반지가 주종을 이룰 정도다. 그러나 '다이야'는 영어에는 없고 그런 말이 통할 리도 없다.

즉, '다이어먼드(diamond)'를 일본 사람들이 토막내어 쓰고 있는 단축된 영어이기 때문이다.

딸라 * **달러**	미국의 화폐 단위를 '딸라'라고 말하는 것은 '달러(dollar)'를 잘못 발음한 것이다. 일반적으로 쌍시옷이나 치읓 등 된소리를 즐겨 쓰는 한국인들 사이에서 이런 예는 허다하게 발견된다. 미국에서는 1894년에 달러 동전이 최초로 발행되었는데 그 때 은화로 만들었기 때문에 1달러 짜리 '실버 달러(silver dollar)'의 별칭으로 통용되어 오고 있다. 이 1달러 짜리 은화는 1936년에 제조를 중지했다가 1971~78년에 다시 발행하면서 아이젠하워 대통령의 얼굴을 새겨 넣었다. 1976년 미국의 독립 200주년 때에는 The U.S. Bicentennial Dollar란 이름의 기념 은화가 다시 발행되기도 했다. 현재 미국의 화폐 가운데 코인은 1센트(페니), 5센트(니클), 10센트(다임), 25센트(쿼터) 등 4종이 통용되고 있고, 지폐로는 1달러, 2, 5, 10, 20, 50, 100달러 짜리가 일반적으로 유통되고 있다. 달러의 별칭은 '벅(buck),' '피쉬(fish),' '싱글(single=1달러),' '스매커(smacker)' 등으로 다양하게 불리기도 한다. 한편 화폐 단위를 달러로 쓰고 있는 주요 나라는 미국을 비롯해서 캐나다, 호주, 뉴질랜드, 홍콩, 말레이시아, 싱가폴, 가이아나, 리베리아, 짐바브웨, 도미니카공화국, 자메이카 등에서 통용 단위로 사용하고 있다.
대하(드라마, 소설) * **수퍼 드라마**	언제부터인가 장편소설에 대하 소설이니, TV 장편 드라마 시리즈물에 대하 드라마니 하는 말이 관용화되다시피 하고 있다. 여기에서 쓰는 '대하'는 한자로 큰대(大)와 물하(河)자를 쓰는 음역이다. 대하는 큰 물, 즉 긴 강을 뜻하는 한자 숙어이다. 중국에서 대하(大河)는 황하(黃河)를 일컫는다. 장편 소설이나 드라마에 '대하(타이가)'라는 표현을 쓰기 시작한 것은 일본에서였고, 60년대 이후부터 한국에서도 이를 그대로 본받아 유행처럼 쓰고 있다

일본에서 가장 많이 쓰여지고 있는 국어사전 가운데 삼성당(三省堂=산세이또)에서 발간하는 大辭林에서 '대하'는 커다란 강이고, '대하 소설'이란 일군(一群)의 사람들의 생애나 가족의 역사 등을 사회적, 시대적 배경을 삼아 넓은 시야로부터 묘사한 대장편소설이라 했다. 또 20세기 초의 프랑스에서 시작된 것이라 했다. 로맹 롤랑의 "쟝 크리스토프," 마르텡 뒤 가르의 "티보가의 사람들," 줄 로만의 "선의의 사람들" 등이 있다고 했다. 또 '대하 드라마'는 장기간 방송되는 스케일이 큰 TV 드라마라 했다.

또 일본 '이와나미서점'에서 펴내는 국어사전 廣辭苑에서는 큰 강인데 중국의 황하의 이름이라면서 '대하 소설'이란 일군의 사람들의 역사를 여러 세대에 걸쳐, 사회적 배경으로 쓴 대규모적인 소설이고, 20세기 전반에 속출했다고 했다. 또 마르텡 뒤 가르의 "티보가의 사람들" 등이 있다고 설명했다.

한편 한국의 S미디어의 새 우리말 큰사전에서는 '대하 소설'이 프랑스어 'roman-fleuve'에서 왔는데 일군의 사람들의 역사를 여러 세대에 걸쳐, 사회적 배경을 넣어서 쓴 대규모적인 장편 소설이고 20세기 전반에 많이 나왔다면서 마르텡 뒤 가르의 "티보가의 사람들," 프루스트의 "잃어버린 시간을 찾아서" 따위가 있다고 설명하고 있다. 또 D출판사가 펴낸 새국어 사전에서도 대하 소설이란 여러 대에 걸친 시대 배경과 많은 인물이 등장하는 방대한 내용을 담은 소설이라 했다.

한국에서 간행되는 대부분의 국어사전이 일본의 국어사전의 주석 내용과 너무도 흡사하거나, 더러는 일본 사전을 그대로 전재한 것들도 많이 발견된다.

결국 대하 소설, 대하 드라마 따위는 본디 우리가 쓰던 표현이 아닌 일본에서 만들어 쓰는 한자 조어를 한국에서 그대로 들여다 음역해 쓰고 있는 서글픈 현실임을 자명하게 파악할 수 있게 된다.

한편 "쟝 크리스토프"는 1915년 노벨 문학상을 받은 로맹 롤랑이 1904년부터 1912년 사이에 쓴 초장편 소설이다. 이 작품은 19세기말부터 제1차 세계대전 사이에 독일과 프랑스를 무대로 악성(樂聖) 베토벤을 모델로 삼아 주인공 쟝 크리스토프의 고난과 파란만장한 인생을 그렸다. 여기에서 기나긴 이 소설을 마치 중국의 황하처럼 길고 긴 이야기라 해서 일본에서 이를 '대하(타이가)'에 비유한 데서 '대하(大河)라는 말이 쓰여지기 시작했다. 그러니까 '대하'는 완전한 일본식 한자어인 셈이다.

긴 장편소설을 영어로는 '어 롱 스토리(a long story),' 또는 '풀 렝스 나블(full length novel)' 이라 한다. 영어에서 드라마는 '드라머' 로 발음 표기하고 장편 드라마인 경우는 '어 롱 스토리' 또는 '수퍼 드라머(super drama)' 라 하면 된다.

댄스 파티
* **댄스**

우선 '댄스 파티' 는 일본에서 만들어진 영어인 점을 알아두자. 미국이나 영국 사람에게 '댄스 파티' 라는 표현을 하면 어리둥절해 한다. 왜냐하면 '댄스' 라 하면 이미 '파티' 라는 뜻이 포함되어 있기 때문이다. 영어에서 'a party' 라 하고 규모가 큰 것은 'a ball' 이라 부른다.

'댄스' 에 붙은 조어로 댄스 홀에서 춤을 출 수 있게 반주를 하는 악단을 '댄스 밴드' 또는 '댄스 오케스트러,' 댄스를 할 수 있도록 특별한 구성으로 만들어진 음악을 '댄스 뮤직,' 댄스를 추는 일을 위해 만들어진 영업 형태를 '댄스 홀,' 댄스 홀에서 직업적으로 춤의 상대가 되어 주는 여자를 '댄스 호스티스' 등으로 표현하기도 한다.

댄싱 퀸
(디스코 여왕)
* **댄싱 크윈**
(춤추는 왕비)

스웨덴 그룹 '아바(ABBA)' 의 최대 히트곡 "Dancing Queen" 이 한창 유행하던 때가 디스코 붐을 이루던 1977년 봄이었다. 사람들은 이 노래가 마치 디스코 클럽에서 디스코 춤을 가장 잘 추는 아가씨를 빗대어 '춤추는 디스코 여왕' 쯤으로 여겨 왔다. 그러나 이 노래는 디스코 리듬에 담은 노래일 망정, 그 내용은 디스코와 아무런 관련이 없다.

1976년 6월 18일, '아바'는 스톡홀름에서 스웨덴 국왕 카알 16세 구스타프와 독일 평민 출신인 왕비 실비아 레나테 소머라스가 성 니콜라스 성당에서 결혼식을 올린 뒤, 베풀어진 축하 행사에 초청 콘서트를 가졌다. 축하 연주가 끝난 뒤 가졌던 축하 파티에서 실비아 왕비가 우아하게 춤추는 모습을 보고 힌트를 얻고 쓴 작품이 바로 "Dancing Queen" 이였다.

여기서 여왕이나 왕비를 일컫는 queen은 우리처럼 '퀸' 또는 '킨' 이 아니고 '크윈' 으로 발음하는 점에 유의해 두자.

더블 베드
* **킹 사이즈, 크윈 사이즈 베드**

두 사람이 한 침대에서 잠을 잘 수 있는 침대를 '더블 베드(double bed)' 라고 하는 것은 일본식 영어 표현이다.

한국의 각종 숙박업소는 물론이고, 미국에서 호텔업에 종사하는 한인 업소에서조차 '더블 베드' 라는 표현이 서슴없이 쓰여지고 있는 것은 우스꽝스러운 말이 아닐 수 없다.

영어에서는 '킹 사이즈(king size),' 또는 이보다 조금 작은 '크윈 베드(queen bed)' 로 표현한다. '크윈' 은 '퀸' 으로 발음하지 않도록 주의하자. 영어의 중모음 가운데 우리의 'ㅚ' 와 'ㅟ' 발음이 없는 점을 유념해 둘 필요가 있다.

한편 트윈 베드보다 좀 넓은 1인용(독신) 침대는 '풀 싸이즈(full size)' 라고 구분하고 있다.

데니스 리처즈
* **더니스 리첫스**

2002년 6월 15일 밤, 영화 배우 찰리 쉰(36)과 여배우 데니스 리처즈(31)가 로스 앤젤러스의 ABC-TV 쇼 프로듀서의 집에서 결혼식을 올렸다는 기사가 한국에는 연합뉴스의 제공으로 배급되었다.

이 기사에서 재혼인 신랑과는 달리, 신부는 초혼이라 소개했다. 여기서 Denise Richards를 '데니스 리처즈' 라 표기했다. 그러나 그의 이름은 '더니스 리첫스' 로 부른다.

'Denise' 는 '더니스' 로 발음하는데 'Denice' 또는 'Denys' 로도 표기하는 여아의 이름이다. 'Richards' 는 '리처즈,' 또는 '리처드스' 가 아닌 '리첫스' 로 발음된다.

한국식 영어 표기 가운데서 가장 빈도가 많은 표현 가운데 하나가 단어의 어미에 '-ds'가 오면 무조건 '즈'로 표기하고 발음하는 폐단이 있다.

자음에서 'ds'가 합쳐지면 '즈' 소리가 난다는 무조건적인 영어 발음 표기의 공식화는 곤란하다. 영어에서 이런 표기를 '즈'처럼 발음하는 법은 없기 때문이다.

더니스 리첫스는 1994년에 영화 "Tammy and the T-Rex"에 출연했고, "Starship Troopers(1997)," "Wild Things(1998)," 그리고 2000년대에 들어와 "Good Advice"와 2002년에 "Undercover Brothers" 등에서 활약했다.

데미 무어
* **더미 모어**

미국의 여배우 Demi Moore는 1962년 TV 리미티드 씨리즈 "제너럴 하스피털(종합병원)"에서 좋은 연기를 보여 주어 호감을 얻었다. 미국 뉴멕시코 주에서 태어난 Demi는 1990년 "고스트(사랑과 영혼)"가 크게 히트하면서 영화 배우로서 대성한 90년대 배우다.

그의 이름을 흔히 '데미 무어' 더러는 '드미 무어'라 부르고 있다. 그러나 할리웃에서는 그를 '더미 모어'라 부르고 있는 점에 유의해 두자.

데드 볼
* **힛 배터, 힛 바이 피치**

야구에서 투수가 던진 볼이 타자의 몸 일부에 닿거나 맞는 경우를 '데드 볼(dead ball)'이라 한다. 또 한자를 써서 '사구(死球)'라고 표현하기도 한다.

그러나 이 표현은 일본에서 만들어 쓰여지고 있는 일본식 영어와 한자 술어이고, 한국 야구계가 이를 그대로 받아서 쓰고 있는 잘못된 야구 용어이다.

영어권에서 투수가 타자의 몸을 맞힌 상황을 'dead ball'이라 하면 통할 리 없다. 영어로 된 본래의 야구 용어로는 'hit by a pitch,' 또는 'hit batter'라 한다.

한편 야구 용어에서 'dead ball(데드 볼)'이라 하면 플레이 이외의 공, 즉 시합이 중단 상태에서 '유효하지 않은 공'을 뜻한다.

데뷔
* 데이뷰

처음으로 무대에 올라 대중 앞에서 공연을 하는 일을 '데뷔(debut)'라 한다. 여자가 사교계에 처음으로 얼굴을 선보이는 일도 데뷔라 한다. 직업 등에서 처음 취직이 되거나 제일보를 내딛는 일도 데뷔에 해당한다. 또 일정한 규격을 정해 놓고 그 규격 안에 들어오는 일도 데뷔라 한다. 이를테면 앨범이나 싱글 CD 등의 판매나 인기도를 측정하는 각종 차트에 처음으로 올랐다면 이것도 데뷔이다.

데뷔는 프랑스 말 'début'에서 왔다. 프랑스 발음도 '데뷔'가 가장 가까운 소리다. 그러나 '-e-'에 이른바 '앙쌍'이 붙어 'é'가 되어야만 '데-' 소리가 되고 앙쌍이 없으면 '드' 사운드가 되어 '드뷔'로 바뀐다. 그런데 영어에서도 중모음 'ㅟ' 소리를 내지 못하기 때문에 '데이뷰'로 발음한다. 또 일본도 역시 발음과 문자 표현에서 'ㅟ' 사운드가 없기 때문에 역시 그들도 'デビュ(데뷰)'로 쓰고 소리낸다.

영어에서는 프랑스어의 철자를 그대로 받아들였지만 그 발음은 '데이뷰'라 발음하는 점에 유의해 두면 이롭다.

한편 독일어에서도 'debüt'처럼 'ü'에 움라우트(umlaut)를 붙여 '데뷔'로 발음하는 점은 프랑스와 같다.

데스크
*** 수퍼바이저,
수퍼바이싱 에디터**

신문사나 잡지사의 편집실 등에서 취재 반장이나 취재 부장, 또는 편집 부장, 사진 부장 등 일선 기자를 거느리고 일을 지시하고 그 결과(기사, 사진)를 취합하는 일을 하는 일을 하는 사람을 '데스크'라고 한다.

영어 단어 'desk'에서 왔으니까, 영어로는 그렇게 표현하는가보다 하고 영어권 사람들에게 "우리 데스크가…"라고 말하면 무슨 말인지 전혀 알아듣지를 못한다.

편집이나 취재를 지시하는 책임자가 일선에 뛰기 위해서 밖으로 나

가는 것에 비해 편집 책임자나 취재 책임자가 책상을 지키고 있으니까 붙여진 말인 듯도 하다. 그렇다면 '데스크 키퍼(desk keeper)'가 되어야 하지만, 이 또한 영어에는 없는 말이다.

물론 미국의 신문사나 잡지사에서 '데스크'라 하면, 그것은 신문사 내부에 비품으로 배치되어 사용하는 '책상' 이외의 뜻으로는 사용되지 않는다.

영어로는 '수퍼바이저(superviser),' 또는 '수퍼바이싱 에디터(supervising editor)'라 하면 그만이다.

데파트
* **디파트먼트 스토어**

우리가 표현하는 백화점을 '데파트'라 말하는 이들이 많다. 아예 그렇게 간판을 달고 있는 곳도 있다.

'데파트'는 일본에서 'デパート'라 쓰고 발음하면서 영어의 department store 가운데서 department의 앞 음절만을 잘라 'depart-' 그것도 로마자 발음으로 '데파또'로 소리내고 있는데 한국에서 그것마저 그대로 카피하여 쓰고 있다.

영어에서 '디파트먼트 스토어(department store)'는 여러 형태의 디파트(개별 상점)들이 넓은 매장에 다양한 물품들을 보기 좋게 진열하고 손님들이 한 자리에서 물건을 골라 살 수 있는 스토어라고 했다.

한편 일반적인 '디파트먼트 스토어'보다는 '샤핑 몰(shopping mall)' 쪽에 인기가 모아지기도 한다. '나무 그늘이 있는 산책길'이라는 의미를 지닌 '몰(mall)'은 말 그대로 매장 한 중간에 넓은 산책로나 공간이 확보되어 샤퍼(구매자)들이 거닐면서 잠시 쉬기도 하는 여유 있는 상가를 말한다.

샤핑 몰은 비교적 대규모로 몇 채의 특별 건물이 한 지역에 수많은 상점들이 들어선 형태를 말한다.

샤핑 몰은 도심지보다는 교외나 여유 있는 공간에 2층 정도 규모의 대형 건물에 각 매점이 독립된 운영을 하는 세퍼레이트(디파트)도 있고, 디파트먼트 스토어가 1개 또는 2개 이상 들어서는 곳도 있다.

그러나 한국에서 일본식을 본받아 한 때 신신백화점 아케이드니 조선 반도 아케이드도 등장했었다. 하나의 통로 양쪽에 상점들이 늘어선 형태를 '아케이드'라 했다.

한편 '샤핑 센터(shopping center)'는 한 장소에 하나의 지붕 아래에 가게들이 그룹을 이루게 만든 상가 건물을 말한다. 문자 그대로 여러 가지 복합 상점의 총체를 말하고 '샤핑 몰'도 일종의 쇼핑 센터에 속한다. 그러나 샤핑 센터는 크고 긴 건물 형태를 취하고 있지만 몰(mall)처럼 한 중간으로 통하는 통로가 없기 때문에 하나의 점포에서 다른 점포로 이동할 때는 일단 밖으로 나갔다가 들어가지 않으면 안 된다. 또 샤핑 센터는 일용품을 주로 판매하는 점포 중심이고, 그 중에 수퍼마켓도 끼어 있는 것이 보통이다.

여기서 'shopping mall'이나 'shopping center'는 한국이나 일본에서처럼 로마자 읽기식으로 '쇼핑'이라 하지 않고, '샤핑'으로 발음하는 점에 유의해야 한다. 구식 영어 발음으로는 '쇼핑'이라 소리내기도 했지만 최근 옥스퍼드 사전(2001년판)이나 캠브릿지 사전(2000판)에서도 모두 '샤핑'으로 발음하도록 표기하고 있다.

데스크 톱
* **데스크 탑**

퍼스널 컴퓨터(PC) 가운데 테이블 위에 올려놓고 사용하는 탁상용 일반 컴퓨터를 보통 '데스크 톱(desk top)'이라고 한다. 그러나 이 경우 두 마디로 떼어 쓰지 않고 한 단어처럼 써서 'desktop'으로 쓰고 발음도 '데스크톱'이 아니고 '데스크탑'이라 표현해야 한다. 농담이겠지만 데스크용 톱(saw)이 되니 차라리 데스크에 정보를 쌓아 올리는 탑(tower)이 더 낫지 않느냐는 말에도 수긍이 간다.

한편 휴대용 소형 컴퓨터는 무릎(lap)위에 올려놓고도 간단히 편리하게 쓸 수 있다 해서 '랩탑 컴퓨터(laptop-)'란 표현을 쓴다. 또 그 별명으로 노트북만한 크기에 비유하여 '노트북 컴퓨터(notebook-)'이라 부르는 것이 잘못인 것처럼 시비를 가리는 이들도 있다. 그러나 최근 미국에서 IBM이나 Dell, 휴렛-팩커드 등, 유명 컴퓨터 판매회사들의 광고에도 랩탑 컴퓨터를 'notebook computer'라 표현하고 있다. 이 때 '노트북'은 '놋북'으로 발음하는 점에 유의해 두자.

도나스판
* **EP, 익스텐션 플레이**

바이닐(vinyl) 레커드 가운데서 7인치 크기로 1분에 45rpm(회전)인 싱글을 흔히 '도나스 판' 또는 '도너츠 판'이라 부른다.

밀가루를 주성분으로 반죽하여 끓는 기름에 튀겨 내는 케이크 가운데서 가운데 구멍이 뻥 뚫려 있고 둥근 모양을 한 '도우넛' 모양과 흡사하다고 해서 '도너스 판,' 또는 '도너츠 판'이라 불러온 것이다.

이런 표현은 일본에서 만들어 부르는 별칭일 뿐, 미국이나 영어를 쓰는 나라에서는 통하지 않는다.

영어로는 'Extension Play(익스텐션 플레이),' 줄어서 'EP(이피),' 또는 7인치 바이닐, 싱글이라 부른다.

도랑
* **도란, 메이크 업**

연극 배우는 무대에 올라서기 전에 그 배역에 알맞은 모습으로 얼굴을 고친다. 분장이라는 말로 표현하는 것이 보통인데 배우의 본래의 얼굴과 전혀 다른 모습으로 변하기도 하고, 보다 어리게 또는 보다 늙어 보이게 분장하기도 한다.

영화에 출연하는 배우나 텔러비전 연기자(TV 배우)들도 그런 분장을 한다. 또 요즘에는 TV에 나오는 앵커나 호스트뿐만 아니라, 정치 선전을 위해서 출연하는 이들이나, 일반 단순 출연자들에게도 화면에 어울리거나 조명의 반사를 방지하는 짙고 옅은 분단장을 한다. 영어로는 '메이크-업(make-up)'에 해당한다.

이렇게 얼굴에 변화를 주기 위한 특수 자료를 두고 '도랑'이란 표현을 쓴다. 이것은 주로 기름기가 있는 유성의 흰색 분(백분)으로 만들어졌다. '도랑'이란 표현은 '도란'에서 와전된 표현이다. 즉, 독일의 '도란(Dohran)'사가 만든 이 상품 대신 제품사의 이름을 사용한 데서 비롯된 말이다.

백분은 본디 중국에서 7세기 말 무렵 당나라에서 납(鉛)으로 만든 것에서 전세계적으로 보급된 것이다. 납가루를 포함한 백분을 오랜 기간 사용한 결과 연독에 얼굴이 상하는 부작용이 심하여 배우들은 한때 분칠하기를 꺼려하거나 기피하는 현상까지도 일어났다.

그러다가 일본에서는 메이지 30년경부터는 무연백분이 개발되었고 20세기 초에 독일의 도란사가 개발한 도란이 크게 보급되면서 연독의 공포로부터 해방이 되었다.

도랑은 '도란' 이 본래의 표현이지만, 영어로는 '메이크 업(make-up)' 이면 족하다. 그리고 배우나 출연자에게 도란을 발라주는 사람, 즉 분장사는 '메이크-업 맨' 또는 '메이크업 아티스트,' 분장하는 방(분장실)은 '드레싱 룸' 또는 '메이크-업 룸' 이 된다.

도나스, 도너츠
* 도우넛

가운데 구멍이 나 있는 둥근 모양을 '도우넛' 이라 한다. 그런데 우리는 이를 '도나쓰' 또는 '도너츠' 로 표기하거나 발음하고 있다.

영어의 'doughnut(도우넛)' 을 일본에서 'ドーナツ(도오나쓰)' 로 표기하고 있다. 일본의 외래어 표기에서 로마자 't' 가 모음 뒤의 어미로 올 때 우리처럼 '트' 로 하지 않고, 'ツ(쓰)' 로 표기하는 점에 유의해야 한다. 그래서 'doughnut' 가 '도우넛(트)' 가 아닌 '도오나쓰' 로 표기된 것이다.

가장 대표적인 예가 'shirt(셔트)가 '샤쓰' 로, 'sports(스포오쓰)' 가 '스포추' 로 표기된 것이다.

따라서 한국에서는 원래의 영어 발음을 쫓지 않고 일본식 발음을 더 중시한 나머지 '도너츠,' '셔츠,' '스포츠' 따위로 와전된 발음을 즐겨 사용하면서 관용화되다시피 한 큰 잘못을 되풀이하고 있는 것이다.

'도우넛' 은 기름에 튀겨내는 둥글고 중앙에 구멍이 난 케익을 말한다. 속어로는 타이어, 또는 자동차가 노면에서 미끄러져 제자리에서 뺑 도는 현상을 빗대어 말하기도 한다.

한편 미국에서는 '-ugh-' 를 생략하여 그냥 'donut' 이라고 쓰기도 한다.

데이비드	미국의 성씨 가운데서 David을 '데이비드'로 옮겨 쓰는 이들이 상당히 많다. 그러나 네이티브 스피커들에게 '데이비드'라 하면 재차 되물으면서 무슨 말이냐고 의아해 한다. '데이빗'으로 발음하기 때문이다. 'David'은 본래 영국, 프랑스, 체코, 이스라엘, 포르투갈, 스코틀랜드, 웨일즈 등에서 쓰여지는 이름이지만 그 시초는 희랍이고, '사랑스러운(beloved, 비라브드)'이라는 뜻을 가진 말이다. 미국에서는 '데이빗'이란 이름은 쏘시얼 씨큐리티 카운트로 4만5천162명이 쓰는데 968번째로 많은 성이다.
* **데이빗**	
데이트 코스	연인과 다정하게 거닐며 담소할 수 있는 특정한 장소나 길을 흔히 '데이트 코스'라는 말을 쓴다. 서울의 남산길, 덕수궁 안이나 돌담길, 창경궁의 돌담길, 경복궁 부근 등이 그 대표적인 '데이트 코스'로 유명하다. 그러나 영어에서는 이런 표현이 통하지 않는다. 영어로는 '러버스 레인(lover's lane)'이란 표현이 있다.
* **러버스 레인**	
데저트 (후식)	식사 후에 내는 후식을 흔히 '데저트'라 하고 'desert'라 쓰는 일을 많다. 그런데 '데저트'라고 발음하면 후식이 아니라 사막이라는 뜻이 되어 버리기 때문에 '사막의 모래를 먹는…' 같은 농담의 대상이 되기 십상이다. 이것은 일본 사람들이 영어 dessert를 'デザート(데자토)'로 표기하고 발음하면서 식후의 커피나 케이크, 과일, 치즈 등을 일컫고 있다. 이것을 한국에서 비판 없이 그대로 들여다 흉내내어 쓰다보니 그런 언어의 비극이 생겨나게 된 것이다. 후식은 's'자를 하나 더 붙여 'dessert'가 되고 그 발음도 '디저트'로 해야 옳은 표현이 되는 점에 유의해 두자. 한편 '데저트 코스'라는 말도 영어에는 없는 일본식 영어 표현이다. 이는 영어로 '앱터 디너 코스(after dinner course)'라 한다.
* **디저트**	

데코레이션 케이크
* 팬시 케익

생일이나 결혼식, 또는 특수한 축하 행사 등에서 장식용 케익을 만들고 이를 '데코레이션 케이크(decoration cake)'라 말한다. 일본식 영어 표현이다.

영어로는 '팬시 케익(fancy cake),' '데코레이티드 케익(decorated cake)'이라 한다.

데프레
* 디플레이션

물가(consumer price, 컨수머 프라이스)는 자꾸만 곤두박질치는데도 불구하고 경기는 침체하여 실업자가 크게 늘어나는 상태를 두고 '데프레'라는 말을 쓴다.

이 말은 영어의 '디플레이션(deflation)'을 일본에서 들여다 'デフレ(데후레)'로 토막내어 약어로 사용하고 있는 것을 한국에서 'f' 파열음만 바꿔 '데프레'로 쓰고 있는 것이다. 이는 마땅히 '디플레이션'으로 써야만 옳다.

한편 '디플레이션'의 반대 현상인 '인플레이션(inflation)'을 '인프레'로 줄여 쓰는 일도 잘못된 일본식 토막 영어다.

'디플레이션' 현상에 걸맞은 표현들 가운데, 경기가 서서히 감소하는 것을 '슬로우다운(slowdown)'이라 하고, 경기의 침체나 불황은 '리쎄션(recession)'이라고 한다.

덴뿌라
* 디입 프라이드

야채나 어패류 등을 계란이나 밀가루 반죽에 담갔다가 끓는 식용유에 튀기는 것을 '덴뿌라' 또는 '덴푸라'라고 일컫는다.

한국의 일부 국어사전에서는 '덴뿌라'가 일본말 'てんぷら'에서 왔고 그 뜻은 튀김, 또는 속된말로 겉으로만 휘하고 훌륭하게 보이는 물건을 이르는 말이라고 풀이하고 있다.

일본어 사전(三省堂 大辭林)에서는 'テンプラ'는 외래어라 했는데, 이는 포르투갈어인 'tempero(템페루)'에서 왔다고 했다.

한편 '天麩羅' 또는 '天ぷら'로도 표기하면서 "어, 패, 육, 야채 등에 밀가루를 물에 탄 반죽을 입힌 다음에 기름에 튀기는 요리"라고 했

다. 이는 일본의 '에도' 중기 이후에 보급된 요리 방식이라 소개하고 있다. 또 겉과 속이 다른 모양을 두고 일컫는 말로 쓰이기도 한다고 주석을 달고 있다.

그러나 정작 포르투갈어의 '템페루(tempero)' 는 음식에 넣는 조미료, 또는 조미료가 들어간 상태를 뜻하는 남성 명사이고, 교섭의 방법이나 수단, 의약에서의 완화제나 약제를 일컫는 말이다.

그러니까 '뎀뿌라' 는 일본에서 포르투갈어 가운데 '조미료' 를 들여다 '튀김' 이란 뜻으로 오용했고, 한국에서는 이 오용된 일본 표현을 그대로 흉내내고 있으니 참으로 우스꽝스런 말이 되었다.

'튀김' 이나 '뎀뿌라' 를 영어로는 '디입 프라이드(deep fried)' 라 하고, 제대로 표현하자면 'deep fried fish or vegetables' 가 된다.

덤푸 카
* **덤프 트럭**

화물차가 짐칸에 모래나 흙, 또는 특정한 물건을 싣고 자체 기중 시스템에 의해 앞쪽을 들어 올려 짐을 쏟아 붓게 만든 차를 흔히 '덤푸 카(dump car)' 라고 한다. 우선 '카' 는 승용 자동차에 한해서 붙이고, 화물 자동차에 '카' 라는 표현을 붙이지 않는다는 것을 알아야 한다.

따라서 영어에서는 '덤프 트럭(dump truck)' 이라 해야 옳다.

도라이바
* **스크루드라이버**

나사형의 홈이 있는 못을 박거나 뺄 때 뜨는 연장을 흔히 '도라이바' 라 한다. '일자 도라이바', '십자 도라이바' 등으로 가려 쓰기도 한다.

그러나 도라이바는 영어의 'screwdriver' 를 일본에서 screw를 잘라버리고 그냥 driver만을 쓰면서 'ドライバー(도라이바아)' 로 표기하고 쓴 것을 그대로 흉내낸 표현이다.

영어에서 그냥 driver라 하면 자동차를 운전하는 사람을 가리키는 말로 가장 많이 쓰이고, 동물을 다루는 사람이라는 뜻도 있다. 골프에서는 우든 헤드(요즘은 메틀도 많지만)로 만들어진 클럽을 말하는 용어로도 쓰인다. 그러나 그냥 드라이버가 나사못을 박고 빼는 연장이란 뜻은 없다.

다만 나사, 나사못 볼트, 또는 그런 모습들을 가리키는 뜻을 가진 '스크루(screw)'를 쓰는 연장을 뜻할 때 그것을 돌려주는 기구라는 의미에서 'screwdriver(스크루드라이버)'라고 쓴다. 이 때 '스크류드라이버'라 발음하거나 '스크류 드라이버' 식으로 두 단어를 떼어 표현하지 않는 점에도 유의하자.

한편 '일자 드라이바'는 '마이너스 스크루드라이버'로, '십자 드라이바'는 '필립스 스크루드라이버(Philips screwdriver)'로 각각 표현한다.

도란스
* **트랜스포머, 트랜스**

전기의 배전 방식이 기존 수용 설비와 다른 전압이거나 특정한 전기기기에서 적정 규격에 맞춰 올리거나 내려서 써야 할 경우에 변압기가 필요하다. 이 변압기를 우리는 흔히 '도란스' 또는 '트랜스'라고 부른다.

'도란스'는 일본에서 영어의 '트랜스포머(transformer)'를 도입하여 쓰는 과정에서 앞 음절의 'trans-' 만을 잘라 그들 발음으로 'トランス(토란수)'라 한 것을 한국에서 그대로 받아들여 관용화된 표현이다.

영어로 'trans-' 란 전치사는 '넘어서, 통하여 다른 장소로, 저 편에' 등의 뜻을 갖고 다른 말과 합쳐 특정한 의미를 나타낸다.

우리가 쓰고 있는 '도란스'는 '트랜스'의 와전된 관용 표현이고 제대로 표기하면 '트랜스포머'가 된다.

영어에서는 '트랜스포머'로 표현하는 것이 정석이지만 'trans.(트랜스)'로 줄여 쓰는 경우는 있다.

한편 'trans.'로 줄여 쓰는 말들 가운데는 transaction, transfer, transferred, transit, transitive, translated, translation, translator, transparent, transport, transportation, transpose, transverse 등이 있음에 혼동이 없도록 유의해야겠다.

도트 콤, 닷 컴
* **닷 캄**

인터넷의 웹 싸이트(주소)를 표시할 때, 고유기호 사이사이에 구독점(커머)을 배치하고 이를 컴퓨터 영어로 '닷(dot)'이라 읽는다.

'닷' 은 영어로 점, 소수점 등을 나타내는 명사이다. 이를 구독점을 뜻하는 '커머(,)' 로 부르지 않고 웹 싸이트의 특수 기호로 인용하여 사용하고 있다.

'닷' 을 일본에서는 '돗또' 라 하고 한국에서는 '도트,' 또는 '쩜' 이라 하다가 최근에는 미국식 발음 표기를 표방하여 '닷트' 의 닫힘 소리로 '닷' 이라는 표현이 일반화되었다.

'닷' 은 문자나 도형을 구성하는 최소 단위의 명칭인 것이다. 또 DOS나 Unix에서 현재의 디렉토리를 나타내기도 한다.

한편 인터넷에서 사용하는 웹사이트의 도메인을 설정할 때, 서버의 이름 가운데 가장 널리 쓰이는 ".com"이 있다. 이를 일본에서는 '코무' 라 하고 한국에서는 '콤' 이라 하다가 최근에는 '컴' 이라 수정하여 표현하고 있다.

'com' 이 영어의 컴퍼니(company)' 의 약어이고, 그 머리 발음이 '컴-' 이기 때문이라는 것이다. 그래서 'xxx.com' 을 'xxx 닷 컴' 식으로 읽고 있다.

그러나 미국에서는 '닷 캄' 으로 발음한다. company는 컴퍼니로 발음하지만, 'com' 을 독립 명사 취급을 하고 그 발음도 두 자음 사이의 'o' 를 [a] 소리를 내기 때문에 [dɒt]가 아니라 [dat(닷)]으로 소리낸다.

돈까스

* **포크 컷럿**

우리가 자주 이용하는 경양식 식당에 가서 쉽게 주문하는 간이 양식 가운데 가장 인기가 높은 것은 아무래도 '비프 가스' 와 '돈까스' 이다.

'돈까스' 는 돼지라는 뜻의 한자 '豚' 을 일본식 음독에서도 한국처럼 'とん(돈)' 이라 발음하는 데서 온 돼지고기 '까스' 라는 말이다. 그러면 '까스' 는 무엇인가. 이 말은 국적 불명이다.

일본에서는 이를 'とんカツ(돈카쑤)' 로 표기하고 발음한다. 여기서 '카쑤' 는 영어의 '컷럿(cutlet)' 을 'カッレツ' 로 표기하고 'カ' 와 'ッ' 만을 택해 'カッ(카쑤)' 로 만든 조어인 것이다.

이것이 한국에서 '까스' 또는 '카스' 로 와전되어 '돈까스,' '동카스'

니 '비프까스'로 바뀌어 쓰여지고 있는 것이다.

포크 컷럿은 돼지고기에 밀가루와 계란을 풀어 빵가루를 묻혀 기름에 튀겨내는 요리를 말한다.

**돈부리
(돼지고기 덮밥)**

＊ 보울 어브 탑드 라이스 (덮밥)

밥 위에 고기와 약간의 야채를 곁들인 스프를 덮어(topping) 밥그릇(bowl)에 담아 내는 것을 흔히 '돈부리,' 또는 '돈뿌리' 등으로 표현한다.

'돈부리'는 일본말의 '돈부리메시'의 준말이다. 사발에 밥을 담아 여러 가지 고기요리를 얹어 내는 덮밥을 '부리'라고 한다.

영어로는 'a bowl of topped rice'가 되어 계란덮밥은 'a bowl of rice capped with eggs,' 장어 덮밥이면 'a bowl of boiled eel and rice,' 쇠고기 덮밥이면 'a bowl of boiled beef and rice' 등으로 표현할 수 있다.

한편 돼지라는 뜻의 한자 '豚'은 일본식 음독에서도 꼭 같이 'とん(돈)'이라고 발음하기 때문에 더러 돼지고기 덮밥으로 오인하는 경우도 있다. 돼지고기 덮밥이라면 'a bowl of boiled pork and rice' 하면 되지만 영어권에는 이런 요리가 거의 없다. 여기서 rice를 '라이스'로 표기하고 발음하면 '이(잇과의 곤충)'를 뜻하여 결과적으로 이 음식을 먹는다는 끔찍한 말로 변한다. '롸이스'라고 발음해야만 한다.

두란 두란

＊ 더랜 더랜

미국의 락 그룹 가운데 'Duran Duran'이 있다. 우리는 이를 대부분 로마자 읽기 스타일로 '두란 두란'이라 부르지만 본인들은 물론 미국의 방송 DJ들은 이를 '더랜 더랜'으로 발음한다.

이 그룹은 1978년 영국 버밍검에서 조직되었다. 베이시스트 잔 테일러가 집에서 BBC-TV가 방영해준 제인 폰더가 주연한 싸이-파이 영화 "Barbarella(1967)"를 보다가 대사 가운데서 "바버렐라, 네가 유성에 착륙하게 되면 '더랜 더랜'을 만나게 될 거야."란 대사에 이끌려

팀을 만들 것을 결심했다. 그리고 버밍검 시립 예술학교에서 함께 공부하던 닉 로스, 스티븐 더피를 만나 이들이 주축이 되어 5인조 팝-댄스 그룹을 만들고, 팀 이름을 '더랜 더랜'으로 붙였던 것이다.

드라이브 맵
* 로드 맵

자동차로 길을 나설 때나 여행을 할 때, 길을 가려 쉽게 목적지에 갈 수 있도록 루트(route)를 정리한 지도를 '로드 맵(road map)'이라 한다.

그런데 한국과 일본에서는 이 말보다 '드라이브 맵'이라는 표현을 더 많이 쓰는 것 같다. 물론 이 말은 한국에서 만들어 쓰고 있는 표현이 아닌, 일본식 영어를 그대로 들여다 마치 영어처럼 유식(?)하게 남용하고 있는 말이다.

자동차 운전을 할 때 로드 맵은 운전자의 필수품 가운데 하나다.

드라이브 웨이
* 하이웨이, 스피드웨이

경치가 좋은 관광도로를 흔히 '드라이브 웨이(drive way)'라고 한다. 하지만 이런 말은 영어에는 없는 일본 영어이다.

'drive way'라 하면 저택이나 일반 공공도로에 연결되어 자동차로 통행을 할 수 있는 사설 도로 구간을 말한다. 주로 게이트에서 건물의 현관까지 이어지는 통로를 말하는 경우가 많다.

도로 주변의 경관이 좋은 관광도로는 영어로는 '하이웨이(highway),' '스피드웨이(speedway)'라 한다.

드라이브 코스
* 씨닉 드라이브

자동차로 여행하거나 풍광이 좋은 도로를 달릴 수 있는 루트(route)를 일러 흔히 '드라이브 코스(drive course)'라는 표현을 쓴다.

필자도 80년대 초, "환상의 드라이브 코스"라는 타이틀의 로드 맵 시리즈를 내어 제법 수요자들의 환영을 받은 적도 있었다. 그러나 당시 '드라이브 코스'라는 말이 적정한 영어 표현으로 믿고 있었음은 물론이다.

그러나 뒤늦게서야 이 말이 영어에는 없는 일본에서 영어 단어를 조합해서 만든 일본식 영어라는 사실을 알고는 매우 부끄럽게 생각한 적이 있다.

영어로는 '씨닉 드라이브(scenic drive)' 라는 표현을 많이 쓴다.

드리볼, 드리블
* **드리벌**

싸커에서 플레이어(선수)가 볼을 천천히 몰면서 앞으로 나가는 동작을 두고 '드리볼' 또는 '드리블' 한다는 말을 쓴다. 많은 스포쓰 캐스터나 해설자는 대부분 '드리볼' 로 표현하는 경우가 많다. 마치 '드리 볼(ball)' 이란 말처럼도 들려 혼란스럽기도 하다.

영어로 'dribble' 이라 쓰고 '드리벌' 이라 발음하는 이 말은 구기 종목에서 여러 형태로 쓰인다. 아이스 하키에서는 경기자가 타구봉(스틱)에 퍽(puck)을 밀착시킨 듯 밀면서 상대팀의 골 포스트를 향해 돌진하는 동작을 말하기도 한다. 또 농구에서는 공을 튀기면서 자기 진영에서 머뭇거리면서 시간을 끌거나 여유 있는 플레이를 하는 모습을 두고 이렇게 말하기도 한다.

배구에서는 플레이어가 두 번 이상 볼이 몸에 닿는 반칙을 말하고, 당구에서는 볼이 포켓에 굴러 떨어지는 것을 말한다.

한편 미국에서는 'dripple(드리펄)' 이라고도 표기하면서 이슬비나 가랑비(드리절=drizzle)란 의미로도 쓰고 있다. 작은 물방울이 천천히 떨어지는 모습을 의미하는 말이다.

등판
* **테이크 더 플레이트(마운드)**

야구에서 피처(투수)가 마운드(pitcher's mound)에 나서는 일을 흔히 '등판' 이란 표현을 쓴다.

이 말은 순 일본식 한자어인 '登板(とうばん=토우반)' 에서 온 것이다. 일본에서 쓰이는 야구 용어 가운데 피처의 마운드를 투수판(板) 이라 하고 투수가 투수판에 서는 일, 또는 투수로 출전한다고 할 때 쓰이는 말이다. 이 말의 반대로 투수가 투수판에서 내려오는 것을 '강판(降板=こうばん 코우반)' 이라 한다.

그러니까 일본말 '토우반' 이나 '코우반' 으로 표기된 한자를 그대로 음역해서 '등판' 이니 '강판' 이니 하고 마치 우리말처럼 버젓이 쓰고 있는 것이다.

영어로는 등판은 '테이크 더 마운드(take the mound),' 또는 마운드 대신 '플레이트(plate)' 를 써서 '테이크 더 플레이트' 라고 쓰기도 한다. 또 강판은 '리이브 더 마운드(leave the mound)' 라 한다.

디스코 테크
* **디스코텍**

1970년 초는 이른바 디스코 열풍 시대였다. 한국에서는 1970년 크리스마스 시즌에 오픈한 조선호텔 지하에 꾸민 나이트 클럽 "투마로우" 가 디스코텍을 겸해 선보이면서 국제 호텔의 "레인보우"와 이태원의 "멤버스 클럽" 등이 본격 디스코텍의 초기 히트 클럽들이었다.

디스코텍은 프랑스 말 'discothéque(디스꼬텍)' 에서 왔는데, 레코드 컬렉션, 레코드 장, 레코드 라이브러리, 레코드 자료실 등을 뜻하는 말이다.

disco-는 그리스어 'diskos' 가 라틴말에서 'disco' 로 받아들이면서 '레코드의, 원반 모양의, 녹음의' 란 접두어로 자리잡았고, 1964년에 프랑스에서 discothéque의 준말로 써서 disco란 표현이 나오기 시작했다. théque라는 접미사는 그리스어를 프랑스에서 받아들여 '넣는 상자,' '찬장' 을 뜻하는 말이다.

디스코텍은 나이트 클럽에서 댄스 밴드나 가수 등 퍼포머가 없이 레코드 음악만으로 춤을 출 수 있게 마련된 형태의 클럽을 뜻하는 말로 쓰이기 시작했다.

미국에서는 1970년대 후반부터 클럽이나 파티에서 사람들이 팝 뮤직에 맞춰 추는 춤이라는 말로 쓰이기 시작하면서 'disco' 라는 특정한 리듬 형태로까지 발전했다.

디스코 비트는 4분음표를 120(♩=120)정도로 통일하고, 4/4박자를 바탕으로 머리에 베이스 트럼(킥 드럼=kick drum)의 강한 비트를 강조한 것이 특징이다. 60년대 후반에 성행하던 이른바 '필라델피아 쏘울' 의 세련된 리듬이 그 원류로 구성된 댄스 뮤직으로 발전했다.

따라서 본래 디스코텍이 단순히 레코드를 틀면서 간간이 밴드도 어울려 댄스 음악을 제공하던 나이트 클럽을 일컫는 말로 쓰이는 와중에 '디스코'로 줄여 쓰기 시작했고, 다시 '디스코'라는 리듬으로 파생된 댄스 뮤직이 된 것이다.

여기서 '디스코텍'을 '디스코테크'나 '디스코 테크'로 표현하는 것은 잘못이다. 더구나 디스코와 테크를 떼어 쓰면서 마치 디스코를 출 수 있는 테크닉 정도의 합성어라고 주장하는 것은 억지이다.

D.C.
* 디스카운트

누구나 필요한 물품을 구매할 때 값이 안정되어 있거나, 적절하게 할인해 주는 일을 마다하지 않는다. 우리나라 상거래 문화는 '에누리 없는 장사가 어디 있느냐'는 식으로 물건값을 깎는 일을 당연시하는 인습에 젖어 있기도 하다. 그래서 정찰제의 실시와 영수증 주고받기 등의 전근대적인 캠페인(올바른 표현은 '프러모션')을 벌이기도 한다.

미국에 사는 한인들 대부분도 백인 등 현지 상점에서는 정가에 소정 세금(sales tax)까지 아무 말 않고 꼬박꼬박 물건값을 지불하면서도, 유독 한인 경영 상점에만 들어가면 예의 깎기 문화가 되살아난다. "아니, 한국 사람끼리 세금을 왜 받느냐"는 것이다. 물건의 제값을 깎는 것은 물론이고, 물품 판매세까지 깎아달라고 실랑이를 벌이는 딱한 경우를 흔히 본다.

이 때 우리는 흔히 물건값을 빼거나 공제하고, 깎아주는 일을 'DC'라고 말한다. 그러나 영어에서 DC하면 와싱턴 D.C.를 연상하고, 치과협회(dental corps)를 말한다. 또 예수 이후, 사망 증명서, 십진 분류법 등의 의미를 줄이는 약어로 쓰인다.

d/c라는 영문 기호도 deviation clause 또는 double column의 약자일 뿐, 물건값을 깎는다는 의미의 '디스카운트'로는 통하지 않는다.

영어에서 물건값을 깎아준다는 뜻으로 DC라 줄여서 말하는 경우는 없다. 반드시 '디스카운트(discount)'로 제대로 표현해야만 한다.

DP&E
포토 피니싱, 포토 랩

한국에서 카메라를 취급하거나 필름을 현상하고 인화해 주는 점포에 'DP & E' 또는 'DPE'라 써 붙인 간판을 많이 본다. 그런데 이 표기가 영어에는 없는 일본식 영어라면 누구나 의아해 할 것이다.

DPE는 일본 사람들이 영어의 현상한다는 뜻의 '디벨롭먼트(development)'와 인화한다는 '프린팅(printing),' 그리고 확대한다는 뜻의 '엔라징(enlarging)'의 머리 글자를 따붙여 만들어낸 표현이다. 미국의 거리에서는 아마 DP & E 간판을 본 일은 거의 없을 것이다. 영어로는 '포토 써비스(photo service),' '포토 피니싱 써비스(photo finishing service),' 또는 '포토 랩(photo rap)'이라 하고, 관용 표현으로 속성사진이라 해서 '원 아워 포토 샵(one hour photo shop)'이란 표현도 흔하게 쓴다.

라디오	Radio를 한국에서는 '라디오'라 표기하고 그렇게 발음한다. 일제 치하에서 일본 사람들이 이 땅에서 radio를 처음으로 만들어 놓을 때, '라지오(ラジオ)'란 표현을 썼다.
＊레디오	

해방 이후 우리는 이 일본식 발음을 일부 고쳐 '라디오'란 로마식 발음으로 부른 것이 오늘에 이어지고 있다. 그러나 영어를 쓰는 나라나 영어 표현에서는 '라디오'라 표현하면 통하지 않는다. '레이디오우'라고 발음하기 때문이다.

한편 독일어, 프랑스어, 이탈리아어, 스페인어로는 '라디오,' 그리스어로는 '라디오포노,' 러시아어는 '라디오,' 포르투갈어로는 '라지우,' 일본에서는 '라지오' 등으로 표현한다.

Radio는 라틴어에서 "빛난다, 비친다, 방열한다" 등의 말에서 왔지만, 영어에서는 '레이디오텔레그래피(radiotelegraphy),' 또는 '레이디오텔레포니(radiotelephony)' 등의 머리부분만을 떼어 'radio-'라는 간략형으로 사용한 것이다.

따라서 radio는 영어로 만들어진 용어이기 때문에 그 발음에 있어서도 '라디오'가 아니라 반드시 '레디오' 또는 '레이디오'로 표기하고 발음해야만 한다. 다만 영국식 발음에서는 '레이디어우'에 가깝게 발음되는 것이 다를 뿐이다.

| 라면
| * 인스턴트 누들 | 가늘게 빚은 국수를 기름에 튀겨 말린 것과 간을 맞추는 양념을 담은 수프 등을 끓인 물에 넣어, 익혀 먹는 간이 국수를 '라면'이라 한다. 이 말은 본래 중국의 '라미안(拉麵 또는 老麵)'에서 온 것이다. '미안'은 麵 또는 麺으로 쓰이는 같은 의미의 글자다.

일본에서 즉석 간이조리 국수를 개발하면서 이 '라미안'이란 말의 첫 글자 '라'에다 밀가루 또는 소바우동이란 뜻으로 쓰고 있는 면(麵)의 일본어 발음 '멘'을 합성하여 '라—멘'이란 표현을 쓴 것이다.

한국에서는 1960년대 후반부터 일본에서 생산되고 있던 라멘을 본떠 국내에서 생산 판매한 한 메이커가 일본의 '라멘'의 '멘'이란 한자의 한국 표현음인 '면'으로 바꿔, '라면'이라는 말을 붙이면서 비롯되었다.

그러니까 중국의 '라미안'에서 '라,' 일본의 '멘'이란 한자의 음역을 통해 조합된 어정쩡한 합성어가 된 셈이다.

중국어의 '라(拉)'는 한자로 '꺾을 랍'이고, '미안(麵)'은 '밀가루 면'으로 표기하니까 한자의 우리식 표음으로 하면 '랍면' 또는 '노면(老麵)'이 되어야 한다.

그런데 이를 '라면'이라 한 것은 중국식 발음을 그대로 차용한 일본에서 쓴 것을 그대로 본떴기 때문이다. 그야말로 중국어와 일본어를 짬뽕한 국제어(?)가 된 셈이다.

라면을 영어로는 '인스턴트 누들(instant noodles)'이라 부른다. 인스턴트 누들로 표기한 미니 컵라면 같은 즉석 우동은 도처에서 유통되고 있다.

| 라성
| * 로스 앤젤러스, 엘에이 | 로스 앤젤러스에 있는 한국 총영사관의 현판에 '주라성총영사관'이라 쓰여 있다. 처음 이 현판을 보는 사람들이나 모처럼 이를 보는 사람들이 고개를 갸우뚱거리기 마련이다. '주라성이라, 무슨 뜻일까'하고 말이다. 국어 사전에도 없는 말일 뿐 아니라, 주라성이란 지명도 없기 때문이다.

물론 이 뜻은 한자의 '駐羅城', 즉 '라성에 머문'이란 일본식 한자 술어를 인용한 것이다. 문제는 로스 앤젤러스(L.A.)를 '라성'으로 표기하는 데서 오는 아이러니다.

여기서 L.A.도 '엘레이'라 발음하지 않고, '엘에이' 또는 '에레이'로 되는 점에 유의할 필요가 있다.

L.A.를 한자 표기로 '羅城'이라 쓰기 시작한 것은 20세기 초부터였다. 우리식의 음독으로 읽자면 '라성'이 되지만 한글맞춤법이 정한 '두음법칙'에 따라 '라'가 '나'로 적고 소리내도록 되어 있다. 즉, 맞춤법 제5절 제12항 한자음 '라, 래, 로, 뢰, 루, 르'가 단어 첫머리에 올 때에는 두음 법칙에 따라 '나, 내, 노, 이, 누, 느'로 적는다는 규정에 따르는 것이다.

그러니까 L.A. 한국 총영사관은 대한민국의 한글맞춤법을 무시한 결과를 낳은 셈이다. 그러나 문제는 로스 앤젤러스를 한자 표기 '羅城'으로 인용 표기하는 데서 온 폐단이다.

L.A.를 '羅城'으로 쓴 것은 우리보다 훨씬 먼저, 중국 사람들이 표기하는 '羅府(loufu=로푸)'에서 비롯되었다. '로우푸'의 한자를 그대로 음역해서 '라부'라 하다가 '-府'를 '-城'으로 살짝 바꾼 것이다. 그러나 요즘 중국인들은 로스 앤젤러스를 '羅府'라 하지 않고, '洛杉磯(낙삼기=루오샤지)'라 쓰고 있다.

한편 일본 사람들도 '羅府'라 쓰고 '로후'로 발음한다. 그러니까 중국인이 쓰는 '루오샤지'나 일본인들이 표현하는 '로후'는 모두 로스 앤젤러스라는 지명의 첫소리와 비슷하게 표기하고 있음을 알 수 있다.

정작 이 한자 표기를 표방하는 한국의 '나성(라성)'은 본 지명과는 거리가 먼 소리여서 처음부터 잘못 채용된 한자 표기인 셈이다.

한편 한자 표기로 '羅城'이라 하면 성곽을 둘러싼 외성(外城)을 뜻하는 말이다. 로스 앤젤러스를 한자로 굳이 표기하자면 길이 발달된 도시이니 '路城'이거나 '路産絶' 따위로 쓰는 것이 오히려 원음에 근접하다는 의견도 나옴직하다.

로스 앤젤러스를 '라성(羅城)'이라 표기하는 것만은 아무래도 주체성 없는 남의 흉내내기의 소산이기 때문에 마땅히 폐기하는 것이 옳다는 생각이 든다.

한편 외래어 표기에서 Los Angeles를 '로스 앤젤레스'로 되어 있지만 현지 발음은 '로스 앤젤러스' 또는 '로스 앤젤리스'가 옳다. (→로스 앤젤레스 항목 참조)

| 라이브 콘서트 | 연주회, 공연 등을 콘서트(concert)라 표현한다. 콘서트는 어떤 형태이건 대부분 사전 녹음이거나 필름에 의한 것이 아닌 직접적인 실연으로 이루어지는 것이 보통이다. |

* **라이브**

'라이브'는 방송이나 연주 등을 녹음이 아니고 실제로(생으로) 반응이 있는 관중이나 청중 앞에서 실연하는 것을 말한다. 그러니까 '콘서트'는 '라이브'가 전제된 것이 보통이고, '라이브'는 관련어와 함께 쓰일 때 그대로 직접 연주회라는 말이 포함되는 것이다.

따라서 '라이브 콘서트' 하는 식으로 쓰면 겹치는 말이 되어 우스꽝스러운 표현이 되어 버린다. '콘서트'와 '라이브'는 당연히 따로 떼어 쓰여지는 말이다.

| 라이 방 | 1945년 해방 이후 썬글래스(정확하게 말하면 썬글래시스=sunglasses)가 보급이 될 무렵부터 '라이 방'은 무척 좋아 보이는 색안경의 대명사처럼 여겨졌다. |

* **레이 밴**

세계 제2차 대전의 영웅 더글러스 매카더 원수가 쓰고 다니던 색안경도 '라이 방'이였다.

요즘은 썬글래스들이 매우 다양하고 패셔너블한 것들도 많은 가운데 이탤리제 'Police'를 명품으로 알아주기도 한다.

라이 방은 미국 뉴욕 주에 본사를 둔 Bausch & Lomb, Inc.에서 만들어 내는 썬글래시스이다.

빛(ray)을 차단(ban)한다는 뜻을 합성해서 'Ray-Ban'란 상표 이름을 붙여 1930년부터 미 육군 항공대의 파일럿(비행사)들이 쓰는 색안경으로 채용되었다. 유리알은 녹색이고 프레임은 이른바 티어드랍 스타일(teardrop style)로 통일이 되어 있었다.

Ray-Ban은 1937년부터 시판하기 시작하면서 단일 스타일에서 50여 종으로 스타일을 다양화하면서 렌즈는 자외선을 99%, 적외선을 96% 차단하는 특징으로 매우 큰 인기를 얻었다. 이 가운데서도 'Shooter'가 유명했다.

Ray-Ban은 브랜드 이름이고 일본에서 이를 로마자 읽기식으로 'ライバン(라이반)'이라 부른 것에서 '라이방'이라 불려왔다. 정확한 영어를 구사하려면 '레이밴'으로 소리내는 것이 옳다.

한편 레이밴을 만든 '보쉬 & 롬'사는 1862년에 John Jacob Bausch(잔 제이캅 보쉬)와 Henry Lomb(헨리 롬)이 'Bausch & Lomb Optical Co.로 창업을 하여 망원경, 쌍안경, 라이플스코프, 확대경 등을 생산해냈다. 특히 컨텍트 렌즈 분야에서는 세계 제1급 메이커로도 명성을 갖고 있다. 1988년 6월에는 'See-Quence'란 이름으로 착용하기에 부드러운 소프트 컨텍트 렌즈를 개발하는 데 성공한 바 있다.

라이브 쇼
* **액추얼 퍼포먼스**

방송에서 생방송을 하거나, 카페나 살롱 등에서 생음악을 연주하며 여흥을 갖는 무대를 가리켜 더러 '라이브 쇼(live show)'라는 말을 쓰는 이들이 있다. 이 말은 일본에서 만든 일본식 영어다.

영어로는 '액추얼 퍼포먼스(actual performance)'라 한다.

영어로 '라이브 쇼'라고 하면 여성이 나체 쑈를 벌이는 누드 하우스를 말한다.

라이브 하우스
* **나잇 클럽, 카피 하우스**

레코드에 의하지 않고, 생연주를 실연하면서 음료와 가벼운 식사를 내는 작은 규모의 음식점을 두고 '라이브 하우스(live house)'라 한다. 이런 곳에서 주로 연주하는 음악은 재즈나 롹음악이 주류를 이루지만 경우에 따라서는 세계 각국의 음악도 곁들이면서 작은 공간에서 한정된 관객과 연주자가 일체가 되어 흥을 돋우기도 한다.
그러나 영어에서는 이런 표현이 없다. 나이트 클럽(night club), 카페(cafe=캐페이), 커피 하우스(coffee house) 등이 그런 역할을 하기 때문에 굳이 생연주 따위의 표현을 따로 쓰지 않기 때문이다.
즉 '라이브 하우스'는 일본에서 만들어 낸 일본식 영어다.

라인맨
* **라인스먼**

싸커(축구) 게임에서 경기를 운영하는 심판을 말할 때 주심 한 사람과 선심 세 사람으로 나눠 표현한다. 주심은 영어로 '레프리(referee)' 라 하고 선심은 '라인스먼(linesman)'이라 한다. '리서브 라인스먼(reserve linesman)'은 플레이어가 교대를 할 때 역할을 한다.
레프리는 '휘슬(호루라기)'을 사용하고 라인스먼은 '플랙(깃발)'을 사용하여 옵싸이드 등의 판정을 표시한다. 그런데 선심을 으레 '라인맨'이라 표현하는 것은 잘못이다.
한편 'lineman(라인먼)'은 복수(linemen)로 썼을 때도 똑같이 '라인먼'으로 발음하는 점에 유의하자.
한편 축구 경기를 '사커 깨임'이라 잘못 발음하는 점도 시정이 되어야 할 것이다. '사커'는 '싸커'로, '깨임'은 '게임'으로 소리내는 것이 옳다.
영어에서 lineman은 전신·전화 송전선 등의 가설 작업하는 사람을 말하고 철도에서는 선로 보수원, 측량에서는 측량 보조원 등을 뜻하기도 한다.

라 졸라
* **라 호야**

미국 캘리포니아주의 태평양 연안 남쪽에 쌘 디에이고 시가 있고, 이 도시의 북부 외곽에 'La Jolla'라는 곳이 있다.
L.A.를 거쳐 자동차 편으로 쌘 디에이고의 "씨 월드"나 세계 굴지의 동물원을 자랑하는 "San Diego Zoo," 또는 티화나를 통해 멕시코 국경을 넘어보려 할 때 꼭 La Jolla를 지나게 된다.
이 지명을 본 대부분의 한국 관광객들은 "아, 여기가 바로 '라 졸라'

구나." 한다. 태평양이 한눈에 내려다보이는 해안과 산비탈에 조성된 계획 도시의 이름이다. 이 도시는 비교적 생활 수준이 높고, 여유로운 계층의 은퇴자들이 많이 몰려 사는 휴양도시로도 유명하다.

이 도시의 이름을 영어식으로 '라 졸라'로 읽어버리는 한국 여행자들이 많다. 그러나 이 지역은 스패니쉬 멕시코 땅이었고, 지명도 그래서 스패니쉬로 명명된 것이어서 그 순수한 스페인어로는 '라 호야'이다. 그러나 미국인들은 '러 호이어'로 발음한다.

라 호야는 영어로 'hollow(분지)'라는 뜻이고, 1828년부터 이곳에 선교 교회가 들어서면서부터 쓰이기 시작했으며, 도시 이름으로 쓰이기 시작한 것은 1869년부터다.

이 도시에는 U.C. 쌘 디에이고(University of California at San Diego) 캠퍼스도 있다. 'San'은 스페인어로 성자란 뜻인데 영어 발음은 '샌'이 아니고 '쌘'으로 소리낸다.

라틴 음악
* **라틴 어메리카 뮤직**

멕시코를 포함해서 중남미 음악을 흔히 '라틴 음악' 또는 '래튼 뮤직'이라고 표현하는 것이 일반적이다.

그런데 그냥 라틴 음악이라 해버리면 유럽의 라틴어를 쓰는 민족들의 유럽 음악이 되어버린다. 따라서 쎈트럴 어메리카와 싸우스 어메리카, 즉 중남미 모두를 포함한 대륙에 속한 지역의 음악은 '라틴 어메리카 뮤직'으로 통칭해야 옳다.

'라틴'은 중남미를 가리키는 말이 아니고 이탈리아어, 프랑스어, 포르투갈어와 스페인어, 그리고 루마니아어 등을 사용하는 유럽의 여러 나라들을 가리키고 그 총칭으로 '라틴 민족'이나 '라틴 국가'라는 표현으로 쓴다.

그러나 '라틴 어메리카'라 하면 스페인어, 포르투갈어, 프랑스어 등 라틴계 국가들의 식민지였던 나라들이 그들 언어를 공용어로 쓰고 있는 중남미 여러 나라를 통틀어서 말한다는 차이점에 유의해야 한다.

'라틴'은 고대 이탤리에 있던 나라의 이름에서 비롯되었고, '라틴 문자'는 고대 로마인이 사용한 23음표 문자에서 발달하여 J, U, W를 첨가한 26문자가 되었으며, 이를 로마자라 일컫기도 한다.

| 란나 |
| ※ **러너** |

야구 등 스포쓰에서 득점을 위해 룰(규칙)이 정한 바에 따라 뛰고 있는 플레이어를 '란나'라 하는데 이것은 일본식 발음이고, '러너'는 한국식 타성에서 나온 발음이다.

영어에서 모음 사이의 겹자음은 자음 하나만 소리를 내면서 오히려 그 소리가 약해지는 경향이 있는 것처럼 'runner'인 경우도 '런너'가 아니고 '러너'가 옳다.

좀 빗나간 얘기이긴 해도 1997년 한때, 한국의 '쌍용' 자동차의 모델이 미국에 소개된 적이 있었다. 이때 '쌍용'은 영자 표기를 'SSANGYONG'이라 했다. 그런데 네이티브 스피커들의 발음은 엉뚱하게도 '쌍용'과 거리가 먼 '생양'이 되어 버렸다. 'S'를 우리말 'ㅅ'으로 삼고, 쌍시옷으로 'ss'를 썼지만 오히려 약하게 발음하는 것이었다.

왜냐하면 영어에서는 첫 음절에 오는 S는 으레 우리식의 쌍시옷 발음이 되는 경우가 대부분이기 때문에 'Sahngyoung'으로 표기했더라면 오히려 '쌍용'에 가까운 발음이 되었을 것이다.

'국어의 로마자 표기법(문교부 고시 제84-1호, 1984.1.13)에서 제2장 표기일람의 제2항 마찰음 'ㅆ'은 'ss'로 한다는 규정이 낳은 비극이다. 외국인들이 ㄲ이나 ㄸ, ㅃ, ㅉ, ㅆ을 이해하고 그렇게 발음해 주는 경우는 거의 없다는 사실을 유념할 필요가 있다.

| 랄프스 |
| ※ **롸우프스** |

미국의 제2도시 로스 앤젤러스에 가면 거리에서 눈에 가장 많이 띄는 간판이 주유소이다. 대개 4거리를 중심으로 두서너 개가 코너마다 차지하고 있는 모습을 많이 대하게 된다.

은행 간판 가운데 가장 많은 것은 'Bank of America'이고 수퍼마켓 가운데서는 단연 'Ralphs'일 것이다. Ralphs인 경우는 군소 슈퍼마켓을 차츰 흡수하여 그 확장망이 괄목할 만하다. Ralphs는 2001년 현재 미국의 50개 주 가운데 절반이 넘는 32개 주에 2,418개 영업장을 갖고 있다.

리테일 그로서리 체인(식료 잡화 소매 판매망)으로 급성장하고 있는 Ralphs는 오하이오 주의 신시내티 시에 본사를 두고 있는 '크로거 컴퍼니(The Crogger Company)' 산하의 수퍼마켓 체인이다.

Ralphs는 보통 '랄프스'라고 표기하고 발음하지만, 실제로는 우리의 표현과 상당한 차이가 있다. '롸우프스'라 발음하지만 '롸우스'처럼 들린다.

즉 Ralphs 가운데 'r'은 혀를 입천장에 대지 않는 대신 '-l'은 혀를 입천장에 아주 가볍게 대었다 뗌과 동시에 윗니로 아랫입술 안을 거의 스치듯 '-f'소리를 내는 과정에서 나는 소리이기 때문에 얼핏 들으면 이 'l'과 'f'가 약음인데도 거의 생략된 것처럼 들리게 된다. 그래서 '롸우스'처럼 소리내거나 그렇게 들린다.

Ralphs는 미국에서는 3,918번째 많은 사람 이름이다. 원래는 영국에서 유래했는데 'rad'와 'wolf'를 합성하였고 민첩한 여우를 뜻한다.

램프	백열등이나 형광등 등 모든 종류의 전구를 우리는 흔히 '램프(lamp)'라고 표현한다.
* **벌브**	그러나 영어를 쓰는 나라에서 램프라 하면 등불을 밝히는 기구(세트) 정도로 알아듣는다. 단지 전구만을 이야기할 때는 '벌브(bulb)'라 해야 통한다.
램프 웨이	일반 도로와 입체교차로, 고속도로, 또는 구성이 다른 도로 사이를 연결하는 높이가 서로 다른 진입 연결 도로 구간의 차도를 '램프 웨이'라 한다.
* **램프**	그러나 영어에서 '램프(ramp)'라고 하면 이미 연결 차도라는 뜻이 다

포함되어 있기 때문에 우리가 쓰고 있는 램프 웨이는 불필요한 중복 표현이 되는 것이다.

미국이나 일본 등 자동차 선진국에서는 '램프 미터링(ramp metering)' 시스템을 운영하고 있다. 이것은 고속도로 등의 본선 교통 상황에 따라 통행량이 많을 때는 램프에서 본선으로 진입하는 차량에 대한 시간 간격을 조정하여 일정한 간격의 시간차로 유입되도록 설치한 신호등이나 여닫히는 게이트를 말한다.

한편 일반도로에서 고속도로 또는 프리웨이로 들어가기 위해 접속되는 램프는 '엔트런스 램프(entrance ramp)'라 하고, 반대로 고속도로에서 일반 도로에 나가는 접속 램프는 '엑싯 램프(exit ramp)'라 표현한다.

랩톱(노트북) 컴퓨터
* **랩탑(놋북) 컴퓨터**

휴대용 개인 컴퓨터 가운데서 데스크탑에 비해 무릎 위에 올려놓을 수 있을 정도로 작은 규모를 무릎이란 뜻의 랩(lap)을 인용하여 '랩탑'이라 한다.

대학 노트북 정도의 크기에 키보드를 내장하고 접었다 폈다 할 수 있도록 디자인하고 본체에 디스플레이(LCD 모니터)까지 한 세트로 만든 것을 'laptop computer'라 한다. 그런데 이를 로마자 읽기식으로 '랍톱 컴퓨터'라고 표기하는 이들도 있다. 정확한 발음은 '랩탑 컴퓨터'이다. 또 미식 발음으로는 '랩탑 컴퓨러,' '놋북 컴퓨러'처럼 들린다.

한편 '랩탑 컴퓨터'보다 약간 작은 A4 용지만한 것을 '노트북 컴퓨터(notebook -)'라 하는데 이도 '놋북 컴퓨터'로 발음해야 한다.

또 B5 용지만한 크기의 것을 '쎄마이 놋북 컴퓨터(semi-notebook -)'라 부르기도 한다.

런닝 샤츠
* **애쓰래틱 셔트**

운동을 할 때나 와이셔츠 안에 입는 면 소재의 소매 없는 내의를 우리는 '런닝 샤쓰' 또는 '란닝구'로 표현한다. '런닝 샤쓰'는 running shirt

의 한글 표기인 것 같은데, 이 모두가 일본식 발음과 표기에서 왔다.

일본에서 영어 단어 running shirt를 'ランニングーシャツ(란닝구 샤쓰)'로 표기를 하고 그렇게 읽는다. 일본 사람들은 알파벳의 소리값에서 't'자가 자음을 동반한 어미로 올 때, 우리처럼 제대로 된 '트' 발음이 불가능하기 때문에 'ッ(쑤)'로 표기한 것이다. 이 사정을 모르고 한술 더 떠서 아예 '츠'로 둔갑시켜 '란닝 샤츠'로 해 버렸으니 얼마나 아이러니이고 모순인가를 알게 된다.

'running'에서는 'n'이 겹치지만 하나만 소리를 내어 '런닝'이 아닌 '러닝'이 되어야 하고, 'shirt'는 '샤츠'도 '셔츠'도 아닌 '셔트' 또는 '셧'로 소리내고 표기해야 옳다.

한편 영어에서 '러닝 슈스(running shoes)'는 있어도 '러닝 셔트'나 '러닝 팬쓰' 따위의 표현은 없다.

일반적으로 '언더셔트(undershirt)'라 하고 소매 없는 셔츠는 '슬립레스 언더셔트(sleepless undershirt)' 또는 '애스레틱 셔트(athletic shirt)'라 한다. 또 백색이나 무늬가 들어 있는 소매 없는 상의를 '탱크 탑(tank top)'이라 한다.

또 대체적으로 면으로 만들었기 때문에 '카튼 언더웨어(cotton underwear)'란 표현도 곧 잘 사용한다. 한편 '런닝 빤쓰', '런닝 팬티' 등도 그냥 '쑛스(shorts)'라 부른다.

러브 호텔 * **어덜트 호텔, 모터 호텔**	정상적인 혼인 관계에 있지 않은 남녀가 정사를 위해 일시 머무는 특수한 목적의 숙박업소를 흔히 '러브 호텔(love hotel)'이라 한다. 한국에서도 뒤늦게 이 비윤리적 숙박업이 붐을 이뤄 농촌 지역까지 파고들었다고 해서 가끔 아우성이 난다. 그 만큼 러브 호텔을 이용하는 인구가 많아서일까. 그만큼 수요가 있으니 더욱 더 생겨날 수밖에 없는 실정일 게다. 그런데 '러브 호텔'이란 영어에는 없는 일본에서 만들어서 쓰고 있는 일본식 영어이고, 한국에서 이것을 버젓이 그대로 들여다가 쓰고 있다.

영어에는 이런 목적을 위하여 제공되는 특수한 호텔은 없고, 서로 좋아하는 연인들이나 여행자들은 일반 호텔이나 인(inn), 또는 모텔을 이용한다.

굳이 '러브 호텔' 같은 유형을 찾아낼 수는 없지만, 누구나 차를 타고 와서 쉽게 시간대여로 쓸 수 있는 장소로 '모터(링) 호텔'이 있기는 하다.

그러나 한국처럼 시간 요금은 없고, 일일 단위의 숙박료를 적용하는 것이 보통이다.

레드 썬 (붉은 태양)
* 골덴 썬

우리나라와 동양의 여러 나라에서 태양의 빛은 붉은 것으로 여기고 있다. 노랫말을 봐도 "붉은 태양이…"라는 표현이 일반적이다.

그러나 미국이나 서양 사람들은 '황금의 태양(the golden sun)'이라 한다.

이는 셰익스피어의 작품 가운데 1594년에 초연한 복수극 "타이터스 앤드로니커스(Titus Andronicus)"와 사극 "헨리 5세(1599년 초연)" 등에서 쓰여진 '황금의 태양'의 표현이 강하게 인식되어 태양은 황금빛 또는 노란빛으로 강조되었다.

유럽이나 미국 학생들의 그림에서도 태양은 붉은 색이 아닌 노란색으로 채색을 한다. 그러나 석양만큼은 붉게 물드는 노을의 정경을 두고 '붉은 석양(red sunset)'이라 한다.

한편 달은 우리가 노란색으로 여기는 것과는 반대로, 구미에서는 '은의 달(the silver moon),' 또는 '은빛 달(silvery moon)'이라 해서 은색이나 흰빛으로 표현하는 것이 일반적이다.

레드 속스
* 레드 싹스

미국 야구 메이저 리그의 어메리컨 리그에 속하는 보스턴의 Red Sox를 '레드 속스'로 표기하고 발음하는 것은 잘못이다.

'sox'는 목 짧은 양말인 '싹스(socks)'의 변형이지만, '속스'라 발음하는 것은 중세 영국식 발음이다.

'레드 싹스'는 1901년에 창설되어 메서추셋스 주의 보스턴에 홈을 두고, 프렌차이스 스테이디엄은 '펜웨이 파크(Fenway Park)'이다.

레벨 업
* **임프루브**

어떤 일의 기준을 두고 그 수준이 향상되었거나 향상되고 있는 상태를 말할 때 흔히 '레벨 업'이라 말한다. 영어의 'level up'을 두고 하는 말일 게다. 그런 뜻이라면 영어에서는 '임프루브(improve)'라 한다.

영어에서 수준 그 자체를 높인다면 '레이스 더 레벌(raise the level),' '립트 더 레벌(lift the level)' 또는 '엘러베이트 더 레벌(elevate the level)' 등으로 쓸 수 있을 것이다.

수준을 높인다면 '레벌 고우스 업(the level goes up),' 또는 'raise to a higher level'을 쓰지만 진보하는 것을 강조한다면 '임프루브'를 써야 한다.

레벨 업이라 하면 수준이나 지위나 계급을 올리거나 소리나 말소리의 톤을 올린다는 뜻이 된다.

"Level up your speech to the audience, please."라고 한다면 선거 운동이나 대중 연설에서 좀더 격앙된 어조로 목청을 높여 달라는 말이 될 것이다.

레스토랑
* **레스터런트**

고기나 야채를 재료로 하여 요리를 만들고, 손님에게 음식을 제공하는 시설을 '레스토랑'이라 부른다. 일반적으로 요리점이나 음식점을 지칭한다. 'Restaurant'는 프랑스 말 '레스토랑'에서 온 표현이지만, 우리가 쓰는 '레스토랑'은 일본에서 표기하는 'レストラン'에서 나온 표현이다.

이 말은 본디 라틴말 'restaurare'에서 왔다. 1875년에 프랑스 파리에서 A. 브랑거가 최초로 식당을 열면서 "Venit ad me omns qui stomacho laboraties et ego vos restaurabo"이란 라틴어를 식당 입구에 달았다.

이 글 가운데 'restaurant'는 '나는 회복한다'는 뜻을 지닌 조어를 만들었는데 '체력회복의 숲'을 뜻했다.

1827년에는 프랑스에서 받아들이면서 'restaurant(레스토랑)'으로 쓴 말을 영어에서도 그대로 받아들였다.

미국이나 영국 또는 영어권 나라의 식당을 가리킬 때 '레스토랑'이라 말하면 잘 통하지가 않는다. 영어로 발음은 '레스터런트' 또는 '레스터란트'로 소리낸다.

레오날드 번시타인
* **레너드 버언스타인**

뉴욕 필하모닉 오케스트라 하면 레너드 버언스타인을 떠올린다. 1918년생인 'Leonard Berstein'은 미국의 지휘자, 피아니스트, 작곡가로 20세기의 명지휘자요, 명사이다.

그의 이름을 '레오날드 번시타인'으로 표기하고 그렇게 읽는 것은 잘못이다. 미국에서는 그를 '레너드 번스타인' 또는 '레너드 번스틴'으로 부른다.

레너드 번스타인은 1918년에 미국 매서추셋스 주의 로렌스에서 태어나 하버드 대학과 커티스 음악원에서 공부를 했다.

1943년에 뉴욕 필하모닉의 부지휘자로 인연을 맺은 뒤, 57년에는 상임지휘자가 되어 황금시대를 구가했다. 뮤지컬과 영화 "웨스트 싸이드 스토리"는 두고두고 그의 명작으로 남아 있다. 그는 1990년에 타계했다.

레오날드 코헨
* **레너드 코언**

'Leonard Cohen'은 캐나다 몬트리올 출신 가수이자 씽거-쏭라이터(씽어-쏭으로도 발음)이고 기타리스트요, 시인이고, 소설가이기도 하다. 그런 그를 '레오날드 코헨'으로 발음하는 방송 진행자들이 상당히 많다. 철저하게 로마자 읽기식으로 부른 표현이다. 이것은 일본식 발음에서 본받은 잘못이다.

미국에서는 '레너드 코언'으로 발음한다. 코언은 60년대에 가수로 나섰지만, 70년대 초반부터 나직하고 단조로우면서도 음유시인의 이미지를 강하게 풍긴다.

1968부터 73년 사이에 "Song of Leonard Cohen," "Leonard Cohen:

Live Songs" 등 4장의 히트 앨범을 갖고 있지만 싱글 히트곡은 단 한 곡도 없는 이색 기록을 갖고 있기도 하다. "I'm a Man," "Nancy" 등은 우리나라에서도 많은 사랑을 받았다. 의류상을 경영하던 이스라엘 출신 아버지를 9살 때 여읜 다음, 13살 때부터 기타를 치면서 카페에서 노래를 부르기 시작한 불우했던 소년기를 보냈기 때문인지, 그의 노래들은 낮고 음울한 인상이 매우 강하게 풍긴다.

레저
* **리이서**

우리가 일상적으로 여가라는 뜻으로 쓰는 '레저(leisure)' 는 영국식 발음이고, 미국어에서는 '리이서' 라 발음하는 경향이 있다.

'리이서(leisure)' 는 일이나 공부, 또는 업무에 열중하다 일시 멈추는 시간에 TV를 보거나 취미활동을 하는 심신의 긴장을 푸는 일을 말한다. 이를테면 아무 일도 하지 않고 집에서 쉬거나, 정원 손질을 한다든지 가벼운 나들이나 피크닉, 또는 여행에 나선다든지, 축구나 야구 경기를 관전하는 일, 뱃놀이 등의 여가 활동을 말한다.

그러니까 '리이서' 는 하던 일을 멈추고 특정한 취미 활동을 하는 물리적인 행위를 뜻하는 말이 아니라, 일에서 벗어나 부담 없이 편히 쉬는 여가를 말한다.

여기서 '리이서' 라 발음할 때, '-서' 는 발음기호 '-z, zh' 가 되는 탁음이지만, 실제로 '리이서' 라 발음해 보면 자연스럽게 '-서' 가 '-z' 사운드로 동화된다. 따라서 억지로 '리이저' 또는 '리저' 라 부자연스러운 표기를 할 필요가 없다.

다시 말해서 국제 발음 기호 'z' 는 우리 표현으로 '즈' 보다는 오히려 '스' 에 가까운 소리값을 낸다. 더욱이 'z' 는 혀가 입안의 중간에 뜬 상태에서 아래 위 치아와 목청이 동시에 울리는 소리를 낸다. 이를 '즈' 로 소리를 내게 되면 혀끝이 입천장을 가볍게 접촉하면서 내야하는 소리가 나기 때문에 본래의 'z' 사운드와는 근본적으로 다른 소리를 내는 것이다.

레즈	미국 야구의 메이저 리그, 내셔널 리그에 속하는 신시내티 '렛스 (Reds)'를 '레즈,' 또는 '렛쯔'로 발음하거나 표기하는 것은 잘못이다. 과거 학교의 영어 교사나 일부 미디어에서 아직까지도 영어 단어의 최종 자음이 '-ds'는 무조건 '즈'로, '-ts'는 무조건 '츠'로 표기하고 발음하는 잘못된 습관을 그대로 적응한 때문이다. 하루 빨리 수정해야 할 외래어 표기의 타성의 대표적인 예다.
* **렛스**	

한국에서 박찬호 선수가 소속되었던 L.A. 다저스의 경기를 중계하던 파견 캐스터(어나운서)도 계속 '렛쯔'라 발음하고 있었다.

'Reds'는 '레즈'나 '렛쯔' 또는 '레드스'가 아닌 '렛스'에 가깝게 소리를 낸다.

'렛스'는 1876년에 창설되었는데 홈은 오하이오주 신시내티 시이고, 프랜차이스 스테이디엄은 '리버프론트 스테이디엄(Riverfront Stadium)'이다.

레지	다방에서 차를 나르며 손님의 시중을 드는 아가씨를 '레지'라 불렀다. 옛날 다방의 형태도 차츰 퇴락하고 변질되어 가고 있기는 하지만 '다방 레지'를 부르는 나라는 한국뿐이다.
* **웨이트리스**	

'레지'는 일본에서 금전등록기 '레지스터(register)'의 앞부분을 토막 내어 그들식의 약자로 쓰면서 금전등록기 또는 그를 취급하는 여성 종업원을 두고 하는 말이다.

레지스터는 다방이나 식당 또는 상점 등 접객업소에서 요금을 청구받고 영수해 주기 위해 쓰는 금전등록기를 뜻하지만, 일본에서는 이를 취급하는 사람도 싸잡아 레지스터로 여기고 그 약어 '레지'로 통용하고 있는 것이다. 일부에서는 다방 레지를 '레이디(lady)'의 변형이라고 말하지만 억지다.

그러나 금전 등록기인 레지스터를 취급하는 사람을 영어로는 '캐쉬어(cashier)'라 하는데 이 말도 우리식으로 '캣샤'로 발음하는 것 또한 옳지 않다.

그런데 한국에서는 이를 찻잔을 나르는 여자 종업원에 대하여 '레지,' '다방 레지'로 오용해 왔던 것이다. 영어로는 '웨이트리스(waitress)'라 한다. 영어에서 '웨이트리스(미어에서는 웨이트러스)'는 레스토랑에서 손님이 앉아 있는 테이블에 식사나 음료수 등을 서브하는 여자를 말한다. 이를 직업으로 갖는 일을 '웨이트리싱'이라 한다.

레코드
* **레커드**

영어의 'record'를 우리는 일반적으로 '레코드'로 표기하고 소리낸다. 기록이나 등록, 성적, 경기 기록 등의 명사를 표현할 때 '레코드(record)'라 한다.

그러나 '기록한다, 등록한다'는 등의 동사로 쓰일 때는 '리코드(record)'라 달리 발음된다. 또한 음악의 자료를 음반에 담는 자료는 '레코드'이고, 녹음하는 일은 '리코딩'이라 달리 소리를 낸다.

음악용어로 쓰이는 '레커드'는 플라스틱으로 만든 평평한 둥근 판에 소리를 담아 한 가운데 구멍을 내어 돌리는 것을 뜻한다. 둥근 판이라는 뜻으로 '디스크'라 하기도 하고 플라스틱으로 만들었기 때문에 '바이닐(vinyl)'이라 부르기도 한다.

바이닐에 단일 곡 중심으로 2곡 내외를 담아 내는 것을 '싱글 레커드'라 하고, 10곡 이상을 종합하여 내는 것을 '앨범 레커드'라 한다.

그러나 음반의 자료가 바이닐에서 금속 제품을 소재로 하여 빛을 신호로 개발된 컴팩트 디스크(CD)가 나오고 영상까지 곁들인 CD-ROM이나 DVD 등의 개발로 종전에 사용하던 '레커드'는 그 표현상의 위축을 가져왔다.

그래서 종전의 플라스틱을 소재로 한 바이닐 디스크는 '레코드'로 표현하는 경향이 일반적이지만 넓은 의미에서 바이닐이나 CD 등 모든 음반을 통틀어 '레커드'로 쓰기도 한다.

그러나 '레커드'가 싱글과 앨범이 있듯이 CD에도 싱글과 앨범이 있다. 한국에서는 싱글 레코드의 관행과 유통이 거의 없었던 음반 산업에서 보면, 레코드 그 자체가 앨범밖에 없었고, CD가 대중화되어 있는 요즘에도 싱글 생산은 거의 찾아 볼 수 없는 채, 앨범 중심의 생산과 판매만이 음반 산업의 주류를 이루고 있다.

세간에서 바이닐은 레코드라 부르고 CD는 앨범이라 부르는 편협된 인식도 바로 한국적인 앨범 위주의 음반 생산 관행이 빚은 오해이고 잘못된 인식이다.

레퍼토리, 레퍼터리
* 레퍼트와

국어사전(민중)에서 '레퍼터리'는 "극단 또는 연주가가 어느 때라도 상연 또는 연주하기로 준비된 작품의 목록, 연출 목록, 레페르트와르"라고 풀이 하고 있다.

또 연세 한국어 사전에서는 "연주자, 극단, 무용단 등이 공연하기로 결정하는 작품의 목록"이라고 했다.

일본의 '이와나미(岩波)서점'이 펴낸 일본어 사전 廣辭苑과 '쇼가쿠칸(小學館)'의 大辭泉에서는 "극단, 연주 등이 언제라도 상연, 연주할 수 있도록 마련된 프로그램이나 곡목. 그리고 그것들을 열거한 일람표. 레파르트와르. 또는 자신의 뛰어나거나 자신만만한 영역"이라 했다.

또 '산세이토(三省堂)' 大辭林에서는 "음악, 연예 등에서 연주자가 연주하거나 연주할 수 있는 곡목이나 예능의 종류, 상연 종목, 상연 목록"이라고 했다.

영어 사전(Webster's Collegiate)에서 'repertory'는 "라틴말 repertorium에서 왔는데 무엇인가 발견하기 위한 장소, 극단이 내용이 다른 몇 가지 연극이나 오페라 등 공연작품을 마련하여 계절이나 시의에 맞춰 동일 극장에서 상연하는 일. 극단 전용 극장. 레퍼터리 극단에 의한 연극 공연 등"을 뜻한다고 했다. 세간에 더러 쓰고 있는 '레퍼터리 시스템'이 여기에 해당한다.

그러니까 우리가 그렇게 알고, 국어사전에서 설명한 의미의 '레퍼터리'는 결국 일본사전에서 주석을 단 내용을 옮겨 쓴 것이 많고, 또 그렇게 인식되어 사용되고 있다는 사실을 쉽게 알 수 있다.

우리가 쓰고 있는 단골 내용이나 미리 설정된 공연 내용 등의 뜻은 '레퍼터리' 라는 표현보다 '레퍼트와' 로 구분하여 쓰고 있는 점에 유의해야 한다.

'레퍼트와(repertoire)' 는 프랑스에서 19세기 중엽에 라틴말 reperorium에서 들여다 쓴 'répertoire(레뻬르트왈)' 에서 온 말인데 드라마, 오페라 악보, 또는 극단의 일부분 또는 공연을 준비하기 위한 사람의 목록(list)라고 했다. 또 상연 가능한 드라마, 오페라 또는 뮤지컬 작품을 공급할 수 있는 전작품으로 짜여진 리스트라고도 했다.

레텔, 라벨
* 레이블

상품의 상표나 내용을 표시한 것을 흔히 '레텔,' 또는 '레테루' 라 한다. '레테루' 는 물론 일본식 발음 표현임을 쉽게 알 수 있다.

그러나 이 말이 결코 일본말은 아니고, 네덜란드의 'letter(렛터르=문자)' 를 일본에서 '렛테루' 로 받아들여 썼고, 우리가 그 표현을 그대로 본받아 '레텔' 로 사용해 왔다.

이 표현의 영어는 '레이블(label)' 이라 하고 어떤 자료나 물품에 대하여 쉽게 식별이 되도록 작은 종이이거나 다른 물체를 이용하여 붙인 물체를 말한다.

레포츠
* 레크리에이션

한 국어사전에서 '레포츠(reports)' 가 "영어의 레저(leasure)와 스포츠(sports)의 합성어이고, 골프, 스키 또는 스카이다이빙 등이 레저를 겸한 스포츠"라 풀이하고 있다.

그런데 영어에서 '레포츠' 란 말은 없다. 그렇다고 그 흔한 일본식 영어도 아니다. 단지 국내에서 한 미디어가 억지 영어를 동원해서 쓰기 시작한 조어에 불과하다.

그러나 정작, '레포츠' 란 조어에 문제가 있다. 우선 미국 영어에서는 'leasure' 를 '리이서' 라 발음하고 'sports' 도 '스포쓰' 로 발음하기 때문이다.

그리고 이 두 단어를 만일 영어로 합성을 한다면 '리포쓰' 라 써야 맞게 된다. 이를 영문으로 표기하여 보면 'leiports,' 또는 'leports'가 되겠지만 그런 표현은 더더욱 없다.

그러나 근본 문제는 '리이서'가 일이나 공부를 떠나서 자유스런 분위기에서 푹 쉬는 것을 의미하지만, 골프나 스키 또는 스카이다이빙 등은 모두 스포쓰의 범주에 속한다는 점이다. 그러니까 '리이서(레저)'와 '스포쓰(스포츠)'와는 어느 부분이 겹치는 일은 있을 수 있어도 동화될 수는 없다는 것이다. 따라서 '레포츠'의 조어는 부자연스럽게 된다.

영어에서 '레크리에이션(recreation)'이라 하면 여가를 이용해서 심신의 피로를 풀면서 즐기는 운동이나 오락을 뜻하기 때문에 굳이 '레포츠'라는 조어를 쓸 필요가 없는 것이다.

레포트
* **텀 페이퍼,**
리포트

대학의 교수나 강사 가운데서는 학생들에게 부과하는 기말 소논문 제출을 요구할 때 아직도 '레포트'라고 발음하는 교수나 학생들이 상당히 많다. 이것은 두말할 필요도 없이 일본식 발음과 용어에서 비롯된 잘못이다.

일본 사람들은 TV 등에서의 현장 보도는 '리포트(리포토)'라 표기하는 반면, 학생의 수업과 관련된 보고 논문은 '레포트(레포토)'라는 발음으로 구분하고 있다. 이들 두 표현의 로마자 표기는 모두 'report'로 같다. 그러나 '레포트'라는 발음은 정확한 영어 발음이 아니다.

영어에서 학생의 기말 소논문은 '텀 페이퍼(term paper),' 또는 단순히 '페이퍼'라고 한다.

렉 카 *레카차
* **토우 비히클,**
토우 트럭

자동차가 고장이나 사고를 일으켜 움직이지 못할 때, 이를 끌고 가는 차를 흔히 '렉커 차' 또는 '렉 카'라 한다.

영어의 '렉커(wrecker)'는 바다에서, 배가 사고나 고장으로 움직이지 못할 때, 열차가 사고 등으로 끌려갈 때, 또는 자동차가 움직이지 못할 때 구난을 위해 끌고가는 차량을 뜻한다. 따라서 '렉커'를 쓸 경우에는 '차'나 '카' 등을 붙이면 중복 언어가 되기 때문에 그냥 '렉커'

라고만 해야 한다.

그러나 미국에서는 자동차나 배를, 끌거나 사슬로 묶어 끌고가는 것을 '토우(tow)'라 하고, 고장이나 사고로 움직이지 못하는 차를 끌고 가는 것을 '토우잉(towing)'이라 한다. 그리고 토우잉을 하는 차를 '토우 비히클' 또는 '토우 트럭'이라 한다. 여기서 truck은 우리가 '트럭'으로 표기 하지만 오히려 입을 적게 벌이며 소리내는 '아' 사운드, 즉 '트락'에 가까운 소리를 내는 점에 유의해 두자.

주차가 금지된 지점에 차를 세워 주차 단속원이나 경찰, 또는 고발자에 의해서 출동한 견인차가 위반한 차를 다른 장소로 견인하는 것도 '토우 어웨이(tow away)'라 한다.

특정 지점에 차를 세우면 끌려가는 곳이라는 표시로 '토우 어웨이 존(tow away zone)'이란 표현은 매우 일반화되어 있다.

렌지
*오븐

우리는 주방이나 조리용으로 쓰는 풍로가 있는 기구를 '렌지,' '가스 렌지,' '전자 렌지' 등으로 부른다. '렌지'는 '레인지(range)'의 일본식 발음 표현이다. 레인지는 가지런히 줄을 서거나 정렬을 뜻하는 말이다. 자동차의 자동변속 레버가 P에서 L2까지 한 줄로 가지런히 배열된 것도 '기어 레인지'라 한다.

그런데 한국에서 발행된 일부 영한 사전에서는 '레인지'의 뜻을 "오븐 위에 풍로를 얹힌 조리 기구," 또는 "풍로와 오븐을 갖춘 조리용 가열 기구"라 풀이하고 있다.

그런데 일본어 사전을 보면 '렌지'라는 표제를 "요리용으로 찌거나 굽는 기구인 오븐 위에 풍로(곤로)를 얹어 사용하는 조리 기구이고, 전자 렌지나 가스 렌지 등이 있다"고 덧붙였다.

결국 한국의 일부 국어사전이 일본 국어사전을 그대로 번역하여 옮겨 놓았다는 증거가 된다. 전자 렌지나 가스 렌지는 일본에서만 사용되는 표현이고 한국에서 이를 그대로 받아들여 쓰고 있는 말이다.

영어에서 오븐이란 말은 밀폐된 공간 안에서 가열하여 조리하는 기구를 말한다. 미국의 일반 가정에서 가스나 전기의 열로 사용하는 밀폐된 커다란 굽는 조리기구를 오븐(oven)이라 말하고 '어번'에 가깝게 발음한다.

따라서 마이크로 웨이브 방식에 의한 전자 조리기구는 전자 레인지가 아니라 '마이크로 웨이브 오븐,' 또는 '쿠킹 스토브'라 부른다. 또 '개스 렌지'로 표현하는 화덕도 '개스 스토브'라 해야 옳다.

렌트겐
* 엑스-레이

X레이를 한 때 '렌트겐'이라 부른 적이 있었다. 렌트겐은 X레이(X-ray)를 발명한 독일의 물리학자 '빌헤름 콘라트 뢴트겐(Wilhelm Conrad Röntgen)'의 이름을 따서 붙인 별칭이다. 이를 일본에서 '렌또겐'으로 표기하고 그렇게 불러온 것을 한국에서 '렌트겐,' '렌트겐 사진,' '렌트겐 선' 등으로 따라 써 온 것이다.

'엑스 레이(엑스 선)'는 방사선의 일종인데 1895년에 뢴트겐이 발견했다. 물질의 투과 능력이 강하고 형광작용이나 화학작용 등, 아주 광범위하게 이용된다.

영어권에서는 이를 'X-ray'로만 사용하고 엑스 선 사진은 'X-ray photograph' 또는 'X-ray picture' 등으로 쓰고 있다.

렌트 카
* 렌터카

'카 포어 렌트(car for rent)'는 자동차를 빌려준다는 말이다. 그러나 '렌트 카(rent car)'라고 하면 말이 성립이 안 된다. 영어에서 'rent-a-(렌터)'는 전치사로 쓰이면서 고용한다거나 부린다는 뜻이기 때문이다.

이 말을 사용해서 자동차를 빌리면 'rent-a-car(렌터카),' 대통령 선거 등에서 돈을 받고 동원된 군중을 뜻하는 'rent-a-crowd(렌터크라우드)'라는 말도 재미있다. 돈을 받고 동원이 되는 폭도나 말은 'rent-a-mob(렌터맙)'이라 한다.

또 학원 등에서 분쟁이나 데모(demonstration)가 있을 때, 고용되는 보안 요원을 'rent-a-cop(렌터캅),' 제복을 입은 경비원을 'rent-a-pig(렌터픽)'이란 표현도 쓴다.

한편 'rent book(렌트 북)'이란 말이 있는데 이는 집이나 대지 등의 임대 지불 상황 등을 기록하여 빌려 준 사람이 보관하는 장부를 말하고, 'rent boy(렌트 보이)'라 하면 젊은 남창, 요즘 말로 호스트 보이(말은 안되지만), 즉 콜 보이를 일컫는 말이 된다.

차를 빌려쓰는 것은 남의 소유 자동차를 약속된 시간만큼 쓰는 것이기 때문에 '렌트 카'가 아니라 '렌터카'가 되어야 하는 것이다.

'렌터카'가 차를 렌트해 주는 회사 이름이 아니라, 빌려 타는 차라는 뜻으로 이해하면 된다.

한편 렌타카 회사로부터 특정기간 빌려 타고 다니는 차를 말할 때는 '렌털 카(rental car)'라 한다.

렛드 카드
* **레드 카아드**

싸커에서 플레이어(출전 선수)가 상대방 플레이어에 대하여 고의적인 테클을 걸거나 반칙을 했다고 판정되면 대하여 심판을 옐로우 카드로 경고를 주고, 만일 이를 거부하며 거센 항의(arguing with the referee)를 하면 레프리(주심)는 그 플레이어에 대하여 '레드 카아드(red card)'를 꺼내든다.

또, 게임 도중 2번 이상의 옐로우 카드를 받아도 해당 시합에 더 이상 뛸 수 없도록 퇴장을 명령하는 '레드 카드(red card)'를 선언한다.

그런데 한국의 일부 싸커 캐스터나 해설자 가운데서 이를 '렛드 카드'라고 표현하는 이들이 있다. 이것은 영어의 'red'를 일본에서 'レッド(렛도)'로 표기하는 것에서 답습한 잘못에서 기인한 것이다.

렛츠고
* **렛스 고우**

영어의 'Let's Go'는 매우 일반화되어 관용어처럼 쓰이는 말이 되었다. 영어의 'let's'는 let us의 단축형이고 권유하는 표현으로 쓰인다. 관용화된 let's는 '자, 갑시다'로 직역되지만 '자, 해봅시다,' '잘 해봅시다,' '시작하자'라는 응축력 있는 동참의 권유를 갖는 뉘앙스가 강하게 내포된다.

우리가 일본의 응원구호를 변형해서 쓰고 있는 '화이팅'을 'let's go'

로 바꿔 사용해 보면 더욱 근사한 말이 된다.
그런데 let's go를 대부분의 한국 사람들은 '렛츠고'로 된발음을 한다.
그리고 누구도 이것이 이상한 발음이라는 생각을 하지 않는다.
아마도 발음 기호 [lets]에서 [-ts]를 겹친 소리니까 '츠' 쯤으로 오인한
데서 생겨난 잘못된 발음인 것이다.
Let's는 [lets(렛츠)]로 소리내는 것이 일반적이지만 [les(레스)]처럼 't'
사운드를 생략하여 '레스'로 발음하기도 한다. 따라서 let's go 는 '렛
츠 고'가 아니라 '레스 고우'로 소리내는 것이 제격이다.

로고 송	80년대 이후 한국의 방송가에서 갑자기 뛰어나온 말로 '로고,' '로고 송'이 남용된 적이 있다. 특정 방송 프로그램 도중에, 그 프로그램의 특성을 나타내 주기 위해 특별히 제작된 짧은 음악을 '로고 송'이라고도 했다.
* 징글, 씸 쏭	

또 선거 캠페인에서 특정 후보의 특성을 강조하기 위해서 특정 음악
을 제작하여 반복 사용하는 것도 '로고 송'이라고 했다. 그러나 영어
에는 그런 표현이 없고, 또 프로그램이나 선거에서 쓰이는 선전용 짧
은 음악을 '로고 송'이라 하지도 않는다. 이런 경우에는 '징글
(jingle),' 또는 '씸 쏭(theme song)'이라 한다.
'로고'는 어린이를 위한 프로그램이나 컴퓨터에서 이해를 돕기에 적
절하도록 고안해 내는 재미있게 그려낸 도형을 말하거나, 로고타입
의 줄임말이다.
로고타입(logotype)은 2개 이상의 말 또는 문자를 1개의 활자로 만들
어 인쇄하는 판, 또는 광고에서 상표를 오똑하게 만든 판을 말한다.

로데오 (드라이브)	'로데오(rodeo)' 하면 카우보이가 안장 없이 말등에 올라타서 능숙한 승마술을 자랑하는 경기를 연상한다.
* 로디오, 로데이오 드라이브	'Rodeo'는 미국 캘리포니아주 로스 앤젤러스 서쪽의 중간에 위치한 9평방km에 이르는 고급 주거지를 겸한 상업도시 '베벌리 힐스

(Beverly Hills)'에 있는 최고급 샤핑 거리의 이름이기도 하다. '구치,' '불가리,' '알마니,' '칼티어,' '라우스 로렌,' '쎄리느,' '입쎙 로랑' 등 세계 최고급 브랜드가 몰려 있다. 1990년에는 점포의 1평방피트당 평균 임대료가 275달러나 되어, 토쿄의 긴자, 뉴욕의 5th Avenue에 버금가는 값비싼 땅으로도 소문난, 엘레강스한 거리이다. 이곳에는 영화계나 파퓰러 음악계, 파퓰러 예술 등 예능계의 스타, 부유한 명사나 관광객들에게 매력적인 샤핑 명소로 세계적인 명성을 갖고 있다. 일부 한인 관광객들이 들이닥치면 싹쓸이를 해간다 해서 비웃음의 손가락질을 받기도 한 샤핑 천국이기도 하다. 몇 해 전부터 서울의 압구정동의 한 골목 이름(로데오 거리)도 이 Rodeo Drive의 이름을 별칭으로 본떠 사치의 거리로 불리기도 했다.

'드라이브(drive)'는 본래 저택의 게이트에서 현관에 이르는 주거 진입로를 말하지만, 미국에서는 작고 짧은 길의 호칭으로 쓰고 있으며, 베벌리 힐스의 경우에는 윌셔 블러바드를 중심으로 북쪽으로는 쎈타 모니카 블러바드, 남쪽으로는 올림픽 블러바드 사이의 남북을 잇는 넓고 좁은 길의 이름에 붙여 쓰이고 있다. '로디오 드라이브'도 그런 길 가운데 하나다.

Rodeo의 발음은 미국어로는 '로디오'로 하지만, 스패니시를 응용한 발음 '로데이오'를 혼용해서 불리고 있다. 그러나 '로데오'라는 식으로 단조롭게 발음하지는 않는다.

한편 베벌리 힐스의 '로데이오'를, "할리웃의 '로데오'"라 송고한 한 통신사 특파원의 오보를 한국 미디어마다 그대로 받아서서 웃음거리가 된 적이 있다. 할리웃은 로스 앤젤러스 시에 딸린 한 구역이고, 독립 행정시인 베벌리 힐스는 할리웃 지역으로부터 20여 리나 떨어져 있는 전혀 다른 지역이기 때문이다.

로드 쇼	영화를 제작하여 일반에 공개하기에 앞서 특별 시사회 등으로 특별히 공개하는 것을 '로드 쇼(road show)'라고 한다.
* 프리뷰	

그러나 이 말은 미국에서는 통하지 않는 일본에서 만들어 쓰여지고 있는 표현이다. 미국에서 로드 쇼는 연극이나 뮤지컬 코미디 등의 지방 순회공연을 말하고, 더러 브로드웨이 무대에 오르기 전 지방에서 시연하는 것을 뜻할 뿐, 영화와 관련된 말로 '로드 쇼'란 표현은 없다. 한국에서 간행하고 있는 영한 사전들도 'road show'의 뜻 가운데 "미국의 신작영화의 독점 개봉흥행"이라 주석을 붙인 것은 일본어 사전의 내용을 그대로 번역하여 전재한 것이어서 씁쓸하다.

로또
로또, 라토, 라로

2002년 말부터 한국의 복권업계에 갑자기 '로또' 바람이 불었다. 그리고 일확천금의 꿈을 이뤄보고자 하는 이들에게 일상적인 복권 라로 문화(?)로 새롭게 자리했다는 말이 나올 정도로 그 열기가 대단하다. '로또'는 본디 이탤리에서 생겨난 말 'lotto'(롯또)에서 왔다. 'lotto'는 1에서 90'까지의 숫자 가운데서 두개의 숫자(ambo), 3개의 숫자(terno), 4개의 숫자(quaterna), 5개의 숫자(cinquina)를 맞추는 일을 말한다. 이탤리에서는 18세기 말부터 5개의 나열된 숫자 가운데서 2개 이상을 맞추는 사람에게 특정한 상금을 주는 복권놀이를 말하고 흔히 회전식 추첨기 ruota(루오타)를 이용하는 일종의 빙고 게임이다. 프랑스에서는 'loto'(로토)로 표현하고 1976년 국영로토를 제정했다. 미국에서는 일찍이 '로테리(lottery=복권)'가 성행하다가 1894년에 로테리에 의한 도박이 금지되었다. 그러다 1963년에 뉴 햄프셔주에서 독자적으로 재개한 이후 뉴욕 주 등 전 미국으로 파급되어 시행되고 있다.

최근 미국의 복권 중에 'lotto'로 표기하고 1에서 40까지의 숫자를 임의로 6개의 숫자를 선택하여 주 2회씩 추첨하는데 총매상의 40%가 상금으로 지급되지만 당첨자가 없을 때는 그 다음회로 상금이 이월된다. New York Numbers 또는 The Empire Stakes라 부르기도 한다.

최근에는 '수퍼 라토'(Super Lotto)라 불리우다가 5개의 선택번호 외에 메거 넘버(mega number)를 추가하여 시행하고 있다. 캘리포니아

인 경우, 메거 넘버 하나만 맞춰도 1달러씩의 상금을 준다. 위닝 넘버가 5 가운데서 1+메거는 2달러, 2+메거는 11달러, 5중 3넘버를 맞추면 10달러, 3+메거는 58달러, 5중 4넘버를 맞추면 96달러, 4+메거는 1,356달러, 5중 5넘버를 맞추면 5만 9,691달러, 그리고 5+메거를 모두 맞추면 빙고가 된다.

'로또'는 이탤리나 스페인에서 표현되는 발음 방식이지만, 한국의 외래어 표기법에서 된소리 배제 방안에 의하면 모순된 표현이 된다. 'lotto'를 영어로는 '라토' 또는 약음으로 '라로,' '수퍼 라로' 식으로 소리내는 점에 유의하자.

로맨스 그레이
＊ 실버 그레이 헤어

멋있는 중년 남자를 '로맨스 그레이'라 불려져 왔다. 머리에 백발이 보이는 나이가 된 중년 남자이지만, 멋과 매력이 넘쳐 보이는 사람을 두고 하는 말이고, 50년대 후반부터 유행한 말이다.

민중서림 국어사전에도 '로맨스 그레이'를 표제어도 올리고 "머리가 희끗희끗한 매력 있는 초로의 신사, 또 그 머리"라고 주석을 달고 있다. 더구나 '로맨스 그레이'는 영어 단어 '로맨스(romance)'와 '그레이(grey)'를 합성했다는 설명이지만 정작 영어에 이런 표현이나 말은 없다.

다만 일본에서 1954년에 소설가 '이이사와(타쿠)'가 쓴 "ロマンス.グレー(로만스 구레)"에서 표현한 말이 그대로 유행어가 된 일본식 영어이다.

또 1956년에 일본에서 상영된 영국의 영화 "여정(원제 'Sommertime')"에서 처자가 있는 중년 남자로 출연한 롯사노 브랏지의 매력있는 모습에서 로맨스 그레이라는 말이 정착되는 계기가 되었다.

영어로는 '엘딜리 젠틀먼 윗 실버 그레이 헤어(elderly gentleman with silver-gray hair)' 또는 단순하게 '실버 그레이 헤어'쯤으로 쓸 수 있겠다.

그러나 구미에서는 나이가 들어 애정을 나누는 일을 두고 주책이니

초로 연애 따위로 차별하려는 표현을 일부러 쓰려 하지 않고, 쓰는 일도 드물다.

로버트 드 니로	미국 배우 가운데서 Robert De Niro를 부르는 표현이나 발음이 사람마다 다르다. 대부분 '로버트 드 니로' 라 부르고 표현하는 것이 일반적이다.
* **롸벗 더 니로**	

'-de-' 가 프랑스 말의 전치사에서 주로 쓰이는 발음 '드' 에서 차용하여 의도적으로 그렇게 부르는 경향이 많다.

그러나 그의 이름을 할리웃에서는 '롸벗 더 니로' 라 부른다. '-더 니로' 는 붙여서 '- 더니로' 로 소리낸다.

1943년에 태어났으며, 강인한 배역(played tough characters)을 잘 맡아 개성이 돋보이는 연기를 펼쳐 왔으며, 특히 1974년 "The Godfather II" 와 1980년 "Raging Bull" 에서 각각 아카데미 남우주연상을 받았고, 1994년 "A Bronx Tale" 로 감독으로 데뷔하기도 했다.

로버트 레드포드	미국의 배우이자 감독이고 제작자이기도 한 'Robert Redford' 를 '로버트 레드포드' 라 표기하고 부른다. 로마자 읽기로 표현한 듯한데, 그렇다면 로베르트 레드포르드가 되어야 했을 것이다.
* **롸벗 렛퍼드**	

이 배우는 미국인이고 미국에서 그를 부를 때는 '롸벗 렛퍼드' 에 가깝게 발음한다. 그는 1937년 8월 18일 캘리포니아 주 쌘타 모니카에서 태어나, 1962년 한국 전쟁을 소재로 한 반전영화 "War Hunt" 에 데뷔한 뒤, 1969년에 전설적 사나이 "부치 캐시디와 썬댄스 킷의 이야기 ('내일을 향해 쏴라' 는 일본에서 만든 제명)" 와 "대통령의 사람들(All President's Men, 1976)" 등을 통해서 우리와도 친숙한 얼굴이다.

로버트슨	영어 이름 가운데서 'Robertson' 이 있다. 미국에서는 74만 명이 이 이름을 사용하고 있다. Robertson은 'Robert' 의 변형인 'Robertis,' 'Roberto,' 'Roberts' 등과 같은 줄기의 이름이다.
* **롸벗선**	

그런데 우리는 '로버트슨'이라 로마 철자 읽기식으로 쓰고 발음하지만, 미국 사람들은 '롸벗선'으로 부른다.

미국 캘리포니아 주 베벌리 힐스 시에 가면 유명한 '호리스먼 엘레멘터리 스쿨(초등 및 중학교=유치원~8학년)'이 있는 남북으로 뻗은 Robertson Boulevard가 있는데, 이를 '로버트슨 블루바드'라 하지 않고 '롸벗선 블러바드'라 부른다.

로버트 듀발
* **롸벗 두볼**

미국의 영화배우겸 감독 Robert Duvall의 이름을 한국에서는 '로버트 듀발'이라고 부른다. 할리웃에서 그를 '롸벗 두볼'이라 부른다. 사람의 이름은 그 나라, 그 사람이 특정하게 부르는 표현으로 따라야 함은 당연하다.

롸벗 두볼은 1931년 5월 캘리포니아 주 쌘 디에이고에서 출생했고, 프린시피어 칼리지와 일리노이 주 엘사에서 연극과 역사, 그리고 행정학을 공부했다. 그리고 1970년대부터 연기자로 명성을 올리기 시작했다.

롸벗 두볼은 70년대 한국전쟁을 배경으로 한 코미디 영화 "M*A*S*H"와 "대부" 1, 2편에서 개성 있는 연기를 보였고, 1982년 "Tender Mercies"로 아카데미 남우주연상을 받은 명배우다.

여배우 가운데 1950년 텍사스 출신 Shelley Duball도 '쉘리 듀발'이 아니고 '셜리 두볼'이라 발음한다.

로비스트
* **라비이스트**

몇년 전 한국에서는 얼마 전 이른바 '로비스트' 사건이 터지고, 그 뒷이야기가 무성했다. '옷 로비' 사건으로 한바탕 떠들썩하더니 뒤를 이어 무기 수입과 고속전철의 계약과 수입을 둘러싼 스캔들로 온통 벌집을 쑤셔놓은 듯 요란했다.

그런데 한국에서는 '로비(lobby=라비)'가 사회나 제도권 안에서 인정하는 합법적인 행위가 아니고 뇌물과 회유 등 부정한 방법에 의한 범법 요건으로 취급되고 있는 것은 다 아는 바이다. 그리고 로비를 하는 사람을 '로비스트'라고 부르고 있다.

그러나 영어에서는 '로비스트'라는 말이 없다. 근대 영어나 미국 영어에서는 '라비이스트'로 표현하기 때문이다.

'라비'란 본래 극장이나 호텔 등의 널따란 복도나 탁 트인 공용 홀을 말하는 명사지만, 영국이나 미국에서는 정치 용어로 널리 쓰여지는 다른 뜻을 지니고 있다.

즉, 영국에서는 하원의원이 원외 인사와 회견에 쓰는 커다란 홀을 말하고, 의원에 대하여 특정 법률이나 제안이 통과하도록 청원하는 개인 또는 압력단체를 말한다. 미국에서도 국회의원에 대하여 법안의 이면공작을 하거나 청원 운동을 하고 특정 법안의 통과를 위한 압력 행사를 하는 일, 또는 그런 일을 하는 단체를 말하고 있다.

원외 활동이나 의원을 상대로 '라비'를 하는 일을 '라비잉(lobbying)'이라 하고, 그 활동이나 운동 또는 의회 공작을 뜻하는 명사로는 '라비이즘(lobbyism)'이라 한다.

'라비'를 하는 사람이 곧 '라비이스트(lobbyist)'인 것이다. 여기서 접미사 '-ist'는 "…창작가, 연주가, 학문의 연구가, 학설, 주의의 지지자" 등을 뜻한다. 따라서 '라비'하는 사람도 한국에서처럼 '로비스트'가 아니고 반드시 '로비이스트,' 또는 현대식 발음 표기로 '라비이스트'로 해야 한다. '라비이스트'는 특정 법안의 통과나 부결이 되도록 운동을 하는 사람이고, 입법에 영향을 줄 것을 목적으로 의원이 영향력을 행사하도록 진정하는 사람을 뜻한다.

다시 말해서 '라비이스트'는 미국 국회에서 정당과 원외의 이익 단체와의 중개적 역할을 하는 사람을 뜻하는데, 이 과정에서 의원에 대하여 정당한 압력을 가하는 일을 하는 법의 보호를 받는 합법적인 직업인인 것이다.

그러니까 한국에서처럼 특정한 목적의 사업을 성사시키기 위해서 미인계나 뇌물 등을 제공하는 부정한 방법으로 뒷거래를 하는 사람을 '로비스트'라 말하는 것과는 근본적으로 다르다.

따라서 이른바 '옷 로비'나 '백두사업 로비,' 그리고 'TGV 로비' 등도 모두 로비가 아니고 이와 관련하여 주선하고 뒷거래를 한 사람이 라비이스트가 될 수 없다는 말이다.

한국에서 이른바 '로비'나 '로비스트'로 잘못 쓰여지는 경우는 영어로 '썰리시트(solicit)'이고, '로비스트'가 아닌 '썰리서턴트(solicitant)'에 해당한다. 미국에서는 상업적인 용어로 권유하거나 뇌물로 상대방을 끌어들이는 일을 하는 사람을 '썰리서터(solicitor)'라고도 한다.

로스
* 로스 앤젤러스

미국 캘리포니아의 남부 해안에 연한 대도시 로스 앤젤러스를 '로스'라고만 표현하는 사람들이 더러 있다. 이것은 일본 사람들이 그렇게 부르고 있는 잘못된 표현이다.

미국에는 멕시코 지명에서 연유된 '로스'가 앞에 붙은 지명이 수백 곳이나 되기 때문에 막연하게 '로스'를 L.A.로 표현하는 것은 있을 수 없는 일이다.

한편 이 도시의 이름을 '로스 안젤레스,' '로스 엔젤스,' '로산제루스'로 발음하는 것은 잘못이다. 본래의 발음은 '로스 안헬레스'처럼 멕시코 발음이었으나, 근대에 와서는 '로스 앤절리스' 또는 '로스 앤젤러스'라 발음하는 것이 정확한 표현이다.

L.A.에 있는 88개 지상파 레디오 방송이나 40여 개의 TV 방송의 99%는 '로스 앤젤러스'라 발음한다.

로스 (고기)
* 로스트

음식점에서 쇠고기 살을 굽는 요리를 말할 때, 손님이나 종업원 모두가 이를 '로스' 고기라고 말한다. 이것은 일본 사람들이 멋대로 줄여서 만든 일본식 영어를 그대로 흉내내어 하는 소리다.

'로스트(roast)'는 고기를 굽거나 구운 고기를 뜻하는데 쇠고기나 돼지고기 또는 콩을 굽는 것 일체가 로스트의 범위에 속한다. 그리고 일반적으로는 쇠고기의 상등 부분을 구운 것을 말한다.

그러나 이런 경우 영어로는 허리의 연한 고기라는 뜻으로 '텐더로인(tenderloin),' '서로인(sirloin)' 이라 구분하고, 돼지고기인 때는 '포크 로인(pork loin)' 이란 표현을 쓴다.

로칼 (시골)
* **로우컬 (지역)**

수도권이나 대도시와 구별하여, 시골을 흔히 '로칼' 이라 말하는 이들이 있다. 이것은 잘못된 인식이다. 또 서울의 중앙 일간신문들이 각 지역의 지방판(地方版)을 설정하면서 이를 '로칼판' 이라 하고, 지방, 즉 시골을 의미하는 뜻으로 쓰거나, 그런 뉘앙스를 풍긴다.

그러나 영어에서 'local' 은 '로칼' 이라 하지 않고 '로우컬' 로 발음하지만, 우리 귀에는 '로우콜' 에 가깝게 들린다.

그리고 그 뜻은 어떤 장소 또는 지역, 지구, 고장이라는 의미만을 품고 있을 뿐, 전원적인 분위기를 풍기는 '시골' 이란 뜻은 없다.

'local paper' 라 하면 서울에 비해서 시골 신문이라는 뜻이 아니라, 서울의 어떤 지역 또는 경기 지역, 아니면 경상도 지역 등의 특정한 권역이나 지역을 말한다. 즉, 그 지역(커뮤니티)의 주민을 위한 지역 신문이란 뜻이다.

그러니까 '그 장소의' 라는 뜻을 갖고 있는 'region,' 'regional,' 또는 'location' 과 같은 뜻을 품고 있다.

로케
* **로케이션**

영화나 텔러비전에서 스튜디오(촬영소)를 벗어나, 실제의 장면들을 현장에서 촬영하는 일을 현지 촬영이라 하고, '현지 로케' 라는 말도 쓴다. '현지 로케' 는 현장 로케이션(location)을 일본인들이 줄여 쓰는 일본식 영어이다.

또 '야외 로케' 따위로 표현하기도 하는데 이는 로케이션 자체가 야외 현장의 뜻을 갖고 있기 때문에 불필요한 중복이 되는 억지 표현이다.

영어로는 '온 로케이션(on location),' '아웃도어 필르밍(outdoor filming),' '아웃도어 슛팅(outdoor shooting)' 등으로 쓴다.

로케 헌팅 * **레키 트립, 레칸 트립**	영화 감독이나 제작자가 촬영을 위한 특정 지역을 찾아 나서거나 답사하는 일을 흔히 '로케 헌팅'이라 한다. 로케는 로케이션(location)의 일본식 생략어이고, 헌팅(hunting)은 사냥이나 추구한다는 뜻이다. 영어에서 '헌팅 트립(hunting trip)'이라 하면 셋집(임대 주택)을 찾아 다니는 일을 말하고 '하우스 헌팅'이라 말하기도 한다. 영화 촬영을 위한 현장 발굴이나 답사를 뜻하는 말로 '헌팅' 또는 '로케 헌팅'이란 표현은 존재하지 않는다. 영어로는 '레키 트립(recce trip)'이라 한다. 'recce'는 '리카너전스(reconnaissance)'를 줄여 쓰는 말인데, 군대에서 정찰이나 정찰대를 뜻하고, 토지나 가옥의 답사나 예비 조사를 뜻하는 말이다. 미국 군대에서는 이를 '레칸(recon)'이라 한다.
로터리 * **(트래픽) 써클**	네 갈래길, 또는 그 이상의 교차점의 중간에 평지보다 높은 원형의 교통섬(traffic island)을 만들어 놓고, 자동차들이 그 둘레를 일방으로 통행하도록 하여, 교통을 처리하는 교차로를 '로터리'라고 부른다. 그런데 '로터리'는 일본 사람들이 만들어 놓은 일본식 영어이다. 이런 도로 구조를 영어로는 '라운더바웃(a roundabout),' 또는 '트래픽 써클(a traffic circle)'이라 한다. 그러나 도로 용어로 미국에서는 여러 갈래의 도로가 몰려 있는 큰 원형 광장을 '써클(circle)'이라 하고, 영국에서는 '라운더바웃,' 또는 '써커스(circus)'라고 부르기도 한다. 한국에서 도로를 관장하는 일부 관서에서 평면 4거리조차도 '로터리'라 부르는 등, 교차점을 무조건 '로터리'로 남용하는 난센스도 흔히 본다. 평면 교차점은 '인터섹션(intersection)'이라고 한다.
록 그룹 * **롹 그룹, 롹 밴드**	한 한글 국어사전에서 '록 그룹'을 "로큰롤 음악을 연주하기 위하여 편성한 그룹 사운드"라 풀고 있다. 그 다음에는 미국의 '록 앤드 롤'이 '로큰롤'의 정식 명칭이란 설명이 뒤따랐다. 게다가 '그룹 사운

드'는 "노래하며 연주하는 3~8명의 작은 편성의 록 그룹의 총칭"이라 풀고 있으니 더욱 아연실색할 일이다.

그런데 미국에서 '록 앤드 롤'이라 말하는 사람은 없다. '롹 앤드 롤'이고 그 발음이 '롸큰로울'이기 때문이다.

또 '그룹 사운드'라는 표현을 썼는데 이는 영어에는 없는 말이고, 일본에서 60년대 후반에 일시 사용되던 'group sounds'라는 밴드 형태를 일컫는 일본식 유행어였다. 이 말의 진위는 아랑곳없이 국어사전에 거침없이 올리는 일을 어떻게 설명해야 할까.

⇒ "그룹 사운드" 항목 참조

영어의 'rock'을 한글로 '록' 또는 '로크'라고 해버리면 영락없이 잠근다는 뜻을 지닌 'lock'이 되어, 마치 '자물쇠 그룹'이 되어버리고 만다. 영어의 'rock group'은 '롹 그룹,' 또는 '롹 밴드(rock band)'로 표현된다. 우리말 '로'는 혀끝이 입천정에 닿으면서 나는 'l' 사운드지만 '롸'는 'r'에 근사한 발음이 된다.

우리 한글의 표기 능력이 다양함에도 굳이 일본식을 답습하거나 단조로운 굴레에서 벗어나지 못함은 유감스러운 일이다.

록키 산맥

***롹키 산맥 (마운틴즈)**

북미 대륙의 중서부를 남북으로 길게 뻗은 웅장한 산맥이 'Rocky Mountains'다. 캐나다와 미국에 걸쳐 있다. 이를 우리는 대개 '록키-' 또는 '럭키-'로 표기하고 발음하고 있다. 그러나 캐나다나 미국의 네이티브 스피커는 이를 '롹키-'란 발음으로 또렷하게 소리내고 있다.

Rocky Mts.가 이탤리나 스페인에 있다면야 물론 '록키-'가 될 것이다. 캐나다와 미국에 있는 이 산이나 산맥 이름은 현지 발음으로 분명하게 '롹키-'이다.

록펠라 센터

* **롹커펠러 쎈터**

J. D. 롹커펠러는 미국을 대표하는 대사업가고 자선가이다. 그의 아들도 더욱 큰 사업을 성공시켰고 교육사업과 자선, 그리고 미국의 부통령(1974-1977)까지 지낸 정치가이기도 하다.

그런데 우리는 'Rockefeller'를 '록펠라'로 잘못 표기하고, 또한 그렇게 발음하고 있다. 뉴욕 맨해튼 중심부에 비즈니스와 오락 시설의 복합건물인 '롹커펠러 쎈터'는 세계적으로 유명하다.

1928년에 잔 D. 롹커펠러 2세가 칼럼비아 대학교 소유의 식물원이었던 자리를 매입하였고, 1929년의 경제 공황기를 넘긴 뒤, 1931년부터 1940년 사이에 14개의 큰 건물을 세웠다. 그 뒤, 1957년부터 재개발을 시작하여 1973년까지 이 사업을 마무리지어 도합 19개의 빌딩이 들어선 것이다. 이들 건물 가운데서 가장 유명한 '레디오 씨티 뮤직 홀'은 1932년 12월에 개관했고, 70층짜리 RCA빌딩(지금은 GE)은 롹커펠러 쎈터의 기함 같은 건물이며, 뉴욕의 신전처럼 여겨지는 대표적인 빌딩이다.

'롹커펠러 쎈터'는 맨해튼의 중간을 남북으로 뻗은 5번가(Avenue)의 47번로(Street)에서 52번로 사이의, 서쪽으로 '애버뉴 어브 더 어메리커스'에 이르는 광대한 4각 부지에 건설되어 있다.

잔 데이빗선 롹커펠러(John Davidson Rockefeller: 1839-1937)는 점원에서 시작하여 1870년에는 스탠더드 석유회사를 설립한 미국의 석유왕이다. 그는 '롹커펠러 재단'을 설립하여 쉬카고 대학교를 세웠고, 교육과 학술은 물론, 자선사업에 많은 돈을 헌납했다.

루(壘)
* **베이스**

야구에서 '베이스(base)'를 '루'라 부르는 것은, 일본어 '로우(壘)'의 한자음을 그대로 옮겨 쓴 표현이다. 일본어의 '루'는 작은 돌을 쌓아서 만든 성을 말한다.

'베이스'는 'first base,' 'second base,' 'third base'라 하지만, 주심(chief umpire)과 포수(catcher), 타자(batter)가 있는 위치는 'home base'라 하지 않고, 'home plate(홈 플레이트)'라 한다.

이들 1번째, 2번째 3번째 베이스를 1루, 2루, 3루로 부르는 것은 물론, 홈 플레이트 까지 '본루(本壘)'라고 표현하는 이 '루'는 영어의 '베이스'와는 너무 먼 표현이 아닐 수 없다.

여기에서 한술 더 떠서 '도루(base steal),' '만루(bases loaded),' '본루심(base umpire)' 등처럼 원래의 용어를 일본식 용어로 탈바꿈한 것을 마치 야구 용어의 교과서처럼 쓰는 데에는 한도가 있어 보인다. 억지 번역이나 무분별한 일본식 용어의 음역(音譯) 모방은 바람직하지 못하다는 생각이다. 차라리 국제적인 공통 용어를 그대로 써서 익히고 사용하는 편이 더 바람직하겠다는 생각도 든다.

왜냐하면 이런 용어들 가운데는 중국식 한자나, 일본식 용어 그 자체도 외국어임에는 틀림없지만, 일단 영어나 국제 공통어를 들여다 번역한 것들이기 때문이다.

그러니까 중국식 한자 표기나 일본 용어를 받아들여 사용하는 것은 2중 외래어를, 그것도 본래의 뜻과 달리된 표현을 쓰는 불합리한 경우를 우리는 많이 겪고 있는 셈이다. 그럴 바에야 용어의 직수입과 이해가 더 실리적이고 현실적이 아니겠는가.

루나 레나 (희미한 옛사랑의 그림자)
* 루나 예나(만월)

우리가 좋아하는 칸씨온(스페인어로 된 노래) 가운데서 오래도록 사랑받는 노래 중에 "희미한 옛사랑의 그림자"라는 게 있다. 멕시코 가수 '로스 트레스 디아만테스(Los Tres Diamantes=The Three Diamonds라는 뜻)'가 부른 "Luna Llena"를 그렇게 말하는 것이다.

Luna Llena는 스페인어로 가득한 달, 만월, 보름달이라는 뜻이다. 그리고 그 정확한 발음은 '루나 예나'이다.

그런데 이 제목을 로마자 읽기식으로 '루나 레나'로 읽는 이들이 많다. 스패니쉬에서 'e' 모음 앞에 오는 'LL'은 '예'로 소리내는 발음 특성이 적용된다.

이 노래는 본디 미국 음악이었다. 1948년에 디즈니 영화 "Melody Time"에 쓰여진 주제가 "Blue Shadows On The Trail(오솔길의 푸른 달 그림자)"이 원곡으로 롸이 롸저스(Roy Rogers)와 The Pioneers가 함께 불렀다. 그 다음에는 빙 크로스비, 본 먼로도 불러 널리 알려진 우울한 노래다.

이 곡은 멕시코에서 들여다 싼토스가 스페인 가사를 붙여 "희미하고 조용한 황혼의 푸른 빛이여/ 빛을 쫓아 발걸음은 멀리 향한다/ 오늘 밤은 보름달, 달빛이 유난히 밝아 마치 푸른 망토를 걸친 것 같구나…"라고 읊조리며 오솔길을 홀로 걷는 나그네의 호젓함을 휘파람과 함께 허밍을 넣어 매우 울적하게 불렀다.

| 루즈벨트 | 미국의 제32대 대통령 프랭클린 덜러노우 로우저벌트(Franklin Delano Roosevelt: 1882-1945)는 미국의 경제 재건과 두 차례의 세계대전에서 위대한 승리를 이끈 통치자로 추앙을 받고 있다. 미국 제26대 대통령도 같은 'Roosevelt'인 시어도어 로우저벌트(Theodore -: 1858-1919)였다.

그런데 이 이름을 우리는 습관적으로 '루즈벨트'로 발음해 왔고, 학교의 영어 교사들도 대부분 그렇게 가르쳐 왔다. 그러나 미국의 모든 학교의 교사나 학생들은 물론이고 네이티브 스피커들은 Roosevelt를 우리처럼 '루즈벨트'라 하지 않고 '로우저벌트'로 발음한다.

루페
* **매그너파잉 글래스**

신문을 보거나 사진의 필름을 살필 때 쓰는 확대경을 '루페'라 한다. 그러나 이 말은 영어에는 없는 말이고, 일본이 독일에서 도입하여 쓰고 있는 일본식 표현을 우리가 다시 받아들여 사용하는 것이다.

독일어에서 'lupe'는 확대경, 곤충용 안경을 뜻하는데, 영어에서는 '매그너파잉 글래스(magnifying glass)'라 한다.

한편 시계 수리공이 눈에 끼우는 확대경이나 보석상 등에서 쓰는 소형 확대경은 '루프(roupe)'라고 한다.

룸 살롱
* **설룬**

한국의 음주 문화는 매우 독특한 풍속도 속에서 발전(?)하고 있다. 주류 판매를 목적으로 접객업을 대상으로 하는 행정상의 규제가 있어도, 현실적으로 규제 외의 형태로 변태가 되면 그 규제는 슬그머니 꼬리를 감추고 현실화되어 버리는 경우가 많은 것 같다.

1960년에 군사 쿠데타가 일어난 후, 이른바 혁명정부가 들어서고, 중앙정보부라는 이름의 서슬 퍼런 특수 수사기관이 생긴 뒤, 몇 가지 형태의 음성적인 풍속 영업이 고개를 들기 시작했다.

그 가운데 대표적인 게 비밀요정이라는 해괴한 형태의 술집이었고, 민중 생활에 퇴폐업소들이 생성되어 음지에서 독버섯처럼 번지기 시작했다.

비밀요정은 허가를 받지 않는 단순한 영업 형태의 무허가 요정이라는 개념이 아니었다. 마담으로 불리는 젊고 미인인 중계자가 유명 여배우나 TV 배우(탤런트), 여가수, 패션 모델 등 젊고 예쁜 여자들을 수하에 두고, 특정한 고객과의 섭외를 통해, 일반 가정집(독립가옥이나 아파트)에서 밀회를 연결하는 것이다. 전문 요리사를 수시로 고용하여 케이터링 형태의 즉석 요리를 장만하여 술상을 차리고 여흥을 제공하는 것이다. 여기서 여흥이란 노래를 부르고 춤을 추는 단순한 오락이 아니고 은밀한 침실이 제공되는 것을 말한다. 그리고 마담은 그 대가로 두둑한 커미션을 챙긴다. 이런 형태의 변태 영업을 비밀요정이라 했다.

군사정권의 수장이나 정보부의 주역들이 이 비밀요정의 창시자(?)격으로 스스로 즐겼음은 물론이다. 비밀요정은 이른바 싱글 서비스라 해서 1대 1로 즐기는 경우와, 더블 파티라 해서 2명 이상의 고객을 동시에 받아 난교를 즐기는 경우도 있었다.

더러는 점심시간에 회사의 대표나 중역들이 혼자서 와이셔츠 차림으로 전속 운전사만 데리고 어디론지 홀로 점심을 즐기는 부류들도 바로 이런 별난 여흥을 즐기는 단골 고객들이다.

그러다 세간에서 이런 형태의 비밀요정에 대한 여론의 거센 비판이 일고, 비밀요정으로 제공되는 장소에 대한 주민들의 고발 등이 잦자, 차츰 꼬리를 감추게 되었다.

그러다가 1970년대 중반부터 서울 충무로 3가에 밀실을 설비한 이른바 살롱이 생겨났다. 이어 약수동에 몇 군데 더 생기더니 차츰 확산되어 갔다. 초기에는 공개된 홀에 테이블 몇 개와 바를 갖춘 건전한 일반 주점처럼 보이게 하고, 별도의 밀실을 설치하여 특수 손님만을 초대하여 그 밀실로 안내되었다. 그리고 그 접대는 여배우나 여가수 등이 놀러 오는 것처럼 또는 놀러 왔다가 우연히 합석하는 것처럼 꾸며 특별 접대부로 활용이 되었다.

당시 식품위생법에 의한 주점의 허가 조건은 밀실이 금지되어 있었기 때문에 표면적으로는 종업원 대기실인 것처럼 위장한 밀실이 꾸며졌던 것이다. 이런 형태의 주점을 두고 '룸살롱'이라는 말을 붙이기 시작했다.

물론 영어에 그런 말이 없고, 술집 형태에 그런 스타일이 있는 것도 아니다. 다만 불법 밀실을 설치한 살롱이란 뜻에서 생겨난 말이다. 여기서 술집을 살롱이라 부르는 것도 다분히 한국적인 발상이다.

이렇게 해서 오늘날에는 밀실만을 갖춘 특수한 술집이 바로 '룸살롱'으로 발전한 것이다. 결국, 변태 영업 형태가 보건 위생 행정당국의 고루한(?) 관행을 깬 셈이 되었다.

룸살롱은 영국의 pub의 특별실에 적용한다면 '설룬 바(saloon bar)'가 될 것이고, 미국 서부 개척시대의 술집과 부설된 별실을 연상하게 하는 '설룬'이 오히려 어울리는 명칭이 될 수도 있겠다.

그러나 한국 같은 '룸살롱'은 미국에는 없고 유럽에도 없다. 더구나 미국에서는 술집에서 작부가 동석해서 술을 따르는 따위의 영업은 허가가 나지도 않고, 그런 술집의 형태도 없다.

다만 교포들을 상대하는 한국식 '룸살롱'을 표방한 술집은 있지만, 이나마 당국에 의해 변태 영업 행위로 지목되어 단속 대상이 되고 있다.

룸차지	호텔이나 여관 등 숙박 업소에서 방 값을 흔히 '룸차지(roomcharge)'라 말하지만 영어에는 그런 말이 없다. 일본식 영어에서 본받은 이상한 말이기 때문이다.
* 빌 (비일)	

영어에서는 호텔의 사용료를 통틀어 계산서(빌, bill)로 청구하기 때문

에 이를 '호텔 빌' 또는 '호텔 차지' 등으로 표현할 수는 있지만 적당한 표현은 아니다.

일반적으로는 숙박료는 '차지 포 어 룸(charge for a room)'이라고 하면 무난하지만 여관이나 여인숙의 숙박료는 '로딩 차지스(lodging charges),' 호텔 숙박료를 지불한다는 말은 '페이 어 호텔 빌(pay a hotel bill)'로 하면 된다. 여기서 'bill'을 우리처럼 단조롭게 '빌'하고 짧게 발음하면 무슨 말인지 알아듣지 못한다. '비일'처럼 길게 그리고 '비얼'처럼 소리내기 때문이다.

룸펜
*** 호보, 배거반드**

일정한 직업이 없이 소일하며 떠돌아다니는 사람을 흔히 룸펜이라 한다. 방랑자, 실업자라는 의미도 포함한다.

룸펜을 더러 영어의 'room pen' 쯤으로 여기는 사람도 있으나 전혀 그렇지 않다. 이것은 독일어의 'lumpen'에서 본떠 일본 사람들이 사용한 외래어다. lumpen은 누더기, 넝마라는 뜻인데 독일에서는 방랑자를 '룸프(lump)'라 쓰는 경우가 더 많고, lumpen은 속어로 쓰여지면서 빈들거린다거나 룸프로 지내는 건달을 지칭한다. 또 독일어 표현으로 '룸펜 거진딜(lumpen gesindel)'이라 하면 천민, 자본주의 사회의 최하위 실업군을 말한다.

한편 '룸펜 프롤레타리아'란 말도 가끔 튀어나온다. 이것도 자본주의 사회에서 노동의욕이 떨어져서, 노동 계급으로부터도 탈락한 부랑자를 말하기도 한다.

영어에서 직업을 잃고 떠도는 사람을 '호보(hobo),' 또는 '배거반드(vagabond)'라 한다.

류크 사쿠
*** 럭색, 백팩**

등산이나 피크닉 때, 음료나 간단한 장비를 넣거나, 학생들이 책을 넣어 등에 메고 다니는 주머니(배낭)를 흔히 '류크 사쿠'라고 하는데, 이걸 일본말로 오해하고 있는 이들이 의외로 많다.

이 말은 독일어의 '루크 사크(rucksack)'를 일본에서 들여다 쓰면서 그들 특유의 발음으로 '류구삭쿠' 라 발음한 데서 기인한 것이다. 이 말을 한국에서 그대로 본떠 쓰는 과정에서 일부에서는 '류크 사쿠,' '육색' 따위로도 표기했으니 얼마나 우스꽝스러운 표현인가.

영어에서는 등산하는 사람이나 자전거를 타는 사람이 등에 멜 때는 '룩색' 또는 '럭색(rucksack)' 이라 하고, 군인의 배낭이나 피크닉 때, 옷이나 음식 등을 넣어 등에 메는 것은 '냅색(knapsack)' 이라 부른다. 또 학생이 책을 넣거나 일상 도보용 배낭은 '백팩(backpack)' 이라 하는데, 1990년대 후반에 유행하던 여성용 배낭도 '백팩' 이라 한다.

르포 , 르뽀
* **르포르타쥐, 리포터**

신문이나 잡지, 방송에서 '르포' 니 '현지 르포' 따위의 표현을 많이 쓰고 있다. 그러나 이것은 일본 사람들의 만들어낸 일본식 간략형 표현이다. 즉, 프랑스어의 '르포르타쥐(reportage)' 에서 첫 두 음절만을 따서 만든 생략적 조어에서 기인한 것이다. 그런 표현을 거르지도 않고 그대로 본받아 쓰는 한국의 일부 미디어에 문제가 있지 않나 생각된다.

프랑스어의 '르포르타쥐' 는 현지 보도 또는 탐방기, 사회 탐방 방송 등을 말하는데, 일본에서 제1차 세계대전 이후부터 언론 분야에서 '르포' 로 줄여서 쓰기 시작했다.

한편 '르포르테(reporter)' 는 현지 취재기자, 탐방기자를 말하고 영어의 '리포터' 에 해당된다. 그러나 이는 신문보다는 잡지쪽에 더 어필하는 표현이기도 하다.

프랑스어 '르포르타쥐' 나 '르포르테' 의 첫 모음 'e' 는 '어' 에 가깝게 발음되는 것이 일반적이다. 이를테면 '러포르타쥐' 또는 '러포르테' 등으로 소리내고 들린다. '르포' 의 영어 표현은 '리포터(report)' 로 족하다.

르포 라이터
* **온 더 씬 라이터**

현장이나 현지에서 발생된 일이나 사건 또는 어떤 사항에 대하여 그 내용을 글로 쓰는 이를 흔히 '르포 라이터' 라 부른다. 프랑스어 '르포르타쥐(reportage)'에서 작가라는 뜻을 인용하고 그 작가라는 뜻의 영어 표현 '라이터'를 붙여쓰는 모양이다.

그러나 '르포 라이터'는 우리가 만들어 쓰고 있는 말이 아니라, 일본에서 말을 토막내어 만든 간략식 조어를 그대로 본받아 쓰는 말에 불과하다.

프랑스어 '르포르타쥐(더르 러뽈따쥐)'는 탐방기사, 또는 현지보고란 뜻을 지닌 명사이고, 현지취재기자, 보도요원을 뜻한다. 우리가 쓰는 르포라이터는 '르포르떼르(reporter)'라 하고 보도 캐머라맨(한국식으로는 카메라 기자)은 '르포르떼르 카메라만'이라 부른다.

그런데 프랑스어에 영어를 혼합해 쓰는 것 자체가 일본식의 발상이지만, 그나마 토막내어 만든 일본식 표현을 거르지도 않고, 한국 미디어에서 마구 쓰는 것은 아무래도 바람직하지 못하다.

영어 표현으로는 '온 더 씬 롸이터(on-the-scene writer)'가 제격이다. 또 내막을 조사해서 파헤치는 내용이라면 '인베스티게이티브 롸이터(investigative writer)'라 하면 더욱 확실할 것이다.

리모콘
* **리못 컨트롤,
리못 컨트롤러**

텔러비젼이나 VCR, 또는 전기 장치의 기계를 원거리에서 조정하는 일을 리못 컨트롤(remote control)이라 하고, 이를 작동하는 소형 기구를 리못 컨트롤러(remote controller)라 한다. 그러나 일반적으로 리못 컨트롤로 통칭하고 있다.

그런데 '리모콘'이라 줄여 선전하는 가전 메이커가 있고, 일반 소비자들도 으레 그런가보다 하고 리모콘으로 부른다.

그나마 이 '리모콘'이라는 말도 우리가 만들어낸 게 아니라 일본에서 'remote에서 'remo-'를 택하고, control에서 'con-'을 각각 머리만을 잘라 합성한 일본식 조어이다. 즉, 일본식 영어 표현인 셈인데 이를 진짜 영어인줄 알고 그대로 들여다 남용하고 있는 것이다.

Remote는 멀리 떨어졌다는 말인데 이 말의 꽁무니를 잘라버린 'remo'란 말은 성립이 안된다. Control에서 'con'만 잘라내면 반대론자이거나 반대투표를 뜻하는 명사가 되고, 속어로 '속이다, 횡령, 신용사기'라는 말이고 보면 '리모콘'이란 표현은 더욱 가당치도 않은 엉뚱한 표현이 되고 만다.

리무진
* 에어포트 버스

일본에서 도시와 공항만을 전용으로 운행하는 노선 버스를 '리무진 버스'라 부른다. 최근 한국에서도 그 말을 본받아 인천 국제공항과 서울 시내를 오가는 고정 노선 버스에 대하여 '리무진 버스'라는 표현을 쓰고 있다. 이것은 아주 잘못된 표현이다.

본래 '리무진(limousine)'은 프랑스 중서부의 리모쥬의 역사적인 옛 이름 '리무젱'에서 비롯되었다. 리무젱은 도자기 공업을 중심으로 기계, 화학, 섬유와 식품공업이 성했던 도시이다. 독일에서 이 말을 도입하여 '리무지너'로 발음하고 상자형 자동차나 상자모양의 조종석이 있는 비행기를 일컫는 말로 썼고, 특히 승용차(sedan)를 지칭하는 말로 사용했다.

이를 미국에서는 '리머진'으로 발음하면서 직업 운전사(쇼퍼)가 딸린 크고 호화로운 승용차를 뜻하는 말로 받아들였다. 또 공항이나 철도역에 오가는 손님을 위해 상업적 목적으로 운행하는 대형 승용차나 소형 버스를 일컫기도 한다.

그러니까 공항을 드나드는 소형 승합차를 가리키는 말을 일본에서는 대형 버스로 잘못 받아들여 쓰여진 결과임을 알 수 있다. 그럼에도 불구하고 이런 용어 표현의 검증도 없이 일본에서 쓰면 멋이 있고 최신 용어 표현이라는 식의 빗나간 등식은 아주 우스꽝스러운 난센스를 양산하기 마련이다.

시내와 공항의 전용 버스는 '에어포트 버스'라 하고, 개인 운수업체가 일정 루트를 운행하는 것은 '셔틀,' 또는 '셔틀버스'라 표현한다.

한편 미국에서는 운전사가 딸린 긴 승용차를 '리머진'이라 부르면서 영화배우나 부유층, 또는 결혼식 대여용, 관광용 등으로 사용되고 있다. 흔히 옆 유리창이 3부분으로 된 것은 '스트렛취 리머진(stretch limousine),' 옆 유리창이 4부분 이상으로 된 아주 긴 것은 '수퍼 스트렛취 리머진(super stretch limousine)' 이라 구분하여 부른다.

리바이벌 히트
* 리바이브드

오리지널 송이 일정한 기간이 지나 다른 사람이 부르거나 연주한 '커버(cover) 버전'이 나오면 흔히 '리바이벌 송'이라 하고, 이 곡의 판매가 많이 되어 히트하면 '리바이벌 히트곡'이라는 말을 자주 쓴다.

영어의 '리바이벌(revival)'은 "부활, 재생, 되살아나는 것, 의식이나 체력의 회복, 법적인 부활이나 갱신"을 뜻한다. 옛날의 건축 양식이나 복장 등이 다시 유행하는 것도 리바이벌이라고 표현한다. 또 예능계에서는 옛 연극을 재상연하거나 영화를 재상영하는 것을 뜻하기도 한다.

그러나 음악에서의 경우 '리바이벌'이란 표현을 미국이나 영국에서는 잘 안쓴다. 이것은 일본 사람들이 'リバイバル(리바이바루)'로 표기하면서, 한번 유행했던 것이 다시 유행하는 것을 의미한다고 했다. 즉, 대중 음악에서인 경우 옛날 유행하던 노래가 특정 기간이 흐른 뒤에 수정 없이 다시 유행하는 것을 말한다. 그러니까 오리지널 송을 다른 사람이 편곡하여 부른 것은 리바이벌에 해당이 안 된다는 말이다. 이런 경우는 개정 또는 수정한다는 뜻의 '리바이스(revise)'를 써서 '라바이스드(revised),' 또는 '리바이브드'라고만 쓴다. 이를테면 어빙 벌린이 작곡한 "White Christmas"는 1942년에 빙 크로스비가 부른 것이 오리지널인데, 이 레코드는 수정 없이 43, 44, 45, 46, 47, 48, 49, 50, 51, 54, 55, 56년에 각각 1위에서 13위 안에 드는 히트 레코드가 되었다. 이어 1958, 59, 60, 그리고 1962년까지 계속 차트에 오를 정도로 베스트 셀러 레코드가 되어 사상 최고의 판매고 기록을 갖고 있다. 이 것이 바로 리바이벌인 것이다.

그리고 1942년에 고든 젠킨스와 촬리 스파이백, 프레디 마틴, 1944년에 프랭크 시나트러, 46년 조 스태포드, 1955년과 62년에는 드립터스, 63년에 앤디 윌렴스, 68년에 오티스 레딩, 그리고 93년에 마이클 볼튼의 커버 레코드들이 각각 리바이브드하여 베스트 셀러 차트에 올랐었다.

그러니까 이 경우, 빙 크로스비의 레코드가 해를 거듭하면서 리바이벌이 되었고, 다른 가수들의 레코드들이 리바이스드, 또는 리바이브드된 것이다.

이 노래는 1992년에 대중적 인기로 새롭게 다듬어진 노래라는 뜻으로 "This song was popularly revived in 1992."라는 표현을 쓴다. 또 아무개의 레코드가 다시금 리코딩되어 유명하게 되었다고 할 때 "…popularized by…"라 하고, 만일 오리지널을 바탕으로 재편곡해서 다른 감흥으로 낸 레코드라면 'revised version,' 줄여서 RV처럼 쓰기도 한다.

리베이트(소개비)
* 리베이트 (조건부 할인)

어떤 일을 성사시킨 보답으로 사례비를 받거나 계약금의 일정액을 수수료나 소개비로 받는 일을 더러 '리베이트'라는 표현을 하는 이들이 있다. 또 더러는 음성적인 사례비라는 말로도 사용하고 있다.

그러나 영어에서 리베이트란 어떤 써비스나 물건값을 지불한 원금(original payment)에 대하여 일부분을 되돌려 주는 일(return of part 또는 partial refund)이라고 했다.

또 물품이나 써비스 값으로 지불한 총액에서 일정 금액을 디스카운트 해주는 일도 리베이트라 한다. 이를테면 물건값을 치르고 즉석에서 일정 금액을 공제해 주는 일을 두고 '인스턴트 리베이트'라는 말도 많이 쓴다.

리베이트는 상업 용어로 메이커나 상품 제공자가 상품을 판매한 뒤, 받은 물건값의 일부를 되돌려 주는 일을 말한다. 결과적으로 일정 시기 후에 물건값 가운데서 일정 일부분의 금액을 되돌려 주는 조건부 할인 판매 방식의 하나다.

이 방식은 특정 상품의 판매촉진을 위해 고객이 지불한 대금의 일부를 보상하여 주는 일종의 사은 판매 같은 성격을 갖고 있다. '리베이트' 대신 더러 '킥백(kickback)'이라는 표현도 쓰는데, 이것은 광고 등의 판매촉진에 의한 것이 아니고 개별적인 친분이 있는 단골손님 등에 한하여 일부 환불을 해주거나 훔친 물건 등의 반환을 의미할 때 쓰이는 경우가 많다.

리스트 업
* **메이크 어 리스트**

샤핑을 할 때 무엇 무엇을 사기 위해 품목을 정리하여 쓰거나, 어떤 일을 하기 위해 관여되는 사람의 이름을 작성하여 표로 만드는 일 등을 우리는 흔히 '리스트 업(list up)'을 한다고 말한다.

그러나 영어에서 그런 말은 쓰지 않는다. 이것은 일본식 영어에서 본 받은 잘못된 표현이기 때문이다. 영어로는 '메이크 어 리스트(make a list),' 또는 '드로 업 어 리스트(draw up a list)' 등으로 표현한다.

리어카
* **핸드 카트, 바이시클 카트**

강철관으로 프레임을 삼아 짐을 실을 수 있는 수레를 사람이 끌거나, 바구니를 만들고, 2개의 바퀴를 달아 자전거 뒤에 메달아 끌게 만든 간이 수레를 '리어카'라고 불러왔다.

'리어카'는 일본에서, 영어 단어의 'rear'와 'car'를 합성하여 만든 조어인데 일본인들이 '어' 발음에 장애가 있기 때문에 이를 '아'로 발음하여 '리어카'로 소리낸 것이다. 그래서 '리어카'가 '리아카'로 변한 것이고, 한국에서는 그렇게 변한 일본식 발음 '리아카'를 그대로 받아들여 쓰고 있는 것이다.

그러나 영어에서는 'rear car'라는 말이 없다. 영어에 '리어카'와 비슷한 것으로는 '바이시클 카트(bicycle cart)'가 있겠고, 사람이 끄는 두 바퀴 짐수레는 '핸드 카트(hand cart)'라 한다.

한편 수퍼마켓 등에서 간단한 물건을 실어 나를 수 있는 네 바퀴 소형 수레는 '샤핑 카트,' 또는 그냥 '카트(cart)'라고 한다.

리포터(취재보조원)
* **어씨스턴트**

80년대 이후부터 한국의 텔러비전이나 레디오에서 정규 기자가 아닌 위촉 보도 보조원이나 현장 취재 요원을 '리포터'로 일컫고 있다. 이것은 분명히 용어의 남용에서 기인되었고, 이 또한 일본에서 쓰는 표현을 본떠 인용하여 쓰고 있던 용어이다.

이런 일을 하는 보조 요원은 영어로 '어씨스턴트(assistant)'라 해야 한다. '리포터(reporter)'는 주로 현장에서 인터뷰를 통해 기사를 작성하거나 보도하는 기자를 말한다.

한편 해외 특파원은 '코레스판던트(correspondent)'라 하고, 전쟁터에 파견된 기자는 '워 코레스판던트(war -)'라 한다.

리차드 후라이샤
* **리처드 플라이셔**

영화 "Tora! Tora! Tora!(1970)"를 감독한 리처드 플라이셔(Richard Fleischer)는 1916년 뉴욕시 브루클린 지구 출신으로 스팩터클에서 싸이-파이(Si-Fi) 영화며, 오락대작에 이르는 폭넓은 작품을 연출한 명감독이다.

1954년 "해저 2만 마일"로부터 시작해서 "바이킹," "10번가의 살인," 1980년에는 "The Jazz Singer"를 연출하기도 했다.

그의 이름을 한국의 영화업계에서는 '리차드 후라이샤'라고 표기한다. 이것은 일본에서 '리차도 후라이샤'라 쓰고 발음한 것을 한국 영화업자나 관련 미디어들이 그대로 따라서 쓰고 있는 잘못된 표현이다. '리처드 플레이셔'라 부르고 할리웃에서는 '리쳇 프라이셔'로 발음한다. '플라이셔'는 독일계 이름이고, 도살업자나 식육 판매업자를 뜻한다.

리히터 규모
* **매그니튜드**

몇 해 전 터키 이스탄불 일대에서 일어난 대지진은 수만 명의 사상자를 낸 인류 최대의 천재로 전세계를 경악케 했다. 그 진도가 7.4라 했다. 또 2003년 1월 22일에는 멕시코의 태평양 연안 콜리마에서 진도 7.6의 강진이 있었다.

그런데 한국의 미디어에서는 지진의 진도를 "리히터 규모 7.4"니 "리히타 지진계"니 하는 식으로 표기하거나 표현하고 있다. 이 표현 역시 일본식 표현에서 본받은 것인데, 요즘에는 정작 일본에서조차 쓰지 않는 표현이다.

지진의 척도는 캘리포니아 공과대학(California Institute of Technology: 약칭 Caltec)의 지진학자인 찰스 프랜시스 릭터(Charles Francis Richter: 1900-1985) 교수가 처음 쓰기 시작했다.

릭터 교수는 1935년에 남부 캘리포니아 지역의 지진 척도를 나타내는 기준을 마련했다. 그는 ① 로컬 매그니튜드, ② 표면파 매그니튜드, ③ 실체파 매그니튜드, ④ 모멘트 매그니튜드 등 6가지의 지진 현상을 규정하고 그 척도를 나타내는 계기를 만들었다. 이 가운데 국제지진센터와 미국 지질연구소(콜로라도주 소재)에서는 표면파 매그니튜드(바너크식)와 실체파 매그니튜드(단주주 지진계 이용)의 방법을 병용하고 있다.

Richter 교수의 이름은 독일식 발음으로는 '리히타' 또는 '리히터'이지만, 그는 미국태생이고 '릭터'로 부른다.

릭터 교수는 지진의 정도를 매그니튜드 1에서 10까지로 설정하고, 수치가 높을수록 지진의 스케일이 큰 것으로 삼았다. 이를 'Richter Scale(릭터 스케일)'이라 했는데 이를 '리히터 규모'로 잘못 쓰고 있었던 것이다. 'Richter Scale'은 '릭터 척도'라 해야 옳았다.

최근 지진 척도의 국제적인 공식 표현은 '매그니튜드 7.4 크웨익(Magnitude 7.4 Quake=진도 7.4의 지진)으로 하고 있다. 또 이를 약식으로는 "M 7.4"라고도 한다.

링겔 액
* 링거 쏠루션

의학에서 혈액의 대용액의 하나로 주사하는 것을 '링겔' '닝겔,' 또는 '링게루'라고 한다. 이 혈액 대용액은 식염수에 칼슘과 칼륨을 섞어서 부상으로 출혈이 많거나, 몸이 허약해진 경우의 사람에게 정맥이나 피부 아래에 장시간 주사한다. 영어로는 '링거' 또는 '링거 쏠루션(Ringer solusion)'이라 한다.

링거는 영국의 의학자 시드니 링거(Sydney Ringer: 1835-1910)가 개발했는데, 그의 이름을 따서 붙인 명칭이다. 'Ringer'는 독일에서 들

여다 '링거르'로 발음하고 있는데 이것을 다시 일본에서 도입하여 'リンゲル(링게루)'로 발음한다. 그러나 우리는 일본 표기를 들여다 쓰는 과정에서 '링게루,' '링게르,' '링겔,' '닝겔' 따위로 받아들여 사용하고 있는 것이다.

Ringer는 분명히 영국 사람이고 영어로는 마땅히 '링거'로 표현해야 하고, 우리가 표현하는 링겔액은 '링거 쏠루션,' 또는 '링거 주사,' '링거 샷(Ringer shot)' 등으로 쓰는 것이 옳다.

ㅁ

마가린	인조 버터를 우리는 마가린(margarine)이라고 하지만, 이렇게 말하면 미국 사람들은 알아듣지 못한다. 미국에서는 '마저린'으로 발음하기 때문이다.
* **마저린**	

마저린은 1869년 프랑스에서 버터의 대용품으로 발명되었는데 초기에는 콩기름과 면열매 기름들을 원료로 했었다. 그러나 지금은 정제된 소나 돼지기름, 생선기름, 식물기름 등을 원료로 한 것에 유화제, 향료를 섞은 후 천연 버터처럼 보이도록 노란 색소를 넣어 만든 가공식품이다. 흔히 마저린이 순식물성이라고 생각하는데, 이것은 잘못된 상식이다. '마저린'에 대하여 우유로 만든 순수 버터는 '프레시 버터(fresh butter)'라고도 한다.

중세 영어에서는 '마거린'으로 발음한 적은 있지만, 현대 영어에서는 '마저린'으로 발음하고 있다. 그런데 margarine을 '마가린'이라 표현하는 것은 일본식 표현 'マーガリン(마-가린)'을 우리가 그대로 본떠 사용하고 있는 잘못된 관용 외래어 표현법이다.

마네킹	양복이나 양장, 또는 드레스나 셔트 등을 전시하기 위해 만든 사람 몸의 모형(동체)을 '마네킹'이라 말하는 것은 일본식 발음에서 온 것이다.
* **매니킨, 만켕**	

마네킹은 본래 프랑스어 '만켕(mannequin)'에서 온 말을 영어에서 그 스펠링을 그대로 쓰면서 '매니킨'이라 발음한다.

매니킨은 백화점 등에서 손님에게 옷을 입어 보이는 일을 하는 직업 여성을 가리키는데, 요즘에는 '크로디스 마들(clothes model),' '패션 마들(fashion model),' 또 그냥 '마들(model)'이라고 한다.

이런 여성을 더러 '마네킹 걸' 이란 표현도 쓰는 이들이 있는데 이것도 일본식 영어에서 본받은 잘못된 표현이다.

마담 (술집)
* **설룬 키퍼**

'마담'은 프랑스어에서 온 일반 기혼 여성에 대한 경칭으로 '부인' 이란 뜻이다. 옛말에서는 상류계급의 미혼, 또는 기혼 여성에 대한 경칭으로 사용되었고, '귀부인' 이란 의미도 내포하고 있다. 원래 나의 귀부인이란 뜻의 '마담(ma dame)' 에서 유래한 말이다.

그런데 우리 주변에서는 술집 여주인이나 접대부를 거느리는 여성을 '마담' 이라 부르고 있다. 이것은 일본에서 쓰여지고 있는 표현을 잘못 도입한 것이다.

일본 사전에서는 'madame(마다무)' 의 2항에서 '요리점이나 바, 또는 끽다점의 여주인' 이라 정의하고 있다. 그러나 일본말에는 '女將(오카미, 조조우)' 가 요리점이나 여관의 여주인이라는 설명도 있다.

그런데 프랑스어의 '마담' 이나 일본어의 '오카미' 가 술집 접대부를 거느리는 여성이란 말이 없는 것을 보면 이건 한국에서 잘못 받아들여 사용되는 표현임에 틀림이 없다. 영어 표현에는 해당되는 말이 마땅치 않다. 한국식의 접대부를 손님에게 붙여주는 형태의 영업집이 거의 없기 때문이다. 한국에 그 흔한 룸살롱이나 스탠드 바나 맥주집 등에 여자 접대부를 두는 것도 미국에는 없다.

굳이 '마담' 과 비슷한 표현이라면 '바 키퍼(bar keeper),' 또는 '설룬 키퍼(saloon keeper)' 정도가 될 것이다.

마도로스
* **세일러, 씨맨**

한국의 옛 대중가요 제목이나 가사 내용 가운데는 유난히 '마도로스' 나 '마도로스 파이프' 등의 표현들이 많이 등장했다.

한국의 많은 가수들이 모창하고 있는 일본의 대가수 '미소라 히바리

(美空ひばり)'의 명 엔카 가운데 "히바리의 마도로스"가 대히트한 것에 영향을 받아 일제 때부터 유행가와 대중가요에 '… 마도로스'가 많이 등장했었다.

'마도로스'는 파이프를 문 멋진 선장이나 항해사를 연상하는 표현으로 쓰였다. 이 말은 뱃사람이나 선원, 또는 승선이란 뜻으로 일본 사람들이 쓰는 표현을 그대로 옮긴 것이다.

'마도로스'는 네덜란드어 'matroos(마트로스: '마트루스'라 하지 않는 것에 주의)'를 일본에서 도입하여 쓰고 있는 일본식 발음이다. 일본에서는 에도 시대에 matroos를 음역하는 과정에서 '마타라우스'라 했고 그 뜻은 뱃사람, 또는 하급 선원 '水夫,' '水手' 등으로 번역했다.

'마타라우스'는 얼마 뒤에 '마타로-스,' 또는 '마다로스'로 변했다가 이른바 바꾸후(幕府) 말기부터는 '마도로스(マドロス)'로 바꿔 사용하고 있다.

세간에서 '마도로스'는 흔히 선장이나 항해사를 뜻하는 고급 선원으로 착각하고 있지만, 일반선원, 하급 선원, 뱃사람을 뜻하는 말이다.

영어로는 '세일러(sailor),' '씨맨(seaman),' '매러너(mariner),' 또는 '잭(jack)'이라 한다. 한편 '마도로스 파이프'는 영어에는 없는 일본식 복합 외래어이다. 즉, 네덜란드어인 '마도로스'에다 영어의 '파이프'를 붙였는데, 마도로스가 즐겨 사용하는 구부러진 담뱃대를 가리키는 말이다.

마돈나
＊ **머다너**

기독교의 동정녀 마리아, 또는 성모 마리아의 그림이나 마리아상(像)을 'Madonna'라 한다. 'Madonna'는 이탈리에서 왔는데 영어로는 'our lady'에 해당된다. '나의'라는 뜻의 'ma'에 여인(woman)에 해당하는 'donna(돈나)'를 합성한 말이다. 그러니까 이탈리 발음으로 하면 '마돈나'가 된다.

그러나 영어에서는 '머다너'로 발음되는 점에 유의할 필요가 있다.

특히 '-donna'인 경우 2개의 'n' 가운데 하나만을 소리내기 때문에 '-돈나'가 아니라 '도나'가 되고 미어의 모음 변화에 따라 '-다너'가 되는 것이다.

한편 80년대부터 두각을 크게 낸 미국의 정염의 가수 'Madonna(본명 Madonna Louise Ciccone)'도 '머다너'로 발음한다.

매사추세츠
* **매서추싯스**

Massachusetts는 미국의 50개 주 가운데 이름을 발음하기가 퍽이나 까다로운 지명이다. 1788년에 6번째로 주가 된 뉴잉글랜드의 6개 주(메인, 뉴햄프셔, 버몬트, 매서추싯스, 코네티컷, 그리고 로드 아일랜드) 가운데 하나로 유서 깊은 지역이다. 면적은 45번째에 해당할 정도로 작지만, 인구는 13번째로 많다.

신대륙 발견이래 청교도가 처음 상륙한 곳이라는 뜻에서 '퓨리턴 스테이트(Puritan State)'란 별명을 갖고 있다. 주의 이름은 알공킹 인디언의 말로 크다는 뜻의 'massa'와 언덕이란 뜻의 'wachusett'를 합성해서 '커다란 언덕,' '큰 언덕의 토지'라는 뜻에서 유래했다.

이 지역은 만(bay)이 많아 '베이 스테이트'라고도 하는데 '케입 캇 베이(Cape Cod Bay)'는 페티 페이지의 노래에서도 인용된 유명한 곳(岬)이고 휴양지이다. 케입 캇은 1620년 11월, 종교의 자유를 찾아 메이플라워호를 타고 신대륙으로 향했던 청교도가 미국의 본토에 상륙하기 직전 첫 기착했던 곳으로 그 기념비가 세워져 있다.

매서추싯스 주에는 주 정부가 있고, 뉴잉글랜드에서 가장 큰 도시인 인구 58만 9,141명의 보스턴이 중심지다. 옛 식민지 시대에 영국군과의 격전지로 유명했던 '렉싱턴(Lexington; 인구 3만 명),' 인구 40만 407명의 항구 도시 '세일럼(Salem),' 인구 17만 명의 평화로운 환경의 주거 소도시 '칸커드(Concord),' 하버드대학교와 MIT가 있는 문화와 교육도시로 인구 10만 1,355명의 '캠브릿지(Cambridge)' 등이 유명하다.

'Massachusetts'를 흔히 '마사추세츠,' 또는 '마싸추셋츠'로 발음하고 표기하는 이들이 많지만, 현지 발음은 '매서추싯스'이다. '-ss-'를 한글의 쌍시옷처럼 여기기 쉽지만, 오히려 '스'처럼 부드럽게 발음되는 반면에, 단어의 머리에 's'가 하나일 때는 오히려 쌍시옷 발음이 되는 경우가 일반적이다. 또 종성의 구성에서 '-ts'가 '츠'로 표현되는 것도 한국적인 인습에 젖은 발상에서 기인된 잘못된 표현이다.

마요네즈
* **메이어네이즈**

계란 노른자위(요우크), 식초, 레몬 주스, 식용유와 조미료 등으로 만들어 샐러드, 샌드위치나 야채에 엷게 드레싱하는 우유빛의 반(半) 응고형 소스를 우리는 '마요네즈'라고 부른다.

'마요네즈'는 19세기 프랑스어 'mahonnais(마오네즈)'에서 왔는데 지중해의 미노르카(Minorca) 섬의 수도인 '마온(Maon)' 항에서 유래했다. 현대 프랑스어로는 'mayonnaise'라 표기하고 '마요네즈'라 발음한다. 여기서 '-네-'를 길게 소리낸다.

그러나 영어로는 스펠링은 그대로 받아들였지만 '메이어네이즈'라 발음하는 점에 유의해야 한다.

마이나스 *마이너스
* **로스**

기업이나 소규모 비즈니스를 하는 사람이 판매의 부진 등의 이유로 경영의 손실을 보았을 때 '마이나스'라는 표현들을 많이 쓴다.

마이너스는 수학에서 어떤 수치를 빼는 일을 말하고 또 그런 부호(-)를 일컫는 것을 누구나 잘 안다. 또 전기나 축전에서는 음극을 표시하기도 한다.

그러나 어떤 사태나 환경이 불이익이 되는 것이나 결점이나 단점 등은 이를 '디메리트(demerit)'라 하는데 비해, 금전적이거나 물질적, 또는 시간적인 손실은 '로스(loss)'로 표현한다. 따라서 장사가 잘 안되어 경영의 손실을 보았다면 이것은 '마이너스'가 아니라 '로스'가 되는 것이다.

한편 운동 경기 등에서 작전상 일시 시합을 중단하거나, 어떤 사태 때문에 본 경기가 진행이 되지 않아 본경기의 진행 시간에서 제외하는 일도 '로스 타임' 이라 한다.

마이너스 성장
* **너가티브 그로우스**

경제에서 그 전 해에 비교해서 경제 성장률이 밑도는 결과가 되는 일을 흔히 '마이너스 성장' 이라고 하는 것은 일본에서 만들어 쓰고 있는 경제 용어를 그대로 흉내낸 표현이다.

영어에서는 '너가티브 그로우스(negative growth),' '너가티브 에커나믹 그로우스(negative economic growth)' 라 한다. 여기서 negative는 '네가티브' 처럼 로마자 읽기 소리가 되지 않도록 유의해야 한다.

1997년 말에 한국은 외환 관리의 실패와 국민의 과소비, 과도한 노동 임금의 복합적 원인 때문에 반(反)성장을 기록하고, 비상처방으로 UN의 국제통화기금(IMF)을 빌어다 써야만 했던 어려움을 겪기도 했다.

마이너 체인지
* **페이스 립트**

자동차의 모델을 일부 수정하는 것을 두고 '마이너 체인지(minor change)' 라는 표현을 예사로 쓰고 있다. 그러나 이것은 영어도 아닌 일본에서 만들어 쓰고 있는 일본식 영어 표현이다.

영어에 '마이너 체인지' 란 말은 없다. 영어로는 단순히 '페이스 립트 (face lift)' 란 표현만을 쓴다.

자동차의 모델에 대하여 그릴이나 램프, 범퍼 등에 대하여 가벼운 디자인 변경으로 외관을 보다 새롭게 개량하는 것을 '페이스 립트' 라 한다.

'face lift' 는 여자나 남자가 코를 올리는 등, 얼굴을 보다 예쁘고 젊게 보이기 위해 '플래스틱 서저리(성형수술)' 를 하는 걸 말하고, 방이나 건물에 대하여 보다 현대식으로 약간 수정하여 꾸미는 일을 말한다.

따라서 자동차의 특정 모델에 대하여 일부 디자인을 변경하는 일은 '마이너 체인지' 라 하지 않고 '페이스 립트' 란 표현이 일반적으로 쓰인다.

한편 자동차의 특정한 모델의 시리즈에 대하여 차체와 내장 등 일체를 새롭게 교체하거나 모델을 변경하는 것을 '풀 모델 체인지(full model change)'라 하는 말도 일본식 영어다. 영어에서는 '올 뉴(all new)'라 한다.

마이 카
*** 오운 카, 프라이빗 카**

나의 자가용 차라는 뜻으로 '마이 카'란 표현이 자주 쓰인다. 남이 가졌으니 무리를 해서라도 나도 가진다는 식의 자가용 소유를 강조하려는 데서 비롯된 관용어 가운데 하나다. 이 말은 일본 사람들이 즐겨 사용한 표현에서 비롯되었다.

미국이나 영국에서는 자기 소유의 개인용 차를 '마이 카'라 하지 않고 '프라이빗 카(private car),' 또는 '오운 카(own car)'라 한다.

따라서 '마이카 족'이란 표현도 자가용을 운전하고, 볼일을 보거나 즐기는 부류의 사람을 가리키는 말로 쓰지만, 이것 역시 일본에서 만들어 쓰고 있는 표현이다.

'마이 홈,' '마이 아파트,' '마이 하우스,' '마이 와이프' 따위도 모두 영어에서는 쓰이지 않는 일본식 영어다.

마이 홈
*** 마이 오운드 하우스**

한때 중산층의 표상으로 3M(쓰리 엠)이 있어야 한다는 등식의 유행어가 나돈 적이 있었다.

즉, 마이 홈(my home)이 그 첫째요, 둘째는 마이 와이프(my wife), 그리고 셋째는 마이 카(my car)라 했다. 그러니까 중산층이 되는 기본은 내 집에 아내가 있고 자가용을 갖추어야 한다는 것이다.

그런데 여기에 등장하는 '마이 홈'이란 한 가족과 함께 생활을 하는 본거지로서의 가정을 의미하는 말이다. 따라서 여기서 의미를 강조하는 가옥이나 주택 등의 건물공간을 의미하지는 않는다. 그것은 '마이 오운드 하우스(my owned house)'라 해야 맞다.

또 '마이 와이프'는 가정의 필수적인 구성 요건으로 본다면 중복되는 의미가 된다. '마이 카'라는 표현도 이미 설명했듯이 '마이 오운드 카(my owned car)'라 해야 맞다. 영어에서 '카'라고 하면 모든 자동차를 뜻하는 것이 아니고, 트럭과 구분하여 승용차에 한해서 쓰여진다는 점에 유의할 필요가 있다.

마이크로 버스
* **미니 버스**

보통 12인승 내외의 작은 규모의 승합 자동차(버스)를 '마이크로 버스(micro bus)'라고 표현하는 이들이 아직도 많다. 영어의 '마이크로'는 아주 작은, 1백만 분의 1이라는 뜻으로도 쓰이는 말이다.
사람이 10명이나 타는 버스에 '마이크로'라는 말을 붙이는 것 자체가 무리지만, 미국이나 유럽에서 그런 표현을 쓸 리 없다. '마이크로 버스'는 일본식 영어이고 그를 한국에서 그대로 본받아 쓰고 있는 것뿐이다.
아주 작은 규모의 버스를 영어에서는 '미니버스(minibus)'라 간단히 표현한다.

마카로니 웨스턴
* **스패게티 웨스턴,**
이털리언 웨스턴
무비

이탤리에서 만든 서부 영화로 폭력적인 잔혹한 장면이 많은 서부극 영화를 '마카로니 웨스턴'이라고들 한다. 이것은 영어의 '스패게티 웨스턴'이란 표현의 어감을 좋지 않게 여긴 일본의 영화평론가 淀川長治가 이탤리의 대표적인 요리 가운데 하나인 '마카로니'를 이런 종류의 영화의 선전 효과를 노려 '마카로니 웨스턴'이라 지어 붙인 데서 연유된 일본식 조어다.
영어에서는 '스패게티 웨스턴(spaghetti western),' 또는 '이털리언 웨스턴 무비(Italian Western movie)'라 한다.

마크 *****회사 마크**
* **로고,**
트레이드 마크

특정 회사의 고유 표지이거나 상품의 도안 등을 통틀어 '마크,' 또는 '회사 마크'라는 말로 얼버무려 쓰고 있다.
그러나 영어에서는 '배지(badge)'라 하거나, 고유 표지를 '로고(logo)'라 표현한다. 또 자사 독보적인 상품에 표시하는 고유 도안은 이를 '트레이드마크(trademark)'라 구분하여 사용한다.

마크 로브슨	명감독 Mark Robson은 한국의 대부분 미디어의 영화 담당자나 영화 업계에서 한결같이 '마크 로브슨,' 또는 '마크 로브손'이라 표기한다. 그리고 어느 누구도 이를 시정하려는 사람도 없다. '마아크 랍선'이라 해야 옳은 발음이 된다.
* **마아크 랍선**	

1913년 캐나다 몬트리올에서 태어난 영화 감독 마아크 랍선(Mark Robson)은 로스 앤젤러스의 UCLA에서 정치학과 경제학을 전공했다. 또 퍼씨픽 코스트 대학에서 법률을 공부했지만, 1932년에 20세기 팍스사에 입사해서 영화 필름 편집기사로 출발, 영화계와 인연을 가졌다. 오선 웰스의 "시민 케인(1941)"이 그의 손으로 편집되었다.

1945년에 "Isle of the Dead"를 시작으로 감독의 길로 나섰다. 우리에게도 한국전쟁을 소재로 앨런 럿이 주연한 "The Bridge of Toko-Ri(1955)"를 비롯해서 "The Inn of the Sixth Happiness(1958)," "Von Ryan's Express(1965)," "Lost Command(1966)," "Valley of the Dolls(1967)," "Earthquake(1974)" 등을 통해서 잘 알려져 있다.

마후라, 머플러	방한용이거나 치장용으로 목에 두르는 천을 '마후라'라고 부른다. 마후라는 영어의 '머플러(muffler)'를 일본에서 'マフラー(마후라)'라는 부르는 걸 그대로 들여온 일본식 표현이다.
* **스카프**	

한국에서 60년대에 "빨간 마후라"라는 영화와 같은 제목의 노래가 유행한 적이 있었다. 그러나 '머플러'도 구식 영어이고, 요즘은 미국에서도 '스카프(scarf)'라 부르고 남녀가 구분 없이 사용하고 있다.

한편 자동차의 배기관의 소음 장치도 '마후라'라 통칭하는 이들이 많다. 배기관은 '이그소스트 파이프(exhaust pipe)'이고 소음통은 '머플러'로 구분하는 것에 대하여 혼동하는 사람들도 많다. 영국에서는 이를 '싸일런서(silencer)'라 부른다.

말콤 맥도웰(배우)	영국 배우 가운데 Malcolm McDowell이 있다. 우리는 말콤 맥도웰이라 부르고 있다. 그러나 그의 이름은 스페인이나 이탤리가 아닌 영어
* **맬컴 먹도우얼**	

로 된 이름이고 할리웃에서 그를 '맬컴 먹도우얼,' 또는 '맬캄 먹다월'로 부른다.

그의 퍼스트 네임 'Malcolm'은 남자에게 지어주는 이름인데 게일족(Gaelic)의 말로 성 콜럼바(Saint Columba)의 제자라는 뜻이다.

맬컴 먹도우얼은 1943년 6월 13일 영국의 북부 맨체스터에서 동북쪽으로 58km 떨어진 웨스트 요크셔의 인구 6만 8천 명의 도시 릿스(Leeds)에서 출생했다.

그의 대표 출연 작품은 1971년에 마이클 베이스와 함께 주연한 영국영화 "A Clockwork Orange(스탠리 큐브릭 감독)"와 1973년 마서 로우, 랄프 리쳇슨, 레이철 롸벗스 등과 주연한 미·영 합작 영화 "O Lucky Man(린지 앤더슨 감독)" 등이 있다.

매너
* 매너스

우리가 흔히 '동방예의지국'이라는 긍지를 내세우는 경우가 많다. 옛날 중국 사람들이 한국인을 가리켜 부른 표현이었다. 그러나 실제로는 예절이 없고, 거칠며 불친절한 매너가 몸에 배어 버린 사람들이라는 혹평을 받을 경우가 많아진 세상이다.

여기서 우리는 예의 범절이나 예절이란 뜻으로 쓰는 '매너(manner)'를 단수로 써버리면 네이티브 스피커들은 못 알아듣는다.

단수로 쓰면 방법이나 태도, 거동이나 말씨를 뜻하고 말기 때문이다.

예절을 뜻할 때는 반드시 복수형인 '매너스(manners)'라 하고 식탁에서의 예절도 '테이블 매너스'라고 해야 한다.

매니어, 마니아
* 매니액

'어떤 일에 열중하는 사람'을 두고 '매니어(mania)'라 말한다. 이를 '마니아'라 하는 사람도 있는데 이것은 로마자 읽기식으로 소리낸 잘못된 발음이고, 일본식 발음이다.

골프에 미치다시피 한 사람을 '골프 매니어'라 하고, 독서 삼매경에 빠진 사람에 대하여 '독서 매니어'라는 말까지 쓴다. 그러나 영어에서 '매니어'는 어떤 상태를 말하고 사람에 대해서는 쓰지 않는다. 대신 어떤 일에 열중하는 사람을 일컬을 때는 '매니액(maniac)'이라 해야 한다.

골프에 미친 사람은 '골프 매니액'이라 해야 하고, 독서 삼매경에 빠진 사람은 '독서 매니액'이 된다.

또 '인수시애스트(enthusiast),' '넛(nut),' '프릭(freak),' 열광적 광신자라는 뜻의 '퍼내틱(fanatic),' '애딕트(addict)' 등의 말도 자주 쓰인다.

TV에서 눈을 떼지 못하는 사람을 'TV 애딕트'라 하고, 오디오 사운드에 푹 빠진 사람을 두고 '오디오 프릭(audio freak),' 또는 영화 보기에 미치다시피 한 사람을 '무비 법(movie buff)'이라 한다.

이 밖에 팝송이라면 사족을 못 쓸 정도로 푹 빠진 사람을 두고 '팝송 프릭'이라 부른다. 또 골프에 미쳐 버려 가정도 잘 돌보지 않을 정도로 골프에 지나치게 심취한 사람에 대하여는 '골프 넛(golf nut)' 등의 표현들이 자연스럽다.

매니큐어
* 네일 팔리쉬

'매니큐어'는 손톱을 아름답게 가꾸는 기술을 말하고, 형용사로 손톱에 매니큐어를 한다고 말한다. 영어의 'manicure(매너큐어)'는 손톱 미용액을 손톱에 칠하거나 그 영업 형태를 말한다.

본래 라틴말의 'manus(hand)'와 프랑스어의 '-icure(발톱 미용)' 뜻을 합성한 말인데, 손과 발, 그리고 손톱, 발톱 등을 가꾸는 일을 말한다. 따라서 '매니큐어'는 손톱 미용을 위해 바르는 행위가 아니라, 손발과 손톱, 발톱 모두를 가꾸기 한다는 넓은 의미로 쓰인다. 또 잔디나 울타리를 깎거나 자르는 일도 '매니큐어'라 한다.

이 말을 유독 여성들의 손톱에 바르는 화장품이나 그 기술로 표현한 것은 일본식 영어 'マニキュア(마니큐아)'에서 따온 잘못에서 비롯된 말이다.

여성이 손톱이나 발톱을 예쁘게 보이기 위해 색이든 광택제를 미국에서는 '네일 팔리쉬(nail polish)'라 하고, 영국에서는 '네일 바니쉬

(nail varnish)'라 한다. 그리고 이를 바르는 일은 "…wears nail polish"라 표현한다. 그리고 손톱을 다듬고 광택을 내는 일을 하는 직업인을 '매니큐리스트(manicurist)'라고도 한다.

따라서 "손톱에 매니큐어를 바른다"고 말하는 것은 잘못된 표현이고, "손톱에 빛(광)을 낸다"든지 "손톱에 광택 치장을 한다"는 표현이 바르다. 또 매니큐어인 경우에는 "손톱에 매니큐어 한다"는 말은 가능하지만, "매니큐어를 바른다"는 말은 틀린 말이 된다.

한편, 발톱에 에나멜을 바르거나 광택이나 색채를 드리우는 일은 '페디큐어(pedicure)'라 구분한다.

매스 게임
* **매스 짐내스틱**

대운동장에서 특정한 집단이 체조, 또는 율동을 보여 주는 일을 흔히 '매스 게임(mass game)'이라 한다.

영어에서 'mass'가 집단이나 대량이란 뜻을 가졌고, 이 다수의 사람이 집단을 이룬 것에 대한 적절한 표현이다. 그러나 여기에 'game'을 붙이면 그 의미가 달리 나오게 된다. 영어의 '게임'은 경기, 또는 시합을 뜻하기 때문이다.

집단이 체조나 율동을 보여 주는 일이지, 이들이 또 다른 집단들과 더불어 경합하는 일이 아니기 때문에 '매스 게임'이 될 수 없다는 말이다.

이런 경우는 영어로 '매스 짐내스틱(mass gymnastic)'이라 해야 옳다. 또 '매스 짐내스틱 디스플레이'라 해도 좋고, 단순히 부드러운 체조를 주로 하는 것이라면 '매스 캐러스세닉스(mass calisthenics)'라 한다.

매직 미러
* **원 웨이 글래스**

특수 유리 가운데서 밝은 쪽에서 보면 단순한 거울처럼 보이지만, 어두운 쪽에서 보면 투명한 유리처럼 보이도록 만든 유리벽을 흔히 '매직 미러(magic mirror)'라 표현한다. 그러나 이것은 영어에는 없는 일본에서 영어 단어를 결합시켜 만든 이른바 일본식 영어 표현이다. 요술 유리라는 자체가 걸맞지 않는다.

수사기관 등에서 범죄 용의자에 대한 혐의를 알아내기 위해서 특수하게 꾸민 조사실 등에서 흔히 쓰인다.

영어로는 '원 웨이 글래스(one-way glass),' 또는 '원 웨이 미러'라 부른다.

매직 펜
* **마커, 마킹 펜**

유성의 잉크를 넣어 플라스틱제 심으로 쓰는 일종의 필기도구를 '매직 펜(magic pen)'이라 한다. 플라스틱이나 비닐(바이늘), 또는 철제 등에도 첨가되기 때문에 신비한 펜이라는 표현으로 일본 사람들이 '매직 펜'이라 지어 만든 일본식 영어다.

영어로는 '마커(marker),' '마킹 펜(marking pen)'이라 하고, 보다 섬세하게 표시되는 것은 '펠트 팁 펜(felt-tip pen),' '펠트 팁 마커(felt-tip marker)'라 한다. 이 경우 '펠트 팁'은 '펠팁'처럼 소리내는 점에 유의하자.

매트
* **매트리스**

"옥돌 매트는 옛날 임금이나 쓸 정도로 귀한 보석인데, 요즘 세상에서는 아무나 쓸 수 있는 장식품이 되었다. 더구나 침대로 까는 옥돌로 만든 매트는…" 이런 선전문구를 자주 대한다.

여기서 '침대에 까는 매트'라 했는데 이렇게 되면 발판으로 쓰기 위해 작게 만든 조각을 이어 만든 침대 매트리스가 되거나, 침대에 쓰이기 위해 카펫 조각을 쓰는 액세서리 정도로 쓸 수는 있다는 말이 된다. 그러나 이것은 비현실적이고 공상적인 표현이 된다.

즉, '매트(mat)'는 현관이나 방 입구에 놓아 먼지를 털거나 더러움을 방지하는 데 쓰이며, 목욕탕의 입구 등에 놓아 물기를 터는 용도로 쓰이는 작은 조각을 말한다. 또 체조경기나 태권도, 유도 등에서 바닥에 까는 호신용 두툼한 방석을 말하기도 한다.

그러나 침대용의 두터운 요는 '매트리스(mattress)'라 하고 이 말의 약어는 존재하지 않는다. 이를테면 매트리스를 mat나 matt로 잘라서 쓸 수 없다. 따라서 '옥돌 매트' 따위는 억지로 줄여 만든 와전된 용어임에 틀림없다.

한편 'Mat'를 'Matt'라 쓰면 남자 이름 가운데 '매슈(Matthew)'의 애칭이 된다.

맥도날드
* **맥다늘드, 먹다늘드**

미국의 세계적인 패스트푸드 체인 'McDonald's'를 우리는 '맥도날드'라고 표현하고 그렇게 부른다. 다분히 로마자 읽기로 쉽게 불러보는 것인데, 이런 표현은 본래의 발음이라기보다는 일본식 표기 'マクトナルド(마쿠도나루도)'에 더 가까운 표현이다.

미국에서는 '맥다늘드,' '먹다늘드,' 또는 어미의 'd'를 약하게 하거나 생략해서 '먹다늘' 등으로 발음한다.

'먹다늘드'는 미국 일리노이 주에 본사를 둔 McDonald's Corp. 계열의 햄버거 체인점과 그 브랜드를 말한다.

1948년에 캘리포니아 주 로스 앤젤러스 동북쪽에 위치한 쌘 버나디노에서 모리스 먹다늘드와 리처드 먹다늘드 형제가 운영하던 드라이브 인 레스토랑에서 비롯되었다. 당시는 특매품으로 햄버거뿐만 아니라 프라이드 포테이토(튀김 감자)와 멀티믹서라는 기계를 이용해서 밀크 쉐이크를 대량으로 판매하면서 대단한 인기를 끌었다.

1954년에는 'Multimixer'의 세일즈맨 레이 A. 크록(Ray A. Kroc)이 '먹다늘드' 형제의 '먹다늘드' 식당을 방문하고 간소화와 능률화에서 두드러진 패스트푸드(Fast Food)의 판매 방식에 감동하여 미국 전국에 체인점을 개설하기로 협의하고 총매상의 0.5%를 지불하는 조건으로 프랜차이스권을 따냈다.

그리고 일리노이 주 데스 프레인스 시(인구 5만 8,720명)에 제1호점을 열었다. 크록이 1961년에 먹다늘드 형제에게 270만 달러를 주고 일체의 권리를 얻어냈을 때 점포는 50개였다.

1967년에는 미국 외의 국가에도 진출하여 2001년 현재 121개 국가에 모두 2만 9천여 개의 체인 스토어를 갖고 세계 최대의 패스트푸드 레스터런트 체인으로 성장했다.

한국에도 1988년 서울의 압구정동에 제1호를 개설한 이래 불고기버거, 김치버거까지 개발하면서 300호 체인점을 돌파하기도 했다.

맥아더
* 매카더, 머카더

Douglas MacArthur(1880-1964)는 세계 제2차 대전과 한국전쟁의 영웅으로 20세기의 대표적 명장 가운데 한 사람이다.

군 최고의 영예인 5성 장군(원수)에 올랐고, 한국전쟁의 와중에서 공산군을 축출하기 위해서는 만주를 폭격하겠다는 주장을 하다가 당시 트루먼 대통령에 의해 직위 해제된 뒤 예편했다. 그리고 그를 앞세워 대통령으로 추대하려 했지만 그는 끝까지 노병으로 족하다며 여생을 마친 위대한 인물이다.

2002년 4월, MBC-TV에서 제작한 기획물 "이제는 말할 수 있다" 시리즈의 "천황을 살려라"란 부제가 붙은 프로그램이 방영된 적이 있다. 이 프로그램의 주역은 히로히토 일본 천황이지만, 전후 일본에 점령군 총사령관으로 있던 Douglas MacArthur 장군에게 초점이 맞춰져 있었다.

특집으로 엮은 프로그램 도중에 산 증인들의 인터뷰가 여러 차례 동원되어 실제 상황의 설명과 그들을 박대한 정부의 편협한 처사 등이 잘 부각되었다. 그런데 출연한 '증인'들은 MacArthur 장군의 이름을 '매카더'라 발음을 했고, 일본의 사학자 등 일본측 지식인들은 '막카사'라 발음을 했다.

그런데 "천황을 살려라" 편의 너레이터는 시종일관 '매가더' 장군으로 부르고 있었다. 우리는 MacArthur 란 이름을 '맥아더'로 표기하고 자음접변으로 '매가더'라 소리낸다.

MacArthure의 제대로의 발음은 '매카더,' 또는 '머카더'로 발음된다. 즉 로마자로 표기된 '맥-,' '-아더'가 아니라 '머-,' '-카더'로 소리내기 때문이다. 따라서 그의 풀네임을 제대로 발음하면 '더글러스 머카더'가 된다.

'Douglas'는 미국에서는 229번째로 많은 이름인데 본디 스코틀랜드에서 생겨난 이름이다. 게일어(Gaelic)로 'dubh'와 'glais'를 합성한 말인데 어둡거나 검거나 흐른다는 뜻을 지녔다. Douglas는 Donald(다놀드 *도날드로 발음하지 않음), Douglass, 생략형으로 Dougla, Doug로도 쓴다.

'McArther'는 McArthur, McArthy에서 파생한 이름인데 미국에서는 2,534번째로 많은 이름이다. 이 '머카더'는 본디 아일랜드의 McArthy, 또는 McArthur, 스코틀랜드에서 McArthy가 변형이 되어 McCarthy, McArthur로 된 것인데 이 이름의 조상은 'Arthur'이다.

맥나마라(국방장관)
* 맥크너매러

1961년부터 68년까지 미국의 국방장관을 7년 동안이나 지낸 라벗 스트레인지 맥너매러(Robert Strange McNamara)를 우리는 '맥나마라'라고 쓰고 '맹나마라'로 불러왔다.

남의 이름을 우리식으로 마구 다르게 불러대고 신문에서도 그렇게들 써 왔으니 본인에 대하여 이 얼마나 결례를 범했던 셈인가. 1916년 생인 맥크너매러는 1968년부터 81년까지 세계은행의 은행장을 지내기도 했다.

맨션
* 어파트먼트, 칸더미니엄

한국에서는 일반 아파트나 빌라 등 공동 주택의 이름에 '맨션'을 많이 쓰고 있다. 한국처럼 '맨션'을 남용하거나 잘못 쓰는 나라도 흔치 않을 것이다. 물론 일본에서 쓰는 잘못된 영어를 그대로 흉내낸 데서 비롯된 오용이기는 하다.

영어의 '맨션(mansion)'은 독립된 가옥에 방이 적어도 20개가 넘는 대저택을 말한다.

미국에서 apartment라 하면 하나의 빌딩에서 1개의 유니트를 1가구가 임대해서 사는 주거 공간의 단위를 말한다. 그 건물은 apartments라는 복수형을 취하게 된다.

한편, condominium은 어파트먼트 하우스나 오피스 빌딩, 또는 다용도 복합건물 등을 소유하는 경우로 구분된다. 그러니까 한국처럼 아파트가 분양이 전제되는 경우는 그 건물은 'apartments(복수)'가 되고 한 주거 단위는 칸더미니엄이 되는 셈이다. 이것이 임대되는 하나씩의 주거 단위 유니트는 'apartment(단수)'로 불리게 된다.

그러니까 '맨션'과 '어파트먼트,' 그리고 '칸더미니엄'이 완전 다른 형태인데도 한국에서는 이 세 가지를 구분하지 않고, 아무렇게나 마음에 드는 명칭을 골라 쓰는 경향이 있다.

맨 투 맨
* **원 온 원**

사람을 1대 1로 대할 때, 이를 흔히 '맨 투 맨(man to man)'이란 표현을 쓴다. 특히 구기 종목의 경기에서 방어하는 쪽의 플레이어(선수)가 공격을 하고 있는 상대쪽의 특정한 한 플레이어에 대하여 마크하는 수비체제를 일컫는 말로 '맨 투 맨(man to man)'이란 표현을 쓰고 있다. 또, 선수 한 사람에 코치 한 사람이 붙어 지도하는 방법도 '맨 투 맨'이라 한다. 그러나 여기에서 쓰이고 있는 의미의 '맨 투 맨'은 일본에서 만든 일본식 영어이고 영어에서 그런 의미로 쓰이지 않는다.

영어에서 'man to man'이라고 하면 '솔직한'이란 뜻이 된다. 영어로 상대방 팀의 한 선수를 상대로 1대 1로 플레이가 되면 이때는 '원 온 원(one on one)'으로 구분해서 사용한다.

사람이 누구와 개인적으로 1대 1로 상대하는 일도 '맨 투 맨'이 아니라 '원 온 원'으로 표현해야 옳다.

한 가정교사가 한 학생만을 상대로 지도하는 개인 교수도 '원 온 원'이다. '원 온 원'은 더러 '원 투 원(one-to-one)'으로도 쓰인다.

메달
* **메들**

납작하고 원형이거나 십자형, 또는 별 모양의 쇠붙이를 장식하여 도금한 것에 띠를 달아 공훈이나 특별히 기념이 되거나 축하해 줄 사람의 목에 걸어 주는 기념물을 흔히 '메달'이라고 부른다. 특히 올림픽 경기 때 종목마다 금(gold)과 은(silver), 그리고 동(bronze)으로 제작된 메달을 상패 대신 주는 일들은 대표적인 메달 수여 방식이다.

그런데 일반적으로 통용하고 있는 '메달'이란 말은 '메들(medal),' 또는 '메덜'이라고 발음해야 옳다.

한편 탁상용이나 큰 원형 기념 메들은 '머댈리언(medalion)'이라고 표현한다.

메리야스

* **언더 셔트, 니트 패브릭**

한국인들이 내의로 가장 많이 사용하는 의류는 아마도 '메리야쓰'일 것이다. 메리야스 공장이니 메리야스 소·도매시장, 메리야스 집(가게)까지 아주 다양하게 쓰인다.

섬유 가운데서 면으로 만든 실과 모사를 사용해서 기계로 섬세하게 짠 신축성 있는 의류의 일종을 흔히 '메리야쓰'라고 한다.

민중서관이 펴낸 국어사전에서는 '스페인어로 'medias'이고 포르투갈어 'meias'에서 왔다면서 면사나 모사로 신축성 있고 촘촘하게 짠 직물(내의, 장갑, 양말 등을 만듦)'이라고 풀이했다. 동아 국어사전에서도 '무명실이나 털실 따위로 촘촘하고 신축성 있게 짠 직물, 또는 그렇게 짠 의류'라 정의했다.

스페인어로 'media'는 반 시간, 평균이라는 여성 명사로 쓰이고, 이걸 복수로 해서 'medias'라고 하면 여성용 스타킹을 뜻한다.

일본에서는 이른바 '무로마치지다이(室町時代, 1388-1575)' 때 스페인어 'medias'를 들여다 한자로 '莫大小,' '目利安,' 또는 'メリヤス(메리야쑤)'로 표기하면서 양말의 뜻으로 사용했고, 일본의 전통 연극의 하나인 '카부키(歌舞伎)'에서는 자유자재로 연기를 하면서 노래도 곁들이는 일종으로 '메리야수'란 표현도 있다.

또 포르투갈어로 'meia'는 양말, 삭스, 스타킹, 반액입장권, (1더즌의 절반인데서) 6을 가리키는 말로 쓰이고 있다.

일본의 이와나미 출판이 펴낸 일본어 사전인 廣辭苑(제5판)에서는 '면사, 모사 등을 루프 모양으로 코(뜨개질의)를 모아 신축성 있게 짠 편물'이라 했다. 그러다 하나의 실로 짜는 신축성 있는 내의를 뜻하는 말로 바뀌어 사용하였다고 설명하고 있다.

하여튼 네덜란드어 'medias(메디아스)' 나 포르투갈어 'meia(메이아)' 가 일본에서 들여다 쓰는 과정에서 '메리야스' 로 와전되어 사용된 것만은 사실이다. 그리고 한국에서는 이 말을 그대로 본받아 쓰고 있는 관용어가 되어 버렸다.

메리야쓰라고 하면 면직물로 된 것만을 생각하기 쉬운데 모직물도 여기에 포함된다. 영어로는 옷감인 경우는 '니트(knit),' 또는 '니트 패브릭(knit fabric)' 이라 하지만 제품인 경우에는 '닛스(knits),' '니트 굿스(knit goods),' 또는 '니트웨어(knitwear)' 등으로 쓴다. 그러나 우리처럼 내의 윗도리만 말할 경우는 '언더서트(under shirt)' 로 많이 표현한다.

메리트
* 애드밴티지

일상 생활 가운데서 유리한 점이 있거나 이점이나 장점 등을 말할 때 '메리트' 가 있다는 표현들을 곧잘 한다. 그러나 영어에서는 'merit' 는 잘 쓰이지 않고, 이런 경우에는 보통 '애드밴티지(advantage)' 라 한다. 한편 이와 반대되는 뜻으로 단점이나 결점을 일컬어 '데메리트 (demerit, 정확한 발음은 디머럿)' 란 표현도 쓰지만, 이 또한 '디스애드밴티지(disadvantage)' 로 표현해야 한다.

메스
* 스캘펄

병원에서 의사가 수술이나 해부를 할 때 쓰는 칼을 '메스' 라 부른다. 그러나 이 말이 어디서 나온 것인지를 아는 이는 그리 많지 않다.
'메스' 는 네덜란드어의 'mes(메스)' 에서 온 것인데, 작은 칼, 칼끝, 의술용 칼 등을 뜻한다. '메스' 는 독일에서도 의술용어로 받아들이기도 했다.
한편 1798년에는 일본에서 이 표현을 들여다 쓴 말이 일반화되었고, 우리 의학계에서도 그대로 본받아 사용하고 있다.
'메스' 의 영어 표현은 '나이프(knife)' 와 같다. 특히 의학 용어로는 외과용 칼을 '메스' 라 하지 않고 '스캘펄(scalpel)' 이라 구분하여 사용한다.

메릴랜드 (주) * **메럴런드**	미국의 50개 주 가운데 8번째로 1788년에 주로 승격한 'Maryland'는 42번째로 넓고, 인구는 19번째에 해당하는 '자유의 주(Free State),' 또는 '노병의 주(Old Line State)'란 별명을 갖고 있다. 우리가 흔히 '메릴랜드,' 또는 '메어리랜드'로 표현하지만, 현지 발음은 '메럴런드'다. 영국 식민지 시절, 영국의 촬스 1세가 이곳을 'Terra Mariae'라는 라틴어로 이름을 지었는데 '마리아의 땅'이란 뜻이었다. 왕비 알리에타 마리아의 이름을 붙였던 것이다. 이 라틴말을 영어로 바꾼 표현이 바로 'Mary's land'였고, 이를 합성해서 Maryland가 된 것이다.
메이 데이 * **메이-데이, 메이데이**	'메이-데이'는 비행기나 배에서 승무원이 결정적인 위험을 감지하고 구난을 요청할 때 레디오 텔러폰(무선전화)을 통해서 보내는 국제적인 구난 신호다. S.O.S.와 같은 성격의 조난 구조요청 신호다. 한편 5월 1일에 행하는 '메이 데이(May Day, 머리글자를 대문자로)'는 영국의 좌익정당의 축제날이고 노동절로 널리 알려져 있기도 한데, 사실은 미국의 노동자들이 먼저 이 날을 기념하는 행사를 벌이기 시작했다. 또 사람들이 봄맞이 축제를 벌이는 날이기도 하다. 여기서 쓰는 비상 구조 신호인 '메이-데이(may-day)'는 '메이'와 '데이'를 따로 떼어 쓰는 것이 아니고, 소문자로 쓰는 단일 단어(one word)로 사용하는 것이 특징이다. 비상사태를 알리는 '메이-데이'의 유래는 프랑스어 'm' aiderz(메데)'를 영어에서 소리나는 대로 옮겨 may-day로 받아쓴 것이고 그 뜻은 영어의 'Help me!'에 해당한다. 결코 영어의 May Day가 아닌 점에 유의해 두자.
메이커 * **네임 브랜드**	한국인들이 유명한 상표를 좋아하고, 세계 일류의 상품을 선호하는 싹쓸이 샤퍼(shopper)로 소문난 적이 있었다. 꼭 같은 품질과 디자인인데도 유명 디자이너나 제품회사의 이름이 붙은 상표나 로고가 있

다는 이유만으로 제값보다 훨씬 비싸게 사는 풍조가 만연했었다. 물건값이 싸면 구매를 기피하는 그릇된 샤핑 풍조도 있었다. 이 때문에 나라 안팎에서 경제적인 낭패를 당하기도 한 큰 원인이 제공되기도 했다.

여기서 유명 상표를 흔히 '메이커'라고 하거나 '메이커 제품'이라는 말을 일반적으로 쓰고 있다. '메이커(maker)'란 말은 제작자, 또는 제조업자를 가리키고, 특수한 물품을 만드는 직종에 종사하는 사람을 일컫기도 한다. 정관사를 붙이면 창조주, 즉 하느님(the Maker, the Creator)이 되고, 약속어음, 또는 수표(체크)를 발행한 사람을 일컫기도 한다. 옛 영어에서는 시인을 메이커라 하기도 했다.

하여튼 우리가 쓰고 있는 유명 상표를 '메이커'라 하는 것은 일본 사람들이 그렇게 편의상 불렀던 잘못된 표현이다.

올바른 표현은 '네임 브랜드,' 또는 '네임 브랜드 굿스(name-brand goods)'라 해야 한다. 유명 제조회사는 '리딩 매너팩처러(leading manufacturer),' 또는 '이스태브리쉬트 매너팩처러(established-)'라고 한다.

메츠
* **멧스**

미국 야구 메이저 리그의 내셔널 리그에 속하는 뉴욕의 '멧스(Mets)'를 한국의 미디어들은 '메츠'로 표기하고 스포츠 캐스터들도 '메츠'로 발음한다.

한국에서 영어 교육과정이나 미디어들 가운데서 영어 단어의 최종 중복자음이 '-ds'가 되면 '-즈'로, '-ts'가 되면 '츠'로 표현하고 발음하는 잘못된 습관이 빚은 어설픈 표현이다. 발음 기호에서나 쓰이는 소리값을 일반 단어(word)에다 적용한 아이러니의 결과여서 하루빨리 수정되어야 할 과제라는 생각이 든다.

'멧스'는 1962년에 창설되었는데 홈은 뉴욕 주 뉴욕 시티이고, 프랜차이스 스테이디엄은 '쉬어 스테이디엄(Shea Stadium)'이다.

1998년 5월에 내셔널 리그 로스 앤젤러스 다저스(Dodgers)에 속해 있던 캐처 '마이크 피앗싸(Mike Piazza * '피아자'라 하지 않음)'가 플로리더 '머린스'로 옮겼다가, 1주일만에 다시 뉴욕 '멧스'로 옮긴 연속 트레이드는 야구계 최대 화제가 되기도 했다.

멕끼
*** 플레이팅**

쇠붙이나 단단한 물체에 얇은 금속 막을 입히는 것을 도금(鍍金)이라 한다. 금이나 은, 니클, 크롬, 또는 주석, 그리고 플래스틱 같은 화학제품이나 나무에도 입힌다. 주로 광택이 있게 하여 미려하게 보이는 장식을 목적으로 하면서 부패 방지를 위해서 쓰이는 것이 보통이다.

그런데 우리는 이를 두고 '멕끼'라는 표현을 일상적으로 쓴다. 기성 세대나 젊은이들까지도 모두 멕끼를 한 물건이 어떤 형태인지 안다.

'멕끼'는 한자 '鍍金'을 일본에서 읽는 음독(音讀)이다. 'めっき'라 표기하고 예외적으로 'ときん(토킨)'이라 읽기도 한다.

이 말은 고대 불상에 금으로 어맬검(amalgam=수은과 다른 금속과의 합금)을 도금하는 것을 일컫는 말에서 왔다고 했다.

영어로는 '플레이팅(plating)'이 일반적인 표현이다. 또 단순한 장식용 도금인 경우에는 '길딩(gilding)'이란 표현도 쓰면서 전기 도금은 '일렉트릭 길딩'이라 부른다.

한편 '코팅(coating)'이란 말은 칠, 도료, 또는 과자나 특수 요리 등의 겉에 식용 색채를 입히는 따위 등을 말할 때 쓰인다.

멘스
*** 멘시즈, 멘스트루에이션**

여성이 성년이 되어 폐경기에 이르기 전까지의 일상생활 중 한 달에 한 번씩 있는 생리 현상을 흔히 '멘스'라 한다.

멘스는 독일어의 '멘스트루아치온(menstruation)'에서 앞 음절만을 떼어낸 일본식 표현인데 우리가 그 말을 그대로 흉내내어 쓰고 있는 것이다.

단순히 '멘즈(men's)'라고 말하면 백화점의 남성복 판매소나 남자 옷, 또는 남자 화장실을 뜻하는 말이 된다.

영어에서 여성의 생리는 'menses(멘시즈)'로 반드시 복수형을 취해야 한다. 또 '멘스트루에이션(menstruation),' 주기적이란 뜻에서 '페리어드(period)'라 하기도 한다.

'멘스'의 속된 말 가운데는 '블러드 메어리(Bloody Mary),' 홍수라는 뜻의 '플러스(floods)'('플라즈'라 하지 않음), '리틀 시스터,' '만스리스(monthlies),' '만슬리 싸이클(monthly cycle),' '만슬리 플라워,' '만슬리 텀스(monthly terms)' 등으로 표현하기도 한다.

한편 폐경기나 갱년기는 '메너포즈(menopause)'라 표현다.

멘트
* 어나운스먼트

우리 방송계에서 '멘트'라는 말이 유난히 남용되고 있다. 방송 진행자가 하는 말 자체도 '멘트'고, 간단히 삽입하는 '스팟(spot)'도 '멘트'라 한다.

그런데 Webster's Media & Communications 사전에도 'ment'라는 용어는 허용되지 않고 있을 뿐만 아니라 그런 말을 사용하지도 않는다. 그러면 이 '멘트'라는 말은 어디서 왔을까.

그렇다고 그 흔한 일본식 영어 표현에서 본뜬 것도 아니다. 그러니까 한국 방송계에서 누군가 쓰기 시작한 한국방송에서만 통하는 말이 되었다.

'멘트'는 영어의 동작 과정, 또는 행동의 결과나 산물, 수단, 행위를 하는 장소 등의 동사의 꼬리에 '-ment'로 붙어 명사를 만드는 접미사이다. 이 '-ment' 자체를 억지로 명사화한 것은 매우 우스꽝스러운 표현이 아닐 수 없다. 그나마 그 접미어의 발음도 '멘트'라 하지 않고 '먼트'로 소리낸다.

동사 꼬리에 붙어 명사가 되는 주요 어휘들 가운데는 A로 시작하는 용어만 해도 포기나 자유분방을 뜻하는 abandonment, 음식에 붙어 나오는 반찬을 뜻하는 accompaniment, 성취 완성의 accomplishment, 상품 선전의 advertisement, 협정이나 계약의 agreement, 정렬한다는 alignment, 개선한다는 뜻의 amendment, 기쁨이나 즐거움의 amusement, 공고나 고지라는 뜻의 announcement, 공동주택의 단일

순수한 우리말 찾기 품앗이

주거 단위인 apartment, 약속이나 예약, 면회의 appointment, 배열과 정돈의 arrangement, 임무나 할당된 일을 일컫는 assignment, 연락, 또는 부착한다는 attachment 등 헤아릴 수 없이 많다.

한국 방송계에서 남용하고 있는 '아나운서 멘트,' '오프닝 멘트,' '클로징 멘트' '중간 멘트,' '첫 멘트,' '끝 멘트,' '인사 멘트,' '예고 멘트' 따위는 모두 쓰지 말아야 하는 도깨비 같은 미어(謎語)이다.

'멘트'는 본디의 말대로 '어나운스먼트'로 표현해야만 한다. 이 말의 끝 부분을 잘라 쓰는 일은 아주 잘못된 관행이 아닐 수 없다.

한편 '어나운스먼트'의 동사 형태로 "어나운스를 하다," "어나운스에 쓰일 원고" 따위는 차라리 보편성이 있다.

한국 방송계에서 쓰고 있는 '멘트'는 단순히 '토크(talk)'라 해도 된다. '토크'를 미어에서는 '타크'에 가깝게 소리낸다. '토크 쑈(talk show)'도 '탁 쑈우'처럼 들린다.

만하탄, 맨하탄
× **맨해튼**

미국 뉴욕시의 '브롱스(Bronx),' '크윈스(Queens),' '브루클린(Brooklyn),' '스테이튼 아일랜드(Staten Island)'와 함께 5대 버로우(borough=행정 특별 지구) 가운데 가장 중심을 이루는 Manhattan을 흔히 '만하탄,' '맨하탄' 등으로 표기해 왔다.

그러나 누가 말했던 것처럼 뉴욕에 가서 지나가는 사람에게 "여기서 만하탄을 어떻게 가느냐"고 물으면, 알아듣는 사람이 아마 거의 없을 것이다. 그도 그럴 것이 그곳 사람들은 '맨해튼,' 또는 약음으로 '맨해른,' '면해른'으로 발음하며 사용하기 때문이다.

특히 'Bronx'는 '브롱크스'가 아니고 '브롱스'로, 'Queens'는 '퀸스'가 아닌 '크윈스'로 발음하는 점에 유의해 두면 좋다.

'맨해튼'은 본래 '알골키언' 인디언 족이 살았는데 덧치(네덜란드 사람)들이 맨 처음 이 섬에 들어와 단돈 24달러 상당의 싸구려 귀금속 장신구를 주고, 이 섬을 산 것은 유명하면서도 터무니없는 흥정이었다는 우스꽝스런 이야기로 남아 있다.

처음에 덧치들이 이 섬에 이주해와 살면서 인디언의 기습에 대비하여 섬의 남쪽에 대형 판자 장벽(wall)을 만든 것이 인연이 되어 이곳의 지명 가운데 세계적인 금융중심가가 된 '월 스트릿'이 생겨난 것이다.

| 메르세데스
| ※ **머세이디스** | 독일의 명차 '벤츠'의 정식 명칭인 'Mercedes-Benz'를 우리는 줄여서 그냥 'Benz'로 쓰고 '벤츠'로 부른다. 그러나 미국이나 유럽인들은 오히려 'Mercedes'만을 부르는 일이 더 많다.
그런데 이 'Mercedes'를 우리는 '메르세데스'니 '멜세데스' 등으로 발음하지만, 영어권에서는 '머세이디스'로 발음하는 점에 유의해 두면 좋다.
'Mercedes'는 독일의 세계적인 최고급 자동차 메이커로 명성을 갖고 있는 '다임러-벤쓰 AG'가 생산하는 승용차의 명칭이다.
1899년에 오스트리아의 사업가이자 외교관인 에밀 옐리넥이 다임러 차를 구입해서 카 레이스에 출전할 때, 그의 10살 난 딸의 세례명인 Herr Mercedes(Mr Mercedes)를 이 차의 별명으로 삼아 프랑스의 '투르 드 니스'에 참가해서 우승을 차지했다. 이것이 인연이 되어 다임러사는 'Mercedes'를 차 이름으로 채용하게 되었고 1902년에 상표 등록을 했다. 옐리넥은 미국과 프랑스, 오스트리아, 벨기, 헝거리에서 독점 판매권을 획득했다.
1926년에는 다임러와 벤츠사가 합병하였고, 1927년부터는 종전에 다임러사의 '머세이디스' 모델과, 벤츠사의 '벤쓰' 모델로 2종을 생산하던 것을 통합하여 차 이름을 'Mercedez-Benz'로 바꾸었다.
한편 머세이디스를 만드는 다임러-벤츠사는 1998년 11월에 미국의 3대 자동차 메이커 가운데 하나인 '크라이슬러'를 흡수하여 '다임러-크라이슬러'가 되었다.

모나리자
※ **모너 리써** | "모나리자의 미소"는 이탤리의 화가 레오날도 다 빈치(Leonardo da Vinci; 1452-1519)가 1503년에 그린 불후의 명화로 알려져 있다.

다 빈치는 화가이면서 조각가, 건축가, 물리학자, 해부학과 토목공에 군사기사로도 일을 한 만능 재능인으로도 높이 평가를 받고 있다. 현대 병기의 총아격인 헬리캅터도 바로 그가 원리를 고안한 것으로 알려져 있다.

'모나리자'는 레오날도 다 빈치가 프란체스코 델 죠콘다의 부인 리싸(엘리싸벳의 애칭)를 모델로 했다. 세상에서는 이 그림의 모델이 품고 있는 미소를 두고 신비적인 여성으로 지칭하기도 한다.

모나리자를 본 고장인 이탤리에서는 'Monna Lisa'라 표기하고 '몬나리싸'로 발음한다. 이탈리어의 'monna'는 'madonna'의 생략형인데 여성명사로 부인, 기혼 부인에 대한 존칭으로 쓰인다.

한편 'Mona Lisa'를 '모나리자'로 표기하는 것은 일본에서 'モナ.リザ'로 표기한 것을 그대로 받아들인 것으로 보인다.

이를 영어권에서는 'Mona Lisa'라 변형하여 쓰고 그 발음은 '모너 리써,' 또는 '모너 리싸'로 소리낸다.

전시대에 걸쳐 부드러운 목소리로 사랑을 받고 있는 냇 킹 콜이 '모너 리싸'란 발음으로 불러 1950년에 8주간 1위로 히트한 영화 "Captain Carey U.S.A."의 주제가 "Mona Lisa"는 영화 속에 나오는 선술집 여주인의 이름이고 그의 미소가 명화 '모너 리싸'를 닮았다고 노래했다.

모니터
* 테스트 써베이어

한국의 레디오나 텔러비젼에서 방송 내용이나 진행과 구성 등에 대하여 참고적 의견이나 비평과 제언을 해주는 일을 하는 사원이나 외부 청탁인을 흔히 '방송 모니터'라고 부른다. 그런데 영어에서는 이런 뜻으로 쓰는 '모니터(monitor)'는 없다. 일본에서 그렇게 오용하여 쓰고 있는 일본식 영어 표현이다.

'모니터'란 방송의 진행 상태나 종료 상황 등을 세밀하게 감시하고 체크하는 일을 말한다. 또 경비경찰이나 경비담당 사원이 건물 안팎의 갑작스러운 사고 사태를 미리 감지하기 위해 폐쇄회로 TV를 통해 요소 요소를 감시하는 것을 말하기도 한다. 즉 '모니터'의 본래의 뜻은 '감시 장치,' 또는 '계속적 감시' 라는 의미가 강하다.

방송 내용이나 상품의 품질 등에 대하여 비판하고 참고 의견을 제시하며 새로운 방향에 대한 제언을 하는 협조자를 가리킬 때는 '모니터' 라 하지 않고, '테스트 써베이어(test surveyor),' '테스트 유저(test user),' 또는 '컨쑤머 리셉션 테스터(consumer reception tester)' 라는 말을 쓴다.

레디오의 경우는 '테스트 리스너(test listener),' TV에서는 '테스트 뷰어(test viewer)' 등으로 표현한다.

모닝 서비스
* **브렉퍼스트 스페셜**

다방이나 카페에서 '모닝 서비스(morning service)' 라는 메뉴를 제공한다는 안내나 말을 자주 듣는다.

다방이나 카페 주인이 오전 중에 찾아주는 손님에 대하여 아침식사를 하거나 간단한 식사나 차를 마실 때 특별히 준비한 메뉴에 따라 값싸게 제공할 때 '모닝 서비스' 라는 표현을 곧잘 쓰고 있다.

그러나 '모오닝 써비스' 라 하면 오전의 특별 식사 주문이 아니라 교회의 '오전 예배'를 말하는 엉뚱한 표현이 되어 버린다. 교회에서 예배를 '써비스'로 표현하기 때문이다. 일요 예배는 '썬데이 써비스,' 수요일밤 예배는 '웬스데이 나잇 써비스' 등으로 표현한다.

따라서 다방이나 카페에서 오전 중에 특별 요리나 식사를 내는 일은 '브렉퍼스트 스페셜(breakfast special)' 이라 한다.

모닝 콜
* **웨이크 업 콜**

여행지에서 호텔이나 모텔, 또는 랏지(lodge) 등에서 잠을 곤히 자고 일어나야 하는 시각을 정하여 숙박업소 측에 전화로 깨워 달라고 부탁을 할 때, 이를 '모닝 콜(morning call)' 이라는 표현이 우리에게는 매우 익숙한 표현이 되었다

'모닝 콜' 은 한국과 일본에서만 주로 쓰이는 일본식 영어 표현이고, 정작 미국이나 유럽에서는 그런 말을 쓰지 않는다.

잠에서 일어나는 것이 꼭 아침에 한하지 않고, 하루 가운데서 어느 시간이던 필요에 따라 잠을 자고 특정한 시각에 일어날 수 있다. 더구나 여행지에서는 일상처럼 아침에 일어나는 것만이 아니다.

그렇기 때문에 단순히 '잠에서 깨워 주는 전화'라는 뜻의 '웨이크 업 콜(wake-up call)'이라 한다.

모르모트
* **기니 픽, 마르모뜨**

의학계에서 시술용 투약을 '모르모트'라는 말이 일반적으로 쓰이고 있다. 이 말은 일본에서 'モルモット(모루못토)'란 표현을 그대로 받아들여 쓴 일본식 표현이다.

일본에서는 실험용 텐직네즈미의 총칭이라 풀이하고 있다. 이 말은 페루에서 유럽으로 이 말이 전해졌을 때, 다른 종류의 마르모트와 혼동한 데서 비롯된 와전 표현을 일본에서 그렇게 쓴 것이다. 프랑스어로 '마르모뜨(marmotte)'라 쓰면서 높은 고산지대에 자생하는 다람쥐과의 동물의 모피를 이야기하는데, 여성이 머리의 스카프 양쪽에 거는 부인용 수건이나 여행용 가방을 빗대어 말하기도 한다. 그리고 외교관의 견본 케이스를 말하기도 한다.

영어로는 실험재료, 실험대라는 뜻을 가진 '기니 픽(guinea pig)'이라 한다. 또 다른 사람을 실험대에 올려놓는다는 비유에 '기니어 픽'이란 말을 쓴다.

모짜르트 (작곡가)
* **모쌀트**

고전파의 전형을 이룬 독일의 작곡가 Wolfgang Amadeus Mozart의 이름을 우리는 '모찰트,' 또는 '모짜르트'로 표기하고 발음한다. 하이든, 베토벤과 더불어 고전파 3대 작곡가로 일컫는 모짜르트는 천재 소년이었지만 35세로 요절했다.

그는 1756년 오스트리아 중부의 쌀쓰부르크(Salzburg)에서 태어났다. 오스트리아는 스위스, 리히텐슈타인과 더불어 독일 연방공화국(Bundesrepublik Deutschland)과 함께 독일어를 공용어로 쓰고 있다. 독일어 알파벳 가운데 z(tsɛt)는 우리처럼 '젯'이 아니라 '쎗'에 더 가까운 소리를 낸다. 그러니까 독일어에서 'z'는 우리 표현으로 '츠'가 아니고 '쓰'에 더 가까운 소리를 낸다. 따라서 Mozart는 '모찰트'가 아니고 '모오쌀트[mōːtsart]'로 소리내는 것이 옳다.

독일어 발음기호에서 [ts]는 '츠'가 아니고 '쓰'에 더 가깝고, [tʃ]가 '츠' 소리를 내는 것과 혼동하는 일이 많다.

모터 풀
*파킹, 파킹 랏

동두천이나 파주 등에 산재한 주한 미군부대 가운데서 'motor pool' 이란 표시를 단 간판을 본 일이 있을 것이다. 그런데 이 말을 우리식의 '주차장'으로 해석하거나 그렇게 부르는 경우가 있다.

본래 '모터 풀'이란 군부대나 관청에서 쓰는 공용차를 일시 사용할 수 있도록 배차하고 관리하는 일종의 배차 센터를 말한다. 또 미군의 군사용어로 각종 군용차량과 그 수리용 부품 등을 모아둔 부대를 말한다. 그러나 영어에서 '모터 풀'이 주차장이라는 뜻은 없다.

일반 주차장을 말 할 때 영어로는 '파킹 랏(parking lot),' 또는 그냥 '파아크(park),' 또는 '파아킹(parking)'이라 줄여 쓰기도 한다.

몬타나 (주)
*만태너

한국 관광객들이 선호하고 손꼽는 비경으로 '옐로우스톤 국립공원'이 빠지지 않는다. 미국의 '만태너' 주에 있다. 그런데 '만태너'라고 하면 무슨 말인지 잘 이해를 못한다. 그 동안 '몬타나'로 읽고 써 왔기 때문이다.

미국의 북서부에 위치한 'Montana'는 1889년에 41번째로 주로 승격한 미국의 50개 주 가운데서 4번째로 큰 면적을 갖고 있지만, 인구는 44번째에 해당한다.

산이 많다는 뜻으로 라틴어의 '몬타나(montana)'에서 유래했다는 설과, 스페인어로 여성 형용사인 역시 산이 많다는 뜻의 'montana'에서 유래했다는 설이 있지만, 이 두 가지 설이 공통적으로 산을 뜻하는 데에서 알 수 있듯이 온통 산으로 이루어진 주이기도 하다.

'옐로우스톤 국립공원'과 '빙하 국립공원'은 세계적으로 유명한 관광지이고 주 내에는 금과 은, 석유, 구리와 아연 등 광물자원이 풍부해서 '보물의 주(The Treasure State)'란 별명을 갖고 있다. 또 롹키산맥과 대초원지대를 배경으로 광대한 하늘과 드넓은 평원을 갖고 있다 해서 'The Big Sky State'라고도 하는데 자동차의 라이선스 플레이트에도 이 표현을 표기하고 있다.

이 주의 이름을 로마자 읽듯이 읽으면 '몬타나'가 되지만, 미국의 네이티브 스피커는 이를 '만태너'로 부르는 점에 유의해야 이해가 된다.

무디한 분위기
* 무드 어브 랭그러스 릴랙세이션

로맨틱한 분위기를 일컬어 '무디한 분위기'라 표현하는 말을 자주 듣는다. 그러나 이 말은 전혀 그런 뜻을 갖고 있지 않은 일본식 영어에서 만들어진 잘못된 말이다.

영어에서 '무디(moody)'는 서정적이고 로맨틱하고 그럴듯한 상황을 뜻하는 것이 아니고, 그 정반대의 '언짢은 기분의, 변덕스러운, 시무룩한, 침울한, 우울한' 등의 부정적인 뜻으로 쓰이는 말이다.

본래 '무드(mood)'는 일시적인 기분이나 감정, 또는 분위기를 뜻하는 말을 풀어보더라도 '무디한 분위기'가 결코 '무드 있고 근사하고 멋있는 로맨틱한 분위기'는 될 수가 없다.

영어로 '무디한 분위기'라는 표현을 굳이 할 수 있다면 '애트마스피어 어브 랭그러스 릴랙세이션 (atmosphere of languourous relaxation),' 또는 '무드 어브 랭그러스 릴랙세이션'이라 해야 한다.

무스탕
* 머스탱

포드 자동차가 만들어 내는 승용차 'Mustang'은 젊은이들 사이에서 인기가 있는 차종이다. 우리는 이 차를 '무스탕'이라 불러 왔다. 그러나 '머스탱'이 제대로 된 표현이다.

'머스탱'은 1964년 4월에 마들 이어(model-year) 1965를 뉴욕 월드 페어에서 선보이고 첫 해에 68만 989대가 팔려나간 경이적 판매고를 올린 대히트 마들이었다.

본디 머스탱은 미국 텍사스 주와 멕시코 등지에 서식하는 비교적 작은 반야생마를 뜻한다. 또 해군에서 쓰이는 슬랭으로는 해군 수병으로부터 장교가 된 군인을 말한다.

'머스탱' 은 제2차 대전과 한국전에서 용맹을 떨친 미국 육군 항공대 소속 전투기 P-51기의 별명이기도 하다.

무크, 무크지
* 매거진 북

잡지처럼 편집한 서적류를 '무크(mook),' '무크 지' 라는 표현이 한국에서 1970년대 초부터 등장하기 시작했다. 잡지와 일반 서적과의 구분이 잘 안되지만, 잡지 형태로 간략한 서술과 컬러 사진을 많이 곁들여 독자들의 흥미를 얻게 꾸미는 일종의 특집이다.

이것은 잡지라는 영어의 'magazine' 의 머리글자 'm' 자를, 책이라는 'book' 의 머리 글자 'b' 에 대체 합성하여 'mook' 로 조합한 조어다.

'무크' 란 표현의 조어는 일본의 출판업계가 1960년 후반부터 만들어 내기 시작한 것을 한국의 일부 일간 신문사들의 출판부서나 일반 출판사들 사이에서 유행처럼 발간하여 80년대에는 한때 '무크' 지의 붐을 이루기도 했다.

일본에서는 'mook' 라는 조어 대신에 '부커진(bookazine)' 이란 표현을 쓰기도 한다.

영어에서도 일시 '무크' 란 표현이 등장했지만 정착하지 못했고, 그냥 '매거진 북(magazine book)' 이라는 표현으로 쓰여지고 있다.

문민
* 씨빌리언

1990년대 중반에 한국에서 '문민(文民)' 이란 표현이 결코 생소하지 않을 만큼 관용화되다시피 했다. 그렇다고 '문민' 이란 한자어 술어가 일상적으로 쓰여지고 있던 것도 아니고, 우리 국어사전에 있는 말도 아니다. 그것은 바로 제 6공화국으로 일컬어지는 '김영삼 대통령 정부' 가 '문민정부' 라는 슬로건으로 쓴 표현이다.

그런데 이 '문민' 이란 말은 일본 사전에서 쉽게 찾아볼 수 있다. 즉, '文民(문민)' 이란 일본국 헌법 제 66조에 있는 말이다. '직업군인이 아닌 국민' 이라고 주석을 달면서 이 헌법 조항은 '內閣總理大臣(수상)은 문민이 아니면 안된다' 는 규정을 하고 있다는 설명이 달려 있다. 또 문민통제는 군인 이외의 문민이 국방에 관계하는 최고지휘권을 갖는 것이라면서 군인이 정치 개입을 방지하기 위한 원칙이고 문민 우위라고 토를 달고 있다.

일본어에서 'ぶんみん(분민=文民)' 은 군인이 아닌 자, 직업군인의 경력을 갖지 않은 자를 뜻하는 일반인, 민간인을 말한다.

결국 '문민' 이란 말은 일본 헌법에서 표현된 용어임에도 불구하고, 엄연한 주권국가인 대한민국의 한 정권의 상징어로 빌어쓴 것이라는 걸 알면 뒷맛이 쓰다. 하기야 '유신' 이란 표현도 일본의 '명치(메이시)' 시대의 표상이 아니었던가.

문민을 굳이 영어로 표현한다면 '씨빌리언(civilian)' 이라 하는데 그 발음은 '써벌리언' 처럼 들린다

뮤직 비디오
* **비디오 클립**

비디오 테이프에 담은 음악 프로그램이나 음악 연주회 실황 등을 수록한 것을 '뮤직 비디오' 라 한다. 일반적으로 클래시컬 뮤직을 주제로 다룬 음악 비디오 테이프를 주로 '뮤직 비디오' 라 부른다.

그러나 파퓰러 음악이나 일반 대중음악에 있어서 1곡 단위 또는 많은 컷을 편집하여 만들어 진 음악 비디오는 '뮤직 비디오' 라 하지 않고, '비디오 클립(video clip)' 이라 구분하여 사용하고 있다.

미니 슈퍼
* **제너럴 스토어, 컨비니언스 스토어**

수퍼마켓(super-market)보다는 그 규모가 작고 구멍가게보다는 좀 큰 규모의 잡화 상점을 흔히 '미니 슈퍼' 로 간판을 단 곳이 더러 있다. '수퍼(마킷)' 자체가 '미니' 가 될 수 없듯이, '미니' 규모에 '수퍼' 라는 표현을 붙일 수가 없기 때문에 '미니' 와 '수퍼' 를 같이 쓴다는 것은 모순이다.

사실 '미니-슈퍼' 란 표현은 우리가 만들어 쓴 말이 아니고 일본에서 그렇게 만들어 사용하고 있는 일본식 영어 표현을 본받아 흉내내고 있는 잘못된 영어이다.

따라서 영어에 mini-super란 말도 없거니와 있다 해도 그 발음은 '미니 수퍼'로 발음되어야 한다.

그런데 일본에서 '미니-수-빠(ミニスーパー)'는 영어의 '컨비니언스 스토어'를 두고 그렇게 다른 이름으로 부른 것이다. 일본에서는 이 이름마저 로마자 읽기식으로 '콘비니엔스 스토아'라 표현하면서 대규모 소매업이 제공하지 않는 일상 생활에 편리한 자잘한 일용품으로 고객에게 편리를 제공한다는 의미에서 붙여진 이름이다.

한국에도 진출한 '세븐 일레븐(7/11)'이 그 대표적인 컨비니언스 스토어이고 마을마다 산재한 구멍가게도 일종의 컨비니언스 스토어에 해당한다.

한편 컨비니언스 스토어보다는 약간 규모가 크고, 술 종류 가운데서 기타 재제주 이상의 위스키나 코냑 등 독주(하드 리커)도 취급하는 상점을 '리커 스토어(liquor store)'라 부른다. 리커는 일반적으로 앨코홀 음료를 뜻하지만 미국에서는 증류주와 독주를 구분하여 사용한다. 또 지역에 따라서는 '리커 스토어'를 '제너럴 스토어(general store)'로 부르기도 한다.

미사일
* **미썰**

'미사일'은 최근 군사용 병기 가운데 대표적인 무기이다. 북한은 대포동 미사일 개발로 세상을 떠들썩하게 하기도 했다. '미사일(missile)'을 유도탄(誘導彈)이라 풀어쓰기도 한다. 그런데 영어의 'missile'을 '미사일'이라 하고 한자로 유도탄이라 한 것 모두가 일본식 표현이거나 일본식 술어에서 기인된 것들이다.

미사일은 젯(jet) 엔진과 롸켓(rocket)의 추진력으로 유도장치에 의해 공격 목표물에 날려보내 폭파하는 무기를 말한다. 'missile'은 라틴어의 'mitto,' 또는 'missum'이라는 '던지다, 쏘다, 찔러 떨어뜨리다' 등의 말에서 비롯되었다고도 보고 있는데, '나는 도구의, 탄환의'라는 명사와 형용사로 쓰이는 말을 인용한 것이다.

'미사일'을 독일에서는 '미싸일,' 또는 '미썰'로 발음하고, 프랑스어로는 '미쎌르(missile),' 스패니쉬에서 '미쎌(misil),' 이탤리어로는 '미쎌레(missile),' 라틴어로는 '텔룸(telum),' 그리스어로는 '빌리마,' 러시아어로는 '라끼에따' 등으로 각기 표현한다.

이를 영국 영어에서는 '미싸일' 이라 발음하지만, 어메리컨 잉글리쉬에서는 '미쎌' 로 발음하는 데 유의할 필요가 있다.

미드타운
* **밋타운**

뉴욕 맨해튼의 쎈트럴 파크의 남쪽 끝인 59번로(street)에서 34번로 사이의 동서사이의 지역을 밋타운(Midtown)이라고 한다.

지형적으로는 '로어 맨해튼' 이나 '리틀 이털리' 나 '촤이너 타운' 이 있는 '로어 이스트 싸이드,' 그리고 '소호' 지역이 아랫마을에 해당되지만, 중간 토막에 해당되는 'midtown' 이 '밋타운' 처럼 발음되는 위트도 있다.

'mid' 는 우리식 표기로 '미드' 라 쓰지만 미국 사람이나 영어권 사람들은 '밋' 이라 발음한다. 이를테면 '미드 나이트' 는 '밋 나잇,' '미드 사이즈' 는 '밋사이즈,' '미드 섬머' 는 '밋써머,' '미드웨이' 는 '밋웨이' 등으로 발음이 된다.

미들필드
* **미드필드**

싸커(축구)에서 양쪽 진영의 중간에 설정한 원을 '쎈터 써클(center circle)' 이라 하고 양쪽 터치라인을 잇는 중앙선을 '미드필드 라인(midfield line),' 또는 '하프웨이 라인(halfway line)' 이라고도 부른다.
그리고 이 미드필드 라인을 중심으로 하는 중앙 지역을 중심으로 뛰는 선수들을 미드필더스(midfielders)라 한다.

쎈터 써클을 중심으로 한 명, 상대방쪽 미드필드에 좌-중-우 등 4명의 미드필더가 포진하고, 미드필드에서 상대진영 골 에리어 양쪽 코앞에 2명의 포워드(forwards), 즉 공격수가, 그리고 미드필드 뒤쪽 자기 진영의 골 에리어 앞쪽에 4명의 방어진, 즉 디펜더스(defenders)가 배치되는 것이 보통이다.

그런데 싸커 중계를 하는 캐스터나 해설자 대부분이 미드필드를 '미들필드(middlefield)'로, 미드필더스를 '미들필다'로 표현하는 이들이 많다.

영어에서 midfield는 싸커 등에서 필드(경기장)의 중앙을 뜻하고, 미드필드를 중심으로 플레이하는 선수를 미드필더라 표현한다.

그러나 미들(middle)이라 하면 한가운데의, 중앙의, 중류의 중간 위치의 등을 뜻하는 형용사가 된다. 또 명사로는 중앙, 중부, 중간, 중도 등의 뜻이 되어 여러 개 가운데서 한 중간이나 중앙의 위치라는 뜻이 되어 버린다.

그러니까 싸커에서는 하나의 필드에서 그 중앙을 말할 때는 '미들'이 아니라 반드시 '미드'로 한하여 쓰는 것이 보통이다.

미들은 여러 요건 가운데 한 중간을 뜻하는 의미가 강하고, 미드는 특정 사항이나 지역의 중앙 위치를 가리키는 특성을 갖고 있다.

미들웨이가 아니고 '미드웨이'이고, 한낮 정오를 뜻하는 '미드데이'도 미들데이라 하지 않는 것처럼, 한여름도 '미들 섬머'가 아니고 '미드 써머(mid-summer)로 표현한다.

또 고급 문화와 대중문화 사이의 중류 문화나 중류사회 문화를 일컬을 때도 미들컬쳐가 아니고 '미드컬트(midcult)'라 한다.

미숀 스쿨
* 크리스천 스쿨

기독교 재단에서 운영하는 사립학교를 '미숀 스쿨(mission school)'이라 한다. 본래 기독교 재단이 포교를 위해 세운 교육기관에서 비롯된 말이다. 한국에서는 이화학당(이화여자대학교 전신)이나 연희전문(연세대학교의 전신) 등이 대표적인 미션 스쿨이다.

그러나 엄밀하게 보면 '미션 스쿨'이란 기독교뿐만이 아니고, 모든 종교 재단이 제 각기 포교나 선교를 위해 세운 학교를, 포괄적으로 '미션 스쿨,' 또는 '미셔네리 스쿨(missionary school)'이라 할 수 있다.

그렇기 때문에 기독교 계통에서 세웠거나 운영하는 포교 목적의 학교는 '크리스천 스쿨'이라 해야 옳다.

| 미스
| **미스테익**

'미스' 라 쓰고 우리는 이를 실수나 과실, 또는 실패라는 말로 알고 쓰고 있다. 로마자로 'miss' 라 쓰고 그렇게 배웠고 알고 쓰는 일반적인 표현이다. 그런데 이것은 영어를 배운 것이 아니라, 일본식 영어를 잘못 흉내낸, 그야말로 '미스' 라고 할 수 있다.

일본에서 'ミス(미쑤)' 라 쓰고 '시소코우코토', 즉 '그르치다, 잘못하다, 실패하다, 실수하다' 등의 뜻을 지닌 타동사로 삼고 있는 표현이다.

그러나 정작 영어에서는 실수나 실책 등을 의미하는 말에서 'miss' 라는 스펠링이 들어가는 말은 없다.

이것은 일본에서 'mis-' 라는 접두어를 'miss-' 로 오인을 하거나 혼용을 한 잘못에서 기인했다.

즉, 영어에서 접두어 'mis-' 는 동사나 형용사, 또는 명사에 붙어서 '틀리다,' '나쁘다,' '불리하다,' '부족하다' 는 등의 뜻을 머금은 용어이다.

따라서 어떤 경우도 실수나 실패를 의미하는 말을 영어에서 'miss' 라는 말은 절대 있을 수 없는 것이다.

그럼에도 불구하고 우리는 지금껏 "그건 그대의 미스야!"라고 말해 왔으니 얼마나 우스꽝스러운 얼치기 영어를 아는 척 써 왔던가, 얼굴이 빨개질 일이다. 이 모두가 일본 언어 형태를 좋아하고 그것을 마치 교과서처럼 베끼거나 답습하다 생긴 비극이다.

영어로 실수나 실패는 '미스테익(mistake)' 이라 하고 절대로 이 말을 토막내어 표현하면 말이 되지 않는다. 여기서 어미 'k' 사운드는 닫히기 때문에 '미스테이크' 라 하지 않는 점을 유념해 두자.

단순히 실수하다는 'make a mistake,' 말을 실수하다는 'make a slip of the tongue' 로 쓴다.

한편 '미쓰(miss)' 는 '목표나 목적했던 것을 놓치다, 빗맞히다, 잡지 못하다, 이루지 못하다, 의무나 약속을 다 하지 못하다, 피하다, 만나지 못하다, 알지 못하다, 빠뜨리다' 등의 뜻을 지닌다. "I miss you so."라고 하면 "그대가 몹시 보고 싶다"는 뜻으로 많이 쏜다.

또 미혼이나 미인을 대표하는 호칭으로 이름이나 타이틀 앞에 붙이는 존칭으로 쓰는 일은 모두 잘 아는 바와 같다.

미싱
* 쏘윙 머쉰

재봉틀을 우리는 오랫동안 '미싱'이라 부르고 있고, 지금도 그렇게 쓰고 있다.

현재 우리가 쓰고 있는 재봉틀은 1834년에 미국의 발명가 월터 헌트(Walter Hunt)에 의해 발명되었고, 1845년에 일리어스 하위(Elias Howe)에 의해 개량되었다. 그리고 1851년에는 아이색 M. 싱거(Issac M. Singer)에 의해 최근의 형태가 완성되었다.

아이색 싱거는 Singer Co.를 만들어 미국 최대의 가정용 재봉틀 메이커로 성장했고, 전세계적으로 3천 2백 개나 되는 직영 소매점을 갖고 있기도 했다.

1940~50년대에 한국 가정에서는 '씽가 매표 발틀 미싱'을 필수 재산 목록으로 여긴 적도 있었다. 지금도 '싱거'의 매표는 알아주는 명품 재봉틀이다.

일본에서는 이른바 'えどじだい(江戶時代=에도)'에 재봉틀을 들여오면서 '머쉰'을 '미싱구'라 표현한 것이 우리에게도 '미싱'으로 잔재된 원인이 되었다.

미주
* 어메리커 칸터넨틀

미국(美國)을 미주(美州)라고 표현하는 이들이 많다. 본래 '미주'는 한자로 '美洲'라 쓰고, 어메리커 대륙, 그것도 북어메리커와 남어메리커 등을 통틀어 일컫는 말이다. 그런데 '미주'를 한자로 '美州'라 쓰는 것은 일본 사람들이 미국을 별칭으로 일컫는 한자 약어로 '美州'라 쓰다가 제2차대전 이후부터는 '米州'라 고쳐 썼고, 그 뒤를 이어 중국인들도 '美州'라 쓰는 것을 그대로 본받은 것이다.

미국을 표기할 때, 중국은 아름다울 미(美)로 써서 '美國(메이구오),' 일본은 쌀미(米)자를 써서 '米國(발음은 베이고꾸)'으로 표기하고 있다. 우리가 흔히 '미국'과 미주지역(美洲)을 혼동하여 사용하는 사례도 있음은 유감스러운 일이다. '미국 각지'를 '미주 각지'로, 미국의 전국을 '미주 전국' 따위로 표현하는 것은 큰 잘못이다.

미조리 (주)
* **미주리, 미수리**

미국 중부에 위치한 'Missouri' 주는 미국의 50개 주 가운데서 1821년에 21번째로 승격되었다. 미국의 주 가운데서 18번째로 넓고 인구는 15위에 해당하는데 별명은 '쑈 미 스테이트(Show-Me State)'라 한다. 또 'Mother of the West'라고도 한다.

이 주의 이름을 우리는 흔히 '미조리'로 표기하고 발음하는 경우가 많은데, 현지 발음은 '미쥬리'에 가깝다. 그러나 '-쥬-'는 혀끝을 입천장에 붙이지 않은 채, 목청에서 부터 이 사이에서 울리는 탁음인 'z' 소리를 내기 때문에 'ㅈ'보다는 오히려 'ㅅ'에 가까운 소리임을 유의할 필요가 있다. 그러니까 우리 한글대로의 '미주리'가 아니라 차라리 '미수리'가 원발음에 가깝다는 말이다.

'미주리'는 알공킹 인디언의 말로 '커다란 카누의 마을,' 또는 '카누로 들어가는 강'이란 뜻에서 비롯되었다고 하는데 '미주리' 인디언 부족의 이름을 땄다는 설도 있다.

1673년에 프랑스 사람들이 이곳을 탐험하면서 미주리 부족을 만났고, 그곳을 흐르는 강의 이름도 그렇게 부르기 시작했는데 뒤에 지역의 이름이 준주(territory)로 되었다가, 다시 주(state)의 이름으로까지 발전했다.

주 정부는 인구 39만6천365명인 제퍼슨 시티(Jefferson City)이고, 주 최대도시는 인구 348만6천369명의 '세인트 루이스,' 그리고 캔저스 주의 캔저스 시티와 쌍둥이 도시인 캔저스 시티(44만1천545명)가 있다.

미팅
* **블라인드 데이트**

우리는 서로 모르는 사이끼리 만나는 첫 대면이나 선을 볼 때, 또는 서로 모르는 남녀가 처음 만나는 데이트 등의 뜻으로 '미팅'이라는 말을 사용하고 있다. 모르는 남녀간에 만나는 일을 '미팅'이라 하는 말은 한국에서 보편화된 가슴 두근거리는 달콤한 말이 되었다.

'미팅'은 영어의 '미이팅(meeting)'을 뜻하는 말인 듯한데, 회합이나 집회, 또는 특수한 모임 등을 말할 때 쓰이는 명사다.

한국의 외래어 표기법은 외래어의 장음을 도외시한 결과 많은 젊은이들로 하여금 말씨의 경박함을 불러온 타성으로 작용한 지도 오래다. 이 '미이팅'도 장음을 인정하지 않은 결과 한글로 '미팅'이라 적지만 그 소리냄은 대부분의 젊은이들이 '밋팅'으로 발음해 버리고 만다.

'압팟트(apartment),' '컵피(coffee),' '톡킹(talking)' 처럼 모두 장음이 단음으로 매도해 버린 결과로 빚은 비극적인 표현들을 만들고 말았다. 정부의 한자 정책이 젊은이들로 하여금 한맹(漢盲)의 결과를 낳았고, 외래어 표기의 장음 말소는 경박한 언어 습관을 유도하는 결과를 낳고 말았다.

하여튼 한국에서 '미이팅'이 아닌 '밋팅'은 한번도 만난 적이 없는 남녀가 처음 만나는 일을 두고 하는 말로 쓰여지고 있다.

그래서 더러 '미팅'에서 '미-'자를 떼고 '-팅'자만을 응용하여 남모르는 사람들을 소개한다는 뜻을 실어 '소개팅'이니, 전화로 처음 대면한다 해서 '폰팅'이니 하는 이상한 말까지도 즐겁게(?) 쓰고 있다. 엄격하지 않더라도 영문에서 어미 접속사로 '-ting'이란 표현은 없는데도 이를 묘하게 붙여 나름대로 한국에서만 통하고 있다.

영어에서 '쏘시얼 어포인트먼트'나 전에 면식이 없던 남자와 여자가 만나 데이트를 하는 일을 '블라인드 데이트(blind date)'라고 말한다. 이런 경우는 대부분 제3자가 개입하여 모르는 남녀간이나 업무상의 상대를 소개'하는 것이 보통이다. 또 슬랭으로 '블라인드 드랙(blind drag)'이라 표현하기도 한다.

믹스
* **컬렉션**

음악이 담겨진 디스크(레커드나 CD 등) 가운데서 단일 아티스트의 연주나 노래가 아니고, 여러 사람이나 각기 다른 내용의 곡(트랙)을

순 수 한 우 리 말 찾 기 품 앗 이

수집하여 편집한 디스크를 흔히 '믹스한 CD,' 또는 '믹스 테이프' 등으로 표현하는 이들이 많다.

CD나 테이프를 믹스를 한 것이라면 여러 악기에 의한 소리를 혼합하여 한 데 어울려 새롭고 다른 감흥의 소리를 내게 만든 음악 재료라는 말이 되어 버린다. 이런 경우는 '컬렉션 CD,' 또는 '컬렉션 테이프'라 해야만 옳은 표현이 된다.

일반적으로 하나의 음반 자료에 여러 아티스트의 노래와 연주를 고루 섞어 편집한 CD나 카세트 테이프, 또는 DVD는 이를 '컬렉션(collection)'이라 한다. 또 어떤 이들은 '옴니버스'라는 표현도 쓰지만, 이 말도 해당이 되지 않는다. 옴니버스는 몇 아티스트들의 노래나 연주를 복합적으로 모아 놓은 형태라면 쓸 수는 있어도, 단일 아티스트의 노래나 연주를 모아 놓은 것에는 써서는 안 되는 말이다.

단일 아티스트의 노래와 연주인 경우에도 특수한 목적으로 트랙(곡목)을 가려 편집한 것이라면 이것도 '컬렉션'에 해당한다.

한편 '캄펄레이션'이란 표현도 있다. '편집, 긁어모은다'는 뜻의 명사이고, 컴퓨터 용어로 프로그램을 컴파일(compile)한다는 말이다.

타이틀이나 아티스트가 제각기 다른 트랙을 특정한 목적으로 컬렉션하는 것을 '캄펄레이션(compilation)이라고 한다. 이 때 '콤필레이션'이라 표현하지 않는 점에 유의하자.

믹서
* **블렌더**

일반 가정의 부엌에서 과일이나 야채 등을 잘라 넣고 고속회전으로 분쇄, 혼합하는 전기기구를 '믹서'라 한다. 그러나 '믹서(mixer)'는 혼합하는 기계를 말한다.

주로 부엌에서 한 가지, 또는 그 이상의 단단한 음식물을 섞거나 부수거나 혼합하는 요리에 쓰이는 전기기구를 일본에서 영어의 'mixer'를 'ミキサー(미키사)'로 표현한 것이다. 이것을 한국에서 그대로 본받아 쓰고 있는 것이다.

주방에서 음식물을 갈거나 찧거나 섞는 전기기구를 믹서라 부르기도 하지만 미국에서는 '블렌더(blender)' 라 하고, 영국에서는 '리쿠이다이저(liquidizer)' 라 부른다.

한편 영어에서 믹서(mixer)는 시멘트나 골재 등을 물이나 다른 화학 물질과 혼합하는 '혼합기,' 또는 '거품 만드는 기계' 를 일컫고 술을 칵테일로 낼 때 소다나 진저엘 등을 나누는 기기를 가리키는 말로 쓰인다.

영어에서 '믹스(mix)' 는 식용 재료나 음료 등을 혼합하여 조리를 하는 과정을 뜻하는 말로는 쓰인다. 케이크나 빵 등을 만들기 위해서 밀가루에 계란이나 물을 적당히 섞어 반죽하는 일도 '믹스' 에 해당된다.

어떤 물질을 혼합하는 사람을 말하거나 사교계나 어떤 모임에서 회합의 친목을 잘 엮어 나가는 사람이나 교제를 잘하는 사람을 일컫기도 한다.

또 레디오나 텔러비젼에서 여러 음향이나 영상을 혼합하여 배분하거나 음악 등을 녹음할 때 여러 악기의 소리와 음성, 또는 효과음 등을 한데 어울려 특정한 분위기나 소리로 혼합하는 일을 일컬을 때 '믹스' 라는 말로 쓰이고, 그 기술자를 '믹서' 라 부른다.

ㅂ

바겐 세일
* 쎄일

백화점이나 일반 상점에서 특별 할인판매를 할 때, 흔히 '바겐 세일' 이라고 한다. 그런데 이 두 마디를 붙여 말하면 겹말이 되어버려 우습게 된다.

'바겐 세일' 이란 표현은 일본에서 만들어 쓰고 있는 일본식 억지 영어이기 때문이다. '바겐' 이나 '쎄일' 이 모두 특별 할인 판매를 뜻하는 말이기 때문이다.

그러나 '바겐' 은 값이 싼 물건 또는 특별가격의 물건(특가품)이란 뜻이고, '쎄일' 은 특별히 싸게 판다는 뜻을 품고 있다. 물론 미국이나 영어를 쓰는 나라에서는 '바겐 세일' 이라 하지 않고, '바건(bargain),' 또는 그냥 '쎄일(sail)' 을 따로 쓰고 있다.

하와이의 호놀루루나 라스 베이거스의 샤핑가에 나서 보면 일년 내내 'sale' 표시가 붙어 있어서 모처럼 찾는 관광객들은 가던 날이 장날이라 착각하며 많은 구매를 자극받기도 한다.

개업기념 대매출은 '오프닝 쎄일,' 점포 이전을 위한 정리매출은 '무빙 세일,' 폐업 대매출은 '클리어런스 쎄일,' 또는 '클로싱 쎄일' 이라 하고, 특정 공휴일에는 '할러데이 세일,' 연말 특별매출은 '이어 엔드 쎄일' 등의 말을 붙인다.

또 '10% sale' 이란 표현도 자주 쓰고 있다. 그러나 이것은 '10% OFF' 로 표현해야 옳고, '최고 50% 세일' 따위의 표현도 '50%까지 할인,' 또는 'UP TO 50% OFF' 로 표기해야만 된다. 그러나 이런 표현도 '업

투 50 퍼센트까지 오프'라 하면 겁말이 되어 버리기 때문에 '업 투 50 퍼쎈트 옵'으로 족하다.

한편 'on sale'은 '매출중'이란 뜻이고, 'sold out'은 팔린 물품이거나 품절을 뜻한다. 그리고 'for sale'은 집이나 상점, 또는 토지 등을 팔려고 내놓은 물건을 말한다.

'쎄일'은 '쎄이얼,' 또는 '쎄이어' 정도로 우리 귀에 들리는 점에도 유의하자.

바다르체스카
*'소녀의 기도' 작곡가
＊ **봉다 셉스카**

피아노 명곡 "소녀의 기도(La Priere D'une Vierge)"는 누구나 즐기는 아름다운 선율이다. 이 곡은 1834년 폴란드 테클라 봉다 셉스카가 18살 때 간단한 변주곡 형식으로 작곡한 것이다. 이는 악보출판사가 부록으로 이 곡을 실은 뒤 좋은 반응을 얻었다. "소녀의 기도"라는 표제는 작곡자 자신이 붙인 것이 아니고, 출판사에서 임의로 만들어 붙인 것이었다.

봉다 셉스카는 34곡의 피아노 곡을 썼지만 세상에 널리 알려지기는 역시 "소녀의 기도"이고 그 응답곡이 더러 연주되기는 한다. 그러나 봉다 셉스카는 1861년 26살이란 아까운 청춘의 나이로 요절했다.

그런데 세상에서는 이 작곡가의 이름 표기에 대하여 분분하다.

대부분의 사람들은 '바다르체스카'라 알고 있다. 또 어떤 이는 '바다루제우스카'라는 엉뚱한 표현을 대는 경우도 있다. 클래시컬 뮤직을 전공한 대부분의 사람들 사이에서도 이 작곡가의 정확한 이름을 제대로 표현하는 경우가 드물다.

이는 대부분 일본에서 표기한 것을 쉽게 접촉하여 인용한 사람들의 얕은 지식에서 기인했을 것이다. 일본에서는 '바다루제후스카'라 했다가 최근에는 '바다제후스카,' 또는 '본다제후스카'라 표기하고 있다.

이 작곡가의 이름은 Tekla Bądarzewska라 쓰고 한글로 옮겨보면 '테클라 봉다 셉스카'가 된다.

폴란드의 발음에서 'ą'는 비음이고 우리식 표기의 '옹'에 해당한다. '-w-'는 'v'사운드이다. 그리고 'z'는 한글 표기의 'ㅈ'이나 'ㅅ,' 또는 'ㅊ'사운드가 아니고 오히려 'ㅆ'에 가깝다. 이 이름에서 'r'는 묵음이다. 따라서 이 작곡가의 이름은 '바다르체스카'나 '바다르제우스카'가 아니라 '봉다 셉스카'가 가장 가까운 발음이고 한글 표기가 되는 것이다.

바리깡

* 헤어 클리퍼스, 클리퍼스

머리칼을 다듬을 때 쓰는 금속성 기구를 '바리깡'이라고 부르는 이들이 많다. 그런데 '바리깡'이 흔히 일본말쯤으로 알고 기피하는 사람들도 있다. 그러나 이 표현은 프랑스에서 들여와 일본 사람들이 일상적으로 쓴 외래어 표현이다. '바리깡'은 프랑스의 '바리깡 에 마르(Barriquand et Marre)'라는 이용기구 제조회사의 이름인데 일본에서 메이지(明治) 16년이던 1883년에 프랑스 공사로 가 있던 長田銈太郎이 귀국하면서 들고와 '바리칸'이라 소개한 데서 유래했다 전해지고 있다. 그 이후 이 회사의 제품을 일본에서 수입하여 판매하던 수입상이 제품의 이름으로 그렇게 쓴 것이다.

'바리칸'은 이발기구 제조회사 이름의 첫 단어 '바리깡'을 'バリカン(바리칸)'으로 썼고 한국에서 이를 그대로 답습하여 '바리깡'이라 부른 것이다.

정작 프랑스에서 조발 기구는 '통뒤스(tondeuse)'라 한다. 영어로는 '헤어 클리퍼스(hair clippers),' 또는 '바버스 클리퍼스(barber's clippers),' 혹은 단순히 '클리퍼스'라 한다.

바바리 코트

* 버베리 코트, 트렌치 코트

우리가 많이 쓰고 있는 '바바리 코트'는 '버베리 코트(Burberry coat)'의 일본식 발음이고, 그 뜻은 방수제 특수 면직섬유로 만든 레인 코트라는 뜻이다. 영어로는 '버베리,' 또는 '바버리'로 발음한다. 버베리 코트는 1888년에 런던에 있는 '버베리스 리미티드' 사가 방수 목면 옷감인 '가버다인(gabardine)'의 특허를 얻고, 이 옷감으로 비옷

(레인 코트)을 만들어 판매에 성공하면서 사세가 급성장했다.

이 회사는 1856년에 토머스 버베리(1835-1926)가 영국의 햄프셔 주에 남성복 점포를 내면서 'Thomas Burberry & Sons'를 창업했다. 1891년에는 런던에 진출했고, 1912년에 헤이마켓에 있는 현 점포를 개설했다.

1918년부터 영국군 특수 복장을 납품했고, 각종 코트 감, 모자, 스카프, 우산, 핸드백 등 부인 용품에 이르기까지 다양한 제품을 '버베리' 상표로 생산했다. 이 회사 제품 가운데서 1919년 남극탐험에 성공한 놀웨이 사람 암센의 텐트와 방풍복 뿐만 아니라, 대서양을 처음으로 횡단 비행한 알콕크와 브라운의 비행복도 납품했다.

한편 군복 스타일의 허리 벨트가 곁들인 레인 코트를 '트렌치 코트(trench coat)'라 하는데 본디 참호 안에서 입는 방수용 외투란 말에서 유래했다. 이것을 빗대어 오늘날에는 오버코트와 레인코트를 혼합한 멋을 부린 외출용 외투를 '트렌치 코트'로 부른다.

트렌치 코트에는 보통 방한용 안감에 패스터를 달아 필요에 따라 떼어 쓸 수도 있게 했는데 이를 '롭 라이닝(robe lining)'이라 한다. 또 등에는 거친 바람을 막아 줄 수 있도록 '스톰 쉴드(storm shield)'를 달고, 어깨에는 '에포렛(epaulet),' 또는 '스트랩(strap)'을 붙이고, 허리에는 벨트를 걸도록 한 것이 트렌치 코트의 공통적인 패션 스타일이다.

바이엘
* **바이어, 바이얼**

'바이엘' 하면 의약품 메이커의 이름으로 꽤 널리 알려진 의약품 제조 회사의 이름이다. 한국에도 그 지사가 설립된 지 오래고, 해열 진통제 '아스피린'으로 더욱 유명하다. '바이엘 아스피린'이 그것이다.

'바이엘'은 독일 굴지의 종합 화학과 의약품 회사의 이름이다. 본디 1862년에 창업했지만, 1952년에 정식 설립되었고, 1972년부터 현재의 이름 'Bayer Corporation'으로 재편했다.

그런데 독일에서 생겨난 'Bayer'를 우리는 '바이엘'이라 표기하고 소리내지만, 정작 독일에서는 '바이어,' 또는 '바이얼'에 가깝게 소리낸다. 그리고 독일에서 '바이엘'이라 말하면 통하지가 않는다.

왜 '바이엘'이 되었을까? 그것은 일본에서 'バイエル(바이에루)'라 표기한 것을 바탕으로 도입된 표기 방식을 택했기 때문이다. 일본 문자나 표현에서 '어'나 '얼'의 소리를 내지 못하기 때문에 이런 경우 '어'를 '에'나 '아'로 대치하고, '얼'은 '에루'나 '아루' 등으로 밖에 표현하지 못한다. 그래서 '바이어,' 또는 '바이얼'이 일본에서 '바이에루'로 바뀐 것이다. 그야말로 말에서 '아' 다르고 '어' 다른 법이라는 엄격한 표현상의 구별에 커다란 격차를 보인 예가 되었다.

우리 표현도 독일어의 어미 '-er'를 덮어놓고 '에르'식으로 처리하고 표현하는 습관도 문제다. 현대 독일어에서는 [-ɐ]로 소리내는 것이 일반적이다. 우리식으로 표기로 옮겨보면 대개 '-어'로 하지만 혀가 입천장에 닿지 않고 내는 'r' 소리를 제대로 구현이 되지 않기 때문에 '-어,' 또는 '-얼' 쯤으로 얼버무려야 하는 약점도 있다.

바지선
(평평한 화물선)
* **바아즈**

2002년 5월 26일 CNN 뉴스는 긴급 임시 뉴스(Breaking News)로 "바아즈가 다리에 부딪혀 자동차 16대가 물 속에 빠졌다"는 소식을 연거푸 방송했다. "Barge hits bridge near Sallisaw, Oklahoma, at least 16 vehicles are fallen"이란 캡션을 냈다. 바아즈가 다리 교각에 부딪혀 강판의 한쪽이 내려앉을 정도로 큰배임을 알 수 있다.

바닥이 얇고 넓은 강이나 운하에 띄우는 바닥이 평평한 보트를 '바아즈(barge)'라 한다. 여기서 보트는 한국에서 인식하는 것처럼 조각배나 한 두 사람이 타고 노를 젓는 그런 작은 배가 아닌 큰배를 뜻한다.

이 바아즈에는 무거운 하물을 많이 싣거나, 중요한 행사가 있을 때 물 위에 띄우고 행사를 벌리기도 한다.

바아즈는 스스로의 동력으로 움직이는 것보다는 다른 배에 이끌려 끌려가는 것이 보통이다. 민중서림 국어사전에서는 '바지 선(船)'을 표제어로 달고 "운하, 하천, 항내(항구 안) 등에서 사용하는 밑바닥이 평평한 화물선"이라고 설명하고 있다. 그러나 동아 국어사전에서는 '바지'로 표제를 달고, "운하, 하천, 항만 같은 데서, 화물을 나르는 데 쓰이는 바닥이 편편한 짐배이고 유람선"이라 풀어 비교적 본래의 말뜻에 비슷하게 풀고 있다.

그런데 'barge'를 한국에서 '바지'로 표기하고 있는 것은 아마도 일본에서 'バージ(바-지)'로 표기한 것에서 본받은 듯하다. 일본 표기에서 '-즈'가 불가능하기 때문에 '-지'로 표기한 것을 그대로 본받은 듯하다.

'Barge'의 제 발음은 '바아즈,' 또는 '바아쥐'에 가깝게 소리낸다.

바캉스
* 베케이션, 그랑드 바캉스

여름 휴가를 흔히 '바캉스'라 부른다. 이 말은 본래 라틴어에서 '행하다'란 뜻의 '바카레(vacare)'에서 비롯되었는데 '휴가'나 '요양'을 뜻한다. '바캉스'란 표현은 프랑스 말의 'vacance'에서 따온 것이다. 'vacance'는 공석, 또는 결원을 뜻하면서 법원의 휴정이나 휴가를 뜻하는 말로 쓰인다.

여기에 크다는 '그랑드(grande)'를 붙여 'grandes vacances(그랑드 바캉스)'가 되면 학생들의 여름 방학이거나 일반인들의 여름 휴가를 뜻한다. 즉, 프랑스에서는 연속되는 휴가, 또는 이를 이용해서 휴양지나 요양지로 떠나는 휴가 여행을 뜻한다. 여름철에 3개월 정도의 긴 휴가를 갖기 때문에 붙여진 표현이다.

이 말을 일본 사람들이 도입해 쓰는 과정에서 '그랑'을 빼고 'バカンス(바칸수)'라고만 줄여 장기간의 휴가, 또는 바다나 산에 나가 장기간 즐기는 휴가라는 뜻으로 쓰고 있다. 한국에서 여름만 되면 주제가처럼 쓰는 말이 되어 버린 '바캉스'는 바로 일본에 쓰는 표현을 도입해서 각색한 것임을 알 수 있다.

여름 휴가를 미국에서는 '베케이션(vacation)'이라 하고, 영국은 '할러데이(holiday)'라 부른다. 크리프 리처드가 1963년에 출연한 영화

"Summer Holiday"는 여름 휴가라는 영국식 표현이다. 그런데 그냥 베케이션이라 하면 대학이나 법원 등에서의 정기 휴가, 또는 법정의 폐정 기간 등, 단기간의 휴가를 뜻하고, 여름 휴가인 경우에는 '써머 베케이션(the summer vacation)'이라 구분하여 사용한다. 미국이나 영어권 환경에서 여름 휴가를 '바캉스'라 표현하면 통할 리 없다.

한편 이탤리어로는 '바칸쎼(vacanze)'라 하고, 스페인어로는 '바카씨오네스(vacaciones),' 독일어로는 '페리언(ferien)'이라 달리 표현한다.

바케쓰
* **버킷**

물이나 모래 등을 담아 나를 수 있게 만든 용기를 '바케쓰'라고 부른다. 이것은 영어의 '버킷(bucket)'에 대한 일본식 발음 'バケツ(바케쓰)'에서 본뜬 표현이다.

일본 사람들은 '어'의 표현이 부자유스럽고, 그런 소리나 문자가 없기 때문에 '아'로 바꿔 표현한다. 또 단어의 끝에 오는 't'도 '트'가 아니고 '쓰'로 표기하고 발음하는 것이 일반적이다. 예를 들면 'shirt'도 '셔트'라고 해야 옳지만 그들은 '샤쓰'라고 한다.

한국인들의 영문 표기나 발음은 거의 커버할 수 있는 우수한 문자와 언어지만 몇 가지 제약점이 없는 것은 아니다. 여기서 '버킷'이라고 할 때, '버'는 '아'에 가깝게 소리를 내야 하지만 그런 표기가 우리에게는 없다.

'버킷' 대신, 들통이란 뜻의 '페일(페이얼처럼 발음)'이라고도 한다. 한편 승용차의 의자가 오목하게 설계된 것을 버킷 타입이라 하는데 이것도 일본식 발음으로 하면 '바케쓰 시트'가 된다.

바통걸
* **바턴 트월러**

행진 때 그룹으로 막대놀이를 하는 아가씨나 취주악대의 여자 지휘자를 '바통걸(baton girl)'이라 말하는 것은 '치어 걸(cheer girl)'처럼 일본식 영어 표현이다.

아마도 1m 내외의 막대를 들고 재주(?)를 부리기 때문에 막대 아가씨쯤으로 해석하고 비슷한 영어 단어를 나열했던 모양이다. 육상 경기에서 이어 달리는 계주에서 선수들이 주고받는 짧은 막대를 흔히 바통이라 한데서 연유한 듯도 하다.

영어에서는 이를 '바턴 트월러(baton twirler),' 또는 '드럼 메이저렛(drum majorette)' 이라 표현한다.

박사 코스
* **닥터 프로그램**

대학을 졸업한 뒤, 석사 과정을 공부하고 석사 학위를 취득하는 과정을 흔히 '석사 코스' 라 말하고, 박사 과정을 공부하고 박사 학위를 취득하는 과정을 '박사 코스' 라는 말을 예사로 쓴다.

그러나 영어에서 '석사 코스' 는 '매스터스 프로그램(master's program)' 이라 하고, '박사 코스' 는 '닥터스 프로그램(doctor's program)이라 한다.

미국에서는 한국과 달리 사설인가 대학에서 적절한 과정을 통한 '닥터스 프로그램' 을 운용하고 있어서 한국인들도 상당수가 어렵잖게 그런 박사 학위를 갖고 있는 경우가 많다. 그래서 정규 주립 대학교(유니버시티)나 정규 사립 대학교에서 취득한 학위와 구분하기도 한다.

박스킹
* **벅스킨**

무두질한 가죽으로 만든 재킷(저고리)이나 구두를 '박스킹' 이라 표현하는 이들이 많다. '박스킹' 은 영어의 '벅스킨(buckskin)' 에서 온 일본식 발음을 흉내낸 과정에서 '박스킹' 으로 받아들였다.

벅스킨은 질기면서도 부드러운 사슴이나 양의 가죽을 말한다. 미국 식민지 초기의 개척지의 사람들이 즐겨 입던 노란색의 가죽도 벅스킨이다. 미국의 독립전쟁 당시 미국 병사를 일컫는 별명으로도 쓰였다.

또 '벅스킨' 은 부드럽게 무두질한 숫사슴의 가죽을 말하고, 견고하게 짠 목면 옷감도 벅스킨이라 부른다. 흔히 말하는 '박스킹' 은 '섀미(chamois)' 가죽의 정반대되는 표현이기도 하다.

벅스킨이 사슴이나 양가죽의 표면을 손질하여 그대로 겉으로 삼는 것에 비해 '새미'는 거죽을 벗겨내어 안팎이 같게 무두질하여 부드럽게 가공한 것이다. 흔히 '쌔무' 가죽이라는 것이 그것이다.

반젤리스
* 반젤리스

"Rain And Tears"를 불러 우리에게 널리 알려진 그리크 그룹 '아프로티테스 차일드(Aphrodite's Child)'의 멤버 가운데서 'Vangelis'가 있다. 이 사람의 이름을 흔히 '반젤리스'라 부르는 것은 '반겔리스'의 잘못된 표현이다. 그리크(희랍어)에서 로마자 'g'로 변용된 '감마(r)'는 '그'와 '응' 소리를 내기 때문이다.

'반겔리스'는 1943년 3월 29일, 그리스의 발로스에서 에반겔로스 파파탄쇼우로 태어났다. 1960년대 파리에서 키보디스트와 작곡가로 활동했고, 1968년 초에 데미스 루소스를 만나 '아프로디테스 차일드'를 조직하였다가 70년대에는 솔로이스트로 성공했다.

특히 1981년에 낸 영화 "Chariots of Fire"의 주제음악은 아카데미상을 받았고, 그 타이틀곡은 1982년 초에 싱글로 팝 분야와 어덜트 컨템퍼레리 분야에서 각각 1위에 올랐던 명곡이다.

박테리아
* 백티리어

눈으로 보이지 않는 아주 미세한 균(세균)을 '박테리아'라 말한다. '박테리아'는 세균이라는 뜻의 '백티리엄(bacterium)'의 복수형이고 그리스어의 '작은 막대(little sticks)'를 뜻하는 'backt rion'에서 온 말이다.

영어에서는 1847~49년에 도입되어 'backt rion'의 복수형인 'bateria'를 그대로 받아들여 쓰고 있다. 이를 이탤리에서는 '박테리오(bacterio),' 독일어로는 '박테리어(bakterie),' 스페인어로는 '박테랴(bacteria),' 일본어로는 'バクテリア(바쿠테리아)'라 각기 표현한다. 한국에서 쓰는 '박테리아'는 라틴말을 그대로 표방했다기보다는 일본식 표기의 수정형이라고 보여진다. 영어로는 '백티리어'라 발음하고 그 단수형은 '백티리엄'이다.

밤의 열기 속에서	"밤의 열기 속에서"라는 영화가 상영된 적이 있었다. 1967년에 놀먼 쥬이슨이 감독한 "In The Heat of The Night"을 그렇게 옮긴 제명이다. 이 작품에는 시드니 프와티어와 로드 스타이거, 그리고 워런 옷스가 주연했다. 퀸시 존스가 음악을 맡으면서 주제가를 레이 찰스에게 부르게 해서 크게 히트하기도 했다.
*인 디 히럽 더 나잇 야간 수사작전	

이 작품은 제명 "In The Heat of The Night"은 직역하면 '밤의 열기 속으로' 쯤 되는지 모르지만 'in the heat of…' 라는 이디엄은 "…에 흥분해서, …에 열중해서," 또는 무슨 일에 한창 빠져 있는 상태를 말한다. '엄하다, 심하다, 지독하다' 는 의미도 내포하고 있는 적극적인 활동 상태를 말할 때 자주 쓰이는 말이다.

그러니까 이 영화 제명은 밤에 집중적으로 수사 임무를 실행하는 경찰의 활약상을 그린 "야간 수사 작전"쯤으로 해야만 제대로 옮기는 제명이 된다. 이 작품명을 '밤의 열기 속으로' 는 일본 영화계에서 붙인 의역이고 오역이었다. 그리고 한국에서는 이 오역을 그대로 수입하여 아직도 그렇게 쓰고 있는 미디어나 사람들이 있다.

밧데리	전기 용어에서 셀(cell) 방식에 의한 축전지를 '배터리(battery)' 라 한다. 이를 '밧데리' 라 발음하는 것은 일본식 발음 방식과 모음 사이의 2중 't' 를 의도적으로 소리를 내려는 과정에서 생겨난 잘못이다.
*배터리	

이런 경우 겹자음은 오히려 약해져서 네이티브 스피커들은 '배터리' 를 약음으로 '배러리' 에 가까운 정도로 발음한다.

모처럼 미국에 여행간 한국인들이 가게에 들러 '밧데리' 를 찾으면 종업원들은 무슨 말인지 못 알아듣고, 그들이 "오! 배러리" 하면 여행자들이 못 알아듣는다.

발표	음악 프로그램 방송을 하거나 음악 관련 기사를 작성하는 사람들 가운데 많은 이들이 '발표' 란 표현을 남용한다. 일본의 간행물이나 방송 등 미디어들이 잘 쓰는 표현을 그대로 본받은 잘못된 표현이다.
*릴리즈	

일본의 간행물들이 표현하는 '發表(핫뾰우)' 는 여러 사람들에 알린다는 뜻에서 사건이나 작품, 기능 등을 세상에 널리 알리는 일을 말한다.

음악에서인 경우 "비틀즈가 1965년에 'Yesterday' 를 발표했다." 고 하면, 1965년에 작곡된 것인지, 리코딩(취입)된 것인지, 레코드로 만들어져 발매된 시점인지, 아니면 특정한 무대나 대중매체를 통해 선을 보인 것인지가 도무지 구분이 안 되는 막연한 표현이 된다.

'발표' 란 말은 정확한 행위의 구체적인 내용이 얼버무려져 있는 무책임한 표현이 되고 있는 것이다.

우리 표현으로 하자면, 작곡이나 작품을 완성한 계기, 취입 시기, 출반 시기(발매), 또는 무대를 통한 작품 발표 시기 등으로 확연하게 구분하여 표현을 해야 한다.

영어에서는 '리코딩(recording=취입),' '릴리즈(release=발매 또는 출반),' '퍼포밍(performing=출연 또는 일반 공연)' 등의 표현을 정확하고 분명한 구분을 지어 사용한다.

방가로
* **벙걸로우**

유원지나 산장에 독립된 소형의 간이 주택을 흔히 '방가로' 라고 말한다. 이것은 본래 힌두 뱅갈 지방의 독특한 처마가 깊고 정면 주위에 베랜더가 있는 단층의 작은 집을 의미했다. 때문에 유원지 등에서 여름에만 여는 작은 별장 같은 집은 오히려 '캐빈' 이라고 부르는 것이 더 알맞을 것이다.

미국에서는 초등학교나 중학교의 단층 가교실을 '벙걸로우(bungalow)' 라 부르고, 일반 주거용 주택 가운데서도 규모가 작은 단층구조의 목조 건조물로 구성한 주택도 벙걸로우라고 한다. 또 영국에서도 단층짜리 건물 모두를 벙걸로우라 한다.

방카슈랑스
* **뱅커런스**

2002년 6월 16일 연합뉴스를 받은 일간 신문들은 일제히 '보험업 5대 재벌 진입 전면허용' 이란 제목의 경제 기사에서 2003년 8월부터 '방카슈랑스'도 도입이 된다는 소식을 실었다.

동아일보에서 펴내는 현대시사용어사전(2003년판)에서 '방카슈랑스(bankassurance)'란 "방크(은행)와 아슈랑스(보험)의 합성어. 보험회사가 은행지점을 보험상품의 판매대리점으로 이용, 은행원이 직접 보험상품을 파는 영업형태를 말한다. 은행은 보험회사의 상품을 팔아주는 대신 수수료를 받는다. 최대 장점은 고객들이 은행에서 은행-보험상품의 원스톱 서비스를 받을 수 있다는 것"이라 풀이했다.

은행을 영어에서 'bank(뱅크)'이고 독일에서도 같은 철자를 써서 'bank'라 쓰지만 발음은 '방크'다. 프랑스어로는 'banque(방끄)'이고 이탤리어에서는 'banca(반카)'라 한다. 또 스페인어로는 'banco(방코)'라 한다.

Bank의 어원은 옛 프랑스어 'banquier(방뀌어)'에서 왔고 1390년 중세 영어에서 'bench(벤취)'로 받아들였다가 1622년에 bank로 쓰기 시작했다. 처음에는 환전, 환전상이란 의미로 쓰이다가 돈을 저축하는 점포로 바뀐 것이다.

보험을 영어에서는 '인슈어런스(insurance)'라 하고 독일어에서는 'versicherung(펠씨셔룽)'이라 한다. 프랑스어로는 'assurance(아쉬랑스)'라 하고, 이탤리어에서는 'assicurazione(앗시쿠라씨오네),' 그리고 스페인어로는 'seguro(쎄구로)'라 한다.

'Insurance'는 옛 프랑스어 'enseurance(앙쉬랑스)'에서 왔고, 영어에서 처음에는 'assurance(어슈어런스)'로 받아 들였다가 1651년부터 'insurance'로 바뀌어 보험이란 의미로 쓰이기 시작했다.

그러면 '방카슈랑스'라는 합성어는 어디서 온 것일까? 이것은 일본에서 프랑스어 'banque'와 'assurance'를 합쳐서 'パンカジュランス'라는 일본식 외래어를 만든 것이다. 즉 'banque'에서 '-que'를 'k'로 수정하여 'bankassurance'로 만든 것이다. 그러니까 이 합성어는 프랑스어에서 왔고, 그 표현과 발음도 마땅히 '방쉬랑스'가 되어야 하지만 일본어 발음 체계에서는 'ㅟ' 발음이 되지 않기 때문에

'ㅠ'로 대치한 것이다. 그리고 한국에서 이를 그대로 받아들여 '방카슈랑스'가 된 것이다.

결국 '방카슈랑스'는 세계적으로 쓰이는 신어가 아닌 일본식 조어임을 쉽게 알 수가 있다. 차라리 영어식 표기로 'bankinsuarance(뱅킨슈어런스), 또는 '뱅커런스'라 하는 편이 더 낳을 듯도 하다.

밴드 (바지)
* 벨트

양복 바지 등에 사용하는 허리띠를 흔히 '반도,' '반드,' '밴드'라 한다. 영어의 'band'에서 온 말이다. 이것은 일본식 영어에서 본받은 표현이다. 가죽으로 만들었거나 혼방이나 천으로 만들었건 간에 모든 허리띠는 영어로 '벨트(belt)'라 한다.

한편 밴드는 허리띠 이외의 것들에는 붙여 쓰인다. 이를테면 '헤어밴드(hairband),' '넥밴드(neckband),' '리스트밴드(wristbands)' 등이 있고, 고무밴드를 일컫는 '러버밴드(rubber band)'도 있다. 또 팔뚝에 두르는 완장인 '암 밴드(armband),' 배에 두르는 '벨리 밴드(bellyband),' 결혼반지를 일컫는 '웨딩밴드(wedding band)'도 있다.

밴드 마스터
* 밴드 리더

일반 경음악단이나 댄스 밴드의 지휘자를 흔히 '밴드 마스타,' 또는 '뺀드 매스타'라 부르는 이들이 많다. 경우에 따라서는 이를 줄여 '마스타 선생님'이란 호칭도 자주 듣는다.

밴드 마스터는 영어 표현의 '밴드 매스터(band master)'의 일본식 발음이고, 일본 사람들이 이를 경음악단의 지휘자, 또는 수석주자라 하면서 '반도 마수타'라 발음하면서 '반도'에서 '반'과 '마수타'에서 머리 부분 '마수'를 떼어 '반'과 '마수'를 접붙여 '반마수'라 줄여 쓰기도 한다.

그런데 영어에서 'band master'는 군악대(military band)나 서커스 밴드의 지휘자를 말한다. 일반 경음악이나 댄스 밴드의 지휘자나 그 단장은 영어로 '밴드 리더(band leader)'라 해야 옳다.

뱅커	은행에 근무하는 사람에게 직업이 뭐냐고 물으면, 열이면 아홉은 '뱅커'라고 대답한다. 그러니까 우리 표현의 '은행원'이면 무조건 '뱅커'라 여기는 이들이 많다.
* **텔러, 클럭**	

그런데 영어에서 뱅커라 하면 '은행의 경영 관리직에 종사하는 사람'을 말한다. 즉, 은행회사에서 고용한 중역이나 최고 경영진을 일컫는다.

그 외의 일반 은행원 입출금 창구 직원은 '텔러(teller)'라 하고, 고객 상담 창구와 사무직원은 '클럭(clerk)'이라 부르는데, 영국에서는 '클락'이라 발음한다.

또 우리식의 과장이나 대리는 '수퍼바이저(supervisor)'라 한다.

빠꾸 기아	자동차의 운전이 일반화되다시피 하면서 자동차 용어도 일상용어화 하는 경향이 점차 확산되고 있다. 자동차 운전은 대개 친한 사람한테 어깨 너머로 배우는 경우가 가장 많지만, 운전학원의 연수를 거치는 경우도 많다.
* **리버스 기어**	

운전은 전진보다 후진이 더 어렵다는 말은 운전을 배우거나 실행해 보면 실감이 나게 된다. 이때 대개 후진을 위해 시프트 기어를 후진에 넣게 되는데 그 표현을 대개 '빠꾸 기아'라고들 한다. 이것은 영어 '백(back)'을 'バック'로, '기어(gear)'를 'ギア'라 소리내며 이 두 말을 이어 붙여 '박구기아'로 표현한 일본식 영어를 들여다 한국에서 '빠꾸'라 와전하여 사용하고 있는 오용 표현이다.

영어로는 '리버스 기어(reverse gear),' 또는 '리버스'라고만 해도 된다.

빠떼루	한국에서 90년대 초에 한 레슬링 해설자가 용어 가운데 '빠떼루'란 표현을 강조한 것이 엉뚱한 유행어처럼 된 적이 있었다. 그러나 그 '빠떼루'란 말은 프랑스어의 '빨테르(partter)'를 일본식으로 발음한 잘못된 표현을 거침없이 쓴, 취하지 말았어야 할 난센스였다.
* **빨테르**	

'빨테르'는 "꽃밭, 극장의 1층 뒷자리"를 뜻하지만, 지면이나 바닥을 뜻하는 말로도 쓰인다.

레슬링 용어 가운데서는 '빨테르 포지션'으로 받아들여 공격하는 자세 가운데서 한쪽 선수가 양손과 두 무릎을 모두 매트에 대고 앉은 자세에서 등뒤로부터 공격하는 자세를 말한다.

이것은 마치 소극적인 공격을 하는 선수에게 벌칙으로 땅에 엎드리게 하는 '반칙'으로 오인하고, 엉뚱하게 인용하여 남용한 '빠떼루'란 표현 자체가 엉터리이다. 또 이를 받아들인 미디어에도 문제가 있었다.

일부 사람들이 ㄲ, ㄸ, ㅃ, ㅆ, ㅉ 등 중자음의 된소리를 즐겨 쓰는 경향이 있지만, 이런 것들은 대개 외래어 가운데 관용화된 일본말이거나 일본식 영어에서 도입된 표현 가운데 두드러지게 나타나는 현상을 많이 발견하게 된다.

빠이 빠이
※ 바이 – 바이, 버바이

작별을 표시하는 인사말을 영어로 표현하면서 '빠이 빠이'라는 쌍비음의 된소리를 강조하는 이들이 많다. 그러나 영어에서 'b'를 쌍비읍으로 발음하는 경우는 거의 없다. 따라서 영어의 'bye-bye'도 '바이-바이'라는 부드러운 소리를 내야 한다. 또 '바이-바이'는 '버바이'로 소리내기도 한다.

'bye-bye'는 구어에서 많이 쓰는 'good-bye'의 간략형인데, 주로 아기에게 "잘 자거라"에서 많이 쓰이기 시작했고, '떠나가라'라는 뜻으로 널리 쓰이고 있다.

또 전화 통화를 마치고 "자 끊습니다"의 표현 대신 마지막으로 하는 인사로 '바이-바이(바-바이)'를 많이 쓰고 있다.

또 성인들의 가까운 친구 사이나 동료들 사이에서는 그냥 '바이(bye),' 또는 '씨유(see you),' 간략형으로 '씨야(see ya)' 등으로 표현하기도 한다.

한편 손짓으로 하는 작별 인사 가운데 우리와 정반대의 표현이 되어 오해의 소지가 있기 때문에 이해를 가져두는 것은 매우 유익하다.

미국이나 서양 사람들은 손바닥을 상대방을 향하여 네 손가락을 폈다 오므렸다 하는 제스처를 몇 번 반복하면 작별의 인사를 대신하는 '바이-바이'가 된다. 그러나 손등을 위로 한 채 네 손가락을 모은 상태에서 위 아래로 반복하면, '어딘가로 가라,' '가버려라'의 부정적 뜻을 표시하게 된다. 우리는 이 제스처가 '이리로 오라'는 표시인 것과 정반대인 점에 각별히 유념할 필요가 있다.

빠텐
* **바텐더, 바맨**

영어의 '바텐더(bartender)'는 "바에서 앨커홀 음료를 써브하거나 믹스하는 사람"을 말한다. 바는 30여 가지의 각기 다른 뜻을 갖는 명사인데 술집에서인 경우, 한쪽에 길고 널따란 판을 만들어 손님이 둘러앉거나, 바텐더가 서브하는 탁자로 이용한다. 이 '바텐더'를 '빠텐'으로 줄여 부르는 것은 일본식 표현의 모방이다.

한편 여성이 서브하는 경우에는 '바메이드(barmaid)'라 하고, 남녀 구분을 하지 않을 때는 '믹사라지스트(mixologist)'라고도 한다. 이를 영국에서는 '바맨(barman)'이라 부른다.

빤쓰
* **브리프, 쏫스**

남자나 여자가 허리에서 다리 윗부분을 감싸는 속옷을 흔히 '빤쓰'라고 말하고 있다. 이것은 일본 사람들이 남성용 바지나 여성용 속옷을 일컫는 영어의 '팬쓰(pants)'를 'ベンツ(판쓰)'로 발음하는 데서 흉내낸 일본식 표현이다.

본래 영어의 '팬티스(panties)'는 여자나 어린이용 아랫 속옷을 말하고 바지통이 2개이기 때문에 '팬티'라는 단수형을 쓰지 않는다.

여기에 대하여 남자용 아랫 속옷은 '언더 팬쓰(underpants),' '브립스(breifs),' '쏫스(shorts),' 또는 '언더웨어(underwear)'라 말하고, 짧은 바지처럼 만든 것을 '박서 쏫스(boxer shorts)'라 부른다. 여성용 아랫 속옷은 '팬티스(panties)'라 한다.

그러나 여기서 '빤쓰'란 말은 영어의 '팬티스'의 변형이고 그나마 우리가 잘못 받아 들여 일상화한 관용어처럼 되어버린 것이다.

한편, 영어에서 팬쓰(pants)라 하면, 미국에서는 남자의 바지를 말하는 구어로 쓰이는 말이다. 영국의 중세 영어에서는 남자의 속바지나 아랫 속옷을 말했으나 지금은 잘 쓰지 않는다.

'빤쓰'는 일본식 발음인데다 적절한 표현이 아니기 때문에 쓰지 않는 편이 현명하다.

한편 남성의 운동용 짧은 바지는 '숏 팬쓰(short pants),' 권투용은 '박싱 트렁크스(실제 발음은 '츠렁스'),' 수영복은 '스위밍 트렁크스,' 또는 그냥 '트렁스(trunks)'라고 한다.

여기서 pants는 '빤츠,' 또는 '팬츠'라 하지 않고, '팬쓰'로 발음하는 점에 유의해 두자.

빵
* 브레드

우리는 '빵'을 즐겨 먹는다. 국어사전에서 '빵'은 사람이 먹고 살 음식이나 식량을 비유하여 이르는 말이라 설명하고 있다. '빵'은 본디 순수한 우리말이 아니다.

'빵'은 일본에서 'パン(빤)'이라는 표현을 본받아 한국에서 '빵'으로 와전한 것이다. 그렇다고 '빤'이 순수한 일본어도 아니다. 일본에서는 포르투갈어 '빠웅(pão)'을 1870년에 들여다 '빤'으로 와전하여 사용하고 있던 것이다.

'빠웅'은 본디 라틴어의 'panis(파니스)'에서 왔다. 성악곡 가운데서 "생명의 양식"이라 의역해서 알려지고 있는 "Panis Angelicus"가 있다. 루치아노 파바롯티와 스팅이 썩 잘 어울려 불렀고, 플라시도 도밍고, 호세 카레라스, 안드레아 보첼리, 러쎌 왓슨이며 샤럿 쳐치도 아주 잘 불렀다. 그러나 이 라틴말의 뜻은 "천사의 브레드" 곧 우리가 이야기하는 '빵' 그러니까 "천사가 먹는 빵(밥)"이 본래의 뜻이다.

영어를 쓰는 사람들, 특히 미국에서 식품점이나 수퍼마켓, 또는 제과점에 들어가 '빵'을 찾거나 이런 저런 모양의 '빵'을 선택하려면 무슨 말이냐고 반문을 받는다. '브레드(bread)'라 부르기 때문이다.

그러나 영어에서도 여러 구분이 있다. 굽지 않은 것은 '브레드(bread),' 열을 가해 구운 것은 '토스트(toast),' 햄버거나 핫도그를 싸는 둥글거나 둥글 넓죽한 것을 '롤' 또는 '번(bun)' 이라고 한다.

우리가 일상적으로 쓰고 있는 '식빵' 이란 말도 일본 사람들이 만들어 쓰고 있는 식사 대용 밀가루 원료 식품이란 말인데 주로 각이 진 모양의 빵을 말한다. 또 '빵가루' 란 표현도 일본식 표현이다. 영어로는 빵가루라는 뜻의 '브레드 플라워(bread flour)' 라 하지 않고 '브레드 크럼스(bread crumbs)' 라 한다.

한편 몹시 구운 빵은 '브라운 브레드(brown bread),' 살짝 구운 빵은 '화잇 브레드(white bread),' 건포도 빵은 '레이즌 브레드(raisin bread)' 등으로 구분하여 표현한다. 또 속에 크림을 넣은 것은 '슈크림 빵' 이 아니고 '크림 번(cream bun),' 버터를 바른 빵은 '브레드 앤드 버터(bread and butter),' 속에 잼을 넣은 것은 '브레드 앤드 쨈(bread and jam)' 이라 부른다.

식빵 덩이는 '로프 어브 브레드(a loaf of bread),' 빵의 조각은 '피스 어브 브레드(a piece of bread),' 칼이나 롤러로 자른 한 조각은 '슬라이드 어브 브레드(a slide of bread)' 등으로 구분한다.

한편 '빵집' 이나 '빵가게' 는 '베이커리(bakery),' 또는 '베이크 샵(bake shop),' '베이커스 샵(baker's shop)' 이라 한다. '베이커(baker)' 는 빵이나 케이크를 만드는 사람이거나 파는 사람, 또는 휴대용 오븐을 말한다.

한편 '빵' 을 독일어로는 '브로트(brot),' 프랑스어는 '펭(pain),' 이탤리어에서는 '빠네(pane),' 스페인어는 '빤(pan),' 네덜란드어 '브루트(brood),' 그리스어는 '알토스,' 러시아어로는 '프리에프,' 그리고 중국말로는 '미안바오(麵包)' 라 한다.

그러니까 '브레드' 를 '빵' 이라 표현하는 나라는 한국뿐이고 한국에서만 통하는 이상한 말이 된 것이다.

빵꾸 * **플랫, 버스트**	자동차나 자전거 바퀴에 구멍이 생겨 바람이 새거나 찢어진 상태를 으레 '빵꾸 났다'고 말한다. 그러나 이것은 일본식 영어고 일본식 발음이다. 영어에 '펑크'란 표현의 말은 없고 다만 '펑크쳐(puncture)'라 하며, 또는 라틴어의 'pungere(찌른다는 뜻)'의 말을 일본에서 들여다 약어로 인용한 일본식 발음이다. 미국에서는 타이어(또는 튜브)에 구멍이 생겨 바람이 새는 것을 '플랫(flat)' 되었다고 말하는 것이 일반적이고, '플랫 타이어'란 표현을 쓴다. 그리고 타이어가 찢어져 있거나 파손된 상태는 이를 '버스트(burst)' 되었다고 말한다.
빵빠레 * **판파레, 팡파르, 팬페어**	의식(ceremony)을 갖춘 행사에서 시작이나 종료, 또는 피크를 이루는 장면에서 금관악기를 주선율로 하는 짧고 화려하며 명랑한 취주악곡을 '팡파레,' 또는 '빵빠레'라고 한다. 이 말은 본래 프랑스어 'fanfare(팡파르)'에서 온 것인데, 취주악대(brass band), 군악대라는 뜻으로도 쓰인다. 속어로 '허세'나 '격찬' 등의 뜻으로 통한다. 이 말을 독일에서 도입해서 '판파레,' 또는 '판파러(fanfare)'라 발음하면서 화려한 트럼펫 악곡이나 그 연주를 뜻하는 말로 사용했다. 일본이 독일식의 '판파레'를 흉내낸 것이다. 그러니까 프랑스 표현으로 '팡파르'고, 독일식으로는 '판파레'가 된다. 그러나 우리 주변에서 가끔 듣는 '빵빠레'는 일본식 발음을 본받은 것이다. 영어에서도 'fanfare'라 쓰고 '팬페어'라 발음한다. 여기서 한글 표기의 '프'는 로마자 표기의 'f'를 파열음으로 처리하여 'ㅎ' 대신 'ㅍ'으로 표기한 점에 유의하고 'f' 발음으로 처리해야 함은 물론이다.

빽 ＊ **백, 배기지**	어떤 물건을 담기 위한 용기로 가죽이나 플라스틱, 천이나 종이 등으로 만든 상자를 '백(bag)'이라 하는데, 우리가 표현하는 '빽'은 잘못된 발음이다. 마치 사이가 촘촘한 모양을 나타내는 '빽빽하다' 같은 된소리를 내서는 안 된다. '백'은 중국에서 일본으로 건너가 와전되어 표현된 '가방'이 한국에 들어와 그대로 가방이란 말로 일반화되어 있지만, 정작 일본에서는 최근에 이르러서 '가방'이란 말은 거의 사라지고 '백('박구'로 발음)'이란 표현을 더 많이 쓴다. 그런데 같은 '백'인데도 공항이나 버스 터미널에서 백을 부치거나 찾을 때, '배기지(baggage)'라고 하기 때문에 가끔 혼란을 갖는 경우를 많이 체험하게 될 것이다. 영어에서 '백(bags)'이나 '숫케이스(suitcases)' 등은 헤아릴 수 있는 낱개를 뜻하는 반면, '배기지(baggage)'는 불특정 다수(언카운터블)의 수하물을 말하면서 복수(-s)를 붙이지 않는 점에 유의해 둘 필요가 있다. '배기지'를 영국에서는 '러기지(luggage)'라 쓴다.
빽 넘버 ＊ **유니폼 넘버, 저지 넘버**	스포츠에서 플레이어(선수)의 유니폼 등에 그 플레이어의 고유 번호를 다는 것이 보통인데 이를 일컬어 흔히 '빽 넘버'라 부른다. 그러나 이 말은 영어도 아닌 일본식 영어 표현으로 잘못된 말이다. 특정 선수의 고유번호를 상의의 등판쪽에 부착하는 것이 보통이지만, 경우에 따라서는 팔이나 하의에 붙이는 수도 있다. 영어로는 '유니폼 넘버(uniform number)라 하고 그냥 '넘버'라고도 한다. 또 플레이어의 상의를 '저지(jersey)'라 하고 상의에 붙인 번호를 '저지 넘버'라 부르는 경우도 있고, 하의(쏫스, shorts)에 번호를 단 경우에는 '쏫스 넘버'라 부르기도 한다. 그리고 상의의 등 뒤 넘버 위에 적은 선수의 이름은 '플레이어스 써네임(player's surname)'이라 부른다. 한편 영어에서 '빽 넘버'는 정기간행 신문이나 잡지, 또는 출판사가 연속간행물의 이미 발행한 이디션(호), 또는 발행된 지 오래된 낡은

구호(舊號)를 뜻하는 말로 사용한다. 또 비공식적인 표현으로는 어떤 일의 발행 날짜를 뜻하는 말로 쓰이기도 한다.

한편 '박스 넘버(box number)'는 우체국의 사서함 번호, '클래스 넘버(class-)'는 도서관의 분류기호, '플라잇 넘버(flight-)'는 항공사의 운항 항공편의 편명, '핫 넘버(hot number)'는 매우 섹시한 남자나 여자, '라이선스 넘버(license-)'는 자동차의 등록 번호 즉 번호판, '악테인 넘버(octane-)'는 휘발유의 옥탄가, '텔러폰 넘버(telephone-)'는 전화번호, 그리고 '롱 넘버(wrong-)'는 잘못 걸려진 전화번호 등으로 쓰인다.

빽 밀러
리어뷰 미러

자동차의 앞 유리창(윈드쉴드) 안쪽 중앙 상단에 붙여 운전자의 후방 주시를 위한 반사 거울을 흔히 빽 밀러라고 부르는 것은 일본 사람들이 만들어 쓰고 있는 잘못된 영어 표현이다. 영어에 'back mirror'란 말은 없다. 바른 표현은 '리어뷰 미러(rearview mirror),' 또는 '이너 리어뷰 미러(inner-)'라 한다. 여기서 '-밀러' 또는 '-밀라'도 잘못된 관용어이다. 거울을 뜻하는 영어의 mirror를 miller로 오인한 난센스이다.

한편 앞문짝 앞쪽에 붙이는 후사경은 '싸이드 미러(side mirror),' '싸이드뷰 미러(sideview mirror)'라 한다. 또 운전석 쪽의 것을 '드라이버 싸이드뷰 미러,' 앞승객쪽의 것은 '패신저 싸이드뷰 미러'로 구분하기도 한다.

한때 앞 팬더의 양쪽에 붙이던 후사경은 '팬더 미러'란 표현을 쓴 적도 있다.

빽 밴드
백업 뮤지션

인기 가수의 노래 반주를 하거나, 독주 악기 등을 연주하는 연주가의 뒤에서 반주해 주는 반주악단을 '빽 밴드(back band)'라 부르는 이들이 있다. 그러나 이 말은 영어에는 없는 일본식 영어 표현이다.

영어로 인기 가수나 솔로이스트(독주 연주가)의 반주를 맡는 악단이나 악사를 '백업 뮤지션(backup musician),' 또는 '백킹 뮤지션 (backing musicians)'이라 하고, 그 그룹은 '백킹 밴드(backing band)' 라 표현한다. 그러나 이 표현도 '빽 뮤지션(back musician)'이 아니라 반드시 '백킹 뮤지션'이라 해야 한다.

한편 여기서 쓰이는 'back'은 '빽'이란 된소리가 나지 않고 부드럽게 '백'으로 발음되는 점에도 유의해 둘 필요가 있다.

빽 업
* 백워드, 리버스

자동차가 후진 기어(reverse gear)를 넣고, 후진하는 것을 흔히 '빽 업 (back up)'한다고 말한다. '백 업'은 일반적으로 비히클(차량)이 저 혼자 움직이거나 운전자의 조작에 의해 뒤로 물러나는 것을 뜻하는 이디엄이다. 그러나 물이나 자동차의 흐름이 원활하지 못하고 막히 거나 역류하는 현상을 두고도 말한다.

따라서 'back up'은 단순한 자동차의 후진보다는 흐름의 정체 상태 를 뜻하는 말로 더 적절하게 쓰인다. 영어에서 'back up'은 어떤 사 람을 후원하는 일이나 가수의 노래에 뒤에서 코러스 등으로 받쳐 주 는 것을 말한다.

특히 차량의 행렬이 길게 밀려 소통이 원활하게 되지 않을 때는 이를 두고 '백드 업(backed up)'이란 표현이 많이 쓰인다. "… traffics are backed up…"이라고 하면 자동차들이 꼬리를 물고 길게 밀리고 있는 상태를 나타내는 표현으로 쓰인다.

따라서 자동차의 단순한 후진을 영어로는 '백워드(backward),' 또는 '리버스(reverse)'가 가장 적절한 표현이 된다.

뺀찌
* (싸이드 컷) 플라이어

철사를 자르거나 굽히거나 바로 잡을 때 쓰는 공구를 '뺀찌 또는 '뻰 찌'라 부르고 있다. 이것은 일본에서 영어의 'pinchers(핀쳐스)'를 도 입하는 과정에서 와전된 표현이고 이것을 한국에서는 그대로 모방하 여 철사를 조작하는 공구나 일반적 공구 대부분을 그냥 '뺀찌'로 불 러 버린다.

본디 '핀처스'는 못을 빼는 연장이거나, 뜨거운 쇠를 집는 집게 등을 뜻한다. 뺀찌는 집게의 기능을 갖고 한 쌍의 기능을 이루게 되기 때문에 'a pair of pliers'라 표현하는 것이 정석이다.

일반적으로 영어에서는 '플라이어(pliers)'로 표현하지만, 못을 빼는 기구를 '핀처스'로도 가끔 쓴다.

버밍엄
* **버밍햄(미국),**
버밍검(영국)

'Birmingham'이란 유명한 지명이 있다. 영국에 있고, 미국에도 세 곳이나 있다. 먼저 영국에 있는 'Birmingham'은 잉글랜드 중서부의 웨스트 미들랜드에 있는 인구 1백만이 가까운 큰 도시의 이름이다. 런던으로부터 158km 떨어져 있는데 '버밍검'으로 발음한다. 자동차와 가전제품, 초코렛 생산이 유명하다.

미국에 있는 'Birmingham'은 앨러배머 주 중부의 북쪽에 있는 인구 24만 2,820명의 도시인데 석탄과 철, 항공기 생산과 회학 등의 공업도시이고, 1841년에 설립된 유서 깊은 쌤포드 대학교를 비롯해서 7개의 대학이 있는 교육 도시이기도 하다. 1871년에 영국의 '버밍검'의 이름을 따 지명으로 삼았고, 민권운동가 마틴 루터 킹 목사가 투옥된 곳으로, 1979년에 흑인 최초의 시장이 탄생된 도시로도 유명하다.

또 한 곳은 미시건 주 디트로잇 시티가 가까운 폰티액에서 남동쪽 13km 떨어진 주거 도시다. 미국의 이들 2개의 Birmingham은 '버밍햄'으로 발음한다.

그러니까 영국에서는 '버밍검'이고, 미국에서는 '버밍햄'으로 발음하는 것이 다르지만, 일부에서처럼 '버밍엄'이란 발음은 없다.

버스트 (여자)
* **체스트 (남자)**

'버스트(bust)'를 한 국어사전에서 "흉상, 상신상, 가슴둘레"라고만 얼버무린 설명에 그치고 있다. 그런데 영어의 '버스트'는 프랑스어에서 '뷔스트(buste),' 스페인과 이탤리어로는 '부스토(busto)'라 했고 어원은 확실치 않지만, 공통적으로 '앞가슴이 불룩한 상반신'을 뜻하는 여자의 가슴통을 가리키고 있다. 따라서 버스트 사이즈라 하면, 여자의 가슴 양쪽에 불룩한 유방을 기준으로 재는 치수여야 한다. 한편 남자의 가슴둘레를 표현할 때는 '버스트'라 하지 않고, '체스트(chest)'라 표현하다.

만일 여자에게 "당신의 체스트 사이즈가 얼마요"라 말을 건넸다면 이것은 유방의 볼륨이 지나치게 빈약한 여자에 대한 모욕적인 언사가 되고, 남자에게 버스트 운운하면 동성애 남자의 여자역의 호모를 가리키는 모욕적인 표현이 되어 버린다.

번지
* **스트릿 넘버, 하우스 넘버**

한국식의 주소 방식에 익숙해 있다가 유럽이나 미국의 주소를 대할 때, 얼마 동안은 누구나 혼동을 하게 된다. 이를테면 '123 N. Palm Dr. # 456, Beverly Hills, CA 90210'인 경우, 어떤 쪽이 한국식의 번지이고, 또 다른 번호는 무엇인지가 헛갈린다.

위의 주소는 우리식으로 풀어 보면 "우편번호 90211, 미국 캘리포니아주 베벌리 힐스시 북 팜 드라이브 123번지, 아파트 456호" 이렇게 된다.

영국이나 미국에서 주소를 쓸 때는 그 순서가 거리 번호(Street number), 거리(가로) 이름(Street name), 어파트먼트 호수나 빌딩의 스윗 번호(Apt. #, or Suite #), 행정시 이름(City name), 주 이름(State name), 그리고 우편번호(Zip Code), 나라 이름의 순서로 쓰는 것이 일반적이다. 더러 Apt.#나 Suite #를 거리 이름 앞에 쓰는 경우도 있다.

그런데 '거리 번호'는 우리와 같이 번지(番地)의 개념과는 다르다는 점에 유의할 필요가 있다. 한국의 번지는 일본의 통치 시대에 일본인들이 만들어 놓은 잔재이고 이직도 그대로 쓰고 있는 제도이다. 번지는 땅을 구획하여 특정번호를 부여하는 것이 원칙이다. 그러다 보니 한 건물에 두 개의 다른 번지가 들어가 있는 경우도 허다하고 심한 경우에는 주택의 안방 한가운데가 2개의 행정도(道)에 걸려 있는 우스꽝스러운 경우도 있다.

그러나 서양에서는 주소가 거리의 이름과 그 번호를 중심으로 되어

순 수 한 우 리 말 찾 기 품 앗 이

있기 때문에 먼저 그 거리의 특정 번호가 우선하지만 일단 건물이 들어서면 그 건물이 차지하는 구역에 특정번호를 부여하기 때문에 이때에는 스트릿 넘버가 '하우스 넘버(house number)'로 된다. 구미를 여행해 보면 건물에 번호가 붙어 있는데, 이는 우리식의 '번지'가 아니고 '하우스 넘버,' 또는 '스트릿 넘버'라 한다.

미국에서는 아무리 좁고 짧은 길이라 하더라도 자동차가 통상적으로 통과하는 길에는 반드시 '스트릿 네임'이 붙어 있고 스트릿 넘버를 부여한다.

스트릿 넘버는 진행 방위의 북쪽과 동쪽에는 홀수, 남쪽과 서쪽에는 짝수를 붙이고, 동쪽에서 서쪽으로, 북쪽에서 남쪽으로 일련번호를 메겨 두었다. 그러나 같은 스트릿이라도 동서, 또는 남북으로 나뉘는 긴 길일 경우에는 시청사나 특정한 건물을 중심으로 시작하여 상하, 또는 좌우로 번호의 순위가 시작되는 경우가 많다.

벌몬
✱ **벌만트**

'Vermont'라는 지명이 있다. 미국의 주의 이름이고 주요 도시에서 스트릿 네임으로 쓰고 있는 곳도 많다. 한인들이 70여 만명이나 몰려 살고 있는 로스 앤젤러스의 코리아타운에도 남북으로 뻗은 'Vermont Avenue'가 있다.

이 거리의 이름을 많은 한인들은 '벌몬,' '버몬' 따위로 발음하고 그렇게 표기하는 이들이 많다. 심지어 유명 자동차 판매점의 상호나 식당의 간판에까지도 그런 이름들이 많이 붙여져 있다.

미국 동부에 있는 뉴잉글랜드 지역에 '벌만트(Vermont) 주'가 있다. 프랑스어의 녹색이란 뜻의 'vert(베르)'와 산이란 뜻의 '몽(mont)', 즉 '녹색의 산(vert mont=베르 몽)'에서 vert의 t를 생략하고, 이를 합성해서 vermont(벨몽)로 만들어 1777년 이 주가 독립되면서 공식적으로 쓰이기 시작한 지명이다. Vermont는 현지 발음으로 '벌만트'라 한다.

뻐쓰	여러 사람이 함께 타는 큰 승합차(bus)를 '뻐쓰'라 소리내고, '버스'로 표기한다. 그러나 서양 사람들은 이 말을 알아듣지 못한다. 버스(bus)라 하고, '바스'에 더 가까운 발음을 한다. (입을 작게 벌리면서 내는 '아'로 발음함)
* **버스, 바스**	

우리는 이를 '빠쓰,' 또는 '뻿스'로 발음하는 이들이 많다. 일본식 발음에 젖어있던 '빠스'에서 습관이 된 와전에 불과하다. 그러니 이런 말을 서양 사람들이 알아듣지 못하게 되는 건 무리가 아니다.

우리 주변에서 외래어 표현 가운데서 무조건 장음을 무시하고 단음화하는 폐단이나, 불필요한 된소리를 즐기는 경향이 있는 것은 마땅히 수정되어야만 할 것이다.

뻐쓰 걸	노선 버스의 여차장, 또는 관광버스에서 안내와 설명을 하는 여성을 흔히 '뻐쓰 걸'이라고 한다. 그러나 '버스 걸(bus girl)'은 식당에서 웨이트리스나 웨이터의 보조역으로 손님이 식사한 뒤, 테이블의 그릇을 치워 카트에 싣고 주방으로 운반하거나 테이블을 새로 세트하는 일을 하는 여성을 말한다. 또 그런 일을 하는 남자는 '버스 보이'라 한다.
* **가이드, 컨닥터리스**	

이런 경우 영어로는 '가이드(guide),' '컨닥트리스(conductress),' '버스 호스티스(bus hostess)' 등으로 부르고, 영국에서는 '클리피(clippie)'라고도 한다.

'bus'는 본래 라틴말의 "모두를 위하여"란 뜻의 '옴니부스(omnibus)에서 유래하여 단어의 끝 음절을 떼어 인용한 것이다. '옴니부스'를 프랑스에서는 1828년경에 도입하여 '오토버스(autobus)'라 쓰고 있고, 영국에서는 1829년에 런던에서 쓰기 시작하였는데 처음에는 말이 끄는 4바퀴의 수레였다. 미국에서는 식당에서 4바퀴 달린 손수레를 일컫는 말로 먼저 쓰기 시작했다. 그래서 지금도 식당에서 설거지용 식기를 담아 나르는 수레를 끄는 웨이터 보조원을 '버스 보이,' '버스 걸'로 사용하고 있다.

한편 버스 정류장은 '버스 스탠드(bus stand)'라 하지 않고, '버스 스탑(bus stop)'이라 표현하고, 원래 발착 장소는 '버스 터미널(bus terminal),' '버스 스테이션(bus station),' 또는 '버스 디포(bus depot)'라 부른다. 영국에서는 '코치 스테이션(coach station)'이라 한다. '버스'는 어떤 경우에도 '뻐쓰'나 '빠스'처럼 된소리를 내지 않도록 유의해야 한다.

베네치아

* **베네씨아, 베니셔**

이탤리의 북동부, 발칸 반도 사이의 아드리아 해의 베니스 만에 위치한 '베네또' 주에 속하는 7개 콘테아(카운티) 가운데 'Venezia'가 있다. 인구가 82만여 명이고, 그 으뜸 도시가 유명한 베니스다. 옛 이름은 'Venetia'고 Venice란 별칭을 붙여주기도 한다.

그런데 우리가 'Venezia'를 '베네치아'라 표기하고 발음하는 것은 외래어 표기법에서 'z'를 무조건 'ㅊ'으로 발음한다는 모호한 규정 때문이다. 이탤리어에서 'z'는 한글의 'ㅊ' 사운드가 아니라 'ㅆ'에 더 가까운 소리는 낸다. 따라서 '베네치아'는 현지에서 '베네치아'라 하지 않고, '베네씨아,' 또는 '베넷씨아'라 발음한다. 영어권에서는 이를 '베니셔'로 발음한다.

이 지역은 예로부터 도로가 발달했고, 항구를 낀 지리적 요건을 이용해서 관광과 문화가 발달되면서 외국과의 무역이 성행하고, 도자기와 공예품의 생산지로도 유명하다.

베네똥

* **베네톤**

이탤리의 의료품 메이커 가운데 'Benetton'이 있다. 우리가 '베네똥'이라 부르고 애용하는 브랜드 가운데 하나다. Benetton사는 니트웨어와 각종 백 등을 만드는 브랜드로 세계적인 명성을 갖고 있다.

Benetton은 창시자인 Luciano Benetton(루치아노 베네톤)과 그의 누이이면서 디자이너인 Giuliana Benetton(쥴리아나 베네톤)의 이름에서 유래되었다. Benetton의 브랜드는 원색을 사용하여 젊은이들의 취향에 맞는 디자인과 색상의 니트웨어가 많다.

Benetton은 이탤리 사람 이름이고, 브랜드의 이름이다. 따라서 프랑스어처럼 '베네똥' 하고 표현하는 것은 일본식 발상이다. Benetton은 '베네톤' 이라 소리내고 적어야 한다.

베드 카바
* **벳스프레드**

침대를 쓰지 않을 때 베개를 포함해서 시트 전체를 커버로 덮는 쒸우개를 보통 '베드 카바(bed cover)' 라 말한다. 그런데 여기서 베드 카바라 하면 침대에 쓰여지는 갖가지 용품의 커버들을 표현하는 막연한 말이 된다. 베개를 감싼 '필로우 커버,' '매트리스 커버' 등이 그것이다.

그러나 침대의 매트리스 전체를 보기 좋고 깨끗하게 보이게 하기 위해 덧씌우는 전체 덮게는 이를 '벳스프레드(bedspread)' 라 표현한다. 여기서 'bed' 는 '베드' 라 하지 않고 '벳' 으로 발음하는 점에 유의하자. 이를테면 bedroom(침실)은 '베드룸' 이라 소리내지 않고 '벳룸' 으로, bathroom(목욕/화장실)은 '배쓰룸' 에 가깝게 발음하여 구분하는 점에도 유의하자.

대개 어파트의 임대 구성에서 '2 Bed, 2 Bath' 라는 표현은 '투 벳룸, 투 배쓰룸' 으로 식별한다.

베니아 판
* **플라이 우드**

건축 목재 가운데서 가장 많이 쓰이는 목재가 '베니아 판' 일 것이다. '베니아 판' 은 얇은 목재를 여러 겹 붙여, 적당한 두께와 무게로 만드는 합판을 말한다. 그러나 이 말은 '베니아' 와 비슷한 발음의 영어 가운데 'veneer(베니어)' 가 있기는 한데 이 말은 합판의 표면에 덧붙이는 미려한 화장판을 말한다.

합판을 영어로는 '플라이 우드(plywood)라 한다.

베드 타운
* **커뮤터 타운,
쌔털라이트 타운**

대도시의 인구 과밀 현상을 분산하여 주변에 조성한, 소규모의 주택단지나 소도시를 일컬어 흔히 '베드 타운(bed town)' 이라고 한다. 낮에는 대도시에서 근무하고, 밤에는 조용한 시골집(위성도시)으로 가서 잔다는 뜻에서 비롯된 표현이다.

그러나 이 말은 1958년경 일본의 일부 신문에서 쓰기 시작하면서 일본 사람들이 널리 쓰고 있는 일본식 억지 영어다. 굳이 '베드 타운'이라고 하면 '베드 하우스'와 함께 매춘굴, 매춘가를 뜻하는 은어가 된다.

그렇지 않아도 수도권 주변의 농지 한가운데까지 파고들어 서 있는 러브호텔이 즐비한데 '베드 타운'은 이런 러브호텔에나 어울리는 말이 된다.

영어의 올바른 표현은 '커뮤터 타운(commuter town),' '쌔틸라이트 타운(Satellite town),' '쌔틸라이트 시티,' '뉴 타운'이나 '루럴(rural),' 또는 '써버브(suburbs)'라고 한다. 또 '벳룸 커뮤니티(bedroom community)'란 표현도 가끔 쓴다.

베란다 (지상층)	일반 주택이나 어파트먼트 건물의 돌출된 난간 공간을 흔히 '베란다'라고 부른다. 본래 '버랜더(veranda)'란 건물의 앞쪽에 넓은 툇마루처럼 돌출하게 잇대어 만든 부분을 말한다. 그러나 영어에서는 '버랜더'라 발음하고, 건물의 지상층의 측면에 잇대어 드리운 지붕과 마루가 있는 개방된 부분을 말한다. 이 같은 것을 미국에서는 '포취(porch)'라 표현하기도 한다.
* **밸코니 (이층 이상)**	

따라서 일반주택의 후면이나, 2층의 난간, 또는 어파트먼트 빌딩 등의 덮지 않은 돌출된 난간은 '베란다'가 아니고 '밸코니(balcony)'라 해야 옳다.

그러니까 지상층(1층)에 잇대어 설치된 난간의 공간은 '버랜더'이고, 2층 이상의 건물의 돌출된 개방형 난간은 '밸코니'가 되는 것이다. 한국의 고층 아파트(apartments)의 가구의 창문마다 잇대어 돌출한 난간은 '베란다'가 아니고 '밸코니'인 것이다.

한편 극장의 2층이나 그 윗층 양쪽 벽면에 돌출하여 객석 위에 설치된 특별좌석도 '밸코니'라 한다.

베테랑	어떤 일이나 직분에 오래도록 종사하여 그 일에 익숙하거나 오래도록 관계했던 사람에 대하여 '베테랑'이라는 말을 붙여준다.
* **베터런, 베트런**	

일부 국어 사전에서 "어떤 방면의 기술이나 기능에 뛰어난 사람, 또는 노련한 사람"이라 주석을 달고 있다. 노련자, 고참자라고도 했다.

또 연세대학에서 펴낸 한국어 사전에서는 "어떤 방면에 오랫동안 일해서 그 분야의 기술이나 기능에 뛰어난 사람"이라면서 예문으로 "그는 육군 소위에서 대령에 이르기까지 줄곧 첩보부대에서만 근무해 온, 이를테면 첩보의 베테랑이었다"는 식으로 쓴다고 덧붙였다. 이 모두가 프랑스어에서 비롯되었다고 했다.

프랑스어에서 '베떼랑(vétéran)'은 퇴역 노병, 재향군인이라는 뜻이고, 그 어원은 라틴어이다. 라틴어에서는 'veterānus'라 쓰고 고참으로 제대한 사람을 뜻한다.

그런데 일본어 사전들을 보면 이 오류의 해답이 나온다. "'ベテラン(베테란)'은 그 방면에 있어서 경험이 풍부한 사람, 노련한 사람"이라 했고(廣辭苑), "어떤 일에 있어서 풍부한 경험을 갖고 뛰어난 기술을 보이는 사람, 또는 노련자"(大辭林)라 했다. 그러고 보면 한국의 국어사전들이 '베테랑'이 프랑스어에서 왔다고 밝히면서도 정작 그 뜻은 엉뚱한 오용을 하고 있는 일본의 국어사전을 그대로 번역해 놓았다는 씁쓸한 뒷맛을 남긴 셈이다. 대단히 무책임한 설명이 아닐 수 없다.

이를 영어에서는 'veteran'이라 쓰고 '베터런,' 또는 '베트런'이라 발음한다. 또 미국에서는 해외의 전투에 참여한 경험이 있는 해외파병 제대(재향) 군인을 '베터런'이라 한다.

특정한 분야에서 오랫동안 일을 해서 그 분야의 기술이나 기능이 뛰어난 사람을 영어로는 '스페셜리스트(specialist),' '엑스퍼트(expert),' 또는 '프러패셔널(professional)'이라 한다.

순 수 한 　 우 리 말 　 찾 기 　 품 앗 이

베트남	우리가 '월남(越南)'이라고 흔히 부르는 '베트남'은 1954년부터 시작되어 1975년까지 끌던 월남전쟁으로 더 유명하다.
* **비엣남**	

월남전쟁에서는 미군을 비롯해서 한국, 호주, 필리핀, 타일랜드와 뉴질랜드 연합군이 월남을 도와 공산진영이던 월맹과 베트콩을 상대로 싸웠다. 우리가 표현하는 월남은 분단 시절의 남부 자유진영을 뜻했다.

프랑스 식민지일 때 '인도차이나(Indochina)'라 했다가 '안남(Annam),' '톤킨(Tonkin),' 또는 '코친-차이나(Cochin-China)'로 불렸었다.

그런데 '베트남'은 일본 표기 'ベトナム(베토나무)'에서 흉내낸 표현이고, 영어로는 '비엣남,' 또는 '비엣냄'으로 발음한다. 또 베트남 사람이나 베트남 말을 뜻하는 형용사로는 '베트나미'가 아니라 '비어트너미즈(Vietnamese)'로 소리낸다.

한편 전쟁 중에 월남에서 활동하던 공산 게릴라를 '베트콩'이라고 했다. 그러나 이것도 '비엣캉,' 또는 '비엣콩'으로 소리낸다.

베스트 텐	어떤 사물이나 인물, 또는 사항에서 가장 빼어나거나 우수한 10가지를 선정할 때, 이를 '베스트 텐(best ten)'이란 표현을 곧잘 쓴다. 그러나 이 말은 일본식 영어 표현에서 본받은 것이다.
* **텐 베스트, 탑 텐**	

'베스트 텐'은 목적어로 쓰일 명사 앞에 2개의 형용사인 'best'와 'ten'을 나란히 놓았다. 그러나 2개의 형용사를 나열할 경우에도 그 순서가 있는데, 이런 경우는 'ten'이 'best'의 앞에 와야 한다. 그렇지 않고 'best ten'이라고 했을 경우에는 10 가운데서 베스트를 또 가려내야 하는데 그 설명이 명시되지 않은 애매한 표현이 되고 말기 때문이다.

모든 것 가운데 가장 좋은 것으로 가려 뽑은 열 개라는 표현은 '텐 베스트,' 또는 '탑 텐(top ten)'이라 해야 옳다. 가장 나쁜 열 가지를 표현 할 때도 '워스트 텐'이 아니라 '텐 워스트(ten worst)'라 한다. 이를테면 이번 주의 '텐 베스트 팝송'이라 하거나 '금주의 탑 텐'이라 해야 옳고, 올해의 '텐 워스트 드레서' 등으로 해야만 옳은 표현이 된다.

벤처 기업
* **뉴 하이테크나라지 컴퍼니, 하이-텍**

신기술과 고도의 지식을 바탕으로 창조적이면서, 실패의 부담률도 큰 모험적인 경영을 펼치는 새로운 형태의 '지식집약형 중소기업'을 '벤처 비즈니스'라 한다. 이 말은 영어에는 없는 일본식 영어에서 비롯된 조어다.

'벤처 비즈니스'란 말은 일본의 유력지 "아사히(朝日) 신문"이 1984년 3월 5일자 조간에서 쓰기 시작하면서 생겨난 말이고, "도쿄(東京) 신문" 1992년 9월 7일자 조간에서 '벤처 비즈니스의 성공'이란 특집 기사를 낸 이후 일본에서 일반화되었다. 이는 일본이 미국의 소규모 개발 사업이란 형태를 들여오면서 '벤처 비즈니스(일본식 발음은 벤챠 비지네스)'라는 억지 영어를 만들어 쓴 일본식 영어 표현이다.

한국에서는 1990년대 중반부터 한국의 신문들이 일제히 이런 일본식 영어 표현을 받아들여 '벤처 기업'이란 어설픈 용어를 쓰기 시작한 것이다.

또 '중소 벤처 기업'으로 표현하는 사례도 있는데 이는 벤처 기업 자체가 중소규모의 기업을 전제하는 말이기 때문에 중복 표현의 모순을 범하는 표현이 된다. 물론 미국이나 영어권에서 '벤쳐 비즈니스'라 말하면 통할 리가 없다.

1970년대 말 미국에서는 4천만 명이 넘는 실업자가 생겼지만, 곧 새롭고 독자적인 사업을 전개하면서 대기업 틈바구니에서 위험을 무릅쓴 중소기업이 600만 개나 생겨나 1천3백만 개의 일자리가 생겨났다. 이것이 신기술 사업인 일본식 표현의 '벤처 비즈니스'의 태동이었다.

90년대 후반, 한국의 대통령이 미국을 방문했을 때, 의회에서의 연설문 가운데서 "한국은 벤처 비즈니스의 열풍으로…"라며 마치 벤처기업이 한국에서 생성된 새로운 경제 부흥운동처럼 비쳐지기도 했다.
그런데 미국 의회의 의원이나 미국인들은 '벤처 비즈니스'란 말의 뜻을 이해하지 못했다는 후문이 들렸었다. 그리고 그러한 운동이 이미 미국에서부터 비롯되었다는 사실을 그분은 몰랐다면 이 얼마나 무안해 했을까 안타까움을 느끼게 했다.
선진(첨단) 기술과 기업가 정신을 바탕으로 생겨나기 시작한 이런 형태의 기업을 미국에서는 '새 고기술 회사(New Hightechnology Company),' 또는 단축형으로 '뉴 하이텍(hi-tech) 컴퍼니'라 한다.
참고로 영어에서 '벤처(venture)'란 뜻 가운데, "위험을 무릅쓰고 돈이나 선박, 하물, 제품 같은 자산을 걸고 투기하여 이윤을 추구하는 상업적 기업행위"를 말하는 내용은 있지만, 첨단 산업을 전제로 꾸미는 기업을 말하는 뜻은 전혀 없다.

벤처 촌
※ **실리코운 밸리**

미국 캘리포니아의 샌 프렌시스코를 포함한 샌 프렌시스코 만(San Francisco Bay)의 남쪽 일원이 쌘터 클러리터 밸리에 형성된 신기술 단지를 '실리코운 밸리(Silicon Valley)'라 일컫는다. 이곳은 수많은 '하이 테크나라지 디자인과 반도체 제조회사들이 밀집해 있고, 여기에 종사하는 종사자들이 거주하는 지역이라 해서 '실리코운 밸리'라는 별명으로 많이 알려진 곳이다.
그런데 한국에서 이곳을 일컬어 '벤처 촌'으로 부르는 것은 좀 어색한 표현이다. '벤처 비즈네스'라는 일본식 영어에서 따온 이른바 신고기술을 '벤처'로 표현한 말과 여기에 '지구촌' 같은 마을 촌(村)자를 붙여 '벤처 촌'이라 한 것은 억지다.
실리코운 밸리에서 벤처 기업이니, 벤처 빌리지 따위의 표현을 쓰면 무슨 말인지 통하지 않는다. 다만 한국 사람이나 일본인들 사이에서만 통하는 말이니까.

| 벤츠
| * **머세이디스-벤쓰**

'벤쓰'는 독일의 다임러 벤츠 자동차회사(Daimler Benz AG)가 만들어 내는 자동차의 이름이고 세계의 정상급 고급차의 대명처럼 여겨지고 있다. '벤츠'는 한국에서만 쓰이는 발음이다.

'다임러'는 1890년에 독일의 엔지니어이고 발명가로 자동차용 엔진 개발자인 고트리브 다임러가 창업했고, 1902년에는 'Mercedes'라는 차 이름을 상표 등록했다.

'벤쓰'는 1883년에 칼 프리드리히 벤쓰가 창업했는데, 이 2대 메이커가 1926년에 합병하여 '다임러-벤쓰 AG'가 되었다.

1927년에는 'Mercedes'와 'Benz'로 나뉘어 생산하던 두 개 차종의 이름을 'Mercedez-Benz'로 통일하였다.

따라서 '다임러 벤쓰'사가 만드는 자동차를 한국에서처럼 '벤츠'라 부르는 것이 아니고, '머세이디스-벤쓰'라는 풀 네임으로 부른다.

그러나 미국에서는 오히려 'Benz'를 생략하고, 'Mercedes'라고만 표현하고 '머세이디스'라 발음하는 점에 유의해야 한다.

| 벳트 데이비스
| * **베티 데이버스, 벳 데이버스**

미국의 영화 배우 가운데서 'Bette Davis'가 있다. 1908년에 태어나서 1978년에 세상을 떠날 때 81세였다. 그의 본명은 Ruth Elizabeth Davis(루스 일리저벳 데이버스)였다.

강력한 개성과 연기로 1937년부터 10년 동안 할리웃에서 관객 동원을 가장 많이 한 전설적 여배우다.

1931년 "Bad Sister," "Seed," "Way Back Home," 그리고 "The Menace" 등 데이뷰 첫해에 5편의 영화에 출연한 것을 비롯해서, 1935년과 1938년에 아카데미 주연 여우상을 받은 연기파다.

1981년 5월 16일부터 연속 9주 동안이나 팝 싱글 차트에서 수위를 누린 노래 "Bette Davis Eyes"가 히트했을 때, 73세의 베티(Elizabeth의 애칭)는 노래를 부른 킴 칸스(Kim Carnes)와 작품을 쓴 다너 와이스, 그리고 가수 출신 재키 디쉐넌에게 편지를 보내 자신을 알아준 것을 감사했다. 그리고 이 노래가 그래미상까지 받게 된 것을 축하하고 이 노래 덕분에 손자로부터 아주 큰 존경을 받는 계기가 되었다며 찬사와 꽃다발까지 보냈다.

그러나 이 작품을 쓴 다너 와이스는 베티 데이버스가 1938년에 출연한 영화 "Jezebel"을 관람하기는 했지만, 이 노래는 또 다른 영화에서 악상이 떠올라 쓴 작품이지 여배우 베티 데이비스를 모델로 쓴 것이 아니라고 토로하며 멋쩍어 했다.

이 여배우의 이름을 '벳트 데이비스,' 또는 '베티 데이비스'라 표현하지만 할리웃에서 그를 부를 때는 '베티 데이버스,' 약음으로 '벳 데이버스'라 한다.

영어 이름 David인 경우는 데이비드, 또는 '데이빗'이 아니라 '데이벗'이라 발음하고, Davidson은 '데이비드슨'이 아니라 '데이벗선,' Davies인 경우에는 '데이비즈'로 각기 발음하는 점에 유의해 두자.

벼룩시장
* 플리 마킷, 야외 임시시장

노천에서 임시로 열리는 싸구려 중고품이나 골동품 시장을 흔히 '벼룩시장'이라 한다. 90년대 후반 서울을 비롯한 도심의 거리에 즐비하게 설치된 "벼룩시장" 간행물도 어지럽게 널려 있어 당국이 강제 수거한 적도 있다.

이 말은 영어의 '플리 마킷(flea market)'을 일본에서 그대로 직역하여 '벼룩(flea)'이라 옮겼고, 벼룩시장이란 말로 한때 유행하던 것을, 한국에서 그대로 본받아 쓰고 있다.

'플리(flea)'는 벼룩이나 벼룩처럼 뛰는 작은 벌레를 말하지만, 여기서는 '하잘 것 없는'이라는 뜻으로 쓰이는 속어에서 비롯된 슬랭이다. '플리 마킷'이 노천에서 임시로 열리는 중고품 시장을 뜻하고 있는데, '벼룩'이란 뜻을 가질 이유는 조금도 없는 것이다. 그러니까 '플리 마킷'은 '벼룩 시장'이 아니라, 차라리 '싸구려 시장'으로 바꿔 표현해야 옳다.

한편 일본에서는 로마자 'f'를 'ㅎ'소리로 내고, 'flea'도 '후리'라 소리내기 때문에 그들 나름대로 'free market(후리 마케또)'와 똑같은 발음이 되어버려 '가격이 자유경쟁에 따라 정하는 자유시장' 이라는 엉뚱한 해석이 나오기도 한다.

그러나 일본에서도 'flea market' 이 벼룩 시장이란 뜻이 아니라는 시비와 시정이 뒤늦게 진행되고 있다.

미국에서 'flea market' 에 대한 정확한 정의는 "상설되어 있지 않은 부정기적으로 열리는 옥외의 시장에서, 물품 값을 싸게 받고 파는 곳" 이라 했고, 영국에서는 "야외의 임시 고물시장" 의 뜻으로 쓰고 있다.

보당
* 버튼

여러 형태의 옷을 여미거나 장식용으로 쓰이는 단추를 '보당' 으로 표현한다. '보당' 은 포르투갈어의 '보땅우(batão)' 를 일본에서 들여다 쓰면서 '보단' 으로 와전하여 사용한 것인데 한국에서도 이 말을 본받아 오랫동안 사용해 온 것이다.

영어에서는 '버튼(botton)' 이라 하고, 기계적으로 눌러 만든 것은 '푸쉬 버튼(push botton)' 이라 한다.

독일어로는 '크노프(knopf),' 프랑스어는 '부통(bouton),' 이탤리어는 '보또네(bottone),' 스페인어로는 '보똔(botón),' 그리스어로는 '쿤비,' 러시아어로는 '푸가비챠' 라 한다.

보드카
* 봇카

러시아 식의 소주로 40~60%나 되는 독한 증류주의 이름 가운데 '보드카' 가 있다. 이것은 일본에서는 '우옥카,' 또는 '워드카' 라 하고 우리는 '보드카' 라 한다. 러시아에서는 '윗카' 라 발음한다. 영어로는 '봇카,' 또는 '밧커(vodka)' 라 발음한다.

보스톤 백
* 트레블링 백

밑이 넓고 긴 천으로 만든 여행용 소형 백을 흔히 '보스톤 백' 이라 한다. 그러나 정작 미국 매서추싯스 주 보스턴 시에 가서 '보스턴 백' 을 아느냐 물으면 열 사람 가운데 열 사람이 고개를 저으며 모른다고 한다.

그러나 1950년대에 보스턴 대학의 운동부 학생들이 밑이 넓고 앞과 옆에서 보면 3각형처럼 생긴 휴대용 소형 백을 사용하면서 일시 보스턴 백으로 불린 적이 있었다.

영어로는 '트래블링 백(traveling bag),' 또는 '오버나잇 백(overnight bag)' 이라 하기도 한다.

보톡스
* **보탁스**

한국 정객 중에 이마가 몹시 파인 사람이 그 주름을 펴 보이려 특수 주사를 몇 번 맞아 보았지만 별 효과가 없더라는 이야기가 정가에 화제가 된 일이 있었다. 성형외과에서 얼굴의 주름을 펴 보이기 위한 몇 가지 주사 방법의 치료가 있는 가운데 '보톡스' 라 불리는 주사약이 있다.

이것은 미국의 제약회사 Allergan이 개발 판매하고 있는 '바처리넘 탁신 A 타입(Botulinum Toxin Type A)' 이라는 주사약의 이름을 편의상 합성해서 'Botox' 라 쓰고 '보탁스' 라 부르고 있다.

그러니까 한국 의학계나 일반에서 '보톡스' 라 표현하고 발음하는 것은 전근대적인 로마자 읽기시의 발상에서 온 것임을 알 수 있다.

'바처리넘 탁신' 은 '바처라이넘(botulinum)균' 독소(毒素)를 말한다. 즉 바처리너스 중독을 일으키는 신경 독소인데, 파상풍과 같은 크라스트리디엄 세균에 의해서 만들어져 나오게 된다. 이는 지상에서 가장 강한 독으로 알려져 있는데 청산가리의 30만 배 이상의 독성이 있다는 것이다.

주름살을 펴는 주사약은 바로 이 독성을 응용하여 '바처리넘 탁신 A 타입' 으로 이름 붙인 것이다. 이것을 주름살 주변에 주사하여 근육을 마비시켜 피부 표면이 찌부러지거나 주름이 접혀지지 않도록 하는 처방약으로 쓰이고 있다.

물론 시중 약방에서 아무나 살 수 있는 것이 아니고 의사의 처방에 의하거나 의사만이 시술에 쓸 수 있는 극약의 일종이다.

'보탁스' 는 주로 눈 주변의 주름을 펴는 치료제로 주로 쓰는데 눈 옆이나 눈썹 사이(미간=frown line)에 주로 사용하지만, 이마의 주름에도 사용한다.

주름 정도에 따라 두 곳 이상의 부위에 주사를 하게 되는데, 일반적으로 미간인 경우에는 10유니트 정도, 눈썹 가장자리 쪽은 15유티트 정도를 주사하고 이마에 골이 깊은 정도라면 30유니트 이상을 주사하게 된다. 대개 5유니트마다 100달러나 받는 비싼 주사약이다.

그러나 '보탁스' 주사를 맞으면 그 약효가 3개월 정도 밖에 유지되지 않기 때문에 필요에 의해서는 수시로 주사해야 하는 반복성이 뒤따른다. 문제는 주름을 펴는 데 있어서 '보탁스'는 근본적인 영구 치료약이 되지 못하고 임시 방편으로 활용된다는 것이다.

이마에 골이 깊이 파인 사람은 '보탁스'로는 결과적인 효과가 없기 때문에 '칼러젠(collagen)'을 사용하기도 한다. 생화학 용어로 동물의 결합조직을 물에 배합해서 선과 색을 내는 추상적인 구성법이다. '칼러젠'을 쓰면 반영구적이라 선전하는 의사도 있지만 10년 정도가 지나면 노쇠한 피부가 늘어지고 시술 이전보다 더욱 험상궂게 변질되는 흠도 있다.

볼
※ 포어, 플라잉

골프 코스에서 골퍼가 친 공이 똑바로 날아가지 않고 훅이나 슬라이스가 되어 옆 코스에서 플레이를 하거나 대기하고 있는 사람 가까이 날아가는 경우가 많다. 이런 경우 공이 다른 골퍼들의 몸에 맞거나 결정적 치명상을 입힐 가능성도 있는 위험이 있다.

이를 방지하기 위해서 잘못 친 공이 날아가는 쪽을 향해 "볼!(또는 뽀올)"하고 소리는 친다. 꽤 친절한 경고처럼도 들린다. 그런데 이런 경우, 미국인들이나 영어를 쓰는 사람들은 낄낄대며 웃는다. 왜 그럴까? '볼(ball)'은 틀림없이 공을 뜻하고, 골프 코스에서야 당연히 골프 공을 말하는 것임에 틀림없다. 그런데 왜 낄낄대는 것인지 의아해 할 것이다. '볼'이란 말이 엉뚱하게도 성행위(to do the sex act)를 뜻하는 말이기 때문이다.

ball이 일반적으로 공을 말 하지만 슬랭으로는 매우 다양하게 쓰여 왔다. 19세기에서 20세기초에 미국에서 위스키 한 잔(a shot of whisky)을 뜻했고, 1920년대 흑인 사이에서는 잔치나 파티를 뜻하는 말로도 사용했다.

1950년대 미국에서는 남자의 고환, 또는 sexual intercourse를 뜻했다. 1980년대에는 크랙 코카인을 암시하는 마약 용어로도 사용되었고, 1990년대에는 어리석거나 바보 같은 사람을 지칭했다.

하여튼 여러 사람이 있는 자리에서 특정한 목적을 뜻하는 대화가 아니고, 단순히 '볼' 이라 외치는 일은 여러 가지로 오해의 소지를 낳기 때문에 잘 가려 써야 한다. 이럴 때에는 '앞쪽에 위험하니 조심하라!' 는 뜻으로 '포어(fore)' 라고 하면 된다.

보이 프렌드
* **메일 프렌드**

영어를 쓰는 나라에서 여자가 '보이 프렌드(boy friend)' 가 있다고 하면 "나는 남자 연인이 있어요." 라는 표현이다. 또 남자가 '보이 프렌드' 가 있다고 말하면 '동성애의 상대 남자' 가 있다는 말이 된다.
남자가 쓰는 '걸 프렌드' 는 마찬가지로 여자 연인이라는 뜻이다.
우리가 아무 생각 없이, 단순히 알고 친한 남자 친구가 있다는 말로 '보이 프렌드' 를 쓰고 있지만, 영어에서는 '정해진 짝', 즉 사랑하는 사이인 연인을 뜻한다.
영어 표현으로 연인 관계가 아닌 그냥 친한 사이라면 '메일 프렌드 (male friend),' 또는 '프렌드 어브 마인' 이라 한다.

뽀나스
* **보우너스**

봉급을 받는 고용인에 대하여 고정 월정급을 기준으로 일정 시기에 얼마간의 보수를 더 지급하는 것을 '뽀나스(bonus)' 라 한다. 이것은 특별수당이나 할증금의 성격을 가진 것으로 한국과 일본에서만 있는 방식의 특별상여금이다.
서양이나 미국에서는 그 성격이 좀 다르다. 구미에서의 보너스는 판매 실적이 좋은 세일즈맨이나 회사의 중역, 또는 운동선수 등에 대하여 규정 급료 이외에 지급하는 돈을 보너스라 한다. 또 회사에서 단기 이익이 발생했을 때, 규정에 없는 특별 급료를 더 지불하는 것도 보너스라고 한다.

그러니까 한국 등 극동에서 시행되는 보너스는 고정 급료의 일부로 일정 시기에 정기적으로 지급되는 급료를 말하지만, 구미에서는 고정급료와 관계없는 특별한 '덤'의 성격을 가진 것을 보너스라고 부른다.

우리가 쓰고 있는 '뽀나스'라는 발음이나 '상여금(賞與金)'은 일본식 한자 표현에서 그대로 본떠 사용된 것이다. 영어로는 '보우너스'라 소리낸다.

뽀빠이
※ **파파이**

미국의 만화에 나오는 Popeye는 1929년에 엘지 C. 시거가 만들어낸 만화의 주인공이다. 마음씨 착한 선원이 악한과 싸울 때마다 시금치를 먹고 힘이 배가하여 괴력을 낸다는 극적 요소로 인기가 높았다.

주인공 Popeye를 '뽀빠이,' 또는 '포파이'로 발음하는 것은 일본식 표현에서 흉내낸 경음화한 잘못된 발음이다. 이 만화를 만든 미국에서 '뽀빠이'라 말하면 아무도 알아듣지 못한다. '파파이'라 하기 때문이다.

잘못된 일본식 발음을 흉내낸 '뽀빠이'를 상호나 특정한 사람의 별명으로 사용하는 것은 아무래도 웃음거리가 아닐 수 없다.

뽀이
※ **벨보이**

호텔의 종업원이나, 식당 종업원 등을 일컬어 '뽀이,' '호텔 뽀이,' '식당 뽀이,' '중국집 뽀이' 등으로 쓰는 이들이 많다. 일본식 표현을 본받은 말이다.

그러나 영어에서 호텔의 현관 주변에서 손님의 짐 시중을 드는 종사원은 '포터(porter),' 또는 '벨-보이(bell-boy)'라 하고 미국에서는 주로 '벨합(bellhop)'이라 한다. 식당의 남자 종업원은 '웨이터(waiter),' 여성인 경우는 '웨이트리스(waitress)'라 해야 한다. 이때 '웨이추레스'라 발음하지 않도록 유의하자.

본넷트
*** 후드**

자동차의 앞쪽 엔진의 덮개를 '본넷트(bonnet)'라 한다. 이것은 영국에서만 통용되는 말이고, 미국에서는 '바닛'이라 발음하고 부인용 모자를 말한다.

미국에서의 바른 표현은 '후드,' 또는 '훗(hood)'이라 한다. 엔진룸은 '엔진 컴파트먼트,' 또는 '언더 훗(under hood)'이라고 말한다.

볼
*** 피치**

야구에서 '볼(ball)'이란 표현은 다양하게 쓰이는데 자칫 엉뚱한 표현이 되어 잘못 쓰는 경우가 있다.

'볼'은 야구공을 말하고, 타자가 방망이로 야구공을 치는 일도 '볼'이라고 한다. 또 수비를 하는 내야나 외야수들이 공을 보내는 일도 볼이라고 한다.

그러나 투수가 타자에 던진 공은 반드시 '핏치(pitch)'라 한다. 야구 중계 캐스터가 "투수가 하이볼로 던졌습니다." 또는 "로볼이 되었네요."라는 표현은 하이 핏치, 또는 로우 핏치가 옳은 표현이다.

또 공격팀의 타자인 경우, 피처가 핏칭한 공이 4개가 볼 판정을 얻으면 이것을 '포 볼(four ball)'이라고 하다가, 최근에는 '볼 넷'이란 표현을 쓰고 있다. '포 볼'이란 표현 자체가 일본 사람들이 만든 일본식 영어이고, '4구'라고도 한다. 이것을 옮겨 '볼 넷'이라고 한다면 아무리 좋게 생각해 보아도 우스꽝스러운 용어가 아닐 수 없다. 이것을 영어로는 '베이스 온 볼스(a base on balls),' 또는 '워크(walk)'라고 한다.

볼 펜
*** 볼 포인트 펜**

학생이나 직장인들이 가장 많이 쓰는 필기구 가운데서 아마 '볼 펜'만큼 널리 보급된 것도 없을 것이다. 이 볼펜의 등장으로 과거에 필기구의 주류를 이루던 연필이나 만년필의 위세가 극소화했을 정도가 되었다.

번거롭게 연필을 칼로 깎거나 자동 깎기 기구인 샤프너를 쓰는 번거로움이 없어서 좋은 것이다. 귀찮을 정도로 자주 잉크를 보충해서 쓰는 만년필도 그렇다.

이런 번거로움을 벗어나 펜의 끝에 넣은 아주 작은 볼이 회전하면서 잉크를 조정하는 필기용구가 개발된 것이다.

이를 영어로는 '볼 포인트 펜(ball point pen),' 또는 '볼 포인트'라 한다.

뽈
* **볼, 보올**

굴러가는 '공'을 영어로 '보올(ball)이라 한다. 일반적으로 둥근 모양의 것이거나 구기 경기나 오락을 위해 만들어진 크고 작은 공 모양을 모두 '보올'이라 한다.

또 다른 뜻으로는 대형 홀에서 갖는 정식 대무도회를 일컫기도 한다. 그런 장소를 '보올 룸(ball-room)이라 말하는 것은 바로 대형 무도장이라는 뜻이다.

그런데 '보올'을 우리 표현으로 옮겨 쓸 때는 단음으로 '볼'이라 하지만 대부분의 사람들은 이를 읽거나 표현할 때 '뽈'이라 해 버린다. 2002 월드컵의 주요 게임을 중계하는 캐스터나 해설자 모두 '뽈! 뽈! 꼴! 꼴!' 하고 절규했다. '보올 보올! 고울 고울'이라고 해야 하는데 말이다.

우선 영어에서 '뽈'이란 발음의 말은 없다. 다만 우리가 센소리를 좋아하는 경향 때문에 관용화된 표현으로 굳어져 있기 때문이다.

'버스'도 '뻐쓰'라 하고, good의 최상급인 '베스트(best)'도 '뻬스트'라고 해야만 직성이 풀리는가 보다.

부기
* **북키핑**

고등학교 특히 상업고등학교의 교과 과정에서 '부기(簿記)'라는 과목이 들어 있다. 또 재산이나 기업자본이 늘고 줄거나 변화를 기록하고 계산하는 방법을 '부기'라 한다. 이 말은 영어의 '북키핑(book-keeping)'을 일본에서 들여다 쓰는 과정에서 영어의 표현과 비슷한

순수한 우리말 찾기 품앗이

한자를 골라 'ぼき(簿記)'라 표기한 데서 나온 말이다. 한국에서는 일본에서 의역한 한자를 그대로 음역하여 '부기'라 부른 것이다.

부라보
* **브라보**

갈채를 치면서 하는 소리로 'bravo'가 있다. 이 말은 이탤리어에서 칭찬으로 쓰는 말인데 남자에 대하여는 '브라보(bravo)'라 하고 칭찬의 대상이 여성인 경우에는 '브라바(brava)'로 구분하여 쓴다. 1761년부터 쓰이기 시작한 말이다.

이 말을 영어에서도 받아들여 이탤리와 똑같이 갈채를 뜻하고 통신용어에서 쾌재를 뜻하는 이니셜로 브라보의 머릿글자 'B'를 쓰기도 한다. 또 가수 등에게 절찬을 보내면서 갈채와 환호의 소리로 '브라보우,' 여성 아티스트에 대하여 '브라바'를 연호하기도 한다. 이 말은 프랑스에서도 받아들여 '브라보'라고 쓴다.

그러나 일본에서는 이를 'ブラボ(부라보)'로 표현했고, 한국에서도 일본식 표기와 발음에 의해 '부라보'로 잘못 쓰고 있다.

또 동료나 친구와 어울려 술잔을 부딪치면서 '부라보'를 외치는 이들도 있다. 그러나 숨잔을 부딪히거나 술자리에서는 절대로 '브라보'가 어울리지 않는 표현이다.

술잔을 부딪히며 하는 격려의 소리는 영어에서 '치어스(cheers),' '토스트(toast),' 독일어에서는 '쑤트린켄(zutrinken),' 프랑스어로는 '또스트(toast),' 이탤리어에서는 '브린디씨(brindisi),' 스페인어로는 '비린시스(brindis),' 일본말로는 '칸파이(乾杯)'라 한다.

부루스
* **슬로우 댄스**

느리고 우수 어린 감상적 분위기의 4박자 음악에 맞춰 추는 춤을 '부루스'라 한다. 그러나 볼룸 댄스에서 '부르스'라는 춤의 형태는 없다. 다만 '폭스 트랏(fox-trot 참조)' 형태의 슬로우-슬로우-크윅-크윅의 4분의 4박자 스텝에서 느린 음악에 맞춰 추는 춤을 즐기던 일본 사람들이 붙인 별칭 표현을 그대로 본받은 것뿐이다.

그나마도 영어의 '블루스(blues)'를 일본식으로 발음한 것이 바로

'부루스'다. 블루스는 미국 흑인 사이에서 가난하고 슬픈 생활을 스스로 달래면서 4박자의 애조 띤 노래나 그 음악 형태를 일컫는 말이다. 전래민요나 목가, 또는 흑인 영가를 바탕으로 하여 20세기 초 흑인 작곡가 크리스타퍼 핸디에 의해 그 형태가 생겨나기 시작했다. 그는 "Saint Louis Blues" 의 작곡가로도 유명하고, 블루스의 아버지로 불린다.

한편 흑인들의 '블루스'와 일본 표현의 '부루스'와는 전혀 다른 의미이기 때문에 서로 혼동하지 않도록 유의해야 한다.

일본에서는 음악의 형태에서 느리고 우수 어린 분위기를 두고 '부루스'라 했고, 자국의 대중가요나 번안된 외국의 음악곡들에도 "xxxx 부루스"라는 제목을 달기 좋아한다.

한국에서는 이것을 아무 의미 부여도 없이 그대로 답습한 것이 바로 '부르스 곡'이니 '부루스 춤' 따위로 와전된 것이다.

한편 '블루스'와 '브루스(Bruce)'라는 사람 이름도 혼동하지 말아야 한다. 언젠가 TV의 게임쇼 진행으로 유명하던 한 아나운서는 한 미국 출연자의 이름을 묻는 질문에서 그의 이름이 '브루스'라 하니까 "아! 부루스를 참 잘 추시겠네요."라 했으니 이 얼마나 당혹스런 무지였던가!

춤에서 느린 템포는 그냥 '슬로우 댄스'라 하고, 느리고 우수 어린 음악은 '센티멘털 무드'라고 한다.

부메랑
* **부머랭**

'부메랑'이라는 게 있다. 오스트랠리아나 뉴기니어의 원주민들이 사냥에 쓰는 'ㄴ'자 모양의 굽은 나무로 만든 날리는 도구를 말한다. 길이는 약 50cm가 되는데, 바람을 가르듯 공중에 던지면 100m 내지 150m쯤 날아갔다가 던진 장소로 되돌아오도록 만들었다.

이를 영문 표기로는 'boomerang'이라 하는데 일본에서 'ブーメラン(부메란)'이라 표기한다. 한국에서는 일본 표기를 본받아 로마자 읽기식으로 '부메랑'이라 표기하고 발음하고 있다.

영어 발음으로는 '부머랭'이라 한다. 이 '부머랭'을 빗대어 '부머랭 효과,' '부머랭 베이비'라는 말이 심심치 않게 쓰이고 있다.

'부머랭 효과'는 boomerang effect라 해서 선진국이 개발도상국을 대상으로 시행하는 경제원조나 자본투자의 결과, 현지 생산을 통해 제품이 현지 시장의 수요를 능가하게 하고, 또한 선진국에 역수입하게 하여 선진국의 관련 산업과 경쟁을 하게 되는 현상을 일컫는 말로 쓰이고 있다.

이 해석이 일본의 카타카나어 사전에 수록된 내용인데 한국의 일부 국어사전이나 D일보에 펴내는 〈현대시사용어사전〉에까지 똑같은 주석을 달고 있다. 일본에서 만든 말로 그들이 해석한 내용을 그대로 번역하여 마치 우리말처럼 표제를 달고 주석한 것이다.

이 사전들이 '부메랑 효과'라 표제를 단 것부터, 주석에 이르기까지 일본의 그것을 그대로 옮겼듯이, 이 '부메랑 효과'라는 말이 영어에는 없는 일본에서 만들어 쓰고 있는 일본식 영어인 것이다. 그래서 일본 표기에서 본받은 '부메랑'이라 표기했을 것이다.

한편 '부메랑 베이비'란 말도 쓰는데 이것은 대학을 졸업하고도 취업하여 자립을 못하고 부모에게 돌아오는 젊은이를 일컫는 말로 쓰고 있다. 이를 '부머랭 킷(boomerang kid)'이라 표현하기도 한다.

부킹
* 레저베이션

호텔이나 비행기 티켓, 또는 골프장에 예약하는 일을 흔히 '부킹(booking)'이라 표현하는 사람들이 많다.

'부킹'은 미국에서는 잘 쓰지 않고, 영국에서 즐겨 쓰는 말이다. "Can I make a booking for two nights?"라는 식으로 호텔방을 예약하거나, 열차 여행(travel by train)을 하려 할 때 특정한 날짜와 시간을 미리 정하여 자리를 예약하는 일에 쓰이는 말이다. 또 무대 출연 예능인이나 배우가 특정 작품에 대한 출연 예정을 계약할 때도 '부킹'이란 말을 쓴다. 골프장 예약을 두고 부킹한다는 말을 즐겨 쓴다. 그러나 영국이나 미국 등 영어권 어느 나라에서도 골프장에 대하여 이용 날짜나 시간을 예약할 때 이를 '부킹' 이란 말을 쓰고 있지 않다. 미국에서는 골프장 예약이나, 호텔 숙박 예약, 그리고 열차나 장거리 버스 등의 예약은 모두 '레저베이션(reservation)' 이란 표현을 주로 쓴다.

부츠
* **부쓰**

겨울이면 신발 가운데 부츠의 수요가 크게 늘어난다. 우리는 목이 긴 구두를 '부츠' 라 표현한다. 영어의 'boots' 를 부츠라 부르는 것이다. 흔히 장화나 여성용의 목이 긴 구두, 스키화 등을 일컫는다. 단화를 '슈스(shoes= 슈즈보다 슈스가 가까운 발음)로 부르는 데 반해 목이 긴 구두를 '부츠' 로 구분하는 것이다.

그러나 영어 표현으로는 '부츠' 가 아니라 '부쓰' 에 더 가까운 소리를 낸다. 어미 '-ts' 가 '츠' 소리를 내는 것이 아니고 '엇쓰' 로 소리내고 '쓰' 에 가까운 소리를 낸다는 점을 '스포쓰' 항목에서 설명한 대로다.

'부쓰' 는 크게 3가지 형태로 구분한다. 무릎 밑까지 올라오게 만든 것을 일반적으로 'boots' 라 하고, 발목 바로 위까지 올라오는 것을 '앵클 부쓰(ankle boots),' 그리고 허벅지 언저리까지 올라오면서 꽉 쪼이게 신는 것을 '싸이 부쓰(thigh-boots)' 로 구분한다.

이 가운데 발목 바로 위까지 올라오는 부쓰를 한국에서는 '앙겔 부츠' 로 표현하는 이들이 있다. 이는 일본 표현 'アンクルブーツ(안쿠루 부쑤)' 를 본떠 쓰는 과정에서 와전된 표현이다.

북커버
* **북 재킷**

책의 표지를 보호하기 위해서 따로 종이나 플라스틱 등으로 감싸는 일을 흔히 '북 커버(book cover)' 라고 하는데 이것은 '북 재킷(book jacket),' 또는 '래퍼(wrapper)' 라 해야 옳다.

북 커버는 출판사에서 책을 제본할 때 앞뒤의 표지로 만든 것을 말하고 이것을 사용자가 북커버를 보호하기 위해 감싸는 것은 북 재킷이 되기 때문이다.

그러나 출판사에서 새로운 책을 발매할 때 두툼한 종이로 커버를 씌우는 일이 있는데 이것도 북 커버가 아닌 '북 재킷'이라 한다. 일본에서 발간되는 책은 거의 모두가 이 북 재킷을 씌워 출고하고 있다.

미국에서는 공공 도서관의 책들 대부분에 북 재킷을 끼웠다. 또 초등학교에서 고등학교까지의 의무교육용 교과서도 무료 대여해 주기 때문에 학생들이 빌려쓰는 동안 사용자의 이름을 적는 칸에 자기 이름을 쓰고, 북 커버에 적절한 재질의 북 재킷을 씌워 쓰고 있다.

분기점
* 정크션

'분기점'을 우리는 고속도로 등에서 다른 노선으로 접속되어 나뉘어지는 교차로라는 뜻으로 사용하고 있다. 이를테면 '경부고속도로에서 호남고속도로로 갈라지는 회덕분기점' 등으로 사용하고 있다. 그러면 호남고속도로에서 경부고속도로에 진입할 때의 표현에 문제가 생긴다.

'분기점'은 철도인 경우 노선이 갈라지는 지점을 일컫는 철도 용어로 쓰이는 말이고, 영어로는 '터닝 포인트(turning point)'가 되어 '인생의 전환점' 등을 표현할 때 쓰이는 말이다. 자동차 도로에서 '분기점'이란 표현은 성립이 되지 않는다.

분기점이란 일본말의 'ぶんきてん(분키텐=分岐点)'에서 왔다. 도로나 노선 등이 2개 이상의 방향으로 나누어지는 지점이라고 했다.

결국 한국도로공사에서 사용하고 있는 '분기점'이란 용어는 바로 일본의 도로용어를 그대로 한자 음역하여 쓰고 있음을 알 수 있다.

미국에서는 하이웨이나 프리웨이(고속도로) 등에서 2개 이상의 다른 번호의 노선이 만나 교차하는 지점을 도로공학 용어로는 '정크션(junction)'이라 한다.

영어에서 '정크션'을 도로용어로 쓸 때, 큰 도로가 합류하는 구조를 뜻하는 말로 쓴다. 또 도심 등에서도 교차점을 말하기도 하지만 미국에서는 '인터섹션'이란 표현이 일반적이다.

따라서 우리가 쓰고 있는 '회덕분기점'은 '회덕 합류점'으로 바꿔 표현하는 것이 옳을 것 같다.

붐(유행)
*패드(거품 유행)

일시적으로 사람들이 어떤 일에 대하여 모방하거나 따라하는 현상을 흔히 '붐(boom)'이라고 한다. 그러나 본래 '붐'은 갑작스레 경기가 좋아지거나, 갑작스레 인기가 높아지고 있는 현상을 두고 쓰이는 말이다.

또 공업이나 산업의 발달로 갑작스레 경제활동이 활발해지고 인구가 급속히 팽창하는 현상을 두고 '붐타운(boom town)'이란 표현도 쓴다.

그러나 "올 봄은 노란 색깔의 옷이 붐이다."라 할 수 없다. 이런 경우처럼 일시적 유행에는 '붐'이 아니고 '패드'로 써야만 옳다. 일시적인 유행, 거품 유행은 '붐'이라 하지 않고 '패드(fad, 실제 발음은 팻)'라고 한다.

뷰케
*부케

결혼식장에서 예식이 끝날 무렵 신부가 갖고 있던 꽃다발을 뒤로 던지면 예비 신부감이 받게 된다는 풍속이 있다. 이 때 신부가 갖고 있던 꽃다발을 '부케'라고 한다. 또 옷이나 모자 등에 장식용으로 생화나 조화로 장식하는 것도 '부케'이다.

그런데 일반적으로 이를 '뷰케'라 말하는 이들이 많다. '뷰케'는 프랑스어 '부케(bouquet)가 잘못 전해진 발음이다.

프랑스어에서 'bouquet'는 '부케'로 발음하면서 작은 숲이라는 말로 쓰다가 요즘에는 꽃다발, 다발, 묶음, 포도주나 코냑 등의 향, 작은 숲, 시나 노래말 등의 모음 등을 뜻하는 명사다.

미국에서는 '부케이'로 발음하면서 의식이나 선물에 쓰는 꽃다발을 말하고, 와인이나 브랜디 등의 독특한 향기, 방향, 따위를 뜻하기도 한다. 또 연기나 문예작품의 형상을 빗대어 "향기 있는 작품," 또는 "기품 있는 연기" 등을 나타내는 말로도 쓰인다.

순수한 우리말 찾기 품앗이

| 브라운 관 | 텔레비젼의 수상기를 흔히 '브라운관' 이라 하고, 텔레비젼의 별명처럼 쓰는 경우가 있었다. 아마도 독일의 물리학자 카알 브라운(Karl Braun)이 1897년에 발명한 것이기 때문에 그 이름을 본떠 붙인 것이라는 것을 이내 알 수 있다.
* 튜브 |
|---|---|

그러나 이를 정작 독일에서도 '브라운서 뢰러(Braunsche Röhre)' 라 하지만 미국이나 영어를 쓰는 나라에서는 '브라운 튜브(브라운관이란 말)' 라 하면 통할 리 만무하다.

텔레비젼 용어에서는 그런 표현을 채택하거나 사용하지 않고, 다만 일본 사람들이 즐겨 쓰는 일본식 영어 표현이기 때문이다.

올바른 영어 표현으로는 '튜브,' 또는 '픽쳐 튜브' 이고 그 기술자들은 '캐소우드 레이 튜브(cathode ray tube)' 라 하고, 이를 줄여서 CRT 라 하기도 한다.

| 브라다 걸 | 행동이나 복장을 남자처럼 하는 남성적 여성을 두고 '브라다 걸(brother girl)' 이라 말하는 사람들이 있다. 아마도 남자 형제인 브라더(brother)에서 인용해서 남자 형제 같은 여자라는 의미를 품은 표현인 듯한데 사실은 일본에서 만들어 쓰고 있는 일본식 영어 표현이다. 영어에는 이런 말이 없다.
* 탐보이 |
|---|---|

영어로는 '탐보이(tomboy),' 또는 '조오지 걸(George girl)' 이라 한다. 1966년 크리스마스 시즌에 유행하던 호주 출신 팝-포크 4중창단 '씨커스(The Seekers)' 가 불러 유명한 "George Girl"이 바로 남성복장을 즐겨 입고 남자처럼 활달한 아가씨를 두고 노래한 것이다. 그렇다고 레스비언을 뜻하는 말을 아니다.

| 브라질 | 남어메리카 대륙 가운데서 가장 큰 나라 'Brazil' 은 카니벌로 유명하지만, 월드컵의 단골 우승국다운 '싸커(soccer)' 의 나라로 더욱 큰 명성을 갖고 있다.
* 브래실, 브래시얼 |
|---|---|

2002 월드컵에서도 준결승전(쎄미파이널스)에서 터키를 누르고 결승

전에 진출하여 독일과 자웅을 겨루기도 했다. 우리는 이 나라를 '브라질'로 표기하고 발음하고 있다.

브라질은 남어메리카 대륙의 47%를 차지하고, 국토는 세계에서 5번째로 넓다. 포르투갈 사람을 중심으로 한 백인이 절대 우위를 차지하면서 원주민 인디오와 아프리카에서 끌려온 흑인이 얽힌 다민족 국가이기도 하다. 1822년에 포르투갈의 식민지를 벗어나 독립했고, 인구 1억5천여 만 명 가운데 89%가 캐톨릭 신자이다.

이 나라의 공식 명칭은 '헤푸브리까 페데라티바 도 브라시우(Republica Federativa do Brasil)'이다. '브라지우'처럼 들리지만 오히려 '브라시우' 쪽이 더 가깝다.

Brazil 자체에서는 '브라시우'라 하고 '포르투갈'은 '뽀르뚜가우'로 발음한다. 포르투갈어에서 어미에 'l'이 오면 '엘'이 아니라 '우' 소리를 내기 때문에 '브라시우,' '뽀르뚜가우'라 한다.

지금의 수도는 '브라실리아'지만 이전에는 '히오 즈 자네이루(Rio de Janeilo)'라 발음하는 점도 오히려 생소하게 들린다. 스패니쉬에서 'J'가 '흐' 사운드를 내지만, 브래실에서는 'J'는 '즈'처럼 발음하고, 'R'이 머리에 올 때는 '흐' 소리를 내는 것도 생소하다.

영어로는 'Brazil'이라 표기하지만 그 발음은 '브래시얼'처럼 들리고, '-z-'는 '즈'가 아니고 '-시-'에 가까운 탁음이다.

브로마이드
* **싱글 포터그랩**

배우나 가수의 초상이나 인물 사진을 흔히 브로마이드, 또는 프로마이드라고 한다. '브로마이드(bromide)'는 사진 인화지의 일종인 브로마이드 특수종이로 만든 사진을 말한다. 이것을 일본에서 1921년부터 배우의 대형 초상사진을 쓰기 시작하면서 배우 등 대중 인기스타의 사진을 제작하는 일을 '브로마이드'로 쓰다가 '브' 사운드가 은연중에 '푸-'로 와전되어 '푸로마이도'로 쓰고 있는 일본식 영어 표현이다.

'브로마이드'는 감광제로 쓰이는 화학약품의 이름이고, 브로마이드

인화지로 만든 사진을 의미했다.

영어로는 '싱글 포터그랩(single photograph),' 또는 '포토 오브 스타(photo of star)'라 한다.

VTR *브이티알
* VCR

영화나 TV 용어 가운데서 비디오로 보는 화상(畵像), 또는 영화를 담은 테이프를 '브이티알(VTR)'이라 불러 왔다. 영어로 'videotape recorder'라 쓰고 그 머리글자를 딴 것인데 영어에는 그런 표현이 존재하지 않는다. 즉, VTR이란 표현은 일본에서 만들어 쓴 일본식 영어 표현이기 때문이다. 이것을 한국에서 그대로 들여다 VTR이란 표현을 썼고, 아직도 미디어에서까지 아무렇지도 않게 쓰고 있다.

영어로는 '비디오 카셋 리코더(videocassette recorder)'라 하고 줄여서 '비씨알(VCR)'이라 한다. 여기서 'V'는 '브이'로 발음하지 않고 '비'로 소리내는 점에 유의하자.

VCR은 영상과 음성을 자기 테이프에 기록했다가 재생하는 장치를 말하는데 1956년에 미국의 앰펙스사(Ampex Co.)가 개발한 상표 이름이고 그대로 일반화된 명칭이 되었다.

VTR이라 하면 비디오 테이프를 녹화하는 기계라는 뜻을 가질 수는 있겠지만 영어에서는 그런 표현도 쓰지 않는다. 한편 VCR은 공항의 관제탑(airport control tower)에서 'visual control room'의 약어로도 쓰고 있다.

블랙 아웃(리허설)
* 블랙아웃(통제)

'블랙-아웃(black-out)'이라고 하면 일반적으로 정전을 뜻한다. 완전 소등, 등화관제를 뜻하고 항공기의 조종사가 비행 중 급강하할 때, 일시적으로 시각을 상실할 때도 이런 말을 쓴다.

미디어의 용어로는 'blackout'이란 원 워드(한 단어)로 쓰고, 신문이나 뉴스의 '보도금지'를 뜻한다. 극(劇) 용어로는 악극 등에서 배우가 갑자기 대사나 연기를 건너뛰거나 마지막 장면을 거르는 일을 말한다.

또 TV에서는 뉴스의 통제를 말하기도 하고, 야구 중계방송에서 홈팀이나 리그와의 협의에 의해서 특정한 지역에 대하여 중계를 봉쇄하는 일도 '블랙아웃' 이라 한다.

그런데 한국의 한 "방송대사전"에서 '블랙 아웃' 이란 표제를 "스케치하는 것, 또는 어떤 장면을 녹화하기 전에 그 장면에 있는 움직임을 한번 해 보는 것을 말한다"는 주석을 붙여 놓았다. 웹스터 미디어 & 커뮤니케이션 사전이나 웹스터 대사전에서 그런 뜻을 찾아 볼 수가 없다.

| 블랙 비어
| * **박 비어**

무더운 여름철에 흑맥주가 갈증을 덜어주는 별미라 여기는 맥주 애호가들이 있다. 그런데 우리나라에서 흑맥주를 영어 표현으로 '블랙 비어(black beer)' 라 하는 이들이 대부분이다.

그러나 이 말은 일본 사람들이 만들어 낸 일본식 영어다. 영어로 흑맥주는 '박 비어(bock beer)' 라 하고, 영국에서는 '스타웃 비어(stout beer)' 라 일컫기도 한다.

| 블랙 커피
| * **스트레잇 카피**
| (코피)

커피에 설탕이나 크림, 밀크, 또는 브랜디나 잼 등을 넣지 않고 그냥 마시는 커피를 흔히 '블랙 커피' 라 말한다.

1948년에 폴 프랜시스 웹스터가 시를 쓰고 쏘니 버크 곡을 붙여 49년에 새러 본이 노래하여 13위까지 피크한 "Black Coffee" 가 있었다.

적막한 기분에 잠을 이룰 수 없어서 밤을 설치며 블랙 커피를 마신다는 내용이다. 그러나 이 노래에서 블랙 커피는 설탕과 크림을 넣지 않은 커피라는 뜻이 아니고, 다만 커피를 여느 때보다 짙게 끓여 마시며 잠을 쫓았다는 말이다.

여러 가지 영영사전에 보면 'black coffee' 를 표제어로 다룬 사전을 보기가 힘들다. 그런데 일본에서 만든 영화(英和)사전들을 보면 'black coffee' 가 올라 있고 "미루쿠(밀크) 쿠리무(크림)를 넣지 않은 짙은 코히(카피)"라고 설명하면서 'white coffee' 란 말도 있다고 했다. 'white coffee'는 "미루쿠와 쿠리무가 들어 간 코히"라는 것이다. 이들 블랙이니 화잇 커피가 영어에는 없는 말임은 물론이다. 그런데 한국에서 편집되어 발간되는 대부분의 '영한사전'에 보면 일본의 '영화사전'을 그대로 옮기고 있음을 쉽게 발견하게 된다.

우리 표현 '블랙 커피'는 일본 사람들이 'ブラック コーヒー'라 적는 영어 단어 'black coffee'를 일컫는 말이 좋아 보였던지 한국에서 그대로 들여다 쓴 것이다.

영어 표현으로는 그냥 카피, 또는 코피라 하고 더러 '스트레잇 카피(straight coffee)'란 말도 자주 쓴다.

미국에 사는 한국인들 사이에서는 한국에 살 때 커피는 으레 설탕이나 크림을 타서 마시는 것이 습관처럼 되어 있던 것에 비유해서, "커피에 설탕과 크림을 다 타서 마시면 '불법 체류자'이고, 커피에 크림만 타 마시면 '영주권자', 그리고 커피와 설탕 모두 넣지 않고 블랙 커피로 마시면 '시민권자'로 알아본다"는 농담도 자주 듣는 말이다.

여기에서 '커피'란 표현은 한국에서만 쓰는 말이고, 영어나 다른 언어권에서는 '코피,' 또는 '카피'라 발음하는 점에도 유의해 두자.

블랙 코미디(작품)
* **블랙 카머디(휴머)**

블랙 코미디라는 말을 자주 듣는다. 영화에서, TV 드라마에서, 또는 코미디 프로그램에서 자주 인용이 된다. 그런데 '블랙 코미디'를 한 '방송대사전'에서는 "어두운 느낌을 주는, 잔혹하고 통렬한 풍자를 내용으로 하는 희극"이라 하고, 현대에 와서 특히 체제에 대한 비판을 이와 같이 우회적이고 굴절된 형식으로 표현하는 경향이 강하다고 덧붙이고 있다. 또 한 국어사전에는 "음침하고 빈정거림, 풍자, 잔인성, 섬뜩한 내용을 담은 희극작품"이라고도 풀이하고 있다.

그러나 'black comedy'는 희극작품이나 코미디물이 아니라, 음울하고 소름이 끼칠 정도로 세상이나 어떤 상황을 빗대어 백안시하거나 냉소적인 표현으로 하는 휴머를 말한다. 이를 '블랙 휴머(black humor)'라고도 한다. 'comedy'는 미국에서 '카머디'로 발음한다. 따라서 그런 내용이 포함된 영화는 '블랙 코미디 영화'가 아니라, '블랙 카믹 영화,' 또는 '블랙 휴머 드라마' 등으로 표현이 된다.

| 블레이저(남자용) |
| *브라자 |
| * **브러지어(여자용)** |

'블레이저(blazer)'와 '브러지어(brassiere)'는 발음이나 표현이 엇비슷하지만 서로 크게 다른 점에 확실한 인식이 필요하다.

'블레이저'는 일반적인 1항의 설명은 선전하는 사람을 말하지만, 2항에서는 남자(경우에 따라서는 여성도)가 입는 캐주얼 재킷을 의미한다.

일부 영한사전에서는 "(고운 빛깔의 플란넬로 만든) 운동선수용 상의," 또는 "블레이저 코트(화려한 스포츠용 상의)"라고 설명하고 있다. 그러나 이런 설명은 공교롭게도 일본사전을 그대로 번역한 그릇된 설명이다.

'블레이저'는 밝은 단일 색상이나 골이 진 옷감으로 만든 클럽이나 학교, 오케스트러의 뮤지션들의 유니폼으로 입는 스포쓰 재킷이다. 보통 아웃사이드 파킷을 달고, 가슴 호주머니에 특정 로고를 새겨 넣으며, 철제 단추를 다는 것이 특징이다.

그러니까 흔히 우리가 쓰는 양복의 아래위의 옷감과 색상이 다른, 컴비의 겉저고리쯤으로 이해하면 된다. ('컴비' 항 참조)

'브러지어'는 여성의 가슴의 균형을 잡도록 두르는 것인데, '브라(bra)'라 줄여 부르기도 한다. 통속적으로 부르는 '부라자'는 일본식 발음이다.

| 블루버드 |
| * **블러바드** |

도시의 도로 형태 가운데 넓고 긴 길에 대하여 'boulevard'라는 표현을 쓴다. 길 양쪽에 나무와 풀, 꽃 등을 심어 조경을 한 길이라는 뜻이다. 또 특정 고유명칭을 앞에 붙여 길 이름(street name)으로 쓰여지기도 한다.

'Boulevard'는 프랑스어 '불바아르'에서 왔는데 옛날 성벽자리를 둘

순 수 한 우 리 말 찾 기 품 앗 이

러싼 도로를 말했다. 우리 표현으로 하면 '대로(大路)에 해당하고 '올림픽대로'가 Olympic Boulevard로 표기할 만하다.

영어에서 쓰는 Boulevard는 프랑스어에서 그대로 들여다 쓰면서 '블러바드'로 발음한다. 그런데 많은 한국인들 가운데는 이를 '블루버드'로 표현하기도 하는데 자칫 'bluebird'로 오인되기 쉽다.

|비닐 빽
|* **플래스틱 백**|

수퍼마켓이나 일반 상점에서 물품을 구입한 손님에게 상품을 넣어주는 봉지로 종이 봉지(paper bag)가 아니면 비닐 백(vinyl)을 쓴다.
그런데 영어로는 이를 '비닐'이라 하지 않고 '플래스틱 백(plastic bag)'으로 표현한다. 일상적으로도 vinyl보다는 plastic으로 쓰는 경향이 많다.

그리고 vinyl도 '비닐'이라 하지 않고 '바이늘'로 발음한다. 비교적 얇은 합성수지를 '플래스틱'으로 부르는 반면, 꺾이지 않는 두터운 제품을 '바이늘'로 부르는 경향이 있다. 이를테면 플래스틱으로 만든 LP나 EP 등의 레코드판도 이를 '바이늘 디스크,' 또는 '바이늘'이라 한다.

|비닐 하우스
|* **그린 하우스,
플래스틱
그린 하우스**|

야채나 과일, 또는 꽃 등을 재배하기 위해 밭에 마련한 비닐 덮게 온실을 흔히 '비닐 하우스'라고 한다. 영어에서 '비닐(vinyl)'은 '바이늘'이라 발음하고, 우리가 흔히 쓰고 있는 얇은 막은 '플래스틱'이라 말한다. 따라서 '비닐 하우스'가 아닌 '플래스틱 그린 하우스,' 또는 '그린 하우스'로 표현해야 제대로 된 표현이 된다.

영어에서 '그린-하우스(green-house)'는 유리 같은 것을 써서 연한 식물 등을 재배하거나 보호하는 구조물이다. 우리 표현으로 온실과 같은 것이다.

또 비행기 등을 보호하기 위해 투명 플라스틱으로 겉을 둘러친 것을 뜻하는 말로 쓰이고 있다.

이런 방식을 응용하여 플라스틱으로 온실을 만들고 비철의 채소나 과일, 꽃 등을 재배하는 온실 역할을 하는 것이다. 그래서 더러 '핫 하우스(hot-house)'란 표현도 쓴다.

우리는 좀 부드러운 수지는 '비닐'이라 하고, 딱딱한 제품을 '프라스틱'이라 부르고 있는데 이것은 일본에서의 쓰이고 있는 용어의 표방에서 비롯된 것이다.

'비닐'은 원래 합성수지의 총칭으로 학술적 전문용어에서 주로 쓰이고, 이를 매개로 상품화된 일반 생활 용품은 '플래스틱'이라 표현하고 있다.

비로도
* **벨벳**

'비로도'는 특수 직물의 일종이다. 감의 표면이 아주 미세한 부드러운 털을 드리우고 빛을 받으면 번쩍이는 광채를 낸다. '비로도'는 포르투갈어의 '벨루두(veludo)'에서 들여온 일본식 발음의 와전된 표현이다. 이를 일부 국어사전에서 '비로드' 따위로 고쳐 올린 것은 난센스다. 영어에서는 '벨벳(velvet),' 또는 '벨버틴(velveteen)'이라고 한다.

비바리 힐즈
* **베벌리 힐스**

미국 캘리포니아 주 로스 앤젤러스 시의 서쪽에 8평방km의 특정한 지역을 독립 행정시로 정하고 '베벌리 힐스 씨티(City of Beverly Hills)'가 설정되어 있다.

이 도시의 북부 일부가 산기슭이기는 해도 시 전체가 이름처럼 언덕에 이루어진 것은 아니다. 거목의 숲 속에 대저택이 즐비하고, 할리웃의 대스타나 거부들이 몰려 산다 해서, 이 도시의 이름이 부의 상징처럼 되어 있다.

중학교를 겸한 초등학교(유치원-8학년)가 4개, 고등학교(베벌리 힐스 하이스쿨)가 1개교 등, 모두 5개의 학교만으로 특별 교육구를 형성하고, 학교전용 케이블 TV가 2개 채널, 시정, 시관련 채널이 2개 등 케이블 TV의 전용 채널이 4개나 있고, 이 도시 전용 교통방송 1개가 갖추어져 있을 정도로 특출난 도시 형태를 이루고 있다.

순 수 한 우 리 말 찾 기 품 앗 이

특히 미국 최고급 샤핑 거리를 자랑하는 '로디오 드라이브'는 세계 고급 샤퍼들의 선망의 장소로도 유명하다.

이 도시의 이름을 '비바리 힐즈,' '비버리 힐즈' 등으로 표현하는 이들이 많다. 아마도 일본식 표기인 '비바리 히루즈'에서 본받은 것이 틀림없을 듯하다.

'베벌리 힐즈' 약음으로는 '베버리 히얼스'처럼 발음하지만 '베벌리 힐즈'처럼 '-즈' 사운드는 내지 않는다.

비아그라
* **바이애그러**

미국 파이저회사(Pfizer)가 개발한 성인 남성용 발기부전 치료제 'Viagra'가 미국 의약국(FDA)에 인정을 받고 시판하기 시작한 것은 1998년 4월부터였다. 강장제라면 곰의 쓸개에서부터 태아의 태까지 마다하지 않고 구해 먹기로 소문난 일부 사람들에게는 귀가 번쩍 뜨이는 신약으로 들릴 것이 틀림없다.

이를 한국에서는 로마자를 이탤리어나 스페인어 식으로 읽어 '비아그라'라 표현하는 것은 잘못이다. 미국에서 만든 약이고, 미국에서는 이름 '바이애그러'라 발음하기 때문이다.

우리의 표기나 발음이 웬만한 외국 발음을 흡수할 수 있을 만큼 우수한데도 대부분을 로마자 표기의 굴레에서 벗어나지 못하는 타성은 안타깝다.

비엔날레
* **바이에니얼**

2년마다 있는 일, 2년 계속되는 일, 2년마다 열리는 경기, 또는 행사를 영어로 '바이에니얼(biennial)'이라 한다.

일본에서 2년에 한번씩 개최하는 국제적인 미술전람회를 '비엔나레'라 표현하고 있는데 이것은 이탤리어 '비엔날레(biennale)'를 도입하여 사용하고 있는 용어를 한국에서 일본의 표기를 그대로 들여다 쓴 것이다.

즉 이탤리에서는 2년마다 열리는 행사를 '비엔날레'라 하면서 짝수가 되는 해의 5월부터 10월까지 로마에서 열리는 현대 회화와 조각

전람회를 가리키는 말로도 쓰여지고 있다. 그 발음은 '비엔나알레'처럼 '-나-'를 길게 소리낸다.

비 올 확률
* 레인 챈스

기상청이 비나 눈이 얼마만큼 내릴 것인지, 그렇지 않을 것인지에 대한 확률로 표현하는 예보를 '확률 예보'라 하고 영어로는 '프라버비리티 포어캐스트 어브 레인폴(probability forecast of rainfall)'이라 한다.

기상청에서는 1mm이상의 비 또는 눈이 내릴 확률의 예보를 내고 있다. 예보 가운데 "강수 확률이 70%(rain or shower chance 70%)"라 하면, 이 같은 예보가 10번 나올 경우 7번은 1mm 이상의 비 또는 눈이 내릴 것이라는 의미이다.

만일 100%라 하면 1mm 이상의 비 또는 눈이 반드시 내리지만 큰비가 내려 장마가 진다는 뜻은 아니다.

일부 방송에서는 이 확률을 '몇 퍼센트의 지역에서 비가 내릴 것,' 또는 '비가 올 확률이 몇 퍼센트'라는 식의 예보를 내어 웃음거리가 되기도 했다.

비자(사증)
* 비싸

미국에 여행 오는 외국인들에 대한 비자(Visa)의 1회 최장기간이 6개월에서 3개월로 크게 줄어들었다 해서 미국을 방문하는 외국인의 수가 현격하게 줄어드는 현상을 낳았다며 수정이 불가피한 모양이다.

자기가 속한 나라에서 다른 나라로 여행을 하려면 그 상대국의 대사관이나 영사관에 입국 허가서의 성격을 갖는 '비자'를 신청하게 된다. 우리는 이를 '비자'로 표기하고 소리를 낸다.

그러나 세계 어느 나라도 'visa'를 '비자'로 소리내는 나라는 없다. 행여 미국이나 다른 나라의 세관에서 '비자가…'라 말하면 금방 알아듣지 못한다. '빗서,' 또는 '비써'로 발음하기 때문이다.

한편 크레딧 카드 가운데서 세계적으로 가장 보급률과 이용 회원이 많은 'Visa Card'인 경우에도 '비자 카드'가 아닌 '비써 카아드'라 소

비지니스
* **비즈니스, 비스니스**

직무나 사무를 비롯해서 사업, 용무, 상점이나 회사를 일컫는 business를 '비지니스'라 표현하는 이들이 많다. 이것은 일본식 발음에서 흉내낸 것이다.

모음이 변화무쌍한 영어의 특성을 무시하고 영어를 스페인어나 이탤리어식인 로마자 읽기로 소리내 버리는 인식 부족에서 발생하는 폐단을 우리 주변에서 자주 대하게 된다.

'비즈니스(business)'를 '비지니스'라 발음해 버리면 마치 'busyness'로 들려 바쁘고 다망하다는 말로 변하지만 그나마 '비지니스'로 발음이 된다.

business는 한글 표기로 '비즈니스'라 하는 것이 일반적이지만 네이티브 스피커들의 발음은 '비스니스'처럼 들린다.

B.G.M. *비지엠
* **백그라운드 뮤직**

영화나 연극 등에서 쓰는 배경음악을 BGM 또는 '백 뮤직'이라 한다. 그러나 이것은 영어에서 쓰지 않는 일본식 영어 표현이다. 영어로는 '백그라운드 뮤직(background music)'이라 하고 굳이 약어를 동원한다면 BM이 될 것이다.

한편 일상 생활의 업무 중에 부담 없이 흘려들을 수 있는 음악을 '백그라운드 뮤직'이라고도 한다. 미국에서는 방송 도중에 토크를 생략하고 30분 단위로 음악만을 계속 흘리는 백그라운드 뮤직 전문방송이 늘어가는 추세다.

비창
* **퍼쎄틱, 비감**

'비창' 교향곡이니 '비창' 쏘나타 같은 클래시컬 뮤직의 명곡들이 있다. 표제음악들로 많은 사람들에게 아낌을 받는 불후의 명곡이다.

대개 프랑스어 'Pathetique(빠테띠크)'를 붙이는 것이 보통인데 영어 표현으로는 pathetic이라 옮겨 쓰고, '퍼쎄틱'이라 발음한다. 그런데 우리는 이들 표현을 '비창'이라고만 알고 써 왔다.

'비창'이란 말은 본디 우리 한자 체계에서는 잘 쓰지 않는 표현이고 일본에서 만든 한자 숙어 가운데 슬플비(悲), 슬퍼할창(愴)자를 쓰고 'ひそう(히소우)'라 발음하면서 우리식으로 '비통'이나 '비장'에 해당하는 의미로 쓰고 있다.

일본에서 '悲愴'이라 붙인 크래시컬 작품 가운데는 차이콥스키의 교향곡 제6번 B단조 "Pathetique"(불어), "Pathetisch"(독어)가 대표적이고, 베토벤이 이리노프 후작에게 헌정한 피아노 쏘나타 제8번 C 단조 "Pathetique"가 있다. 또 로맨틱한 선율이 아름다운 프랑스 작곡가 벤자민 고달의 실내악곡 가운데 '6개의 소품 조곡 작품 128에서 제3곡인 "Adagio Pathetique" 등이 있다.

프랑스 표기의 'pathetique'는 마음이 슬프고 서운함이나 비장함을 뜻하고, 독일어의 'pathetisch(파테티쉬)'는 장중한, 숭고한, 비장한 등의 뜻을 갖고 있다. 영어로 옮긴 'pathetic'은 우리 정서의 표현으로는 감상적인, 비애에 잠김, 또는 감상에 가득한 애수에 이끌림과 같은 뉘앙스를 갖고 있다.

우리가 평소에 쓰지도 않는 일본식 한자 표현을 애써 음역하여 '비창'이라 한 것은 이제 고쳐 쓸 때도 된 것 같다는 생각이 든다.

차라리 '비감(悲感)'이 보다 적절한 표현일 수 있고, 마음속으로 스며드는 것 같은 슬픈 시름을 뜻하는 '애수(哀愁)'라 해도 좋을 것이다.

비치 파라솔
* **비이취 엄브렐러**

여름철만 되면 동해안의 해수욕장마다 발 들여놓을 자리가 없을 정도로 많은 피서객이 넘친다. 부산 해운대는 아마도 전국에서 수영객 밀도가 가장 높은 것으로 널리 알려져 있다. 많은 피서객이 몰리는 것처럼 해변에 설치된 비치 파라솔도 그 어느 곳보다 즐비하다.

그런데 우리가 쓰고 있는 '비치 파라솔'은 아무래도 이상한 영어 같다. 우선 '비치 파라솔'이란 말은 'ビーチパラソル(비치 파라소루)'로 표현되는 일본식 영어에서 본받은 말이다. '파라솔'은 본디 프랑스어에서 왔다. 프랑스에서 부인용 소형 양산을 '옹브렐(ombrelle)'

이라 하고, '파라솔'은 일반 우산을 말하는데 일본에서는 따가운 태양을 막아 주는 여성용 양산을 주로 말한다.

옛 이탤리어에서는 '파라쏠레(parasole)'라 했는데 본디 라틴말 '쏠(sol)'에서 온 말이다.

영어에서도 'parasol'로 받아들이고 '패러솔'로 발음한다. 영어에서는 부인용 소형 햇볕 가리개로 쓰는 작고 가벼운 휴대용 양산을 말하고 있다.

그러나 가볍고 소형이며 휴대하기에 편한 우산은 영어에서 '엄브렐러'라 구분하지만 특히 햇볕이나 비로부터 보호할 목적으로 원형으로 된 큰 우산을 뜻한다. 따라서 해수욕장에서 햇볕으로부터 보호할 목적으로 쓰이는 대형 우산은 반드시 '비이취 엄브렐러(beach unbrella)'로 표현한다.

만일 '비치 파라솔'이라 하면 대형 우산이 없어서 여성용 소형 양산을 햇볕 가리개로 임시방편으로 쓴다는 말이 된다. 그렇다면 햇볕의 보호의 기능이 제대로 될 리 만무하다.

비프 까스
* **비프 컷릿**

쇠고기를 편편하게 잘라 밀가루를 묻혀 계란반죽에 절인 다음, 빵가루를 발라 끓는 기름에 튀기는 요리를 '비프 가스'라 한다. 이것은 '비프 컷릿(beef cutlet)'이라는 말을 줄인 일본식 발음 표현에서 흉내낸 일본 독자로 개발한 경양식의 일종이다.

미국이나 유럽의 현지인 경영 레스토랑에 가서 '비프 가스'나 '돈까스'를 주문하면 통할 리 만무하고 또 메뉴에 그런 요리는 없다.

빌라
* **타운 하우스**

다세대 주택의 형태 가운데 고급스럽게 꾸민 공동주택 건물이나 그 단지에 '빌라'라는 표현을 유행처럼 많이 쓰고 있다.

본래 빌라(villa)란 말은 이탤리어에서 별장이나 농장의 주인이 거처하는 저택, 또는 도시 속에 있는 정원으로 둘러싼 저택을 뜻한다. 영어에서도 이를 그대로 받아들여 '빌러'로 발음하면서 '별장'이나 '별장풍의 집'을 뜻하는 말로 쓰이고 있다.

그러나 한국에서처럼 다세대 주택에 '빌라'라는 표현을 쓰는 곳은 없다. 엄밀한 의미에서 '어파트먼트(apartments)'에 속하는 한국의 빌라의 형태는 미국에서는 '어파트먼스(apartments),' 또는 '타운 하우스(town house)'라 한다.

|빌리 조엘|
|*빌리 조얼*|

미국 뉴욕의 롱아일랜드 출신 팝 가수 Billy Joel을 '빌리 조엘'이라 부르는 이들이 많다. 그러나 정확한 발음은 '빌리 조얼'이다.

빌리 조얼은 1964년에 The Echoes(에코스)라는 밴드를 만든 뒤, 3 차례나 다른 그룹을 거쳐 1973년부터 쏠로 가수로 활동을 시작하였다. 그의 최대 히트 싱글은 1980년 초여름에 낸 "It's Still Rock And Roll To Me(잇스 스티얼 롹앤롤 투미)"다. 또 레이 챨스가 거들어준 싱글 "We Didn't Start The Fire"는 1989년 가을에 연속 2주간 1위였다.

Joel은 구약성서 가운데 '요엘'과 같은 이름이고 헤브라이의 예언자의 이름이기도 한데, 남자아이의 기븐 네임으로 많이 쓰인다. 헤브라이 말에서는 본래 '요엘'이라 발음하면서 'Yahweh id God(The Lord id God)' 즉 주 하나님이란 뜻을 지녔는데 엘리아(Elijah)와 비슷한 뜻이다.

|삐라|
|*플라이어, 핸드빌*|

선전이나 광고를 위해서 그림이나 글을 인쇄한 쪽지를 '삐라'라 한다. 일본말에서 '비라(片)'로 표현하기도 하고 '찌라시, 치라시'로 말하기도 한다. 중국어에서는 이를 '전단(傳單)'이라 쓰는 것을 한국에서 본받아 쓰고 있는 표현이다.

삐라는 한때 한국에서 반정부, 반사회적인 내용을 담은 것들이 많았던 탓으로 이 표현의 인상이 그리 좋지는 않다. 한편 지나가는 행인들에게 직접 나눠주는 전단을 '핸드빌(handbill)'이라 한다. 또 회사나 가정에 배달되는 신문의 사이에 끼워 넣는 선전 전단은 이를 '플라이어(flier),' 또는 '리이프릿(leaflet)'이라 한다.

그러나 벽에 붙이는 것은 '포스터(poster)'라 한다. 그리고 일반 대중을 선동하는 내용을 담은 것은 '쎄디셔스 핸드빌(seditious handbill),' 또는 '어지테이션 핸드빌'이라 달리 표현하기도 한다.

| 삐리
| * **더 라스트**

가장 끝에 처지거나 순번의 맨 뒤를 두고 '삐리'라는 표현이 자주 쓰인다. 그런데 이 말은 순수한 우리말이 아니라 일본에서 'びり'라 하여 속어로 꼴찌, 또는 제일 나중, 최하위 등을 나타내는 말이다. 영어로는 '더 라스트(the last)'에 해당이 된다.
한편 일본말 'びり'는 미인이나 창녀를 일컫는 슬랭으로도 쓰이는 점을 유의해 두자.

| 삐삐
| * **비퍼, 페이저**

통신 수단의 발달은 여러 가지로 생활인에게 다양한 편의를 제공하고 있다. 끊임없이 바삐 뛰는 세일즈맨 등, 비즈니스맨에게 있어서 긴급 연락의 방법으로 '파킷 페이저(pocket pager)'는 한 때 어린 학생들까지 친구 사이의 연락이나 밀회의 수단으로 남용되기도 했다. 이 통신 기기의 호출음이 주로 '삐-삐-' 소리를 낸다 해서 한국에서는 '삐삐'라 불렀다. 물론 정식 명칭은 아니다. 일본에서도 이를 '포켓벨(pocketbell)'이라 부르는 것도 잘못이다.
미국에서는 1970년부터 이 긴급 호출기의 발신음이 '빕 빕(beep)' 한다 해서 '비퍼(beeper)'라 부르고 있지만, 정식 명칭은 '파킷 페이저,' 또는 '페이저'라 부르기도 한다.
여기서 '페이지(page)'는 공공장소에서 장내 아나운서가 이름을 불러 사람을 찾는 일이나 호텔이나 클럽에서 종업원이 손님의 이름을 불러 찾는 일, 또는 여러 개의 방이 나뉘어 있거나 규모가 큰 회사에서 사람을 찾거나 전화 호출 등을 말하는 타동사에서 비롯되었다.

| 빌 게이츠
| * **빌 게잇스**

빌 게잇스는 컴퓨터의 삽트(소프트)웨어의 독보적 개발의 성공으로 세계에서 큰 돈을 번 사람으로 유명하다.

그런데 우리는 이 사람의 이름 Bill Gates를 '빌 게이츠'로 표기하고 그렇게 소리낸다.

그러나 그의 이름은 '비얼 게잇스'에 가깝게 소리낸다. 따라서 그의 이름을 간략하게 표기한다 해도 '빌 게잇스'로 소리내는 것이 옳다.

사구, 볼넷	야구 경기에서 투수가 타자에게 던진 공이 4번 이상 볼 판정을 받으
* **베이스 온 볼스, 워크**	면 그 타자는 아무런 제약 없이 첫 베이스까지 느긋하게 진출을 하게 되는데 이것을 '사구(四球)' 라 말한다. 야구의 본고장인 미국에서는 사용하지도 않는, 일본에서 만들어 붙인 억지스런 용어이고, 이것을 한국에서 거리낌없이 그대로 들여다 음역해 쓰고 있다. 그러니 한국 야구계나 이를 그대로 표현하는 한국 미디어에도 문제가 있어 보인다. 이른바 '사구'는 야구 용어로 '베이스 온 볼스(base on balls),' 또는 '워크(walk),' '패스(pass)'라 한다.
사라다 * **샐러드**	식사 전 식욕을 돋구기 위해 먹는 애퍼타이저, 즉 전채를 흔히 '사라다'라 말한다. '사라다'는 일본 사람들이 포르투갈어의 '살라다(salada)'를 '사라다'로 발음하고 표기하는 것을 우리가 그대로 본받은 것이다. 샐러드는 본래 프랑스어의 'salade(살라드)'에서 온 것인데, 야채를 주재료로 하여 '메이어네이즈(일본식 표현으로 마요네즈)'나 프렌치 드레싱 등으로 맛을 낸다. 라틴어의 소금에 절인다는 뜻의 '살수스(salsus)'에서 파생되었지만 현대 라틴어에서는 '아케타리아(acetaria)'라 한다. 샐러드를 독일어에서는 '살라트(salat),' 이탤리어는 '인살라타(insalata),' 스페인어로는 '엔살라다(ensalada),' 러시아

어는 '살라트,' 네델란드어로는 '슬라(sla)' 라 한다. 영어로는 '샐러드(salad)' 이다.

사린	미군의 특수부대가 1970년 9월 베트남 전쟁의 와중에, 라오스 마을 작전에서 미군 공격기가 '쌔린' 폭탄을 사용해 살해했다는 미국 CNN 텔레비젼과 계열사 가운데 타임-워너사 산하로 75년의 역사를 가진 시사 주간지 "TIME"의 보도가 있었다. 1998년 6월 상순의 일이었다. 그러나 이 보도 이후 의문이 제기되어 타임-워너가 자체적인 조사 결과, 1998년 7월 1일 오보인 점을 인정하고 그 동안의 관련 기사를 전면 취소하고 사과한 사건이 있었다.
*** 쌔린**	

이와는 별도로 미국 국방부는 미군이 베트남 전쟁 당시, 오키나와의 미군기지에 '쌔린'을 저장한 일을 있었지만 1969년 당시 닉슨 대통령이 '화학무기의 선제 사용 금지'를 선언한 후, 중부태평양의 존스턴으로 옮겨 폐기 처분했다고 밝혔다.

'쌔린(sarin)'은 인명 살상용 독가스의 이름이다. 독성이 강한 '신경개스(nerve gas)'인데 1939년에 나치스 독일이 화학무기로 개발한 청산가리보다 그 독성이 500배나 강해서 인체에 흡수되면 사망하거나 중대한 후유증이 남는 것으로 알려져 있다.

1994년 6월 27일, 일본의 나가노현 마쓰모토 시에서 종교단체 옴 진리교도가 뿌린 '쌔린'으로 7명이 죽고 여러 명이 다친 사건이 있은 뒤, 1995년 3월 20일에도 토쿄의 한 지하철 안에서 '쌔린'의 무차별 사용으로 12명이 죽은 일 때문에 세상에 더러 알려진 맹독성 가스다.

'쌔린'은 정식 명칭은 '이소프로필-메틸호스폰산프리올리타'라 한다. 이를 '사린'이라 하지 않고 '쌔린'으로 발음한다.

사보타지	근로자나 노동자 등이 자신들의 이익을 추구하기 위한 수단의 하나로, 의도적인 태업을 하거나, 학생이 학업을 게을리 하는 일 등을 흔히 '사보타지'라고 한다.
*** 쌔버타쥐, 슬로 다운**	

'사보타지'는 일본식 표기 'サボタージュ(사보타쥬)'에서 본받은 표현이다. '사보타쥬'는 프랑스어 '싸보타쥐(sabotage)'에서 빌어온 말이다. 이를 영어에서도 그 철자를 그대로 받아 들여 '쌔버타쥐'로 발음한다.

Sabotage는 프랑스어 'sabot(싸보)'에서 왔는데 나무구두(나막신), 막대로 공장의 물품을 두드리거나, 나무 구두 자체로 두드려 소리낸다는 말에서 왔다.

현대 불어에서는 나무 구두, 소나 말의 발굽자국, 자동차 브레이크 슈, 주차위반 차 바퀴에 거는 족쇄 장치, 또는 낡은 악기나 배, 자동차 등을 일컫는 남성명사로 쓰인다.

Sabotage의 제1뜻은 나막신 제조란 말이고, 제2뜻은 되는대로 만들어낸다는 무성의한 태업을 말한다. 또 제3뜻은 태업이나 협상 따위의 방해나 파괴 행위, 또는 그 공작을 의미하고 있다.

태업은 노동자가 작업의 능률을 떨어뜨리면서 그들의 요구가 관철될 수 있도록 꾸미는 노동쟁의의 한 수단이다. 이를 미국에서는 '슬로우다운(slow down)'이라 하고, 영국에서는 '끄우-슬로우(go-slow)'라 한다.

한편 '쌔버타쥐'는 주어진 의무를 게을리 하는 경우를 이르기도 한다. 직장에서 임직원이 주어진 과업에 게을리 하거나(태업), 학생이 학교생활에서 규칙을 잘 지키지 않거나, 수업 태도가 바르지 못하고 지각이나 결석 등으로 학습 태도에 태만한 것을 말하기도 한다.

사양
*옵션

내구재나 일용적인 상품을 만드는 제조자가 수요자의 뜻에 따라서 그 상품에 대하여 기능이나 디자인의 특수 보강을 주문받아 납품하는 일을 영어로 '옵션(option)'이라 한다.

이 같은 방식은 한국에서는 그리 흔한 방식이 아니어서 적절한 용어가 정착이 되어 있지는 않다.

그래서 일본 사람들이 쓰고 있는 '사양(仕樣=쇼우)'이란 표현을 본받아 쓰는 경우가 많다. 그렇다고 우리 정서에도 맞지 않을 뿐만 아니라, 국어사전에도 없는 일본 표현을 그대로 본받아 쓰는 것은 좀 우스꽝스럽다.

일본말 '사양'은 수단이나 방법을 뜻하고, '사양서(仕樣書=쇼우카키)'의 줄임말이기도 하다. 사양서란 말은 무슨 일이나 기능의 방법의 순서를 적은 문서이거나, 주문품의 내용을 뜻한다.

'사양'의 표현은 한국의 자동차 업계에서 남용되는 경향이 있다. 우리의 정서에 맞는 표현으로 하자면 '특별 주문 항목'이나 '주문품'으로 쓰는 것이 보다 자연스럽다. 그렇지 않으면 차라리 '옵션'이란 표현이 낫다.

사이다
＊ 소우더, 팝

우리는 탄산수에 단맛과 향을 첨가해서 만든 무색 투명한 청량음료를 '사이다'라 부르고 있다. 이것은 해방 전부터 지금까지 통용되고 있는 음료수의 명칭이다.

고대 프랑스어 'cidre(사과술)'에서 유래하여 일본에서 들여다 쓰면서 '사이다'라 하고 탄산수에 향료, 설탕을 가미해서 만든 청량음료를 일컫는데 한국에서는 일제 때부터 그대로 통용되고, 아직도 이런 청량음료를 '사이다'란 이름으로 생판 판매하고 있다.

그런데 영어를 쓰는 나라의 가게에서 '사이다'를 찾으면 무슨 말인지 몰라 어리둥절해 한다. 굳이 '사이더'를 찾으면 "애플 주스 말이냐"고 반문하는 경우도 있지만, 점원들은 못 알아듣는 경우가 많다

미국에서 '사이더(cider)'는 '사과술'을 말한다. 미국에서는 앨커홀 성분이 없는 사과 주스를 '스윗 사이더(sweet cider),' 앨커홀 성분이 있으면 '하드 사이더(hard cider)'라고 말한다.

또 영국에서 '사이더'는 과즙을 발효해서 만든 사과술을 뜻하는데 비해, 미국에서는 발효하지 않은 단순한 사과 과즙을 사이다라 부른다.

영어에서 탄산음료는 '카보네이티드 드링크(carbonated drink),' 우리가 말하는 무색 투명 발포성 청량음료는 '소우더(soda)'로 통칭하

고, '팝(pop)'이 일반적인 탄산음료의 대명사격으로 쓰인다. 그러나 '스프라잇(Sprite),' 또는 '세븐 업(Seven Up)' 등으로 상표명을 그대로 쓰는 경우가 일반적이다.

사이드 브레이크
* **파아킹 브레이크**

'사이드 브레키'는 승용차의 주차 브레이크의 레버가 운전석 옆, 센터 콘솔 주변에 설치한 데서 일컬어진 일본식 조어다. '브레키'는 영어의 '브레이크'에 대한 일본식 발음이고, '크'도 일본 사람들의 발음 구사가 불능하기 때문에 '키'로 표현한 데서 나온 말이다.
더러 '핸드 브레이크'라는 표현도 쓴다. 보통 손으로 당겨 올려 잠그고, 되돌려 내리면 풀어지도록 설치된 데서 온 말이다. 그러나 최근의 메커니즘은 '풋 브레이크 페들'을 운전석 왼쪽 코너에 발로 밟아 작동되는 방식으로 점차 변환되고 있어서 '핸드 브레이크'를 계속 사용하는 데는 한계가 있게 되었다. 영어로는 '파아킹 브레이크(parking brake)'라 한다.

사이드 시트
* **프론트 패썬저 씨잇**

승용차를 비롯한 각종 자동차의 운전석 옆자리를 아직도 '조수석'이라고 말하는 이들이 많다. 아니 자동차 업계나 관련 미디어에서조차 '조수석'이 사용되고 있다.

그러나 현대에서 조수를 운전석 옆에 태우거나 운전석 옆자리가 조수석으로 마련된 경우는 없다. 더구나 '자동차 소유자(car owner)'가 운전하는 차의 운전석 옆자리는 동승하는 사람들 가운데서 상좌가 되는 것인데, 이를 조수석으로 고집하는 것은 이만저만 민망한 것이 아니다.

이 조수석이라는 말은 일본 사람들이 지어낸 용어다. 40년대를 전후로 하여 승용차나 트럭의 운전사 옆자리는 으레 운전사의 잔심부름을 하거나 자동차의 트러블이 생길 때 일손을 돕는 조수가 반드시 붙어 있었기 때문이고, 그 조수를 운전자 옆자리에 앉혔다. 엔진을 시동할 때도 조수가 차머리에서 크랭크 샤프트를 '크랭크 바(crank bar)'

로 일일이 돌려주어야만 했다. 세칭 '스타칭(스타팅=starting의 와전 표현)'으로도 불렀다.

또 영어 단어를 동원하여 '사이드 시트(side seat)'라는 말도 일본식 영어 표현에서 본받은 것이다. 미국이나 영국에서 '사이드 시트'라 하면 앞뒤를 가리지 않고 단순히 옆자리 정도로 통하는 말이 된다.

영어에서 운전석은 '칵핏(cockpit)'이라 하고, 운전석 옆자리는 '프론트 패썬저 씨잇(passenger seat)'이라 표현한다. 또 드물게 '패썬저 싸이드'라는 말도 쓰는 일이 있기는 하다.

사이드 잡
※ 싸이드라인

본래의 직업(primary business)외에 또 다른 직업을 갖거나 제2의 일(job)을 하는 것을 흔히 '사이드 잡'이란 말로 표현한다. 우선 '사이드 잡'이란 용어가 영어에서는 쓰이지 않는다. 부업에 해당하는 일을 할 때 '싸이드 워크(sidework)'란 말도 쓰는 일이 있는데 이것도 바른 영어 용법은 아니다.

부업이나 주 직장에 지장을 주지 않는 범위 안에서 또 다른 직장에 나가는 일을 영어로는 '싸이드라인(sideline)'이라 하고 '쎄컨드 아큐페이션(second occupation)'이라 말하기도 한다.

또 2가지 직업을 가졌다 해서 '투 잡스(two jobs)'라는 표현은 구어로 널리 쓰인다. 여기서 부업을 '애디셔널 잡'이나 '애디셔널 비즈니스'로 표현하는 이들도 있지만 애디셔널은 주된 것에 덧붙인다는 첨가, 또는 부가한다는 형용사 additional은 잘 쓰지 않는 표현이다.

이를테면 여러 계단이나 여러 블록의 주차 스페이스가 있을 때, 또 다른 빈 주차 공간이 있다는 말을 표현할 때 'additional space' 등으로 잘 쓰인다.

사이드 테이블
※ 엔드 테이블

응접세트의 곁에 두거나 식당의 한쪽에 두는 작은 테이블을 흔히 '사이드 테이블'이라 말하는 것은 잘못 표현되고 있는 말이다.

영어에서 '싸이드 테이블(side table)'은 필요에 의해서 벽에 붙여 놓아 둔 탁자를 말한다. 한편 응접세트의 커피 테이블이나 소파의 끝에 두는 작은 탁자는 '엔드 테이블(end table)' 이라 하고, 식당의 식탁 옆 벽에 붙여 준비된 음식이나 그릇을 놓아두는 탁자를 '버페이(buffet)' 라 한다.

또 침실에서 침대 머리맡 양쪽에 두고 전화를 올려놓거나 전등대를 올려놓는 작은 탁자는 '나잇 테이블(night table)' 이라 구분하여 말한다.

사인(싸인)
* **씨그너처**

우리처럼 인장(도장)을 쓰지 않고 자필 서명만으로 어떤 사물이나 사실을 인증하는 서양에서는 '씨그너처(signature)' 가 보편화되어 있다. 도장을 찍어야 공증되는 개념을 가진 동양인들은 자필 서명을 단순한 인지 표현 정도로 알고 마구 서명을 해주다가 큰코다치는 일이 많다. 그만큼 서명이 완벽한 증거의 근거를 갖고 있기 때문이다.

이런 서명을 '사인' 이라는 말로 보편적으로 쓰고 있는 우리의 표현은 잘못이다. 서류에 서명을 하는 것이 '사인(동사)' 이 아니고 '시그너처(명사)' 인 것이다 그러나 시그너처를 행하는 행동과정은 '싸인' 이 되어 "싸인을 한다"고 하면 말이 된다.

즉, 영어에서 'sign(싸인)' 은 명사로는 표지, 기호 부호, 신호등을 말하고, 타동사로는 '싸인하다,' '서명하다' 가 되기 때문이다.

사인
* **씨그널**

야구에서 투수(핏처)나 포수(캣처)가 공을 주고받으면서 공의 방향 등 상대방 타자에게 불리한 피칭을 유도할 때 서로 암시하는 손짓이나 눈길을 신호로 주고받는다. 이를 '사인(sign)' 이라 하는 것은 일본식 표현을 흉내낸 한국의 야구계에서 즐겨 쓰는 표현이다.

야구의 영어 표현은 '씨그널(signal)' 이라 한다. 다만 씨그널을 구사하는 손가락이나 손으로 표시하는 비밀스런 동작은 이를 '싸인' 이라 말할 수 있다.

사인회
* 오토그래프 쎄션

유명 연예인이나 운동선수, 또는 인기 작가의 출판을 기념해서 서명을 해 주는 일을 흔히 '사인회' 라는 표현들을 쓴다. 그러나 이 말은 일본식 영어 표현을 얼버무린 말이다. 정식으로는 '오토그래프 쎄션 (autograph session),' 또는 미국식 발음으로 '아로그랩 쎄션' 이라 한다. 야구 선수가 야구공에 이름을 써 주었다면 '오토그립드 볼,' 인기 가수가 그의 사진에 써 주었다면 '오토그립드 포토,' 저자가 책에다 써 주었다면 '오토그립드 북' 이라 한다.

'싸인' 이나 '씨그너쳐' 는 서류에 남기는 날인에 해당하고, 흔히 말하는 사인회 같은 성격에서 글씨나 표적 남기는 것은 이를 '오토그랩' 이라 구별하는 점에 유의해야 한다.

사지
* 써어쥐

1945년 해방 이후 1950년 한국전쟁을 전후로 한 시기에는 고급 양복을 입을 기회가 적었다. 이 시절에 모직물이 섞인 고급스러워 보이는 바지를 입으면 '사지 쓰봉' 입었다며 부러워하기도 했다.

날줄과 씨줄이 서로 몇 올씩 건너 뛰어 만나면서 비스듬한 가는 줄무늬를 이루는 옷감(직물)을 흔히 '사지' 라 하는 것은 일본식 표현 'サージ(사아지)' 에서 본뜬 말이다.

이것은 네덜란드어 '쎄르저(serge)' 를 일본에서 들여다 영어식으로 읽어 '사아지' 라 와전되어 사용한 것을 한국에서 그대로 받아들여 '사지' 로 알고 쓴 말이다. 이를 영어 표현으로는 '써어쥐' 가 된다.

사진기자
* 퍼타그러퍼

신문이나 잡지사의 보도용 사진가를 일괄적으로 '사진기자' 라 말하는 것은 한국의 미디어뿐이다. 영어로는 '퍼타그러퍼 (photographer)' 라 한다. 더러 '캐머러맨' 이라고도 하지만, 이는 영화나 텔러비젼 사진기사(技士)를 가리키는 뜻이 더 강하다.

'기자(記者)' 는 문자 그대로 글을 쓰는 사람이라는 뜻인데, 엄밀히 말하면 신문사의 논설자나 기사 작성자에 한하고, 편집, 사진, 조사(자료) 등의 분야에 종사하는 이들에게는 기자라는 표현을 쓰지 않는 것이 세계적인 관례다.

한국의 미디어에서는 기자의 표현이 남용된다는 지적이 일고 있기도 하다. 이를테면 매스미디어 가운데서 뉴스 카버리지를 뜻하는 취재부서 가운데서 취재원(리포트 멤버)이 현장으로 나가 직접 뛰어 그 결과를 문장 기사(story)로 만드는 사람만을 리포터(reporter)라 말한다. 리포터와 동행하거나 별도로 사진 촬영을 위해 활동하는 사람은 사진기자라 하지 않고 '퍼타그러퍼' 라고 한다.

정치부의 기자는 폴리티컬 리포터, 경찰 출입기자는 폴리스 리포터라 한다. 스포쓰 담당 기자는 리포터라 하지 않고 롸이터라 표현하고 있다. 우리식의 야구 담당기자는 베이스볼 롸이터가 된다. 할리웃이나 예능계의 기사를 쓰는 사람을 흔히 가십 맨, 또는 엔터테인먼트 리포터라 부른다.

리포터가 쓴 기사를 고르고 바로잡아 제목을 붙이고 편집하고 정리하는 사람을 우리는 편집(정리)기자라고 말하지만 영어에서는 '메이크-업 맨' 이라고 해서 기자의 호칭을 붙이지 않는다.

사커 그라운드	2002년 월드컵을 계기로 싸커의 열기가 어느 때보다 높다. 싸커를 축구로만 부르는 우리에게 축구를 하는 마당은 당연히 '축구장' 이다. 넓은 공간을 가늠할 때도 축구장만한 크기 등으로 곧잘 비유한다.
핏취, 필드	

축구장을 영어로 흔히 'football ground' 니 'soccer ground' 라는 표현이 일반화되어 있다.

그러나 영어에서 싸커의 경기를 하는 그라운드를 '핏취(pitch),' 또는 '필드(field)' 라 부른다. 본디 '핏취' 는 크리켓 용어로 쓰이는 말이다. 이 '핏취' 는 바로 월드컵의 규정에 따르고 있다. 즉, 68m×105m의 크기를 기준으로 삼고 그를 둘로 나눠 '해프웨이 라인(halfway line)' 이라 한다.

산도	간식용 과자(쿠키) 가운데 두 조각의 사이에 크림이나 버터 등을 넣은 것을 흔히 '산도' 과자라는 말을 아직도 쓰고 있다.
* **쌘드위치**	

일부 제과회사들 가운데서도 "XX 산도(sando)" 따위로 버젓이 표기하고 있기도 하다. 여기서 '산도'란 말은 영어의 '쌘드위치(sandwich)'를 일본 사람들이 부르기 좋게 앞 음절을 토막낸 '쌘드'라 하고, 그들의 발음 구조에 따라 '산도(サンド)'로 표현한 것이다. 한국인들의 발음 체계로는 '쌘드'나 '쌘드위치'라는 발음이 얼마든지 가능한데도 굳이 아직까지 일본식 발음 표기를 그대로 상표에나 제품명에 쓰는 것은 부끄러운 일이다.

한편 식당이나 가정에서도 '샌드위치'를 줄여서 '샌드'로 표현하는 경우가 많다. 이를테면 '에그 샌드,' '햄 샌드,' '야채 샌드' 등이 그것이다. 그러나 샌드위치는 이를 샌드(sand)와 위치(witch)로 떼어 쓰면 '모래의 마귀'라는 엉뚱한 뜻으로 변해 버린다.

또 '샌드위치'는 한 단어(원워드)이기 때문에 어떤 경우에도 떼어 쓰거나 간략형은 있을 수 없다. 미국어에서 '쌘드위치'는 '쌘드위취,' 'd' 소리를 생략하고 '쌘위취,' 또는 "쌔느위취" 등으로 발음되는 점에 유의할 필요가 있다.

산 빈센트	미국 캘리포니아 주 남서부에 자리한 로스 앤젤러스 시와 베벌리 힐스시 동부를 경계하는 매우 쾌적하고 마치 가로 공원처럼 잘 정비되어 있는 큰 길이 있다.
* **쌘 버센티**	

이 길은 이 두 씨티 사이를 동서로 뻗은 윌셔 블러바드에 걸쳐 남북으로 비스듬히 드리워져 있는 'San Vicente Boulevard'이다.

이 도로 이름을 언뜻 보면 마치 '싼 빈센트'처럼 보이기 때문에 대부분의 한인들은 그렇게 부르고 통한다. 아마도 한국 도처에 설립된 '빈센트 병원'이란 간판에서 익혀진 인습에서 기인되었다고 보여진다.

그러나 이 도로의 이름은 '쌘 버센티 블러바드,' 또는 '쌘 버센테이'

순 수 한 우 리 말 찾 기 품 앗 이

라 발음한다. '쌘 버센티' 는 로스 앤젤러스에 있는 한 산의 이름이고, 몬테리의 계곡, 쌘 디에이고와 쌘타 크루스, 쌘 머테이오 카운티 등에 산재해 있는 작은 강의 이름이기도 하다.

쌘 버센티는 정부의 무상 불하 토지(land grants)로 지정된 지역이란 뜻에서 유래했다.

산 자친토

* 쌘 저신토

한국의 한 미디어가 미국의 지명 가운데 'San Jacinto' 를 '산 자친토' 라 표기한 것을 보았다. 'c' 가 'i' 앞에 올 때 'ㅊ' 발음을 내는 것은 이 탤리어에서 뿐이다.

이곳은 옛 스페인령 멕시코였기 때문에 스페인어로 된 지명이 많고, 채 미국어에 동화되지 않은 발음은 그대로 스페인어 식으로 발음하고 있다.

San Jacinto는 '쌘 저신토' 라 발음되는데, 여기서는 'j' 가 'ㅎ' 사운드가 되어 '싼 하신토' 가 되어야 하지만, 이 지역 주민들의 관용에 의해서 'ㅈ' 사운드로 변했다. 이곳은 캘리포니아 주 리버사이드 카운티에 속하고 유명한 고급 휴양지 팜 스프링스를 굽어보는 케이블카가 있는 산 이름이기도 하다. 1840년대부터 싼 하신토 비에호(San Jacinto Viejo)라는 소목장이 있던 곳이었고, 1872년에 3구역의 마을을 형성하기 시작했다. San Jacinto는 Saint Hyacinth에서 변형된 것이다.

산 조스

* 쌘 호세이

미국 캘리포니아 주 샌 프런시스코의 남쪽 64km되는 지역에 'San Jose' 라는 인구 78만여 명의 도시가 있다. 우리에게는 실리코운 밸리가 있는 곳으로 더 알려진 유명한 곳이다.

또 파퓰러 뮤직 팬들에게는 1968년 가을에 흑인 여가수 디안 워윅이 부른 "Do You Know The Way To San Jose?" 란 노래로 매우 익숙한 지명이다.

이곳은 1777년에 캘리포니아 주에서 첫 시민 집단 구역으로 조성된 곳으로 유명하다. 그 이전에는 예수의 어머니 성모 마리아의 남편 요셉의 이름을 딴 '싼 요셉(St. Joseph)'으로 불려오다가 'San Jose'로 줄인 것이다.

이 도시의 이름을 영어식으로 읽다 보면 '싼 조스'로 발음하다 웃음거리가 되는 일은 흔하다. 그러나 현지 발음에 가깝게 표현한다면서 '산호제,' '산 호제이,' 심지어 '새너제이'까지 등장하여 혼란을 준다.

'San Jose'를 현지에서는 '쌩 호세이,' 또는 '쌘 오세이(쌔노세이)'로 발음한다.

산타루치아	이탤리 나폴리풍의 노래 가운데서 "O Sole Mio(오 나의 햇빛)"와 함께 가장 널리 불리는 노래가 "Santa Lucia"다.
* **싼타 루치아**	

Santa Lucia는 프랑스에서 이탤리로 이민온 나폴리 풍의 작곡가의 아들로 태어난 칸쏘네 작곡가 테오도로 콧트라우(Teodoro Cottrau: 1827-79)가 E. 코소비치의 시에 곡을 붙여 1850년에 작곡한 아름다운 노래다. 나폴리의 아름다운 연안을 배경으로 어부의 즐거움을 노래했다. 그런데 세간에서는 이 노래의 제목을 "싼타루 치아"로 잘못 떼어 소리내는 이들이 상당히 많다. 마치 '프리마 돈나'를 '프리 마돈나'로 잘못 떼어 소리내는 것과 흡사하다. 반드시 '싼타 루치아'로 떼어 써야 한다.

여기서 'Santa'는 영어의 holy라는 뜻을 지니고 남성으로는 Santo, 여성으로는 Santa가 되는 것이다. 이것은 이탤리나 스페인이 같다.

싸이카	경찰의 순찰 자동차나 순찰 모터사이클의 통칭으로 '싸이카'라는 말을 오래도록 사용하고 있다. '싸이카'는 '사이드카(sidecar)'에서 온 말인데, 이 표현도 '모터사이클 윗 어 사이드카(motorcycle with a sidecar)'라 해야 맞다.
* **퍼트롤 카**	

이 말은 모터사이클의 일본식 표현인 오토바이의 옆에 붙여 사람이나 짐을 싣고 다니는 바퀴 하나 달린 좌석차를 말한다. 1945년 해방 직후, 승용차의 보급이 적었을 때, 한때 경찰의 순찰차로 사이드카를

순수한 우리말 찾기 품앗이

붙인 모터사이클 경찰 순찰차가 성행한 적이 있었고, 이를 '싸이카'라는 표현으로 불러왔던 데서 붙여진 이름이다.

영어에서 자동차 관련 용어 가운데 단순히 '사이드카' 라는 표현은 없다. 다만 술 가운데서 브랜디에 귤, 레몬, 주스 등을 섞어 내는 칵테일 이름으로는 통한다.

한편 영어에서 경찰의 순찰차는 '퍼트롤 카(patrol car)'가 일반적인 표현이다. 이 때 '패트롤'로 발음되지 않도록 유의해야 한다.

싼프라
* **플래티넘**

치과 재료 가운데 니클과 크롬의 합금을 흔히 '싼프라,' '싼뿌라,' '싼푸라 치'로 표현하고 있다. 순백색의 광택 표면처리로 얼핏 백금처럼도 보이기도 한다.

이 말은 백금이란 뜻의 '플래티넘(platinum)'에다 'san'을 접두하여 '쌘플래티넘'이란 조어로 만든 일본의 한 상표 이름이다.

이 말의 머리 부분을 짤라 쓴 일본 표현이 '싼프라' 따위이고 우리가 그 일본 표현들을 그대로 본받아 쓰고 있는 것이다. 영어로는 그냥 백금이란 뜻이 '플래티넘'이라고 하면 된다.

살롱
* **썰룬**

'살롱'을 우리는 분위기 있게 꾸민 술집으로 통용하는 경우가 많다. 또 남자 손님을 상대로 에로틱한 접대를 하는 술집을 '룸 살롱'으로 부르기도 한다.

구미에서는 일반적으로 대저택의 응접실이나 사교실을 뜻한 프랑스어에서 비롯했고, 17세기에는 상류 사회의 부인들의 모임이나 그들이 예술가나 학자 등을 초대하여 우아한 대화를 나누며 즐기는 일을 말하기도 했다.

이 말을 20세기 초에 일본에서 들여다 다방, 빠, 카페 등에서 간판 뒤에 붙여쓰는 것이 유행했었다. 특히 여성이 접대하는 술집에는 어김없이 'XX싸롱' 이란 간판을 다는 것이 유행이었다.

이를 본받아 한국에서는 군사정권이 시작된 후부터 이른바 '비밀요정'이란 형태가 생겨나기 시작했고, 이것이 약간 공개 형태로 발전한 것이 '룸싸롱'이란 변태 업종이 된 것이다.

술집의 일반적인 표현은 '썰룬(saloon)'이라 구분한다. 서부영화에서 나오는 홍키 통크(Honky Tonk)나 주모가 있는 술집들의 간판이 모두 'saloon'이다.

한편 여자들의 머리칼을 매만지는 미장원(미용실)을 미국에서는 헤어 살롱(미용실)이라 하지 않고 '비우티 썰란(beauty salon)'이라 한다.

| 삼진
| * **스트럭 아웃**

야구에서 타자가 공을 세 번 헛치거나 스트라이크 3개로 홈에서 물러나는 것을 '삼진'이라고 한다. 이것은 일본에서 쓰고 있는 일본식의 왜곡된 표현인데 영어로 'three swings'라는 뜻이기도 하여 전혀 적절하지 못한 표현이다.

이것을 그대로 옮겨 쓰고 있는 한국 야구계의 용어 구사력에 문제점을 제기할 만하다. 즉 굳이 '삼진'이란 표현의 '진(振)'은 일본 표현으로 '후루'라 하여 "한쪽을 고정시켜 놓은 상태에서 어떤 물질을 적당한 각도에서 빠른 동작으로 여러 번 반복하는 일"을 말한다. 영어의 'swing'이나 'shake'에 해당한다. 또 뭘 뿌리거나, 잃거나, 움직이던 방향을 변동하는 등의 뜻으로 쓰이고, 포기하거나 퇴짜를 놓는 일을 말하기도 한다.

타자(배터)가 칠 수 있는 공인데도, 방망이(배터)를 '세 번 휘둘렀다(삼진)'는 표현은 우리의 정서에는 아무래도 맞지 않는 듯하다. 이런 표현에 공식적 번역 용어가 마땅치 않을 바에는 일본식 용어를 번역해 쓰기보다는 차라리 원어를 쓰는 편이 훨씬 현명하지 않겠는가?

영어의 야구 용어로는 '스트럭 아웃,' 또는 '스윙 아웃'이고 우리 귀에도 익은 말이다. 야구의 용어만큼 일본식 의역이나 일본식 영어를 그대로 흉내낸 경우도 없을 것이다.

한국 가요 가운데서 이른바 '트로트'가 일본 엥까를 가사만 한국어로 바꾼 '보세 가요'라고 한다면, 한국 야구 용어는 일본 야구용어를 거의 그대로 번역하여 쓰고 있어서 가히 일본 야구를 구사하고 있는 '일제 보세 야구'를 한다는 비판을 받을 만하다.

이를테면 포볼(볼넷), 싸인, 오픈 전, 캐치 볼, 스트레이트(직구), 자살 볼, 실점, 실책, 안타, 자책점, 등판, 강판, 본루, 1루, 도루, 만루, 탈삼진, 터치 업 등이 어디 우리말이었던가! 이 모두가 영어에는 없는 일본식 영어 표현이거나 일본식 조어들이 아니던가!

상설매장
* 템퍼레리 스토어

시중에 이른바 '상설매장'이란 간판이 자주 눈에 띈다. 상설이란 늘 이용할 수 있도록 설치된 시설을 의미하고, 매장은 한자의 '賣場'이란 표기는 본래 우리말에는 없는 일본식 한자를 빌려 온 표현이다. 이는 특정한 물품을 늘 구비하는 디파트(depart)라는 뜻으로 쓴 말이다. 즉, 백화점이나 샤핑 센터 등에서 특정 상품을 늘 대할 수 있도록 한 판매 공간을 뜻하는 말로 쓴 것이다.

그런데 시중에서 이를 잘못 받아들여 임시 특수 상품 판매장을 상설매장이란 표현으로 변질되어 쓰여지고 있다. 일정 기간만을 위한 임시로 여는 특수 상품 판매장을 영어로는 '템퍼레리 스투어,' 또는 '스페셜 세일스 룸' 등으로 쓰인다.

상하이
* 샹하이, 쌍하이

중국 제1의 도시 '上海'는 중국에서 가장 현대화하고 급속히 발전한 세계적인 도시로 손꼽는다. 그런데 우리나라에서는 이 도시의 이름 '샹하이'를 갑자기 '상하이'로 고쳐 표기하고 그렇게 부르기 시작하고 있다.

창지앙(長江=별칭 양자강)의 하구이고 중국 제일의 항구 도시이기도 한 '샹하이'는 한자의 윗상(上)에 바다해(海)자를 붙인 것은 이 창지앙의 어구라는 뜻도 갖고 있다.

한자 표현인 윗상(上)은 상고시대에는 '디앙(dhiang)'이라 소리냈고, 중고시대는 '지앙(jiang)'이라 소리내다가 중세에는 '쉬앙(shiang)'으로 변했다. 그리고 근대에는 '상(sang)'으로 소리낸 적이 있다. 그러나 현대표준어로 쓰고 있는 북경어에 따른 '한어병음방안'(漢語拼音方案)에 따른 발음은 '샹'('쌍'에 더 가까운 소리)으로 소리낸다.

바다해(海)인 경우도 상고시대에는 '먹(məg)'으로 소리내다가 중고시대는 '허이(həi)'로, 중세와 현대에서는 '하이(hai)'로 소리냈고, 베이징 표준어로도 '하이'라 소리낸다.

12억 중국인들이 공통적으로 쓰는 문자는 한어(漢語)이지만, 워낙 넓은 지역에서 자생하는 사투리가 있고, 이를 대별해서 北京語, 廣東語, 福建語가 대표적인데 이 가운데 베이징 방언을 바탕으로 중국어 공통의 발음, 즉 보통화(普通話=푸통화)를 표준어로 삼고 있다.

윗상 자가 들어가는 몇몇 소리들 가운데 출근을 뜻하는 上班은 '쌍반,' 상급이나 상사는 '쌍지,' 수업을 뜻하는 上課는 '쌍크어,' 오전을 말하는 上午 는 '쌍우,' 등교를 뜻하는 上學은 '쌍쉬에' 등으로 발음한다.

그러니까 윗상 자는 '상'이 아니라 오히려 '쌍'에 가까운 된소리를 낸다. 따라서 '上海'는 '상하이'가 아니라, '샹하이,' 또는 '쌍하이'에 더 가까운 소리를 내는 것을 알 수 있다. (廣東語로는 '숑하이'에 가까운 소리를 낸다.)

한편 '샹하이'의 애칭으로는 '불야성(不夜城=뿌예쳉)'으로 불리우기도 한다.

'샹하이'의 영문표기는 'Shanghai'로 쓰고 보통 '쌍하이'로 발음하는데 이를 소문자로 써서 'shanghai'라 하면, 해양 슬랭이 되고, 형용사로 마약이나 술을 먹인 후 배로 납치하여 강제로 뱃사람(sailor)을 만드는 일을 두고 말한다. 또 사람을 강제로 구금하는 일도 '쌩하이'라 말하기도 한다.

한편 1910년대부터 쓰이는 슬랭으로 고물자동차가 몹쓸 정도로 고장이 난 상태이거나, 쓸 수 없을 정도로 아주 오래 된 자동차를 일컫는 말로도 쓴다.

순수한 우리말 찾기 품앗이

| 샤쓰 | 한국인들은 유난히 '샤쓰'를 즐긴다. 속샤쓰, 런닝샤쓰, 남방샤쓰, 티샤쓰, 운동샤쓰, 와이샤쓰 등 가지 수도 많다.
* **셔트, 셧** |

여기서 '샤쓰'는 영어의 '셔트(shirt)'의 일본식 발음에서 연유되었고, 우리는 그 발음을 그대로 받아들여 버리지 않고 계속 쓰고 있는 것이다.

일본의 영문 표기법 가운데 글자(단어) 머리에 'ti'는 '테이=테,' 'di'는 '데이=데'로 읽거나 표기하고, 'tw'는 '쑤'처럼, 그리고 't'는 '토'로 소리내거나 표현한다. 또 글자 끝에 오는 't'인 경우의 표기도 달리 하고 있다. 보통 모음 뒤에 오는 최종 't'는 '토'가 되지만, 자음 뒤에 오는 't'는 '쑤'로 소리내는 것이 보통이다.

'어' 표기가 없는 일본에서 '셔'가 '샤'로, '-rt'가 '쓰'로 변형되어진다. 그래서 '셔트'가 '샤쓰'로 둔갑한 것이다.

한편 '셔트'의 복수형인 'shirts'를 대부분의 한국인들은 '셔츠'로 표기하고 발음하는 일도 상용화되었다. 그러나 여기에서도 '-ts'가 발음 기호의 '(츠)'가 아니라 'ㅅㅡ', 즉 '샤츠'가 아니라 '셧츠'로 발음되는 점에 유의하자.

| 샤프 펜, 샵 펜슬 | 펜의 축을 누르거나 돌려서 보충식의 심을 알맞은 길이로 조정하여 쓰는 연필을 '샤프 펜,' 또는 '샵 펜슬'이라 한다.
* **미캐니컬 펜슬, 오토매틱 펜슬** |

그러나 이 말은 1837년 미국에서 최초로 발매한 '에버샵(Eversharp)'이란 상표의 이름에서 '에버-'를 떼고 '샤프'만을 취해 쓴 일본식 표현에서 기인한 것이다.

'Eversharp'은 1905년 J. C. Wahl이 미국 일리노이 주에다 Wahl Adding Machine Co.를 창업하고, 1915년부터 발매하기 시작한 '미캐니컬 펜'의 상표이다. 연간 1천만~1천2백만 개를 팔았다. 이 회사는 1957년에는 경영의 부진으로 필기구 부문이 '파커'라는 회사에 흡수되었다.

샤프 펜의 제대로의 표현은 '미캐니컬 펜슬(mechanical pencil),' 또는 더러 '오토매틱 펜설(automatic pencil)'이란 별칭도 쓴다. 그러나 sharp pencil이라 하면 단순히 뾰족하게 깎은 날카로운 연필의 끝을 말하거나 그렇게 생긴 연필의 심을 뜻한다.

샷따
* **롤업 셔터**

일반 상점이나 창고 같은 곳에 방범을 목적으로 하는 철제문을 설치한다. 일반적으로 작은 철제판이나 철봉을 연결하여 설치하고 말아 올리고 내리는 방식의 것이 많다. 우리는 이것은 '샷따'로 표현하고 그렇게 말하면 어느 곳에서나 통한다.

그러나 구미에서 "샷따를 올리고 내리고…"라 말하면 도대체 무슨 말을 하느냐고 반문하기 십상이다. 영어로는 '롤업 셔터(roll-up shutter)'라 부른다.

샷타
* **셔터 릴리즈 버튼**

일반 사진기에 사진이 찍히도록 하는 누름 단추가 있다. 이것을 흔히 '샷타'라 부른다. 일본 표기 'シャッター(샷타)'에서 배워 쓰는 표현이다. 영어의 '서터(shutter)'를 그렇게 발음 표기를 한 것이다.

사진기에서 '셔터'는 보통 때는 필름 면에 빛이 들어가지 않도록 막고, 촬영을 할 때는 필요한 노출 시간을 조절하기 위한 장치의 꾸밈을 말한다.

서터를 작동시키기 위한 버튼을 '릴리즈 버튼(release button)'이라 부른다. 우리가 '샷타'라 부르는 것은 바로 '릴리즈 버튼'이고 제대로 표현하자면 '서터 릴리즈 버튼'이다.

샹하이 트위스트
* **생하이드**

1960년대 초에 유행하던 트위스트 음악과 그 춤은 지난 40년 동안에 유행하던 수많은 리듬과 춤 가운데서, 한국을 비롯한 세계적 기호도가 가장 높았던 리듬이었다.

수많은 트위스트 명곡 가운데서 가장 강렬한 곡 가운데 하나가 미국의 4인조 인스트러멘털 그룹 '더 벤쳐스(The Ventures)'가 연주한 "Shanghied"란 곡이다.

이 곡의 제목을 언뜻 보면 중국의 대도시 '샹하이(上海=Shanghai)'를 표현한 것으로 착각하기 쉽고, 그런 오해에서 "샹하이 트위스트"라는 제목이 튀어 나왔다.

영어의 'shanghied'는 술이나 마약에 취해 기분이 좋고 힘이 솟아나는 듯한 기분이라는 슬랭이다.

1998년 초에 한국의 한 대중가수가 트위스트의 향수를 주제로 한 노래의 가사 가운데 "…샹하이, 샹하이 트위스트…"라 부른 것은 어처구니없는 난센스였다. 물론 그 노래 자체에서 편곡·연주된 반주도 전형적인 트위스트 리듬이 아니었음은 물론이다.

서브 웨이(지하철)
※ **썹웨이**

한국도 서울과 부산을 비롯해서 본격적인 지하철 교통망 시대가 차츰 확대되어 가고 있다. '지하철'은 도입 당시 마땅한 표현이 없어서 일본의 '지까테스(地下鐵)'의 표현에서 한자음을 그대로 우리식에 맞춰 도입한 표현이다.

영어로는 미국에서 '썹웨이(subway)'라 하고, 영국에서는 '튜브(tube),' 또는 '언더그라운드(underground)'라고도 부른다.

그런데 지하도(지하도로)는 미국에서 '언더그라운드 패시지(-passage)'라 하는 반면, 영국에서는 '썹웨이(subway)'라 바꿔 부르는 것에 흥미롭기도 하고 혼동을 가져오는 일이 많다.

여기서 '썹웨이'의 영어 표현을 'sub way'처럼 2글자로 떼어 쓰면 엉뚱한 말이 된다. 즉 'sub'는 잠수함(submarine)의 약자이기 때문에 자칫 잠수함 통로(항로)로 오해받게 되는 우스꽝스런 표현이 된다. 반드시 'subway'처럼 원워드로 쓰고 그 발음은 '서브 웨이'라 하지 않고 '썹웨이'라 발음해야 한다. 마치 '써붸이'처럼도 들린다.

서비스
※ **프리**

가게에서 상품이나 음식을 제공하면서 돈을 받지 않는 무료로 주는 경우, 우리들은 흔히 '서비스'라는 표현을 보편적으로 쓰고 있다.

그런데 정작 영어에서는 '서비스'가 무료라는 뜻은 전혀 없다. 이런 경우 영어에서는 '프리(free, it's free)' 라고 해야만 통한다.

음식점에서 주인이 마음에 들거나 아는 손님에게 선심을 쓰면서 특별 요리를 무료로 제공하거나 음식값을 아예 받지 않는 경우를 두고도 우리는 이를 '서비스' 라는 표현한다.

그러나 이런 경우, 주인이 무료로 제공하는 것을 '온 더 하우스(on the house)' 라 하고, 손님이 지불을 전제로 주문한 이외에 주인 측에서 무료로 접대하거나 거저 내는 음식물이나 특정한 물건에 대하여 '캄프리멘터리(complimentary)' 라고도 표현한다.

'서비스' 는 관공서나 공공기관에서 민원인을 상대로 하는 근무 행위이거나, 병역에 복무하는 일들에는 봉사의 뜻이 있고, 전화, 전기, 수도, 가스사업의 제공도 서비스라 한다. 일반적으로는 손님을 접대하거나 심부름하는 일, 또는 남을 돌보는 일, 남에게 고용되어 일을 하는 것도 서비스다.

또 교회에서 행하는 예배도 서비스라고 한다. 일요 예배는 '선데이 서비스' 라 하고 저녁 예배는 '이브닝 서비스' 로 말한다.

그러나 무료로 배포하는 브로슈어나 특정한 물품에 대한 무료 배포하는 것은 '서비스' 라 하지 않고, '프리' 라 한다. 또 특정 메이커나 판매점 등에서 물건을 팔기 위한 판매 촉진과 선전의 방법으로 '하나 사면 하나 공짜(1 get 1 free)' 에서도 '프리' 는 공짜를 뜻한다.

서비스 센터, 공장
* **바디 샵, 리페어 샵**

자동차를 수리하거나 점검하는 곳을 '서비스 센터' 라 말하는 경우가 많다. 또 전기기구 등의 수리나 점검을 위한 곳도 서비스 센터로 표현한다. 물론 영어에서는 쓰이지 않는 일본식 영어 표현의 모방에서 온 말이다.

서비스 센터의 변형으로 '서비스 공장' 이란 말은 매우 일반화되어 쓰이는 자동차 수리 공장을 뜻하는 말이다. 영어에서 '써비스 쎈터(service center)' 는 자동차나 가정용품 등의 고장의 수리나 재생을 위한 상업 시설물을 말하는 포괄적인 표현으로 쓰인다.

미국에서는 자동차 수리는 분야별로 따로 설비하여 영업을 하는 경우가 일반적이다.

이를테면 차체를 중점적으로 수리하는 곳은 '바디 샵(body shop)'이라 하고, 엔진을 중심으로 기계적 고장의 수리는 '리페어 샵(repair shop),' 전기장치나 브레이크와 서스펜션 등의 고장 수리는 '오토 케어 센터(auto care center),' 그리고 타이어의 수리와 판매는 '타이어 샵(tire shop)' 등으로 구분한다.

서클
＊ 클럽

대학이나 회사에서 특정 목적을 가진 동아리를 흔히 '서클(circle)'이라 한다. 그러나 '서클'과 '클럽(club)'이란 서로 사용 목적이 달리 적용되는 말이어서 혼동하여 잘못된 적용을 하는 경우가 많다.

즉, '서클'은 공통된 흥미가 있는 사람끼리 자유로이 모이는 사람의 그룹을 말하는 것에 대해, '클럽'은 리더나 간사 등을 둔 조직이 이뤄진 그룹을 말한다.

미국이나 영국의 대학에서는 학술이나 스포츠, 또는 어떤 형태의 동아리든지 이를 모두 '클럽'으로만 사용하고 있다.

서클라인
＊ 써큘러 프루어레슨트 벌브

둥근 테 모양의 형광등을 '서클라인(circline)'이란 표현을 많이 쓰고 있다. 그러나 영어에 그런 말은 없다. '서클라인'은 상표 이름이기 때문이다. 영어로는 '써큘러 프루어레슨트 벌브(circular fluorescent bulb)'라 한다. 또는 '써큘러 라인 램프(circular line lamp)'로 쓰기도 한다.

선발 투수
＊ 스타팅 핏처, 스타터

야구에서 방어팀의 투수 가운데 가장 먼저 마운드에 오르는 선수를 가리켜 "오늘 경기에 등판하는 선발투수는 XXX다."라 표현한다. 이 말 가운데 '등판,' '선발투수'가 모두 일본식 한자를 그대로 음역한 일본 야구 용어들을 그대로 흉내낸 것이다.

여기서 '등판'은 일본어 사전에서 '登板'이라 표기하고 "야구에서 투수가 마운드에 서는 일, 또는 투수가 시합에 나서는 일"이라 풀고 있다. '선발투수'는 한자로는 '先發投手'로 써서 맨 앞에 등장하는 투수라는 뜻으로 쓰고 있다.

그러나 음이나 한글로만 이를 표기했을 때는 가려 뽑는다는 뜻의 '選拔' 인지, 앞장선다는 뜻의 '先發' 인지를 구분하기가 어렵다. 다만 先發은 짧게 발음하고, 選拔은 [선:발]하고 길게 발음하는 차이가 있지만 중계 아나운서는 구분하는지 몰라도, 일반 사람들은 구분하기가 쉽지 않다.

선발투수는 영어로 '스타팅 핏처(starting pitcher),' 또는 줄여서 '스타터(starter)'라 한다.

선 크림
* **썬스크린**

여름철을 중심으로 햇볕이 따갑도록 자외선 강도가 높을 때 사람의 살갗이 데워지거나 타지 않도록 피부를 보호해 주기 위해 바르는 로션을 흔히 '선 크림,' 또는 '선탠 크림' '선탠 로숀' 등이라 부르고 있다.

물론 그 목적으로 쓰는 물질의 형태가 크림이나 로션으로 만들어진 제품이기 때문에 그런 표현도 설명은 된다. 그러나 '선 크림'이란 표현이 피부 보호제라는 의미는 전혀 없다. 영어에서는 '썬스크린(sun-screen)'이라 한다.

즉, 피부를 강한 태양광선에 과다 노출했을 경우, 살갗이 타거나, 피부암에 걸리거나, 여러 피부 질환을 불러일으키는 것을 방지할 목적으로 개발된 물질을 '썬스크린'이라 말한다. 대개 크림이나 로션 형태를 튜브 등의 용기에 넣은 것이 보통이다.

이 말은 1730~40년대에 태양막이라는 뜻에서 영어의 'sun'과 'screen'을 합성해서 만든 조어이다. 그리고 '썬 스크린' 하고 떼어 쓰지 않고 '썬스크린'처럼 원 워드로 쓰는데 그 발음은 '썬스 크린'처럼 들린다.

선팅, 선탠
* **틴티드 글래스**

자동차 특히 승용차의 차창에 엷고 짙은 투명색 필름을 덧씌우는 일을 흔히 '썬팅'이라 표현한다. 일반 자동차 수요자나 그 시공자 모두가 '썬팅'을 좋아한다. 심지어 그 농도가 지나치게 짙어 차에 타고 있는 사람의 유무조차 식별이 안 되는 것은 도로교통 안전법규에 어긋 난다며 이를 단속하는 당국이나 경찰관들조차도 모두 '썬팅'이라고 말한다.

도대체 '썬팅'이 무슨 말이고 어디서 왔을까? 일본식 영어라면 진짜 영어보다 더 가까이 하는 폐습에 젖은 한국의 외래어 도입 과정에서조차 '썬팅'을 찾아내기가 쉽지 않다.

아마도 햇볕에 피부를 그을리는 '썬탠(suntan)'이라 쓰는 영어 표현에서 와전된 것이 아닌가도 싶다. 영어로는 이를 '틴티드(tinted)'라 한다. 엷은 빛깔이거나 색채를 배합한다는 뜻의 '틴트(tint)'를 처리했다는 말이다.

미국에서는 윈드쉴드(앞 차창)와 운전석, 그리고 앞 승객석의 유리에는 절대로 틴트 시공을 할 수 없다. 대신 리어시트 양쪽 윈도우나 리어 윈도우에 대하여는 완전 투시차단이 아닌 이상, 그 농도에 대하여 그리 큰 단속 시비의 대상이 아니다.

썸머 타임
*** 데일라잇 쎄이빙 타임**

춘분 무렵부터 추분 무렵까지의 하절기에 시계의 바늘을 1시간 빨리하여 석양쪽의 낮 시간을 여유 있게 쓸 수 있도록 고안하여 실행하는 것을 '데일라잇 쎄이빙 타임(daylight saving time)'이라 한다. 일광 절약 시간이란 뜻이다. 또 이를 줄여서 '데일라잇 타임(daylight time)'이라고도 한다.

한국에는 1945년 해방 이후, 미군 군정시기의 한때에 이를 실시한 적이 있었고, 1988년 서울 하계 올림픽 기간 중에 한시적으로 사용한 적이 있었는데 이를 '썸머 타임'이라고 불렀다. 이는 일본 사람들이 만들어 사용하던 일본식 영어 표현을 그대로 본받은 것이다.

영어의 'summer time'은 글자 그대로 여름철이라는 뜻이고, 'summer'도 '썸머'라 하지 않고 '써머'라 발음하는 점에 유의하자.

미국에서의 데일라잇 타임의 실시는 매년 4월 첫 일요일 오전 2시부터 10월 마지막 일요일 오전 2시까지 약 7개월 간을 실시하고 있다.

유럽에서도 EU(European Union) 가입국 모두가 미국보다 1주일 먼저 시행해서 거의 같은 시기의 가을까지 시행하고 있다.

'데일라잇 쎄이빙 타임'은 더러 '쎄이빙 타임'이라고도 한다.

성경, 성서
* **바이블**

성인들이 쓴 책을 모은 것을 '성경(聖經)'이라 한다. 성경은 종교상 신앙의 지침을 적은 최고의 법전이 되는 책을 일컫는다. 기독교의 신구약 성경은 물론이고, 불교의 팔만대장경이나, 유교의 사서오경, 또는 회교의 코란 등도 모두 성경의 범주에 속한다. 그러다 보니까 기독교계 일부에서 '성경'이라 부르지 말고, '성서(聖書)'로 표현하자고 주장하는 이들이 있다. 그런데 성서라는 뜻도 종교의 교리를 기록한 경전이라는 뜻에서 성인이 쓴 경전, 또는 행적의 글을 일컫는 모든 종교에 해당이 되는 말이다.

그런데 '성경'은 중국에서 만든 표현이고, '성서'는 일본에서 만든 한자 표현일 뿐, 그 내용은 똑같다. 다만 기독교적인 성경의 고유 명칭은 영어의 '바이블'이 확실하게 구분되어 있기도 하다. '바이블(Bible)'은 영어권에서만 쓰이는 표현이다.

'바이블'은 희랍어 가운데서 'biblia(비블리아)'에서 파생했다. 고대 그리스를 비롯해서 이집트나 로마 등에서 바빌루스 나무의 안 껍질을 종이 대신 쓴 데서 종이나 책이라는 뜻으로 썼다. 본래의 뜻은 '책'이라는 말인데 크리스트교에서 쓴 경전을 뜻하는 말로 되었다.

성경(聖經)은 한국의 초기 교회에서 1960년대까지는 '성경'이라 지칭하다가 그 이후부터 오늘에는 이를 '성서(聖書)'로 표현하고 있다. 영어의 'Bible(바이블)'은 독일어로는 'Bibel(비벨),' 프랑스어는 'Bible(비블),' 스페인과 포르투갈어는 'Biblia(비블리아),' 이탤리어는 'Bibbia(빕비아),' 라틴어는 'Libri divini(리브리 디비니),' 그리스어는 '헤 비브로스,' 러시아어로는 '비브리야'로, 그리고 중국에서는 '셍징'이라 각각 표현한다.

한국의 성경은 중국의 것을 기초로 하여 번역했다고 하는데, 참고로

순 수 한 우 리 말 찾 기 품 앗 이

성경의 각 책이름의 한국어, 중국어, 일본어와 영어 타이틀의 미국 발음을 대비해 본다.

구약성서

한국어	중국어	일본어	영어 (미국발음)
창세기	創世記	創世記	Genesis(제너시스)
출애굽기	出埃及記	出エジプト記	Exodus(엑서더스)
레위기	利未記	레비記	Leviticus(리비티커스)
민수기	民數記	民數記	Numbers(넘버스)
신명기	申命記	申命記	Deuteronomy(듀터라너미)
여호수아	約書亞記	ヨシュア記	Joshua(자슈어)
사사기	士師記	士師記	Judges(젓지스)
룻기	路得記	ルツ記	Ruth (룻스)
사무엘(상)	撒母耳記(上)	サムエル記(上)	1 Samuel(원, 새뮤얼)
사무엘(하)	撒母耳記(下)	サムエル 記(下)	2 Samuel(투, 새뮤얼)
열왕기(상)	列王記(上)	列王記(上)	1 Kings(원, 킹스)
열왕기(하)	列王記(下)	列王記(下)	2 Kings(투, 킹스)
역대(상)	曆代志(上)	歷代志(上)	1 Chronicles(원, 크라니컬)
역대(하)	曆代志(下)	歷代志(下)	2 Chronicles(투, 크라니컬)
에즈라	以斯拉記	エズラ記	Ezra(에즈러)
느헤미야	尼希米記	ネヘミヤ記	Nehemiah(니어마이어)
에스너	以斯帖記	エステル記	Esther(에스너)
욥기	約伯記	ヨブ記	Job(좁)
시편	詩篇	詩篇	Psalms(싸암스)
잠언	箴言	箴言	Proverbs(프라벌브스)
전도서	傳道書	傳道の書	Ecclesiastes(이클리지애스티즈)
아가	雅歌	雅歌	Song of Solomon(쏭 어브 쌀러먼)
이사야	以賽亞書	イザヤ書	Isaiah(아이자이어)
예레미야	耶利米	エレミヤ書	Jeremiah(제러마이어)
예레미야애가	耶利米哀歌	哀歌	Lamentations(래먼테이션)
에스겔	以西結書	エゼキエル書	Ezekiel(이지키얼)
다니엘	但以理書	ダニエル書	Daniel(대니얼)
호세아	何西阿書	ホセア書	Hosea(호지어)
요엘	約珥書	ヨエル書	Joel(조얼)
아모스	阿摩司書	アモス書	Amos(에이머스)
요나다	俄巴底書	オバデヤ書	Obadiah(오버다이어)
요나	約拿書	ヨナ書	Jonah(조우너)

한국어	중국어	일본어	영어 (미국발음)
미가	彌加書	미가書	Micah(마이커)
나훔	那鴻書	나호무書	Nahum(네이험)
하박국	哈巴谷書	하바쿠쿠書	Habakkuk(허백컥)
스바냐	書番雅書	제파니야書	Zephaniah(제퍼나이어)
학개	哈該書	하가이書	Haggai(해가이)
스가랴	撒迦利亞書	제카리야書	Zechariah(제커라이어)
말라기	瑪拉基書	마라키書	Malachi(맬러카이)

신약성서

한국어	중국어	일본어	영어 (미국발음)
마태복음	馬太福音	마타이에 의한 福音書	Matthew(매튜)
마가복음	馬可福音	마루코에 의한 福音書	Mark(마아크)
누가복음	路加福音	루카에 의한 福音書	Luke(루크)
요한복음	約翰福音	요하네에 의한 福音書	John(쟌)
사도행전	使走行	使走行 (言行錄)	Acts (액스)
로마서	羅馬人書	로마인에의 편지	Romans (로먼즈)
고린도전서	哥林多前書	고린도인에의 제1의편지	1 Corinthians(원,커린시언스)
고린도후서	哥林多後書	고린도인에의 제2의편지	2 Corinthians(2,커린시언스)
갈라디아서	加拉太書	가라데야인에의 편지	Galatians(걸레이션즈)
에베소서	以弗所書	에베소인에의 편지	Ephesians(이피전즈)
빌립보서	胚立比書	피리피인에의 편지	Philippians(필리피언즈)
골로새서	歌羅西書	코로사이인에의 편지	Colossias(컬라션즈)
데살로니가전서	帖撒羅尼迦前書	데사로니케인에의제 1의 편지	1,Thessalonians(1 데설로니언즈)
데살로니가후서	帖撒羅尼迦後書	데사로니케인에의 제2의 편지	2 Thessalonians
디모데전서	提摩太前書	데모데에의 제1의 편지	1 Timothy(1 티머시)
디모데후서	提摩太後書	데모데에의 제2의 편지	2 Timothy(2 티머시)
디도서	提多書	데도스에의 편지	Titus(타이터스)
빌레몬서	胚利門書	필레몬에의 편지	Philemon(필리먼, 파일리먼)
히브리서	希伯來書	헤부라이인에의 편지	Hebrews(히브루즈)
야고보서	雅各書	야코부에편지	James (제임즈)
베드로전서	被得前書	페도로의 제1의편지	1 Peter(1, 피터)
베드로후서	被得後書	페도로의 제2의편지	2 Peter(2, 피터)
요한 1서	約翰一書	요하네의 제1의편지	1 John(1 쟌)
요한 2서	約翰二書	요하네의 제2의편지	2 John(2 쟌)
약요한 3서	約翰三書	요하네의 제3의편지	3 John(3 쟌)
유다서	猶大書	유다의 편지	Jude (주드)
요한계시록	啓示錄	요하네의 默示錄	Revelation (레버레이션)

세다르스-시나이	미국 캘리포니아 주의 로스 앤젤러스 시와 베벌리 힐스 시 접경 부근
*병원 이름	에 유명한 종합병원이 있다. 거대한 빌딩으로 유명한 '베벌리 쎈터'
* 씨더스-싸이나이	바로 길 건너에 있다.

일리저벳 테일러의 단골 병원으로 자주 미디어에 오르내렸고, 할리웃의 명배우나 명사들이 많이 찾는 병원으로 유명한 'Cedars-Sinai Medical Center'가 바로 그것이다. 20세기 최고의 팝 가수로 추앙을 받던 프랭크 시나트러도 지병으로 자주 이 의료원을 찾았고, 급기야 1998년 5월 14일 오후 10시 50분에 이 병원의 응급실에서 심장마비로 세상을 떠나면서 더욱 많이 알려졌다.

그런데 한국의 중앙 일간지나, 방송 등 미디어들마다 이 의료원의 명칭을 '세다르스-시나이'니, '시드라-시나이' 등 제각기 표기해서 혼란을 야기한 적이 있었다. 물론 L.A.현지에 파견근무하고 있는 통신사 특파원의 송고된 기사를 그대로 받아 게재하다 보니 현지 발음과 큰 차이가 난 것이다.

'시더(cedar)'는 히말라야 삼목에 속하는 가지가 옆으로 퍼지는 나무인데, '씨더스 어브 레바넌'이란 나무 이름에서 따온 말이고, '싸이나이(Sinai)'는 우리가 흔히 '시나이'로 표기하는 지명에서 따, 이를 단일 고유 명칭인 '씨더스-싸이나이'로 하고, 이 메디컬 센터의 이름으로 붙였다. 이 병원은 주이쉬(유대인) 재단에서 운영하고 있다.

외국의 지명을 비롯해서 인명이나 고유 명칭을 표기할 때에는 각별히 주의해야 하는 한 좋은 예이다.

세단	자동차 가운데서 2도어 또는 4도어로 승객석을 밀폐할 수 있고, 4사
* 씨댄	람 이상이 탈 수 있도록 2줄의 시트가 마련된 승용차를 '세단'이라

한다. '세단'의 기본 형태는 차체가 낮고 승객실(캐빈 스페이스)과 엔진 스페이스와 트렁크 스페이스에 대하여 칸을 막아 3부분의 형태로 이루어져 있다.

'세단'이란 표현은 네덜란드 발음이고 일본에서 그렇게 쓰이고 있는 표현이다. 영어로는 '씨댄' 이라 하고 '-댄' 에 액센트를 둔다.

'sedan' 이란 말은 1635년부터 쓰이기 시작하여 17~18세기에 쓰이던 1인용 의자가 달린 가마(sedan chair)를 뜻했다. 1912년부터 미국에서 운전석에 칸이 막히지 않은 상자형 승용 자동차를 sedan형이라 부르기 시작했다.

오늘날 '씨댄' 은 미국에서 주로 쓰이는 영어가 되었고, 씨댄형 승용차를 영국에서는 이를 '썰룬(saloon)' 이라 달리 표현한다. (미국에서 '썰룬' 은 술집을 의미함)

한편 '씨댄' 을 독일어에서는 '리무지너(limousine),' 이탤리어에서는 '베를리나(berlina),' 프랑스어에서는 '베를린(berline),' 스페인어에서 '베를리나(berlina),' 포르투갈어로 '베를린다(berlinda),' 그리고 네덜란드어로 '쎄단(sedan)' 이라 말한다.

세리모니
* 쎌러브레이션

싸커에서 선수가 득점(고울)을 한 다음 기쁨을 표시하는 제스처를 두고 '세리모니' 라 한다. 영어의 'ceremony' 를 끌어다 붙인 말이다.

지난번 월드컵 경기가 끝날 때마다 이 들뜬 기분을 악용한 일부 치한들이 어린 소녀들에게 접근하여 '카 세리모니' 를 하자며 성추행을 여러 차례 했다고 해서 구속기소했다는 뉴스가 여러 차례 보도되기도 했다. 여기서 '카 세리모니' 라는 말도 이상하거니와 그런 영어도 없다. 영어에서 ceremony는 '쎄러모니' 라 발음하고 공식적인 종교 의식이거나 의식을 말한다. '쎄리모니' 는 구식 영국 발음이다.

그러나 선수가 득점과 승점을 자축하며 취하는 제스처는 이를 '쎄러모니' 라 하지 않고 'celebration(쎌러브레이션)' 으로 표현한다. '쎌러브레이트(celebrate)' 는 의식이나 축전을 거행한다는 동사이고, 축전이나 축하 행사를 하거나 기쁜 일을 축하한다는 뜻을 담고 있다. 구어로는 들뜬 기분으로 소란한 분위기를 말하기도 한다. '쎌러브레이션' 은 주로 미식 축구에서 자주 볼 수 있는 장면이다.

2002년 6월, 2002 월드컵 D조 예선에서 한국과 미국 팀이 격돌했을 때 1:1로 비기자 한국의 안정환 선수가 득점이 된 다음, 동료 선수들과 함께 '아이시 디미너(icy demeanor)', 즉 얼음 위를 달리는 동작을 해 보였고 이것이 동계 올림픽에서 김동성 선수의 우승 취소에 항의하는 제스처를 암시했던 것이다. 이것을 한국의 미디어는 하나같이 '세리모니'라 했는데 '쎌러브레이션'으로 표현했어야 했다.

이 광경을 보도한 "로스 앤젤러스 타임스"는 기사 말미에서 "… Ahn walked through the post-game mixed zone without fielding reporters' questions about his goal or his subsequent celebration." 이라 썼다.

1차 라운드에서 D조 1위로 2차 라운드에 진출한 한국 싸커 팀의 선전을 축하하는 응원 시민의 물결이 서울 시청 앞을 가득 메운 것을 비롯해서 한국의 곳곳뿐만 아니라 해외 동포 사회에서도 축제 무드 일색이였다. 이것도 '쎌러브레이션스(celebrations)'라 한다.

세멘다인	나무 조각이나 가죽, 또는 플라스틱 등에 사용하는 강력 접착제를 흔히 '세멘다인,' 또는 '세멘다이'라 말하는 이들이 많다
＊ 앳히시브 글루	

이것은 일본 상표의 이름에서 비롯된 일본식 영어 표현이다. 즉, '시멘트(cement)'에다 역학의 단위인 '다인(dyne)'을 합성해서 만든 조어에서 나온 말이다. 일본어에서 '시멘트'는 '세멘토,' 또는 '세멘'이라 표현하고 있다.

영어로는 '앳히시브 글루(adhesive glue),' 또는 '수퍼 글루(super glue)'라 한다.

세비로	일반적으로 남자들이 입는 양복의 정장을 흔히 '세비로'라 말하는 것은 일본식 표현에서 흉내낸 말이다. 일설에는 영국 런던의 거리 이름 가운데서 버링턴 하우스의 북쪽에 드리운 '써빌 로우(Savile Row)'에서 흉내를 냈다고도 하고, '사복(civilian clothes)'이 와전되었다고도 한다.
＊ 수트	

그러나 일본 표기로는 등판이 넓은 옷이라는 뜻의 '세비로(背廣)'라 표현하고 있듯이 이 표현은 일본식 용어임에 틀림없다.

영어로는 '수트(suit),' '쓰리 피스 수트(three-piece suit)'라 한다. '쓰리 피스 수트'는 저고리와 바지, 그리고 저고리와 드레스 셔트 사이에 입는 베스트를 말한다.

또 미국에서는 '비즈니스 수트,' 영국에서는 '라운지 수트(lounge suit)'라 일컫기도 한다. 독일어로는 '안쑤크(Anzug),' 프랑스어는 '꼼쁠레(complet),' 이탤리어는 '콤프레토(completo),' 스페인어로는 '떼르노(terno)'라 하고 러시아어는 '카시튜므'라 한다. 여기서 영어의 '수트'를 표현할 때는 '수우트,' 또는 '수웃' 식으로 길게 소리낸다.

세팟트, 세팟또
***개 품종**
***쉐퍼드(양치기)**

우리나라 진도의 세계적인 특산견인 진돗개에 비견되는 세계적인 우량 견종 가운데 'Shepherd'가 있다. 사납고 기지가 넘치는 개에 붙여 주는 특칭처럼이나 상품종으로 여기는 개를 흔히 '쎄팟뜨,' '새팟또' 등으로 표현하는 이들이 많다.

그러나 제대로의 발음은 '쉐퍼드'이고, 여기서 '-퍼-'는 'f' 발음을 감안해야 제대로의 소리가 나오게 된다.

'쉐퍼드'는 우리가 여기는 사나운 개의 한 품종이 아니라 양치기를 일컫는 shepherd라는 영어에서 인용된 말이다.

흔히 '쉐퍼드'를 군용견이나 경찰견, 또는 맹인 인도견쯤으로 알지만 이 말은 개의 품종을 말하는 것으로 여기고 있다. 양치기, 목사, 양을 지키는 개를 가리키는 명사이고 '군중을 인도하다' 등의 뜻을 가진 동사로 쓰이고 있다.

따라서 경찰견이나 군용견 등은 'shepherd dog'이라고 분명히 표현해야만 한다. 독일산 쉐퍼드를 영국에서는 'Alsatian(앨세이션)'이라 하고 영어에서도 'German shepherd dog(저먼 쉐퍼드 독)'이라 하고 독일에서는 '폴리스 도거(police dogge)'라 한다.

| 쎄리토스
*쎄리터스 | 미국 캘리포니아 주, 로스 앤젤러스 다운타운에서 남동쪽으로 약 27km 떨어진 곳에, 독립된 시(city)인 'Cerritos'가 있다. 한국 교민들이 많이 거주하면서 이곳의 지명을 '쎄리토스'라고 발음하는 이들이 많다. 그러나 정작 현지 네이티브 스피커들은 '쎄리터스'라 하고, 약음으로는 '쎄리러스'로 발음하니 표현의 차이가 크다.
이곳은 1956년에 인구 3천5백 명이 젖소 10만 마리를 사육하던 낙농 지역이었기 때문에 'Dairy Valley(데어리 밸리)'라 불려 왔다.
1966년에는 한국, 일본, 베트남을 비롯해서 13개국 인종들이 몰려 사는 주택지로 개발되면서 'Cerritos'라는 이름으로 바뀌었다. 'cerrito'는 스페인어로 작은 언덕이란 뜻이다.
'쎄리터스'의 인구는 약 5만5천 명인데 중산층의 평균 연령이 30.1세여서 '젊은 도시'라는 별명도 가지고 있다. |
|---|---|
| 세실리아 바르토리
*시칠리아
*체칠리아 바르톨리 | 20세기 말, 최고의 소프라노 가수로 지목받고 있는 Cecilia Bartoli는 남성 가수 가운데 테너 루치아노 파바로티의 왕좌에 견주는 여성 가수의 최고봉으로 여기고 있다. 그런데 이 가수의 이름을 '세실리아 바르토리'로 표현하는 이들이 많다.
이 소프래노 가수가 이탤리 출신이고, 이탤리 발음 가운데 'e'나 'i' 앞에 오는 'c'는 '츠' 소리를 내도록 되어 있다. 이 때문에 '세실리아'가 아니고, '체칠리아'가 옳다.
'celilia(*소문자)'는 열대에 서식하는 다리가 없는 도마뱀을 말하고, 'Cecillia(*대문자)'는 로마에서 순교한 음악의 수호성녀인 성녀 체칠리아(Saint Cecillia)를 일컫기도 한다.
그러나 바르톨리의 퍼스트 네임에는 '-ㅔ-'을 쓰지 않고 '-ㅣ-'을 쓰는 도마뱀이란 뜻이 되고 있다. |
| 세컨드 하우스
*쎄컨드 홈, 빌러 | 주택을 소유하고 있는 사람이 사는 집에서 얼마쯤 떨어진 곳에 별채를 지니고 있을 때 이를 '세컨드 하우스(second house)'라는 표현을 |

쓰는 이들이 있다.

그러나 그것은 또 하나의 자기 소유의 집이라는 뜻이 아니고, 집을 사거나 지칭할 때, 두 번째의 매물이나 두 번째 거래하는 집쯤으로 해석이 된다.

여름철에 더위를 피하기 위해서, 또는 주말이나 여가를 지내기 위해서 주거지에서 떨어져 있는 별장을 이용하는 경우라면 그를 '쎄컨드 홈'이라 한다.

그런데 이 쎄컨드 홈이 규모가 좀 크고 호화별장이라면 '빌러(villa)'라 하고, 좀 작은 규모의 보통 별장 같으면 이를 '카티지(cottage)'라 부른다.

또 피서용으로 지니고 있는 별장이 바다를 끼고 있는 위치에 있으면 '비이취 하우스(beach house),' 산 속에 들어가 있으면 '써머 하우스(summer house)'라는 말을 쓴다. 여기서 '홈(home)'은 '호움'으로 소리내는 점에 유의하자.

세프티 드라이버
* 쎄이프 드라이버

자동차의 운전은 기술보다 요령이고, 요령보다는 조심스럽고 안전하게 작동하는 데 있다. 이런 조심스럽게 운전하는 사람을 영어로 표현한다면서 '세프티 드라이버(safety driver)'라 표현하는 일이 자주 있다. 'safety'는 '안전 무사'라는 명사이기 때문에 'driver'라는 명사에 붙여 쓸 수 없다. 또 유행어처럼 쓰여지고 있는 '안전 운전'이란 말도 어법상 맞지 않는다.

영어 표현으로 하려면 '안전한,' '안전하게,' '신중하게,' '조심스레'라는 형용사를 써서 '쎄이프 드라이버(safe driver)'라 해야 옳은 표현이 된다. 따라서 우리말의 표현도 '안전 운전을 하는 사람'이 아니라, '안전하게' 또는 '조심스레 운전하는 사람'이 되어야 마땅한 표현이 된다.

'쎄이프 드라이버'와 함께 '드라이브 모어 쎄이플리(drive more safely)'란 표현은 매우 설득력 있으면서 부드러운 표현이 된다.

섹스폰
* 쌕서폰

목관 악기 가운데서 쌕서폰(saxophone)의 소리를 즐기는 이들이 많다. 소프래노 쌕서폰, 앨토 쌕서폰, 바리톤 쌕서폰, 그리고 테너 쌕서폰 가운데서도 테너 쌕서폰의 음색을 좋아하는 이들이 더 많다.

그런데 세간에서 쌕서폰을 '섹스폰'이니 '폰'으로 표현하거나 그렇게 부르는 이들이 상당히 많다. 그대로를 로마자로 옮겨 보면 'sexphone'이 되는데, 이런 영어는 없지만 자칫 전화를 통해서 음담 패설을 나누는 '폰-섹스(phone-sex)'를 연상이라도 할 법하다.

saxophone은 반드시 '쌕서폰'이라 표기하지만 '쌕서포운,' 또는 '쌕서퍼운'처럼 소리낸다. 그리고 약칭으로 '쌕스(Sax)'라 표현하기도 한다. 이 때 '섹-'과 '쌕-'과의 구분이 확연해야만 한다. 입을 좁게 벌려 나는 '쎅스'는 sex가 되고, 입을 넓게 벌려 소리내는 '쌕스'라 해야만 saxophone이 되는 것이기 때문이다.

한편 '쌕스호른'이나 '쌕소온(saxhorn)'과 '쌕서폰'을 혼동하는 일도 있다. 쌕스호른은 튜버(tuba)나 콜넷(cornet)처럼 생겼지만 그보다는 작고 나팔이 위를 향해 부는 금관악기의 이름이다.

셀프 비지네스
* 쎌프 임플로이드

자영업을 하는 소규모 영세 경영을 흔히 '셀프 비지네스'라 말하는 이들이 많다. 먼저 '-비지네스'도 '-비즈니스,' 그것도 발음대로 하면 '비즈너스'에 가깝게 소리낸다고 말했지만, '셀프 비즈니스'라는 영어는 없다.

그렇다고 자영이고 개인 영업이니까 '프라이벗 비즈니스(private business)'라 표현하는 이들도 있다. 프라이벗 비즈니스라 하면 윤락 여인을 고용하고 은밀히 단골손님에게 여자를 제공하는 풍속영업으로 오인받기 쉽다. 이른바 비밀요정도 이런 범주에 속할 게다. 그러나 물론 영어에 그런 말도 없다.

미국에서 여러 서식을 쓸 때, '영업 허가 형태(Legal Structure)'에 대한 설문에서 Sole Proprietorship, Corporation, Partnership, Non-profit 그리고 Self-employed가 있다. 이 가운데서 '쏘울 프러프라이어터

쉽'은 가옥이나 토지 소유자로 이를 임대해 주는 영업 형태를 말하고, '코퍼레이션'은 주식회사, '파아트너쉽'은 동업 형태의 영업, '난-프라핏'은 비영리 형태를 뜻한다. 그리고 '쎌프-임플로이드'는 우리가 말하는 자영업을 말한다. 이때 '-이-'는 길게 소리내야 한다. 그리고 종업원을 두지 않고 업주 스스로가 물건을 직접 구매하고 손님에게 직접 판매하는 일을 하는 형태를 '쎌프 임프로이이(self-employee)'라고 말한다.

섹숀
* **쎅션**

1990년대 후반부터 한국의 일간 종합 신문들이 '섹션'화를 시도했다. 사실 종합 일간신문들이 각 분야별로 별쇄하여 한 묶음으로 엮어 발행하는 이른바 섹션 페이퍼는 미국을 비롯해서 구미에서는 80년대부터 정착된 신문의 편집 방법이다.

한국에서 도입한 신문의 섹션화는 사실상 페이지의 구획면을 강조한 소극적인 시행에 그치고 있는 형편이다. 이를테면 섹션화 신문의 대표적 미디어 가운데서 '로스 앤젤러스 타임스'지인 경우에는 연중 무휴로 발간하면서 위크데이는 ABCDEFG 섹션을 발행하고 일요판은 ABCDEFGHIJ 판을 발행하고 있다.

영어에서 section은 명사로 물체의 부분, 구분, 구획, 절을 뜻한다. 미국어에서는 마을 등의 한 구역, 지역, 정부의 측량 단위에서 1평방 마일의 토지를 뜻하기도 한다. 신문 용어에서는 란, 또는 문장이나 동일 성격의 항목을 뜻한다. 인쇄 용어로는 절, 또는 장의 마크(섹션 마크)를 뜻한다. 또 관청이나 회사에서 회의 등의 부회, 각부서 등을 표현하는 말로 쓰였다.

미디어 용어에서 '섹션'은 미디어 특성에 따라 각기 다른 의미로 쓰여진다. 광고 분야에서는 새로운 지역의 이전 광고를 알리는 게시판 형태의 구획 면을 뜻한다. 방송에서는 스팟 TV, 커머셜(CM)에서 판매된 3등급 구분하는 용어로 쓰인다. 이를테면 섹션 1은 광고 효율이 가장 높은 스팟, 섹션 2는 중간 효율, 그리고 섹션 3은 가장 낮은 효율로 구분할 때 쓰인다.

그래픽 아트에서는 구분하기 쉬운 3가지 색상을 구분할 때 쓰인다. 또 출판 용어로는 데디케이티드 쎅션, 파이낸셜 쎅션, 스포쓰 쎅션, 스타일 쎅션 등이 그것이다.

영어의 section을 섹숀으로 표기하고 그대로 소리내는 사람들이 많다. 그러나 네이티브 스피커의 발음은 '쎅션' 이라 한다.

쎄루 모타
* 셀프 스타팅 모터

자동차나 모터싸이클의 엔진 점화를 위해 작용하는 모터를 '스타터(starter)' 라 한다. 스타터는 엔진 시동장치를 뜻하는 일반적인 표현이다. 그러나 이는 '셀프 스타팅 모터(Self starting motor)' 가 정식 명칭이다. 쎄루 모타는 일본식 약칭이고 간략형 표기에서 비롯된 말이다. 즉, 'self' 를 'セルフ(세루후)' 로 표현하고, 그나마 '세루' 로 줄이고 '모터' 를 덧붙여 '세루─모타' 가 된 것이다.

당연히 버려야 일본식 반쪽 영어이다.

쎈타 필다
* 쎈터 피일더

라디오나 TV에서 야구 중계를 방송하는 캐스터나 해설자는 아직도 한결 같이 일본식 야구 용어나, 일본식 발음의 야구 용어를 마치 교과서처럼 구사하는 경우를 너무나 많이 대하게 된다.

그 가운데서 가장 심한 일본식 영어 발음의 잔재는 '쎈타 필다(center fielder),' '캐챠(catcher),' '쎄칸 하프(second half)' 등이 그것이다. 이들의 영어 발음은 '쎈터 피일더,' '캣쳐,' '쎄컨드 해프' 등에 가깝게 발음된다.

쎌러리 맨
* 오피스 워커,
잡홀더

봉급생활자를 흔히 '쎌러리 맨' 이라 한다. 그러나 네이티브 스피커들은 이 표현이 무슨 말인지 알아듣지를 못한다. 그렇다고 문법을 갖춘 '쎌러리드 맨(salaried man)' 으로 표현해 보아도 마찬가지다. 1998년판 웹스터 카레지엇 딜럭스 딕셔너리에서 'salary man' 은 일본에서 화이트 컬러 비즈니스맨을 가리키는 말이라는 설명이 붙어 있다. 또 2002년판 뉴 옥스퍼드 어메리컨 딕셔너리에서도 "일본에서 화이트 컬러를 일컫는 말"이라 주석을 달고 있는 것처럼 '셀러리 맨'은 영어에는 없는 일본식 영어 표현인 것이다. 또 한국에서는 그것을 마치 멋있는 영어인줄 알고 그것을 그대로 본받아 사용하고 있는 것이다.

영어로는 일반적으로 '오피스 워커(office worker)'란 표현을 가장 많이 쓰고, '컴퍼니 워커,' '컴퍼니 임플로이이(company employee),' 또는 '화잇 칼라 워커(white collar worker)'라 한다. 또 '웨이지 어너(wage-earner),' '잡 홀더(job-holder)'라는 말도 자주 쓰인다.

'오피스 워커'인 경우 미국 발음으로는 '아퍼스 워커'처럼 소리내는데 유의해 두자. 경찰관도 '폴리스 아퍼써'라 발음한다.

셀린 디옹
* **썰린 디안**

캐나다 출신 가수 Celine Dion을 '셀린 디옹'이라 부르는 사람들이 있다. 이것은 그가 캐나다의 프랑스계이기 때문에 프랑스식 발음으로 '쎄리너 디옹'으로 불리는 것이겠거니 하겠지만, 실은 일본에서 이 가수의 이름을 '세리누 디온'이라 한 것을 일부 한국의 음악 관계자들 사이에서 그대로 옮겨오는 과정에서 '세린 디옹'으로 변질된 것이다. 또 Celine는 프랑스식 표기와 발음은 'e'에 악쌍(é)을 붙여서 'Céline'라 쓰고 '쎌리너'라 발음한다.

Dion은 1991년부터 미국의 팝 시장에 진출하면서부터 그의 이름에 대하여 '썰린 디안'이란 미국식 발음 표현을 공식화한 바 있다.

1997년도 그래미 시상식 때 프러듀서 겸 백스테이지 인터뷰어로 활동한 딕 클락은 "세상에서 그대 이름의 발음에 대하여 분분한데 어떻게 불러 주어야 할까"고 물었을 때, "썰린 디안"이라 불러 달라고 분명하게 대답한 바 있다.

소프트웨어
* **쌉트웨어**

컴퓨터에서 'software'는 가장 중요한 두뇌 굴림에 해당한다. 컴퓨터를 이용하고 움직이는 기술이기 때문이다. 필요한 컴퓨터의 기계적

순 수 한 우 리 말 찾 기 품 앗 이

작동은 물론이고 필요한 정보 요소이기 때문이다.

그런데 우리는 이를 '소프트웨어'라 표기하고 그렇게 읽는다. 그러나 정작 영어에서는 그 소리는 머리 소리가 쌍시옷 소리가 나고 '-프-'는 첫 음절에 종속되는 종성처럼 처리가 된다. 그러니까 '쏩트웨어'에 가깝게 소리를 낸다. 그리고 현대 영어에서는 '쌈트웨어'로 발음하는 점에 유의해야 한다.

우리식의 '소프트웨어'는 다분히 일본식 발음 체계인 'ソフトウエア (소후토웨아)'에서 벗어나지 못한 인상이 짙다.

솔지어 오브 포춘
*직업군인
* 쏠져 어브 포어천
(돈벌레)

1974년에 영국 출신 6인조 하드 록 그룹 '디입 퍼플(Deep Purple)'이 낸 앨범 "Stormbringer"가 있다. 이 가운데 "Soldier of Fortune"이란 노래가 들어 있다.

싱글로 커트되지 않아 히트한 곡은 아니지만, 유독 한국인들 사이에서 무척 애청되는 노래 가운데 하나다. 리치 블랙모어를 중심으로 헤비 메틀 사운드의 효시격인 '디입 퍼플'은 이 노래를 매우 멜랑코리하게 불러 주었다.

그런데 이 노래의 제목 "Soldier of Fortune"을 "솔지어 오프 포춘"이라고 읽으면서 '직업군인'이라고 소개하는 방송 진행자들이 많이 있다.

"나는 가끔 그대에게 인생관에 대해 말했었지/ 내 인생에서 화려한 날을 기다리며 살아왔다고/ 내가 당신 손을 잡고 노래를 불렀을 때/ 그대는 내게 '가까이 와서 사랑해 줘요'라 말할 수 있었지/ 그럼 정말로 그대 곁에 있었을 텐데/ 그러나 나는 점점 나이가 드는 걸 느꼈고/ 내 노래 또한 그런 느낌으로 불렀네/ 내 노래는 마치 멀리서 풍차가 돌아가는 소리처럼 메아리치면서/ 나는 언제나 돈벌레가 되었다고 생각하게 되었다오/ 어떤 때는 여행을 하면서 좋은 일이 없을까 찾아도 보았지/ 허송 세월만 하면서 차가운 밤이면 그대 없음에 더욱 의아해 하면서/ 하지만 많은 날들을 당신이 가까이 있는 모습을 보았던 것처럼 생각했지/ 그대가 분명히 여기에 없음에도 어둠 때문에 그대를 보는 것처럼 착각하네/ 나 이제 나이가 드는 걸 느끼네"

한 가수가 그의 성공과 사랑의 성취를 위해 많은 나날들을 보내면서 세월과 나이를 더하는 초조한 심사를 노래한다.

'솔져 어브 포어천' 은 모험과 쾌락, 그리고 수입을 목적으로 다른 어떤 나라나 특수한 조직에서 일을 하거나 용병으로 근무하는 직업인, 또는 직업적 모험군인을 뜻하지만, 여기서는 담력과 강한 정신력으로 독자적인 향락과 부를 추구하는 사람을 가리키는 슬랭이다.

그러니까 이 노래에서는 한 직업 가수가 부와 인생의 즐거움을 추구하는 인생관을 한 여인에게 고백하는 형태로 노래를 해준다.

일렉트릭 기타의 애조 띤 인트로가 조용히 이끌면서 목놓아 탄식하는 사나이의 넋두리 같은 데이빗 커버데일의 거친 목소리가 전개된다.

하드 롹 그룹 디입 퍼플의 노래치고는 지나치리 만큼 감상적인 슬로우 롹으로 처리되었다. 이 바람에 작자인 릿치 브랙모어는 이 작품에 대한 자책을 탓하면서 팀을 훌렁 떠나버린 이유로 삼기도 했다.

그러니까 '솔져 어브 포어천' 은 이익을 위해서라면 모험도 불사하고, 목숨까지도 내걸면서까지 용병에 입대하여 명령이라면 세계 어디든지 달려가 문제를 해결하는 사람을 말했다. 그러나 최근에는 슬랭으로 받아들여, 행운과 부를 목적으로 하는 모험가, 또는 돈벌레를 뜻한다.

한편 직업적 용병을 영어로 '멀써네리(mercenary)' 라 한다.

쇼바	자동차의 하체 가운데서 노면의 충격을 흡수하는 여러 장치 가운데서 결정적 효과를 갖는 기구 가운데 'shock absorber' 가 있다. 영어 발음으로는 '쇽업소버' 라 부른다. 쇽업소버는 대부분 유압식이지만 개스를 충전한 개스 앱소버가 더욱 효능이 뛰어나기 때문에 고급 승용차인 경우 대부분 개스 충전식 쇽업소버를 채용하고 있다.
* **쇽업소버**	

쇼트 커트	머리칼을 짧게 깎은 모양을 두고 '쇼트 커트' 라는 말을 쓴다. 영어 단어 'short' 와 'cut' 을 합성한 일본에서 만들어 쓰는 일본식 영어 표현
* **쑛 헤어**	

이다.

그러나 영어에서 이런 표현은 쓰지 않는다. 영어로는 '쑛 헤어(short hair)' 라 하고 짧게 깎은 머리라는 뜻의 '크랍(crop)' 이란 표현도 쓴다.

쇼핑 카
* **샤핑 카아트**

수퍼마켓이나 대형 웨어하우스 등에서 사고 싶은 물건을 실어 나르는 네 바퀴가 달린 손으로 미는 작은 수레를 흔히 '쇼핑 카(shopping car),' 또는 '쇼핑 카터' 라 부르는 이들이 있다. 이것은 잘못 쓰여지고 있는 일본식 표현이다. 영어로는 '샤핑 카아트(shopping cart)' 라 한다.

한편 물건을 옮기기 위해 바구니나 빽이 달린 두 바퀴 손수레는 '캐디(caddy)' 라 한다. 골프 코스에서 골프 클럽을 싣고 끄는 것을 '클럽 캐디' 라 하고, 전기동력 등으로 움직이는 네 바퀴 달린 미니차량은 '골프 카아트,' 또는 '클럽 카아트' 라 말한다.

여기서 '카아트' 를 짧게 '카트' 해 버리면 그 발음은 으레 '컷트,' 또는 '캇트' 라 소리내는 이들이 많다. 이것은 자칫 'cut' 로 둔갑해 버리는 표현이 된다.

외래어 표기에서 장음을 도외시한 결과의 폐해는 많은 한국의 젊은 사람들에게 단음으로 인하여 여러 혼란과 오류를 유도한 결과를 낳기만 했다.

숏
* **샤트**

한글로 '숏' 이라고 하면 영어의 'short' 인지 'shot' 인지 분간하기 어렵다. 'shot' 은 발포, 발사, 탄환 등의 명사이지만, 술의 한 잔이란 말로도 쓰인다.

또 사진이나 영화 용어로는 '한 장면,' '한 화면', 또는 촬영거리를 일컫기도 한다.

TV나 영화에 종사하는 제작진이나 관련자들은 촬영 용어 'shot' 을 '샤트' 라 표현하면서도, 이를 활자로 표기할 때는 '쇼트,' 또는 '숏' 으로 적는다. 영어의 'shot' 의 미국 발음은 '샤트' 이다.

따라서 '그룹 숏,' '롱 숏,' '미디엄 숏,' '바스트 숏,' '원 숏,' '풀 숏'이니 '플로어 숏' 등은 '그룹 샷,' '롱 샷,' '미디엄 샷,' '바스트 샷,' '원 샷,' '풀 샷,' '플로어 샷' 등으로 표현되어야 한다.

수용자
* **오디언스**

영어의 '오디언스(audience)'를 '수용자(受容者)'라는 표현으로 쓰는 이들이 많다. 이것은 한때 일본 방송계에서 썼다가, 지금은 그 표현을 폐기하다시피 하여 잘 쓰지 않고 있다.

왜냐하면 현대 방송이나 신문 등 미디어가 받아들이는 쪽이 일방적 수용에 그치지 않고, 수용하는 쪽에서도 의견과 토론, 그리고 인터뷰 등 다양한 방법을 통해 참여하고 관여하는 쌍방 전달시대가 되었기 때문이다.

한자 숙어 '수용(受容)'이란 말은 무엇을 받아서 놓다, 받는다는 뜻을 담고 있기 때문에 '오디언스'와는 더욱 사리에 맞지 않는 용어로 잘못 사용되어지고 있지 않았나 하는 느낌이다.

웹스터의 미디어와 커뮤니케이션 사전에서 'audience'는 "공연이나 프로그램, 또는 예술이나 연예 작품을 구경하는 사람(관중), 듣는 사람(청취자), 보는 사람(시청자), 읽는 사람(독자)의 무리"라고 정의하고 있다. 또 "일반에 공개되는 극장이나 콘서트 등에 참석하여, 듣고 보고, 무대와 호흡을 같이하며 환호하는 관중의 무리"라고도 했다. 오디언스는 그룹을 이룬 관중이란 복수 형태임을 설명하고 있다.

따라서 '오디언스'는 레디오의 청취자(listeners), TV의 시청자(viewers), 신문이나 잡지의 독자(readers)들을 포괄적으로 포함하고 있다.

'수용자'란 말을 한 공익단체가 발행한 방송 대사전에서조차 '일반적으로 매스컴을 받아들이는 사람, 수신자, 즉 미디어가 대상으로 하는 수용자를 의미한다'는 애매한 표현으로 풀이하고 있다.

그러나 '수용자'란 표현은 우리 국어사전에도 없는 일본식 조어를 빌려 쓴 것이고, 대중 매체인 방송이나 신문의 시·청취자와 독자를 일컽는 표현으로 설명되고 있다는 것이 바로 일본에서 쓰여진 관련 전문서적에서 옮겨 쓴 지식이라는 증거가 아닐까 염려스러운 생각이 든다. 한국의 대학 신문방송학 교수나 그들의 저서(교재)에 까지도 버젓이 '수용자'란 표현이 남용되고 있는 것을 어떻게 설명해야 할까? 물론 영어로는 '오디언스(audience)'이라 하고, 더러는 '벊스(buffs),' '프릭스(freaks),' 또는 '스펙테이터스(spectators)'란 표현도 자주 쓴다.

또 최근 미국에서는 '오디언스'를 '아디언스'로 더 많이 소리내고 있다. 이를테면 'auto(오토)'도 '아토,' 'audio(오디오)'도 '아디오' 따위로 발음하는 점에 유의해 둘 필요가 있다.

수퍼, 슈파 *자막
* 써브 타이틀

영화나 텔러비젼에서 다이얼로그를 화면에 드리우는 것을 흔히 '수퍼,' 또는 '슈파'라 말한다.

영상에 대하여 자막을 특별히 제작하여 화면에 드리우는 일을 '수퍼임퍼지션(superimposition)'이라 한다. 이 말을 일본 사람들이 '-임퍼지션'을 떼어버리고, 첫 음절만을 떼어 '슈파'라 사용한 것을, 한국 TV나 영화계에서 그대로 본떠 사용해 오고 있다.

영어로 '수퍼임퍼지션'은 정식 명칭이지만, 요즘에는 '캡션(caption)'이라는 말이 더 보편화되어 사용되고 있다.

미국에서는 청각장애자들을 위해 화면에 영어 자막을 넣는 일도 '캡션'이라 하고, 뉴스 등 시사 프로그램에서 본 프로그램 진행과 관계없이 특별한 임시 뉴스나 특보 등을 스크린 하단에 내보내는 일도 '캡션'이라 한다.

TV세트에 연결하여 캡션이 나오게 만든 기구를 '클로스트 캡션 디코더(closed caption decoder)'라 부른다. 그러나 요즘은 TV 세트에 내장한 것도 많이 나온다.

또 신문이나 잡지의 사진, 또는 삽화의 설명문도 '캡션'이라 한다. 그러나 영화나 TV에서 본 화면의 오리지널 사운드(대사)는 그대로 흘리면서 번역된 자막을 넣는 일이 있다. 이를테면 미국 할리웃 영화를 극장에서 상영할 때나 TV에서 원음을 그대로 방영할 때, 한글로 번역된 자막을 넣는 일은 이를 '캡션'이라 하지 않고, '써브 타이틀(sub-title)'이라 구분하여 사용한다.

한편 각종 광고나 선전 또는 안내문 등에서 본문의 주요 골자는 큰 활자로 선명하게 보이게 하고, 부수적인 조건(condition)은 깨알만한 글씨로 쓰는 일이 많다. 이런 덧붙인 메시지를 '수퍼 스크립트(superscript)'라 말한다.

대부분의 사람들은 안내나 선전문에서 큰 활자로 보이는 부분만 대충 훑어보고는 동의하거나 유혹되는 경우가 많다. 그러나 수퍼 스크립트를 잘 읽어보면 잘못하다가는 올가미가 씌워지는 조건이 숨겨져 있는 경우가 대부분인 것에 유의해야 한다. 인쇄된 글자는 작지만 오히려 더 중요한 내용이 담겨 있기 때문에 수퍼 스크립트라는 말에 실감이 간다.

슈크림
＊크림 퍼프

밀가루와 계란 등을 버무려 구어 만든 부드럽고 얇은 껍질 속에, 생크림 등을 넣은 양과자를 '슈크림'이라 부른다. 그런데 슈크림을 영어로 써 보면 'shoe cream'과 비슷하기 때문에 자칫 구두약(shoe polish)으로 오해하기 십상이다. 그러나 영어에는 이런 말은 없다.

이 말은 프랑스어의 'chou á la creme(슈 알라 크렘)'에서 왔다. 프랑스어로 '슈'는 양배추(캐비지)이고 '크렘'은 영어의 '크림'에 해당한다. 즉, '크림 속의 양배추'라는 뜻의 생과자 이름이다. 이를 일본 사람들이 들여다 쓰는 과정에서 프랑스 발음 '슈 알라 크렘'에서 'á la'를 생략하고 '크렘'을 영어의 '크림(cream)'으로 잘못 알고 프랑스어 'chou(슈)'와 영어의 '크림(cream)'을 합성해서 '슈크림'으로 와전이 되어 버린 채 관용화되어 버렸다. 그리고 한국에서도 이를 그대로 본받아 쓰여지고 있는 것이다.

그러나 정작 '슈크림'이라는 불리는 양과자에는 양배추와는 아무런 관련이 없는데도 '슈(chou)' 라는 표현이 붙여 사용되고 있는 것은 우스꽝스럽다. 영어로는 부풀린 껍질 속에 넣은 크림이란 뜻의 과자를 '크림 펍(cream puff)' 이라 한다.

한편 슬랭으로 '크림 펍' 은 새차 같은 중고차를 뜻하고, 더러 여자 같은 남자나 호모, 무기력한 사람 등을 뜻한다.

슈퍼
* **쑤우퍼**

영어에서 파생되어 도입된 우리 관용화된 용어들 가운데 불필요한 고집을 부리는 것들이 많이 있다.

그 가운데서 '슈퍼(super)' 는 우리가 일상 용어에서 자주 쓰이는 대표적인 표현이다. '수퍼' 는 본래 영화에서 대사 없는 임시 고용 단역 배우, 또는 어파트먼트의 경비원을 지칭하는 말에서 비롯되었다. 영국에서는 그 발음이 '슈우퍼' 였다. 그러나 근대 영어에서는 영국이나 미국에서 모두 '쑤우퍼' 로 발음하고 있다.

우리가 많이 쓰는 '쑤퍼-' 들 가운데는 '쑤퍼마킷,' '쑤퍼맨,' '쑤퍼우먼,' '쑤퍼스타,' '쑤퍼베이비,' '쑤퍼보울,' '쑤퍼카,' '쑤퍼차져,' '쑤퍼컴퓨터,' '쑤퍼비젼,' '쑤퍼하이웨이,' '쑤퍼마트,' '쑤퍼스토어,' '쑤퍼바이저,' '쑤퍼싸운드' 등 수도 없이 많다.

이런 말들을 '슈퍼마켓,' '슈퍼맨,' '슈퍼스타,' '슈퍼바이저' 등으로 불러 버리면 영락없이 시골에서 올라온 구식 영어 해득자 정도로 취급받기 십상이다.

미국은 물론 영국이나 영어 통용권의 나라들에서 이제 '슈퍼-' 라는 발음은 사라진 지 꽤 오래되었다.

그럼에도 불구하고 선진화와 국제화를 부르짖는 우리 한국에서 아직도 일부 신문이나 방송에서까지 '슈퍼-' 를 고집하는 것은 아무래도 시대에 뒤진 감각이 아닐지……

슈퍼
* **수퍼마킷,
수우퍼마컷**

식료품을 비롯해서 일상 용품에 이르기까지 가정용품과 가정의 식탁에 오르는 재료 등을 구비하고 소비자가 직접 물건들을 골라 구매하는 대형 소매점(retail)을 supermarket이라 한다. 그러니까 영어로는 'self-service retail market'이라 정의한다. 싱싱한 과일에서 즉석 조리가 가능한 일회용 먹거리들이 다양하고 각종 가정 소모품들이 즐비하다.

여기서 supermarket은 'super'와 'market'을 따로따로 떼어 쓰지 않고, 한 마디(one word)로 쓰는 점에 유의해야 한다. 그런데 한국에서는 supermarket을 '슈퍼,' 또는 '슈퍼 마켓트'라는 식으로 떼어 쓰면서 구식 영국 발음 체계를 고집하고 있다. 그러나 현대 영국의 영어에서도 super는 '슈퍼'라 발음하지 않는다. supermarket은 '쑤우퍼마아컷'이 제대로 구사하는 발음에 가장 가깝다.

그리고 supermarket을 앞 단어만 떼어 그냥 '슈퍼'라 해 버리면 우스꽝스러운 표현이 되어 버린다.

한편 '수퍼마킷'이 종합 일상 대형 소매점이라면, '그러서리 스토어(grocery store)'는 식료와 잡화만을 판매하는 식료 잡화점이고, '그로서(grocer)'라 표현하면 식량 전문 잡화점의 주인을 뜻한다.

슛 꼴인
*고울

축구나 농구에서 플레이어(선수)가 공을 자기 팀 선수에게 전해 주거나 득점을 위해 골 포스트나 바스켓을 향해 차거나 던지는 일을 '슛(shoot)'이라 하고, '슛'이 득점으로 연결이 되면 이를 '슛 꼴인'이라는 표현을 흔히 쓰고 있다. 대부분의 스포쓰 캐스터들이 구사하는 흥분된 어조에서 자주 듣는 소리다.

'슛 꼴인'은 일본에 만들어 쓰고 있는 엉터리 영어이다. 여기서 '골'을 '꼴인'하는 표현은 일본식 영어에서 본받은 잘못된 표현이다.

'shoot'은 쏜다는 형용사이고, 'goal'은 이미 득점이 된 상태를 말하기 때문에 굳이 'in'이라는 전치사를 덧붙일 필요가 없는 것이다.

또 '-in' 형태를 취하는 연결형에서는 '집회'나 '항의 데모'와 같은 조직 문화의 활동을 표시하는 것이 보통이다. 이를테면 'come-in'이라고 하면 서커스에서 티켓을 사는 일을 뜻하고, 'dial-in'이라 하면 레디오나 TV에서 시청자로부터 전화를 받는 일, 'fly-in' 이라 하면 참가자가 자가용 비행기를 타고 모이는 대회를 말한다.

그런데 영어에서는 '슛 꼴인' 이란 말이 없다. 아마도 'shoot goal-in' 쯤으로 여기는 모양이지만 이것은 억지다.

즉, '고울' 은 목적지나 행선, 목표를 뜻하고 스포쓰에서인 경우 육상경기에서는 결승 라인(결승점, 결승선, 결승표 등)을 뜻한다. 또 구기 종목의 경기에서는 공을 움직여 득점으로 설정한 장소로 이동하여 득점이 된 상태를 말한다.

한편 영어로 된 스포쓰 용어 가운데, 게임에서 공을 던지거나 차거나, 또는 치는 동작을 '슛' 이라 하고, 공을 던지거나 차거나 치는 행위 자체는 '샷(shot)' 으로 표현한다.

한편 싸커(soccer) 에서 득점을 위한 문을 '고울(goal)' 이라 하고 골을 만든 막대(bar) 가운데, 2개의 기둥을 '골 포스트(goal post),' 좌우로 머리 위에 가로지른 막대는 '크로스바(crossbar)' 라 부른다. 골라인 양쪽에 세운 기둥인 '골 포스트' 는 높이가 2.44m이고 크로스바의 길이는 7.32m이다. 그리고 그 뒤에 친 그물은 '골 넷트' 라 한다.

스낵 빠
* **칵테일 라운지**

칵테일 등 간단한 앨커홀 음료를 주로 내는 간이식당을 흔히 '스낵 빠' 라 말하는 이들이 많다. 또 일부 국어사전에서조차 간단히 먹고 마시고 할 수 있는 간이 식당이라는 해석을 달고 있기도 하다.

영어에서 '스낵 바' 는 호텔이나 항공터미널 등에서 일반인을 상대로 칵테일이나 음료를 제공하는 방이나 구획된 공간 등을 그렇게 부르는 경우가 많다.

칵테일 등 간단한 앨커홀 음료를 내는 간이식당은 '바(bar),' 또는 '칵테일 라운지(cocktail lounge)' 라 한다. 이 때 '바(bar)' 는 우리처럼 '빠' 라 소리내지 않고 그냥 부드럽게 '바아' 로 소리내도록 유의해야 한다.

스낵 코너 * **스낵 바**	간식용 식사와 음료를 내거나 파는 간이 식당, 또는 일반 간이식당을 흔히 '스낵 코너'라 말한다. 그러나 '스낵 코너'란 말은 영어에는 없는 말이다. 굳이 설명을 붙여 본다면 포테이토 칩이나 팝콘 등이 담긴 밀봉 주머니의 한쪽 구석쯤이 될 수는 있을까? 그러나 이 또한 그런 영어는 없다. 이런 경우 영어 표현으로는 '스낵 바(snack bar)'라 해야 한다. 스낵 바는 한국에서 인식하는 것처럼 술집이 아니라 간이 식당을 뜻한다. 즉, 스낵 바는 카운터 형식의 경식당이거나 간단한 식사와 음료, 주류 등을 고루 내는 간이 식당을 뜻한다.
스치로풀, 스티로폼 * **폴리스티롤, 스타이러포움**	건축용이나 포장용 건자재 가운데서 '스티로폼(Styrofoam)'이 있다. 이를 시중에서는 '스티로폼'이니 '스치로풀' 등으로도 표현한다. 또 일회용 컵이나 포장용 완충제 등으로 쓰는 백색 발포성 수지를 우리는 '스티로폼'이니 '스치로풀' 등 여러 가지로 표현한다. '스티로폼'은 발포 스티롤 수지의 상표의 이름에서 연유했다. 이 말은 상품의 이름 '스타이러포움(Styrofoam)'의 로마자 읽듯이 '스티로폼'으로 와전된 표현이다. 미국의 미시건 주에서 1947년, 창업한 'The Dow Chemical Co.'에서 만드는 스티롤 수지의 일종인데 일회용 컵이나 포장용 재료로 개발되었다. 1950년에 '폴리스티렌(polystyrene)'에서 어미 '-styren'과 '포움(foam)' 사이에 'o'자를 넣어 'Styrofoam'으로 말을 만들어 등록상표로 등록한 데서 비롯되었다. polystyrene은 poly와 styrene의 합성어였다. 이 제품의 명칭은 독일어의 '스티롤(styrol)'에서 왔다. 에틸벤젠으로부터 만든 무색의 인화성의 액체를 스티롤 수지, 합성 고무의 원료 등으로 쓴다. 우리가 쓰고 있는 '스치로풀'이나 '스티로폼'은 그냥 '폴리(poly)'라

순 수 한 우 리 말 찾 기 품 앗 이

표현하는 것이 일반적이고 '스타이러포움,' 또는 '폴리스티롤,' '폴리스티렌'으로 소리내야 통한다.

영어로는 '폴리스티렌'이라 해서 열을 차단하는 단열재나 물건을 넣은 상자 속에 충격을 흡수할 수 있도록 완충재, 또는 보호재 등으로 널리 쓰인다.

스카치 테이프
* **앳히시브 테입**

'스카치(Scotch)'는 미국 미네소터 주의 '3M Co.'에서 만드는 셀러페인(cellophane), 또는 셀류로우스 애서테잇(cellulose acetate) 등의 합성수지 필름을 소재로 한 투명, 또는 반투명의 접착 테이프를 말한다. 그러니까 셀러페인 테이프의 별칭이 '스카치 테입'인 셈이다.

'3M Co.'에서 스카치 테이프라 붙인 에피소드가 재미있다. 1928년경 당시 자동차 도장(페인팅)용 매스킹 테이프가 유행이었다. 2인치 폭의 테이프가 너무 비싸다는 여론 때문에 테이프의 양단 4분의 1정도에만 접착제를 바르면서 코스트를 내려 소매값은 안정이 되었지만, 대신 접착력이 약해서 잘 벗겨지거나 떨어지는 폐단이 생겼다.

이렇게 되자 3M의 영업사원이 한 자동차 수리공장을 찾아갔을 때 "이 망할 놈의 테이프를 스캇치 중역 녀석에게 집에 가지고 가서 테이프 전체에 접착제를 붙이라고 해야겠다"는 말에서 유래했다는 것이다.

여기서 '스캇치(Scotch)'는 미국이나 영국인들이 스코틀랜드 사람을 가리켜 쩨쩨한, 인색한 사람들이라 부르는 말에서 비유한 경멸하는 말로 쓰인다. 즉 '인색한 사람의 머리로 만든 쩨쩨한 테입'이 곧 '스카치 테입'이란 별칭으로 발전한 것이다.

이것이 인연이 되어 1930년에 '3M Co.'가 세계에서 처음으로 셀러페인 테이프를 개발하면서 '스카치'란 말을 상품 이름으로 사용했다. 이어 1945년에 상표를 'Scotch Tape'으로 등록하고, 디스펜서, 오디오용 테이프, 종이소재 매스킹 테이프, 접착 레이블, 패킹(실) 테이프 등을 만들어 모두 '스카치 테입'이라는 이름을 붙였다. 그리고 세상에서는 이 상표 이름을 제품의 이름으로 여기고 통용해 온 것이다.

스캇치 테이프는 투명한 것은 '트랜스페런트 테입(transparent tape)'이라 하고 반투명이거나 우유빛의 것은 '매직 테입(magic tape),' 포장용 또는 작업용은 '패킹 테입(packing tape)'이라 구분하여 사용하고 있다.

통칭으로는 '앳히시브 테입(adhesive tape)'이라 하고 만일 투명한 것이라면 '트랜스페런트 앳히시브 테입'이 제대로 된 표현이다.

스크린 뮤직
필름 뮤직, 싸운드트랙

영화음악은 방송계뿐만 아니라 일반 음악 애호가들에게는 매우 비중이 큰 음악 분야라는 할 수 있다. 그런데 우리는 영화 음악을 '스크린 뮤직(screen music)'이라 표현으로 즐겨 쓰고 있다. 그러나 스크린 뮤직이라는 표현은 영어에는 없는 일본식 영어이다. '스크린'은 영상 미디어를 통칭하는 말이지만, 여기에 쓰이는 주제가(theme song)나 영상음악(score)에는 스크린 뮤직, 또는 스크린 송 등의 말을 쓰지 않고, '필름 뮤직(film music),' '필름 스코어,' 또는 '싸운드트랙' 등으로 표현한다.

여기서 'film'은 '피엄'에 가깝게 발음하고, 'music'에서 '-직'은 '혀가 입천장이나 잇몸 뒤에 닿지 않고 목청에서부터 울리는 탁음이기 때문에 혀끝을 입천장에 붙이면서 소리내는 '즈'보다는 오히려 '스'에 가까운 점에 유의할 필요가 있다.

스키장
* **스키잉 그라운드**

겨울철 스포츠의 귀족 가운데 '스키잉(skiing)'은 해가 갈수록 인기가 높고, 이를 즐기는 인구도 늘어나는 추세다. 그런데 '스키(ski)'는 눈 위에 미끄러지게 만든 발에 걸고 신는 긴 판을 말하는 명사다. 이를 양쪽 발에 걸어 신으면 '어 페어 어브 스키스(a pair of skies)'라 한다. 또 형용사로는 '스키의, 스키용의'란 표현이 된다.

따라서 '스키 붓스(ski boots=스키용 장화),' '스키 숫스(ski suits=스키용 의복),' '스키 팬스(ski pants=스키용 바지),' '스키 글래시스(ski

순수한 우리말 찾기 품앗이

glasses=스키용 안경),' '스키 립트(ski lift=스키어를 태워 나르는 승강기),' 스키용품인 '스키 이크입먼트(ski equipment)' 등으로 구분하여 쓰인다.

우리가 말하는 '스키장'은 영어로 '스키잉 그라운드(skiing ground)'라 해야 맞고, '스키잉 런(skiing run),' 또는 '스키잉 슬로프(skiing slope)'라 하기도 한다. 또 '스키 레조트'도 '스키잉 리조트(skiing resort)'라 해야 옳다.

스킨
* 애프터
쉐이브 로우션

면도(shaving)를 하고 난 다음에 피부가 거칠어지지 않도록 하는 로우션(lotion)을 쓴다. 이 로우션을 흔히 '스킨'이라고 부르고 있다.

그러나 그냥 '스킨(skin)'이라고만 하면, 인체의 피부를 말하고, 구어로 생명, 악수하는 손 등을 뜻하는 명사로 쓰인다. 또 동물 등의 피혁, 동물의 표피나 표본을 말하기도 하고, 군사용어로는 해군과 공군에서 선체나 기체의 외관을 말하기도 한다. 우리가 쓰는 '스킨'이 면도 후에 얼굴에 바르는 것이라면, 면도 후에 바르는 로션이란 뜻으로 '앱터 스킨 로우션(after skin lotion)'이라 해야만 통한다.

한편 그냥 '쉐이브 로우션'이라 하면 면도할 때 살갗을 상하지 않도록 바르는 로우션을 말한다. 대개 쉐이브 로우션 대신 보통 세수 비누를 쓰는 경우도 많다.

스타디움
* 스테이디엄

지난 2002년 5월 25일, 미국 프로야구 '텍사스 레인저스'에 소속한 박찬호가 잘 던지고도 비 때문에 게임이 무효가 되어 승리투수의 기회를 놓쳤다.

이를 전한 통신사 기자는 기사작성에서 "…캔자스시티 카프먼 스타디움에서 열린 캔자스시티 로열스와의 경기에서…"라고 했고 이 기사를 받아 신문에 전재한 편집자는 '박찬호 2승 무산, 비로 노 게임'이라 했다.

이 기사에서 인용한 이상한 외래어가 한두 군데가 아니다. 더구나 야구 용어의 오용된 표현이야 그렇다 하더라도 '스타디움,' '캔자스,' '노 게임' 등이 모두 이상한 영어이다.

우선 '스타디움'은 '스테이디엄'이라 해야 하고 '캔자스'는 '캔서스,' 또는 '캔저스'로 해야 옳다. 그리고 '노 게임(no game)'이라 하면 게임이 아니라는 말이 되는 이상한 표현이다.

이 가운데서 '스타디움'은 'stadium'을 로마자 식으로 읽은 초보적 표현이고, 영어에서는 '스테이디엄,' 또는 '스테디엄'으로 발음한다. stadium은 고대 그리스에서 도보 경주장을 일컬었고, 요즘에는 일반적인 경기장을 뜻한다.

스탠드 바
* 바, 바아

한국에는 술집도 많고, 술집의 종류도 부지기수다. 서양식 술집의 멋을 내는 술집의 형태 가운데 '스탠드 바(stand bar)'라는 것이 있다.

말처럼 카운터(바)에 서서 마시는 술집이 아니라, 등받이가 머리를 가리울 만큼 높은 의자가 옆자리와 칸막이 구실을 하는 음침한 작은 술집을 말한다.

영어에서 업소용 용어 가운데 '스탠드(stand)'는 '햄버거 스탠드,' '핫도그 스탠드,' '뉴스 스탠드,' '택시 스탠드' 등, 굳이 의자가 없이도 영업을 하는 작은 소매점이나 판매대를 말한다.

한국식의 서양식 선술집은 그냥 '바(bar)'로 족하다. '바'는 '빠'처럼 센소리가 아니고 '바아'처럼 부드러운 장음에 유의해야 한다.

스톱 모숀
* 프리즈 프레임

비디오나 CD-Rom, 또는 DVD 등 움직이는 화면에서 일시 정지하는 포즈(pause)를 흔히 '스톱 모숀'이라 말한다. 영어 단어 stop motion을 인용한 듯하다. 영화나 TV, 또는 애니메이션(만화영화)을 제작할 때, 화면의 효과를 위해서 동작을 일시 정지하는 것을 의미하는 일반적인 의미로 사용한다.

그러나 필름이나 비디오 테이프, 또는 DVD 등 이미 제작된 영상을 사용하는 사람이 자신의 취향이나 필요에 따라 일시 정지하는 일은

순수한 우리말 찾기 품앗이

'스톱 모션'이 아니고 '프리즈 프레임(freeze frame)'이라 해야 한다. 여기서 '스톱 모션'도 '스탑 모우션'이라 발음해야 하고 '프리즈 프레임'인 경우에도 'f-' 파열음을 참조해야 하지만 '프리즈'에서 '즈'도 오히려 '스'에 더 가까운 탁음이다.

스티카
* 디캘

자동차의 앞 뒤 차창, 경우에 따라서는 옆문 3각 창 등에 특정한 인쇄물을 붙인 것을 '스티카'라 부른다.

영어에서 '스틱커(sticker)'는 찌르는 사람이나 도살장의 백정을 뜻하기도 하지만, 선전이나 정보 등을 전달하기 위한 광고를 붙이는 사람을 뜻하기도 한다.

그러나 '스틱커'는 일반적으로는 종이나 플라스틱 등에 도안물이 인쇄되어 제작된 첨부물의 뒷면에 접착제가 붙어 있는 딱지를 말하는 뜻으로 쓰인다.

그러나 특정한 빌딩의 주차장이나 어파트먼트의 주차장 출입차량의 식별을 위해 특별하게 도안되어 차창 등에 부착하는 것을 영어로는 스티커라 하지 않고 '디캘(decal)'이라고 한다.

한편, 자동차를 운행하다 교통 위반 등으로 적발되어 범칙금 통지서를 발부받는 것도 흔히 "스티카 뗐다"고 말하는 것은 잘못이다. 이런 경우는 '범칙금 티킷'이라 해야 할 것이다.

즉, 주차위반으로 받는 것은 '파킹 티킷(parking ticket),' 운행중의 위반 통고서는 '무빙 티킷(moving ticket)'이라 구분하고, 이를 통틀어 '트래픽 바이어레이션 티킷(traffic violation ticket)'이라고도 부른다.

스파이크 타이어
* 스터디드
스노우 타이어

겨울철에 눈이 내려 깔렸거나 빙판이 진 노면을 운행하려면, 스노우 타이어를 끼우는 것이 보다 안전하다. 이 가운데서 미끄러짐을 방지하기 위해서 대가리가 큰 못(stud)을 타이어의 접지 표면에 꽂는 것을 '스파이크 타이어(spike tire)'라 한다.

그러나 스파이크 타이어는 일본에 만들어 쓰는 일본식 영어 표현이다. 영어로는 '스터디드 스노우 타이어(studded snow tire)'라 한다. 한편 최근 선진국에서는 도로의 파손을 이유로 들어 '스터디드 타이어'의 사용을 억제하는 경향이 확산되고 있다.

스팜
* **스팸**

햄 통조림 가운데서 '스팸(SPAM)'만큼 널리 보급된 기호식품도 그리 많지 않을 만큼, 전세계적으로 유명하다. 그런데 '스팸'을 '스팜'이라 발음하는 이들이 있다. 이것은 일본식 발음에서 기인했고, 영어를 로마자 읽기로 고집하는 잘못된 표현에서 비롯되었다.

'스팸'은 1928년에 창업한 미국의 미네소타 주에 있는 '조지 A. 호멀 & Co.'가 만든 돼지고기를 주원료로 하여 통조림으로 만든, 런천미트(luncheonmeat, 인스턴트 식사용 가공식품)이다.

이 회사는 종래 돼지고기의 어깨 부위를 통조림에 담아 '스파이스드 햄(Spiced Ham)'이란 이름으로 시장에 내놓았다. 1937년에는 상표의 새 이름을 공모하는 컨테스트를 가졌는데, 배우이자 이 회사의 부사장의 동생이 'Spiced Ham'에서 'sp-'와 '-am'을 합성해서 만든 'SPAM'이라는 아이디어가 채택되었다. 그리고 그는 100달러의 상금을 받았다. 이렇게 하여 'SPAM'은 곧 정식 상표로 등록하여 지금에 이르렀다.

'스팸'은 제2차 세계대전 때, 미군병사의 휴대용 비상식량으로 제공되는 것 외에도 미국의 우방이나 원조국가에 많이 보내지면서 세계적인 기호식품이 되었다.

스포츠
* **스포쓰**

영어의 sport는 운동, 경기, 오락 등의 뜻을 가진 단수형 명사다. 그 발음은 '스포트(스포오트)'다. 그런데 sport의 형용사인 sports의 발음을 혼용해서 우리는 '스포츠'라 적고 발음하고 있다.

그런데 이것은 모두 일본 사람들이 하는 발음을 그대로 흉내낸 것이다. 즉 일본에서는 단어의 끝에 't' 다음에 오는 's'는 '쓰,' 또는 '추(tsu)'처럼 들리게 소리를 내고 있는데서 모방했고, 또 독일식 발음기호의 'ts'를 'ㅊ' 사운드로 오인하는 관용에서 비롯된 잘못 소리내는 인습에서 비롯된 것 같다.

뿐만 아니라, 문교부 고시 제85-11호(1985.1.7.) '외래어 표기법'의 제3장 표기 세칙 가운데 제4항 파열음 [ts], [dz] 등 어말, 또는 자음 앞에서는 'ㅊ,' 'ㅈ'로 적는다고 하면서 예를 들어 'keats'는 '키츠,' 'odds'는 '오즈'로 한다고 정하고 있다. 아마도 국제 발음 기호 '(츠)'와 '(즈)'를 본 단어의 발음 적용으로 착각했던 것 같다.

그런데 정작 네이티브 스피커에게 이 발음을 시켜보면, '킷스,' '옷스'로 발음해 버린다. 영어에서 단어의 끝에 오는 '-ds'나 '-ts'가 'ㅈ'나 '츠' 사운드가 아니라는 점에서 인식을 달리할 필요가 있다. '-ds'나 '-ts'는 모두 'ㅅ스'에 가깝게 발음되기 때문이다.

'shirt(셔트)'도 '샤츠'로, 'fruit(프루트)'를 '후루츠,' 'suit(수트)'를 '슈츠' 등으로 잘못 발음하고 있는 것이다.

우리는 훌륭한 발음 체계와 능력을 지니고 있는 행복한 여건인데도 불구하고 제 소리값을 기피하는 현상은 아무래도 수정되어야 할 일이다.

그런데 항간에서 '스포쓰'라고 하면 일본식 발음이고, '스포츠'해야만 제대로 하는 발음이라는 뒤바뀐 생각도 고쳐야 할 것이다.

운동경기 종목을 말할 때, 대부분 '-s'를 붙이지 않는 것이 정석이고, '-캐스터'나 '-맨,' '-정신,' '-재킷' 등을 말할 때는 '-s'를 붙여 '스포쓰캐스터,' '스포쓰맨,' '스포쓰맨쉽,' '스포쓰재킷' 등으로 말해야 할 것이다.

더구나 한국의 신문이나 방송은 물론이고, 대부분의 영한 사전들에서까지 '스포츠'의 아류를 탈피 못하는 현실은 하루 빨리 올바로 수정해야 할 과제라는 생각이다.

'sport'는 '스포트,' 'sports'는 '스포쓰'가 되어야 옳을 것이다.

스포츠맨십 (선수의 매너) * **스포쓰먼쉽** (정당한 정신)	'sport(스포트)'나 'sports(스포쓰)' 모두를 '스포츠'로 얼버무려 표기하는 것은 한국식 아집이다. 영어에 '스포츠'란 발음 표현이 없기 때문이다. 그런데 'sportsman(스포쓰먼)'을 '스포츠맨'으로 잘못 발음하고, 이 말이 마치 운동 선수를 지칭하는 표현으로 잘못 인식하거나 사용하고 있는 것도 수정해야 할 과제다. '스포츠 선수'란 말은 없기 때문이다. '스포쓰먼'은 운동을 좋아하고 즐기는 사람을 말하기 때문이다. 즉, "운동을 좋아하는 남자, 옥외 취미활동을 즐기는 남자"라는 뜻이 더욱 가까운 설명이 된다. 물론 불특정 직업 스포츠에 종사하는 사람을 일컫기도 한다. 또 '스포쓰먼' 하면 스포쓰먼다운 사람이나 정정당당한 사나이를 지칭하기도 하고, 더러는 경마나 노름꾼을 일컫기도 했다. 이를테면 등산(hiking), 사냥(hunting), 낚시(fishing), 야영(camping) 등을 즐기는 남자들도 모두 '스포쓰먼'의 범주에 속한다. 여자인 경우에는 '스포쓰우먼(-woman)'을 붙이면 된다. 또 '스포쓰퍼슨(sportsperson)'이란 표현도 함께 쓰인다. '스포쓰먼쉽'은 '운동선수의 정신'이나 '정당하게 시합하는 선수'가 아니라 '운동가다운 정정당당한 정신, 또는 태도'를 말한다. 그런데 영어에서는 운동선수를 단순히 '스포쓰먼'이라 하지 않고, 구기시합인 경우 '플레이어(player),' 육상인 경우는 '애쓰리트(athlete)'로 쓰는 것이 일반적이다. 그리고 보면 우리가 쓰는 한자음의 '선수(選手)'라는 표현도 일본식 한자를 그대로 음역한 일본어에서 본받은 것이 아니었던가! 운전수, 조수, 소방수, 목수처럼 말이다.
스포트 뉴스 * **스팟 뉴즈**	레디오나 TV에서 정규 프로그램을 진행하는 도중에 임시로 긴급히 알리는 짧은 뉴스를 흔히 '스포트 뉴스'란 표현을 쓴다.

'스포트'란 표현은 영어의 'spot'을 로마자 읽기식으로 발음한 것이다. 그러나 한글 표기로 '스포트'하면 'sport'처럼 들려서 '임시 짧은 뉴스'가 '스포츠 뉴스'로 둔갑이 되기 쉬운 오해를 낳기도 된다.

'spot'는 '스팟'으로 발음이 되는 점에 유의해 두어야 한다. '뉴스'도 현대 미어에서는 '뉴즈,' 또는 '누즈'로 발음된다. 따라서 'spot news'는 '스팟 뉴즈'가 된다.

한편 '스팟 뉴즈'는 '브레이킹 뉴즈(breaking news),' 또는 '브립 뉴즈(brief news)'로 더 많이 쓴다.

스프링 코트
* **탑코우트**

봄이 와서 겨울 동안 입던 두터운 외투(오버코우트)를 벗어두고 가벼운 외투를 입는 것은 생각만 해도 경쾌한 기분이 든다. 봄에 입는 이 가벼운 외투를 '스프링 코트'라 하는 말은 일본식의 잘못된 관용표현이다.

영어로는 '라잇웨잇 코우트(lightweight overcoat),' 또는 '탑코우트(topcoat)'라 한다. 또 여성용으로 반코트처럼 걸치는 것을 '타퍼(topper)'라 한다.

날씨가 일년 내내 따뜻한 지역에서는 사철 입는 외투를 두고 '올 웨더 코우트(all weather coat)'란 표현도 쓴다. '오버코우트'를 줄여서 단순히 '오버,' 또는 '오바'라 소리내는 것은 잘못이다.

스피드 다운
* **슬로우다운**

자동차를 운행 중에 속도가 높아지게 되면 여러 가지로 위험과 불리한 요건들이 정비례하게 된다. 첫째, 돌발적인 장애물이나 진행 장애 요건들이 나타났을 때 위기 대처 능력이 속도에 반비례하여 저하된다. 또 과속에 따른 단속 요원에 의해 체크당하게 되어 불이익을 받게 된다. 뿐만 아니라 연료의 과소비를 촉진하게도 한다.

차를 과도한 속도로 운행하다가 단속의 대상이 될 위험이 있거나 위험 주행 환경을 예감할 때 운전자는 의도적으로 감속을 하게 된다. 이것은 흔히 '스피드 다운(speed down)'이라 표현하고 있다.

영어에서 자동차의 속도를 내거나, 엔진의 회전속도를 올리는 것을 '스피드 업(speed up)' 이라고는 하지만 'speed down' 이란 말은 없다. 따라서 속도를 줄이는 영어 표현은 '슬로우 다운(slow down)' 이라 한다.

영어의 '슬로우 다운' 은 속도를 줄이는 감속, 경기의 감퇴(후퇴), 스트라이크에 의한 태업 등을 뜻하는 말로도 쓰인다.

한편 운전 중 과속으로 속도를 높여 과속 진행하는 운전을 '스피딩(speeding)' 이라 하고, 또 경관에 의해 적발되는 스피드 위반을 뜻하는 말로 쓰인다.

스피드 오버	자동차를 운행할 때, 지정 속도를 넘는 과속은 어느 나라나 엄한 단속의 대상이다. 지정된 속도를 무시하고 과속이 되었을 때, '스피드 오버' 란 표현을 쓰는 일이 많다. 이것은 일본식 영어를 본받은 마땅히 버려야 할 엉터리 영어다.
*** 스피딩, 드라이브 투우 패스트**	

영어로는 '스피딩(speeding),' 또는 '드라이브 투우 패스트(driving too fast)' 라 한다.

쓰봉	남녀간에 입는 바지를 통틀어 '쓰봉' 이라 부르는 사람들이 많다. '고루뎅 쓰봉,' '당꼬 쓰봉,' '한쓰봉' 등의 표현들이 있고 보면 일본말에서 왔다는 것을 이내 알 수가 있다. 이것은 일본이 프랑스어의 'jupon[ʒypɔ̃, 쥐퐁]' 을 빌려쓰기는 했는데 '쥐퐁' 이란 원래 발음이 '즈봉' 으로 둔갑한 것이고, 우리는 이것을 멋모르고 본떠 쓰는 과정에서 '쓰봉' 으로 와전된 것이다.
*** 팬쓰**	

그런데 프랑스어에서 '쥐퐁' 은 단순한 바지를 뜻하기보다는 여자의 속치마, 페치코트를 일컫는 말로 쓰이고 있다.

영어에서 바지는 'trousers(트라우서즈),' 미국어에서는 'pants(팬쓰)' 로 쓰고, 여성의 바지인 경우 'pantaloons(팬틸룬스)' 로 표현하는데 물론 "팬타롱"도 잘못된 표현이다.

여기서 유의해야 할 점은 '팬쓰'의 경우 어떤 경우도 우리처럼 '팬츠'로 발음해서는 안된다. 어미 '-ts'가 발음기호 '(츠)'가 아니라는 재인식 때문이다.

한편 반바지는 'short pants(쑛팬쓰)'라 한다. 'jeans(진스)'를 우리식의 '진 바지,' 또는 단순히 '진'이라는 표현은 어불성설이다. 왜냐하면 '진' 자체가 바지를 의미하기 때문에 여기여 바지라는 말을 또 덧붙일 필요가 없는 것이고, 바짓가랑이가 2개로 꾸며져 있기 때문에 복수 형태를 써서 '진스'가 되는 것이다.

슬로 비디오
* **슬로 모우션**

TV방송에서나 가정용 VCR에서 비디오 테이프의 재생 화면에 대하여 정상 속도보다 특정하게 느린 속도로 조절하는 것을 흔히 '슬로 비디오'라 한다. 특히 스포쓰 중계에서 정확한 판별을 위해서 자주 쓰인다. 그러나 이 표현은 일본식 영어 표현으로 잘못 사용되는 말이다.

영어로는 '슬로우 모우션(slow motion),' 또는 '슬로우 모우션 리플레이(slow motion replay)'라 한다.

시그널 뮤직
* **씸 뮤직**

방송에서 특정 프로그램을 알리고, 보다 친숙하게 하기 위해 프로그램의 시작과 종료 때 반복하여 사용하는 음곡(音曲)을 흔히 '시그널 뮤직'이라 한다. 아마도 영어 단어 signal music에서 따온 듯하다.

그러나 이런 표현은 유독 한국에서만 사용하는 용어이고 영어에는 없는 말이다. 이를 한술 더 떠서 '신호 음악' 따위로 번역하여 사용하여 웃음거리가 되고 있다. 또 일부 국어사전이나 영한 사전에 까지 '시그널 뮤직'이란 표현을 서슴없이 표제어로 다루면서 "연속적, 정기적 방송 프로그램에서 그 방송의 직전, 직후에 연주하는 음악"이라 풀이하고 있다. 이 주석을 가만히 살펴보면 정작 이른바 시그널 뮤직이 주된 프로그램과는 상관없이 그 이전의 프로그램이나 브레이크에 쓰여지는 음악이고, 또 주된 프로그램이 다 끝난 뒤에 나가는 음악이라는 뜻이 되고 마니, 이 얼마나 방송 진행 과정에 대하여 이해하지 못하고 쓴 것이라는 걸 직감하게 된다.

차라리 "…그 방송의 시작과 끝에 반복하여 쓰여지는 음곡…" 이라고 했더라면 설명 자체로는 옳았을 것이다. 그러나 그렇다 하더라도 '시그널 뮤직' 이란 말이 어불성설이고 한국 방송계에서만 쓰여지는 속어쯤으로 주석을 달았어야 했다.

'시그널 뮤직' 이란 말은 미국이나 유럽 등 영어를 사용하는 나라에서는 없는 표현이다. 또 네이티브 스피커들에게는 통하지 않고 알아듣지도 못하는 미어(謎語)이다.

영어로는 '시그내쳐 뮤직(signature music),' 또는 '씸 뮤직(theme music),' '타이틀 뮤직(title music)' 등으로 쓰이고 있다.

한편 일본에서는 '테마 뮤직(thema music)' 이란 표현도 있지만 여기서 '테마' 는 독일어로 주제란 말이기는 해도 독·영 혼합용어가 되어 부자연스럽다.

한국의 한 공익기관에서 펴낸 '방송 대사전' 에서 다룬 '주제음악' 표제에서 "음악에서 말하는 테마는 곡의 주요한 악상을 의미하는데 방송에서는 프로그램의 주제가를 의미한다." 는 묘한 표현으로 풀이하고 있다. 갑자기 튀어나온 '테마' 는 무엇이며 프로그램의 주제가란 표현도 좀 우스꽝스럽다. 이 항목의 말미에 가성(歌聲, 노래)으로 하지 않는 경우는 '테마 뮤직' 이라 하며, 넓은 의미의 테마 뮤직은 '테마 송' 이라 한다고 덧붙였다. 도대체 어디서 옮겨다 쓴 정의인지는 몰라도 위에서 설명한 '테마' 는 독일어로 영어의 'theme' 에 해당한다는 사실을 인지했어야 했다.

시나이(반도)

* **싸이나이**

'Sinai' 는 중앙 아시아(Asia Minor)에 속하는 이집트 북동쪽의 스웨즈 만 서쪽, 아카바 만의 동쪽 그리고 홍해에 돌출한 6만 715평방km에 달하는 반도의 이름이다. 우리는 흔히 '시나이,' '시나이 반도' 로 일컬어 오고 있다. '시나이' 는 일본식 발음이고, 일본식 교육을 받은 사람들 사이에서 관용화되어 있는 표현이다. 그래서 영어권의 네이티

순수한 우리말 찾기 품앗이

브 스피커들은 '시나이' 라는 말을 알아듣지 못한다. '싸이나이' 로 발음하고 그렇게 부르기 때문이다.

'싸이나이' 는 높이 2,637m인 카테리나 산이 솟아 있고, 북쪽은 사막, 남쪽은 결정질 암석으로 된 산과 계곡이 있는 산악지대가 전개되어 있다. 기독교 성경 '출애굽기' 3장 1절에 나오는 모세가 하나님으로부터 십계명 계시를 받은 현장이라 전해지고 있는 호립산(Mount Horeb)도 있다.

1967년 아랍-이스라엘의 '6일 전쟁' 에서 승리한 이스라엘군이 1982년까지 점령하다, 이집트에 반환했다.

시네콤
* **씨네마 컴플렉스**

한국에서도 80년대 후반부터 이른바 복합 영화관이 유행하기 시작하더니 지금은 크게 번창했다. 미국에서는 60년대, 일본에서는 70년대 후반부터 유행했다.

종전의 영화관은 독립된 건물에 단일 스크린을 설치한 것이 보통이었으나, 지금은 하나의 건물 안에 복수의 스크린을 설치한 곳이 많다. 관람객들은 이 복합 영화관에 입장해서 자기 기호에 맞는 작품을 골라 볼 수 있고 시간의 여유에 따라 다른 영화도 볼 수 있는 기회가 있어서 좋다.

복잡한 도심지보다는 한적한 교회에 설치하는 것이 더 효율적인 관객 동원에 도움이 된다고 믿는 영화 흥행업자들은 다투어 교회에 시네마 컴프렉스를 설립하고 있다. 이런 형태의 영화관을 '씨네마 컴플렉스(Cinema Complex)' 라 부른다. 여기서 '씨네마' 는 단순한 영화라는 뜻보다는 '영화관,' 또는 '영화산업' 이라는 의미를 품고 있다.

그런데 '씨네마 컴플렉스' 는 '시네콤' 이라 잘라 붙인 말로 쓰는 이들이 있다. 좀 멋스러워 들릴지는 몰라도 이런 식의 토막 용어는 일본에서 'cinema' 와 'complex' 에서 각각 머리 소리만을 잘라 섭붙인 일본식 조어인 것이다.

우리는 '시네콤' 이라고 표현하는 일본식 영어의 폐습을 본받지 말아야 할 것이다.

시다 ＊ **버스 보이**	식당에서 손님이 식사를 마치고 비운 접시나 그릇을 치우고, 테이블을 닦은 다음에 빈 그릇 등을 카트에 싣고 주방으로 나르는 일을 하는 사람을 흔히 '시다'라고 말한다. 또 특수 직업의 보조원을 '시다'라 부르는 경우가 많이 있다. '시다'란 말은 일본어의 아랫사람, 또는 하인을 일컫는 뜻으로 쓰이고 있는 'した(시타)'란 표현을 그대로 들여다 사용하고 있는 것이다. 미국어에서 식당 보조원은 '버스 보이(bus boy),' 여성인 경우에는 '버스 걸(bus girl)'이라고 부른다. 여기서 버스 보이, 보스 걸이 승합자동차를 뜻하는 '버스'의 보조원(차장)이란 뜻으로 오해하지 않도록 해야 한다. 버스의 차장은 '컨덕터(conductor),' 또는 '가이드(guide)'라고 한다. 한편 일본에서 쓰는 '시타(seater, 시터)'의 본뜻은 고급 식당 등에서 손님을 자리에 안내하는 사람을 뜻하는 말로 사용하기도 한다. 이 말은 영문 표기상 seat에 -er를 붙여 만든 일본식 조어다. 영어에서 seater는 사람이나 어떤 사물이 차지하는 자리를 뜻하고, 자동차에서 사람이 탈 수 있는 공간(자리)을 말하기도 한다. (예; 2시터, 5시터 카 등) 한편 미장원이나 접객업소 등에서 보조역인 '시다'를 영어 표현으로는 '어씨스턴트(assistant)'라 한다.
시드니 포이쳐 ＊ **시드니 프와티에**	미국의 흑인 배우이고 감독이며 제작자인 Sidney Poitier를 '시드니 포이티어,' 또는 '시드니 포이쳐'라 발음하거나 표기하는 이들이 많다. 그의 이름은 '시드니 프와티에,' 또는 '시드니 프와티에'로 부른다. Poitier는 1924년 2월 20일 플로리더 주 마이애미에서 태어나 늠름하고 멋진 몸매와 지성미를 갖춘 인상 때문에 흑인으로 처음으로 할리웃 스타가 된 명사다. 1955년 "폭력교실(Blackboard Jungle의 일본 제명)"을 시작으로 40여 년 동안 할리웃 스타로 군림하면서 1963년에는 "황야의 수녀들(Lilies of the Field=들에 핀 백합은 직역)"로 아카데미 주연상을 받았고, 1967년에 출연한 "밤의 집중수사(In The Heat Of

The Night=밤의 열기 속에서)" 등 40여 편에서 열연하면서 흑인 남자 배우로 첫 영예를 입은 명배우다. 최근에는 서인도 제도에 있는 그의 조국 트리니댓(Trinidad)의 주 일본 순회 대사로 활동하는 외교관으로도 유명해졌다.

시베리아
* **싸이비리어**

러시아 동부의 광활한 지역을 '시베리아(Siberia)'라 한다. 북쪽은 북극해에 잇닿아 있고 서쪽은 우랄산맥, 남쪽은 몽고와 중국, 그리고 동쪽은 태평양과 북극해의 분수령을 이루면서 면적이 약 1백만 평방km에 달한다.

'시베리아'를 러시아에서는 '시비리'라 하여 16세기경 서부 지역에 있던 '시비르(Tatar Khanate of Sibir)' 국의 이름에서 비롯되었다.

'시베리아'는 일본에서 만들어진 지명의 오기이다. 영어 표현으로는 '사이비리어'라 한다. 우리가 표현하는 '시베리아 벌판'은 '사이비리어 벌판,' 또는 러시아 표현을 빌더라도 '시비리 벌판'이 되어야 한다.

시보레
* **쉐브럴레이, 쉐볼레**

미국의 자동차 브랜드 네임 가운데 '쉐브럴레이(Chevrolet)'가 있다. 1930년에 첫 양산차로 'AD 유니버설'과 무개차 'AD 페이튼' 등 10가지 모델을 64만980대를 판매했는데 이때 차값이 495달러에서 최고급형은 685달러였다.

미국 굴지의 자동차 메이커 GM은 1908년에 윌럼 C. 더램트가 설립하고, 1911년에는 '쉐브럴레이' 자동차를 새로 세웠다. 뷰익(Buick)사의 테스트 드라이버로 있던 스위스 태생 루이 쉐브럴레이(Louis Chevrolet)의 이름을 딴 것이다. 그런데 자동차 설계의 아이디어맨이고 기술적 측면만을 고집하던 쉐블럴레이는 더램트와 뜻이 맞지 않아 1913년에 독립된 회사 '프란트낵(Frontenac)'을 설립했다가 1922년에 문을 닫아버렸다. 그의 이름은 GM에서 브랜드 네임으로 계속 사용하여 돈보따리를 안겨주었지만, 애석하게도 그 자신은 정작 자신의 이름을 상표로 한번도 써 보지 못한 것이다.

그런데 우리는 흔히 '쉐볼레'를 '시보레'로 발음하고 있다. 이것은 일본 사람들이 쉐블러레이라 쓰고 소리내는 발음 체계가 부실하기 때문에 그들 나름의 근접한 표현으로 '시부오레-'라고 한 것을 한국에서 그대로 흉내낸 것이다.

우리는 다행히 원래의 발음에 가깝게 표기가 가능한데도 아직껏 '시보레'를 고집하는 것은 마땅히 수정되어야 할 것이다. '쉐브릴레이'는 약식 발음으로 '쉐벌레이,' 또는 '쉐볼레'라 발음하기도 하고 애칭으로 '쉐비(Chevy)'라고도 한다.

시실리, 시칠리(섬)
* 시설리

이탤리 반도 남단의 지중해 상에 떠 있는 커다란 섬의 이름이 'Sicily'다. 옛날 이름은 '시칠리아(Sicilia),' 또는 '트리나크리아(Trinacria)'라 불렀다. 이 섬을 우리는 '시실리,' 또는 '시칠리'란 두 가지로 부르면서 어느 것이 정확한 발음인지 혼란을 부르기도 한다.

이탤리의 현지 지명으로 '시칠리아(Sicilia)'가 되고, 영어 표기로는 'Sicily'라 쓰고 있다. 그러니까 영어 지명으로 쓰는 'Sicily'는 '시칠리'라 하지 않고, 그 발음을 '시설리'로 표현하는 것이 정확하다.

CF
* 커머셜 필름

텔레비전이나 영화에 쓰이기 위해 만들어진 광고나 선전용 짧은 필름을 CF라 한다. 그러나 이런 영어는 없다. 이것은 일본에서 광고용 짧은 비디오를 영어로 '커머셜 필름(commercial film)'이라 하는데, 그 머리글자를 따서 약자로 CF로 쓰고 있는 것이다. 그리고 이것을 한국 방송계와 광고계에서 그대로 본받아 쓰고 있는 표현이다.

영어에서는 '커머셜 필름(commercial film)'이라 하지만 절대로 CF로 줄여 쓰는 일이 없다. 다만 commercial은 'comm.'으로만 줄여 쓴다. 영어에서 CF라는 약자는 고객 맞춤 가구라는 뜻의 커스터머 퍼니쉬드(Customer Furnished)뿐이다.

순수한 우리말 찾기 품앗이

| CF 모델 | 텔레비전이나 영화의 광고를 위해서 출연하는 연기자를 흔히 'CF 모델,' 또는 'CM 탤런트'라 부른다.
| * **카머셜 액터** | |

방송문화진흥원이 펴낸 방송대사전에서 'CM 탤런트'란 표제어에서 "CM 탤런트는 일반 드라마, 기타 프로그램에 출연하는 탤런트와는 그 성격을 달리하며, 탤런트라기보다는 세일즈맨이어야 한다. 그러나 겸하는 경우가 많다."고 풀이하고 있다.

그런데 여기서 구사한 'CM,' (드라머에서의) 탤런트 등의 표현이 모두 영어에서는 없거나 쓰이지 않는 말을 방송용어처럼 사용하고 있음을 지적하지 않을 수 없다.

CM은 일본에서 만들어 쓰고 있는 일본식 영어 표현을 한국 방송계에서 모방하여 쓰고 있는 말이고, TV 연기자를 일컫는 탤런트 역시 일본에서 쓰다가 버린 사어(死語)인 표현이다.

방송용어로 버젓이 전문 사전의 표제어로까지 내놓은 현실에서 일반 사람들이야 그것이 진짜 영어이겠거니 하고 본받아 쓸 수밖에 없을 것이다.

하여튼 커머셜(CM 또는 CF)에 출연하는 배우나 단역 연기자를 결코 'CF 모델'이라 하지 않는 점만은 분명하게 인식해야만 할 것 같다. 이런 일을 하는 이들을 영어로는 '커머셜 액터'라 부른다.

| 시.엠 | 레디오나 텔레비전에서 상업광고를 시행할 때, 그 광고 방송을 흔히 '시.엠(C.M.)'이라 줄여 쓰고, 영어 표기의 '커머셜 메시지 (commercial message)'에서 줄인 말이라 인식되어 왔다. 이 단어 자체는 완전한 영어임에는 틀림없다. 그러나 영어에서 이런 말은 없다. 이것은 일본에서 만들어 쓴 일본식 영어이고, 일본인들이 만든 약어에 불과하기 때문이다.
| * **커머셜** | |

그럼에도 이를 한국 방송계에서는 너무도 오랫동안 본받아 쓰면서도 누구 하나 시정하려 하지도 않는 것은 큰 모순이 아닐 수 없다. 더구나 한국에서 발간되는 일부 국어사전이나 영한 사전에 까지 'C.M.'이니

'C.M. song'이 버젓이 등재되어 있는 것은 참으로 안타까운 일이다.
영어에서 상업광고는 '커머셜(commercial)'이라고만 하고, CM이란 약어는 '센티미터(centimeter)' 뿐이다. 커머셜을 약자로 쓸 경우에는 'cml.,' 'comm.,' 또는 'comml.' 등으로 표시는 한다.
한편 광고를 뜻하는 '어드버타이싱(advertising)'을 줄여서 '애드(ad)'라 사용하기도 한다.

| 시엠 송 | 상업 광고 방송을 목적으로 제작한 노래를 흔히 '시엠 송(CM song)'이라 한다. 영어 단어 'commercial song'의 약자쯤으로 해석하고 인식되어 있다. 그러나 영어나 미국의 방송 용어에 그런 표현은 없고, 또 쓰는 일도 없다.
'CM'과 마찬가지로 'CM 송'은 일본에서 만들어 쓰고 있는 일본식 영어 표현을 한국 방송계에서 그대로 본받아 쓰고 있는 것에 불과하다.
영어로는 '커머셜 징글(commercial jingle),' '어드버타이싱 징글(advertising jingle),' 줄여서 '징글'이라 하고, 더러 '커머셜 띔송(commercial theme song)'이란 표현도 쓴다. '징글'은 땡그랑 소리(clinking), 딸랑딸랑, 따르릉 소리(tinkling)를 뜻하고, 음악에서는 반복이 쉽고 따라 부르기 좋은 짧은 음운이나 노래를 뜻한다. |
|---|---|
| **＊ 징글,
커머셜 징글** | |

| 시청 (TV) | 우리는 텔러비젼을 보는 일을 '시청(視聽)'이라 하고, 그 오디언스를 '시청자(視聽者)'라 표현하고 있다. 그러나 영어에서, TV는 본다는 뜻의 '왓치(watch),' 보는 사람은 '왓쳐(watcher)'란 표현을 쓴다.
그 까닭은 "움직임(변화)'이 있는 것, 또는 움직일 것에 대한 예상을 갖고, 긴 시간에 걸쳐 의식적으로 보는 상태"를 가리킨다는 뜻이다.
또 TV인 경우 오디언스가 다 보면서 듣는 것을 필연적으로 하는 '시청'이 아니라 청각장애자 등은 듣지를 못하고 보기만 하기 때문에 '시청'이니, '시청자'라는 표현은 쓰지 않는다.
또한 영화인 경우에는 'see(본다)'라는 표현을 써서 'see a movie'라 |
|---|---|
| **＊ 왓치** | |

한다. 'see'는 시각(視覺)으로 무엇을 감지하는 것인데, 의식하지 않더라도 눈에 들어오는 감각의 특성이 있다.

레디오는 '히어링(hearing)'이라 하지 않고, '리슨(listen, 듣다)'이라 한다. 의식하지 않아도 '들리는' 것은 '히어(hear)'다. 마치 'see'의 개념과 같다. 그러나 어떤 사물이나 정보, 또는 음악에 대하여 움직임이나 변화를 의식적으로 '듣는 일'은 '리슨 투(listen to)'로 표시하여 'listen to the radio'라 한다.

'리슨(listen)'은 역시 '왓치(watch)'처럼 의식적인 선택이 내포되어 있는 표현이다. 한편 '시청자'란 한자 술어는 레디오를 듣고, 텔러비젼을 보는 오디언스를 통틀어 말하는 일본에서 만들어 쓰고 있는 한자 표현이다.

시청자
* 오디언스

'시청자(視聽者)'란 한자 표현은 일본에 만들어 쓰고 있는 'しちょうしゃ(시초우샤)'를 그대로 본받은 말이다. 영어에서 말하는 '오디언스'는 공연의 청중(관중)이나, 레디오나 TV 프로그램의 시·청취자, 또는 책을 읽는 독자를 통틀어 일컫는 표현이다. 한국의 언론학계 일각에서 '오디언스'를 일본에서 만들어 쓰고 있는 한자 '수용자(收用者=しゅようしゃ)'란 표현을 그대로 본떠 쓰고 있다. 더구나 대학의 신문방송학 교수나 관련 논문이나 저술서 등에서도 한결 같이 '수용자'를 마치 전문용어처럼 남용하는 것은 참으로 안타까운 일이 아닐 수 없다.

시추에이션 드라마
(시리즈)
* 리미티드 시리즈

텔러비젼 미니 시리즈의 연속 드라마에서 주연을 비롯해서 주요 등장 인물이 같은 배우가 고정 출연하고, 매회마다 이야기(에피소드)가 달리 구성되는 것을 '시추에이션 드라마,' 또는 '시추에이션 시리즈(situation series)'라 표현하고 있다.

'시추에이션 시리즈'라 하면 연속 코미디물을 가리키는 말이다. '시추에이션'은 코미디물에만 쓰기 때문이다. 여기서 '드라마'는 일본식 발음 표현이기 때문에 '드라머'로 해야 옳다.

드라머 가운데서 주연과 주요배역이 같고 매회 이야기가 각각 다른 에피소드로 한정(limit)하는 시리즈에는 '시추에이션'이란 표현을 쓰지 않고, '리미티드(limited)'라는 표현을 써서 '리미티드 드라머(limited drama),' 또는 '리미티드 시리즈'라 한다.

시트콤
＊ 씻캄

최근 한국의 텔러비전에서 '시트콤'이란 말을 자주 사용한다. 주중 매일 연속 드라머의 형태를 유머러스한 코믹터치로 하고, 전문 코미디언이 아닌 일반 TV 배우(한국에서는 '탤런트')를 배역으로 내세우는 형식을 일컫는다. 한 TV사에서 시작된 코믹터치 컨테뉴드 드라머가 좀 반응이 좋은 듯하자, 여러 TV가 너나 없이 경합을 하는 모양이다. 그야말로 "촌극"이 벌어진 셈이다.

'Sitcom'은 'situation + comedy'의 합성어인데 'comedy'는 미국 발음에서 '코미디'가 아닌 '카머디'로 발음한다. 따라서 'situation'에서 머리부분을 딴 'sit'는 종성이 닫는 소리이기 때문에 '시트'가 아니고 '씻'이 된다. 따라서 '시트콤'은 '씻캄'이라 발음해야 옳다. 미국에서 '시트콤'이라고 하면 통하지 않는다. 만일 영어권에서 '시트콤'하면 "앉아서 빗질하는 seat comb" 정도로 오해하기 십상이다.

다시 말해서 '시트콤(sitcom)'은 '시츄에이션 카머디(situation comedy)'의 줄임말이고, 유머러스한 TV 쇼를 가리키는 말이다. 흔히 전문 코미디언이 아닌 일반 TV배우들이 고정 출연하여 각 프로그램(매회)마다 다른 이야기를 내면서 이상한 사태(situation)를 유머러스하게 엮어가는 드라머 쇼를 말한다.

Sitcom은 특정 코미디 물에서 주역과 등장 인물이 같고 매회마다 단일 에피소드로 이루어지는 시리즈를 말한다. Sitcom은 1주일에 한 차례 방송하는 것이 특색이다.

만일 한국의 TV에서처럼 주중에 매일 연속되는 코믹 터치의 연속되는 이야기 시리즈는 '씻캄'이 아니고 '카머디 스켓치(comedy sketches)', 즉 촌극이란 표현으로 구별해야 한다.

'씻캄'이 시츄에이션 코미디의 준말이듯이, '스킷캄(skitcom)'은 '코미디 스켓치(comedy sketches=카머디 스케치스로 발음)'에서 온 말이다. 여기서 '스켓치'는 촌극을 말한다.

| 식빵
| * 브레드

우리의 일상 용어 가운데 '식빵'이란 말이 상당히 관용화되어 있다. 식사용으로 먹는 빵을 그렇게 표현하고 있는데 어떤 국어사전에까지 버젓이 올려져 있다. 그러면 그 '식빵'이나 다른 식사용 음식을 담아내는 접시를 '식사라(음식용 접시라는 뜻으로 쓰는 속어)'라 하는 관용어는 왜 국어사전에서 도외시되었는지 모순이 아닐 수 없다.

'빵'이란 게 원래 먹는 것인데도 굳이 '먹는, 먹을 수 있는 빵'이란 겹자형 표현이 왜 쓰여지고 있을까? 이것은 일본식 용어 가운데 속어에 속하는 '숏빵(食팡)'의 표현을 그대로 흉내내어 쓰고 있기 때문이다. 우리가 쓰는 '빵'은 일본 관용어의 '팡'에서 흉내낸 것이고, 일본의 '팡'은 포르투갈어의 '팡우(pão)'에서 빌어다 쓴 것이다. '식빵'은 '빵'으로 족하고, 영어로 '빵'은 '브레드(bread)'로 통칭된다.

| 시스터 보이
| * 씨시

여자처럼 나약한 남자를 두고, 흔히 '씨스터 보이(sister boy)'라 하고 이를 줄여서 'CC Boy'로 쓰는 이들이 있는데 이것은 일본에서 만든 일본식 영어 표현이다.

영어로는 '이페머네잇,' 또는 '에페머넛 보이(effeminate boy)'라 하고 구어(슬랭)로는 '씨시(sissy)'라 하지만, 여기에 '보이'를 붙여 'sissy boy'라 하지 않는다.

Sissy는 1800년대 후반부터 쓰이기 시작한 '소심하고 겁 많고 나약한 남자'를 일컫는 말로 쓰여 오고 있다.

| 식사라
| * 디쉬,
| 브레드 플레이트

우리는 뜨거운 음식을 좋아한다. 더구나 얼큰하게 끓인 찌개류를 즐기는 이들이 많다. 여럿이 어울려 식당에서 같은 테이블에 여러 가지

음식을 주문하면 푸짐한 상차림이 된다. 이들 음식 가운데서 여럿이서 나눠 먹어야 하는 메뉴도 있다. 이런 경우 한 사람이 먹을 만큼 적절하게 덜게 마련이다. 이런 때 쓰이는 납작하거나 오목한 작은 접시를 대부분의 손님이나 종업원들이 '식사라' 라는 표현을 쓴다.

여기서 '식-' 은 한자어 '食' 을 뜻하고, '-사라' 는 접시라는 뜻의 일본어 'さら' 를 일컫는 말이다. 그렇다면 한자의 한국 음역과 일본말을 혼합한 그야말로 '짬뽕' 말이 되어 버린 것이다.

이를 영어로는 단순히 스몰 디쉬라 표현해도 되지만, 작고 오목한 것은 '보울(bowl),' '푸룻 보울(fruit bowl)' 이라 하고, 작은 접시는 '브레드 플레이트(bread plate)' 라 한다. 또 커피잔의 받침 같이 더 작은 접시는 '소서(saucer)' 라 구분한다.

신나
* 띠너, 씨너

페인트를 묽게 하는 화학약품을 '신나' 라 부른다. 이 말은 영어의 'thinner' 에서 온 것이고, 잘못된 일본식 발음 'シンナー(신나)' 에서 비롯되었다.

'thinner' 는 얇다는 뜻의 형용사 'thin' 에서 파생된 명사 형태로 그 발음은 '신나' 가 아닌 '띠너,' 또는 '씨너' 에 가까운 소리를 낸다.

영어에서 모음 사이의 자음이 겹칠 경우에는 오히려 약한 소리를 내는 경향이 일반적인데, 이 경우에도 'ㄴ+너' 가 되지 않는 점에 유의해 두자. 중복 자음은 하나만을 소리내기 때문이다.

실버 타운(요양소)
* 리타이어먼트 빌리지 (은퇴자 마을)

'실버 타운(silver town)' 은 고령자가 거주하도록 만들어 놓은 거리나 마을, 또는 그런 고령자를 수용하는 요양소로 사용하고 있다. 이것은 일본식 영어다. 물론 영어에 'silver town' 이란 말은 없다. 이 말을 한국에서 그대로 받아들여 '노인 요양소' 로 와전하여 사용하고 있다. 또 일부에서는 은퇴 노인들만 몰려 사는 집단 주택(아파트먼트)이나 타운 하우스 등을 지칭하는 말로도 사용하고 있다.

미국이나 유럽의 선진국가 들은 노년층을 시니어, 또는 실버 피플이라는 완곡한 말로 경노의 표현을 하는 것이 일반적인 용법이다. 선진국일수록 노인 복지 시스템이 잘되어 있고 경노사상이나 노인복지에 대한 실천은 국가적인 뒷받침과 사회적인 모델로 자리잡고 있다.

시니어는 대개 만65세에 이르렀을 때를 기준으로 하지만 일반 공중 공원이나 유원시설 등에서는 보통 62세 이상을 시니어로 대접하여 입장료도 아동 수준으로 우대를 한다.

65세 이상된 시니어들의 독립된 주거 생활을 위해서는 값이 안정되고 저렴한 어파트먼트이거나 타운하우스 등을 이용하게 한다. 그러나 경제적인 부담을 스스로 감당할 수 있고, 정부의 후생복지 기금(웰페어)으로 생활의 기반을 스스로 해결할 수 있는 계층의 은퇴자들이 몰려 살 수 있도록 배려된 집단 거주 지역도 있다. 이런 곳을 영어로는 '리타이어먼트 빌리지(retirement village)' 라 한다.

베벌리 힐스에 있는 5층짜리 새 고급 실버하우스에는 'Retirement and Assisted Living'이란 현판을 붙였는데, 리셉션 데스크에 간호의사와 간호사가 24시간 대기하며 입주자들의 건강을 보살펴 주고 있다.

실버타운은 여느 집단 주택과는 달리 시니어들의 건강이나 위급한 경우를 대비하는 특수 구급시설과 건강 캐어 센터와 같은 의료봉사 시스템도 함께 설비되어 있는 것이 보통이다.

이런 은퇴자 마을의 뜻으로 '실버타운' 이 한국에서는 오갈 데 없는 무의탁 노인들을 수용하는 '양로원'이나 '요양소' 쯤으로 잘못 알고 이 말을 적용하고 있다. 영어에서 양로원은 '어싸일럼 포 디 에이지드(asylum for the aged)' 라 한다. 참고로 정신박양자 등을 보호 수용하는 곳도 '어싸일럼(asylum)' 이라 한다.

심볼 마크

* **트레이드 마크, 엠블럼, 로고**

기업이나 단체, 또는 특정한 상징물이나 상품을 상징하기 위한 디자인(마크)을 '심볼 마크' 라 말하는 것은 일본식 영어 표현에서 흉내낸 말이다.

일반적으로 상품에는 '트레이드 마크(trade mark),' 기업이나 단체는 '로고(logo),' 학교나 행정 정부(시, 카운티), 또는 국가 등의 표상은 '엠블럼(emblem)' 등으로 구분해 쓰고 있다.

16강, 8강
* **라운드 16, 라운드 8**

월드컵에서 예선 통과 32개국 팀에 대한 대전은 1라운드에서 16개 팀, 2라운드에서 8개 팀, 3라운드에서 4개 팀이, 그리고 3-4위전과 결승전을 갖도록 짜여져 있다.

1라운드와 2라운드까지는 이를 라운드(round)로 표현하지만 3라운드부터는 8팀이 겨루는 '콰터파이널스(quarterfinals)'라 하고 마지막 4팀이 격돌하는 라운드를 '쎄미파이널스(semifinals)'로 표현한다. 쎄미파이널스는 준결승전에 해당된다.

그리고 마지막 결승전은 '챔피언쉽(championship)'이라 한다. 그런데 우리는 16강, 8강, 4강하는 식으로 각 라운드에 뽑힌 팀을 두고 표현한다. 영어에서 이런 표현은 쓰이고 있지 않다.

몇 강, 몇 강하는 표현은 우리가 만들어 쓰고 있는 표현이 아니고, 일본에서 쓰이고 있던 16強, 8強, 4強을 음역화하여 십팔강, 팔강, 사강 하는 식으로 옮겨 쓰고 있음을 상기해 둘 필요가 있다.

그리고 최근에는 베스트 8, 베스트 4 하는 식으로 표현하고 있기도 하다. 영어에서 16강은 '라운드 어브 식스틴(round of 16),' 8강은 '라운드 어브 에잇(round of 8)' 식으로 표현한다.

십팔번
* **페이버릿, 폴트**

'십팔번(十八番)'은 가장 뛰어난 장기를 뜻하는 말로 쓰고 있다. 또 어떤 사람이 노래나 다른 재주를 보일 때, 단골로 표현하는 수단이나 메뉴를 말할 때도 '십팔번'이란 표현을 쓴다. 그러나 본래 우리말에 '십팔번'이란 없다.

'십팔번'은 일본말의 '카부키쥬하치반(歌舞伎十八番)'을 줄인 말이다. 또 그 사람의 가장 뛰어나고 자신 넘치는 연기나 일을 뜻하는 일본말이다.

'카부키쥬하치반'이란 16세기초부터 일본에서 유행하기 시작한 춤을 곁들인 독특한 연극의 형태를 말하고, 그 연극을 위한 18종류의 줄거리를 말한다. 즉, 불파(不破), 명신(鳴神), 부동(不動), 관우(關羽), 해탈(解脫) 등 18종의 장기가 있다.

이런 내용의 '십팔번'을 우리가 특기니 단골 노래 따위를 뜻하는 말로 빌어 쓰는 것은 좀 주관 없고 부끄러운 헛소리가 아닐까 한다.

'십팔번'을 영어로는 '페이버릿(favorite),' 노래 같으면 'favorite song'이 된다. 또 '폴트(forte),' 'one's forte'로 쓸 수도 있다.

| 아카시아 | 아카시아는 미모사 수종에 속한다. 호주에서부터 번식하여 아열대와 열대 지역에 분포하여 있는 늘 푸르고 키가 큰 나무를 모두 일컫는 말이다. 줄기와 가지에 가시가 있고, 노란색과 흰색의 작은 꽃이 둥근 모양으로 몰려 피는 것이 특징인데 그 향기가 육감적이라 느끼는 이들이 많다.
"아카시아 피어날 때 맺은 인연을 아카시아 시들으니 그만이더라…"라는 유행가도 있었다. 그런데 최근 한국에서는 이를 '아카시' 라 표현하는 미디어도 있다. 아카시아는 일본식 표현이고 영어로는 '어케이셔(acacia)' 라 한다. |
|---|---|
| * **어케이셔** | |
| 아나운서 | 한국 방송계에서 1960년대 초까지만 해도 방송국의 아나운서라고 하면 방송국에서 일하는 전문인들 가운데 가장 인기 있는 직종이었다. 그래서 스타 아나운서까지 등장했었다. 그러다 1963년 동아방송이 생겨 본격적인 프로듀서 시스템이 시작되면서 프로그램 호스트를 직업 아나운서 일변도에서 전문 호스트 개발 쪽으로 방향이 전환되는 계기가 비롯되었다.
종래 방송국의 아나운서는 뉴스의 일기, 음악 프로그램의 진행, 공개 형태 프로그램의 사회, 각종 스포츠 이벤트의 중계 등 레디오나 TV에서 진행되는 모든 프로그램을 도맡아 진행하는 독점 임무를 맡았고 방송 조직은 아나운서 중심 체제였다. |
| * **앵커, 호스트** | |

그런데 미국이나 유럽의 레디오나 TV에서 '아나운서'라는 직종이 있기는 해도 우리 같은 만능 프로그램 진행자가 아닌 매우 제한적인 일을 하는 직종을 일컫는 말로 쓰이고 있다. 그리고 '아나운서'는 '어나운서'라 발음된다.

웹스터 미디어 & 커뮤니케이션 사전에서 'announcer or announcer's booth'라는 표제어에서 "캐머러가 없이 어나운스먼트와 카먼테리(논평, 해설)하는 사람이고 그런 방송을 하도록 만든 작은 규모로 만든 스튜디오"라고만 설명하고 있다.

또 영어에서 '어나운서'는 레디오나 TV에서 어나운스를 하는 사람인데 프로그램을 소개하거나 뉴스 아이템을 제공하고, 광고 문안을 읽는 사람이라 했다. 그러니까 우리처럼 방송사 시스템에서 모든 방송을 진행하는 사람을 지칭하는 사람이 아니라는 말이다.

즉, 뉴스를 진행하는 사람은 뉴스 앵커, 그 보조는 코-앵커라 하고, 현장에서 취재하여 보도하는 사람은 뉴스 캐스터, 또는 리포터라 한다. 음악 프로그램을 진행하는 사람은 디스크 자키이고, 간단한 인터뷰나 토막 뉴스, 또는 생활 정보 등을 곁들여 종합적인 프로그램을 진행하는 중견 호스트나 DJ를 퍼서내리티라 말한다.

또 스포쓰 중계를 하는 사람은 스포쓰 캐스터라 말하고 여러 출연자나 오디언스가 참여하는 공개 형태의 프로그램을 진행하는 사람은 MC가 아니라 '호스트' 등으로 달리 표현하고 있다.

구미 방송계에서 '어나운서'는 방송 프로그램을 예고하거나 스팟 광고문안을 읽는 탤런트(TV 배우가 아님)에 국한해서 쓰이고 있다.

그런데 우리가 오래도록 쓰고 있는 '아나운서'는 'アナウンサ(아나운사)'로 표기하고 사용하는 일본에서 만들어 쓰여지고 있는 표현이다. 즉, 일본의 이른바 '타이쇼우 시대(大正: 1912-1926)'에 도입되어 와전된 표현에서 흉내낸 것이다. 일본의 아나운서들은 레디오나 TV 등에서 뉴스 등의 원고를 읽고, 단순히 프로그램의 사회 또는 스포쓰 등의 실황 방송을 담당하는 사람의 의미로만 사용하고 있다. 그리고 그 약칭으로 'アナ(아나)'라 부르기도 한다.

실제로 한국의 방송계에서도 아직까지 일본식 약어 '아나'를 아나운서의 별칭처럼 불러대는 사람이 많다.

아네모네
* **어네머니**

한국 유행가 가운데 "아네모네 탄식"이라는 게 있다. '아네모네'란 말은 잘 몰라도 이 노래의 멜로디는 들어서 익히 아는 이들이 많다. 또 박춘석이 쓰고 이미자가 부른 "아네모네," 이혜민이 쓰고 김재희가 부른 "아네모네"도 있다. 이 노래들은 모두 아네모네 꽃이 피면 행복했던 추억을 떠올린다는 애수 어린 내용들로 이뤄졌다.

우리가 말하는 아네모네는 일본에서 배워온 말에서 비롯되었다. 다년초이고 일본에서 원예식물로도 많이 재배하는데 메이지 초기에 들여왔다고 했다.

아네모네가 영어로는 'anemone'인데, 희랍어의 aneōnē에서 유래했고 '바람의 딸'이라는 말도 전하면서 바람이 불 때 꽃을 피게 한다는 전설이 있다. 아네모네는 영어로는 '어네머니'로 발음하는 점에 유의하자.

아드발론
* **벌룬**

공중에 띄운 대형 기구를 흔히 '아드발론'이라 말하고, 친구 사이에서 기분을 부추기는 뜻으로 "아드발론 띄우지마."란 표현도 자주 쓴다.

아드발론은 기구에 광고문안을 넣는다는 데 착안해서 '애드-빌룬(ad-balloon)'의 형태로 만들어진 일본에서 만들어 쓰고 있는 조어에서 기인된 표현이다.

그러나 영국이나 미국에서는 단순하게 '벌룬(balloon)'이라고만 한다.

아디오
* **아디오스**

작별을 고할 때 쓰는 인사말로 '아디오'라고 멋을 부려 보는 이들이 있다. 그러나 '아디오'라는 말은 없다. 다만 스페인어에서 작별을 뜻하는 말로 '아디오스(adios)'가 있는데 아마도 이 말을 인용하면서 어미의 's'자를 탈락시킨 것 같다. '아디오스'는 "그렇다면 이것으로 헤어집시다. 안녕히 가십시오." 또는 "잘 가세요."의 뜻이다.

아디오스는 재회의 기회가 없는 긴 이별을 뜻했는데, 본래는 죽은 사람과 영원한 고별을 할 때 쓰는 말이다.

프랑스어로는 '아디에(adieu)' 또는 '오 르봐르(au revoir),' 독일어는 '아우프 비더제언(auf wiedersehen),' 이탤리어는 '아리베데르치(arrivederci),' 라틴어는 '와레(vale),' 그리스어는 '카이레(xaipe),' 러시아어는 '다스봐이다니야'라 한다. 영어로는 '굿바이(goodbye)'이다.

아, 목동아
* 대니 보이

"대니 보이"는 전세계적으로 가장 널리 불려지고 있는 아일랜드의 민요다. 우리가 즐겨 부르는 "아, 목동아"가 바로 이 "대니 보이"를 번안한 노래라는 것은 다 알려진 대로다.

"아, 목동들의 피리 소리들은 산골짝마다 울려나오고 … 여름은 가고 꽃은 떨어지니 너도 가고 또 나도 가야지…" 하는 식으로 제법 운치 있는 목가풍으로 바뀌었다.

그러나 본래의 내용은 "대니 소년의 입대를 종용하는 고적의 소리가 저 푸른 산기슭에서 울려오는구나…"로 시작되어 "대니야, 너는 군에 입대를 위해 떠나가지만, 우리(가족)는 여기 남아 네가 돌아올 때까지 기다리련다…"라는 서글픈 석별의 정이 담겨 있다.

여기서 피리 소리는 목동이 부는 것이 아니라, 영국 군대의 백 파이프를 말하고 진군을 뜻한다. 즉 시골의 한 소년이 징집되고 싸움터로 떠나 보내는 어버이의 마음을 읊조린 것이다. 이 가사는 아들이 전사해서 돌아오면 아버지의 무덤 곁에 묻어 저승에서나마 못다한 부자의 정을 나눈다는 애틋한 숙명을 담고 있다.

영어 제목으로 "Danny Boy"는 '대니'라는 이름을 가진 소년에게 붙이는 노래라는 뜻이고 직역하면 "대니 소년"쯤이 될 것이다.

이란 랏드
* 앨런 랫

서부영화 "쉐인(Shane)"에서 명연기를 보여줬던 배우 앨런 랫(Alan Ladd)은 1960년작 "All The Young Men"이란 작품에서는 한국 전쟁에 참전한 미 해병대의 수색 소대에 배속되어 흑인 분대장 '시드니 프와티어'의 지휘를 받는 병사로도 출연했다.

'Alan Ladd'의 이름을 우리는 일본 표기에서부터 소개를 받기 시작했고, 그래서 일본식 표기인 '아란 랏도'를 그대로 본받아 '아란 랏드,' 또는 '알란 랏드'로 표현하고 있다. 그러나 미국에서는 그를 '앨런 랫'으로 부른다.

앨런 랫은 1963년에 51세로 세상을 떠났다.

|아랜비 (R & B)|
|*** 리듬 앤드 블루스**|

요즘 한국 가요계에서 '힙-합' 물결과 더불어 '아랜비'란 용어가 남용되고 있는 느낌이다. 이들 '힙-합'이나 '아랜비'를 같은 댄스 리듬과 댄스 뮤직의 아류로 여기고 있기도 하다.

'힙-합'은 'hip-hop'을 가리키는 말로 1970년대 후반 뉴욕의 게토에서 자라난 흑인 틴에이저 사이에서 생겨난 스트릿 컬쳐의 한 형태를 말한다. 브레이크 댄스와 그 리듬을 접목시키고 80년대에 들어와서는 전세계에 파급되는 붐을 일으키기도 했다.

'아랜비'는 영어의 '리듬 & 블루스'의 약어 'R&B'를 한글 음으로 옮기는 과정에서 '알-앤드-비'를 한글의 모음접변식으로 읽고 &(and)에서 '-d-' 사운드 생략형으로 써서 '아랜비'로 소리내는 모양이다.

그러나 'R&B'를 소리나는 대로 한글로 적는다면 '아어 앤드 비이' 또는 '아어랜비'가 되겠지만 영어에서는 이 약어를 그대로 읽지 않고 반드시 '리듬 앤드 블루스' 또는 '리듬앤블루스'로 표현한다.

그런데 여기서 'R&B'의 표현에서 '리듬-'자가 들어가니까 이를 율동, 리듬이란 뜻으로 오해를 하고 리듬=댄스 식의 등식으로 생각하는 난센스가 있다. 그래서 R&B를 마치 음악적 리듬의 한 패턴처럼 여기는 아이러니가 그래서 생겨났다.

70년대 초 정모 작곡가가 신인 양모 가수를 시켜 "당신의 뜻이라면" 이란 노래를 리코딩하여 레코드를 내고는 이 곡이 리듬 앤드 블루스 라고 선전한 적이 있었다.

이 노래에서인 경우 2/2, 4/4, 12/8 박자의 리듬 패턴을 쓰고 마치 부커 T. & M.G's가 연주한 명곡 "Green Onion"의 도입부를 연상하는 코드를 쓰면서 이것이 리듬 & 블루스라고 우겨댔다. 그러나 여기서 R&B는 리듬의 형태가 아니라 오히려 멜로디의 특성을 갖고 있다는 점을 깨우쳐준 기억이 난다.

리듬 & 블루스는 1940년대 이후, 미국의 흑인들의 대중음악을 가리키는 용어로 정착했는데 30년대에서 40년대에 이르는 사이에 흑인음악을 지칭하는 '레이스 뮤직(race music),' '레이스 레커드'라 부르던 표현 대신 쓰인 표현이다.

그리고 1960년대 이후에는 '쏘울(soul)'이란 표현을 더 많이 쓰면서 흑인들 특유의 혼과 감정을 강조하는 음악이라는 뜻에서 '쏘울 뮤직' '쏘울 싱거'란 표현도 일반화되었다. 여기서 노래하는 이를 뜻하는 singer는 일반적으로 '싱어'라 하지만 '싱거'라 발음하는 경향으로 차츰 변하고 있다.

다시 말해서 리듬 & 블루스는 이를 줄여서 'R and B,' 'R&B' 또는 'r&b'로 적기도 하지만 모두 알파벳 약자로 읽지 않고 '리듬 & 블루스'로 발음한다. 마치 'X-mas'를 '엑스마스'로 읽지 않고 '크리스마스'로 읽는 것처럼 말이다.

아르르의 여인
* **아를르의 아가씨, 아를레시엔**

"아르르의 여인"은 비제(Bizet)가 1872년에 도디의 3막 5장 희곡을 작곡한 부수 음악이다. 비제는 27곡을 써서 그 가운데 2곡은 관현악을 위한 조곡으로 꾸몄는데 이 작품들이 세상에 널리 알려졌다.

"아르르의 여인"은 프랑스 남부 로느강 하류에 있는 옛 도시 아르르에 사는 아가씨를 짝사랑하다 죽어간 농촌의 한 청년의 순애보를 그린 작품이다. 이 작품 이름인 "아르르의 여인"은 일본 사람들이 '아루루의 여자'라 번역한 것을 본받은 것이다.

"아를르의 아가씨" 또는 "아를르의 처녀"로 고쳐야 맞는 말이 된다.

아르바이트

파트 타임, 파트 타임 잡

'아르바이트 학생을 구함'이란 전단을 흔히 본다. 학생이 짬짬이 용돈을 버는 일이나, 시간제 근무 조건의 근로 행위를 '아르바이트'란 표현으로 쓰고 있다.

'아르바이트'는 독일어의 'arbeit(알바이트)'를 일본에서 'アルバイト(아루바이토)'로 옮겨 쓰면서 "본 직업 이외에 돈벌이를 위해 하는 일이나 학생의 부업"이라 표현하면서 "본래는 노동이나 업적을 뜻한다"고도 풀이하고 있다. 그리고 줄여서 'バイト(바이토)'라 표현한다고도 했다.

한국에서 학생이나 일부 직업인들이 용돈이나 부업으로 하는 일감을 '아르바이트'라 말하는 것에 대한 표현의 진원을 알게 되었을 것이다. 즉, 독일어 '알바이트'를 일본에서 들여다 '아루바이토'라 옮겨 쓴고 있는 것을 한국에서는 일본 표현을 그대로 옮겨 쓰면서 '아르바이트'로 정착한 것이다. 우리 표현으로 독일어 '알바이트'를 충분히 표기할 수 있음에도 불구하고 일본식 발음의 잔재인 '아르-'라 흉내 내는 것은 아무래도 잘 된 표현은 아닐 것 같다.

더구나 한국의 유력 국어사전에서조차 '아르바이트'로 표제어를 다루면서 "일, 노동, 작업; 학문상의 노작, 논문; 학생이나 직업인의 부직"이라고 풀이를 하고 있는데 이 또한 일본의 국어사전을 그대로 번역하여 올려놓았으니 어찌 설명할까?

독일어에서 '알바이트'의 본뜻이 "노동, 일, 작업, 제작, 연구, 업적" 등이기는 해도 시간 근무나 곁벌이라는 의미는 전혀 없다.

독일어에서 노동자, 일하는 사람, 연구원 등은 '알바이터(arbeiter)'라 하지만 풀타임 워커를 뜻하는 포괄적인 근로자를 뜻한다. 영어를 쓰는 사람들에게 '아르바이트'라는 표현은 전혀 먹혀들지 않는 말이다.

가장 일반적인 표현은 '파트 타임 잡(part time job),' '싸이드 잡(side job),' '쎄컨드 잡(second job),' 또는 야간에 부업을 하는 행위는 '문라이트(moonlight)' 등으로 쓰기도 한다.

순 수 한 우 리 말 찾 기 품 앗 이

아마추어	비전문성 활동가를 흔히 아마추어라 한다. 아마추어라면 숙련되지 못하거나 세련되지 못한 모습을 가리키는 경멸을 품은 뜻으로도 자주 쓰는 말이다.
* **애머쳐, 애머투어**	

'아마추어(amateur)'는 영어를 쓰는 나라에서는 이 발음을 잘 알아듣지 못한다. 영국에서는 '애머투어'에 가깝게 발음하고 미국에서는 '애머터,' '애머투어,' '애머츄어,' '애머쳐' 등으로 발음한다.

'애머쳐'의 진정한 뜻은 "학문, 스포츠, 예능, 기타 여러 가지 일을 하면서, 금전적 보상이나 직업성을 배격하고 스스로 즐기는 사람"을 말한다. 또 피상적이고 미숙련 일꾼을 가리키기도 하고, 순수 열성가, 애호가 등을 일컫기도 한다.

흔히 '애머추어'를 '아마'라 잘라 말하는 것은 일본식 표현이다. '아마 바둑,' '아마 골프' 등으로 표현하는 따위들이 모두 일본식을 약자 쓰기를 흉내낸 표현들이어서 바람직하지 못하다.

아메리칸 커피	커피에 설탕이나 우유 따위를 넣어야 부드럽게 마실 수 있을 만큼 짙게 빚어내는 것이 한국식 커피의 특징이다. 그런데 미국에서는 설탕이나 우유를 타지 않아도 마실 수 있을 만큼 묽게 만들어 설탕이나 크림을 넣지 않고 블랙으로 마시는 일이 많다. 이런 식의 커피를 판매하는 커피점이나 카페에서 이를 '아메리칸 커피'란 표현을 쓴다. 그러나 '아메리칸 커피'는 우리가 만들어 쓰거나 미국에서 그렇게 부르는 말이 아니다. 이 말은 일본에서 만들어 쓰고 있는 표현을 한국에서 그대로 본받아 쓰고 있다는 사실을 알고 나면 진한 블랙 커피만큼이나 쓰디쓴 뒷맛이 날 것이다.
* **코피, 레귤러 카피**	

그런데 정작 미국에는 '아메리칸 커피'라는 것이 없다. 차를 마실 수 있는 가게에서 'a coffee,' 또는 'a cup of coffee(어 카펍 카피)'라면 통한다. 연한 커피를 따로 말할 때는 '마일드 카피(mild coffee),' 또는 '위크 카피(weak coffee)'라는 표현은 가끔 쓰이지만, 굳이 그런 표현을 쓰지 않더라도 커피를 진하게 타는 일은 별로 없다.

339

그리고 '카프치노'나 특수한 커피가 아닌 보통 마시는 것은 '레귤러 카피(regular coffee)'라 하면 어디서나 통한다. 이 때도 우리식으로 블랙 커피라는 표현도 안 쓴다. 왜냐하면 어떤 종류의 커피이건 설탕이나 우유는 마시는 사람의 기호에 따라 각기 첨가하는 것이기 때문이다.

'커피'라는 발음은 한국에서만 통용되는 표현이다. 미국에서는 '카피' 또는 '코피'라 발음한다.

한편, 독일에서는 '카페(kaffee),' 프랑스어로는 '카페(café),' 이탤리어는 '카페(caffé),' 스페인어로는 '까페(café),' 라틴어는 '코페아(coddea),' 포르투갈과 브라질에서는 '카페(café)'라 하고 그리스어로는 '카페스,' 그리고 러시아어로는 '코피'라 한다. 그리고 일본에서는 'コーヒ(코히)'라 적고 그렇게 소리낸다. 로마자 'f'를 파열음으로 취급하지 않고 'h' 사운드로 여기기 때문이다. 우리는 'p' 소리로 파열음을 내지만 소리를 낼 때는 'f' 사운드에 유의할 필요는 있다.

아멘
* **에이멘**

1964년 크리스마스 시즌에 미국의 흑인 3중창단 '임프레션스(The Impressions)'가 부른 "Amen"이란 노래가 7위까지 오르는 탑 텐 히트를 날렸고, 이 노래를 지금도 즐겨 듣는다.

그런데 이 노래를 부르는 그 그룹은 우리처럼 '아멘'이라 하지 않고 '에이멘'이라 부르고 있어서 좀 어색하게 느껴졌다. 그들이 잘못 발음하는 것이겠거니 하고 생각하는 이들이 많다.

"Amen"은 1963년에 유나이티드 아티스쓰사가 제작한 "Lillies of the Field(들에 핀 백합)"에서 쓰여진 주제가였다. 미국 뉴멕시코 주에서 흑인 노동자 시드니 프와티에가 독일 수녀 릴리아 스칼라를 도와 교회를 세우는 과정에서 헌신적인 협조를 하는 휴먼 드라마였다. 이 작품으로 시드니 프와티에는 아카데미 남우주연상을 받았다.

1964년에는 오티스 레딩도 자작의 "Amen"을 부른 적이 있다. Amen은 본디 히브리 말 'āmén'이라 하여 '진심으로 그렇게 되어지게 하소서' 라는 뜻을 갖는 말에서 왔다. 그리스에서 'amén' 으로 받아들였고 고대 영어에서도 'āmén' 으로 표기했다. 그리고 현대 영어에서는 '에이멘' 으로 발음하고 있는 것이다.

미국이나 영국 또는 영어권 나라의 크리스트 교회에 출석하여 기도나 성령 응답에서 한국에서처럼 '아멘' 하면 주변에서 이상하다 할 것이고, 모두들 '에이멘' 이라 화답하면 또 이쪽에서는 이상하게 들리기 마련이다.

한편 독일에서는 '아아멘' 또는 '아아먼' 으로 발음하고, 프랑스에서는 '아멘,' 네덜란드는 '아먼,' 또는 '아멘' 으로 소리낸다.

아베크

* 커플, 페어, 랑데부

'아베크' 란 말을 한 국어사전은 "남녀의 동반" 이란 명사로 여겨, "남녀의 동반, 동부인" 이란 뜻이라 풀이하고 있다. 또 한술 더 떠서 '아베크 패트롤' 이 "둘씩 짝지어 하는 순찰" 이라 토를 달고 있다. 여기서 쓰여진 '아베크' 나 '아베크 패트롤' 이란 표현은 일본에서 만들어진 표현들이고 일본의 사전에 그렇게 씌워져 있는 표현을 흉내낸 것이다.

'아베크' 는 프랑스 말의 avec에서 따온 것인데 명사가 아니고 "…아 함께, 더불어" 등의 뜻을 지닌 전치사이다. '패트롤(퍼트롤)' 은 영어의 순찰, 순회, 순시, 순찰대 등을 뜻하는 명사다. 불어와 영어를 짜맞춘 일본식 표현인 것이다. 그런데 우리도 잘 쓰지 않는 이 억지 말을 굳이 국어사전에까지 끌어다 표제어로 쓴 저의가 의심스럽게도 느껴진다.

"…와 함께" 란 뜻을 가진 '아베크' 를 '남녀 두 사람의 동반' 이란 의미로 쓰는 것은 일본 사람들의 외래어 차용 조어의 경우고, 이 말을 한국에서 '남녀의 데이트' 로도 쓰는 것은 더욱 큰 잘못이다.

이런 경우의 영어 표현은 '커플(couple),' '페어(pair),' '데이트(date)' 등으로 표현한다. 또 프랑스어인 경우도 '랑데부(rendezvous)' 라야 하지만 국어사전에서는 이 말조차 엉뚱하게도 '밀회' 라 풀이하고 있다. 랑데부의 참뜻은 '만날 약속' 이나 '데이트' 를 말한다.

아스파라거스	건강에 좋다며 음식에 넣어 먹는 식용약초처럼 여기는 아스파라거스 (asparagus)가 있다. 야채의 일종으로 유럽이 원산지이다. 아스파라거스과에 속하는 각종 풀뿌리를 말하지만 백합과에 딸린 식물로 분류하기도 한다. 잎은 퇴화하면 갈색 비늘처럼 되어버리지만 가는 가지가 잎을 대신하여 어린 순이 돋아나면 그것을 잘라 식탁에 올린다. 그런데 asparagus를 한글 표기에서는 '아스파라거스'라 했고, 세간에서 주부 사이에서는 '아스파라카스'니 '아스파라가스'로 통칭되고 있다. 이것은 일본에서 로마자식 표기로 'アスパラガス(아수파라가수)'를 표방한 발음에서 온 것이다. 영어에서는 '어스패러거스'로 소리낸다.
*** 어스패러거스**	

아스팔트	도로포장이나 건축 재료로 쓰이는 '아스팔트(asphalt)'는 일본식 발음 표기 'アスファルト(아스화르토)'에서 본떠, 한국에서도 한때 '아스활트'로 쓰기도 했다.
*** 애스폴트**	

아스팔트는 석유를 정제하고 남은 찌꺼기 기름에서 얻은 검은 고체, 또는 반고체의 물질이다. 또 탄화수소를 주성분으로 하여 혼합물로 쓴다.

도로 포장 때에 아스팔트와 자갈 등을 혼합하여 가열하는 과정을 '아스팔트 콩크리트'라 한다. 아스팔트는 영어로는 '애스폴트'라 발음하는 데 주의해야 한다.

아시아, 아세아	'Asia'는 지구에서 가장 큰 대륙(continents)이다. 전 세계 육지의 3분의 1에 해당하는 4천 4백만 평방km에 이른다.
*** 에이셔**	

우리가 사는 한국도 물론 'Asia'에 속한다. 그리고 우리는 '아시아' 또는 한자 표현으로 '아세아(亞細亞)'라 표기하고 있다. 그러나 영어에서는 '에이셔'로 발음하는 점에 유의해야 한다.

아시아는 기원전 3000년에 메소포타미아에 수메르(Sumer) 왕국이 있던 것을 그 기원으로 보는 학설이 지배적이다.

'Asia'의 명칭은 기원전 7세기에 그리스 사람이 지금의 터키 서쪽에 해당하는 소아시아(Asia Minor) 서쪽에 있던 '리디아(Lydia)'의 연안을 가리키는 말로 쓰여진 것이 기원이 되었다. 기원전 6세기말 'Herodotos' 이후부터는 "보다 넓은 지역"이란 뜻으로 사용되었다. 영어 표현으로 '에이서' 또는 '에이져'라 하고 독일어로는 '아지엔(Asien),' 프랑스어에서는 '아지(Asie)'라 하고, 이탤리어로는 '아샤(Asia),' 스페인어에서는 '아샤(Asia)'라 하고 라틴어에서도 '아지아(Asia)'라 부른다.

아오쟈이
*** 아오다이**

베트남 전쟁 무렵에 월남 아가씨들이 입는 '아오쟈이'란 특수 복장이 소개가 되었고, 그 복장의 이름을 월남 아가씨의 별명처럼 불리던 시절이 있었다.

이것은 베트남 여성들이 입는 민속의상 가운데 하나인데 양쪽 어깨 날개쪽이 안쪽으로 깊이 파이고, 웃옷은 중국옷을 닮았으면서 여기에 통이 넓고 긴 바지를 받혀 입었다. 주로 흰빛이 주종을 이루는 것이 특징이기도 하다. 이런 복장을 '아오쟈이'라 표현하는데 이것은 일본식 발음에서 온 것이다.

베트남 발음으로는 '아오다이' 즉 한자로 '服長'이라 쓴다.

아우트 포켓
*** 아웃사이드 파킷**

양복 저고리(재킷)의 호주머니 디자인을 저고리 밖에다 덧붙인 것을 '아우트 포켓(out pocket)'이라고 한다. 이 표현은 자칫 out of pocket으로 오인되어 저고리에 호주머니가 없다는 말로 전달되기 쉽다.

영어에서는 '아웃사이드 파킷(outside pocket)'이라 하고, 안주머니는 '인사이드 파킷'이라 한다.

아울렛
*** 아웃렛, 아웃릿**

영어의 '아웃렛(outlet)'은 출구나 하수구를 뜻하지만, 상업용어로는 직매점이나 판매대리점이란 뜻으로 널리 쓰인다. 특히 미국에서는 공장도 가격 할인점이나 도매가격으로 판매하는 특설매장을 일컫는 말로 쓰인다.

뉴욕 시티의 크윈스 버로(자치구)의 동쪽 롱아일랜드 한 중간쯤에 있는 '웃버리(Woodbury=우드버리라고 하지 않음) 아웃렛'이나, 로스앤젤러스 바로 동쪽에 인접한 카머스 시티에 있는 '시터델 아웃렛,' 라스 베이거스로 가는 '15호 프리웨이 바스토우의 아웃렛' 등은 유명한 할인 쇼핑 천국이다.

'아웃렛'을 '아울렛'으로 발음하거나 표기하는 것은 잘못이다. 한글의 'ㄴ,' 'ㄹ'의 자음동화를 영어에 적용한다는 것은 난센스다.

'outlet'은 '아웃릿'으로도 발음되는데, 방송용어로는 지방의 레디오나 TV스테이션에서 메인 스테이션에서 만든 프로그램을 방송하는 일, 또는 넷웍 프로그램을 방송하는 지방 방송이란 뜻으로 쓰이기도 한다.

| 아웃 복싱
* **아웃 파이팅** | 권투 시합에서 상대방 복서에 접근하여 적극적인 공격을 하지 않고, 외곽으로 몸을 피하면서 재빠른 공격의 기회를 포착하는 방식을 우리는 '아웃 복싱'이라 하고 그런 특기로 싸우는 복서를 '아웃 복서'라고 흔히 말한다.
전 세계 헤비급 챔피언 무하마드 알리를 '아웃파이팅'의 천재라고 한다. 우리는 '아우트 복싱'이라고 하는데 이것은 일본식 영어다.
그런데 영어와 복싱 용어에서 '아웃 복싱,' 또는 '아웃 복서'라는 표현은 없다. 다만 일본에서 만들어 쓰고 있는 일본식 영어 표현일 뿐이다.
한국에서는 이를 그대로 받아들여 스포쓰 중계를 하는 사람이나 해설하는 사람이나 관전하는 관중들 모두가 '아웃 복싱'을 이해하고 있다. 영어로는 '아웃파이팅(outfighting)'이라 한다.
영어에서 '아웃박스(outbox)'는 동사로 복싱에서 보다 낫다는 뜻을 지닌 surpass와 같은 뜻을 가진 "…을 이기다, defeat(쳐부수다)"의 의미를 지닌다. 여기서 '복싱'은 '빡싱,' '복서'는 '빡서'로 발음한다. |

한편 사무실의 책상 위에 외부로 이송하거나 타부서로 이관하는 서류나 물건을 두는 상자를 'outbox'라 표현하기도 한다.

아이 쇼핑
* **윈도우 쌰핑**

백화점이나 일반 상점에서 상품을 살 생각은 없고, 그저 눈요기만을 하는 것을 흔히 '아이 쇼핑'이라고 한다. 대개 팔짱을 끼고 가게에 들어오거나, 뒷짐을 지고 어슬렁거리며 느린 걸음으로 들어오는 사람들은 대개 구매의 의욕이 없는 구경꾼일 경우가 많다. 이런 눈요기만을 하는 사람들을 우리는 '아이 쇼핑'이라 말해 버린다.
그러나 영어에는 그런 말이 없고 '윈도우 쌰핑(window shopping)'이라고 한다. 여기서 shopping을 '쇼핑' 또는 '샤핑'이라 소리내지 않고 '쌰핑'으로 발음하는 데 유의해야 한다.

아이들(돌) 스타
* **스타, 팝 스타**

인기가 충천해 있는 가수를 흔히 '아이돌 가수'라 부른다. 예능계나 스포쓰계에서 인기가 높은 사람에게 '아이들 스타'라는 말도 붙여준다. '아이들'이 발음이 안되어 '아이도루'라 표기하고 발음하는 일본 사람들이 즐겨 인용하는 표현이다.
그러나 영어의 '아이들(idol)'은 본래 신을 숭배하는 것처럼 우상적이거나 공경하는 대상의 사람을 일컫는 말로 쓰인다.
미국 사람들은 '아이들'이란 표현을 잘 쓰지 않고, 인기 있는 가수는 '팝 스타(pop star),' 인기 선수는 '수퍼 스타' 정도를 붙여 준다. 아이들이란 표현을 굳이 인용한다면 '아이들라이지드 스타(idolized star)'라 하면 말이 된다.

아이롱
* **아이언**

서양식 다리미를 흔히 '아이롱'이라 부르는 것은 일본의 명치 때부터 'アイロン(아이론)'으로 써온 영어의 '아이언(iron)'을 일본식으로 와전된 표현이다.
'전기 아이롱(전기 다리미)' 또한 '일렉트릭 아이언'으로 바꿔야 맞다. 정식 명칭은 '프레싱 아이언(pressing iron)'이고, 스팀이 첨가된

다리미는 '스팀 아이언,' '스팀 & 드라이 아이언' 이라 한다. 다리미 받침대는 '아이어닝 보드(ironing board)' 라 한다.

또 60~70년대에 유행하던 이발소나 미장원 등에서 머리칼의 변형을 위해 쓰는 불에 달군 쇠막대도 '아이롱' 이라 했는데 이것 역시 '아이언' 으로 표현되어야 함은 물론이다.

아이비 리그
(축구 경기리그)
* **아이비 리그
(동부 명문 8개 대학)**

'아이비 리그(Ivey League)' 를 미국 동부의 명문 대학인 하버드나 예일을 포함한 풋볼(미식축구) 리그, 또는 미국 동부의 8대학이 형성하는 축구 리그의 이름 등으로 잘못 아는 경우가 많다.

여기서 '아이비' 는 담쟁이 덩굴인데, 오래된 건물 벽에 무성하게 덩굴진 것을 뜻하고, '리그' 는 경기의 연맹이 아니라 '동질의 그룹' 을 뜻한다.

미국 북동부에 있는 유서 깊은 사립대학인 '예일(Yale),' '하버드(Harvard),' '프린스턴(Princeton),' '컬럼비아(Columbia),' '다트머스(Dartmouth),' '코어넬(Cornell),' '유니버시티 어브 펜실배니어(University of Pennsylvania)' 그리고 '브라운(Brown)' 대학이 여기에 속해 있다.

아이스 캔디
* **팝시클**

여름철에 더위를 식히는 빙과류 가운데 과즙이나 사탕물을 가느다란 막대에 얼린 것을 '아이스 케키(아이스 케이크의 관용 표현),' 또는 '아이스 캔디(ice candy)' 라 부르는 것이 일반화되어 있다.

'아이스 캔디' 는 일본식 영어이고, 일부 영한 사전에서까지 일본 화영(和英)사전의 표현을 그대로 옮겨 싣고 있다. 영어에는 그런 말이 없고, '아이스 온 어 스틱(ice on a stick),' 또는 '팝시클(popsicle)' 이라 한다.

'팝시클' 은 상표의 이름에서 유래하여 관용화된 이름이다. 미국 뉴저지주의 '팝시클 인더스트리스(Popsicle Industries)' 에서 만드는 과일맛 얼음사탕(fruit flavored ice)을 만들면서 회사의 이름을 줄여 '팝시클'이라 이름을 붙인 데서 연유했다.

과일맛 얼음사탕은 북부 캘리포니아에 살던 프랭크 에퍼슨이 1905년의 겨울밤에 소다수를 만들어 작은 막대로 저어 마시려다 깜박 잊고 두었던 것이 밤새 얼어 버렸다. 어린 시절의 이 기억에서 힌트를 얻어 1923년에 '엡시클(Epsicle)'이란 이름의 얼음사탕을 만들어 특허를 받은 것이 그 효시다. 팝시클 회사는 현재 '골드 아이스크림'사 산하에 속해 있다.

1963년 가을에는 로스 앤젤러스 출신 리듬 & 블루스 틴에이저 트리오 '머메이스(The Mermaids)'가 '브레드(Bread)' 그룹의 데이빗 게잇스가 써준 "Popsicles And Icicles"란 싱글이 3위까지 오르는 히트를 한 적이 있었다. 여기서 '아이시클'은 고드름을 말한다. 한편 영국에서는 이를 '아이스 롤리(ice lolly)'라 표현한다.

| 아이스 커피
| *** 아이스드 카피 (코피)**

유난히 습도가 많은 한국의 여름날에는 얼음이 들어 있는 냉수나 청량음료를 가까이 하기 마련이다.

이 가운데서 얼음을 넣은 냉커피를 즐기는 이들이 많다. 이런 냉커피를 흔히 '아이스 커피(ice coffee)'라고들 말한다. 이것은 잘못된 표현이다. 일본에서 쓰여지고 있는 이른바 '카타카나 영어'에서 '아이수 코히'로 쓰는 표현의 모방인 듯하다.

아마도 아이스 크림(ice-cream)처럼 생각한 모양이지만, 제대로 된 영어 표현은 '아이스드 카피(iced coffee)'라 해야 옳다. 반드시 -ed를 붙여야만 된다.

여기서 coffee는 우리처럼 '커피'가 아니라 '코피'가 아니면 '카피'라 발음한다.

| 아이스반
| *** 아이시 로드**

겨울에 눈이 내린 뒤 단단하게 다져지거나 녹으면서 얼어붙은 길은 미끄러워 자동차가 달리기에 매우 위험스럽다. 행인들이 다니는 보도도 매우 미끄럽다. 이런 노면을 '아이스반'이란 표현을 쓴다.

이 말은 독일어의 스케이트장, 아이스 링크 등을 일컫는 'eisbahn(아이스바안)'을 일본 사람들이 일반 결빙로를 일컫는 말로 오용한 것을 우리가 흉내낸 것이다.

독일어의 'eis(아이스)'는 영어의 'ice'에 해당하고 'bahn'은 진로, 패도, 패적을 뜻한다. 'Eisenbahn(아이젠바안)'이라 하면 철도 열차를 뜻한다. 독일어에서 결빙지대를 'eiszone(아이쏘네)'라 한다.

빙판길의 영어 표현은 '아이시 로드(icy road),' '아이시 싸이드워크'(icy sidewalk),' 또는 '프로즌 스노우 서페이스(frozen snow surface)'이다. 즉, 눈이 얼어붙은 노면이라는 뜻이다.

아이콘
＊ **아이칸**

I.T. 용어로 '아이콘(icon)'은 화면상에 파일, 쏩트웨어(소프트웨어), 또는 주변 기기 등을 심볼화해서 보이는 작은 그림 기호를 말한다.

영어에서 icon은 'ikon,' 'eikon'으로도 쓰면서 회화 조각의 초상, 상(像)을 뜻하고, 그리스정교에서는 크리스트, 성모, 성도, 순교자 등의 성화(聖畵), 또는 성인의 조각 등을 뜻하는 말로 쓴다. Icon은 그리스 말 'eikon'에서 왔는데 image라는 뜻이다.

우리들은 거의 '아이콘'으로 표현하고 발음하고 있다. 그러나 미국이나 영어권에서는 '아이칸'으로 발음하는 지가 오래되었다.

이모션(emotion)과 아이칸을 합성해서 쓰는 '이모티콘'도 '이모리칸' 처럼 't'를 약음으로 소리내는 점에도 유념해 두면 유익하다.

아이젠
＊ **크램판스**

겨울에 눈 덮인 산이나 빙벽을 오를 때 등산화에 거는 특수 쇠붙이를 '아이젠'이라고 한다. 이 말은 일본 사람들이 만든 일본식 간략어다. 즉, 전주 등에 오르기 위한 발 디딤쇠나 등산에서 빙벽을 딛기 위해 등산화에 거는 쇠를 독일어로 '쉬타이크아이젠(steigeisen)'이라 하는데 여기서 '쉬타이크'를 생략하고 '아이젠'만을 쓴 데서 비롯되었다. 그것도 독일식 발음은 '쉬타이크아이쎈'에 가깝게 소리내고, '아이젠'도 '아이쎈'에 더 가까운 소리를 낸다.

348

독일어에서 '아이썬(eisen)'은 철, 철분을 뜻하고 쇠로 만든 올가미나 쇠고랑, 말 등에 거는 말굽에 대어 붙이는 쇠조각인 제철(편자)을 뜻하는 말로 쓰인다.

영어에서는 '크램판스(crampons),' '클라이밍 아이언스(climbing irons)'라 한다.

아지트
* 애저테이션 포인트

비합법적인 노동활동이나 쟁의를 선동하는 비밀지령 본부를 '아지트'라고 한다. 또 정치활동 등의 비밀 거점을 '아지트'라 말하기도 한다.

'아지트'란 말은 러시아어의 옛 소련 공산당의 선전활동 본부인 'agitpunkt'를 일본 사람들이 머리말을 잘라 간략형으로 쓰기 시작한 데서 비롯된 표현이다.

노동조합이나 비합법활동 등의 비밀본부를 이르기도 하고, 반사회 운동을 하는 사람이 은밀한 집에 숨어서 범죄조직의 비밀 지령장소이거나 범죄인을 감춰 주고 있는 집 등을 가리키는 말로 쓰였다.

영어로는 '애저테이션 포인트(agitation point)'라 한다

아주사
* 어쑤서

미국 캘리포니아 주의 남동부, 로스 앤젤러스 시에서 동쪽으로 30km 떨어진 곳에 'Azusa'라는 도시가 있다. 미국의 코미디언 잭 베니가 "Azusa란 뜻은 USA에서 A부터 Z까지 모든 것이 있는 곳"이라는 농담을 했을 정도로 지명이 인상적이다.

이곳은 가브리엘리뇨 인디언의 말로 Asuksagna(아쑥싸그냐)라 했고, 쎄라노 인디언은 Ashukhavit(아쑥샤빗)이라 불렸던 곳으로, 1769년까지 인디언의 마을이었다.

그 뜻은 스컹크(skunk)가 있는 고장이고, 더러 'grandmother(할머니)'란 뜻으로도 번역이 되고 있다.

1874년에는 뉴잉글랜드(양키) 개발업자 헨리 돌턴이 이곳을 개발하면서 'Rancho Azusa'라 이름 붙였다. 돌턴은 벌꿀의 양봉 기술을 이

탤리로부터 미국에 처음으로 수입한 사람으로 유명하다.

1887년 이후, 이곳에 도시가 형성되기 시작하면서 'Azusa'로 불리기 시작했는데 개발자의 모국어인 이탤리식 발음으로 '아쑤사(이런 경우도 한국 외래어 표기식으로 '아추사'가 아님)'라 발음했는데 네이티브 스피커들은 관용 발음으로 '어쑤서'로 소리낸다.

그런데 한인들은 이 도시 이름을 로마자 읽기식으로 '아주사'로 발음한다. 얼핏 들어서 '亞洲社'처럼 들릴 오해의 소지가 있다.

'어쑤서'는 1899년에는 Azusa Pacific University가 세워졌고, 감귤 재배가 성하며, 맥주, 화학, 미사일 엔진 제작 등의 공업지구이기도 하다. 지금은 인구 4만4천7백 명의 조용한 주거 도시다.

아칸사스
* 아칸소

미국의 50개 주 가운데서 1836년에 25번째 주로 승격한 'Arkansas'는 면적으로는 27번째, 인구로는 33번째에 해당된다.

'기회가 주어지는 땅(Land of Opportunity)'이라는 별명을 가진 이 주는 바로 미국 제42대 대통령 빌 클린턴을 낳은 고장이기도 하다.

'Arkansas'를 흔히 로마자 읽기식으로 '아칸사스'로 표현하는 이들이 많다. 미국 발음으로는 '아칸소' 또는 '아칸사'처럼 들리게 발음된다.

이 주는 본래 인디언의 '수(Sioux)'족에 속하는 '쿠와포(Quapaw)'부족이 그들 스스로를 하류의 사람들이란 표현으로 '우가크파(Ugakhpah)'라 불러왔다.

1673년에는 프랑스 개척가가 이곳의 인디언 부족 마을을 'Arkansea'라 한 것이 프랑스 사람들 사이에서 'Arkansa'로 여겨졌고, 여기에 복수형을 붙여 'Arkansas'가 되었다는 설이 지배적이다.

주정부가 있는 도시는 '리틀 락(Little Rock)'인데, 이곳을 표현하는 미국 발음이 "리를 락, 아칸사"로 들리는 점에 유의할 필요가 있다.

인구 3만5천7백 명의 유명한 온천 마을 '핫 스프링스(Hot Springs),' 텍사스 주와 아칸소 주의 경계에 놓인 인구 2만6천5백 명의 '텍서캐

순 수 한 우 리 말 찾 기 품 앗 이

너(Texarkana, 텍서스, 아칸소, 루이지애너 주의 합성어),' 그리고 전설 속의 황금향 '엘 도라도(El Dorado, 2만1천5백 명)' 등이 유명하다.

아크릴
* **어크릴릭,
파이버 글래스**

아크릴이 생활에 많이 활용되고 있다. 수용성 무색의 유기산인 아크릴산과 메타크릴산, 그 유도체의 종합체로부터 이뤄지는 합성 수지의 총칭을 흔히 '아크릴' 이라고 말한다.

아크릴에는 수지 말고도 섬유나 글래스(유리) 등으로 널리 사용되고 있다. 특히 유리에 비해 탄력성이 풍부하고, 빛의 굴절률이 물에 가깝고, 유리보다 투명도가 높기 때문에 방범 유리시설, 수족관의 물탱크 등으로 쓰기도 한다.

그런데 영어를 쓰는 나라에서 '아크릴' 이라 하면 알아듣지를 못한다. 영어로는 '어크릴릭(acrylic),' '레즌(합성수지),' '파이버 글래스(섬유유리)' 라고 한다.

아파트
* **어파트먼트**

공동 주택의 건물이나 그 안의 한 가구분의 구획된 공간을 흔히 '아파트' 라 부르고 있다. 그러나 '아파트' 란 말은 '어파트먼트(apartment)' 의 앞부분을 잘라 간략형으로 쓴, 일본식의 표기를 그대로 본받아 쓴 표현이다. 영어로 '아파트(apart)' 라 하면 떨어지거나 갈라선다는 등의 거리나 이별을 뜻하는 부사가 된다.

'어파트먼트' 는 하나의 건물 내부를 몇 개의 세대별로 꾸민 공동주택의 한 가구, 또는 한 세대를 말한다. 한 건물 안에 여러 개의 어파트먼트가 있는 것은 '어파트먼트 하우스(apartment house),' 또는 '어파트먼스(apartments)' 라 명확하게 구분하여 사용한다. 이때 복수형인 'apartments' 는 '어파트먼츠' 라 하지 않고 '어파트먼스' 로 발음하는 점에 유의해야 한다.

대개 5층 규모 이하의 국민주택 형식의 어파트먼트는 엘리베이터 시설이 없으면 '워크-업 어파트먼스(walk-up apartments)' 라 부른다.

한편 미국이나 유럽에서는 '어파트먼트 하우스(빌딩)'를 임대로 사용하는 것은 '어파트먼트'라 하지만, 어느 특정인이나 법인에 분양한 경우는 이를 '콘도미니엄'이라 표현하는 차이점에 유의해야 한다.

미국에서인 경우 '어파트먼트'는 랜드로더(건물주)가 상수도와 하수도 값만을 부담하고 입주자는 전기, 가스, 전화요금 등의 공공요금(유틸리티)만을 지불하지만, 콘도미니엄을 소유하거나 임대하게 되면 월 3백 달러 내외의 관리비를 따로 지불하는 경우가 많다.

아프 레코

**※ 포스트 싱크,
포스트 리코딩**

음악전문 녹음실이나 영화 녹음실에 가보면, '아프 레코'라는 말을 예삿말처럼 구사한다. 음악이나 영화, 또는 텔러비젼에서 이전에 녹음이나 촬영을 해둔 테이프나 화면 등에 대하여, 나중에 음악이나 대사 등을 추가로 덧붙이는 작업을 일컫는 말이다.

이 말은 영어 단어 'after recording(앱터 리코딩)'의 일본식 발음 '아후타 레코딩구'의 일본식 준말인 '아후 레코'를 그대로 본받아 '아후'에서 'f' 사운드의 일본식 '후'를 '프'로 바꿔 표현한 말이다.

그러나 정작 영어의 표현에서 after recording이란 말은 별로 쓰이지 않는 말이고, 굳이 풀이한다면 '스튜디오에서 리코딩 세션을 막 끝낸 다음'이란 뜻이 되어 버려, '아프 레코'와는 막상 거리가 먼 엉뚱한 표현이 되어 버린다.

보충을 위한 재녹음은 '리믹스(remix)'라 하지만, 이런 경우를 굳이 표현하자면 '포스트 싱크로나이즈(post synchronize),' 또는 '포스트 리코딩(post recording)'이라 해야 한다.

한편 어떤 사람들은 이런 과정을 아예 일본어 표현인 '오도와세'라 쓰는 경우도 많은데, 이 말도 맞지 않은 표현이다. 일본말에 '오도와세'란 표현은 없고, 다만 '오또아와세(音合, 또는 오또아세)'가 있는데 이것도 사후 보충 녹음의 뜻이 아니고, 연주 전에 악기나 소리의 키를 맞추는 튜닝을 뜻하거나 방송이나 연극에서 본 프로그램 전에 악기나 음악을 테스트하면서 조정하는 일을 뜻한다.

아프레 걸	경박한 유행에 물든 아가씨를 '아프레 걸'이라 부르던 시절이 있었다. 그러나 이 말은 프랑스어의 '아프레 게르(après-guerre)'가 와전되어 그 뜻마저도 잘못 사용된 말이다.
※ 아프레 게르	

여기서 '아프레'는 "…의 뒤에, 후에"라는 뜻이고, '게르'는 전쟁이란 뜻이다. 즉, '전쟁 직후의'의 의미를 지니면서 전후파, 전쟁 이전에 있었던 풍습이나 사회도덕, 또는 문화와 반대되는 행동을 하는 세대를 일컫는 말로 쓰였다. 여기에는 남녀의 구별이 없이 붙여진 표현이었다.

프랑스에서는 제1차 세계대전 직후에 이 말의 유행이 있었다. 또 제2차 세계대전 이후에는 특히 일본에서 미국화 물결을 타고 패션이나 몸짓에서 경박한 미국화를 추종하는 젊은이들을 일컫는 유행어로 쓰였다.

이를 일본에서 '아후레 게루'로 표현했는데 여기서 '-게루'가 영어의 아가씨(girl) 쯤으로 잘못 알고 '아프레 걸'로 오용한 것은 어처구니없는 난센스였다.

아프터 서비스	구매자가 특정 물품을 구입 후 보증 수리기간이거나 고장수리에 대하여 일정 기간 보장을 받고 고장 수리나 점검 등의 서비스를 받는 일을 흔히 '아프터 서비스'라 말한다. 그러나 이것은 영어도 아니고, 우리가 만든 영어도 아닌, 일본에서 만들어 쓰이고 있는 말을 그대로 들여와 사용하는 일본식 영어 표현이다.
※ 카스터머 써비스, 필드 써비스	

아프터 서비스는 영어 단어 after와 service를 합성한 단어의 나열이지만, 영어에서 그런 말은 쓰이지 않는다. 올바른 표현은 포괄적으로 '필드 써비스(field service)'라 하지만 구체적으로는 다음과 같이 구분하여 사용한다.

즉, 판매후의 상품에 대한 품질 보장을 하는 일은 '애프터 쎄일 써비스(after sales service)'라 하고, 하자의 보수나 수리에 대한 보증은 '메인터넌스 써비스(maintenance service),' 또는 '리페어 써비스(repair service)'라 한다.

또 고객의 상담과 불만 또는 반품 교환 등에 대한 업무를 맡아보는 부서를 '카스터머 써비스(customer service)'라 한다.

미국에서는 상품을 구입한 뒤 마음에 들지 않거나 사용 직후 문제가 생기는 등, 하자가 발생하면 1달 또는 일정기간을 정하고 반품이나 교환을 해주고, 하자의 보수에 잘 응해주면서도 언제나 웃으면서 고객에게 '반품의 즐거움'을 갖도록 해준다.

악셀 페달
* 개스 페들, 액쎌러레이터

자동차의 운전장치 가운데서 발로 조작하는 가속장치를 흔히 '악셀 페달(accel pedal)'이라 부른다. 그러나 그런 영어는 없다. '액쎌러레이터(accelarator)'의 앞부분만을 잘라 쓴 일본식 표현에서 본받은 표현이기 때문이다.

따라서 가속 페들은 밟는 것을 '악셀 온,' 가속 페들에서 발을 떼는 상태를 '악셀 오프'라 하는 표현도 역시 일본식 영어 표현이다.

영어에서는 '액쎌러레이터' 또는 '개스 페들(gas pedal)'이라 한다. 여기서 'gas'는 휘발유라는 뜻의 '개솔린'을 뜻하지만, 한국에서처럼 프로페인 개스를 이용하는 차에도 그대로 적용이 되는 표현이다.

액쎌러레이터란 표현에는 굳이 페들을 붙이지 않아도 완전한 뜻이 되고 개스로 표현할 때는 '개스 페들'이라 한다.

액쎌러레이터는 't' 약음을 적용하여 '액쎌러레이러'처럼 들린다.

안전벨트
* 싯 벨트, 좌석 띠

자동차를 타는 사람이 차의 갑작스런 충격이 가해졌을 때, 좌석으로부터 퉁겨져 나가지 않도록 안전을 위해 설치한 띠(belt)를 우리는 흔히 '안전벨트'란 말을 쓰고 있다. 이 표현은 일본에서 '세이프티 벨트(safety belt)'라 쓰면서 이를 '안전벨트'라고 풀어쓰는 데서 흉내낸 표현이다.

그러나 영어에서 'safety belt'는 지상으로부터 높은 위치에서 위험성 있는 작업을 하는 사람이 추락방지를 위한 안전 대책으로 허리나 몸에 두르는 띠를 말하고 있다.

이를테면 고층 빌딩의 유리를 닦는 청소일꾼 등이 몸에 두르는 벨트가 바로 '세이프티 벨트' 즉 안전벨트인 것이다.

그런데 한자 숙어와 영어를 혼용한 표현에 대한 이해는 된다 하더라도, 이 벨트를 '안전벨트'라 해놓으면 몸에 두르는 띠인지, 무릎에 두르는 것인지, 또는 허리띠처럼 두르거나 신체의 일부에만 두르는 벨트인지가 분명치 않은 막연한 표현이 된다.

따라서 자동차의 승객실(cabin space)에서 승객이 앉아 있는 자리를 보호해 주는 용도에 쓰이는 '좌석보호용 벨트'라는 분명한 뜻이 표현되어야만 한다.

영어로는 '싯 벨트(seat belt)'이고, 싯 벨트를 착용한다는 표현은 '버클 업(buckle up)'이라 한다. 우리말로는 '좌석띠' 또는 순수한 우리말 표현으로 '자리 띠'가 훨씬 설명적이면서, 이미 안전을 위한 벨트라는 의미가 내포되는 것이다.

안전운전
※ 드라이브 쎄이플리

미국 캘리포니아 주 베벌리 힐스 시에는 AM 1500mhz로 긴종일 교통정보만을 방송하는 밴드가 있다. 교통의 흐름 상태는 물론, 시시각각으로 변하는 주차 공간에 대한 정보와 정기 주차 안내만을 주로 반복한다.

이 방송에서 가장 많이 반복되는 용어는 "Please, buckle up and drive safely. We wanna see you tomorrow."라는 표현이다. 그것도 70대 원로의 간곡한 목소리에 담고 있다. "싯 벨트를 메고, 부디 조심스레 운전하십시오. 우리는 내일 다시 만나야 하지 않겠습니까!"라는 우정어린 간곡한 표현이다. 사고를 내고 불행한 일을 당하지 않도록 당부하는 완곡한 어드바이스로 받아들여진다.

교통관련 방송프로그램 진행자나 관련 기사(記事)들 가운데서 "안전운전을 합시다." 등과 같은 남용되고 있는 표현은 어법에 맞지 않는다. 이는 표어로나 쓸 표현으로 한정되어야 한다.

이런 경우는 "안전하게 운행합시다." 또는 "조심스레 운전합시다."로 풀어 표현해야 한다. 여기서 운행(運行)은 '드라이브(drive)'를 뜻하면서 차를 움직여 달리는 모양을 말하고, 운전(運轉)은 운행을 하기 위한 운전자의 조작 행위를 말한다.

알라딘
* 얼래든

1992년 11월 25일부터 월트 디즈니사가 제작한 애니메이션 영화 "Aladdin"이 일반에 공개되어 전세계적으로 2억 달러의 흥행수익을 올리는 대히트를 기록했다. 3가지의 소원을 들어주는 마법의 램프를 손에 넣은 주인공 '알라딘'의 모험을 그린 이 영화의 주제가로 쓰인 "A Whole New World"는 아카데미 영화음악 작곡상과 주제가상을 받기도 했다.

우리가 통속적으로 불러오는 표현은 '알라딘'인데, 영어권 사람들은 이 말을 알아듣지 못하는 데 깜짝 놀랐다. "아니, 그 유명한 아라비안 나이트에 나오는 알라딘도 모르다니!" 답답할 노릇이었다. 그런데 이런 저런 설명을 한 다음에야 겨우 "아! 얼래든." 하고 응수하는 것이다. Aladdin의 영어 발음이 '얼래든'인데 그나마 이때 '얼' 소리는 거의 들리지 않고 '래'에 액샌트를 주면서 '든' 소리는 짧게 소리내면서 얼핏 듣기에 '-래애든' 처럼 발음한다.

영어 특히 미어의 모음 변화를 가히 실감하는 경우였다.

알레르기
* 앨러지

정상적인 사람이 특정한 물질에 접촉하거나 환경 조건이 변할 때, 과민한 반응을 보여 신체상의 변화를 가져오는 일을 '알레르기'라 한다. 습도가 오히려 적은 나라에 사는 사람일수록 피부나 호흡기 계통에 예민한 앨러지 현상을 보이는 경우가 많다.

한 예로 미국의 남부 캘리포니아는 비가 적고 일년 내내 따스한 날씨가 계속되기 때문에 앨러지 환자가 많이 발생한다.

그래서 앨러지 전문병원과 의사, 한의사 등으로 간판을 단 병원도 눈에 띄게 많다. '알레르기'는 독일어의 'allergie'에서 온 발음이다. 영어로도 로마자의 표기는 같지만 '앨러지'로 발음되고 형용사로는 '앨러직(allergic)'이 된다.

| 안 마가레트 | 스웨덴(스위든) 출신 미국 가수이자 배우인 'Ann-Margret'을 '안 마가레트'로 표현하는 것은 일본식 표기를 그대로 본받은 표현이다. '앤-마그릿'이 제대로 부르는 이름이다. 본명은 'Ann-Margret Olsson'인데 성(라스트 네임)을 떼어 'Ann-Margret' 만을 예명으로 사용하고 있다. '앤'과 '마그릿'은 하이픈으로 연결된 원 워드, 단일 단어로 취급하기 때문에 '앤 마그릿'이라고 떼어 쓰면 안된다.
우리에게는 1962년부터 "I Just Don't Understand"로 알려졌지만, 한국에서 가장 힛을 날린 곡은 "What Am I Supposed To Do"이고 차트권 밖의 앨범 수록곡 "Slowly"와 "My Last Date With You" 등의 노래를 즐겼다.
|
|---|---|
| * **앤-마그릿** | |

| 알루미늄 | 은백색의 경금속을 알루미늄이라 한다. 그러나 영어에서는 '앨류미니엄'이라 하고, 미어에서는 '얼루미넘'이라 달리 발음하는 데 유의할 필요가 있다.
얼루미넘을 주성분으로 하여 구리나 니켈, 아연 등을 섞어 만든 경합금은 '얼루미넘 앨로이(aluminum alloy)'라 한다.
고급 승용차의 타이어에 끼우는 휠(wheel)에 이 얼루미넘 앨로이를 많이 쓰고 있다.
|
|---|---|
| * **얼루미넘, 앨류미니엄** | |

| 알버트슨 | 최근 미국의 새로운 백화점 체인 가운데서 'Albertson'이란 상호가 등장했다. 그런데 TV나 레디오 광고에서는 '앨벗슨'이라 반복하고 있음에도 한인이나 한인 미디어들 사이에서는 이를 '알버트슨'이라 표기하거나 발음하고 있다. 로마자 읽기를 고집하고 있는 누를 범하고 있기 때문이다.
'Robertson'의 경우에도 '로버트슨'이 아니고 '롸벗선'으로 소리낸다.
|
|---|---|
| * **앨벗선** | |

알 & 비(R&B)	1998년 이후에 한국의 주택 형식에서 이른바 'R&B'가 유행하기 시작했다. R&B를 취급하는 부동산업자들은 선전에서 "R&B는 주거라는 뜻의 'residence'와 사무란 뜻의 'business'의 머리글자를 조합한 이름으로서 기존 오피스텔과 달리 주거 기능과 사무 기능을 대폭 강화한 신감성, 신이성의 공간을 말한다"고 설명하고 있다.
* **O & R**	

그런데 문제는 사무용 용도를 '비즈니스(business)'로 표현한 것에 있다. '비즈니스'는 사무나 집무 같은 의미도 있지만 주된 뜻은 상업, 매매, 영업, 직업 등의 뜻으로 더 강하게 쓰이고 있다. 미국에서는 '비즈니스'라 하면 소형 판매업에서부터 대기업에 이르기까지 다양한 형태의 영리를 목적으로 하는 활동을 뜻하고 있다.

R&B는 주거 겸 사무 용도라기보다는 주거 겸 상업용 건물이라는 성격을 의미하는 표현으로 더 강조된다. 굳이 주거 겸 사무용 복합 건물이라면 'O & R(Office & Residence building)'으로 하는 것이 더 정확한 표현이 될 것이다.

한국에서 쓰이고 있는 '오피스텔'이나 'R&B'가 모두 사리에 맞지 않는 억지 영어 표현들이다.

알 카포네	미국의 방송이나 영화에서 '앨 커폰'이란 이름이 나오면 우리는 얼핏 알아듣지를 못한다. 우리는 흔히 '알 카포네'라 표기하고 발음하기 때문이다.
* **앨 커폰**	

'앨 커폰(Al Capone: 1899-1947)'은 이탈리에서 출생한 것으로 알려져 있고 본명은 'Alphonse Capone'인데, 왼쪽 뺨에 커다란 칼자국 상처가 크게 나 있었기 때문에 '스카페이스(scarface=얼굴에 흉터가 있는)'란 별명으로 통하기도 했다.

미국에서 자라나 미국 시민이었고, 금주법이 시행되던 시대에 밀조와 밀수 등을 통한 강력한 조직 범죄의 우두머리로 신출귀몰하던 잔악한 무뢰한이었다. 그는 1947년에 체포되어 복역하던 중, 죄수들의 폭행에 의해 타살되었다.

알라메다 * **앨러미더**	'앨러미더(Alameda)' 는 미국 캘리포니아 주 서쪽에 있는 카운티 (county)의 이름이고, 여기에 속한 도시의 이름이기도 하다. 샌 프런시스코 만의 동쪽에 있는 인구 7만6천여 명의 항만도시이다. 미국 해군의 대규모 군사기지가 있고 해안 경비대(코스트 가드)의 기지가 있는 곳으로도 유명하다. 또 상업용 항공비행장이 있고, 1935년 11월 22일에는 중국 쾌속비행정이 첫 발진한 곳으로도 유명하다. Alameda는 스페인어로 포퓰러 나무길이나 숲을 뜻하는 '알라메다' 를 캘리포니아 주의회가 1853년에 지명으로 채용하면서 영어화했고, 그 발음 표현이 '앨러미더' 가 되었다. '앨러미더' 는 당초 작은 강의 이름에서 비롯되어 카운티와 도시 이름으로 쓰였는데, 캘리포니아의 각 도시에서 거리의 이름으로도 많이 인용하고 있다. 로스 앤젤러스인 경우 L.A. 다운타운에 있는 이 도시 발상지인 '올베라' 와 유서 깊은 유니언 스테이션에서부터 남쪽으로 뻗어, 리틀 토쿄를 지나 롱비치의 서쪽 위밍턴까지 길게 드리운 길의 이름 '앨러미더 스트릿(Alameda Street)' 이 있다. 캘리포니아주만 해도 'Alameda' 에 스트릿, 애버뉴, 웨이 등으로 달리 표기된 도로 이름만 해도 20개가 넘는다. Alameda를 '알라메다' 라 하지 않고, '앨러미더' 로 발음되는 모음 변화에 유의해야 한다.
알콜, 알코올 * **앨커홀, 앨코홀**	탄화수소의 수소원자를 수소와 산소가 각각 한 원자로 이뤄진 원자단으로 바꿔 놓은 화합물의 총칭을 '알콜' 이라 한다. 또 맥주나 포도주, 또는 양주처럼 마시고 취하기 쉬운 음료수를 '앨코홀' 이라고 하고, 별칭으로 '리커(liquor),' 또는 '스피릿(spirit)' 이라 한다. 반면 앨코홀 성분이 없는 음료수에 대하여 '드링크,' 또는 '소더(soda)' 등의 표현을 쓴다. 앨코홀의 어원은 아라비어어의 '알-코홀(al-koh'l)' 에서 유래했는데,

독일과 네덜란드에서 '알코홀(alcohol)'이라 했고, 프랑스어는 '알콜(alcool),' 이탤리어로 '알콜(alcool),' 스페인어로는 '알코올(alcohol),' 그리스어로는 '이노추네브마,' 러시아어로 '스피르트'라 했다.

우리는 '아루코르,' '알콜,' '알코올' 등으로 발음하기도 하는데 영어, 특히 미어에서는 '앨커홀' 또는 '앨코홀'이라 하고, 앨코홀 중독자를 '앨커홀릭(alcoholic)'이라 한다.

| 앙케트, 앙케이트 | 사람들의 의견을 알기 위해서 같은 내용의 질문을 많은 사람들에게 나눠주고, 응답을 회수하여 조사하는 일을 '앙케트'라 한다. |

* 크웨스쳐네어

이 말은 프랑스어의 'enquete'에서 온 말이고 영어로는 '크웨스쳐네어(questionnaire)'라 한다. 이때 한국식으로 '퀘스쳐네어'로 표기하거나 소리내지 않는다. 마치 'queen'을 '퀸'이라 하지 않고 '크윈'으로, 'quiz'를 '퀴즈'라 소리내지 않고 '쿠이스'로 발음하는 경우와 같다.

앙콜, 앵콜

* 앙코르, 앙코어

음악회나 모임에서 다시 청하는 일을 '앙콜' 또는 '앵콜'이라고 한다. 이 말은 프랑스어의 '앙코르(encore)'에서 왔는데, 연주회 등에서 관중이 감격하여 박수를 보내면서 연주나 노래를 다시 청할 때 쓰인다. 그러나 이런 경우에 프랑스에서는 "한번 더"라는 뜻으로 '비스(bis)'를 쓰기도 한다.

여기서 프랑스 말의 '앙코르'는 "아직, 다시" 등의 뜻을 갖고 있는데 만일 음악회에서 연주자가 소정의 연주 프로그램을 다 마쳤을 때 '앙코르'를 청했다면, 마지막 연주 곡목에 대하여 다시 반복하기를 희망하는 뜻이 된다. 그래서 '앙코르'를 받은 연주자 또는 가수는 '브라보(bravo)'와 '애플로스(applause)'에 의해 무대에서 퇴장했다가 다시 등단하여 마지막 연주, 또는 부른 노래의 한 구절을 반복하고는 퇴장하게 되는 것이다.

만일 이때에 또 다른 노래나 연주곡을 덤으로 청할 때는 '앙코르'가 아니고 '비스'라 말하게 되는 점이 우리가 받아들인 관념과 크게 다르다.

프랑스 말의 'bis'는 "2번, 다시 한번, 제 2의" 등의 뜻인데 관중이 환호하는 '비스!'는 "반복하든지 다른 곡을 불러 주든지 간에 하여튼 노래나 연주를 한번 더 들려주시오"라는 간청의 표현으로 쓰인다.

이탤리에서는 "브라보! 비스!(Bravo! Bis!)'를 함께 소리친다. 영어에서도 'encore'를 받아들여 '앙코어'로 발음하고 '브라보'도 함께 널리 쓰인다.

애드 립
* **애들립, 앳립**

'애드 립'을 "'임의로'라는 뜻을 갖는 라틴어 'ad libitum'의 준말"이라고 한 방송대사전은 설명하고 있다. 그러면서 "연극 용어로써 배우가 대본에 없는 즉흥적인 대사 표현이나 연기를 소화하는 것이고, 음악 용어로는 클래시컬의 템포나 재즈의 멜로디 및 표현을 연주자의 즉흥적인 감각에 맡긴다는 의미로 사용된다"고 덧붙이고 있다. 영어에서는 'ad lib'와 'ad lib.(*준말로)'이 구분되어 사용되고 있다.

'ad lib'은 연설이나 음악에서 무언가 즉흥적인 표현을 하는 것이고, "제약 없는 즐거움, 자유로이, 바라는 대로, 절제하다"는 뜻을 가진다는 명사로 설정하고 있다. 이를 형용사로는 "연설이나 연기, 악보의 일부분에 대한 즉흥 표현, 준비 없는 연설이나 연기, 선거에서 입후보에 대한 즉흥적인 험담" 등을 뜻한다고 했다. 이상의 표현 설명은 '애드 립'이라 표현을 포괄적으로 얼버무린 해석이 된다.

즉 영어에서 'ad lib.'는 'ad libitum(앳 리비텀)'의 약자인데 라틴어에서 온 이 말은 즐거움 또는 음악에서 제약 없는 등의 뜻이라고 했다. 그러니까 영문 표기 ad lib에서 '-lib'의 끝에 구독점이 없으면 영어의 표현으로 그 발음은 '앳립' 또는 '애들립'이 된다. 그러나 구독점이 있으면 라틴어 ad libitum의 약자로 쓰이는 점이 다르다.

애비뉴 * **애버뉴**	도시 도로의 형태 가운데 '블러바드(boulevard)' 보다는 작은 구조이지만 비교적 큰 도로에 'avenue'란 표현을 쓴다. 이 말은 본래 라틴어의 'a-venire', 즉 'ad-to come'에서 왔는데, 영국에서는 대저택의 현관으로 통하는 길 양쪽에 나무가 있는 길이란 뜻으로 쓰기 시작했다. 미국에서는 오히려 가로수가 없는 큰길에 쓰여지기 시작했고, 뉴욕의 맨해튼에서는 동서로 가로지른 '스트릿(street)'과 남북으로 교차하는 도로에 대하여 '애비뉴'를 붙여 사용하고 있다. 'Avenue'를 '아비뉴' 또는 '애비뉴'라 표현하는 것은 구식 영어 발음이고, 일본식 발음에서 본받은 표현이다. 요즘 영어나 미어에서는 '애버뉴' 또는 '애버누'라 한다.
액숀 스타 * **바이어런트 액션 스타**	영화에서 폭력을 구사하거나, 극중 연기가 극히 활동적인 장면을 위주로 한 작품을 흔히 '액숀 영화'라 한다. 또 TV의 드라마에서도 폭력이나 격투 장면이 보통 이상으로 많이 쓰여지는 작품에 대하여 '액숀 드라머'라는 표현을 쓰고, 그런 액션 영화나 드라마에 출연하는 배우를 '액숀 스타(action star)'라 말한다. 그러나 영어에서는 그런 표현이 없다. '액숀 영화,' '액션 드라마,' '액션 스타'를 일부 국어사전에까지 채록하고 있는 경우가 있지만, 이 따위의 표현들은 모두 일본식 영어 표현이다. 우리가 표현하는 '액숀'은 영어로 '액션'이라 하지만 활동, 행동, 기계의 운전, 행위, 작용, 동작을 뜻하고 연극의 연기, 군대의 교전이나 전투 등의 뜻도 있다. 그러나 액숀 영화나 액션 스타를 뜻하는 말은 아니다. 영어에서는 action movie, action star라는 용어는 없지만, 비슷한 표현으로 폭력물은 '바이어런트 드라머(violent drama)'라 한다. 이른바 액션 영화는 '액셔너(actioner)'라 한다. 또 전쟁 액션 영화는 '커맨도

우 액션 드라머(commando action drama)'라 하기도 한다. 그리고 이런 폭력물에 단골로 출연하는 배우는 '바이어런트 액션 스타'라는 말은 가끔 사용하지만 그다지 뚜렷한 구분 없이 그냥 스타(star)로 표현하는 것이 일반적이다.

한편 '액션 리포터(action reporter)'란 말이 있는데 이것은 생활 현장을 심층 취재하는 기민성 있는 기자를 두고 하는 표현이다.

앤드류 공군 기지
* **앤드루스 공군기지**

'Andrews Air Force Base'는 미국 매러런드('메릴랜드'라 발음하지 않음) 주에 있는 미국 공군의 미국내 주요 공군기지 가운데 하나로 우리에게도 널리 알려진 군용 비행장이다.

미국 대통령 전용기인 'Air Force One'이 있는 기지이기도 하다. 수도인 와싱턴 D.C.에 가까이 위치해 있고 기지 안에 골프 코스도 있어서 대통령과 연방의원 등이 자주 이용하는 것으로도 유명하다.

또 미국을 공식, 비공식으로 방문하는 외국의 원수나 고위급 관리가 이 공군기지를 이용해서 와싱턴을 방문하는 관문으로도 널리 쓰이고 있다.

그런데 이 기지의 이름을 우리는 습관적으로 '안드류' 또는 '앤드류', '앤드류스'로 표기하고 발음하고 있는데 이것은 구식 영어의 발음 체계에서 인습된 잘못이다.

영어로는 'Andrews Air Force Base'이고 그 발음은 '앤드루스 에어 포스 베이스,' '앤드루스 공군기지'가 될 것이다. 여기서 Andrew는 '앤드루'로 표기하지만 발음은 '앤즈루'에 가까운 소리를 낸다.

한편 길 이름에 자주 나오는 'St. Andrews Avenue'는 '샌 앤드류 애비뉴'가 아니고 '쎄인트 앤드루스 애버뉴'라 해야 옳고, 명배우 이름 가운데서 'Julie Andrews'는 '주리 앤드류스'가 아니고 '줄리 앤드루스'로 해야 옳다.

앵겔 부츠	발목까지 올라오는 신발을 흔히 '앵겔 부츠' 또는 '앙클 부츠'라 부르는 이들이 많다. 발의 관절을 뜻하는 영어의 'ankle(앵컬)'을 뜻하는 발목 구두라는 뜻이다. '앵컬'이 '앵겔'로 와전된 것이다.
* **앵컬 붓스**	

'앵겔'은 바로 일본식 용어 표현으로 모음 'ㅓ' 소리와 표기가 불가능하여 'ㅏ'로 처리하기 때문에 '앤게루'로 표현된 것을 그대로 본받아 쓰고 있는 아이러니이다.

'boots'를 '부츠'로 표기하는 것도 잘못이다. '-ts'를 무조건 '-츠' 사운드로 여기는 폐단에서 기인된 오류이다.

반드시 '붓스' 또는 '부쓰'에 가까운 소리를 내야 한다.

앵꼬	운행중이거나 운행을 하려 하는 자동차가 갑자기 고장이 나거나, 연료가 떨어져 시동이 되지 않는 일을 흔히 "차가 앵꼬났다."는 표현을 자주 듣는다. 이것은 일본말의 유아들이 쓰는 말 가운데 '투정을 부리며 두 다리를 뻗고 주저 않아 버티며 어른들을 낭패하게 하는 일'을 뜻하는 'えんこ(엔코)'에서 왔다. 그리고 속어로 '자동차 등이 고장으로 움직이지 않는 일'이란 뜻으로 통용하고 있다.
* **엔진 스톨드**	

이 말을 들여다 그대로 쓴 것이 바로 '앵꼬'이고 급기야는 휘발유가 떨어졌다는 표현으로까지 '앵꼬'라 오용되고 있는 것이다.

'엥꼬'를 영어의 'Ain't Go' 쯤으로 억지를 부리는 이들도 있으나 난센스다. 자동차가 고장이 나서 더 이상 가지 못할 경우의 영어 표현은 '브레익 다운(break down)'이고, 휘발유가 떨어진 것은 '아웃 어브 개스(out of gas)'라 한다.

그리고 엔진 고장을 일으켜 차가 섰을 때는 이를 '엔진 스톨드(engine stalled)'라 한다. 이런 경우도 단순한 '엔진 스톱'이라 오인해서도 안 된다.

앵카	방송에서 종합뉴스를 진행하는 뉴스 캐스터에 대하여 '앵커맨(anchorman),' 여성인 경우에는 '앵커우먼(anchorwoman)'이란 표
* **앵커맨, 앵커**	

현을 쓰는 것이 꽤 일반화되어 있다. 그러나 우리는 '앵커(anchor)'라 하면 뉴스만을 진행하는 것으로 착각하고 있는 인식을 바로잡을 필요가 있다.

먼저 '앵커'란 말이 '닻'이란 말인데, 그 어원은 그리스말의 갈고리처럼 굽다는 뜻의 '앙키라(ankȳra)'가 라틴말로 '앙코라(anc(h)ora)'로 변했고, 옛 영어에서 '앵콜(ancor)'로 받아들였다가 근대 영어에서 'anchor'로 바뀌면서 배의 정박용 갈구리(닻)란 명사와 '정박한다'란 타동사로 받아들여졌다.

이 말이 스포쓰에서 볼링이나 릴레이 등 육상 경기의 최종주자, 또는 야구의 강타자를 '앵커맨'이란 표현으로 쓰여졌다.

여기에서 힌트를 얻어 방송 용어로는 뉴스캐스터나 다른 프로그램에서 진행을 이끄는 사람(key narrator)을 말하지만, 우리가 이해하고 있는 뉴스 사회자의 의미와는 좀 다르다.

앵커맨 또는 앵커우먼은 대개 2사람 이상으로 구성되었을 때 그 가운데 한 사람은 앵커이고 다른 사람은 '코-앵커(co-anchors)'라 한다. 이를테면 텔러비젼의 9시 종합뉴스에서 앵커맨이 나오고 여자가 보조로 나오는 캐스터는 앵커우먼이라 하지 않고 '코-앵커'라 한다. 만일 여성 캐스터가 총 진행을 하면 이때에는 앵커우먼이라 부른다. 그러나 최근에는 남녀의 구별을 하지 않고 앵커우먼도 그냥 앵커로 부르는 일이 많다.

이 외에도 로컬 방송의 '로컬 앵커,' '네트웍 앵커(넷웍 앵커라 발음)'란 표현도 쓴다.

한편 앵커맨과 코-앵커가 진행하면서 스포쓰 스토리를 소개하는 캐스터는 '스포쓰 앵커'라 하고, 일기예보와 해설을 하는 캐스터는 '웨더 앵커,' 주말 뉴스 프로그램의 캐스터는 '위켄드 앵커'라 한다. 또 방송 본부의 스튜디오 밖, 현장에서 뉴스를 진행하면 '필드 앵커(field anchor)'라 표현한다.

또 저너리즘(신문, 잡지)에서 편집이나 광고를 결정하는 데스크를

'앵커'라 하는 점을 참고해 둘 필요가 있다.

'앵커'를 '앵카'라 표현하고 발음하는 것은 일본식을 그대로 본받은 것이다. 최근에는 남녀를 구분하지 않고 단순히 '앵커'라고 표현하는 것이 일반적이다.

야구
베이스볼

"…박찬호는 2회초 2사후 맞이한 첫 타석에서 커브스 선발 스티브 트엑셀의 초구를 중전안타로 만들어 여전한 호타를 과시, 지난 13일 필라델피아 필리스전 마지막 타석에서 기록한 우전안타를 포함, 2타석 연속안타인 셈. 그러나 후속 에릭 영이 우익수 플라이로 물러나 득점으로 연결치는 못한 것…"

이상은 1998년 5월의 어느 날, 미국 메이저 리그에서 내셔널 리그의 서부조에 속한 로스 앤젤러스 다저스 팀에 속해 있던 한국 출신 박찬호 선수가 시카고 컵스를 대적한 게임의 한 순간을 적은 한국 어느 미디어의 기사이다.

위의 글(기사)에서 '2사,' '타석,' '선발,' '초구,' '중전안타,' '호타,' '우전안타,' '2타석,' '연속안타,' '우익수' 등이 유감스럽게도 우리말이 아닌 일본에서 만들어 쓰고 있는 야구 용어의 한자음을 그대로 토를 달아 쓰고 있는 한국 야구 용어의 현실이다.

여기서 우리가 쓰고 있는 야구 용어의 80% 이상이 바로 일본 야구 용어를 그대로 옮겨 쓰고 있다는 현실에서 볼 때, 이것은 세계적인 야구를 하는 것이 아니라, 일본식 야구를 구사하는 것이 아닌가 하는 착각을 불러일으킬 때가 한두 번이 아니다. 위의 기사 가운데서 원어 용어는 '플라이'란 표현 한 가지뿐이었다.

한국의 야구가 본고장인 미국 야구보다는 일본의 야구를 많이 배우거나 자극을 받았다고는 하지만, 기대를 훨씬 벗어난 현실에서까지 이를 시정조차 할 기미가 보이지 않는 것은 다분히 문제를 안고 있다는 생각이 든다.

일본 야구 용어를 흉내낸 실례 몇 가지를 들어본다.

공식 용어	일본 용어	한국 용어
데지그네이티드 히터 (designated hitter)	지명 타자(指名打者)	지명타자
그랜드 슬램(grand slam)	만루, 본루타(滿壘, 本壘打)	만루
힛(hit) 스크래치 힛(scratch hit) 또는 인필드 힛(infield hit)	안타(安打) 내야 안타(內野安打)	안타 내야 안타
베이스 온 볼(a base on ball)	후아보루	포 볼
워크, 패스(walk, pass)	4구(四球)	4구, 볼 넷(4)
스트럭 아웃(struck out)	삼진(三振)	삼진
더블 플레이(double play)	병살(倂殺)	병살, 더블 플레이
파이어볼(fireball)	화옥(火玉)	강속구
시그널(signal)	사인	싸인
힛 앤드 런(hit and run)	앤도 란	앤드 런, 히트런
홈 플레이트(home plate)	호모 바스	홈 베이스
홈 런(home run)	호모란, 본루타(本壘打)	홈런
투 런 힛(two run hit)	2루타	2루타
트리 런 힛(three run hit)	3루타	3루타
스톨른 베이시스(stolen bases)	도루(盜壘)	도루
언드 런(earned run)	자책점(自責点)	자책점
런(run)	실점(失点)	실점
에러(error)	실책(失策)	실책
힛(hit), 세이프 힛(safe-)	안타(安打)	안타
퍼스트 베이스맨(1st baseman)	1루수(壘手)	1루수
레프트 필더(left fielder)	좌익수(左翼手)	좌익수, 레프트 필다
숏스탑(shortstop)	유격수(遊擊手)	유격수
피쳐(pitcher)	투수(投手)	투수
캣쳐(catcher)	포수(捕手)	포수
엄파이어(umpire)	심판(審判)	심판
매니저(manager)	감독(監督)	감독
칩 엄파이어(chief-)	주심(主審)	주심
베이스 엄파이어(base-)	루심(壘審)	루심
테이크 더 마운드(take the mound)	등판(登板)하다	등판
리브 더 마운드(leave the mound)	강판(降板)하다	강판
스타팅 피쳐(starting pitcher)	선발투수(先發投手)	선발투수
릴리프 피쳐(relief pitcher)	구원투수(救援 -)	구원투수
브레이킹 볼(breaking ball)	변화구(變化球)	변화구

야래향

*** 예 라이 샹**

"예 라이 샹" 이란 중국 노래가 있다. 한국전쟁이 일어났던 1950년부터 유행하기 시작한 중국 노래다. 그러나 중국이나 대만을 통해 중국어 가사로 된 노래가 유행한 것이 아니고, 일본에서 중국계 가수 리샹란(李香蘭: 일본 이름 山口淑子)이 1950년 1월에 일본 Victor 레코드에서 리코딩한 노래다. 작곡은 黎 錦元.

이 노래의 제목 "예 라이 샹" 은 한자로 '夜來香' 이라 쓰는데 일본에서 불리고 히트할 때는 중국 발음 그대로 'Ye Lai Shiang' 이라 적으면서도 그들은 'イエ ライ シャン' 으로 표기하고 '이에 라이 샨' 으로 발음했다. '예' 나 '샹' 의 소리가 부자연스럽기 때문에 비슷하게 적었을 것이다.

우리 음역으로 하면 '야래향' 이지만 그렇게 부르지 않는다. 시중에 중국 음식점이나 술집의 간판에 '야래향' 이라 붙인 곳이 있지만 반드시 '예 라이 샹' 으로 고쳐 달아야만 제격이 된다.

'예 라이 샹' 은 직역하면 '밤에 나는 향기' 정도로 알지만 꽃 이름이다. 즉, 식물 '튜브로우스(tuberose)' 를 뜻한다. 본디 멕시코가 원산지로 알려진 월하향(月下香), 또는 만향옥(晚向玉)이라고도 부른다. 용설란과에 속하는 다년생인데 키가 50~100cm 쯤 되고 줄기는 곧고 질기며 녹색의 광택이 넓은 선형을 이루며 6~9개가 달려 있다.

꽃은 한 송이나 두 송이가 달려 흰빛이 보통인데 바깥쪽은 약간 불그스레하고 향기가 대단하다. 그래서 관상용으로도 잘 쓰이지만 향수의 원료로도 잘 이용되는 풀이기도 하다.

더러 '금달맞이꽃' 또는 '큰달맞이꽃' 이라 하기도 하지만 달맞이꽃은 2년초이고, 높이가 예 라이 샹보다 작고 석양에 피었다가 다음날 아침 햇빛이 비친 다음에는 오므라지는 특성이 있고, 그 향기가 '예 라이 샹' 만 못하다.

한편 중국에서 '예 라이 샹' 을 '예란쉥,' '夜香花(예샹후아),' '夜香樹(예샹슈)' 라고도 부른다.

야외 캠프	'캠프(camp)'라는 말이 산이나 들, 또는 해변에 임시로 텐트 등을 설치하여 일시적인 야외생활을 하는 것을 말한다. '캠프'라 하면 이렇게 야외에서 하는 일인데 여기에 '야외 캠프'라는 표현을 붙이는 일이 많다. 물론 중복된 표현이 된다.
* 캠프	

'캠프'는 군대의 야영지나 주둔지의 막사가 있는 병영을 일컫기도 한다. 또 정당의 진영이나 동지를 뜻하기도 하고, 산장을 뜻하기도 한다. '야외 캠프'는 '캠프'로 족하다.

야-호!	등산한 사람끼리 서로 떨어져 있을 때, 신호로 사용하는 화답의 소리로 '야-호!'를 연호한다. 또 환희를 부르짖을 때도 '야-호!'를 외쳐댄다.
* 유우 후우	

그런데 이 '야-호!'는 일본 사람들이 만든 의성어라는 것은 좀 생각해 볼 필요가 있다. 영어로는 'Yoo-hoo!(유-후)' 또는 'Yo-ho!(요우 호우)'라 한다. 본래 독일에서 쓰는 'Johoo(이요호에 가까운 발음)'를 일본 사람들이 들여다 쓰는 과정에서 변질되어 '야 호'로 와전된 표현이 된 것인데, 이것을 한국에서 그대로 본떠 '야 호'로 쓰고 있는 것이다.

프로미스(약속)	흔히 약속과 예약을 뜻하는 영어 표현을 할 때, '어포인먼트(appointment)'라 해야 하는지, 또는 '레저베이션(reservation)'이라 하는지, 아니면 '프라미스(promise)'가 옳은지 혼란스러울 때가 많다. 그러나 아주 쉽게 구분이 가능하다.
* 어포인먼트	

즉, 어떤 사람과 특정한 시각에 전화를 걸거나, 어떤 장소에서 만날 약속은 '어포인먼트'라 하고, 어떤 장소에 장시간 차지하고 앉거나 머무는 일을 위한 예약은 '레저베이션'이라 생각하면 간단하다.

이를테면 연인과 토요일 밤에 만나 맛있는 요리를 먹고 극장에 가기 위해서 특정한 장소에서 몇 시에 만나기로 약속한다면 이는 어포인먼트가 된다. 사업상이거나 특수한 일로 어떤 사람과 일정한 시간에 전화로 통화하기를 약속한다면 이것도 어포인먼트다.
그러나 식당이나 극장의 좌석, 여객선이나 항공기의 좌석, 호텔의 객실 등의 예약은 '레저베이션'이 되는 것이다. 한편 '프라미스'는 어떤 사람과 어떤 사물이나 행동에 대한 이행을 다짐하는 가장 넓은 뜻으로 쓰이는 약속이다.

양쯔강
* **양찌강(키앙)**

중국의 중앙을 동서로 드리운 큰 강을 흔히 우리는 '양자강(揚子江)'이라 불러 왔다. 그러나 중국에서 이 강을 부르는 정식 명칭은 '장강(長江)'이라 하고, 중국 발음으로는 '창지앙'이라 일컫는다. 그러니까 우리는 '장강'의 별칭인 '양자강'을 오히려 공식 명칭처럼 잘못 알고 있는 셈이다.

'양자강'이란 이름은 강 입구에 가까운 화동(華東) 지구의 북부, 강소성(江蘇省)에 속한 도시인 '양주(揚州, 양초우)' 부근을 흐르는 이 강을 가리키는 지엽적 이름이다. 이를 한 유럽 사람이 이 강 전체의 이름으로 잘못 알고 썼고, 일본에서까지 그렇게 여겨 사용한 것을 우리가 그대로 따라서 써 왔다.

'창지앙(長江)'을 옛 중국에서는 그냥 '강'이라 했고, 통칭으로는 '창(長)'이라고만 표현하기도 한다. 그런데 최근 한국의 미디어에서는 양자강을 현지 발음 표기로 적는 과정에서 '양쯔강'이라 쓰고 있는데 '양찌키앙(강)' 또는 '양찌 강'이라 해야 옳다.

'창지앙'은 '아마존,' '나일' 그리고 '미시시피' 다음가는 세계에서 4번째로 긴 강이고, 중국 최대의 강이다. 그 길이는 6,300km에 유역 면적만 해도 1,808,500평방km나 된다.

양키
* **얭키**

'양키'를 흔히 미국 사람을 가리키는 대명사처럼 사용하는 경우가 많다. 반미 구호를 외칠 때도 "양키 고 홈"이라 한다.
양키는 얭키의 일본식 발음에서 들여온 발음이다. 얭키는 엄밀히 말하면 미국의 뉴잉글랜드 지역에 사는 사람을 가리키는 말이다.

뉴잉글랜드는 미국 동북부의 메인, 뉴햄프셔, 버몬트, 매서추싯스, 코네티컷, 그리고 로드 아일랜드 등 6개 주를 일컫는다.

그 뒤 우리가 남북전쟁이라 부르는 미국 시민전쟁 때, 남군이 북군을 가리켜 '앵키(Yankee)'라 했고, 북군은 남군을 지칭할 때 '레벨(Rebel)'이라고 불렀다.

앵키의 어원은 여러 가지 학설이 있는 가운데 스코틀랜드 말로 '현명한 여성'이란 뜻에서 비롯되었다고도 하고, 네덜란드 이민이 많이 사는 이 지역 특성상 홀랜드어로 'Jan kees'(얀키스)'에서 그 어원을 찾는가 하면, 원주민인 인디언들이 잉글리시라는 영국인을 지칭하는 발음에서 변형된 것이라고도 전해지고 있다.

즉 '앵키'는 포괄적으로는 미국 사람을 지칭하는 경우가 있지만 엄밀히 말하면 미국의 동북부에 사는 사람들을 뜻하는 것이 정확한 인식이다. 그러니까 "앵키 고 홈"하면 미국 안에서도 "너, 미국의 동북부 뉴잉글랜드로 가 버려"란 뜻으로 해석이 될 수도 있다.

어느 소녀에게 바친 사랑

＊올 포 더 러브 어브 어 걸

우리가 즐기는 미국의 유행 음악 가운데서는 컨트리 풍과 밸러드(ballads)를 즐기는 경향이 뚜렷하다.

자니 호튼(Johnny Horton)의 자작곡 "All For The Love Of A Girl"은 히트곡은 아니지만 이런 아류의 노래를 즐기는 우리 사이에서 꽤 유행한 노래 가운데 한 곡이다. 그런데 이 곡의 제목을 소개하는 와중에서 더러 "어느 소녀에게 바친 사랑"이라는 젊은이의 풋사과 같은 로맨스를 연상케 하는 제명을 갖다 붙였다.

그러나 이 노래는 '한 소녀에게 준 풋사랑 같은 것'이 아니고, '그 남자는 그 여인에게 모든 것을 다 해 주었다(He did everything for her)'라는 뜻이다.

자니 호튼은 자니 캐쉬, 클로드 킹과 더불어 자주 낚시를 즐겼다. 작은 보트를 타고 늪(스왐프) 지대에서 호젓하게 오리사냥을 매우 좋아했다. 1958년 가을, 자니는 낚시 도중에 2마리의 앨리게이터(악어)가

교미하는 모습을 보다가 문득 첫사랑을 나눴던 다너 쿡(Donna Cook)을 그리워하며 메모를 했다.

"오늘 나는 지쳐 있소, 오늘 따라 울적한 걸요/ 슬프고도 가슴 아픈 건 온통 당신 때문입니다/ 우리 결혼 생활이 그토록 달콤했고, 노래만이 인생의 전부였는데/ 그대 내 곁을 떠나가 버린 지금/ 난 의지할 곳이 없구려/ 내게 그렇듯 소중했던 귀여운 여인이기에/ 내 사랑을 다 맡겼건만/ 맹세코 내 인생과 삶의 기쁨을 주었던/ 가장 소중했던 여인이여…."

이 메모가 바로 "All For The Love Of A Girl"로 쓰여졌다. 자니는 이스트 L.A.에서 태어나 로스 앤젤러스에서 자라면서 학교를 마치고 L.A.의 한 녹음실 우편담당 사원으로 일할 때, 어비서 다너와 눈이 맞아 1951년 말에 롱 비취에서 결혼식을 올리고 팜 스프링스로 신혼여행을 떠났다. 그런데 자니는 가수로서의 야망을 키우기 위해서 아버지의 고향인 루이지애너 쉴레브포트로 옮긴 뒤, 일을 위해 몰두하면서 아내를 돌보지 않았다. 그러자 다너는 남편을 버리고 혼자 L.A.로 돌아가 그의 전 애인과 결혼해 버렸다. 이 일이 자니 호턴에게는 두고두고 한스럽고 다나에 대한 미안한 고통을 안고 살았다.

이 노래는 바로 미안한 그의 첫 번째 부인 다너에게 인생의 모든 것을 다 줬던 아름답던 추억을 담은 것이다.

언론
＊ 미디어

'언론'에 폭로하겠다는 공개적 위협의 언어 폭력이 남용되고 있다. '언론'이란 말을 마치 보도기관을 지칭하는 표현으로 쓰고 있는 것은 잘못이다. 한글 사전에서 '언론'이란 "말이나 글로 자기 사상을 발표하여 논의함"이라 했고, 말이나 글로써 의사를 발표하는 일, 또는 그 말이나 글이라고 정의하고 있다.

레디오나 텔러비전, 신문, 잡지 등 공공을 위한 보도기관은 단순히 '언론'이라고 줄여 쓸 수 없고, 반드시 '언론 기관'이나 '보도 기관'이라고 해야 옳다.

또 최근 미국에서는 이를 '미디어'로 통칭하고 있다. 매스 미디어(mass media)와 함께 널리 쓰이는 말이다.

언밸런스
* **임밸런스**

어떤 일이나 물체가 균형이 잡히지 않은 모양을 흔히 '안바란스' 또는 '언밸랜스'라는 표현을 쓴다. 일부 국어 사전에서까지 그렇게 주석을 붙여 놓은 것이 있다.

영어로 '언밸랜스'는 unbalance로 쓰고 정신적으로 불안정하거나 약간 돈 사람을 가리킬 때 'unbalanced(언밸런스트)'란 표현은 쓴다.

그러나 여기서 의미하는 균형 잡히지 아니한 모양이나 그런 상태를 가진 사람을 말할 때는 영어로 '임밸러스(imbalance)'라 한다.

에어 포트(보온병)
* **써머스 바틀**

일반적으로 휴대하기에 알맞은 크기의 특수한 병에 뜨겁거나 찬 액체나 음식을 넣고 보온이 유지되도록 고안된 용기를 흔히 '에어 포트(air pot)'라 한다. 그런데 영어에 air pot(에어 팟)이란 말은 없다.

이것은 위쪽의 마개를 눌러 공기의 압력으로 보온을 유지하도록 만든 보온병을 만드는 일본 회사에서 그 상표의 이름으로 영어의 air와 pot를 합성해서 'エアポット(에아 뽀토)'라 이름 붙여 쓰이는 말을 한국에서 그것이 마치 영어로 불리는 명칭으로 오인을 하고 본받아 쓴 말이다.

영어로는 '써머스 바틀(thermos bottle)' 또는 '배큐엄 바틀(vacuum bottle),' 또는 '적(jug)'이라 부른다. 여기서 'bottle'은 약음으로 '바틀'이라 소리내는 점에 유의해 주자. 이를테면 '써머스 바틀,' '배큐엄 바틀' 식으로 소리낸다.

에그 후라이,
에그 프라이
* **프라이드 엑**

다방이나 경양식 집에서 손님이 간단하게 주문하는 요리 가운데 계란을 반쯤 익히거나 완전히 익힌 메뉴를 '에그 후라이' 또는 '에그 프라이'라 한다.

네이티브 스피커에게 몇 번을 되풀이 해 보아도 무슨 말인지 알아듣지 못한다. '프라이드 엑스(fried eggs)' 라 표현하기 때문이다.

에끼스 (엑기스)
* 엑스트랙트

보약이라면 지렁이도 눈독들이는 이들이 많을 만큼 한국인들 가운데는 건강에 좋다면 무엇이던 서슴지 않는 이들이 많다.

보약 가운데 '무슨 무슨 애끼스' 라는 말이 상표나 광고에 범람하고 있다.

물질로부터 유효한 성분을 추출한 농축액을 영어로 '엑스트랙트(extract)' 라고 한다. 이 말을 일본에서는 '에끼스또라꾸뚜' 라고 발음하는데, 아예 앞 음절 '엑스' 만을 자르고는, '엑스' 란 발음이 안되니까 그들 나름대로 '에끼스' 라 표기하고 발음한 것이다.

그런데 우리나라에서 그것도 학술용어나 제약회사의 상품 설명, 심지어 미디어에서까지 '에끼스' 라는 일본식 표현을 서슴없이 사용하는 경우를 자주 본다.

'엑스트렉트' 는 이를 뽑거나 글(문장) 등의 발췌를 의미하기도 하지만, 증류나 정제한다는 알짜배기의 뜻을 강하게 품고 있다. 또 사물의 가장 본질적인 것이나 그 부분을 일컫는 '엣센스(essence)' 의 의미와도 같다.

흔히 '진생 에끼스' 라는 표현을 자주 보는데 이것은 한국 인삼 엑스트랙트, 즉 한국산 인삼의 정수라는 뜻이다. 여기서 '진생' 은 '인삼' 을 일본에서 한자 음독한 것을 국제적인 학술용어처럼 쓰여지고 있는 표현이다. 인삼이 한국산임에도 불구하고 일본식 한자 음독인 '진생(人蔘)' 으로 통용되는 것은 안타까운 일이다. 하여튼 '진생 에끼스' 는 완전한 일본식 용어임을 알아두자.

에나멜 구두
* 패튼트 레서 슈즈

구두 표면의 광택이 뛰어나게 표면 처리된 가죽으로 만든 구두를 흔히 '에나멜 구두' 라 말한다. 이것은 일본식 영어에서 나온 잘못된 표현이다. '에나멜(enamel)' 은 광택을 낸다는 뜻에서 에나멜을 입힌 그릇, 즉 법랑을 말한다. 또 '에나멜' 이라는 발음도 '이내멀' 이 옳다.

순 수 한 　우 리 말 　찾 기 　품 앗 이

이런 종류의 구두를 영어로는 '패튼트 레서 슈스(patent leather shoes)'라 한다.

에레베타 걸
* **앨리베이터 아퍼레이터**

고급 백화점이나 특수 빌딩 등에서 운행하는 엘리베이터에 안내를 겸한 운행 여성이 배치된 경우를 가끔 본다. 이를 가리켜 '에레베타 걸'이라 하는 것은 일본 사람들이 지어 붙인 표현을 그대로 본받은 잘못된 말이다.

영어로는 '엘리베이터 오퍼레이터(elevator operator),' 미국식 구어로는 '엘리베이러 아퍼레이러'처럼 들린다. 또 '리프트 오퍼레이터(lift operator),' '리프트 걸'이라 하기도 한다.

에로
* **이라틱**

성적 욕구를 자극하거나 충족하는 일을 흔히 '에로'라고 한다. 영어의 '이라틱(erotic),' 또는 '이라터시즘(eroticism)'의 첫 음절을 잘라서 표현한 일본식 영어다.

'에로 영화'니 '에로 문학,' '에로 장면' 등이 모두 일본식 표현이어서 그대로 쓰는 것은 바람직하지 못하다.

에리아 카잔
* **일리어 커잰**

명화 "에덴의 동쪽"을 비롯해서 "욕망이란 이름의 전차," "초원의 빛" 등을 남긴 감독 'Elia Kazan(1909~?)'은 세계적인 미국 영화 감독이다. 그의 이름을 '에리아 카잔'이라 표기하고 부르는 것은 일본식 표기를 그대로 본받은 표현으로 잘못이다.

미국에서 그의 이름을 '일리어 커잰'으로 부르는데 '-잰'은 '-섄'에 가깝게 발음하는 마찰음이다. 커잰은 터키의 콘스탄티노플(이스탄불의 옛 이름)에서 태어나 미국에서 자라면서 예일 드라마 스쿨을 나왔고, 1942년 "The Skin of Our Teeth"로 데뷔했다.

에이 포 용지(A4)
* **레터 싸이즈**

워드 프로세서가 발달하면서 종전에 손으로 쓰던 종이나 타이프 용지 등의 크기도 상당히 변했다. 최근에는 카피어(복사기)나 컴퓨터 프린터에 쓰이는 용지로 가장 일반화 된 규격이 'A4(에이 포)' 용지이다.

이전에는 편지지 등으로 종이의 규격을 표준으로 삼는 일이 많았으나 요즘은 거의 'A4' 용지라는 표현이 더 일반화되어 있다. 여기서 'A'는 면적이나 각도 등을 나타내는 기호이다.

이 규격들은 일본의 공업규격(JIS)으로 인쇄용지의 규격으로 정한 치수의 하나로 A판(判)이라는 것이 있다. 즉 A4판은 297mm × 210mm로 자르고, A5판은 210mm × 148mm, A 6판은 148mm × 105mm로 정한 것이다.

그러니까 A4, A5니 하는 종이 규격은 일본에서 독자적으로 만든 인쇄용지의 규격인데, 한국에서 이 일본의 종이 규격을 그대로 쓰고 있는 것이다.

그래서 종이 규격의 척도로 'A4' 등은 미국이나 유럽에서는 좀처럼 쓰고 있지 않기 때문에 일본이나 한국 등지에서만 통용이 되는 종이 규격이라는 인식이 필요하다.

이를테면 미국에서는 초대형 종합 문방구 체인인 '스테이플스(Staples)'나 '오피스 디포(Office Depot)' 등에서 'A4' 용지를 아무리 찾아 봐도 없다. '레터 싸이즈(Letter Size)' 밖에 없기 때문이다.

미국에서는 카피어나 컴퓨터 프린터에 쓰이는 용지의 일반적인 규격은 '레터'와 '리걸(Legal)' 싸이즈를 주로 쓰고 있다. 한국과 일본에서 쓰고 있는 'A4' 용지와 가장 비슷한 규격이 '레터' 싸이즈에 해당한다.

레터 싸이즈는 8과1/2인치×11인치, 즉 216mm×279mm이고, 리걸 싸이즈는 8 과1/2인치×15인치의 규격이다.

레터 싸이즈는 일반적인 용도로 가장 많이 쓰이고, 리걸 싸이즈는 관청에서 공식 문건이나 법률적 관련 서류에 주로 쓰이고, 일반적인 계약서 등에 많이 쓰인다. 한편 규격을 말하는 영어 단어인 'size'를 우리는 '사이즈'로 표기하지만 실제 발음은 '싸이즈'에 더 가깝게 소리 내야 통하는 점에도 유의해 줄 필요가 있다.

순 수 한 　 우 리 말 　 찾 기 　 몸 앗 이

에이프릴 풀 ＊ **에이프릴 풀스 데이**	해마다 4월 1일을 '에이프릴 풀(April Fool)'이라 하고, 우리말로는 '만우절(万愚節)'이라 부른다. 그러나 영어에서 우리가 말하는 '만우절'은 '에이프릴 풀스 데이(April Fools' Day)'이라 표현하고, 이 날은 범죄가 성립되지 않는 범위에 한해서 농담하는 사람을 너그러이 봐주고, 이 농담이나 트릭에 걸려든 사람을 '에이프릴 풀'이라 구분한다. 'April Fools' Day'는 1564년에 4월 1일이 New Year이던 일력이 1월 1일로 일력(日曆)법이 개정되었을 때 큰 혼란이 일어나면서 생겨난 습관이라고 전해지고 있는데, 보통 춘분제의 마지막 날에 선물을 주고받는 습관에서 비롯되었다고 전한다. 또 일설에는 인도에서 생겨났다고도 한다. 'April Fools' Day'는 'All Fools' Day'라 표현하기도 한다.
에코 ＊ **어쿠스틱스**	연주홀이나 극장 등의 내부에 음향 시설이 잘되어 공명이 좋은 상태를 '에코가 좋다'고 표현하는 것은 '어쿠시틱스(acoustics)'라 해야 옳다. '에코(echo)'는 메아리, 울려퍼짐, 흉내 등의 뜻인데 비해, '어쿠스틱'은 청각에 와닿는 음향상의 상태를 말하기 때문에 음악 관련 사운드의 반향이나 공명은 에코라는 표현을 쓰지 않는다. 이때 어쿠스틱에는 반드시 복수형인 '어쿠스틱스'로 되어야 한다.
에피소드 (삽화) ＊ **에퍼솟 (짧은 이야기)**	'에피소드'는 더러 '에피쏘트'로 발음하는 이들이 많다. 그리고 그 뜻은 큰 줄거리, 이야기나 작품의 사이에 끼워 넣는 삽화(揷話)라는 인식이 일반적이다. 한국에서 발간되는 대부분의 국어 사전에서도 '에피소드'를 삽화라는 통념의 범주에 넣고 있다. 민중서림에서 발간한 엣센스 국어 사전에서 '에피소드'란 표제에서 "이야기나 사건의 본 줄거리 사이에 삽입하는 이야기, 삽화"라 했고, "일반적으로 알려지지 않은, 어떤 일을 하는데 따라 생긴 이야기, 일화(逸話)" 그리고 "음악의 푸가(fugue)에

서 주제를 제시한 후에 삽입하는 별취의 소악절, 소나타 형식에서는 주제 외에 사용하는 보조적인 악구"라 풀이하고 있다.

그런데 일본의 이와나미서점(岩波)에서 발간한 일본어 사전 廣辞苑 제5판에서 주석한 내용과 꼭 같이 풀이하고 있다. 다른 것이 있다면 일본 사전에서 다룬 표제어가 'エピソード(에삐쏘오도)'로 표기한 것이 다를 뿐이다.

어느 나라, 어느 출판사에서 먼저 이 같은 내용으로 풀어 실었는지는 독자의 판단에 맡긴다. 다만 민중 국어사전은 1974년 11월 20일이 초판 발행일이고, 이와나미의 廣辞苑은 1955년 5월 25일이 제1판 제1쇄라 밝히고 있다.

그런데 문제는 한국의 국어사전이나 일본의 국어사전에서 '에피소드'이거나 일본의 국어사전에서 '에삐쏘오도'라 표기하고 발음하는 것들과는 달리 영어에서의 발음은 '에퍼쏫' 또는 '에퍼쏘옷'처럼 소리낸다. 종성을 닫힘 소리로 내는 것이다. 그리고 그 뜻도 한국과 일본의 해석과는 자못 다르다.

즉 영어 사전에서 'episode'는 보통 드라마나 문학 작품에서 짧은 연기나 이야기의 소재(brief unit of action in dramatic or literary work)를 뜻한다고 했다. 또 현대적으로는 TV나 레디오에서 연속되는 시리즈 가운데서 1회용 줄거리를 말할 때 쓰인다. 그리고 음악 작곡 기법에서는 본 주제에서 벗어나 따로 꾸며 흥취나 특성을 갖게 하는 세분된 부분이라고 풀이하고 있다.

그러니까 한국과 일본에서 갖는 단순히 끼워 넣는다는 '삽화'라는 개념으로 여기거나, 작품 가운데서 짧은 부분이라는 세분된 기교의 개념과는 차이가 있음을 알 수 있다.

엔딩 멘트	요즘 한국 TV나 레디오에서 억지 영어나 외래어를 주워다 얼버무리고는 저들끼리 낄낄대는 모습이 너무 자주 반복된다. 방송이 보거나 듣는 사람들(오디언스) 위주가 아니라 출연한 사람들의 신변잡담에
* **엔딩 토크**	

서 저들끼리의 말장난으로 끝나는 프로그램이 하나 둘이 아니다.
말을 실컷 하고 나서 더 들을 말도 없이 지겨운 상태인데도 "끝으로 한말 씀 더 …"라면서 하는 말이 '엔딩 멘트'를 하라는 것이다. '엔딩 멘트' 란 도대체 어느 나라 말일까?
'엔딩'은 영어의 'ending'이려니 이해가 가지만 '멘트'는 또 무언가? 하기야 한국 방송 일각에서 어나운스먼트에서 접미사 '-ment'만을 떼어 명사화한 억지 잘못을 여기에도 적용한 셈이다.
이런 경우는 '토크(talk),' '워스(words),' 또는 '코멘트(comment)' 정도가 훨씬 어울리는 표현일 것이다.

<u>엔스도</u>
* **엔진 스톨드**

자동차가 운행 중에 엔진이 저절로 멈춘 뒤, 다시 시동이 되지 않는 고장을 두고 흔히 '엔스도'라 한다. 이것은 일본식 표현이다.
영어로는 '엔진 스톨드(engine stalled),' '엔진 추라벌(engine trouble),' 또는 '카 브레익 다운(car break down)'이라 한다. 또는 '엔진 페일리어(engine failure)'도 자주 쓰인다. 이때도 '엔진 스톱(engine stop)'이란 말은 쓰지 않는다.

엔진 브레끼
* **엔진 브레이킹**

언젠가 한 가수 출신 교통 방송자(교통방송 진행자)가 "빙판이 진 미끄러운 길을 달릴 때는 '엔진 부룩'을 걸어야 합니다."라고 방송을 하여 듣는 귀를 의심케 했다.
여기서 '엔진 부룩'은 틀림없이 엔진 브레이크를 뜻했다고 이해를 하기는 했다. 그러나 더 무서운 것은 빙판이 진 노면에서 엔진 브레이크를 걸게 되면 자동차는 제동 효과를 얻기는커녕 차가 미끄러지면서 방향을 잃게 되어 큰 사고로 연결된다는 기본 주행의 비결을 이 진행자는 몰랐던 것이다.
특히 '엔진 부룩'이란 표현 자체도 운전 기술을 어깨 너머로 배운 타성에서 얻은 저급 지식이었다.
자동차가 주행 중에 운전자가 밟고 있던 액셀러레이터를 갑자기 뗄

때, 엔진이 구동륜(차바퀴)에 제동력을 주게 되어 차가 감속작용을 일으키는데 이를 '엔진 브레이킹(engine braking)' 이라 한다.

이를 '엔진 브레끼' 라 표현하는 것은 일본식 발음에서 본받은 것이고, '엔진 부룩' 은 완전히 와전된 오용 어법에 불과하다.

엔진 룸
* **엔진 컴파트먼트**

자동차의 내연기관을 엔진(engine)이라 하고, 이 엔진을 장착한 공간을 흔히 엔진 룸(engine room)이라 한다. 밴 형태의 차체를 제외하고 스테이션 웨건형이거나 스포트 유틸리티 비히클(SUV), 또는 씨댄(sedan)에는 엔진이 독립된 칸 속에 자리하고 있다. 이를 '엔진 룸' 이라 하는 것은 일본식 영어 표현이다.

영어로는: '엔진 컴파트먼트(engine compartment)' 라 한다. 한편 영어에서 엔진 룸이라 하면 선박의 기관실을 말한다.

엔진 키
* **이그니션 키**

자동차의 엔진을 점화할 때 쓰는 스위치 열쇠를 흔히 '엔진 키' 라고 하는 말은 잘못 쓰여지고 있는 일본식 영어 표현이다. 영어로는: '이그니션 키(ignition key)' 라 해야 옳다. 이그니션 키는 '이그니션 스위치,' '시동 스위치' 의 2가지 역할을 한다.

한편 이그니션 키는 자동차 문과 트렁크의 열쇠를 겸하는 것이 대부분이기 때문에 이를 '카 키(car key)' 라고도 한다.

엘레이(L.A)
* **엘에이(에레이)**

미국에서 뉴욕 다음으로 크고, 캘리포니아 주에서 가장 큰 도시인 로스 앤젤러스의 약칭인 'L.A.' 를 '엘레이' 라 표현하는 이들이 의외로 많다. 이 도시의 풀 명칭의 발음도 '로스 앤젤레스' 로 표기하고 발음하는 이들도 많다. 여기다 한술 더 떠서 '로스' 라고만 표현하는 사람들도 있다.

하여튼 Los Angeles에 대한 바른 표현이나 발음도 이곳에 어울려 사는 다민족만큼이나 다양하다. 우선 '엘레이' 는 자칫 'El Lay' 처럼 되어버리는 엉뚱한 표현이 되어 버린다. 올바른 표현은 '엘에이' 또는 '에레이'로 하지만 네이티브 스피커의 발음은 '에얼에이'처럼 들린다.

우리는 로마자 'L'자를 발음할 때, 'R'과 구분하면서 한글 표기로 초성 'ㄹ' 앞에 'ㄹ' 종성을 표기하고 그렇게 발음한다. 그러다 보니까 필요 이상으로 혀가 입천장에 강하게 붙여지면서 둔탁하고 거북스러운 소리를 내기도 한다.

사실 네이티브 스피커들이 구사하는 'L' 소리는 혀끝을 아주 부드럽게 입천장에 순간적으로 붙였다 떼면서 소리를 낸다. 따라서 'L.A.' 는 '엘레이'가 아니라 부드럽게 '에얼에이' 이렇게 소리내게 된다.

로스 앤젤러스의 다운타운에서 쌘타 모니카에 이르는 16마일의 중심 거리인 윌셔 블러바드의 한 중간쯤에 '엘 레이(El Rey)'라는 극장이 있다. 스페인 말로 '왕,' '군주(The King)'에 해당되는데, 도처에 엘 레이라 표기한 이름을 보게 된다.

로스 앤젤레스로 적고 있는 외래어 표기도 '로스 앤젤러스, 또는 '로스 앤절리스'가 옳은 현지 발음 표현이다.

한편 '로스'는 일본 사람들 로스 앤젤러스를 부를 때 '로산제루스'라 쓰지만 약칭으로 그냥 '로스' 해 버리는 것을 이것도 좋다고 한국 사람들이 그대로 따라 부르는 데는 좀 문제가 있지 않을까?

엘리트(수재)
* **일리트, 에이릿**

뛰어난 지적, 사회적 또는 경제적 지위에 있는 사람들의 집단이거나, 그에 소속된 사람을 elite라 한다. 또는 그룹의 멤버 가운데서 최상의 숙련된(skilled) 기능을 갖춘 사람을 일컫는 말이기도 하다.

엘리트는 정수, 뽑힌 사람(선량), 정예, 사회의 중추 등의 뜻을 갖는다. 다시 말해서 가려 뽑힌 사람들이거나 사회 단체에 있어서 지도적 입장에 있는 사람을 뜻한다.

그러니까 '일리트'는 이를 추구하거나 그렇게 되기 위해 특수 교육을 받는 과정을 뜻하는 것이 아니고 이미 되어진 상태를 일컫는 말이다.

따라서 흔히 쓰이는 엘리트가 되기 위해서 특수한 훈련이나 과정을 밟는다는 말로 '엘리트 코스' 따위의 말은 성립이 안 되는 것이다.

또 더러 'promising employees'로 오인하는 겨우도 있는데 '일리트'가 유망한 사원이거나 장래가 촉망되는 젊은이쯤으로 잘못 쓰여지는 일도 있다.

이 말은 1823년부터 쓰이던 라틴어 'eligere'를 프랑스에서 도입하여 eslure, 또는 eslit으로 쓰다가 eslite가 élite('엘리뜨')로 변했다. 그리고 영어에서 'elite'로 받아들인 것이다. 영어에서는 '일리트,' 또는 '에이릿'으로 발음한다.

엘이멘시타
(눈물로 핀꽃)
＊ 리멘씨타
(무한한 사랑)

이탤리 칸쏘네 가운데 우리가 즐겨 듣는 노래 가운데 "L' Immensita"가 있다. 1967년 제17회 싼 레모 페스티벌에서 12위로 입상한 노래다. 돈 바키(Don Backy)가 작품을 써서 그 자신이 불렀고, 조니 도렐리(Johnny Dorelli)가 동반가수로 출전하여 입상했다.

1967년 페스티벌에서 클라우디오 빌라(Claudio Villa)와 이봐 싸니키(Iva Zanicchi)가 각각 부른 "Non Pensare Ame"가 우승을 차지했었다.

"L' Immensita"를 영어 앨퍼벳 식으로 '엘'로 발음하고 "엘 이멘시타"로 표현하는 DJ 나 그렇게 읽는 이들이 꽤 많다.

이탤리 말에서 'la'나 'lo'가 모음 앞에 올 때 'l' -'로 줄여 쓴다. 따라서 "L' Immensita"는 '리멘씨타'로 읽어야 정석이다.

이탤리 말 'immensita(임멘시타)'는 영어의 'immensity'에 해당하는 무한한 공간, 또는 광대, 막대와 같은 뜻을 가진 명사다. 이를테면 'L' immensita del L' universo(리멘시타 델 루니버소)'는 우주의 무한한 넓이를 뜻한다.

따라서 "L' Immensita"는 일본에서 의역하여 붙인 "눈물로 핀 꽃"을 한국에서도 그대로 옮겨 쓰고 있는 것과 같은 말이 아니고, "꽃에도 나비가 날아드는데 나에게는 왜 사랑하는 사람이 없는가" 하는 사랑의 무한함을 노래했다. 이 타이틀도 마땅히 "사랑의 무한함" 또는 "무한한 사랑"으로 고쳐 써야 할 것이다.

엠씨
* **호스트**

'M.C'는 영어의 '매스터 어브 세레마니스(master of ceremonies)'의 머리 글자를 딴 약자이고, 이를 발음 따라 'emcee'라 표기하기도 한다.

M.C.는 레디오나 TV 쇼의 호스트를 말하고, 연회(뱅크윗)나 기타 행사에서 연설이나 인사를 하는 사람들을 소개하며, 그 프로그램이나 모임을 진행하는 사람을 말한다.

그런데 한국 방송 일각에서는 기본 프로그램에서, 고정 진행자에 대하여 '엠씨'라 표현하는 경우가 많다. 그러나 이를 엄밀히 말하면 '호스트' 또는 '퍼서낼리티'라 해야 옳다.

'호스트'는 손님을 맞이하는 주인이나 그 역할을 하는 사람을 말한다. 또 호텔이나 여관의 주인, 파티의 주최자를 일컫기도 한다. 레디오나 TV에서는 사회자나 안내하는 사람을 말하는 표현으로 쓰이고 있다.

그러니까 방송 미디어에서 게스트나 오디언스(방청객)를 대상으로 프로그램을 진행하는 사람은 이를 M.C.라 하지 않고 '호스트'로 쓴다. 그러나 혼자서 진행을 하는 비중 있는 중견 전문 프로그램 진행자는 이를 '퍼서낼리티'로 구분하여 사용한다.

'퍼서낼리티(personality)'는 개성이나 명사 등의 뜻으로 풀이하고 있지만, 방송에서는 2시간 또는 그 이상의 프로그램을 맡아 진행하는 사람 또는 스타 디스크 자키(disc jockey)를 가리키는 말로 습관화되어 있다.

특히 레디오의 디스크 자키(속어로 deejay, 약어로 D.J.)는 전문성이 없이 외부의 인기를 이용하여 주어진 원고를 읽는 수준의 초급 D.J.를 '로우 프로파일 디제이(low profile D.J.)'라 부른다. 음악적 소양과 어느 정도 기본 지식을 갖춘 직업적인 '스페시얼리스트 디제이(specialist D.J.)', 그리고 고도의 전문성과 명성을 겸비하고 원고 없이도 유려한 진행을 하는 중견 DJ를 '퍼서낼리티 디제이(personality D.J.)' 등 3형태로 구분하고 있다.

여사 (시집간 여자 존칭)	여사(女史)는 한국에서 시집간 여자를 높여 부르거나 사회적으로 저명한 여성의 이름 뒤에 붙여 존경을 나타낼 때 호칭으로 즐겨 쓰이는 말이다.
* **매덤, 여사** (사회적인 활동 여성)	2002년 5월 초 한국의 한 여성 국회의원이 북한을 방문했을 때, 북한 위정자들이 이 노처녀를 '여사' 칭호를 붙여 주었다 해서 의아해하거나 좋지 않게 생각하는 사람들이 많았다는 여론이 일기도 했다. 여사란 본디 고대 중국에서 여자 관리(女官)를 부르던 호칭이었는데, 주(周)시대에는 궁중에서 왕후의 의식에 관한 사무를 보는 여성, 후궁의 기록을 담당하는 여성 관리를 뜻했다. 근세에 와서는 학식이 있는 여성이거나 유명한 부인에 대하여 붙이는 말로 변질되어 쓰여져 왔다. 이 말이 일본에서 이른바 메이지 시대 이후에 학문이나 예술, 또는 정치 등의 분야에서 활동하는 교양 있는 여성을 지칭하는 말로 쓰기 시작한 이래 오늘에 이르고 있다. 이 일본식 '여사'의 의미는 한국보다는 북한에서 더 일본식 의미를 표방하여 쓰고 있는 느낌이다. 여사를 영어로는 '러언드 워먼(learned woman),' 또는 '매덤(madame)'을 붙여 볼 수 있을 것이다.
여호아 * **야하웨, 에호바**	'여호아'는 고대 이스라엘의 유일 절대신의 이름이다. 본래 히브리어로 YHWH의 4자를 쓰던 것을 이스라엘 사람들이 신의 이름으로 부르기가 어려워 '아도 나이(주님)'로 부르면서 정식 이름을 잊어 버렸다. 그러다 16세기경에 YMWH에 모음을 넣어 '에호바'라 발음했다. 한국 성서에서 표기하는 '여호아'는 중국 성경에서 표기하는 '이에호후아(耶和華)'의 소리를 옮겨 쓴 쪽이 강하다. '여호아 (Jehovah)'는 '주님(The Lord)'이고 하나님과 같은 뜻이다. 그런데 한국 교회에서 일부 목회자나 신도들 가운데 설교나 기도문에서 "주, 여호와 하나님…"하고 갈구하는 표현을 쓰는 이들이 많다. 이 같은 표현은 두 가지도 아닌, 세 마디 말이 모두 같은 뜻을 지닌 세

겹말의 되는 모순을 안고 있는 셈이다.

영거 (후배)
*** 비하인드**

자기가 다닌 학교를 자기보다 늦게 다니거나 졸업한 사람에 대하여 '후배' 라 하고 우리는 이를 영어 표현으로 '영거(younger),' 또는 '주니어(junior)' 라 표현하지만 적절한 표현이 아니다.

영어에서 명확한 '후배' 라는 표현은 없지만, 대체로 '비하인드(behind)' 라는 표현을 많이 쓴다. 이를테면 "He is nine years behind me the high school." 등으로 쓰지만 "He is my junior." 라면 좀 우스꽝스러워진다. 미국의 고등학교나 대학에서 하급생을 '언더 클래스먼' 상급생을 '어퍼 클래스먼' 이라고도 한다.

한편 선배도 '올더' 나 '씨니어' 보다는 '어헤드(ahead)' 를 즐겨 쓴다.

영업용 택시
*** 옐로우 캡**

한국에서만 쓰여지고 있는 독특한 중복 언어들이 더러 있다. 우리가 일상적으로 대하는 '택시' 도 그 한 예이다.

1950년대는 물론 60년대 초까지만 해도 택시는 외국제 승용차 일색이었고, 차 안에 거리 표시를 기준으로 산정한 요금표를 비치하고 다녔다. 택시 운전자는 손님들에게 적당한 요금을 요구했고, 더러는 부르는 것이 값인 경우도 많았다. 택시 미터제가 실시되기 전의 일이다.

택시는 영어의 '택시캡(taxicap)' 에서 줄여진 표현인데 요금 표시기(택시미터)를 달고 전문적으로 차삯(fare)을 받고 사람을 태우는 작은 차를 말한다.

택시는 영업용 승용차라는 말이 된다. 일반적인 '영업용차' 라 하면 자가용에 대하여 손님을 태우거나, 짐을 나르고 대가를 받는 영업 행위를 하기 위하여 면허를 받은 승용 자동차나 화물 자동차를 일컫는 말이다.

그런데 이것을 '영업용 택시' 라고 한다면 아주 우스꽝스러운 중복 표현이 되어 버리고 만다. '택시' 는 이미 '영업용' 이라는 뜻으로 설정된 표현이기 때문이다.

만일 자가용이 택시 행위를 했다면 그것이 바로 '영업용 택시'라는 억지 표현을 붙여볼 수도 있겠지만, 마땅히 당국에 고발되어야 하는 불법 영업 행위가 된다.

그러니 '영업용 택시'는 말이 안 되는 표현이고 어불성설이다.

예수 그리스도
* **지저스 크라이스트**

바이블에 의한 하느님의 외아들 Jesus를 우리는 '예수 그리스도'라 부르고 있다. 영어로는 잘 알려진 대로 '지저스 크라이스트(Jesus Christ)'라 한다.

그런데 바이블이 원전으로 쓰여진 라틴어에서는 이를 '이에수스 크리스투스(Iesus Christus)'라 하고 히브리어(그리스어)에서는 '이에수스 크리스토스'라 한다. 참고로 독일에서는 '이에수스 크리스투스,' 프랑스에서는 '제수스 크리스투스,' 스페인에서는 '헤수스 크리스토,' 이탤리에서는 '제수 크리스토'라 부르고 있다. 또 일본에서는 '이에수 기리스도'라 표기하고 있다.

한국의 성서가 기초 번역했다는 중국어 성경에서도 '이에쑤(耶蘇)' 라 발음한다. 결국 한국의 성서에 표기되었거나 기독교계에서 쓰는 '예수 그리스도'는 일본에서 쓰여지고 있는 표기 '이에수 구리스도'와 가장 가깝다는 인상이 강하게 풍겨진다.

옐친
* **옐씬**

1991년부터 소련과 러시아 연합의 대통령 Boris Yeltsin(1931 -)을 우리는 '보리스 옐친'이라고 불렀다. 이것은 일본 사람들이 '예리친'하고 표현하는 데서 흉내낸 발음이 아닌가 싶다.

'옐친'의 발음은 결국 한국에서만 쓰여지는 표현인 셈이다. 러시아 사람들은 '여'와 '예'의 중간 발음과 '쓰'와 '씨'의 중간 발음처럼 구사하여 우리 귀에는 '이열쓴'처럼 들린다. 제대로 발음되는 표기를 하자면 '옐씬'이 될 것이다.

한편 미국이나 구미의 방송에서도 'Yeltsin'을 한결같이 '보리스 옐씬'이라고 발음하고 있다.

오너 드라이버	자기 차를 손수 운전하는 이를 가리켜, 오너 드라이버라는 말을 쓴다. 그러나 영어에 그런 표현은 없다. 일본에서 들여온 억지 영어 표현이기 때문이다.
* **카 오우너, 드라이브 마이 오운 카**	

자동차 운전의 일반적인 관행이 전문 운전자에 의한 것이 오래도록 생활화되어 있는 동양권에서 자기 차를 직접 운전하는 행위를 강조해야 하는 필요성에서 만들어진 표현이다.

서양에서는 자기 차를 직접 운전한다는 일이 당연시되어 있기 때문에 구태여 '자기 차를 직접 운전'한다는 걸 강조해야 할 필요를 못 느낀다.

굳이 자기 차를 운전하고 다닌다는 표현은 '모터리스트(motorist),' 'I am a car owner' 또는 'I drive my own car' 그리고 차 소유주임을 나타내는 'car owner' 정도다. 우리식의 오너 드라이버 대신 고용, 또는 전문 운전자를 쇼퍼(chauffeur)라 하고, 여자 고용운전수는 '쇼퍼즈'라 한다. 한편 우리가 일본식 한자 표기로 쓰는 운전수는 자동차 고용자를, 운전사는 열차나 선박을 운전하는 직업인을 뜻한다.

참고로 자동차의 국민 1인당 보유량은 미국이 1.31명당 1대를 소유해서 세계에서 자동차를 가장 많이 소유한 나라이고, 그 다음이 뉴질랜드의 1.57명, 캐나다(1.71), 이탈리(1.77), 일본(1.91), 독일(1.94), 프랑스(1.97), 호주(2.06), 스웨덴(2.09), 네덜란드(2.42대) 등과 같다.

이렇듯 자동차 선진국에서는 운전 면허증 소유 인구의 거의 모두가 자동차를 갖고 있고, 미국 캘리포니아 주인 경우는 자동차 운전 면허증 소유자보다 자동차 등록대수가 더 많은 지역도 있다. 이런 환경에서 굳이 '오너가 운전하는 차'라는 개념이 무의미하다.

오더 메이드	맞춤 양복이나 맞춤 한복을 '오더 메이드'라 표현하는 이들이 있다. 주문한다는 뜻의 영어 표현인 '오더(order)'에다 만든 제품이란 뜻의 '메이드(made)'를 복합하여 멋진 영어 표현을 구사하는 것으로 착각할지 모르지만 그것은 영어에 없는 이상한 말이다. 사실 이 말은 한국
* **커스텀 메이드**	

에서 만들어 쓰고 있는 이른바 '콩글리쉬'가 아니라 일본에서 'オーダーメード(오다메도)'를 그대로 본받아 쓰고 있는 '잡콩글리쉬'이다(* '잡콩글리쉬(Japkonglish)'=일본식 영어를 한국에서 들여다 표방한 비영어를 필자 나름으로 붙여본 조어이다).

주문으로 만든 것을 영어로는 '커스텀 메이드(custum-made),' '메이드 투 오더(made-to-order)' 또는 '스페셜 오더(special order)' 등으로 표현한다. 이 때 '오더'는 '오우더'에 가깝게 소리낸다.

한편 맞춤 양복인 경우도 '커스텀 테일러드(custom-tailored),' 또는 '테일러 메이드(tailor made)'라 말한다.

오디세이
* **아더씨**

'Odyssey'는 그리스 신화에 나오는 트로이 전쟁 후에 '오디시어스(Odysseus)'의 방랑을 노래한 호머(Homer)의 서사시(epic poem)를 말한다. 또 보통명사의 'odyssey'는 대모험을 위한 오랜 방랑의 여행을 뜻하는 말로도 응용되고 있다.

'Odysseus'는 그리스말로는 '오디쓰세우스'로 발음되고 영어에서는 '오우디슈우스' 또는 '오우디씨어스'로 표현되는데, 트로이 전쟁에서 그리스군을 이끈 대장의 이름이다.

로마 신화에서는 '유리시스(Ulysses)'에 해당된다. 이 말들은 "분노한 민중"이란 뜻의 '오둣쎄우스(odusseus)'에서 파생되었다.

'Odyssey'를 '오디세이'로 발음하는 것이 보통이지만, 영어권에서는 이를 '아더씨'로 발음하는 점에 유의해야 이해가 될 때가 많다.

오디오 마니아
* **오디오 프릭, 오디오-파일**

자신이 충족하는 소리(음질), 또는 제품(오디오 모델)을 보통 이상으로 좋아하는 사람을 흔히 '오디오 마니아'라는 표현을 쓰고 있다. 이것은 일본에서 영어 단어를 나열한 일본식 조어 'オーディオ マニア(오데오 마니아)'에서 본받은 표현이다. 영어로는 '오디오 프릭(audio freak),' 또는 '오디오-파일(audio-phile)'이라 한다.

'mania(매니어)'는 열광이나 애호심을 말하고, 이를 좋아하는 사람은

'maniac(매니액)' 이라 하지만, 오디오를 즐기는 사람에게는 습관적이고 환상적인 의미를 품는 'freak,' 또는 애호가라는 뜻의 접미사 'phile' 을 쓰는 것에 유의하자.

오디오 프릭 가운데는 음악적인 소양이나 조예와는 관계없이 새로운 모델, 비싼 모델을 자주 바꾸고, 희귀 골동품을 자랑삼아 비치하거나 수집하는 편집광도 상당히 많다. 이런 부류의 사람들도 모두 '오디오 프릭' 에 속한다.

오 라이
* **올 롸잇, O.K.**

자동차를 후진할 때, 보조 안내자가 계속해서 후진해도 좋다는 표현으로 "빠꾸 오 라이, 오 라이" 를 연호한다. '오 라이' 는 '괜찮다, 좋다' 는 뜻으로 통용된다.

여기서 '빠꾸' 는 '백(back)' 를 일본식으로 표기한 'バック(박쿠)' 의 한국식 와전이고, '오 라이' 는 '올 롸잇(all right)' 의 일본식 발음이고 약식 조어다. 당연히 버려야 할 엉터리 말들이다.

한편 '올 라잇' 또는 '올라이트' 라 표기하면 자칫 all light로 변질되는 점에 유념해야 한다.

오란다
* **네덜런드, 할런드**

서유럽의 왕국으로 독일의 서쪽, 벨지움의 북쪽, 그리고 북해에 연해 있는 네덜런드(Netherlands)를 '오란다' 로 부르는 것이 마치 일본식 표현으로 잘못 아는 이들이 있다. 이 나라는 본래 독일어의 '나무(삼림)의 나라' 라는 뜻의 '홀트란트(Holtland)' 에서 비롯되었다. 독립하기 전, 이 나라를 지배하던 스페인 사람들은 Holanda(올란다)라 불렀고, 포르투갈 사람들은 Olanda(오란다)로 불렀다. 일본에서는 포르투갈 말의 영향을 받아 이 'Holtland' 의 스페인과 포르투갈식 표기인 'Holanda' 의 발음인 '올란다' 의 와전형인 '오란다' 로 받아들였던 것이다.

Holtland는 Holland(홀란트)로 불리다가 지금의 공식 국명은 'Koninklijk der Nederlanden(코닝크러크 데르 네덜란덴)', 즉 '네덜런드 왕국'이 되었다.

미국에서는 '네덜런스(Netherlands)'라고도 하지만 '할런드(Holland)'로 더 많이 표현하는 점에 유의해야 한다.

한편 Dutch는 영어로 "네덜란드의, 네덜란드 사람"을 일컫고, 속어로는 독일 사람이나 독일어를 뜻하기도 한다.

오렌지
* **오린지, 아린지**

오렌지라고 하면 제주도 밀감을 연상한다. 미국 캘리포니아 주의 남부의 오렌지 농장은 끝이 보이지 않는 광활한 매머드 오렌지 대농장이 압권이다.

우리가 표현하는 '밀감'은 일본의 '미칸(蜜柑)'의 한자음을 그대로 흉내낸 것이다. 밀감 종류는 '네이블 오린지(navel orange)'와 모로코가 원산지인 '텡헤르 오린지(tangerine orange=탱저린 오린지)'와 일본과 제주도에서 자생하는 '맨더린 오린지(mandarin orange)' 등으로 구분된다.

한국에서 영어를 구사하는 일부 네이티브 스피커(원어민)들 가운데 제주 밀감을 '텐저린'으로 표시하는 것이 영어인 것처럼 설명하는 예도 있는데 이것은 잘못이다. 제주 밀감은 '맨더린 오린지'에 속하기 때문에 차라리 '맨더린'이라 해야 더 가까운 구분과 표현이 된다.

한편 제주 밀감을 세간에서 '나스미깡'이라 부르기도 한다. 이것은 일본말 'なつみかん(나쓰미칸)'에서 와전된 표현이다. 나쓰미칸은 늘 녹색인 잎새와 키가 작은 밀감나무인데 초여름에 흰 꽃이 피다가 가을이 되면 커다란 열매를 맺는데 두터운 껍질은 노란색이고, 알맹이는 신맛이 강한 것이 특징이다. 나쓰미칸은 일본말로 여름 밀감이란 뜻이다.

'orange'를 영어에서는 '오렌지'가 아니라 '오린지,' 또는 '아린지'로 발음되는 점에 유의할 필요가 있다. 독일어에서는 '오란저(orange),' 프랑스어에서는 '오랑쥐(orange),' 이탤리어로는 '아란치아(arancia),' 스페인어로는 '나랑하(naranja),' 그리스어에서는 '폴도카리,' 러시아에서는 '아피리스인' 이라 한다.

오븐, 오븐
* 어번

오븐, 까스 오븐 또는 오븐이라 표현하는 주방기구가 매우 일반화되어 있다. 한 국어사전에서 '오븐' 은 조리 기구의 한 가지인데 속에 재료를 넣고 밀폐하여, 상하 좌우에서 열을 보내어 재료를 굽는 기구라 설명했다.

영어에서는 앞에 문이 달린 한 상자 속에 음식을 넣고 조리하는 것이라 정의하고 있다. 굽거나 볶거나 가열하고 건조시키기 위한 조리용 열 발생기(스토브)를 '오븐(oven)' 이라 한다.

그러나 미국에서 이를 '어번,' 또는 '아' 에 가까운 '아번' 이라 소리내면서 '어번' 이라 해야만 통한다. 이때 유의해야 할 것은 '어-' 는 좀 강하면서 '아' 에 가깝게 발음이 되고 '-번' 의 '어' 는 약한 발음이 된다.

한편 우리가 일컫는 가스 렌지는 '스토브' 또는 '개스 레인지' 가 제대로 일컫는 명칭인 점을 참고해 두자.

오 비 (O.B.)
* 그래주에잇, 얼람나이

학교 졸업생을 '올드 보이(old boy)' 라 하고 이를 줄여 O.B.로 표현하는 이들이 많다. 또 재학생과 어울려 친선경기를 위해 팀을 만들었으면 이를 '오비 팀' 이란 표현까지 쓴다. 이 말들은 모두 영어에는 없는 일본식 영어를 그대로 본받은 것이다.

영어로는 졸업생을 '그래주에잇(graduate)' 이라 하고, 라틴어를 동원한 표현으로는 '얼람너스(alumnus=남성 단수),' '얼람나이(alumni=남성 복수),' 여학생인 경우는 '얼람너(alumna=단수),' '얼람네이(alumnae=복수)' 등으로 쓴다.

남학생 동창회는 '얼람나이 어쏘시에이션(alumni association),' 여학생 동창회는 '얼람네이 어쏘시에이션(alumnae association)' 이라 한다. 또 모교나 그 교가는 '앨머 메이터(alma mater)' 라고 표현한다.

| 오.에스.티.(O.S.T.) | 요즘 영화나 TV 극에 쓰여지고 있거나 쓰여진 음악을 무조건 '오.에스.티.(O.S.T.)'로 남용하는 경향이 많다. 심지어 영화나 TV 드라마에 한두 번 삽입된 정도라도 이를 O.S.T.로 여기거나 그런 타이틀로 컴팩트 디스크를 제작해 내는 곳도 있다. 또 어떤 이들은 영화나 TV 등의 장면에서 배경으로 쓰여진 음악을 뜻하는 말로도 여기고 있다.
* 싸운드트랙 |

O.S.T.는 본디 '오리지널 싸운드 트랙'을 줄여서 쓴 표현이다. 그러나 요즘은 모션 픽쳐 사운드트랙이란 표현이 일반화 되어 있다.

'싸운드 트랙'은 영화 필름의 한쪽에 가느다란 녹음 띠를 두고, 사운드 리코딩을 옮겨 녹음하는 일을 말하고, 영화에 쓰인 음악 모두를 뜻하기도 한다. 또는 영화의 필름이나 텔러비전 비디오 테이프에 사운드 레코드를 옮겨 넣는 에리어를 말한다. 또 싸운드 트랙에 쓰인 사운드 레코드를 말하기도 한다.

한편 '오리지널 싸운드 트랙(original sound-track, 생략어로 O.S.T.)'은 특정한 영화를 위해 스코어를 작곡하고 그 필름에 최초로 사용된 사운드 리코딩을 말한다. 그러니까 남이 작곡했거나 다른 사람의 작품을 특정 영화에 인용하거나 끌어쓰는 등의 일반적인 사운드 리코딩은 단순히 '싸운드 트랙'이라 구별한다.

| 오엑스 문제, 오엑스 퀴즈 | 학생을 대상으로 학습의 평가를 하는 방법 가운데서 주관식 필기 문답식 시험(리튼 테스트=written test)과 객관식 선다형 크위스(quiz)가 있다.
* 츠루 오어 폴스 크위스 |

선다형 크위스인 경우 옳은 것과 틀린 것을 가린다는 뜻으로 우리는 이를 영문자 알파벳 'O'자가 옳은 답이고, 'X'자가 틀린 답으로 가리고, 이를 '오엑스 퀴즈(OX quiz)'로 표현을 한다. 그러나 미국이나 영어권에서는 그런 표현의 영어는 통하지 않는다.

맞는 것은 '츠루(true)'이고, 틀린 것은 '폴스(false)'라는 표현을 써서 'true/false' 또는 'true or false quiz'로 쓴다.

한편 미국이나 영국에서 'X' 마크는 한국처럼 가위표로 삼아 부정적이거나 실패를 뜻하는 말이 아닌 점에 유의를 해두면 좋겠다.

또 투표 용지에서 투표자가 후보자의 이름에 'X' 마크를 하면 부정한다는 뜻이 아니라 긍정의 표시가 된다. 그리고 질문 서류에서 여러 가지 제시된 항목 가운데 해당되는 ( )나 ___에 'X' 마크를 하면 옳다, 그렇다, 생각하다, 맞다 등의 의미가 된다.

한편 속어로는 무효, 취소의 의미도 닮고 있지만 대부분 'X' 마크는 긍정 쪽에서 더 효용있게 쓰인다.

오일
* 개솔린, 개스

자동차의 휘발유나 라이터에 넣는 연료를 '오일(oil)' 또는 '기름'이라 표현하는 이들이 상당히 많다. 흔히 자동차 기름은 '개솔린(gasoline)'을 말하고, '라이타 기름'은 라이터에 부어 넣는 휘발성 연료, 또는 가스를 뜻하는 말로 쓰고 있는 것이다.

그런데 이런 표현들이 모두 일본에서 만들어져 쓰이고 있는 표현을 그대로 본떠 쓰고 있다는 데 뒷맛이 씁쓸하다.

자동차 용어에서 '오일' 하면 흔히 엔진 오일을 뜻하는 것이 일반적이고, 휘발유는 '개솔린,' 줄여서 '개스'로 표현하거나 더러 '퓨얼(fuel)'로도 쓴다. 또 영국에서는 '페트롤(petrol)'이라 통칭한다.

주유소의 주유기는 미국에서 '개스 펌프(gas pump)'라 하지만 영국에서는 '페트롤 펌프'라 말한다.

자동차의 엔진의 본체에 넣는 기름은 단순히 '오일' 또는 '엔진 오일'이라 하지만, 트랜스미션에 쓰이는 윤활유를 일컬을 때는 트랜스미션 플루이드(transmission fluid)'로 구분하는 점에 유의해야 한다.

여기서 'oil'은 우리 귀에 '오이얼'처럼 들리는 점에도 유의하자.

오차
* 티

가정에서 웃어른이나 손님에게 대접하기 위해 내는 음료수 가운데서 정성을 들여 따뜻하게 데운 차(茶)를 의미하거나 또 다방이나 식당에서 식음료를 주문받기 전에 입가심용으로 차를 말한다. 이런 차를 흔히 '오차'라 말하는 것은 거의 관용화되다시피 한 표현이다.

우리말에는 '오차' 라는 이름의 차는 없다. 그러면 이 말은 어디서 나온 것일까, 궁금해진다. 그러나 그 해답은 일본어 사전에서 쉽게 찾게 된다. 즉, 한자 표현으로 '御茶' 라 쓰고 일본 발음(訓讀)으로 'おちゃ(오챠)' 라 발음하는 데서 흉내낸 것임을 이내 알 수가 있다.

'오챠' 는 차(茶) 의 정녕어(丁寧語=테이네이코)라 했는데, 이는 정중한 표현, 즉 존댓말이라는 뜻이다. 또 일의 중간에 짧은 휴식을 일컫는 말로도 쓰인다.

영어로는 '티(tea),' 또는 '티 브레이크(tea break 코피 브레이크)' 라 한다.

오케스트라 복스
* **오커스트러 핏스**

극장에서 무대와 아래층 관객석 앞쪽과의 사이에, 오케스트라(orchestra)가 들어가 연주할 수 있도록 꾸민 뮤지션들을 위한 구역을 '오케스트라 박스' 라 하는 이들이 있다. 일부 국어 사전에서까지 그렇게 설명하고 있다.

이것은 영어에는 없는 일본에서 만들어 꾸며 쓰고 있는 일본식 영어에서 비롯된 말이다. 영어로는 '오커스트러 핏스(orchestra pits '핏츠' 라 발음하지 않음)' 또는 그냥 '더 핏(the pit)' 이라 한다.

오토바이
* **모터싸이클**

2바퀴 자동차를 우리는 오래도록 '오토바이' 라 부르고 있다. 이 말은 일본에서 만들어진 잘못된 영어 표현이다. 영문자의 autobi, 또는 autobike의 응용 표현이라 해도, 그런 말은 영어에 없다.

이 말은 일본에서 자동 2륜차 또는 단차(單車)라 표현하면서 자동이라는 뜻의 영어 'auto' 에 자전거를 뜻하는 'bicycle' 에서 머리부분의 'bi-' 만을 잘라 접붙여 '오토-바이' 가 된 것이다.

따라서 미국이나 영어를 쓰는 나라 사람들에게 '오토바이' 를 말하면 무슨 말인지 전혀 알아듣지 못한다. 영어로는 '모터사이클' 또는 '모터바이크(motorbike)' 로도 사용한다. 모터사이클은 1884년 독일의 다임러가 발명했다.

| 오토 캠프
| * 트레일러링

승용차를 이용해서 캠프장을 목표로 떠나는 여행을 흔히 '오토 캠프 간다'라 하고, 그 현장을 오토 캠프장이라고 한다. 그러나 영어에서 그런 표현도 그런 장소도 없다.

자동차 가운데서 침실과 주방이 딸린 트레블링 밴을 끌고 가거나, 침실과 주방 거실 등을 드리운 중형, 또는 대형 버스 형태의 모빌 홈을 운행한다. 도처에 지정 캠프 그라운드에는 차를 한 대씩 댈 수 있는 주차 공간과 화덕이 시설되어 있거나, 공동주차 구간을 두고 캠핑이나 취사를 할 수 있는 공간이 설치된 곳도 있다. 또 모빌 홈만을 위한 모빌 홈 타운에 가면 전기와 개스까지 연결이 되는 야외 마을이 이루어지기도 한다.

'오토 캠프'는 일본 사람들이 만들어 낸 일본식 영어임을 알고 써야 하겠다. 일본에서 '오토 캠프'는 자동차로 여행하는 사람들이 일시 야외생활을 즐기기 위해 텐트를 휴대하고 떠나거나, 텐트 시설이 된 장소를 찾아다니는 일을 말하고, '오토 캠프장'은 텐트를 설치한 특정한 장소에 차를 타고 들어 갈 수 있게 만든 시설을 가리킨다고 했다. 즉, 텐트촌을 만들어 놓고, 자기 차를 텐트 옆에 세워두고 야외생활을 즐기는 여가를 말한다.

여기서 '캠프'라 하면 이미 야외생활을 위한 장소를 뜻하고 있기 때문에 '캠프장'이라 말하면 겹말이 되어 버린다. 그냥 '캠프'라 하면 이미 장소를 내포한 말이기 때문이다.

이런 경우 영어로는 '트레일러링(trailering)'이라고도 하고, 영국에서는 '캐러배닝(caravanning)'이라 한다.

한편 모빌 홈이나 모터 홈, 트레일러, 또는 미니 모터 홈(밴) 등을 이용하지 않고, 일반 승용차나 밴, 스포트 유틸리티 비히클(SUV), 반 트럭(픽업) 등을 이용하는 자동차 여행은 이를 '오토 트립(auto trip),' 또는 '카 트립(car trip)'이라 구분하여 표현한다.

오트볼, 오토볼	제법 고급스럽게 꾸민 술집이나 호텔 부설 칵테일 라운지 등에서 고급 안주라며 '오트볼'을 제공하는 일이 많다.
* **오르되브르**	한국에서 '오트볼' 또는 '오도볼'이라 부르는 것은, 고급 주점에서 내는 메뉴 가운데 고급에 속하는 안주다. '밋볼(meat ball)'을 비롯해서 리셉션 파티에서 내는 칵테일 안주용 요리 가운데서 대여섯 가지를 간추려 한 접시에 담아 내는 것을 말한다. '오트볼'은 프랑스어 '오르되브르(hors-d'oeuvre)'에서 온 말의 와전된 표현이다. 그러나 본래 '오르되브르'는 서양의 정식 요리의 코스 가운데서 수프가 나오기 전에 식욕을 돋우기 위해서 내는 가벼운 요리의 일종을 일컫고, 바 등에서 양주에 곁들여 간단히 내는 요리를 말하기도 한다.
오픈 게임	메인 이벤트에 앞서 무명이나 신인 선수, 또는 팀이 시범 경기를 보이는 일을 흔히 '오픈 게임'이라 한다. 또 프로 야구 등에서 개막 전에 비공식적으로 갖는 게임을 '오픈 전'이란 표현도 쓴다. 그러나 이런 '오픈 게임'이란 말은 영어에서는 쓰지 않는다.
* **엑서비션 게임**	영어로는 '엑서비션 게임(exhibition game)'이라 한다. 만일 '오픈 게임'이라 하면 누구나 참가해서 갖는 경기라는 뜻이 된다. 또 '오프닝 게임'이라 한다면 이것은 이벤트의 정규 첫 번째 경기를 뜻하는 개막 시합이란 의미가 된다.
오픈 마인드	영어에서 '오우펀 마인디드'는 새로운 아이디어나 제언 등을 받아들이는 편견이 없는 태도나 정감을 가진 것을 말한다. 마음을 열고 좋은 의견이나 진리에 대하여 동조한다는 선한 뜻을 품고 있다.
* **오우펀 마인디드, 오우펀 하앗티드**	그런데 우리 주변에서는 '오픈 마인드'라 표현들을 하고 있다. 이것은 일본에서 'オープン マインド'라 표현하면서 새로운 아이디어를 받아들이는 마음이나 도량으로 해석한 그 말을 그대로 받아들여 즐겨 쓰고 있다.

영어에서 '오픈 마인드'란 말은 없고 '오픈 마인디드(제대로 발음은 '오우펀 마인디드=open minded)'라 해야만 그와 같은 뜻이 이루어진다.

한편 '오우펀 하앗티드'는 기탄 없이 솔직하고 정직한 마음씨를 뜻한다. 또 친절하고 박애적인 마음가짐으로 자선하는 선물을 뜻하기도 한다.

영어에서 '마인드(mind)'는 지적인 마음이나 정신, 또는 이성 등을 나타내는 명사인데 어떤 말에 붙어 뒤에 붙이는 말이 되면 사고, 판단 등을 동원하는 정신이나 마음을 뜻하는 명사형을 만든다. '더티 마인드(dirty mind)'는 음란한 생각으로 가득찬 머리를 뜻하고, '그룹 마인드(group mind)'는 계획이나 행동에 있어서 지휘를 뜻한다. '스플릿 마인드(split mind)'는 정신 분열병을 일컫는다.

그런데 mind의 어미에 '-ed'를 붙여 '마인디드'가 되면 어떤 다른 말을 앞에 붙여 '사람이 어떠한 마음이나 기질을 갖고 있다'는 뜻으로 변한다.

그 대표적인 예를 들면 '앱썬트 마인디드(absent minded)'는 "멍하니 방심상태의"라는 뜻이 된다. '브라디 마인디드(bloody minded)'는 폭력이나 유혈을 좋아하는 잔인하고 살벌한 마음씨를 뜻한다. '씨빅 마인디드(civic minded)'는 사회복지에 관심 있다는 표현이 되고, '쏘시얼 마인디드(social minded)'도 비슷한 사회상태나 복지에 관심이 있다는 뜻으로 쓰인다. '더티 마인디드(dirty minded)'는 호색을 좋아하는, 음란성이란 말이 된다.

또 쓸만한 표현 가운데 '이븐 마인디드(even minded)'는 편견이 없는, 공정한, 마음이 침착하다는 뜻이다. '페어 마인디드(fair minded)'는 공정한, 공평한, 경우가 밝은 등의 뜻이고 '하이 마인디드(high minded)'는 고결한, 고상한, 기품이 있는 등의 뜻이다. 여기에 비해 '라잇 마인디드(light minded)'는 경박하고 경솔한 마음씨를 일컫는다. '나블 마인디드(noble minded)'도 하이 마인디드와 비슷하지만 정직하고 겸허하다는 의미도 포함된다. '씨리어스 마인디드(serious minded)'는 진실, 진정, 정직하다는 뜻인데 비해 '스몰 마인디드(small minded)'는 옹졸한, 이기적인 뜻을 내포하고 있다.

오픈 전
* 프렌들리 게임

싸커 경기에서 본 시합(게임)에 앞서서 관중들의 무료함을 달래거나 본 시합을 더욱 빛내고 의의 있게 하기 위해서 아마추어 팀끼리 친선경기를 하도록 배려하는 일이 많다. 이런 시범경기를 흔히 '오픈 게임,' '오픈 전'이라 말한다.

그러나 이것은 어디까지나 승부의 기록보다는 친선을 위한 내용의 게임이기 때문에 '프렌드리 게임(friendly game)'이라 한다. 또 '프랙티스 게임(practice game)'이란 표현도 더러 쓰지만 크리켓 볼에서 쓰는 '테스트 맷취(test match)'는 쓰지 않는다.

오픈 카
* 컨버터블,
카브리올레

요즘 우리나라에도 무개(덮개가 없는) 승용차의 보급이 차츰 늘어나고 있는 추세다. 그러나 지붕이 없거나 간이 지붕 승용차는 공기가 맑고, 날씨가 좋은 기간이 많은 지역에서 사용하는 것이 제격이다. 이런 차를 우리는 '오픈 카'라고 버릇처럼 쓰고 있다.

또 국어사전에서조차 오픈카란 "뚜껑 없는 자동차 또는 포장으로 뚜껑을 한 차"라는 어설픈 주석을 달고 있다. '오픈 카'란 말은 일본에서 만들어진 억지 표현인 것을 우리가 그대로 흉내낸 것이다.

방수성 포장을 자재로 써서 지붕을 접었다 펼쳤다 하는 차 가운데, 4인승을 '컨버터블(convertible)' 또는 '페이튼(phaeton)'이라 표현하는 반면, 2시터의 것은 프랑스식 표현을 빌어 '카브리오레(cabriolet)'라고도 한다.

요즘은 자동차 제조 기술의 향상으로 이런 소프트 탑 대신에 단단한 철제를 써서 평상시 지붕을 씌우면 마치 쿠페처럼도 보이는 하드 탑 컨버터블도 유행이다.

오피스 걸, 오피스 레이디	회사의 여사원이나 관공서 등 여자 공무원을 흔히 '오피스 걸(office girl),' 또는 '오피스 레이디(office lady)'라 부르고, 이를 줄여서 'OL'이라고도 한다.
※ 오피스 워커	

그러나 이 말들은 모두 일본에서 만들어 쓰여지고 있는 일본식 영어이고 이를 진짜 영어인줄 알고 그대로 본받아 쓰고 있는 표현이다.

영어에서 '오피스 걸'이라 하면 사무실에서 그리 중요하지 않은 일, 즉 허드렛일을 하는 여성을 두고 하는 말이 된다.

영어에서는 남녀의 구별 없이 '오피스 워커(office worker)'라 하고, 굳이 여사무원을 지칭할 때는 '피메일 오피스 워커(female office worker)'라 한다. 이럴 때 발음은 대개 '아피스 워어커'에 가깝게 소리낸다.

한편 영어에서 '오피스 와이프(office wife)'라 말하면 회사의 사정을 아주 잘 알고 있는 여비서를 빗대어 쓰는 말이다.

오피스 러브	흔히들 회사 내에서 남녀 사원 사이에 이루어지는 연애를 '오피스 러브'라 표현한다.
※ 오피스 러브 어페어	

이 말은 젊은 여사원과 가정이 있는 상사와의 사이에서 생겨난 불륜 관계를 뜻하는 표현으로 쓰는 일본식 간략형이다. 그러나 '오피스 러브(office love)'라 하면 '사무실을 좋아하는,' '회사에 재미를 붙인'이라는 포괄적인 의미를 지닌다.

영어로는 회사 사원끼리의 연애는 '오피스 러브 어페어(office love affair),' '오피스 로맨스,' 또는 '온 더 잡 로맨스(on the job romance)'라 해야 통한다.

오피스텔	사무실 겸 주거용의 용도로 제공하기 위한 빌딩을 '오피스텔'이라 말한다. 일부 국어사전에서는 오피스텔을 "office + hotel"이라 토를 달고는 "사무실 겸 주거 장소로 쓸 수 있도록 설계된 건물"이라고 풀이하고 있다. 사무실이라는 뜻의 office와 호텔(hotel)의 단어에서 접
※ 오피스 홈	

미어 '-tel'을 붙여 만든 합성어라는 것이다.

그러나 영어에는 이러한 표현은 없다. 오피스 겸 호텔이란 존재하지 않기 때문이다. 따라서 '오피스텔'은 한국에서 억지로 만들어 붙인 한국제 영어인 셈이다.

그런데 문제는 영어의 '호텔'은 라틴어의 'hospitale'에서 왔고, 손님을 접대하는 곳이란 의미에서부터 쓰이기 시작한 규모가 큰 유료 숙박시설을 말한다. '오피스 호텔'은 표현대로라면, 사무실에서 손님을 접대하고 돈을 받고 재워주기도 하는 곳이라는 의미를 갖게 된다. 아마도 '유스호스텔(youth hostel=청소년 전용호텔)'이나 '모텔(motel=자동차 진입이 쉬운 간이 여관)' 같은 합성조어에서 본을 딴 듯하다.

그렇지만 '오피스텔'은 개인 사무실 겸 사생활의 보장을 받는 주거 공간이기 때문에 호텔의 뜻이 전혀 없고 보면, '오피스텔'이란 표현의 조어는 잘못 쓰여지는 우스꽝스러운 변칙 용어가 된 듯하다.

옥시풀
※ (하이드로전) 퍼락사이드

한 국어 사전에 '옥시풀(oxyful)'이 '옥시돌'의 상표명이라고만 설명하고 있다. 솔직하지 못한 설명이다. '옥시풀'은 일본의 '三共'이란 회사가 세제로 개발하면서 자사의 상표명으로 쓴 것이다. 미국의 세탁용 가루비누 '옥시돌(Oxydol)'에서 본떠 만든 조어다. 이것은 섬유를 살균과 표백해 주는 산화표백제(oxidizing bleach)'이고 거품을 내는 약품인 과산화수소(Oxydol)에서 붙여진 상표명이다.

'옥시돌'은 오하이오 주에 본사를 둔 The Procter & Gamble Co.에서 1914년부터 시판하기 시작했고, 1973년에 생산을 중단했다.

본래 '옥시돌'은 1818년에 프랑스의 약제사 테노르가 발명한 과산화 수소수에 안정제를 가해 살균소독과 표백용으로 쓰여진 세탁제이다.

영어로는 '하이드로전 퍼락사이드(hydrogen peroxide)'라 한다.

옥탄가 * **악테인 넘버**	자동차에 연료를 주입하기 위해 주유소에 가면 그 휘발유의 품질 표시를 위한 숫자가 표시되어 있다. 이를 흔히 '옥탄가(octane價)'라 한다. 우리가 표현하는 주유소에서 쓰이는 '옥탄가'는 휘발유의 내폭성 판정의 기준으로 사용하는 '아이소악테인(isooctane)'과 '헵테인'을 혼합하여 자동차 엔진에서 '녹크(knock)' 현상을 방지할 수 있는 정도를 수치로 나타내는 화학 용어다. 이를 영어에서는 '악테인 넘버(octane number)'라 한다. 가솔린 스탠드(개스 스탠드)의 펌프(주유기)에서 같은 숫자 표시의 옥테인을 주유했을 경우에도 석유회사의 배합 과정이 서로 다르기 때문에 그 특성은 각기 다르기 마련이다. 악테인 넘버는 그 순도에 따라 악테인 번호 87을 기준으로 하여 89를 중질, 92를 고휘발성 고급 휘발유로 취급하고 있다. '악테인 넘버' 또는 '악테인 번호'를 '옥탄가'라 말하는 것은, 일본식 표현을 그대로 본뜬 것이다.
올더 (선배) * **어헤드**	학교에서 자기를 기준으로 먼저 재학하고 있거나 졸업한 사람을 '선배'라 하고, 뒤에 재학하거나 후에 졸업한 사람을 '후배'라 말한다. 또 직장이나 단체에서 먼저 입사하거나 가입한 사람에 대해서도 선배라는 말을 쓴다. 사회적으로는 학문이나 경험 등을 기준으로 자기보다 앞서거나 나이가 많은 사람에 대하여 선배라 하고, 뒤진 사람에 대하여 후배라는 말을 쓰기도 한다. 그런데 영어에서는 선배나 후배에 대한 직접적인 표현이 마땅치 않다. 이를테면 우리는 선배를 흔히 '올더(older),' 또는 '씨니어(senior)'라는 표현을 써서 "He is my senior"라 하는데 학교 선배인 경우는 '어헤드(ahead)'가 더 적절하다. "He was five years ahead of me in college" 등으로 쓰는 것이 옳다. 더러 '칼릭(colleague)'이란 표현도 쓰지만 이것은 동료라는 뜻을 지니고, colleaguemanship이라 하

면 동료라는 이점을 강조해서 대학 등에서 우수한 인재를 초빙하는 일을 말한다. 또 '어퍼 클래스먼(upper classmen)' 이라고도 한다.

그러나 직장이나 단체인 경우에는 '씨니어' 를 쓰기도 하지만 '올더' 는 단순히 나이의 차이를 말할 때만 쓰인다. 한편 후배는 '영거(younger),' 또는 '주니어(junior)' 가 아니라 '비하인드(behind)' 란 표현이 더 적절하다.

올드 미스
* 올드 레이디

결혼이 늦은 처녀를 흔히 '올드 미스' 라고 말하는 것은 일본 사람들이 만들어 놓은 일본식 영어 표현을 흉내내는 말이다.

영어로는 '올드 메이드(old maid)' 나 '올드 레이디(old lady)' 라 해야 옳다. 그러나 경우에 따라 '올드 레이디' 는 남편이 있는 여자, 어머니라는 뜻을 지닌 속어로 쓰이기도 한다.

60년대 중반 설핑 2중창단 '잰 & 딘' 이 부른 "패서디너에서 온 리틀 올드 레이디(The Little Old Lady from Pasadena)" 는 직역하면 '패서디너에 사는 키 작은 노처녀' 란 뜻이다. 그러나 이 노래인 경우는 60년대에 미국에서 자동차 경주를 위해 불법으로 차의 엔진 파워를 올려 꾸민 이른바 스탁 카(stock car)를 몰고 패서디너에서 온 한 자동차에 붙여진 별명으로 쓴 것이었다.

올라인
* 안라인, 온라인

단말기가 호스트 컴퓨터, 즉 중앙처리장치와 통신 회로를 통해 접속되어 있는 상태를 'on-line' 또는 'online' 이라 한다. 영어로는 '안라인' 또는 '온라인' 으로 발음한다.

그런데 한국에서는 일부 방송이나 많은 사람들이 이를 '올라인' 으로 발음하고 있는 것은 잘못이다.

이것은 아마도 한글의 '표준어 규정' 의 표준 발음법 가운데서 'ㄴ' 은 'ㄹ' 의 앞이나 뒤에서 [ㄹ]로 발음한다는 동화현상을 적용하는 예에 따른 탓에서 비롯된 표현인 듯하다. 그러나 이 '소리의 동화' 규정 가운데서 '자음 동화' 를 인정하지 않거나 적용되지 않는 표현에 대한 이해는 매우 중요하다.

이를테면 '임진란'은 임질란이 아니고 [임진난], '공권력'은 공궐력이 아니고 [공권녁], '동원령'은 동월령이 아니고 [동원녕], '상견례'는 상결례가 아니고 [상견네], '횡단로'는 횡달로가 아니고 [횡단노], '입원료'는 입월료가 아니고 [입원뇨]라 발음한다.

또 사람의 이름 등 고유명칭에 대해서도 자음 동화를 인정치 않는 것이 상식이다. 이를 테면 '김관록'이란 사람의 이름은 김괄록으로 부르지 않고 [김관녹]으로 발음하고, '이진록'이란 사람의 이름은 이질록이라 부르지 않고 [이진녹]으로 발음해야 옳다. 자음 동화를 잘못 인식한 사람 가운데는 소중한 자기 이름조차도 제대로 발음하지 못하는 것은 우스꽝스런 일이 아닐 수 없다. 더구나 영어에서는 그 발음을 우리글로 옮겼다 해서 우리식의 자음동화를 적용하는 것은 있을 수 없고 또 그런 발음은 존재하지도 않는다.

'Online'을 한글로 옮겨 '온라인'이라 적고, 그 발음을 'ㄹ' 앞에 오는 'ㄴ' 받침이 'ㄹ'로 변하는 자음동화를 적용하여 '올라인'으로 소리 내다는 것은 아주 우스꽝스러워진다. 영어의 발음으로는 '안라인' 또는 '온라인'이라 분명하게 발음해야 한다.

올림픽

* **올림픽스, 디 올림픽스**

'올림픽(Olympic)'이란 용어가 우리에게는 결코 낯설지 않는 익숙한 말이 되어 있다. 그러나 정작, 이 말이 형용사일 뿐, 명사가 아니라는 사실을 모르고 쓰는 경우는 너무도 많다.

이를테면 '하계 올림픽,' '동계 올림픽,' '기능 올림픽' 등은 말이 되지만, 그냥 '올림픽' 하나만을 떼어 사용하면 말이 안 되는 경우가 많다.

'올림픽'은 올림픽 싸움(contender)에 속하는 '올림픽 게임(the Olympic Games)'을 말한다. 그리스의 펠로포네수스 반도 서쪽 평원에서 옛 그리스의 올림픽 게임이 열린 곳이 '올림피아(Olympia)'였고, '올림피언 게임(the Olympian Games)'이라 하면 고대 올림피언

경기를 말한다.

올림픽 경기를 가리키는 영어는 '디 올림픽 게임스(the Olympic Games)'라 하고 줄여서 '디 올림픽스(the Olympics)'라 한다.

올 백
* 스트레잇 백

사람의 머리칼을 양쪽으로 넘겨 빗지 않고, 뒤로 빗어 넘기는 모양을 '올 백' 머리라는 표현을 쓴다. 그러나 이런 표현은 일본 사람들이 만들어낸 일본식 영어이고, 미국 사람들에게는 통용되지 않는 말이다. 영어에서는 '스트레잇 백(straight back)' 또는 그냥 '백'이라 하기도 한다.

올드 뮤직, 올드 송
* 오울디, 오울디스

파퓰러 음악 가운데서 최근에 유행하는 '컨템퍼레리(contemporary)'에 비해 유행이 좀 지났거나 오래된 노래나 연주곡들을 '올드 뮤직'이나 '올드 송'으로 표현하는 방송 진행자들이 상당히 많다. 그러나 영어에 'old song'나 'old music'이란 표현은 없다.

대신 'oldie(오울디)'란 말이 있다. 오래된 것을 뜻한다. 특히 느낌을 갖고 있는 사람을 기준으로 보다 젊었던 시절(earlier days)에 유행하던 파퓰러 송을 의미하는 말로 많이 쓰인다. 또 'oldies'라 하면 옛 유행가, 추억의 멜로디뿐만 아니라 옛날에 만들어진 영화 작품도 말한다.

'올디스 밧 구디스(oldies but goodies)'라 하면 "옛 노래지만 지금도 듣기에 좋은 노래" 또는 "옛 것이지만 지금도 좋은 것"을 뜻하는 관용어로 많이 쓴다. 따라서 올드 송, 올드 뮤직은 '올디스,' 또는 '올디스 밧 구디스,' '올디 밧 구디' 등의 표현으로 쓰는 것이 옳은 표현이 된다. '올디스 팝,' '클래식 락' 같은 표현은 일반적이다.

그러나 여기서 '구디스(goodies),' '구디(goody),' '구디(goodie)'만을 떼어 표현하면 옛 것이건 최근의 것이던, 시대에 관계없이 무엇인가 특별히 매력 있고 즐거움을 주는 좋고 가질만한 것을 말한다.

따라서 '올디스'와 구디스'는 따로 떼어 표현하면 모순이 되고, '올디 밧 구디' 처럼 하나의 이디엄으로 써야만 옛 것이지만 지금도 좋은 것이라는 뜻이 되는 점에 유의할 필요가 있다.

와이드 쇼
* 롱 폼 쑈

레디오나 TV 등 방송에서 보통 2시간 이상 특별히 편성하여 방송하는 프로그램을 흔히 '와이드 쑈(wide show),' 또는 '와이드 프로그램'이란 표현을 한다. 그러나 이런 말은 미국 등 영어권의 방송 용어에도 없는, 일본에서 만들어 쓰고 있는 일본식 영어 표현이다.

한국에서 발행된 한 '방송 대사전'에서도 "라디오나 TV의 장시간 프로그램을 말하는데 TV의 경우 보통 45분 이상, 라디오의 경우 24시간을 계속해서 방송하는 경우가 있다"고 풀이하고 있다. 물론 한국식 방송 관용어를 설명한 데 그친 표현일 것이다.

미국에서는 특별(special), 또는 기획(featured)된 단일 프로그램을 예외적으로 2시간 내외로 특별 편성하는 포맷을 '롱 폼(long form)'이라 표현한다. 이 말은 미국 국세청(IRS)에서 연간세금 보고의 세부목록을 작성하는 과정에서 만들어진 슬랭 형태의 용어에서 비롯되어 일반화되었다.

참고로 시간(time)은 길거나 짧은 것(long or short)이지, 결코 좁거나 넓은 것(wide or narrow)이 아니라는 개념이 적용되어야 하는 표현이다. 따라서 방송 프로그램이 시간상으로 긴 시간 편성이라면 '와이드'가 아니라 마땅히 '롱'이 되어야 함은 물론이다.

와이샤츠
* 드레스 셧, 셔트

남자들이 정장을 하고 양복 저고리 안에 입는 셔츠를 '와이샤츠'라 말한다. 그 빛이 희건 푸르건 검건 모두 와이샤츠다. 그러나 이 말은 일본 사람들이 만들어낸 영어다. 대개 정장 안에 입는 셔츠가 흰빛이 많은 데서 착안하여 '화이트 셔트(white shirt)'라 쓰고, '호와이또 샤쑤'라 발음하다가 '와이샤추'로 와전된 것이다.

그러나 양복 저고리에 받쳐입는 셔츠는 흰색뿐만 아니라 경우에 따라서는 노란색이나 하늘색 분홍색에 보라색 등, 다양하게 선택하여 입을 수도 있어서 굳이 '흰 셔트'로 제한할 수는 없는 노릇이다.

미국에서는 이를 '드레스 셧(dress shirt),' 또는 그냥 '셧트'라고 말하는 것이 일반적이다. 또 연미복 등 예복 안에 받쳐입는 가슴에 주름을 넣어 디자인된 것은 '스트라이트 셔트(striped shirt),' 하늘색은 '블루 셔트' 등으로 표현하기도 한다.

영어에서 'shirt'는 '셧'으로 발음하고 2벌 이상의 것은 'shirts(셧스)'로 구분하여 발음한다. 이 때 shirt를 샤츠, 또는 셔츠로 발음하지 말아야 하고, 복수 형태를 취한 shirts는 결코 '셔츠'나 '샤츠'로 발음해서는 안 된다. 어미의 '-ts'가 발음기호 'tʃ'가 아니기 때문이다.

| 왁찐, 왁신 | 어떤 종류의 전염병[역병]에 대하여 인공적으로 면역을 길러주는 일을 예방접종이라 하고, 그 예방접종에 쓰이는 '면역원'을 '왁찐,' 또는 '왁신'이라 부르는 경우가 많다.
| * **백신, 백시네이션** |

그러나 이 말은 독일어의 'vakzin(박씬=박친이라 발음하지 않음)'을 일본 사람들이 들여다 쓰는 과정에서 '왁찐'으로 와전하여 표기하고 발음하는 것을 우리가 그대로 따라서 쓰고 있는 표현이다.

영어로는 '백신(vaccine)'이지만, 그 행위는 '백시네이션(vaccination)'이라 한다.

| 요트 | 요트라면 놀이나 경기를 위한 작은 돛단배 정도로 알고 있는 것이 우리들의 일반적인 상식이다. 길이가 3m 정도 되는 갑판이 없는 소형 돛단배 정도로 인식되어 있다.
| * **야트** |

이 정도의 배는 영어에서는 '요트(yacht)'라 하지 않고 '쎄일보트(sailboat)'라 한다. 영국에서는 '쎄일링 보트(sailing boat)'라 하며 줄여서 그냥 '보트(boat)'라 부르고 있다.

또 한국이나 일본에서 표현하는 작은 보트로 경기용에 쓰이는 것은 '딩기(dinghy)'라 하고, 노를 젓는 보트는 '로우 보트(row boat),' 영국에서는 '로우잉 보트(rowing -)'라고 한다.

406

영어의 '요트(yacht)'는 오락이나 여가를 위한 항해, 오락이나 경기 등 비상업적 목적으로 만든 범선(sailing vessel=쎄일링 베이설)'을 말한다. 대개 길이가 4m가 넘는 대형이 보통인데 마치 일반 가옥의 '맨션'에서 사는 것처럼 갑판과 선실이 따로 있는 호화선을 뜻하기도 한다.

'요트'는 본래 네덜란드어 '야흐트(jacht)'에서 왔는데, '야흐트'는 사냥배, 또는 해적을 추적하는 배라는 뜻에서 비롯되었다. 영어로는 '요트'가 아니고 '야트'라 소리낸다.

한편 우리가 쓰고 있는 '요트 경기'니 '요트 경기장' 따위의 말은 잘못된 일본식을 본받은 것이고, 영어에는 없는 표현이다.

우먼 리브
* **페미니스트**

한동안 여성 평등권을 부르짖는 이른바 '여성 해방 운동'이 사회적으로 활발하게 전개되던 때가 있었다. 이런 여성 운동을 하는 사람을 흔히 '우먼 리브'라고들 했다.

우리가 쓰고 있는 '우먼 리브'는 영어의 "여성 해방 운동"이란 뜻의 '우먼스 리버레이션(woman's liberation)'의 약칭인 '우먼스 립(woman's lib)'이 결코 '우먼 리브'가 아니고, 그런 운동을 하는 사람을 가리키는 말은 더욱 아니다.

'우먼 리브'라는 말은 일본에서 'woman's liberation'을 들여다 일본식 표기로 바꾸는 과정에서 '우먼 리브'라 쓰고 발음해 오고 있다. 또 그것은 그대로 한국의 사회나 미디어에서 즐겨 사용하고 있기도 하다.

그런데 여기서 '우먼 리브'는 일본 사람들이 '- liberation'에서 앞 음절만을 잘라내어 '우먼 + 리브'의 형태를 취하여 사용하고 있는 것은 한국에서 일본의 그 번역 표현 그대로를 도입하여 '우먼 리브'로 활용하고 있다.

영어로 '페미니스트(feminist)'는 여성 해방 운동을 하는 이를 가리키고, 정치, 경제 그리고 사회활동에서 남녀차별 없이 평등하다는 이론이라는 말로도 쓰인다.

그런데 한국에서 남자들이 여성 옹호자임을 나타낼 때, '페미니스트'라 말하는 것은 일본 사람들이 잘못 받아들여 쓰고 있는 표현을 한국에서 그대로 본떠 쓰고 있는 표현이고, '여성에 대하여 부드럽고 친절한 남자'라는 뜻과는 거리가 멀다.

우향우, 좌향좌
* **페이스 롸잇
(렙트)**

학도 호국단이라는 시스템이 중·고등학교에 설정된 것은 8.15 해방 이후부터였다. 현역 위관급 군 장교가 각급 학교에 한두 명씩 배속되어 학생들에게 군사 훈련을 시켰다.

맨 처음 시작되는 구호가 "차렷"이고 "쉬어," 그리고 "우향우," "좌향좌"다. 군에 입대하여 맨 처음에 벼락같은 명령이 바로 "차렷"이고 이어 "우향우," "좌향좌"이다.

여기서 우향우, 좌향좌라는 구호는 익혀져 버렸기 때문에 그저 그런 군사 구령이구나 하겠지만, 가만히 생각해 보면 이게 도무지 이상한 말이 아닐 수 없다.

순수한 우리말로 풀어 보면 "오른쪽을 돌아(서)," 또는 "왼쪽으로 돌아"일 것이다. 그러면서 뒤로 돌아서라는 구호는 "뒤로 돌앗"이다.

'우향우, 좌향좌'가 이상한 것은 까닭이 있다. 바로 일본 군대에서 쓰고 있는 구호 그대로를 번역해서 써 왔기 때문이다.

일본 군사 용어 가운데 오른쪽으로 도는 호령(號令)으로 '右向け右'라 하고, 왼쪽을 도는 호령은 '左向け左'라 한 것을 그대로 음역화하여 '우향우,' '좌향좌'가 된 것이다.

생각하기에 따라서는 그저 넘어갈 수도 있겠지만 다른 것도 아닌 군사 용어 가운데 가장 기본적인 호령에서까지 일본 군사 구호를 그대로 번역해서 아직까지도 그대로 쓰고 있다는 사실은 이제 수정할 때가 되지 않았나 생각된다.

영어에서는 우향우는 '페이스 롸잇(face right),' 좌향좌는 '페이스 렙트(face left)'로 쓴다.

| 운전기사 |
| * 쇼퍼 |

자동차를 운전하는 것은 기능에 속하지 않고, 작업에 속한다. 따라서 자동차 운전을 하는 사람은 운전 기술자가 아니고, 운전을 하는 사람일 뿐이다.

자동차에 관련된 기술을 제공하는 이는 운전하는 사람이 아니고, 메이커에서 조립하는 사람, 정비나 수리를 하는 사람을 말한다.

따라서 자동차를 운전하는 사람은 어떤 형태든지 운전기사가 될 수 없고, 단지 운전자 또는 운전사일 뿐이다. 더구나 일부 국어사전에서처럼 '택시기사'가 택시 운전사를 대우해서 부르는 말이라 주석한 것도 억지스러운 표현이 아닐 수 없다.

한국에서는 자가용 승용차나 택시를 운전하는 사람이나 버스나 트럭을 운전하는 사람 등 고용 운전직을 갖는 사람에 대하여 운전기사란 말을 관용화하고 있는 것은 잘못이다. 한국에서 이런 사회 현상은 바로 직업에 귀천을 심하게 가려 왔던 한국 전통 사회 문화에 문제가 있었고, 미국이나 유럽에서는 어떤 어려운 일이나, 비록 남들이 천하게 보는 직업까지도 일단 맡았으면 철저하게 직업에 대한 의식을 강하게 표출하고 책임감 있는 결과를 즐긴다. 이것에 비하면 우리는 사회 계층으로 보아 하층계급에 속하는 직업 운전사나 고용 운전사에 대한 비하나 천대하는 경향이 아직도 뚜렷하다.

그래서 이런 하부 계층에 대하여 사회가 후대한다는 취지에서 불필요하리 만큼 미칭(美稱)으로 붙여주고 있다. 운전기사를 비롯해서 간호사(간호부), 환경미화원(청소부) 등 부자연스러운 호칭들이 난무한다.

운전하는 사람이란 표현은 일본에서 애초 자동차 운전의 계기가 제공되었던 일본 사람들이 '운전수(운뗀슈)'로 쓰던 말에서 온 것이다. 영어로는 '드라이버(driver)'라 하는 것은 잘 알려져 있고, 택시 운전사는 '택시 드라이버,' 트럭 운전사는 '트럭 드라이버,' 자가용의 고용 운전자는 '쑈우퍼(chauffeur)'라 한다. 독일어에서는 '아우토파러(autofahrer, 여자는 autofahrerin)'이라 하고, 프랑스어로는 '쇼피르(chauffeur)'라 표현한다. 이탤리어로는 '아우티스타(autista)'라 하고 트럭이나 택시 운전사는 '아우티스타 디 피앗싸(autista di piazza 또는 -camion)'라 부른다. 스페인어로는 '쵸페르(chofer)'이다. 트럭 운전사는 '쵸페르 데 까미온(chofer de camion)'이라 표현한다. 또 라틴어로는 '아우리가,' 그리스어는 '헤니오코스,' 러시아어로는 '바디치리' 라는 각기 다른 표현들이 모두 운전자를 말하는 표현들이다.

운전사
* **쇼퍼**

자동차를 운전하는 사람에 대한 호칭을 두고 우리는 여러 갈래로 표현을 하면서도 명확한 구분을 하지 않아 더러 헛갈리는 경우가 많다. 우리의 입장에서 보면 자동차나 자동차를 운전하는 사람에 대한 계기나 지식은 일제시대부터 비롯된 것이 사실이다. 이 때문에 대부분의 자동차 관련 기술 용어나 관련 용어들의 대부분이 일본식 표기이거나 일본식 발음, 또는 일본식 영어 표현을 그대로 본받은 경우가 많다. Automobile인 경우도 한자를 인용하여 표현할 때, 중국은 이를 '기차(汽車)'라 하고, 일본에서는 '자동차(自動車, 지토우샤)'라 한다. 우리가 쓰는 '자동차'라는 표현이 일본에서 만들어진 한자 숙어임은 물론이다.

또 이를 조종하는 사람을 일본 표현으로 '운전수(運轉手, 운뗀슈)'라 하는 것을 우리도 오래 동안 '운전수'로 써 왔다.

그런데 일본에서는 운전자(運轉者)와 운전수, 그리고 운전사(運轉士, 운뗀시)를 명확하게 구분하여 사용하고 있다. 즉 운전자는 차량을 운전하거나 물리적으로 제어하는 사람을 말하는데 영어로 '드라이버(driver)'에 해당하는 말로 쓴다.

운전수는 자동차를 운전하는 것을 주목적으로 하여 고용된 운전자를 일컫는다. 또 사람이나 화물을 실어 나르는 운송업이나 그런 기관에 종사하면서 운전을 주업무로 하는 사람을 말한다. 그러니까 택시 운전자, 회사 소속 고용 운전자, 공공기관에 고용된 운전자 등이 바로 '운전수'가 된다. 영어로는 '쇼퍼(chauffeur)'에 해당한다.

영어의 '쇼퍼'는 자가용이나 리무진 또는 영업용 차를 운전하기 위해 고용된 사람을 말한다.

한편 배를 운전하는 승무원이나 트랙터 등 작업용 특수 차량을 운전하는 사람은 이를 운전사라 표현하기도 한다.

한국에서 남용하고 있는 '운전기사'는 일본의 경우 운전수와 운전사를 통틀어 지칭하는 표현처럼 사용되고 있다.

영어에서 택시 운전자는 '택시 드라이버(taxi driver)'라 한다. 지하철이나 전차를 운전하는 사람은 '모터맨(motorman),' 열차(기차)를 운전하는 사람은 '엔지니어' 또는 '엔진 드라이버,' 움직이지 않거나 엘리베이터 등 같은 자리만을 오가는 기계를 운전하는 사람은 '오퍼레이터(operator)'라 한다.

그러니까 우리식으로 표현하는 운전자를 굳이 구분하자면 자기 차를 운전하는 등 일반 운전자는 '운전자(드라이버)'라 하고, 자가용 고용 운전자(쇼퍼)나, 영업을 목적으로 고용되었거나 그런 일을 하는 운전자는 '운전사'로 구분하면 조금은 명확해질 듯하다. 고용 운전에 대하여 무조건 '운전기사'라는 어설픈 칭호를 달아 부르고 있는 표현은 아무래도 사리에 어울리지 않는 불필요한 겉치레 용어라는 느낌을 갖게 한다.

| 워밍 업 | 운동선수가 시합에 들어가지 전에 가벼운 몸 운동이나 연습 운동을 하는 일을 '워밍 업(warming up)'이라 한다. 또 외부 기온이 낮은 시기에 자동차를 시동한 후 엔진이 어느 정도 데워질 때까지 기다리는 일도 '워밍 업'이라 한다.
| * **웜 업** |

그러나 이를 명사로 쓸 경우에는 '웜 업(a warm up),' 또는 '웜압(warm-up)'이라 한다. 미국에서는 이를 '와맢'처럼 발음하는 점에 유의해 두자.

| 워싱턴 | 미국의 수도 Washington, D.C.를 우리는 '워싱턴 디씨'로 발음한다. 미국 서부 태평양 연안 북단에 자리한 State of Washington도 '워싱턴
| * **와싱턴** |

주'로 적고 소리낸다. 미국 초대 대통령 George Washington도 '조지 워싱턴'으로 표기하고 그렇게 소리낸다.

그러나 정작 Washington, D.C.에서 이 도시의 이름을 우리처럼 '워싱턴'이라 발음하는 이는 극히 드물다. '와싱턴'처럼 들리게 소리내기 때문이다. 정확하게는 '우오싱턴'처럼 소리내고 '와싱턴'에 더 가까운 소리를 낸다.

와싱턴이 사람의 이름으로 쓰인 것은 영국에서부터 비롯되었다. 옛 영어에서 'Wassinatun'로 불리웠던 일이 있었다. 처음에는 'Wassa' 또는 'Wessyng' 부족이 뿌리내리고 사는 땅의 이름과 settlement라는 뜻의 'tun'을 합성하여 변형시킨 이름이 된 것이다. 그리고 뒤에 Washington이라는 지명이 되었다.

19세기 초 미국이 영국으로부터 독립을 쟁취하기 위해 싸웠던 혁명전쟁(일본식으로 독립전쟁) 때 George Washington 장군의 이름과 화가 Washington Irving 등의 이름이 세상에 널리 떨치면서 이 무렵 '와싱턴'이란 이름이 유행했었다.

그 뒤 한동안 이 이름의 인기가 시들하다가 20세기에 들어와서는 더욱 떨어져 별로 쓰이지 않는 이름이 되었다.

워크숍
* **워샵**

어떤 큰 집단이나 작은 단체 또는 조그마한 회사의 모임 등에서 '워크숍(workshop)'이란 행사가 자주 등장한다. 'workshop'은 영어로 일터, 작업장, 직장 또는 가정의 공작실을 뜻하는 명사이다. 문학이나 예술작품으로는 창작 방법을 뜻하기도 한다. 한편 집단의 구성원의 출석자가 활동에 자주적으로 참가하는 방식으로 연구 집회를 말하기도 한다.

그리고 교직원 등의 연구 집회이거나, 어떤 일을 체험해 보기 위한 강습회 정도로 또 작업장, 공장, 합숙에 미술관과 식물관 등에서 실시하는 체험 견학을 의미하기도 한다.

'워크숍'은 'work shop'처럼 떼어 쓰지 않고 'work-shop' 또는

'workshop' 처럼 한 단어로 표현하면서 발음은 우리처럼 '워크숍' 이라 하지 않고, '웍샵' 에 가까운 소리가 제격이다. '워크숍' 은 아무래도 일본식 표기에서 영향을 많이 받은 듯하다. 'ワークショップ' 로 쓰고 '와쿠숍뿌' 로 소리낸다.

워트슨
* **왓선**

서양 이름 가운데서 Watson을 우리는 대부분의 사람들이 '워트슨' 이라 표기하고 그렇게 발음한다. 'Watson' 은 미국에서 34만2천15가구가 쓰고 있어서 74번째로 많은 이름이다.

원래 이 이름은 영국인과 스코틀랜드인 사이에서 쓰여진 'Watt(와트)' 가 미국에서는 주로 뉴잉글랜드 지역에서 'Watson' 으로 변형된 것이다. 'Watson' 의 미국 발음은 '워트슨' 이 아니고 '왓선' 이 된다. 이 이름을 가진 명사 가운데는 노벨상을 받는 미국의 생물학자 James Dewey Watson(제임스 듀이 왓선)이 있고, 아일랜드 이민 가정의 아들로 컴퓨터의 명문 IBM사의 기초를 다진 미국의 실업가 John Thomas Watson(잔 타머스 왓선), 또 영국의 시인 Sir William Watson(윌렴 왓선 경) 등이 있다

원룸
* **스튜디오, 원룸 어파트먼트**

학생이나 독신자 전용으로 쓰기 위해 설계되거나 개조된 방 하나에 욕실, 화장실(경우에 따라서는 제외)과 세면대가 설치되고 거실과 침실을 겸한 한 칸 짜리 아파트 구조를 '원룸 맨션' 이라 부르는 이들이 많다. 그러나 이것은 일본식 영어 표현이다.

영어로는 '스튜디오(studio),' 또는 '원룸 어파트먼트(one-room apartment)' 라 한다.

원맨 카
* **원맨 버스**

노선 버스 운전사가 보조원(조수)이나 차장의 업무까지 혼자서 겸하는 방식의 운행을 '원맨 카' 라 하는 이들이 있다. 그러나 영어에 이런 표현은 없는 일본에 만든 일본식 영어 표현이다. 더구나 여기서 '카' 라 하면 일반적으로 승용차를 뜻한다. 영어로는 '원맨 버스(one-man bus)'라 한다.

지금은 버스 차장이 없는 한국의 일반버스나 좌석버스가 이 '원맨 버스'에 해당한다. 여기서 '카(car)'는 버스와 트럭을 제외한 일반 승용자동차를 뜻하는 말로 한정하는 점에 유의를 해둘 필요가 있다.

특히 미국에서는 '카(car)'나 '오토(auto)'는 주로 승용차에 한하여 사용하고 있는 점에도 유의하자.

원 박스 카
* 밴

'원 박스 카,' '투 박스 카' 또는 '쓰리 박스 카(three box car)'란 표현을 자주 듣는다.

자동차 차체의 구성이 하나의 상자형으로 만들어졌으면, '원박스 카(one box car)'라 하고, 엔진 칸(engine compartment)과 승객 칸(passenger cabin)으로 나뉘어져 있으면 '투 박스 카(two box car),' 그리고 엔진 칸, 승객 칸, 그리고 짐 칸(trunk), 이렇게 3개의 칸으로 나뉘어 있는 형식을 '쓰리 박스 카'라는 것이다.

그러나 원, 투, 쓰리 박스 하는 표현은 영어에서는 쓰이지 않는 일본식 자동차 용어임을 알아야 한다. 물론 미국에서 '쓰리 박스 카'라 하면 무슨 말인지 알아듣지를 못한다.

영어에서 차체에 칸막이가 없이 하나의 상자처럼 생긴 것은 '밴(van)'이라 한다. 밴은 하나의 덮개로 된 차량을 말하는데 이를테면 이사 가구나 물건 또는 동물 등을 싣는 큰 트럭이나 트레일러를 말하기도 하고, 소형 용달 트럭 같은 작은 상자 모양의 차를 말하기도 한다. 또 최근에는 문이 2개, 또는 4개 달린 승객용 한 칸짜리 차를 '밴'이라 말하기도 한다.

밴 가운데는 엔진 컴파트먼트(엔진룸이라 하지 않음)가 실내에 설치된 것도 있지만, 이를 최소화하여 차 앞쪽에 돌출시킨 것도 있다. 이를 구분하기 위해서 일본에서는 1.5박스니 1.3박스 카라는 식으로 이름하기도 한다.

엔진 컴파트먼트와 패신저 캐빈(승객실)에 칸막이가 드리워진 형식은 '스테이션 웨건(station wagon)'이라 한다. 요즘 유행하고 있는 다목적 경승용 트럭인 '스포트 유틸리티 비히클'도 여기에 속한다. 이를 일본에서는 '투 박스 카'라 부르는 것이다.

또 일반적으로 엔진 컴파트먼트와 캐빈 스페이스, 그리고 트렁크 룸 등, 3개의 칸으로 드리워진 것은 '씨댄(sedan)'이라 한다. 한국에서 관용화되다시피 한 '세단'은 일본식 발음의 일본식 표현이어서 원래의 영어 발음인 '씨댄'으로 바꾸는 것이 마땅할 듯 하다.

원어민
* 네이티브 스피커

요즘 영어를 배우는 열풍이 일면서 영어의 발음이나 회화에 있어서 영어를 공식어로 쓰는 나라 사람을 가리켜 '원어민(原語民)'이라는 표현을 쓰는 이들이 많이 있다. 한 말로 '원어민'이라는 말은 사리에 맞지 않는 잘못된 한자 표현이 아닐 수 없다.

왜냐하면 원어라는 말 자체가 어떤 특정한 언어에 있어서 그 본디의 말을 옮겨 쓰거나 수정한 부분에 대한 말의 모어(母語)를 말한다. 그러기 때문에 특정한 언어를 구사하는 본고장 사람이라 말하는 것과는 달리, 자칫 원주민 = 미개인쯤으로 떠올리는 뉘앙스를 주는 묘한 표현이 되고 있는 듯한 인상이 짙다.

'원어(原語)'는 본래의 말에서 변한 것에 대한 오리진(origin)을 뜻한다. 국어 사전에서는 "번역하거나 고치거나 한 말의 본디의 말이라 했고, 원말, 밑말이고 한자 표현으로는 역어(譯語)"라 표현한다고도 했다.

'원어'는 영어에 the original word (language)에 해당한다. 따라서 '원어민'이라 하면 현재 사용하고 있는 번역된 말이나 틀린 말의 원말을 쓰는 사람이라 억지 해석할 수 있을지 몰라도 그런 표현에 해당하는 영어도 없다.

영어에서 본디 태어났거나 어려서부터 사는 곳에서 쓰는 모어(母語), 또는 공식어 또는 토속어를 쓰는 이를 가리킬 때 '네이티브 스피커 (native speaker)'라 한다. 영어를 쓰는 경우는 'native speaker of

English' 라 한다.

옥스퍼드 영어 사전(2001년판)에서 native speaker를 "a person who has spoken the language in question from earliest childhood"라 풀이하고 있다.

그러나 혹 미국 사람을 지칭할 때 'native American'이라 하면 그건 미국에서 태어나 미국 영어를 구사하는 사람이 아니라, 미국에 본래 살고 있던 인디언을 뜻하는 말이 된다.

또 '오리지널 아메리컨'이란 말도 사리에 맞지 않기 때문에 쓰지 않는 것이 바람직하다.

원피스
* **드레스**

부인이나 여아용의 의상 가운데서 웃옷과 스커트가 붙어 있는 긴 옷을 '원피스'라 한다. 이 말은 일본에서 만들어진 일본식 영어로 영어를 쓰는 나라에서는 '원피스,' '투피스' 같은 영어 단어만 나열한 영어는 통하지 않는 잘못된 표현이다.

영어의 'one piece'는 한 조각 또는 일부분이라는 의미의 형용사일 뿐이다. 영어로는 '드레스(dress)'라 하고 좀 길이가 길면 '롱 드레스(long dress)'라 한다. 한편 저고리와 스커트가 따로 떨어진 것을 '투-피스'라 하지 않고 '수트(suit)'라 해야 옳다.

웨스트 빽
* **웨이스트 포치**

여행자들이 벨트식의 미니 백을 허리에 차는 것을 '웨스트 빽'이라고 부르는 이들이 많다. 핸드백처럼 어깨에 메거나 손가방은 아무래도 거추장스럽고 여행중 나들이에 간편하게 휴대하기도 불편하다. 그렇다고 한창 유행하고 있는 백팩을 메자니 이 또한 번거롭다.

그래서 고안된 것이 허리춤에 간편하게 차고 다니는 미니 백이 등장했고 널리 사용되고 있다. 마치 40년대에 초등학생들이 책을 보자기에 싸서 허리춤에 동여매고 등하교하던 모습이 연상된다.

이를 '웨스트 빽'이라 말하는 것은 일본 사람들이 영어 단어를 억지로 꿰어 맞춰 만든 일본식 영어이기 때문에 미국이나 영어권 나라에서 통할 리 만무하다. 영어로는 '웨이스트 포치(waist poach)' 라 해야 한다.

웨하스
* **웨이퍼스**

굵은 손가락 크기의 부드럽고 달콤한 과자를 '웨하스' 라 부른다. 어린이들이 즐겨 먹지만, 환자의 대용식이나 노약자들도 좋아하는 값싸고 맛있는 과자다.

'웨하스' 는 밀가루나 설탕, 계란 등을 섞어 만든 반죽을 얇게 굽고 그 사이에 크림 등을 넣은 샌드위치 형태의 장방형으로 자른 과자를 말한다. 그러나 '웨하스' 는 일본에서 만든 표현이고 일본식 발음이다. 영어로는 '웨이퍼스(wafers)' 라 한다.

위즈 키드
* **휘스 킷**

특별히 총명한 젊은이가 유능하고 성공한 경영을 도모한 경우 이를 'whiz kid' 라 말하는데, '위즈 키드' 라 표현하면 완전히 극동식 발음이 되어 버린다. 영어에서는 '휘스 킷' 으로 발음된다.

이 말은 1940년부터 1945년 사이 미국의 레디오에서 "The whiz kid of network programming" 이란 크위스 프로그램에서 사용되기 시작하면서 비롯되었다.

원
* **비에너**

유럽 중부에 있는 나라 '오스트리아' 의 수도 이름을 '윈,' '위엔나,' '빈,' '비엔나,' '비에너,' '비너' 등 여러 가지로 표현하고 있어서 어느 표현이 옳은지 혼란스럽다.

이 도시의 현지의 원 표기는 '빈(Wien)' 이고, 빈의 사람을 '비이너(Viener)' 라 한다. 다뉴브 강변에 인구 1백여 만 명의 유서 깊은 이 도시를 영어로는 '비에너(Vienna)' 로 표현한 것은 이 도시의 옛 이름 '빈도보나(Vindobona)' 에서 변형된 것이다.

그러나 '윈,' '위엔나' 로 표현한 것은 일본식 발음이다. '빈' 의 영어 표현은 '비에너(Vienna)' 인데 '비엔나' 로 발음하지 않는 점에 유의하여야 한다.

윈도 * **윈도우스**	미국의 세계적 최대의 컴퓨터 소프트웨어 회사인 '마이크로삽트(Microsoft)' 사가 개발한 '윈도우' 시스템은 그 버전을 낼 때마다 '윈도우스 95,' '윈도우스 98,' '윈도우스 Me,' 그리고 '윈도우스 XP' 등의 브랜드를 쓰고 있다. 즉, '윈도우' 에 복수형을 쓰는 것은 단순한 수의 개념이 아니라 하나의 등록상표로 보아야 한다. 따라서 한국에서처럼 이를 '윈도우95' 니 '윈도우98' 하는 식으로 '-s'를 삭제하거나 생략해서는 안 된다. 한 때 'Windows'의 한글 표기를 두고 '윈도,' '윈도우,' '윈도우스,' '윈도우즈' 등을 놓고 옳은 표현을 고르는 문제를 놓고 이론이 분분했다. 단순히 '윈도우(Window)' 라 하면 디스플레이의 표시 화면상의 독립된 복수의 작은 화면을 표시하는 기능을 말한다. 또 2종류 이상의 다른 문장 등을 동시에 표시하기 위한 윈도우 기능이 있다. 그러나 문제는 고유 명칭으로 '윈도우스'라 해야 하는 점과 '-s'의 소리도 'ㅈ'가 아니라 오히려 'ㅅ'에 가까운 소리를 내는 점에 유의해야 한다는 점이다. 'Windows XP'는 '윈도우스 XP'가 가장 근사한 원음 표현이라는 생각이다.
원샷 * **바텀스-업**	한국인의 음주 문화는 가히 세계적인 특성을 갖고 있다고 자랑하는 술꾼들이 있다. 우선 독한 술을 거침없이 마시기를 즐기고, 그것도 모자라 맥주와 양주를 섞어 마시는 이른바 폭탄주를 좌중에서 의무적으로 돌리는 악습도 자랑처럼 여기며 취해야만 직성이 풀린다고 역설하는 친구들이 많다. 1950년대와 60년대 초반까지만 해도 클럽에서 양주를 병 채로 놓고 마시는 경우는 거의 없었고, 잔 술 (a shot) 위주로 칵테일이나 스트레잇 잔을 마시거나 나눴다. 그 때 취하기를 즐기는 이들은 맥주만 마시니 배만 부르고, 그러다가

양주의 잔 술만 들다보니 배가 고프고, 이를 반복하다 보니 섞어 마신 술로 곤드레만드레 취해 버렸다는 일화를 심심치 않게 되뇌이던 시대가 있었다. 이렇게 맥주와 양주잔을 번갈아 가며 섞어 마시는 일은 '샷 앤드 비어(shot and beer)'라는 유행어도 나왔다.

독한 소주나 양주 잔을 숨도 안 쉬고 단숨에 마셔야만 쾌남이고 술이 센 사람으로 호기를 부리는 이들도 있다. 그 독한 잔 술을 마시면서도 안주조차 먹지 않는 걸 자랑처럼 여기며 이를 '깡술'이란 표현을 하기도 한다. 아마도 강주(强酒)에서 와전된 표현이 '강주'가 되었고, 그 강세어조로 '깡술'이 된 듯도 하다.

하여튼 술잔 밑바닥을 비우는 단숨에 마시기를 '원샷'이라 하는 말은 사리에 맞지를 않는다. '원샷(one shot)'은 양주 한 잔을 채운 상태를 말하기 때문이다.

이런 경우는 잔의 밑바닥까지 다 마셔 잔을 비운다는 뜻으로 '바텀스-업(bottoms-up)'이란 표현을 쓴다. 그 발음은 '바텀스 압'처럼 들린다.

한편 일본말 표현 '칸파이(乾杯)'가 바로 '바텀스-업'에 해당하다 물론 한국 표현 '건배'는 일본식 한자를 음역한 말이다.

윈도 브라시
＊ **윈드실드 와이퍼**

자동차의 앞 차창 닦개를 흔히 '윈도 브라시'라 부르는 이들이 많다. 또 '윈도 크리너'로도 부른다. 그러나 이런 말들은 모두 일본에서 만들어 쓰고 있는 일본식 영어를 한국에서 그대로 본받아 쓰고 있는 잘못된 표현들이다. 더구나 영어 사전에는 'window cleaner(윈도우 클리너)'라는 말조차 없다.

앞 차창을 미국에서는 '윈드실드(windshield),' 영국에서는 '윈드스크린(windscreen)'이라 한다. 그리고 차창 닦개를 와이퍼(wiper)라 부르고, 차창에 닿는 러버(고무)는 칼날이라는 뜻의 '블레이드(blade)'로 표현한다.

그러니까 블레이드까지 달린 앞 창닦이의 일체를 이를 때는 '윈드쉴드 와이퍼'라 한다. 또 추운 지방에서 운행하는 차들에서 자주 보는 헤드 램프에 설치한 와이퍼는 '헤드램프 와이퍼,' 뒷 차창에 설치한 것은 '리어 와이퍼'라 한다.

윙커
* 턴 시그널, 블링커

자동차가 도로에서 정지했다가 진행을 시도할 때, 진행 중에 방향을 바꾸고자 할 때마다 그 방향쪽에 설치된 황색(또는 적색) 점멸등을 작동하는 방향 지시등을 흔히 깜박이, 깜박등이라 하고 영어 표현으로 '윙커(winker)'라고도 한다. '윙커'는 일본에서 일상적으로 관용화된 표현이다.

그러나 '윙커'는 구식 영국 영어에서 쓰던 말이고, 요즘에서 '인디케이터(indicator)'라 말하는데 이를 미국에서도 가끔 그런 표현을 쓴다. 방향 지시등을 미국에서는 '턴 시그널(turn signal)'이라 표현하는 것이 일반적이고, 속칭으로 '블링커(blinker)'라 한다.

한편 앞쪽의 '블링커'는 공기저항을 줄일 목적으로 전조등과 일체로 된 램프 하우징에 세트되는 경우도 있는데 이를 '프론트 컴비네이션 램프(front combination lamp),' 또는 '프로젝터 램프(projector lamp)'라 하고, 뒤쪽의 것은 '리어 컴비네이션 램프'라 부른다.

유니폼(싸커)
* 킷, 스트립

특정한 단체나 그룹이 일체감을 뜻하고 전통성을 나타내기 위해서 똑같이 디자인된 옷을 입는데 이를 유니폼(uniform)이라 한다. 유니폼에는 너와 나의 차이가 없이 획일적인 모습이 특징이다.

어떤 유행 요건이 발생하면 비판이나 검증보다는 남보다 먼저 유행 감각에 쫓으려는 의식이 팽배한 사회에서는 너도나도 그 유행 감각에 사로잡혀 급기야는 그런 모습 일색의 패션을 구사하게 된다.

한국에서인 경우, 새로운 요건이 나올 때마다 너도나도 우루루 흉내내기에 열을 올리는 경우가 많다. 개성보다는 모방 심리가 강한 사회 병리적 현상이란 느낌을 강하게 받게 한다. 그래서 한국 문화를 빗대어 '유니폼 문화'라는 말도 나옴직하다.

운동선수, 특히 싸커에 출전하는 선수들은 모두 짧은 바지(shorts)에 소매가 짧거나 아예 없는 셔트를 입고, 싹스(목짧은 양말)를 신게 된다.

이런 복장도 넓은 의미에서 유니폼이라 말할 수 있다. 그러나 싸커에서는 그라운드에서 직접 뛰는 선수들이 입는 옷을 '키트(kit),' 또는 '스트립(strip)'이라 표현한다.

그리고 선수들이 대기하거나 이동할 때 입는 수쓰(양복)나 저고리 윗호주머니에 로고를 넣은 스포트 재킷인 '블레이저' 등도 모두 여기에 해당될 수 있다.

유대인

＊ **유다이아인, 이즈리어라이트**

이스라엘, 이스라엘 사람을 한때 '유태,' '유태인'이라 하다가 최근에는 '유대,' '유대인'으로 바꿔 표기하고 있다.

이스라엘의 옛 유다이아(Yudaea) 왕국을 일본 사람들이 한자 표현으로 '猶太'라 쓰고 '유다야'로 발음한다. 이 한자 표현을 한국에서 음역하다 보니까 '유태'가 되었던 것이다. 그런데 뒤늦게 '유태'가 일본 한자 표기에서 연유됨을 알고는 '유대', '유대인'으로 고치기는 했지만, 아무래도 자연스럽지 못하다.

'유다이아(Judea)'는 기원전 10-6세기에 있던 왕국이고 그 민족을 일컫던 옛 이름이었고, 1948년에 팔레스티나에 이스라엘 공화국을 세운 뒤, 이스라엘, 이스라엘 사람(이즈리어라이트)으로 표현하고 있기 때문이다.

이런 숙명적인 민족과 땅, 그리고 국가의 독립에 얽힌 이스라엘인 유다이아와 팔레스티나는 그래서 지금도 피비린내 나는 싸움이 그치지 않고 있다.

유대를 영어에서는 '주디즘,' '주데이즘(Judaism),' 또는 '쥬(Jew)'는 유대인, 또는 헤브루 사람이나 유대교 신자를 말하는 명사이고, '쥬이쉬(Jewish)'는 형용사로 '유대인의, 유대교의'로 표현한다.

그리고 이 국가의 공식 명칭은 '메디나트 이스라엘(Medinat Israel)'

영어로는 '스테이트 어브 이스리얼(State of Israel),' 줄여서 '이스리얼(Israel)'이라 부르고 이스라엘 사람은 '이즈리어라이트'라 한다.
결국 종전에 우리가 표기하던 '유태'나 '유대' 모두 적당치 않다는 점에 유의할 필요가 있다.

유모어, 유머
* **휴머**

일부 국어사전에서 '유머(humor)'는 익살스런 농담이나 해학이라고 정의하고 있다. 그러나 실제의 뜻은 그보다 좀 점잖은 뉘앙스를 품고 있다. 즉, 사람의 마음을 상하게 하지 않을 정도로 고상한 웃음을 자아내게 하는 재치를 말한다. 또 지적인 윗트를 담은 완곡한 표현으로 웃음을 자아내게 하는 기지 있는 말씨를 말한다. 그러니까 '익살스런 농담'이라는 하급스런 표현은 잘못된 것임을 알 수 있다.

'Humor'는 '휴머'로 발음되고 더러 '유머'라 하는 경우도 가끔 있다. 그러나 '유모어'라 표현하는 것은 일본식 발음 '유모아'에서 흉내낸 잘못된 소리가 된다.

미국 사람들은 만나는 사람이나 공식적인 회합에서까지 이 '휴머'를 잘 구사해서 좌중을 웃기면서 명랑한 분위기를 곧잘 만든다. 이것이 '경박한 익살스런 농담'이 아니라 지적 요소를 바탕으로 한 '센스 있는 윗트(wit)'라 표현하는 것이 옳다. 그런 재치와 지성을 갖춘 사람에 대하여 '쎈스 어브 휴머(sence of humor)'가 있다는 표현도 많이 쓴다.

유야무야
* **베이그,
인디사이시브**

동아가 낸 국어 사전에서 '유야무야'라는 표제를 "있는 듯, 없는 듯 함; 부사적 용법으로 흐지부지한 모양"을 일컫는다고 풀이하고 있다. 또 민중서림 국어 사전에서도 "있는지 없는지 흐리멍덩함; 흐지부지하게 처리함"이라고 주석을 달았다.

이들은 모두 한자로 有耶無耶라 쓰고 있는데 그 흔한 중국의 고사에도 이런 표현은 없다. 다만 일본에서 사물이나 어떤 일이 있어도 그만 없어도 그만이라는 말로 'うやむや(우야무야)'란 표현의 한자음이

비슷한 글자를 주어 맞춘 일본식 한자 표현이다.

이것을 한국에서 다시 한국식 한자 읽기로 옮긴 것이 '유야무야'가 된 것이다. 다시 말하면 '우야무야'는 순 일본말이고, '유야무야'는 일본 음독 한자로 옮긴 일본말을 들여다 한자 음독을 한 것이라는 말이다.

영어로는 '베이그(vague)' 또는 '인디사이시브(indecisive)'에 해당한다.

유한 마담
* **레이저드 우먼, 레이디-후-런치**

돈이 있고 한가로운 여가를 즐기는 여자를 일컬어 '유한 마담'이라는 표현을 잘 쓴다. 이 말은 일본말의 '유칸 마다무'를 그대로 흉내낸 표현이다.

영어로는 '리저드 우먼(leisured woman, 더러 '레이저드-'),' '레이디 어브 리저(lady of leisure),' 또는 '아이들 리취 우먼(idle rich woman)'이라 한다.

한편 1970년에 상연된 브로드웨이 뮤지컬 "Company"에서 "The Ladies Who Lunch"란 노래가 있는데, 이 말이 '점심을 드는 숙녀들' 이지만 '사교계의 유한 마담'이란 의미를 담은 슬랭으로도 많이 쓰이는 말이다.

이면도로
* **백 스트릿**

도시의 간선도로를 따라 같은 방향으로 드리운 사잇길이나 골목길을 일컬어 '이면도로'라 부른다. 도시 행정을 맡은 공무원이나, 한국 레디오의 교통정보 프로그램 등에서 통신원들이 제보하는 표현 가운데 두드러지게 남용되는 표현이다.

그러나 이면도로라 하면 감추어져 보이지 않거나 골목 안 깊숙한 장소에 사람이 잘 다니지 않는 길을 뜻하게 된다. 이를 우리말로 적절히 표현한다면, '샛길' 또는 '뒷길' 등이 될 것이다.

영어로는 '빽 스트릿(back street)'이라 하고 큰길에 곁들여 있는 작은 길이거나 별로 큰 용도로 이용되지 않는 길을 '싸이드 스트릿(side street)'이라 표현한다.

이메지 다운
＊ 대미지 원스 이미지

다른 사람들에 대하여 또는 다른 사람의 인상이나 세상에서의 평판이 나빠진 상태를 두고 '이메지 따운'이라는 표현들을 곧잘 쓰고 있다. 이것은 일본에서 영어 단어 'image(이미지)'와 '다운(down)'을 짜맞춰 만든 일본식 영어이고 이것을 그대로 본받아 쓰고 있는 콩글리쉬다.

반대로 다른 사람의 인상이나 세간의 평판이 높아졌거나 향상된 것을 두고 '이메지 업'이라 한 것도 역시 콩글리쉬다.

이미지 다운은 영어의 'reputation(레퓨테이션)'을 써서 'ruin one's reputation'이란 표현이 있다. 또 'damage one's image'라는 표현도 좋겠다.

이메지 송
＊ 징글, 씸쏭

기업이나 단체 또는 집회 등의 이미지를 높일 목적으로 만드는 노래를 '이메지 송'이라 표현하는 이들이 있다. 영어의 '이미지(image)'와 노래라는 '쏭(song)'을 합성해서 일본에서 그렇게 쓰고 있는 말을 들여다 쓰는 말이다. 또 한국에서는 '로고 송'(logo song)'이란 표현도 쓴다.

그러나 이미지 송이나 로고 송 모두 영어에는 없는 우리만 쓰고 있는 잘못된 영어 표현이다. 영어로는 '징글(jingle),' 또는 '씸쏭(theme song)'이라 하면 된다.

이메지 업
＊ 임프루브 원스 이미지

어떤 사람이나 물체에 대하여 그 인상이나 세상의 평가가 이전보다 더 좋아졌거나 높아진 현상을 두고 '이메지 업(image up)'이란 표현들을 곧잘 쓴다. 평판이 나빠지고 있다는 '이메지 다운'에 상대적으로 쓰는 말일 것이다.

그러나 이런 말은 바른 영어 표현이 아닌 일본에서 만들어 쓰여지고 있는 일본식 영어를 한국에서 그대로 답습해서 사용하고 있는 잘못된 표현이다.

어떤 상태를 유지하다가 진일보되었다면 '인크리스 이미지'가 될 것이고, 'The image has improved' 라고 해도 된다. 'change one's image' 나 'The image has changed' 라고 해도 좋을 것이다.

이미지 체인지
* **룩 디퍼런트**

다른 사람이나 특수한 상품에 대하여 기존 인상에 대하여 새롭게 보이도록 인상을 고치는 의미로 '이미지 체인지'라는 말을 쓴다. 또 사람이나 특정 상품의 겉모양이나 이름, 또는 스타일이나 설계 등을 변경하여 세상에 대하여 좋은 평가를 받도록 꾀하는 일을 의미하기도 한다. 영어에서 이런 말은 쓰지 않는 표현이고 일본식 영어를 본받은 말이다.

영어로는 'change one's image,' 또는 'look different'가 적절하다.

이미지 캐릭터
* **커머셜 마들
(모델)**

기업 등이 회사나 자사의 상품에 대한 소비자에 대한 인상을 보다 좋게 하기 위하여 광고 선전에 쓰는 사람(모델)을 흔히 이미지 캐릭터라는 표현을 쓰는 이들이 있다. 단순히 광고 마들이어도 충분한 의미를 굳이 '이미지 캐릭터'라는 말을 써야 유식한 외래어를 구사했다고 생각할지 모르지만, 이 말 자체가 영어도 아닌 괴상한 표현임을 알고 나면 씁쓸할 것이다.

영어의 '이미지(image)'와 '캐릭터(character)'를 합성해서 만들어 쓰고 있는 일본식 영어에서 배워 온 어설픈 표현이다.

여기서 캐릭터는 명사로 물건의 특징이나 특질성을 뜻하고, 개인이나 국민의 성격, 품성, 기질, 국민성, 인격 등을 나타낼 때 쓰인다. 보통 인물에 대하여 쓸 때는 자격이나 지위 평판이나 명성을 뜻하고, 연극이나 소설 등에서는 등장 인물을 뜻하기도 한다. 만화의 주인공역의 특성을 두고 말할 때도 쓰인다.

그런데 최근에 이르러 일본에서 커머셜 퍼슨(광고에 동원되는 인물)에 대하여 캐릭터라는 말을 'キャラクター(캬라쿠타)'라 남용하는 것

을 한국 미디어에서 그걸 본받아 필요 이상으로 애용(?)하는 느낌이다.
한편 기업의 특정 상품의 이미지를 높이기 위해서 쓰는 젊은 여성 모델에 대하여 '이메지 걸(image girl)'이라는 표현도 쓰는데 이 말도 콩글리쉬다.
영어로는 단순히 '커머셜 마들(commercial model)'이라 한다.

이탈리아
*** 이털리, 이탤리**

유럽의 지중해에 길게 돌출한 나라 '이탈리아나'를 한국과 일본에서는 '이탈리아'로 즐겨 표현하고 있다. 현재 사용하고 있는 공식 명칭인 '레푸블리카 이탈리아나(Repubblica Italiana=이탈리아나 공화국)'는 1948년에 성립했다. 이를 줄여서 '이탈리아나'로 부르고 있다.
옛날 남부의 카라브리아 지방에 '이탈루스(Italus)'라 부르는 종족이 있었는데, 이들이 목우를 숭배해 왔다. 이를 라틴어로 'Vitulus,' 'Vitello'라 했는데, '비테리아(Vitelia)'로 변했고 다시 '이탈리아(Italia)'로 변했다. 그러니까 '이탤리'는 일반적으로 일컫는 전통적인 지명이지만, 이 나라의 공식 명칭은 '이탈리아나'라 해야만 옳다.
이탤리말로 'Italia'는 영어에 '이털리(Italy)'에 해당하고, 'Italiano(이딸리아노)'는 이탤리 사람을 가리킬 때 쓴다.
이탤리를 독일어로는 '이탈리엔(Italien),' 프랑스어로는 '이딸리(Italie),' 영어로 '이털리(Italy)'를 미국 구어로는 '이럴리' 또는 '이를리'로 발음하는 점에 유의해 두자.
이 책에서는 관용 표현인 '이탤리'로 표기한 점에 이해를 구한다.

인 (in)
*** 드라이브 스루**

'먹도널드(McDonald)'나 '켄터키 치컨(Kentucky Chicken)' 등 신속 주문 간이식당 등을 일컫는 '이터리(eatery)'에서 차를 탄 채 음식을 주문하고 받아가는 방식을 미국에서는 '드라이브 스루(drive thru)'라 한다. 스루(thru)는 through의 약칭이다. 이전에 많이 쓰였던 '드라이브-인 레스터런트'라는 표현은 거의 사라졌다.
여기서 Italy와 eatery는 자칫 혼동하기 쉽지만, 나라 이름 '이털리'는 첫 음절이 짧고 액센트를 주어 발음하는 데 비해, 간이 식당 '이터리'의 첫 음절을 '이이터리' 처럼 길게 발음하면서 '이러리' 처럼 소리내어 구분한다.

그런데 한국에서는 이 '드라이브 스루' 를 단순히 '인(in)' 이라고만 표시하고 그렇게 사용하는 간이 식당들이 많다. 이것은 일본에서 일부 사용하고 있는 표현으로 옳지 않은 표기이다. 'IN' 이라고만 표시를 하면 '속에' 또는 '안쪽' 이라는 뜻인지 분간이 안된다.

혹 영어의 'in a car' 라 하면 차를 탄 채란 말은 되지만 그렇다고 그 말의 줄임말로 사용되는 것도 아니다. 또 들어가는 입구라고 한다면 그것은 '엔트런스(entrance)' 가 되어야 할 것이고, 출구라면야 '엑싯(exit)' 이 된다.

어설픈 일본식 영어들을 분별 없이 도입하여 즐겨 쓰는 일은 세계화의 장애요소일 뿐이다.

인도어 골프장
* 드라이빙 레인지

골프 인구가 크게 늘어나고 대중화되면서 골프 클럽 마련과 골프 연습장이 생활의 한 부분으로까지 여겨지는 시대가 되고 있다. 골프 연습장쯤 한번 안가면 대화에서 소외되는 듯한 느낌이 들 정도로 일반화되었다. 그런데 우리는 골프 연습장은 '인도어(in-door)' 라는 말을 많이 쓴다.

하기야 대개 실내에 꾸며진 간략한 골프 연습실도 있기는 하지만 대부분 야외 공간에 그물을 치거나 200야드가 넘는 긴 레인지가 마련된 시원스런 연습장도 많다. 당연히 아웃도어(out-door) 골프 연습장인 셈이다.

'인도어 골프' 라는 말은 일본에서 'インドア ゴルフ(인도아 고르후)' 라 표기하고 실내 골프 연습장이라 쓰는 일본식 영어 표현을 그대로 옮겨다 쓴 말에서 비롯되었다. 영어로는 '드라이빙 레인지(driving range)' 라 한다.

인프라 (기간산업)	기간산업이란 말이 자주 쓰인다. 한 한글 사전에서는 "일반 산업의 성쇠에 중대한 영향을 주는 화학, 제철, 기계, 조선 공업이나 광공업 등 중요 산업을 뜻하는 명사"라 했다. 그리고 그 영문 표기는 '인프라 (infra)'라 쓰는 이들이 많다.
* **인프러스터럭쳐**	

여기에서 '인프라'는 영어의 '인프러스터럭쳐(infrastructure)'를 일본에서 첫 음절만을 잘라 '인후라(インフラ)'로 표기하고 통상 '경제 기반'을 의미하는 단축 일본어로 쓰고 있는 표현이다. 이를 한국에서 본받아 '인후라' 대신 'f'를 파열음으로 취급, '인프라'로 살짝 바꿔 치기한 것이다.

영어의 인프러스터럭쳐를 굳이 첫 음절만 따서 약어로 삼는다면 '인프러스' 정도가 오히려 더 근사할지 모른다. 그러나 이 말을 토막내어 쓴다는 자체가 어불성설이다.

영어의 인프러스터럭쳐는 도시구조의 기반 등의 시설이거나 장기간에 걸쳐 변화가 적은 시설물을 뜻한다. 항만시설이나 철도 또는 자동차 도로 등이 여기에 해당한다. 또 하부구조나 하부 조직을 뜻하기도 한다.

인프레	'인프레'는 단축 일본어 '인후레(インフレ)'를 본떠서 만든 억지 로마자 표현이다. 물론 영어에 '인프레'라는 말은 존재하지도 않는다. 인프레는 '인플레이션(inflation)'에서 첫 음절을 잘라 쓴 표현임을 알 수 있다.
* **인플레이션**	

인플레이션은 팽창이라는 명사이고 일반적으로 물가가 치솟는 것을 의미하는 경제 용어이다.

한편 '인플레이션'의 반대말인 '디플레이션'의 경우도 이를 '디프레'라 표현하는 것도 일본에서 만든 단축어 'デフレ(데후레)'를 흉내낸 비속어이다.

즉 통화수축으로 물가가 내려가지만 화폐의 가치가 오르는 현상을 '디프레'라고 하는 것은 일본의 '데후레'를 그대로 옮겨 쓰는 표현이

순수한 우리말 찾기 품앗이

고, 영어로는 '디플레이션(deflation)'이 된다.

인프렌자,
인플루엔자
* **플루**

유행성 감기, 특히 독감을 흔히 '인프렌자'라 하고, 수정 표기로 '인플루엔자(influenza)'로 쓴다. 이 말은 18세기부터 쓰여진 영어의 영향이나 감화를 받는다는 뜻의 '인플루언스(influence)'에서 온 말인데, 특히 유행병이 발생할 때 쓰여진 표현에서 비롯되었다.

최근 영어에서는 간략형인 '플루(flu)'라고 쓰여지고 있다. 이를테면 독감에 걸렸다는 표현으로 "I caught (the) flu(아이 코옷 플루)"라 간단히 말한다. 또 독감주사를 '플루 샷'이라 한다.

인터폰
* **인터캄**

같은 건물 안에서 또는 가까이 떨어져 있는 사람들 사이에서 서로 기계적 통화가 가능한 통신 시스템을 흔히 '인터폰(interphone)'이라 한다.

그러나 인터폰은 오피스나 스테이션 사이에 설치된 전화 설비 시스템을 일컫는 말이다. 그러나 일반적으로는 '인터캄(intercom)'이라 한다.

인테리
* **인트렉추얼**

지식이나 지식인 또는 지식 계층을 가리키는 말로 '인테리'라는 말을 쓴다. 이 표현은 러시아말 '인텔리겐씨아(intelligentsiya=일본식 발음은 '인테리겐챠')'의 머리 음절만을 잘라 쓴 일본식 표현에서 본뜬 것이다. 본래 인텔리겐씨아는 19세기 러시아 제정시대에 서구 자유주의를 신봉하는 사람들을 가리키는 말로 쓰였다. 영어로는 '인트렉추얼(intellectual),' 또는 '웰 에듀케이티드 퍼슨(well-educated person)'이란 표현이 일반적이다.

한편 '하이브라우(highbrow)'나 '에그헤드(egghead)' 등의 표현은 지식인을 경멸하는 뜻으로 쓰이기 때문에 사용을 삼가는 편이 좋을 듯 싶다.

인테리어	주택의 실내장식을 흔히 '인테리어'라고 하는 것은 일본식 발음이고, 약칭이다. 영어로는 반드시 '인티리어 디자인(interior design)' 또는 '인티리어 데커레이션(interior decoration)'이라고 한다.
* **인티리어 디자인**	

한편 옥외 장식이나 자동차의 차체 꾸밈을 일컫는 '엑스테리어'도 '익스티리어 디자인(exterior design)'으로 표현한다.

임포	남성의 성적인 불능 상태를 일컬어 흔히 '임포'라고 한다. 이것은 영어의 '임퍼턴스(impotence)'의 머리 음절만을 잘라 만든 일본식 표현이다. 성적 쇠약 또는 성적 불능남자는 '임퍼턴트'라 하는데 이 말은 독일어의 '임포텐쓰(impotentz)'에서 유래했다.
* **임퍼턴스**	

1998년 봄에는 미국에서 성행위 1시간 전에 복용하여 효험을 얻는 의약품이 FDA에서 승인을 받은 '바이애그러(Viagra)'의 출현으로 전세계가 떠들썩한 큰 화제를 부르기도 했다.

일리노이스	미국의 50개 주 가운데 1818년에 21번째 주가 된 'Illinois'는 24번째로 넓고, 인구는 5번째로 많다. 이 주에는 중부에 대초원이 있어서 '대초원의 주(Prairie State)'라는 별명을 갖고 있다.
* **일러노이**	

인디언 부족 가운데 일리니(Illini) 종족의 이름을 프랑스 사람들이 어미에 복수형 '-ois'를 붙인 이름이라 전해지고 있다. 이를 '일리노이스'라 발음하면 잘못이다. 프랑스식 발음으로 어미의 '-s'는 묵음이기 때문에 '일리노이'로 발음하지만, 현지 미국 발음으로는 '일러노이'로 부른다.

주 정부는 인구 10만5천 명인 '스프링필드(Springfield)'에 있지만, 미국에서 3번째로 큰 '쉬카고(2백 89만 6천여 명)'가 있고, 로마신화의 서광의 여신의 뜻을 인용한 '오로라(Aurora),' 인구 15만 명의 공업도시 '롹포드(Rockford)' 등이 있다.

임마누엘	'임마누엘'은 그리스의 대예언자 이사야가 예언한 옛 이스라엘 백성들이 크게 바라던 메시아(Messiah), 즉 구세주의 이름이 '임마누엘(Immanuel)'이다. 그리스어로 "신은 우리와 함께 계시다"의 뜻이다. 이 이름을 기독교인들은 'Jesus Christ'로 해석하고 있다. 또 'Immanuel'은 남자의 이름(given name)으로 많이 쓰이기도 한다.
* **이매뉴얼**	

영어로는 '이매뉴얼', 독일어로는 '이마누엘' 등으로 표현하는데, 원어에서나 영어, 독일어, 또는 로마자를 쓰는 나라의 표현들에서 '-mm-'의 경우 '임마'가 아니고 m자가 겹칠 때 하나만을 소리내어 '이마-'로 발음되는 점에 유의할 필요가 있다.

따라서 우리가 표기하고 발음하는 '임마누엘'이 아니고 '이매뉴얼'이라 해야 옳다.

임포머샬	'임포머샬'이란 말을 자주 듣는다. 물론 '인퍼머셜'의 와전된 표현이다. 한 신문사에서 발행한 시사용어 사전에서 '인포머셜'은 "상품이나 점포에 관한 상세한 정보를 제공하여 소비자의 이해를 돕는 광고 수법인데, 'information'과 'commercial'의 합성어"라 설명하고 있다. 그러나 추상적인 해석이다.
* **인퍼머셜**	

인포메이션(생활정보)과 커머셜(광고)의 합성어임에는 틀림없지만, 레디오나 텔러비전에서 특정 광고주가 자사 상품 선전을 목적으로 프로그램을 만들어 일반 프로그램처럼 진행하는 상업광고 프로그램의 형태를 말한다. 이 인퍼머셜(informercial)은 대개 5분을 넘겨 10분 또는 15분짜리로 편성되는 것이 보통이다.

한편 일부 한국의 언론학자들은 '인퍼머셜'이 방송 진행자가 프로그램을 진행하면서 직접 광고를 전하는 일이라고 잘못 해석하고 있기도 하다.

| 자이언쓰 | 미국 야구 메이저리그의 샌 프렌시스코 '자이언쓰(Giants)'를 '자이언츠'로 표기하거나 발음하는 것은 잘못이다.
| * **자이언쓰** | |

영어 교육 과정이나 일부 미디어에서 영어 단어의 최후에 오는 중자음이 '-ts'가 되면 이를 무조건 '- 츠'로 발음하는 것은 발음기호 가운데 'ʧ'가 'ㅊ'음과 비슷한 무성 자음이라는 등식을 일반 단어에서까지 적용하는 난센스에서 온 오류다.

영어에서는 '- ts'가 한글 표현으로 '츠'가 되는 일은 없다. 따라서 'Giants'는 '자이언츠'가 아니라 '자이언쓰'로 발음된다.

'자이언쓰'는 1883년에 창설되어, 홈을 캘리포니아 주 샌 프렌시스코에 두고 프렌차이스 스테이디엄은 '버쉬 메머리얼 스테이디엄(Busch Memorial Stadium)'이다.

| 자일 | 등산에서 쓰는 굵고 강인한 줄을 '자일'이라 하는 것은 독일어에서 비롯된 말이다. 독일어에서 'seil'은 굵은 망, 끈, 등산용 로우프, 운동용 새끼줄 등을 뜻하는 포괄적인 뜻으로 쓰고 있다. 독일어 'seil'의 발음은 '차일'도 아니고 '자일'도 아닌 '싸일'에 가까운 소리를 낸다.
| * **로우프** | |

등산용 줄을 영어로는 '클라이밍 로우프(climbing rope),' 이를 줄여서 단순하게 '로우프(rope)'라고도 부른다.

| 작꾸
| * **지퍼**

재킷(점퍼), 또는 남자의 바지 앞이나, 여자의 스커트 등에 여닫게 만든 물건을 우리는 흔히 '작꾸' 라고 말해 왔다. 작꾸는 일본식 영어의 '착쿠' 가 와전된 표현이다. 일본에서 '착쿠(chack)' 는 일본의 개폐기 상사가 개발한 상표의 이름에서 비롯된 것이다.

그러나 이 '착쿠' 도 영어로는 통하지 않는 일본식 표현이다. 영어로는 '지퍼(zipper)' 또는 '스라이드-패스너(slide-fastener)' 라고 해야 옳다.

한편 지퍼의 상표에 'XYZ' 가 있는데 이것은 'Examine Your Zipper(당신의 지퍼를 살펴보세요)' 의 약자이고 무의식 중에 지퍼가 열려 있을 수 있는 일에 대한 주의를 담고 있다. 친구나 주변 사람 가운데 바지 앞의 지퍼가 열려 있음을 모르고 있을 경우 살짝 "XYZ(엑쓰 와이 지이)를 살피세요"라든지 "XYZ!" 라고 귀띔을 해 주는 일도 좋은 조언이 될 것이다.

| 잠바
| * **재킷**

길이가 짧고 가벼운 코트를 우리는 모두 '잠바' 라고 부른다. '잠바' 는 일본식 영어 표현이다. 즉 일본에서는 영어의 'jumper' 를 'ジャンパー(쟌파)' 라 옮겨 쓰는 과정에서 'ジャンバー(쟌바)' 로도 쓰면서 착용감이 편한 활동적인 상의, 작업복, 스포쓰복, 나들이에 입는 옷으로 받아들였다.

영어에서 'jumper' 는 도약하는 사람이나 도약 선수를 일컫기도 한다. 영국에서는 모직물로 몸의 윗 부분과 팔을 보호하기 위해 감싸도록 만든 옷의 일종을 말하는데 두터운 스웨터와 같은 뜻으로 쓰이고 있다.

그러나 jumper를 미국에서는 팔이 없는 셔츠 위에 덧입는 드레스를 뜻하는 말로 쓰고 있는데 영국 영어로는 소매 없는 원피스 에이프런 드레스인 '피너포어(pinafore)' 에 해당한다.

하여튼 이런 영어를 일본에서 들여다 겉에 입는 두툼한 상의를 일컫는 말로 썼고, 한국에서 그 말을 그대로 옮겨 쓰는 과정에서 '쟌파'

또는 '쟌바'가 '잠바'로 바뀐 것이다.

최근에는 일부 사람들이 '잠바'가 일본식 용어이고 발음인 듯하니, 이를 '점버,' 또는 '점퍼' 등으로 고쳐 표기하자는 이들도 있다.

한국에서 발행된 국어 사전(동아)에서 "점퍼란 품이 넉넉하고 활동적인 웃옷; 꾸밈새에 따라 놀이용으로, 또는 운동복이나 작업복 따위로 이용된다"고 풀이하고 있다. 일본의 국어 사전과 똑같은 해석이어서 혼란스럽다.

한편 '점퍼 스커트'가 소매 없는 웃옷과 한데 붙은 스커트, 어린이, 여학생, 젊은 여성이 많이 입는 것이라고 했다. 그러나 영어에는 jumper skirt라는 말이 없다. 이 말 역시 일본에서 만든 일본식 영어 표현(ジャンパースカート=쟌파 스카토)이고 일본 사전에 그렇게 주석을 달아 놓은 것이다. 또 그들은 이를 '쟌수카'라 잘라 붙여 약어로도 쓰고 있다.

jumper를 영국에서는 노동자들이 작업을 할 때 입는 웃옷으로 사용은 하지만 미국에서는 여성이 브라우스나 스위터 위에 걸치는 소매 없는 옷을 말한다.

영어에서 일체의 웃저고리는 '재킷(jacket)'이다. 우리가 말하는 잠바도 재킷이고 양복 저고리도 재킷이라 부른다.

한편 우리가 통틀어 '잠바'라 부르는 것들 가운데서 얇은 것은 '윈드 브레이커'라 부르고, 지퍼와 스냅-패스닝 탭이 붙어 있고 방풍 방한용 캡이 붙어 있는 것은 '파커,' 스냅-패스너가 있되 허리가 잘록하고 소매끝단 대신 리빙(ribbing)을 쓴 것은 단순히 '재킷'이라 부른다. 또 우리가 흔히 '박스킨' 또는 '쌔무 잠바'라 부르는 것들은 '쉽스킨 재킷'으로 부른다.

장느
* 캐터고리

어떤 사항의 성질과 내용에 있어서 구분이 되는 영역을 '장느'라 표현한다. '장느'는 프랑스 말 'genre(장르)'에서 온 표현이다.

장르는 예술, 음악 또는 문학 등에 있어서 서로 대등한 내용이나 형태에 따른 분류를 일컫는 경우가 많다. 프랑스 표현으로는 '장르'이지만 영어에서는 '잔러'로 발음한다.

여기에 비해 영어 '캐터고리(category)'는 논리에서 범주를 뜻하고 종류, 분류, 부문 등의 뜻을 지닌 일반적인 분류를 뜻한다.

'장느'는 '장르'의 잘못된 발음이고, 영어로는 '캐터고리'가 가장 알맞은 표현이 된다.

짬뽕
＊ 찬펑

중국 음식점에서 내는 대중적인 국수 종류의 간이 식사 가운데 한국인들이 가장 선호하는 메뉴가 '우동'과 '자장면,' 그리고 '짬뽕'일 것이다.

우동은 화교들이 한국인들의 구미에 맞춰 만든 일본의 'うどん(우동)'을 흉내낸 더운 국수 종류이고, 자장면 또한 한국인들의 기호에 맞게 춘장을 볶아 삶은 국수 위에 얹어 내는 면 요리이다. 중국어의 '쯔아지앙미안(炸醬麵)'에서 왔다.

또 '짬뽕'은 걸쭉한 국물과 매큼한 맛을 좋아하는 이들에게는 인기 있는 메뉴이기도 하다.

'짬뽕'이란 말은 일본 사람들이 'ちゃんぽん(찬뽄)'이라 부른 것을 흉내낸 것이고, 그들은 중국어의 '찬펑(chan peng)'에서 들어온 말이다. 일본에서는 두 종류 이상의 것을 섞는다는 뜻으로 쓰면서 일본주와 양주를 섞어 먹는다든지, 이야기가 여러 내용을 뒤범벅으로 섞어 말하는 뜻으로도 쓰고 있다. 또 일본의 나가사키에서 향토 요리의 한 가지로 어류나 돼지고기, 또는 닭고기 등을 닭고기 국물에 말아내는 메밀국수를 말하기도 하고, 고기와 야채 등을 곁들여 중국풍의 우동과 함께 매운 수프를 가미해 끓여 내는 요리를 말하기도 한다.

한편 '찬펑'이란 중국말은 요리에서만 쓰이는 것이 아니고, 2가지 이상의 것을 섞는 것을 말한다. 이를테면 2가지 종류의 술을 섞어서 마시거나, 섞은 것을 말하기도 하고, 2개 이상의 언어를 섞어가면서 말을 구사하는 일에도 '찬펑'이란 표현을 쓴다.

짬뽕을 영어로는 한 말로 표현하기가 어렵고 '믹스쳐(mixture),' 또는 'noodle stewed with meat and vegetables' 정도로 말할 수 있다.

재 테크
* 마니 매니즈먼트

1990년대 후반부터 한국의 미디어에서 갑자기 '재테크' 라는 표현이 남용되었다. 얼핏 들으면 무엇을 뜻하는지 알 수가 없는 수수께끼 같은 말이다.

서울의 한국 종합전시장에서 "창업 및 재테크 박람회에 각종 아이디어 상품이 등장하여 관람객들의 관심을 끌었다"는 기사가 난 적이 있다. 또 한술 더 떠서 한국에서 가장 오래된 일간신문이라 자랑하는 한 신문은 아예 한 섹션의 제목에 '재 테크' 라는 칼럼란을 설정하고 있어서 더욱 놀라게 하고 있다.

더욱 놀라운 것은 일부 국어 사전에까지 '재 테크' 라는 표제어를 싣고 있는 것이다. 물론 정통 국어 사전에는 없는 말이다. 그런데 일본 국어사전을 보면, 'ざいテク(財テク=자이테쿠)' 는 '財務(ざいむ)' 와 '테크닉(technic)' 또는 '테크나러지(technology)' 의 약어인데 "기업이나 개인이 영업외 활동으로 잉여자금을 부동산이나 주식 등에 투자하여 효율적으로 운영하여 보다 큰 수익을 올리기 위한 고도의 기술적 자금 증식수단과 방법" 이라고 설명하고 있다.

즉 일본에서 財テク라는 표현을 한국에서 그대로 한자만을 음역해서 '재테크' 로 옮겨 거침없이 쓰고 있었던 것이다. 심지어 경제 섹션의 고정 제목으로까지 버젓이 달고 있었다. 그야말로 짬뽕 용어인 셈이다.

이를 영어로는 '마니 매니즈먼트(money management)' 또는 '파이낸셜 매니즈먼트' 라는 표현을 쓰면서 '부동산이나 주식 등에 투자를 통하여 재산 증식의 계책으로 투자하는 돈' 이라 말하고 있다.

째즈 음악
* 째스

째스는 미국의 흑인 사이에서 생성된 불협화음의 즉흥적 연주의 창의성을 바탕으로 한 고도의 음악 기법의 한 형태를 말한다.

한국에서는 60년대 초반까지만 해도 미국의 대중음악 전반을 '째즈'

로 표현해 버린 적도 있었다. 1990년대 중반에는 째스의 진수나 시대적 감각을 이해하지 못한 채, 90년대 초에 일본에서 한때 유행하던 아류의 째스를 무감각적이고 맹목적으로 선호한 거품 유행이 일어나기도 했다.

또 일부 음악 애호가들 사이에는 째스를 즐기는 취미가 고상한 취향처럼 여기고, 여기에 정치인이나 학자들 일부가 동원되는 어설픈 풍경도 있었다.

여기서 째스를 '째즈 음악'이라고 표현하는 것은 난센스다. '째스'라 하면 이미 음악의 한 장르의 음악 형태를 나타내는 명사이기 때문에 여기에 -음악(뮤직)이란 토를 달 수가 없는 것이다.

그러나 순수 음악인 경우에는 '크래시컬 뮤직,' 대중 음악은 '파퓰러 뮤직'이라는 식으로 음악(뮤직)을 붙여 표현한다.

전(錢)
＊ 쎈트, 선(仙)

우리나라에서 통용되었거나, 통용되고 있는 화폐의 단위는 '원(圓)'을 쓴다. 동양 3국 가운데 중국은 '위안(元)'을, 일본은 '엔(圓)'을 쓰고 있다.

한국은 한때 화폐 단위로 '환'을 쓴 적도 있지만 전래적으로 '원'을 사용해 오고 있다. 우리 돈 1원의 10분의 1단위는 '전(錢)'으로 표시한다.

그런데 미국 화폐의 단위인 '달러(dollar)'를 우리식으로 표시할 때, 그 약호(기호)인 '$'이 한자의 모양과 비슷한 '弗'자를 써서 "1달러"를 "1불"이라 한다.

1달러는 100센트이고 센트는 별칭으로 '페니(penny)'라 부른다. 5센트는 '니클(nickel),' 10센트는 '다임(dime),' 그리고 25센트를 '쿼터'라 부른다.

그런데 일부 한인들은 달러를 '원(圓)'으로 불러 1달러를 1원하는 식으로 쓰면서 1센트를 전(錢)으로 부른다. 이를테면 2달러 65센트인 경우 "2원 65전"하는 식으로 말한다는 것이다.

그러나 위에서 알았듯이 1센트는 1달러의 100분의 1이고, '전'은 '원'의 10분의 1이라는 단위를 생각해 보면 이것은 큰 모순이 아닐 수 없다. 달러의 10분의 1은 다임이기 때문이다.

미국 화폐에 대한 한자 음역은 달러를 '불(弗)'로 쓰고 센트는 '선(仙)'으로 쓰는 것이 관행이다.

한국에서야 화폐의 유통상, '전' 단위가 일상 생활에서는 거의 쓰여지는 일이 없지만, 미국에서는 '쎈트'의 단위가 화폐의 기능이나 가치에서 크기 때문에 일상적으로 쓰여지고 있다. 문제는 미국에 사는 동포들, 특히 수퍼마켓이나 리커(주류취급 잡화상), 소매점(컨비니언스토어)을 경영하는 사람들이 가격 선전에서 으레 '25불 89전,' 또는 '25원 89전' 하는 식으로 표현해 버린다.

이것들은 '25불 89선' 이라 하던지 올바로 '25달러 89쎈트'로 분명하게 표현하는 것이 바람직하다.

전기 스탠드

* **데스크 램프, 플로어 램프**

책상 위나 작은 탁자 위에 올려놓고 사용하는 축이 짧은 전기 조명기구이거나, 축이 긴 조명기구도 통틀어 흔히 전기 스탠드라고 쓰고 있다.

그러나 미국 사람이나 영어를 사용하는 나라 사람들은 무슨 뜻인지 몰라 고개를 갸우뚱한다. 영어에서는 탁자에 올려놓는 전기 조명기구는 '테이블 램프'라 하고, 축이 긴 것은 '플로어 램프'라고 구분하여 사용한다. 전기 스탠드란 일본이나 한국에서 만들어 쓰고 있는 잘못된 영어다.

한편 스탠드는 대로상의 택시 정거장을 '택시 스탠드(영국에서는 캡 스탠드)'로, 역구내의 매점을 일컬을 때도 '스탠드'라 한다. 신문 판매대는 '뉴스 스탠드'라 한다.

한편 야외 연주 무대는 '밴드 스탠드,' 책을 서서 펼쳐 보게 만든 대를 '북 스탠드,' 촛대는 '캔들 스탠드,' 극장의 특별 관람석은 '그랜드 스탠드,' 호텔에서 코트를 거는 것은 '홀 스탠드,' 스포쓰에서 홈

그라운드에서 하는 시리즈는 '홈 스탠드,' 침대 옆에 놓는 작은 탁자는 '나잇 스탠드,' 법정의 증인석이나 증인대는 '위트니스 스탠드' 등으로 표현한다.

전자 레인지
* **마이크로웨이브 오븐**

요즘 웬만한 가정의 부엌에는 전자 오븐을 하나쯤 사용하고 있다. 우리는 '전자 레인지' 또는 엘렉트릭 레인지로 부른다. 그런데 이런 말은 영어로 통하지가 않는다. 바른 표현은 '마이크로웨이브 오븐'이고 굳이 우리식으로 줄여 쓴다면 '전자 오븐'이라 하는 편이 더 가까운 표현이 된다.

'레인지'와 '오븐'은 다르다. '레인지'는 조리를 하는 화덕을 말하고, '오븐'은 상자 모양의 밀폐실에 음식을 넣고 가열하여 조리하는 기구를 말한다. 그러니까 레인지는 개방적이고, 오븐은 밀폐식이라면 쉽게 이해가 간다.

마이크로웨이브로 조리하는 기구는 레인지 형태가 아닌 오븐 형태임이 틀림없지 않는가! 이 때 '오븐'은 '아븐' 또는 '아번'처럼 들린다.

접하다
* **밋**

최근 우리말 표현에 일본식 한자어와 관용구가 은연중에 많이 침투해 있다. 그 가운데 하나가, 젊은이들 사이에서 예사로 쓰이는 "…에 접하고" 따위의 표현이다.

한자로 '接'자는 사귈 접이라 해서 "사귀다, 교제하다, 엇걸리다, 교차하다, 남녀가 성적인 나눔을 갖다, 대접하다, 대우하다, 모으다, 모이다, 회합하다, 잇다, 이어서 맞추다, 이어받다, 가까이 하다, 접붙이다, 대답하다, 웅대하다" 등의 폭넓은 뜻을 갖고 있으면서 접두어, 또는 접미어로 붙여 제 뜻을 나타내도록 쓰이는 것이 보통이다.

그럼에도 불구하고 "…접하다" 같은 단순 표현은 일본 표현의 '셋수루'란 말의 "접촉하다, 만나다, 교제하다, 인접하다, 맞붙다, 면해 있다, 잇닿다, 계속되다, 다루어 경험해 보다, 소식 등을 받다, 몸이 바싹 가까이 가다, 교접하다" 등의 뜻으로 쓰이는 말을 그대로 들여다 혼용하는 결과가 된 인상이 짙다.

우리 표현의 방법과 뜻이 서로 다른 내용들의 적절한 표현이 있음에도 이를 통틀어 '…접하다'는 식의 표현상의 혼조는 아무래도 경박해 보이면서 그 뜻의 저의가 정확히 전달되지 않는 점이 바로 미어(謎語)가 아닐까 싶다. 영어의 meet 정도의 뜻이 아닐까?

제공
* 프레센스

한자 표기로 '제공(提供)'은 국어사전에서 "바치어 이바지한다"로 풀이하고 있다. '제공'이란 표현이 우리 주변에서 친숙해진 것 가운데 하나는 기업이나 특정 사업자가 방송사에 상업광고를 하기 위해 광고에 관련된 비용을 지불하는 일을 말한다.

그리고 방송사는 이들 광고주에 대하여 "XXX 제공"이라는 표현으로 광고주의 인지(認知)를 공개한다. 그런데 여기서 쓰고 있는 '제공'이라는 숙어가 우리의 정서에 맞지 않는 일본에서 사용하는 용어를 그대로 들여다 정착된 표현이다.

일본에서는 '테이쿄우'라 발음하고, '유용하게 쓰는 일, 자유롭게 쓰는 일, 자금을 제공하거나 정보를 제공하는 일' 등의 뜻으로 관용화되어 있다. 특히 '민간 상업방송의 프로그램에 자금을 내는 일'이라 풀이하고 있다.

1954년 한국에서 민간(민영) 방송이 생겨나고, 대부분 조직과 운영, 프로그래밍에 이르기까지 일본의 것을 패턴으로 삼는 과정에서 각종 프로그램의 포맷은 물론, 방송용어들에 이르기까지 일본식 한자표현이나 일본식 영어를 마구 모방하였고, 지금까지도 그대로 관용화된 것들이 상당히 많다.

영어에서는 상업방송에 광고 자금을 내는 사람이나 기업을 '스판서(sponsor)'라 하고, 우리식의 "XXX회사 제공하는…"은 "(Co.) presents(컴퍼니 프레센스)"하는 식으로 표현한다. 이 때도 '프레젠츠'라 하지 않는다.

차라리 '제공'이란 표현보다는 "XXX사가 드리는…" 또는 "XXX사가 선사하는…" 또는 "마련해 주는…" 등으로 표현하는 것이 더 우리식이고 부드럽다는 생각이다.

제록스
* **지롹스, 카피어**

건식 복사기 가운데서 '제록스'는 가장 많이 알려진 제품이고, 건식 복사를 하는 일 자체도 "제록스를 뜬다"는 식으로까지 일반화된 말이다.

'제록스'는 복사기 제조 회사 이름이고, 복사기 자체는 '카피어 (copier)'란 말이 일반적인 표현이다. '제록스'는 'Xerox'를 일본식 로마자 읽기 그대로 옮겨 쓰는 표현법이다. 제대로의 표현은 '지롹스'가 된다. 여기서 '지-'는 '시-'에 더 가까운 마찰음이다.

'Xerox'는 미국 커넥티컷 주 'Xerox Corp.'의 회사 이름의 약칭이고 통칭이다. 그리고 전자 건식 복사기의 세계 최대 규모인 이 메이커에서 만드는 제품의 이름이다. 1937년에 체스터 카알슨(Chester Carlson)이 이러한 복사 방식을 발명한 뒤, 1945년에 사진용품 메이커 'The Holoid Co.(1906년 창업)'가 이 방식을 바탕으로 착안하여 1948년에 특허권을 따내 독점 사용권을 얻어내고 'Xerography(세라그라피)'를 낸 것이 세계 최초의 건식 복사기이다.

그리스 말로 건조하다는 'Xeros'와 사진이라는 영어의 'photography'를 합성해서 만들 표현이었다.

건식 복사기가 일반 시판된 것은 1960년에 911형이었고 같은 해 The Holios Co.는 회사 이름을 제품의 명칭과 통일하여 'Xerox Corp.'로 바꿨다. '지롹스'를 표기할 때는 고유 명칭이기 때문에 반드시 대문자를 써서 'Xerox'로 쓰는 점에도 유의해 두자.

제 5전선
* **미션 임파서블**

TV 리미티드 시리즈 "Mission: Impossible"이 1997년에는 영화로 만들어져 좋은 흥행 기록을 세운 일이 있었다. 이 TV시리즈가 한국에서는 KBS-TV가 1969년 9월부터 방영될 때, 제목을 "제5전선"이라 의역했다. 그런데 이 제목이 일본에서 그렇게 만들어 붙인 것을 한국 방송사에서 그대로 본받아 쓴 것이다.

이 TV시리즈가 최초로 방영된 것은 1966년 9월 17일부터 CBS-TV 넷 웍에서였고, 1973년 9월까지의 전편에 이어, 1988년 10월부터 1990년 6월까지 후편 시리즈가 방영되었다. 후편에서는 고정 출연진이 대부분 바뀌었지만, 짐 펠스 역으로 나온 피터 그레입스는 계속 주연으로 활동했다.

이 작품의 TV시리즈나 영화에서 모두 쓰인 랄로 쉬프린의 주제곡 또한 유명하다. 원제목 "Mission: Impossible"은 특수 요원팀이 부여받는 임무가 불가능한 상황에서 비롯된다는 스릴과 서스펜스를 주제로 하고 있기 때문이다. 우리말로는 '불가사의한 임무' 쯤 되겠다.

한국 영화계가 외화를 수입하는 과정에서 과거에는 대부분 일본에서 의역된 제명을 그대로 표방하는 사례가 많았지만, 한국 TV방송에서도 그러한 잔재는 있다.

제이 피(J.P.)
* **제이 케이(J.K.)**

영어 약어 사전에 나오는 J.P.는 '젯 프러펄션(jet propulsion), 즉 제트 추진'이란 말을 줄여 쓴 약자다. 또 공정한 평화를 부르짖는 슬로건인 'Justice of the Peace'란 말도 있다.

그러나 한국인들에게 J.P는 그보다 한 노정치인의 이름을 연상한다. 1960년대 이래, 로마자 약칭을 가장 먼저 대중화한 이름으로 기억된다. 그런데 이름의 로마자 약칭에 문제가 있다.

미국이나 유럽에서 사람의 이름에 대하여 '애칭'과 '약칭,' 그리고 '약자' 등을 구사한다. 이 가운데서 약자는 퍼스트 네임(지은 이름)' 과 미들 네임(중간 이름),' 또는 퍼스트 네임과 라스트 네임(가족의 성) 의 머리 글자를 따서 쓰는 것이 보통이다. 퍼스트 네임과 미들 네임의 약자 사용은 가족이나 친숙한 사이에서 쓰이고, 퍼스트 네임과 라스트 네임의 약칭은 사회적이고 일반적인 경우에 포괄적으로 쓰인다.

우리나라 이름 가운데 홍길동인 경우 미들 네임이 없고, '길동' 이 퍼스트 네임에 해당하고, '홍' 이 라스트 네임인 셈이다. 따라서 로마자로 굳이 약칭을 붙이자면 K.H.가 된다. 그러나 K.D.가 될 수는 없다. 왜냐하면 '길', '동' 이 아니라 '길동' 이라는 우리나라 이름의 구성 때문이다. 그러니까 길동에서 '동' 이 결코 미들 네임이 아니고 될 수도 없다는 말이다.

한편 정객들 가운데서 YS는 YK라 해야 옳고, DJ는 DK, TJ는 TP 등으로 되어야만 옳다. 우리의 이름 체계의 한자 표기음을 한 자, 한 자씩 떼어 로마자로 표기한다고 해서 3토막의 단어가 나열되는 것은 우스꽝스럽다. 이름자의 한자 표시의 두 글자는 이를 한 묶음으로 하여 표시해야 하는 건 너무도 당연한 주체적 표기가 아니던가!

로마자 약칭도 좋지만, 귀중하게 물려받은 성씨를 뚝 떼어버리고 조상이 지어준 이름마저 두 토막을 내어 서양 이름 흉내를 내는 일이야말로 주체성 없는 우를 범하는 난센스가 아닌가 한다.

로서벨트('루즈벨트'라 발음하지 않음) 대통령의 약칭은 FDR(Franklin Delano Roosevelt)'이고, 케네디 대통령의 약칭은 JFK(John Fitzgerald Kennedy)라 하는데 이들의 이름은 미들 네임이 분명히 있다. 이들의 이름을 우리식으로 FD니 JF로 부르지는 않는다.

제트 코스타	고공, 고속 회전놀이틀을 '제트 코스타'라 하는 것은 일본식 영어 표현이다. 이것은 '롤러 코스터(roller-coaster)'를 일본에서 변용해서 쓰고 있는 일본식 영어 표현이다.
* **롤러 코스터**	

미국에는 400여 개소에 롤러 코스터 시설이 있고, 10%는 캘리포니아 주에 밀집되어 있다. 캘리포니아에 롤러 코스터 시설이 되어 있는 유원지는 14군데이고 모두 41대가 설치되어 있다. 이 가운데서 로스 앤젤러스 카운티에 있는 '매직 마운틴'에만 11기가 있고, '그레잇 어메리카'에 7기, '넛스 베리 파암'에 5기, '디즈니랜드'에 4기가 있다.

가장 빠른 롤러 코스터는 1997년에 '매직 마운틴'에서 새로 만든 "수퍼맨 더 이스케이프"인데 최고 속도가 무려 160 km/h나 된다.

조끼 (덧옷)	양복의 윗저고리(재킷)와 와이셔츠(드레스 셔트) 사이에 입는 소매 없는 덧옷을 흔히 '조끼' 또는 '쪼끼' 라 부른다. 일부 국어 사전에서까지도 "배자와 같이 되고, 저고리나 와이셔츠 위에 덧입는 옷"이라고 정의하고 있다. 그런데 '조끼' 라는 말은 결코 우리말이 아니다.
* **베스트**	일본어에서 'チョッキ' 라는 외래어가 있다. 소매가 없고 깃이 짧은 동의(胴衣)라고 했는데 어원은 분명치는 않지만 포르투갈어 'jaque(자케)' 에서 온 말이 와전되어 사용되고 있다는 설명하고 있다.
	하여튼 일본식 외래어 '초키' 를 그 어원도 와전되어 사용되는 말을 한국에서는 그대로 옮겨 쓰는 과정에서 '조끼' 또는 '쪼끼' 로 또 다시 와전하여 사용한다는 사실은 아무리 생각해도 우스꽝스러운 일이 아닐 수 없다. 영어로는 '베스트(vest)' 라 한다.
조끼 (잔)	생맥주 집에 가면 500cc나 1,000cc 짜리 큰잔을 가리켜 '조끼' 라고들 한다. 그런데 이 말은 영어의 '적(jug)' 에서 비롯된 변형된 일본식 영어 표현인 것을 알고 나면 뒷맛이 씁쓸해진다. 일부 한국의 영한사전에까지 'jug' 을 '조끼' 라는 주석을 달아 놓았으니 더욱 아연할 일이다.
* **적**	'조끼' 라는 말 대신 '적' 또는 '먹(mug),' 손잡이가 달린 큰잔이란 뜻의 '탱커드(tankard)' 라 써야만 옳다.
	1940년대에 스윙의 왕자 글렌 밀러 악단의 명연주곡 가운데 "Little Brown Jug" 은 바로 작은 갈색 잔을 뜻하는 제목이었다.
조깅 코스	조깅(미식 발음은 '자깅')하기에 알맞은 길을 흔히 '조깅 코스' 라는 말로 많이 쓰고 있다. 잘못된 로마자 읽기식 극동 발음 표현이다. 영어로는 '자깅 트랙(jogging track)' 또는 '러닝 트랙(running track)' 이라 한다.
* **자깅 트랙**	

조로	17세기 스페인 통치하의 로스 엔젤러스에서 관군을 조롱하며 신출귀몰하는 쾌남 'Zorro'의 무용담을 극화한 영화와 TV 시리즈가 인기를 끈 적이 있었다. 영화 "Zorro"에서는 에프렘 짐볼리스트 2세가 열연하여 큰 인기를 모았었다. TV인 경우에는 1983년 4월부터 3개월 동안, 1989년부터 1993년까지는 패밀리 채널에서 30분짜리 리미티드 시리즈를 88회 방영했었다. 미국의 일부 TV 채널에서는 아직도 이 시리즈를 계속 방영하고 있기도 하다.
* **소로**	

그런데 한국의 TV에서는 주인공의 이름 Zorro를 '조로'라 표기하여 방영한 일이 있었다. Zorro는 스페인 사람이고 스페인어의 표기는 '소로'가 된다. 따라서 주인공의 이름은 '조로'가 아닌 '소로'가 되어야만 한다.

조수석	자동차 운전석의 옆 좌석을 두고 아직도 '조수석'이라는 말을 쓰고 있는 이들이 많다. 특히 요즘처럼 자가운전 시대에 자동차의 소유자가 운전하는 승용차에 다른 사람이 탈 경우, 운전석 옆자리가 상석이 되고 뒷자리들은 그 다음 순서들에 해당한다.
* **앞승객석,** **프론트 패선저 시트**	

그런데 상석에 앉은 사람이 조수석에 타고 있다면 이것은 매우 어색하고 잘못된 모순을 안고 있음이 분명하다.

조수석이라는 말은 50년 이전에 자동차에 자동 시동장치(밴딕스 기어에 의한 스타터모터)가 발달되기 이전에 차를 시동하려면 굴곡진 쇠막대(스타팅 바)로 차 앞에서 클랭크를 돌려줘야만 했다. 그리고 차의 고장에 대비해서 운전자가 한 사람 이상이 보조원(조수)을 운전석 옆에 태우고 다녔다. 그래서 이 앞승객석을 조수석이라 불렀다.

영어로는 '프론트 패선저 시트(front passenger seat)'이고 앞승객석이라 일컫는다.

조안 바에즈	미국의 빼어난 민요 여가수 'Joan Baez'를 '조안 바에즈' 또는 '존 바에즈'로 표기하는 미디어가 있고, 그렇게 발음하는 방송인도 있다.
* **조운 바이에스**	

마치 로마자를 이탤리어나 스페인어처럼 읽어버린 결과로 잘못 표현하고 발음한 것이다.

1941년 1월 9일, 뉴욕시의 스태튼 아일랜드 지구에서 '조운 챈도스 바이에스(Joan Chandos Baez)'로 태어났는데, 미들 네임을 빼고 Joan Baez를 예명으로 쓰고 있다. 우리에게는 "도나 도나(Donna Donna)"와 "비련의 송립천(River In The Pines)," "우리는 승리하리라(We Shall Overcome)" 등으로 친숙하고 청아한 목소리의 가수다.

그 이름의 발음은 '조운 바이에즈'이지만 '-즈'는 '스에 더 가까운 탁음이다.

조안 우드워드
* **조우앤 웃워드**

미국의 여배우 'Joanne Woodward'를 조안 우드워드로 표현한다. 일부 신문이나 외국 영화를 방영하는 TV의 자막에도 그런 표시들을 자주 본다. 이런 식의 이름 읽기는 일본식 영어 읽기에서 비롯된 표현이다.

이 배우의 바른 이름은 '조우앤 웃워드'고 '조왠 우둬드'로 들린다. 여자의 기븐 네임 'Joanne(조우앤)'은 'Joann(조우앤)', 'JoAnn(조우앤),' 'Joanna(조우애너)'와 같은 갈래의 이름이다.

존 데렉
* **잔 더렉**

1926년 8월 12일, 로스 앤젤러스의 할리웃에서 출생한 John Derek은 배우 겸 제작자이고 감독이며, 촬영 감독이고 각본 작가이기도 한 열정적인 영화인이다.

영화 출연은 1944년부터 "I'll Be Seeing You"를 시작으로 "십계명(1951)," "영광의 탈출(1960)," "타잔(1981)," 그리고 그의 부인 보 더렉과 함께 "볼레로" 등에 출연했다.

그런데 그의 이름을 로마자 표기로 '존 데렉'이라 적거나 발음하는 영화수입업자나 미디어들이 많다. '잔 더렉'이 그의 이름이다. 한편 더렉은 1998년 5월 22일 로스 앤젤러스에서 71세를 일기로 타계했다.

좋은 아침 (인사)

* **안녕(하세요), 굿 모닝**

최근 한국의 드라마에서 극중 직장에서나 일반적인 아침 인사를 나누는 장면에서 가끔 '좋은 아침' 이라 표현하는 경우를 자주 보고 고소를 금치 못한다. 아마 영어에서 쓰이는 아침 인사인 'Good morning' 의 표현을 직역해서 멋있게 말해 보이느라 그렇게 쓰는 모양으로 여겨진다. 물론 대본을 직접 쓴 작가의 대본에 의한 것이겠지만….

영어의 'Good morning' 은 '좋은 아침' 이라는 뜻이 아니라, "괜찮은 아침나절을 지내시기 바랍니다.(I wish you have a good morning.)" 아침에 안개가 잔뜩 끼어 있는 런던에서 '아, 좋은 아침!' 하고 인사를 나눌 리 만무하지 않은가? 더구나 비가 내리거나 궂은 날씨인데도 '좋은 아침' 이라 인사한다면 도무지 마땅한 표현은 더욱 아니지 않은가?

영어에서의 'Good morning' 은 좋은 아침이라는 뜻이 아니라, 단순한 아침 인사의 방법이라는 뜻이다. 그리고 오전 11시 59분까지 계속 'Good morning' 의 인사를 나눈다. 그런데도 여기에 '좋은 아침' 이 가당키나 할까? 굳이 그 뜻을 풀어 본다면, '명랑하고 건강한 오전 시간을 가지세요,' 또는 '유익한 시간을 즐기세요' 라는 뜻이 담긴 오전에 쓰는 표현이라는 것이 오히려 가까운 말뜻이 될 것이다. 따라서 'Good afternoon' 이 '좋은 오후' 하고 인사하는 것이 아니고, 'Good evening' 이 '좋은 저녁' 이 아니듯이 'Good night' 또한 '좋은 밤' 은 더욱 아니다.

이들은 '오후 시간을 잘 지나세요,' '저녁 시간이 유익하시기를 빕니다,' 그리고 '좋은 꿈을 꾸세요, 안녕히 주무세요' 라는 뜻을 지니고 있다. 이들 표현들도 '굿 모닝' 하고 어미를 꺾어 내리면, '안녕하십니까' 의 아침 인사지만, 어미를 '굿' 과 어미 '-닝' 을 다 올려 버리면 아침 시간에 쓰는 작별 인사가 되어 버린다.

한편 친한 사이의 아침인사는 'Good' 을 생략하고, 그냥 'Morning' 만으로 표현하는 것이 일반적이다.

주라기 공원	1993년 할리웃의 스티븐 스필버그 감독이 만든 "주라식 파크"가 전 세계적인 화제 속에 흥행에 성공을 거두었다. 그리고 속편이 계속 나왔다.
* **주라식 파크**	

공룡을 복제한 과학자들에 의해 띰 파크(주제 공원)에서 공룡이 탈출하여 주라 시대를 되돌린 '싸이 파이(sci-fi=공상과학)' 영화였다.

여기서 주라식을 '주라기(記)' 라 표현하는 것은 일본식 해석이고 용어다. 한국에서는 특정 시기를 '시대' 나 '대(代)' 로 표현하는 점에 유의해야 할 필요가 있다.

'주라기' 운운하는 것은 일부 무책임한 활자 미디어 종사자들이 일본의 표현들을 무조건 번역하여 옮겨 쓰는 인습에서 비롯된 표현에 지나지 않는다.

'주라' 시대는 중생대를 3분할 경우, 그 중간 시기에 해당되는데, 2억 1천2백만년 전부터 1억3백만년 전까지를 일컫는다. 이 시기에 공룡과 시조새를 비롯해서 안모나이트 등, 해생동물과 나자식물이 번성했다.

'주라(Jura)' 의 무대는 주라산맥(Jura Mountains)이다. 프랑스 동부의 스위스와 국경을 이루는 폭 60km에 길이 230km에 걸쳐 전개되는 지역이 해당된다.

주리 안두류스	음악 영화 "사운드 오브 뮤직(Sound Of Music)" 에서 열연한 영국 출신의 여배우 Julie Andrews를 '주리 안드류스' 로 발음하는 이들이 많다. 이 여배우의 이름은 '줄리 앤드루스' 라 부른다.
* **줄리 앤드루스**	

줄리어 일리저벳 웰즈로 태어나 영국에서 뮤직홀의 아역으로 성장하다가, 1952년에 미국으로 건너가 뉴욕 브로드웨이에 진출, "보이프렌드"를 시작으로 "마이 페어 레이디," "메어리 파핀스" 등에서 성공하여 명배우, 명가수가 되었다.

순 수 한 우 리 말 찾 기 품 앗 이

주어지다 * **어워드**	요즘 각종 미디어에서 '주어지다' 라는 묘한 표현이 마치 유행어처럼 쓰여지고 있다. 신문이나 방송에서 어떤 행사를 선전하거나 안내할 때, 거기에 따른 참가자나 당첨 또는 시상 대상자에게 상금이나 기념패를 주거나, 특정한 타이틀을 붙여 주는 일을 두고 '주어진다,' '상품이 주어지게 된다,' '상금이 주어졌다' 는 등의 표현이 남발한다. 그런데 여기서 '주어지다' 란 우리말에는 없는 표현이다. 그러면 어디서 왔고 무슨 뜻일까가 궁금해진다. '주어진다' 는 표현의 진원은 바로 일본어 가운데서 상을 수여한다고 할 때 쓰는 한자를 줄여 써서 '與える(아따에루)' 로 쓰고 주다. 수여하다라는 뜻으로 쓰고 있다. 그런데 '…えられた時間(… 에라레타 지칸)' 이라 했을 때 우리말로 옮기면 '주어진 시간' 이 된다. 여기서 주어지다는 말은 '주다(與)' 는 뜻이 아니고 어떤 일이나 요소, 또는 조건 등을 갖추거나 제시됨을 뜻하는 말이다. 그러니까 상금은 주는 것이고, 시간이나 기회는 주어지는 것이 된다. 따라서 항간에서 쓰고 있는 '상금이 주어진다' 따위의 와전된 어설픈 도입 표현은 마땅히 쓰지 않는 것이 좋을 듯 싶다. 요즘 한국의 일부 젊은이나 심지어 방송인들까지도 대화 습성에서 "…라고 말하다" 또는 "…우리가 남보다 잘 산다라는 사실을 긍지로 느낀다라는 생각이다." 따위로 말끝에 '…라는,' '…라고' 를 보통 말씨보다 더 강조하는 장식음처럼 붙이는 말투가 유행이다. 이른바 인용문(쿼테이션; quotation)식의 문어투 표현을 일반 회화에 적용하는 것인데 이런 말투는 일본어에서 즐겨 쓰는 언어 습성이다. 그리고 보면 이런 말투까지도 일본 말투 흉내를 내고 있다는 지적을 받을 만하다.
쥬스 * **주스**	과즙으로 만든 음료수를 우리는 '쥬스' 라고 말한다. 이런 표현은 일본식 표기에서 비롯되었다. 영어의 juice는 '주스' 라 발음한다. 주스는 천연과즙 100%를 사용한 것에 한해서 쓸 수 있는 표현이다.

그런데 우리나라에서는 인공 가공과즙이나 천연과즙의 100%에 훨씬 못 미치는 경우에도 이를 주스로 얼버무리는 경우가 많다. 탄산을 혼합한 가공 청량음료수에는 주스라는 표현을 쓸 수가 없고, '소프트 드링크,' '소더 워터,' 또는 '팝'이라고 해야 한다.

이를테면 '오린지 주스'라 하면 오렌지의 천연과즙이 100%짜리를 말하지만, 오렌지 과즙을 섞은 가공 음료수는 '오린지 팝' 또는 '오린지 소더'라고 해야만 한다.

즈봉, 쓰봉
* 팬쓰

양복의 아랫도리를 '즈봉' 또는 '쓰봉'이라고 말하는 사람들이 많다. 이 말은 프랑스어로 '쥐퐁(jupon)'이 일본에서 '즈봉'으로 와전되어 사용된 일본식 표현에서 비롯된 말이다.

본래 '쥐퐁'은 여자들의 짧은 속치마, 페티코트를 뜻하고, 스코틀랜드의 군인과 남자들이 입는 체크 무늬의 짧은 스커트(킬트)를 가리키는 말이다.

양복바지는 미국에서 '팬쓰(pants),' 영국에서는 '트라우서스(trousers)'라 달리 쓰고 있다. 또 캐주얼 차림에 입는 고급스런 바지는 '슬랙스(slacks)'라 한다. 또 '반즈봉'은 '쇼트 팬쓰(short pants)'라 부른다. '팬쓰'는 '팬터룬스(pantaloons)'를 줄여 쓴 슬랭이 관용화된 말이다.

한편 여성이 입는 아래 속옷은 '팬티'라 하고, 남자 바지는 '팬쓰'라 하는 점의 차이를 식별해 두는 것은 매우 중요하다.

증기탕
* 맛싸쥐 팔러

1990년대 중반부터 한국에서는 '터키탕'이란 간판 대신 '증기탕'이라는 표기로 바뀌었다. 종래 이른바 터키탕이 위장된 성적 서비스를 제공하는 특수 목욕 서비스업이고, 터키식 목욕탕이라는 표현이 독립된 국가에 대한 모독이라는 터키 대사관의 항의를 받아들여 개명한 것이다.

그러나 증기탕이라는 표현 자체가 지나치게 추상적이고, 급조된 적절치 못한 명칭이라는 비난이 나오고 있다. 일본에서도 1985년에 우리와 똑같은 경우를 당해 터키 대사관과 터키인들의 항의를 받아들여 '소우프 랜드(soap land),' 즉 비누 서비스업이란 묘한 이름으로 바꿔 달았다. 비누질이란 것이 벌거벗은 상태를 연상케 하기 때문인데 여성이 성적 제스쳐로 서비스하는 풍속영업을 하는 것은 퍽 오래된 일본의 풍습(?)이다.

미국에서는 이를 '맛싸쥐 팔러(massage parlor)'라 해서 '상업적으로 마사지를 제공하는 시설이 있는 업소'로 구분하고 있다. 그러나 대부분 한인들과 한인 종사자들이 상업적 마사지 제공을 가장하여 성적 서비스를 제공하는 영업을 하는 사례가 많아 자주 지탄의 대상이 되고 있다.

지구촌
글로벌 빌리지

'지구촌'이란 표현이 지나치게 남용되고 있다. '지구촌'은 'global village'를 일본에서 직역해서 한자 표기로 한 것을 한국에서 그대로 들여다 음역하여 쓰고 있는 표현이다. 그리고 '매스미디어와 교통수단의 발달에 따라 하나의 사회처럼 보이는 세계'를 말한다는 해석을 달고 있다. 이 주석까지도 한국에서 그대로 본받아 쓰고 있다.

본래 'global village'는 1968년에 마셜 맥클루언(Marshall McLuhan)과 크웬틴 피오리(Quentin Fiore)가 공동으로 집필한 "세계 사람들의 전쟁과 평화(War and Peace in the Global Village)"란 책 가운데 쓰여진 용어에서 인용된 표현이다.

이 작품에서 'global village'란 표현을 처음 썼는데 그것은 지구 마을, 또는 지구촌이란 뜻이 아니고, '세계,' 또는 지구상이라는 뜻을 우회적으로 표현한 말이다. 즉, 모든 나라와 그 나라에 속한 사람들이 서로 의존하며 살아가게 된 세계라는 의미로 사용한 것이다.

그러니까 단조롭게 통신이나 교통의 발달에 따라 생활권이 가까워져서 이웃 마을이나 한 마을처럼 된 지구라는 뜻이 아니라, 국경을 초월하여 상호 의존하는 하나의 가정(home) 같고, 한 마을에 살며 서로 좋은 이웃이 된다는 데 비유한 말이다.

따라서 'global village'는 '지구촌'이란 직역의 뜻이 아니고, 세계가 하나의 가정과 같다는 '세계 가정' 또는 '지구 가족'이란 표현이 본래의 의미이다.

일부 미디어에서 세계 각지에서 일어난 사건이나 현상을 "지구촌 곳곳에서…"라 표현하는 것은 잘못이다. 지구가 하나의 촌락이 될 수 없듯이, 지구를 마을에 빗대어 지구 마을 곳곳이라는 와전된 표현이 되어 버리고 만다. 지구가 하나의 마을 같다는 본래의 함축성 있는 표현이 무시되고 지구상에 지구촌이 이곳 저곳에 산재해 있다는 해석이 되어 본래 저자가 시도한 표현과는 너무도 동떨어진 해석과 응용이 된 것이다.

한편, 영문 보도문이나 기사에서 표현되는 'global'을 무조건 '지구촌'으로 옮기는 것도 문제. 이 표현을 창출한 저자들도 global village가 작품에서 의도와 빗나간 상업적으로 오도된 해석에 대하여 크게 실망하고 있다. 따라서 앞으로는 '지구촌'이란 표현은 사리에 맞지 않는 억지 표현이기 때문에 더 이상 사용하지 않을 것이라는 것이 저자의 설명이다. 따라서 앞으로는 '지구촌' 또는 '지구촌 곳곳에…' 등의 표현은 자제할 필요가 있다.

지그재그
* **직잭**

어떤 모습이 곧지 않고 구불구불하거나 한자의 갈지 자(之)나 로마자 지(Z)형을 나타낼 때 흔히 '지그재그'란 표현을 쓴다.

지그재그는 영어 표기 'zigzag'에서 로마자 읽기식 발음이다. 영어로는 '직잭'이라 소리낸다. 이때 직이나 잭에서 모두 'z' 발음을 구사해야 하는데 위아래 이 사이가 진동하는 소리를 내는 '스'에 가까운 점에 유념해야 한다.

G 판
* **블루 진스**

면으로 짠 작업복의 바지를 블루 진스(blue jeans)라고 한다. 정확하게는 a pair of blue jeans가 되고, jean에는 반드시 복수형을 취해야 한

순 수 한 우 리 말 찾 기 품 앗 이

다. 왜냐하면 바짓가랑이가 2개이기 때문이다.

블루 진스를 'G 판(G pan)'이라 부르는 것은 일본식 약어에서 온 표현이어서 흉내낼 것이 못된다. 여기서 'G'는 블루 진스의 영문자 jean의 첫 자의 발음을 딴것이고, '판'은 영어의 바지라는 뜻의 '팬스(pants)'의 첫 음절을 떼어 두 단어를 합성한 것이다.

징기스칸
* **샤부-샤부**

쇠고기를 얇게 썰어 끓는 물에 갖은 양념을 야채와 함께 끓여 먹는 요리를 흔히 '징기스칸'이라 말하는 것은 크게 잘못이다. 이것의 올바른 요리 이름은 '샤부-샤부'라는 일본어에서 비롯된 표현이다. '샤부-샤부'의 요리는 쇠고기 말고도 닭, 양, 돼지, 또는 어류(물고기) 등의 살코기를 엷게 썰어 조리하기도 한다.

'징기스칸'은 몽고 정복왕의 이름인데 '징기스칸 요리'는 쇠고기를 끓이는 것이 아니고, 양고기를 굽는 요리를 말한다.

징기스칸이 원정에 나섰을 때 추위에 병사들이 군량은 다 떨어지고, 먹을 것이 없는 상황이 되자, 양을 잡아 야외에 설치한 임시 화덕에 양의 고기를 되는대로 잘라 구워 먹게 하면서 병사의 사기를 높였다고 한다. 그 뒤로 몽고의 유목민들이 이런 조리 방식이 성했다고 전한다. 이것을 본떠 일본에서는 석쇠에 양고기를 구어 먹는 요리를 징기스칸이라 부르고 있다.

그러니까 요리 징기스칸은 일본식 샤부 샤부가 아니라 양고기 석쇠 구이 요리를 말하고, 한국에서 사용하고 있는 끓는 냄비에 얇게 썬 쇠고기를 야채와 함께 끓여 먹는 요리는 징기스칸이 아니고 '샤부 샤부' 요리가 된다. 영어로는 '머튼 바비큐(mutton barbecue)'라 한다.

징크스
* **징스,
재수 없는 사람(일)**

우리는 무슨 일을 할 때, 나쁜 운이 따르거나 그런 일만 하면 좋지 않은 결과를 갖게 되는 미신 같은 일을 '징크스'라 표현한다. 또 한국 이사전에서는 "재수 없는 일, 으레 그렇게 되리라고 일반적으로 생각되고 있는 일"이라 주석을 달고 있다.

453

이것은 본래의 뜻과 거리가 먼, 일본식 표현을 한국에서 그대로 본받아 쓰고 있는 잘못 적용되어 사용되고 있는 표현이다.

즉 영어의 '징스(jinx)'는 쉽게 말하면 재수 없는 사람, 불운을 몰고 오는 인물을 뜻하고 불운과 악운을 가리키는 말이다. 이를테면 'break the jinx'라 하면 운동 게임에서 늘 지다가 '악운을 깨고' 드디어 승리를 안게 될 때 쓰는 표현이 된다.

'jinx'는 희랍어 'junx'에서 라틴말 'jynx'가 되었고 "악운을 가져온다"는 뜻에서 왔다. 또 'jinx'도 '징크스'라 하지 않고 '징스'로 소리 내는 것이 옳다.

찝차
＊쥐입

'찝차'는 우리에게 상당히 관용화된 표현 가운데 하나다. 그러나 이 말은 그릇된 발음에다 겹말을 더한 버려야 할 잘못된 표현이다.

먼저 발음에서는 'jeep'이 결코 '찌프'니 '쩹' 등 된소리가 아니라 'dg'의 발음이 나오는 '쥐프' 또는 '쥐입'이 된다.

여기에 '차'를 붙였는데 'jeep'이라 하면 이미 특정한 형태의 차라는 뜻이 포함된 표현이기 때문에 여기에 '차(車)'를 덧붙이는 것은 마치 '트럭차'라는 표현처럼 우스꽝스런 겹말이 된다.

Jeep는 미군이 세계 제2차 대전 초기부터 사용한 4바퀴 굴림의 4분의 1톤급 다목적 소형차로 개발하여 야전에서 탁월한 기동력을 발휘하는 기본 수송 장비의 하나였다. 처음에는 'General Purpose Vehicle'이라 부르다가 G와 P의 이니셜만을 붙여 GP(지피)라 했고, 다시 '쥐입'으로 변한 것이다.

당초에는 Willis사가 제작하다가 American Motors가 인수했고, 나중에 Chrysler 자동차에 흡수되어 Jeep & Eagle 디비젼에서 Jeep이란 모델의 일반 민간용 다목적 4바퀴 굴림차를 개조하여 생산하고 있다.

미국에서는 이 '쥐입'을 선전할 때 '쥐이팬 이글 딜러(Jeep and Eagle Dealer)처럼 들리는 발음을 한다.

쵸코, 차코
*프렌치 초크

양복점의 재단실에서 '차코'는 필수품이다. 양장점에서도 이 '차코'는 꼭 구비되어 있다. 이것은 옷감을 재단할 때, 감을 자르거나 변형을 주어야 하는 데에 표시를 하는 색분필, 즉 초크(chalk)를 말하는 일본식 표현이다.

영어의 chalk의 제 발음인 '초우크'가 얼핏 들으면 '차아크'처럼 발음되는데, 이 말이 일본에서 와전되어 '차꼬'가 된 것이다.

영어로는 '테일러스 초크(tailer's chalk),' 또는 '프렌치 초크(French chalk)'라 한다.

차선, 차로
*레인

도시나 하이웨이의 자동차 도로에 구획된 자동차 통로를 '차선(車線)'이라 한다. 물론 일본에서 만들어 쓰고 있는 도로 용어를 그대로 들여다 본떠 쓰고 있는 표현이다.

일본에서 '車線'이란 표현을 쓴 것은 1970년 '도로 구조령'에 따라서 "일종의 자동차를 안전하고 원활하게 통행하기 위해서 설치한 띠 모양의 도로의 부분"이라 규정하고 있다. 여기서 '일종렬'이란 한 줄로 길게 늘어서는 모양을 의미한다.

그 차선의 폭은 2.75m, 3.00m, 3.25m, 3.50m 등으로 정하고 그 효용에 따라 통상주행차선, 추월차선, 등판차선, 변속차선, 교차로 등의 굴절차선, 버스전용차선, 버스우선차선 등을 둔다고 했다. 한국의 도로 규정이 대체로 일본의 그것을 모방하고 있음을 쉽게 알 수 있다.

그리고 이 차선을 구획하기 위해 노상에 페인트로 구분한 것을 '차선 경계선(lane line)'이라 했다.

그런데 최근 한국에서 차선(lane)과 차선 경계선을 모두 '차선'이라 부르는 혼란스런 표현을 막는다는 의미에서 '차로(車路)'라는 용어를 억지로 붙이는 일이 있다.

그러나 '차로' 또는 '차도(車道)'는 자동차 전용으로 쓰이기 위해서 만들어진 도로의 부분을 말한다. '차로'는 자동차가 안전하게 한 줄로 운행할 수 있도록 구획한다는 본뜻과는 달리, 차가 다니는 길이라는 막연한 뜻을 갖기 때문에 아무래도 잘못된 표현이다.

영어로는 '레인(lane)'이라 하고, 레인을 구분하기 위한 노상에 표시하는 페인트나 특정한 표시는 이를 '레인 마크(lane mark)'라 한다.

영어에서 'lane'이란 본래 울타리나 벽 또는 집 사이에 드리워진 좁은 길이나 통로를 말하는 데서 나온 말이다. 또 공로(highway)에서 모든 형태의 차들이 줄을 따라 운행할 수 있는 충분한 폭을 설정하여, 페인트로 표시한 통로를 말한다.

'레인'은 자전거 길, 사람이 걸어 다니게 구획된 통로, 수영에서 선수들이 진행하는 코스로 설정된 공간을 구획하여 간격을 표시한 줄로 표시한 코스 등을 일컫기도 한다.

참피온 컵
* **챔피언쉽 컵, 트로피**

흔히 게임이나 레이스에서 우승한 사람이나 팀에게 주는 기념컵을 가리켜 흔히 '참피온 컵(champion cup)'이라 한다.

그런데 '참피온 컵'이라 하면 컵에 챔피언의 문양을 넣었는지, 챔피언 모양을 한 컵인지 분간이 가지 않을 뿐만 아니라, 이런 영어는 없다.

시합을 통해 우승자가 받는 우승컵은 '챔피언쉽 컵(championship cup)'이라 해야 옳다. 또 '트로피(trophy)'는 행사 기념 특수 모형을 말하지만, 이런 경우 우승자에게 준 트로피라면 그것이 바로 '우승 기념물'로 풀이될 수 있을 것이다.

채널 할당
* 밴드의 채널 할당

레디오 방송국이나 TV방송국이 사용하는 전파를 흔히 '채널(channel)'이라 한다. 한국에서 발간된 한 방송 대사전에서 '채널'이란 "전파가 변조되면 그 주전파의 상하에 측파대라고 불리는 파가 발생하는데, 이때 주전파를 중심으로 하여 양 측파대를 포함한 하나의 전파대를 채널이라 한다"라고 풀고 있다. 그런데 이 문장의 내용이 일본의 한 방송 서적의 표현 그대로를 옮겨 놓은 것이어서 씁쓸하다. 그렇다 하더라도 이 설명이 실제와 좀 거리가 있다는 데 문제가 있다.

웹스터의 미디어 사전에서는 "채널이란 레디오와 TV방송국에 할당된 전파 밴드(a frequency band assigned to a radio and TV Stations)"라 정의하고 있다.

여기에서 밴드(band)란 각종 레디오에서 쓰이는 전파(signal) 사정 범위(range)를 말한다. 이를테면 AM, FM, UHF, VHF, VLF, Ham, Police, Commercial, 그리고 CB 등을 레디오 밴드라 한다.

그러니까 AM레디오의 전파를 말할 때, AM 밴드라 표현하고, FM방송인 경우 이를 FM밴드라고 표현한다. 또 경찰 전용 전파를 '폴리스 밴드', 일반적인 전파를 쓰면 '씨티즌 밴드(CB)' 등으로 표현한다.

TV인 경우에는 A와 B, 그리고 D 등의 밴드가 있는데, '밴드 A'는 1990-2500mhz 사이의 전파 범위에서 10개의 밴드를 갖고, '밴드 B'는 6875-7125mhz 사이에서 10개의 밴드를 갖게 된다. 그리고 '밴드 D'인 경우에는 12700-13250mhz 사이에서 22개의 밴드를 갖는다.

이 가운데서 AM은 대개 문자로 방송국 고지를 하는 반면, FM은 주파수의 수치만을 고지하는 경우가 일반적이다. 또 TV인 경우에는 채널번호만을 주로 쓴다.

그러니까 특정한 지역의 전파를 관장하는 행정부서가 하나의 레디오나 TV방송국에 대하여 전파의 사용을 허가할 때, 특정 밴드에서 간섭되지 않는 채널을 할당해 주게 된다. 이 때 '채널'과 '밴드'라는 표현에 차이가 생긴다.

불행하게도 한국 방송학계에서는 매우 중요한 '밴드'라는 표현은 도외시한 채, '채널'이란 용어만으로 일관되게 사용하고 있다.

따라서 전파 관리 당국이 라디오나 TV방송국에 전파를 할당하는 것은 채널 할당이 아니고, 밴드의 채널을 할당하는 것이라 해야 옳은 표현이 된다.

철쭉꽃 피는 언덕
* **블루베리 힐**

미국의 파퓰러 송 가운데 "블루베리 힐(Blueberry Hill)"이 있다. 이 노래를 소개하는 사람들 가운데 더러 "철쭉꽃 피는 언덕"이라 번역된 제목을 구사하는 이들도 있다. 일반 애호가들 사이에서도 그렇게 아는 이들이 상당히 많다.

그런데 문제는 'blueberry'가 왜 철쭉꽃이 되었는가에 있다. 블루베리는 북미, 특히 캘리포니아 주에서 많이 자생하는 덤불이 무성한 관목에서 포도알보다 작은 열매를 말한다. 지름이 1cm 정도의 검푸르스름한 빛을 지닌 식용 열매인데 날로 먹기도 하고 블루베리 파이를 만들거나 블루베리 잼을 만드는 원료로도 쓰인다.

이 노래의 제목과 주제로 등장하는 '블루베리 힐'은 철쭉꽃 피는 언덕도 아니고 월귤나무 언덕은 더욱 아니다. 다만 블루베리가 무성한 언덕에서의 추억과 이별을 주제로 한 밸러드이다.

"블루베리 힐"은 1940년에 글렌 밀러 악단이 레이 에벌리의 보컬을 곁들여 낸 싱글(당시 유성기판)이 1위로 히트했던 것이 오리지널 버전이다. 같은 해 케이 카이저(# 11), 루스 모건(# 11)의 레코드도 히트했다. 1965년에는 루이 암스트롱(# 29), 그리고 1947년의 팻스 다미노가 부른 싱글이 2위까지 올라가는 대히트를 날린 바 있다.

"Blueberry Hill"은 따로 제목을 고칠 수가 없다. 혹, "블루베리 힐에서의 이별" 쯤으로 붙이면 몰라도….

철새는 날아가고
* **엘콘도르 파사**

1970년 가을에 미국의 팝 듀오팀 '싸이먼 & 가펑클'이 불러 18위까지 올랐던 "엘 콘도르 파사(El Condor Pasa)"는 본래 18세기 퍼루비언(페루사람)들 사이에서 유행되던 전래 민요다. 콘도르가 날아가는 곳을

따르고 싶은 자유를 갈구하는 속박된 민중의 애환을 담은 일종의 프리슨 쏭이다.

1965년에 폴 싸이먼이 파리를 여행하고 있을 때, 때마침 남미 페루 출신의 연주 그룹 '로스 인카스(Los Incas)'의 연주를 인상깊게 듣고, 곧바로 필립스 레코드 스튜디오에서 영어 가사를 지어 붙여 멜로디를 정리하여 리코딩했던 것이다.

그 내용은 옛 페루 민요 그대로 "콘도르가 가는 곳으로 날아가고 싶고, 백조처럼 물위를 거닐고 싶다"는 자유를 갈구하는 내용으로 쓰여졌다.

제목에서 나오는 '콘도르(condor)'는 남어메리커 주와 북어메리커 주에 분포해 사철 자유로이 날아다니며 먹이를 찾는 사나운 독수리를 말한다. 페루는 스페인어가 68%, 케추아어가 27%로 분포된 2개 언어를 공동 공식어로 쓰고 있는데, '빠사(pasa)'는 새들이 줄지어 가는 방향을 말한다.

따라서 한국에서 일부 잘못 쓰여지고 있는 '철새는 날아가고' 따위의 의역은 마땅히 "독수리처럼 날고파" 또는 "콘도르는 날아가는데" 정도로 바로 잡아야 한다.

첨단 과학
* **하이 테크나라지,**

우리가 흔히 첨단과학이나 첨단산업이 영어의 '하이 텍(high tech)'에서 왔고, 하이 텍은 '하이 테크나라지(high technology)'의 약칭이라 여기고 있다. 여기서 'tech'이 '테크나라지'의 준말로도 쓰이기는 하지만, 그 의미는 상당히 달리 표현되고 있다.

영어에서 '하이 텍'은 산업용, 상업용이나 공공 시설물, 설비, 창고, 선반 재질 등에 쓰이는 내장용 디자인의 스타일을 말하는 것이 보통이다.

'하이 테크나라지'는 마이크로 전자공학, 데이터 프로세싱, 유전공학, 또는 텔레커뮤니케이션 등에 쓰이는 가장 정교한 과학적 설비, 고도로 진보된 공학 기술을 말한다. 따라서 최신 과학기술은 '첨단 과학'이라는 표현보다는 '앞선 과학'이 보다 원뜻에 접근된 표현처럼 보인다.

본래 '첨단(尖端)'이란 "물건의 뾰족한 끝," "시대의 유행이나 사상, 발전하는 현실 같은 것의 맨 앞장"이란 말로 국어 사전은 설명하고 있다. 첨단이 자칫 뾰족한 끝을 지칭하다 보면 위험 요소와 위약함을 나타낼 수 있는 복합성을 갖게도 된다.

자기네 정서에 맞게 의역을 하거나 엉뚱한 표기를 좋아하는 일본 사람들도 이 '하이 테크나라지' 만큼은 '선단(先端)과학'이라는 표현을 쓴 것은 우리의 '첨단'이란 표현보다는 보다 구체적이고 적극적으로 보인다.

첨단은 끝이 뾰족해서 더 이상 끝이 없는 상태임에도 불구하고 '최첨단'이라는 최상급의 중복 표현을 구사하는 이들도 있다. 물론 과장되고 모순된 표현임은 물론이다. '첨단'이 있은 뒤에는 그보다 더 뾰족한 것이 나타나기 마련이기 때문에, 이를 한정적 최선두라는 표현을 지속적으로 사용하기는 더욱 곤란하다. 그 최선두는 언젠가는 다른 첨단에게 밀리기 마련이기 때문에 한시적으로 맨 앞장서 있다는 적절한 표현을 찾는 것이 더 현명할 것이다.

영어 표현의 '하이 테크나라지'의 반대말은 '로우 테크나라지(low technology)'이다.

체인지 레버
* **기어 쉽트**

자동차가 보편화된 생활의 이기가 되면서, 누구나 자동차 용어에 대한 지식을 갖게 마련이다. 그 가운데서 가장 잘못 사용되고 있는 것이 바로 '변속 막대'인 '체인지 레버'라는 표현이다. 이것은 일본 사람들이 만든 일본식 영어이기 때문에 미국이나 영어를 쓰는 나라에서는 통하지가 않는 표현이다.

옳은 표현은 '기어 쉽트(gear shift),' '쉽트 기어(shift gear),' '쉽트 레버(shift lever)' 또는 '기어 스틱(gear stick)' 등이다.

| 추레닝 샤츠 | 이른 아침에 가벼운 산책을 가거나 운동선수가 시합이나 본경기 전에 웜업을 할 때 입는 옷을 흔히 '추리닝,' '추레닝 샤츠,' '트레닝 샤츠' 등으로 부르는 것은 모두 옳지 않은 표현이다. 일본 사람들이 training shirt라 쓰고 '도레이닝구 샤쯔'로 발음한데서 흉내낸 것이 이렇게 와전된 것이다.
* **수웻수트** |

이런 운동복을 영어로는 '트레이닝 숫(training suit)'라 통칭하고, 머리에 쓰는 헤드커버가 붙어 있는 것은 '후디드 스웻 셧(hooded sweat shirt),' 목이 둥글게 파이고 소매가 긴 것은 '스웻 셧(sweat shirt),' 그 바지는 '스웻 팬쓰(sweat pants)' 등으로 구분하여 사용하기도 한다. 또 반바지나 짧은 운동 바지 또는 어린이들이 입는 짧은 바지는 '트레이닝 팬쓰(training pants),' 또는 '트렁크(trunk)'라 말한다. 운동할 때 입는 이 겉옷은 땀이 잘 흡수되는 재질이어야 신체적 운동을 원활하게 하는데 도움이 된다. 그래서 더러 신축성이 있는 질감인 저지를 소재로 쓰는 일이 많아서 단순히 '저지(jersey)'라고만 부르는 경우도 있다.

| 축구 (어쏘시에이션) | 축구는 우리에게는 국민 체육화되다시피 한 대중적인 구기 운동 종목 가운데 하나다. 더구나 한국과 일본이 공동으로 주최한 2002 월드컵에서 세계 4위라는 기적 같은 성과를 계기로 그 열기는 이전보다 더욱 뜨거워졌다.
* **싸커** |

축구란 말은 영어의 'football'을 그대로 옮겼으니 별 무리는 없다. 그런데 이른바 미식 축구라는 것도 'football'로 표현하는 바람에(?) 세계적으로는 그냥 football이라고 하면 미식 축구가 되고, 우리가 즐기는 축구는 '싸커(Soccer)'라 구분하고 있어서 본래 우리가 익혔던 명칭이 좀 밀려난 듯한 느낌도 갖게 한다.

축구는 14세기경 영국에서 이웃 마을끼리 대항전을 하던 데서 비롯되었는데 한동안 시들하다가 19세기 초 무렵부터 공립학교에서 부활되어 각급 학교를 중심으로 영국 전역에 파급되었다. 그러나 학교마다 게임 룰이 달라 혼란을 가져 왔다. 그래서 1863년에 대학생들이 주축이 되어 통일된 축구 룰을 만들면서 경기의 새 명칭을 '어쏘시에션 풋볼(Association Football)'로 정했다.

그리고 그 약칭으로 'association'에서 글자를 발췌하여 'soccer'로 만든 것이다. 그러니까 우리식의 축구의 정식명칭은 '어쏘시에이션 풋볼'이고 그 약칭이 '싸커'인 것이다.

1904년에 이르러서는 프랑스, 덴마크, 벨기에, 홀랜드, 스페인, 스웨덴, 그리고 스위스 등 7개국이 국제 싸커 연맹(Fédération Internationale de Football Association: FIFA)을 만들었다. 이 FIFA가 주최하는 세계선수권 대회는 4종류가 있다. 17세 이하의 선수로 제한하는 'U-17 월드 챔피언쉽'이 있고, 20세 미만으로 제한하는 '월드 유스 챔피언쉽,' 23세까지 제한하는 '올림픽 싸커 게임,' 그리고 연령의 제한을 두지 않는 '월드컵 챔피언쉽(월드컵)'이 그것이다. 즉, '월드컵'은 출전 선수의 나이 제한이 없는 것이다.

월드컵이 맨 먼저 열린 것은 1930년 우루과이 대회였다. 모두 13개 나라가 참여해서 결승전에서 우루과이가 알헨틴을 4대 2로 격파하고 첫 번째 대회 우승국이 되어 높이 30cm 무게 4kg의 황금 트로피를 우승컵으로 받았다. Soccer는 '속카,' '싹카'라 하지 않고 '싸커'로 소리낸다.

출시
＊ 릴리스

우리는 불필요한 유행어에 지나치게 민감한 경우가 많다. 그것이 오히려 미디어에서 부추기거나 남용하는 사례도 많다.

90년대 후반에 들어 그 대표적인 것들 가운데는 이른바 인용어법인 "…한다라고 한다면," "…하는 대목에서," "대박," "출시" 등이 있다. 이 가운데서 '출시(出市)'는 아마도 제품을 상품화하여 시장에 내기 시작했다는 뜻으로 쓰여지고 있는 한자 숙어인 듯하지만, 그 출처는 분명하지 않고 애매한 유행어에 불과하다.

다만 일본어 '出始(데하지메)'가 제철에 내는 야채 또는 물건을 처음으로 내는 일을 말한다.

특정 생산업체가 제품을 개발하여 시판하기 위해서는 유통망을 통해 시장에 내놓는 과정에서 먼저 공급업체(도매)를 통하고 이어 소매업소에 보급되는 것이 일반적인 시장 경로이다. 여기서 만일 '출시'란 표현을 쓴다면 특정 제품이 생산공장에서 공급업체로 넘기는 과정인지, 공급업체에서 소매업소로 다시 넘겨 일반 시판이 개시되는 것인지 아니면 제품이 완성되어 곧 대량생산에 들어간다는 것인지가 구분이 되지 않는 애매한 표현이 된다.

상품이 일반 소비자에게 판매되기 시작하는 의미는 기존의 한자 숙어로 '발매(發賣),' '매출(賣出),' '방출(放出)' 이라는 표현이 관용화되어 있음에도 굳이 '출시'를 고집하는 미디어의 편향된 용어의 남용에 문제가 있어 보인다. 영어로는 '릴리스(release)' 라 하는 것이 보통이다.

극장에서 새 영화를 일반에게 공개하기 시작하는 현상을 우리는 적절한 표현이 없어서 일본에서 만든 한자를 들여다 음역하여 '개봉' 이라는 표현으로 쓰고 있다. 개봉이라 일본말 'かいふう(카이후)' 는 편지 등의 봉투를 여는 일, 봉투의 일부를 잘라 이를 취급 중에 내용물을 확인할 수 있도록 하는 우편물 등 편지에 관련된 용어로만 쓴다. 그리고 영화를 릴리스하는 것은 이를 봉한 것을 뜯는다는 뜻의 'ふうきり(후키리=封切)' 이란 표현을 쓴다.

음반인 경우 미국에서는 대체로 '릴리스(출반)'를 쓰지만, 일반 레코드 스토어에서 판매를 개시하는 날짜는 '스트릿 데이트(street date)' 라 한다.

치어걸
* **치어리더**

스포츠 경기에서 관객이나 응원단을 지휘하거나, 사기를 북돋우기 위해 선수와 응원석 사이에서 특수 율동을 하는 여성을 가리켜 '치어리더(cheerleader)' 라 한다. 그런데 70년대부터 이 표현을 도입하는 과정에서 일본 사람들이 쓰는 '치어걸(cheergirl)'로 오용해 왔고, 아직도 그렇게 쓰는 사람들이 있다. 아직도 일본에서는 '치아가-루(cheergirl)'라 쓰고 있다.

'치어 리더'는 '팜 팜 걸(pom pom girl)'이라고도 부른다. 미식축구(football) 등의 경기에서 꽃술을 흔드는 것이 마치 팜 팜 같다는 데서 붙여진 별칭이다.

치킨
* **취컨**

닭을 영어로 '취컨(chicken)'이라 한다. 그러나 '치킨'으로 발음하는 이들이 상당히 많다. 이것은 중세 영국식 영어 발음에서 온 것이고 일본식 발음이다. '치큰'도 잘못 발음된 표현이다.

'취컨 숲(chicken soup),' '취컨 너깃(chicken nugget)' 등으로 표현한다. 더러 '취큰'으로도 쓴다.

카 (모든 차)	우리는 모든 자동차를 '카(car)' 로 부르는 것이 일반적이다. 그러나 미국에서는 '카' 라 하면 트럭을 제외한 승용차에 한해서 사용하고 있다. 즉 4바퀴의 수레가 엔진의 힘으로 달리면서, 용무나 여행을 위해 한곳에서 다른 곳으로 이동하는 작은 승용차량이라고 정의하고 있다. 또 열차 가운데서 객실이나 식당칸에도 '-카' 를 붙여 '다이닝 카,' '버페 카,' 침대칸은 '슬립핑 카' 라 한다.
* **카 (승용차)**	

한편 모든 자동차에 대해서는 오토모빌의 준말인 '오토(auto)' 라 부르기도 한다. 따라서 트럭 종류의 차량에 대하여 '카' 를 붙이지 않는 것이 일반적인 통념이다.

이를테면 '덤프 카' 가 아니고 '덤프 트럭' 이라 하고, 견인차를 '렉카' 라 하지 않고 '토잉 트럭' 이라 구분하여 부르고 있다.

카덴차	음악에 대한 지식이 어느 정도 있는 사람 같으면 'cadenza' 란 용어에 대하여 이내 그 뜻을 안다. 'cadenza' 는 이탈리어로 소리나 노래 등이 끝나기 전의 억양이거나, 시의 절이나 어구에서 리드미컬한 흐름 또는 박자를 뜻하는 말이다.
* **카덴싸**	

음악 용어에서는 협주곡 등에서 독주자가 작곡자의 지시 또는 지휘자의 재량이나 스스로 악장이 끝날 무렵, 격정적이면서 기교 넘치는 기량으로 무반주 독주를 한동안 하는 일을 말하기도 한다.

이를 어떤 신문사 발행 시사용어 사전에서는 '카덴차' 로 표기하여 깜짝 놀라게 했다. 얼핏 들으면 '커튼을 드리운 자동차'인가 하고 생각을 해 보았다. 이것은 국어의 외래어 표기법에서 이탤리어에서 'z'는 무조건 'ㅊ'라는 식으로 못박고 있는 데서 비롯된 잘못이다.

그러나 이탤리어에서 'z'를 '츠'로 발음하는 경우는 거의 없고 오히려 우리의 쌍시옷에 가깝게 발음한다. 이를테면 canzone도 '칸초네'가 아니라 '깐쓰오네'에 가깝게 발음하듯, cadenza도 '카덴차'가 아니라 '카덴쓰아'가 원음에 가까운 표현이다.

카라이프
* **카-오리엔티드 라이프,
카-디펜던트 라이프**

'카라이프'는 한국의 한 자동차 잡지 회사가 쓰는 고유 명칭이고, 우리말로 '자동차 생활'로 옮겨 쓰고 있다.

일반적으로 자동차를 소유하게 되면 생활 관습이 달라지게 되고, 차를 이용하는 생활 패턴도 새로 생기기 마련이다. 이렇게 차를 소유하고 이용하는 생활을 '카 라이프'라는 말을 쓰는 경우를 일본 사람들이 영어의 'car'와 'life'를 합성해서 'car-life'란 일본식 영어를 만들어 놓고 차를 이용하는 생활, 차를 중심으로 하는 생활이라는 뜻으로 쓰고 있다. 물론 영어에는 없는 말이다.

이를 일부 미디어에서 칼럼의 제목으로 삼기도 하는 것은 난센스다. 자동차를 중심으로 하는 생활이라면 영어로 '카-오리엔티드 라이프(car-oriented life),' 또는 '카-디펜던트 라이프(car-dependent life)'라고 말한다.

카레 라이스
* **카리드 롸이스,
롸이스 앤 커리**

'카레 라이스'는 우리나라에서 간이 식사로 즐겨 찾거나, 가정에서 쉽게 만드는 일종의 기호 음식이다. 그런데 이 말이 일본에서 만들어진 일본식 표현이라는 사실을 알면 그 뒷맛이 좀 씁쓸해질 것이다.

영어의 커리(curry)를 일본 사람들은 '커리'로 발음이 안되기 때문에 '카레'라고 표기하고 발음하고 있다.

커리는 향신료를 조합해서 만든 조미료를 말한다. 황색을 띤 심황뿌리(터머릭), 고수풀(코리앤더), 커민, 회향(패늘), 우곤, 고쇼우, 쇼우가, 토가라시, 쵸시, 닉스키 등 10종 이상의 분말을 조합하였다.

커리는 일반적으로 소스를 만들어 롸이스 위에 얹어 먹는 별미로 즐기고 있다. 이를 우리식으로 '커리(카레) 라이스' 라 말하면 잘못이고, '커리드 롸이스(curried rice),' '롸이스 앤드 커리(rice and curry),' 또는 '롸이스 위드 커리(rice with curry)' 로 불러야 옳다.

여기서 쌀, 쌀밥을 '라이스' 라 표기하고 쓰면 자칫 이나 기생충이라는 'louse(라우스)' 의 복수형인 라이스(lise)가 되어 버려 쌀밥이 아니라 이로 만든 요리라는 끔찍한 표현으로 바뀐다. Rice에 가까운 표기는 아무래도 '롸이스' 라고 해보면 혀가 입천장에 닿지 않고 자연스럽게 'r' 소리가 나올 것이다.

커리 요리에는 '애플 커리 컨킨,' '커리드 취컨 퍕스,' '커리드 파인애플 패스터 샐러드,' '커리드 스캐롭스 인 롸이스 링,' '커리드 튜너 샐러드,' '커리드 터키 앤드 햄 크루와상,' '커리 소스,' '그릴드 커리드 취컨,' '램 커리,' '크윅 취컨 커리,' 그리고 '터키 커리' 등이 있다.

카리스마
* **커리즈머**

우리 주변에서 어느 때보다 '카리스마' 적 요건들을 즐긴다. 자유를 갈망하면서도 독재적 요건이 강한 지도자를 추앙하는 추세가 만연했고, 급기야는 바탕이 엷은 지적 요건의 결핍과 덕성을 함양하지 못한 결과는 참담하도록 그 축이 몰락하는 모습을 보고 있다.

국어 사전에서 기적을 행하고 예언을 행하는 하나님의 배려가 있는 자질이라고 정의하면서 사회의 지배자나 지도자의 신위적(神威的) 권위라고 풀이하고 있다.

그런데 웹스트 영어 사전(Webster's Collegiate Dictionary)에서는 "성전을 위한 성령에 의한 크리스천이 갖게 되는 위력이고, 정치적으로는 대중의 인기를 업고 마력적인 지도력을 갖고 있는 사람"이라 했다.

칼피스
* **래토우바실러스**

여름 한철 다방에서 내는 청량음료 가운데 '칼피스(Calpis)' 가 있다. 일종의 유산균(乳酸菌) 음료이다. 탈지유를 유산 발효하여 설탕과 향료 등을 가미하여 마시기 좋게 희석하여 낸다. 영어에 '칼피스' 란 말은 없고, '래토우바실러스(lactobacillus)' 라 한다.

이 음료는 일본의 칼피스 식품주식회사가 자사의 제품 가운데서 영어의 '칼시엄(calcium)' 과 범어인 싼스크리트(sanskrit)로 무상한 맛이란 뜻의 '쌀피스(salpis)' 를 합성하여 만들어 '첫사랑의 맛' 이라 선전한 'カハピス' 에서 온 말이다.

카메라
* **캐머러**

사진을 찍는 기계 일체를 'camera' 라 한다. 구식 사진기에서는 암상자 부분만을 가리키는 표현으로 쓰기도 했지만, 오늘날에는 소형 개인용이거나 영화나 TV에서 쓰이는 모든 사진기를 일컫는 일반적인 명사로 쓰인다.

더러 camera는 사진관에서 쓰이는 대형 인물용 사진기나 영화의 촬영기, TV의 촬영기에 대해, 상대적으로 규모가 작고 개인 휴대용 사진기를 가리키는 말이라 착각하는 이들도 있지만 그렇지가 않다.

'Camera' 는 라틴어의 '카메라 옵스쿠라(camera obscūra)' , 즉 어두운 방 또는 '암실의' 형용사를 생략한 말에서 비롯되었다. 이 말이 사진기를 가리키는 말로 사용된 것은 1840년경부터 프랑스에서 '샹브르(chambre=방, 침실, 회의장, 특정 용도의 방, 암실 등의 뜻)' 라 표현한 데서 유래되기도 했다.

영어 표현으로는 'camera' 라 하고 발음은 '캐머러' 로 한다. 이 때 '카메라' 라 하지 않는 점에 유의해야 한다.

카메라 기자
* **캐머러맨**

한국의 텔레비전 회사에서 근무하는 카메라 기사를 더러 '카메라 기자' 라 부르고, 한때 '카메라 기자 협회' 라는 모임도 만들어지기도 했다. 카메라 기사(技師)인 TV의 캐머러맨을 '카메라 기자' 라 표현하는 것은 한국뿐이다.

미국이나 유럽에서는 텔레비전 방송사에서 일하는 카메라 기사는 이를 '캐머러맨(cameraman)' 이라 하기 때문이다. 그리고 일반 사진 촬영을 전문으로 하는 사람은 '퍼타그러퍼(photographer)'라 구분하여 사용한다.

이를테면 직업 사진관의 촬영기사나, 예식장의 전문 사진사 또는 관광지 등에서 스냅 샷을 하는 사진사 등은 '카메라맨'이 아니라 '퍼타그러퍼'라 표현해야 한다.

한편 신문사나 잡지사의 사진담당 사원을 한국에서는 '사진 기자'라 하지만 미국이나 유럽에서는 이를 '뉴스페이퍼 캐머러맨,' 또는 '뉴스 캐머러맨'으로 부르고 '보도 사진가'란 뜻을 갖는다. 그러나 사진을 다루는 사원에 대하여 '기자'라는 말을 절대로 붙이지 않는다. 왜냐하면 사진을 찍는 사람이 글을 쓰는 직종이 아니라는 상식 때문이다.

일반적으로 사진을 말할 때의 명사 표현은 '포터그래프(photograph)'로 발음한다. 한편 신문사에서 취재기자를 리포터(reporter)라 말하고 취재를 하지 않고 내근하는 교정(정리)부원은 편집기자라 하지 않고 '메이크업 맨(make-up man)'이라 말한다.

'캐머러'는 라틴어 방을 뜻하는 'camera'(카메라)에서 왔고 그리스에서는 '카마라'라 했는데 1840년부터 사진기를 지칭하는 말로 인용되기 시작했다. '캐머러 챔버'는 암실을 뜻한다. 프랑스에서는 '샴브르(chambre)'에서 본받은 영어 표현에서는 '챔버(chamber)'로 변했다. 지금도 이탤리어로 '카메라'는 방 특히 침실 등을 의미하고 사진기는 '까메라 포토그라피카(camera fotografica)'라 한다. 스페인어에서는 '까마라(camara),' 독일어로는 '카메라(kamara)'라 달리 표현한다.

카보차
* **펌킨, 팡킨**

훌륭한 인물이나 주요한 일, 또는 장소를 말할 때 '펌킨(pumpkin)'이라 한다. 호박이나 호박 덩굴을 말하는 말이다. 우리는 호박은 못생긴 것에 비유하지만 서양에서는 오히려 잘생긴 모양에 비유했다.

그런데 호박을 '카보차'라 부르는 이들이 있다. 일제시대에 교육을 받은 사람들 대부분이 그렇게 사용하겠지만, 젊은이들 사이에서도 그런 표현을 구사하는 이들도 있다.

'카보차'는 일본에서 'カボチャ'라 쓰고 호박을 말한다.

일본에서 카보차는 인도차이너의 캄보디아에서 들여오면서 'Camboja(캄보자, 캄보야)'에서 와전된 표현이다.

이를 영어에서는 '팜프킨(pumpkin)'이라 하지만 미국에서는 '펌킨' '팡킨'으로 발음하고, '팜컨'에 더 가까운 소리를 낸다.

| 카브
| * **커브, 벤드** |

도로의 굽은 지점을 가리켜 '카브'라 말하는 것은 '커브(curve)'의 일본식 표현의 잔재다. '카브 길,' '카브를 돈다' 따위가 그것이다. curve는 도로, 또는 여자 몸의 굽은 완만한 곡선을 뜻하는 말로 라틴어의 curvus에서 왔다.

그러나 '커브(curve)'는 도로와 인도와의 구분 턱인 '컵(curb)'과 발음이 비슷하여 더러 혼동하기도 한다.

미국에서 curve는 '벤드(bend)'라는 말을 더 많이 쓴다. 몹시 굽어 마치 'U'자처럼 휘어진 길을 '헤어핀 커브'라 하지 않고 '헤어핀 벤드(hairpin bend),' 또는 '헤어핀 턴(hairpin turn)' 등으로 표현한다.

| 카 섹스
| * **파크,
카 시트 섹스** |

승용차의 뒷좌석 등받이 뒤의 선반에 휴지통을 싣고 다니는 것을 보고, '카 섹스를 즐기는 사람의 차'라는 농담을 자주 한다. 자동차 안에서 성행위를 하는 것을 흔히 '카 섹스'라 말하는 것은 일본식 영어 표현이다.

영어로는 '카 싯 섹스(car-seat sex),' '백싯 퍽킹(back seat fucking)'이라 하고, 구어로 '파크,' '파킹'이라 표현하기도 한다. 차를 세워두어야 할 목적이 따로 있기 때문이라는 암시적 은어로 쓰는 것이다.

| 카스테라
| * **스펀지 케익** |

밀가루, 설탕, 계란 등을 섞어서 구운 연한 빵 모양의 과자를 '카스테라'라고 한다. 이것은 스페인의 옛 왕국 '까스띠야(Castilla)'에서 만

드는 빵의 일종인데, 일본에서 이른바 '후로마찌 시대(室町時代 1336-1573)'의 말기에 나가사키(長崎) 지방에서 이를 본떠 만들기 시작하면서 '까스떼라'라 불렀다. 그러니까 스페인어에서 모음과 모음 사이의 'll'을 '야'로 발음하는데, 영어나 독일어 식으로 'ㄹ' 발음으로 처리해 버린 실수에서 비롯되어 '까스띠야'를 '까스떼라'로 와전이 되어 사용한 것이다.

한국에서 쓰는 '카스테라'는 바로 이런 잘못된 일본식 표현을 그대로 흉내낸 것이니 얼마나 우스운 일인가.

'카스테라'의 유래는 포르투갈어 '빵우 디 까스떼야(Pão de Castella)'이고, 스페인 중북부의 고원지대를 일컫는 'Castilla'라는 스페인의 지명에서 따온 말이다.

영어로는 그와 비슷한 표현이 없고, '스펀지 케익(sponge cake)'이라 한다.

| 카 스페이스
| *** 카포트, 거라쥐** |

자동차를 주차할 수 있는 공간을 더러 '카 스페이스(car space)'라 말하는 이들이 있다. 집안에 주차를 할 수 있는 여유 공간이 없는 가옥에서는 좁은 골목길의 자기 집 담이나, 집 가까운 곳에 주차 공간을 확보하고 이를 '카 스페이스'라 한다.

그러나 이것을 영어로는 '카포트(carport)'라 표현한다. 또 자동차를 넣을 수 있도록 만든 공간에 지붕과 벽이 달린 것은 '거라쥐(garage)'라 한다.

| 카지노
| *** 커씨노우** |

댄스와 뮤직쇼를 곁들인 도박장을 '카지노'라 부른다. 그러나 미국이나 영어권에서 '카지노'는 통하지 않는 이상한 발음 취급을 당한다. 왜냐하면 미국이나 영국에서는 이를 '커씨노우'로 발음하기 때문이다.

'casino'는 본래 이탤리 말에서 왔다. 이탤리어에서 'casino(카씨노)'는 2가지 의미가 있다. 그 하나는 집회하는 곳, 클럽, 또는 귀족이 만들어 놓은 사냥이나 낚시용 오두막을 말한다. 또 속어로 매춘업소, 또는 소란하거나 소동스러운 상태를 일컫기도 한다. 다른 한 가지의 뜻은 도박장을 뜻한다.

프랑스에서는 이탈리에서 도입하여 [kazino]로 발음하고 공인한 도박장을 뜻하는 남성 명사로 쓰고 있다. 일본에서는 프랑스 표기를 도입하여 [カジノ]로 표기하고 소리내고 있다. 일본의 50음자 가운데서 'ジ'는 로마자 'z'와 비슷한 '스'의 탁음을 낼 수 있다. 그러나 이 소리는 결코 한글 표기의 '즈'도 '스'도 아닌 한글 표기에는 없는 소리 값이다. 그런데도 한국에서는 이를 일본식 표기에 근접한 '카지노'로 적고 그대로 소리내는 일이 관용화된 것이다.

영어에서는 18세기 후기에 도입하여 '커씨노우'로 발음하고, 프랑스와 스페인에서도 같은 로마자를 썼다. 그리고 독일에서는 'kasino'로 표기하고 [kazi:no]로 발음한다. 그러니까 casino는 프랑스와 독일에서는 '카지노'에 가깝지만, 영어권에서는 '커씨노'로 달리 발음하는 점에 유의해야 한다. 세계 최대의 도박 도시인 미국 네바다주의 라스베가스에서도 '카지노'라면 통하지 않고 반드시 '커씨노우(-씨-에 액센트)'로 소리내야만 한다.

미국의 대형 보험회사 프루덴셜의 조사에 따르면 1999년도 미국의 커씨노우를 통한 갬블 수익은 모두 310억 달러에 달해서 한 해 전에 비해서 13%가 증가한 것으로 나타났다. 해마다 갬블 인구는 증가 추세를 보이고 있는 가운데 미국 사람들은 유난히 커씨노우를 즐기는 경향이 뚜렷해졌다. 그런데 커씨노우에 출입하는 평균 연령을 49세로 나타났는데 제1차 베이비 붐 세대가 주류를 이루고 있다.

| 카후스 보당 | 정장(슛스)에 와이셔츠(드레스 셔트)를 입을 때, 셔츠의 소매 단추 부분에 장식용, 작은 철제 버턴을 흔히 '카후스 보당'이라 부른다. |
| * **커프 링스** | 이 말은 표현과 발음 모두 일본식 영어 표현의 '카후스 보탄'에서 왔고, 우리는 그것을 그대로 옮겨 쓰고 있는 실수를 반복하고 있다. |

순수한 우리말 찾기 품앗이

바른 영어 표현으로는 커프 링스(cuff-links)나 커프 버턴스(cuff buttons), 또는 커프링이라 하지만, '커프스' 하는 식으로 cuff에 복수형태인 s를 붙이지 않는다.

'커프(cuff)'는 드레스 셔트(와이셔츠)의 소매끝이나 양복바지의 접단을 뜻한다.

카 쿨러
* **에어 컨디셔너**

자동차에 설치한 냉방장치를 일컬어 '쿨러(cooler)'라 말하는 것은 일본식 표현에서 본받은 것이다. 더욱이 자동차 메이커나 시중에서 내장용으로 장착된 것을 '에어 컨디셔너'라 하고, 외장 타입의 것을 '쿨러'라 구분하는 사람도 있는데, 더욱 맞지 않는 말이다. 내장이건 외장이건, 에어 컨디셔너란 표현에 차이는 없다. 굳이 구별을 한다면 '이너 에어 컨디셔너(inner-),' '콘솔 타입 에어 컨디셔너'라 할 수 있지만 이 때에도 '이너 쿨러'라 하지 않는다.

또 '에어 컨디셔너'를 '에어컨'이라 줄여서 부르는 것도 일본식 약칭이기 때문에 그렇게 쓰지 않는 것이 옳다.

한편 가정에 설치한 냉방장치도 '룸 쿨러'라 하지 않고 그냥 '에어 컨디셔너'라 한다.

카 퍼레이드
(차량 행렬)
* **오토케이드**

자동차들이 어떤 특정한 목적이나 행사에 쓰이기 위해서 줄지어 서서히 같은 방향으로 진행하는 것을 흔히 '카 퍼레이드'라고 한다. 그러나 영어에 그런 말은 없다. 굳이 상업적으로 이용하는 말로 자동차 딜러나 중고 자동차 전시장에서 승용차를 나열해 놓은 것을 일컫기는 한다.

여기서 카(car)는 모든 자동차를 일컫는 차량이 아니라 승용차에 한해서 쓰이는 말이라는 점에 먼저 유의를 할 필요가 있다. 흔히 말해서 '자동차의 행렬'이라면 이를 '모터케이드(motorcade),' 또는 '오토케이드(autocade)'라 한다.

매카더 장군이 은퇴하면서 뉴욕 시내에서 꽃가루가 날리는 가운데 승용차의 행렬을 이룬 것이 모터케이드고, 텍서스 댈라스에서 케네디 대통령이 차량 행렬을 벌이다 암살당할 때도 모터케이드였다.

그러나 '칸보이(convoy)'는 모터케이드와는 다르다. 칸보이는 호송한다는 뜻인데 본래 귀부인이나 귀인을 안내한다는 뜻으로 쓰인 말에서 왔는데 군대나 군함 등을 호송하는 일에 주로 쓰이는 말이고 더러 경호한다는 의미로도 쓰인다. 이를테면 군용 트럭들의 일단을 이루어 한 줄로 이동할 때 선두와 후미에 지휘관이나 MP카가 호위하며 가는 경우가 대표적인 '칸보이'이다. 하지만 경호한다는 의미는 '에스코트(escort)'란 말이 더 일반적이다.

카페 오 레 * **카피 윗 밀크**	일반 카피(coffee)에 크림이나 우유를 넣는 것을 프랑스 말로 '카페 오 레(caféau lait)'라 한다. café는 우리처럼 술집이나 간이식당을 의미하는 것이 아니고 마시는 카피를 뜻하고 au lait는 밀크가 들어갔다는 뜻이다. 프랑스에서는 아침 식사를 할 때 뜨거운 카피에 밀크를 절반 정도 섞어 마시는 습관이 있는데 이를 주로 '카페 오 레(카페올레처럼 발음)'라 한다. 우리가 사용하는 밀크를 탄 카피를 '밀크 커피'라 부르는 것은 일본식 표현이고 영어에는 없는 말이다. 이를 '카페랏테(caffé latte)'라는 표현도 쓰는데 이탤리어로 카피에 밀크를 넣은 것을 말한다. 카피에 우유나 분유를 넣어 마시는 것을 영어에서는 '카피 윗 밀크(coffee with milk)'라 한다. 한편 프랑스 말에서 '카페 아 라 모드(café a la mode)'라 하면 카피에 아이스크림을 얹어 마시는 것을 말한다.
칸(영화제) * **카너, 까너**	Cannes는 프랑스의 남동쪽에 있는 인구 약 7만 명인 세계적인 휴양 도시다. 니스의 남동쪽 29km 떨어진 지중해 연안에 있다. 1815년, 나폴레옹이 100일 천하를 이루던 엘바 섬이 가까이 있으며 19세기 중엽부

터 휴양지로 개발되었고, 해마다 국제 영화제가 열려 더욱 유명하다. 그런데 이 도시의 이름을 한 때 일본식 표기인 '칸느'라 했다가 이를 '칸'으로 고쳐 표기하고 있다. 그러나 프랑스어나 이탤리어에서 종성에 오는 자음 d, t, m, n 등은 '더, 터, 머, 너'에 가까운 유성으로 발음하는 것이 일반적이다. 따라서 Cannes는 '칸'이 아니고, 그렇다고 '칸느'는 더욱 아니다. '카너' 또는 '까너'로 소리내고 그렇게 표기해야 옳다. 따라서 '칸 영화제'도 '카너 영화제'라 해야 발음이 비슷하다.

칸초네

※ **칸쏘네, 깐쏘네**

이탤리의 노래를 '칸초네'라 표기하고 그렇게 발음하는 것은 '외래어 표기법(문교부 고시 제 85-11호, 1986.1.7.)'에서 비롯된 표현이다. 그 제 2장 표기 일람표의 표 3이 정한 이탤리어 자모와 한글 대조표에서 로마자 'z'는 한글 'ㅊ'으로 한다며 그 예로 'nozze'(노체),' 'mancanza(만칸차)'로 발음한다고 한 데서 연유되었다. 그런데 '노체'란 표기대로 쓰는 이탤리어로는 'noce'가 되는 '호두'를 뜻하는 말이 되고, 정작 'nozze'는 '놋쎄'로 발음되는 '결혼(wedding)'이란 말이 되니 이를 어쩌면 좋은가! 'mancanza(부족하다는 뜻)'의 발음도 '만깐쓰아'처럼 들리게 발음된다.

이탤리 자음 가운데 'z'의 발음은 '즈'가 아니고 '츠'는 더욱 아닌 '쓰'에 가깝다. 이탤리 네이티브 스피커들에게 'z' 발음의 설명을 요구하면 더블 'c'로 발음하라고 일러준다.

일부 국어사전에는 이를 '칸초네'라 표기하면서 "민요풍의 가곡"이라 주석을 달고 있어서 어리둥절하게 한다. '칸쏘네'는 민요풍이 가미될 수는 있어도 민요를 바탕으로 한 것도 아니고, 우리식의 가곡과는 더욱 거리가 멀다. Canzone는 이탤리어로 단순한 '노래(song)'란 뜻이다. 이탤리 노래나 나폴리탄 쏭을 덮어놓고 이탤리 가곡이라 여긴 그릇된 인식에서 얻은 지식을 그대로 옮긴 것에 불과하다.

'노래'를 영어로는 'song'이라 하는 것은 누구나 다 아는 말이고, 프랑스 말로는 '샹송(chanson),' 독일어는 '게쌍(gesang)'이나 '리트(lied),' 스페인어로는 '깐시욘(cancion),' 라틴어는 '칸투스(cantus),' 그리스어로는 '오데,' 러시아어로는 '뻬에 시니아'라 한다.

한편 이탤리에서 '민요'는 '깐토 포폴라레(canto popolare)'라 한다.

| 칼 말덴
| * **카알 몰든**

시카고 출신 미국 배우 '카알 몰든(Karl Malden)'을 '칼 말덴'이라 부르는 것은 극동 영어 발음이고, 한국식 오독이다.

몰던은 1914년 3월 22일 시카고에서 출생한 코가 납작하고 비뚤어진 강한 인상을 가진 성격파 배우다. 그가 고등학교 때 미식 축구 선수로 뛰다가 두 번이나 부상을 입는 바람에 평생토록 코에 입은 상처를 복구하지 못했다.

그는 "욕망이라는 이름의 전차(1951년)," "워터프론트(1954년)," 그리고 "베이비 돌(1956년)" 등이 그의 초기 3대 걸작 출연 작품이다.

| 칼체
| * **칼티에이**

뉴욕의 5번가(5th Avenue)나 캘리포니아 주 베벌리 힐스의 로데이오 드라이브(Drive) 등 세계 일류의 명품만을 파는 거리에 가면 'Cartier'를 비롯해서 'Gucci,' 'Tiffany' 같은 유명 상표가 붙은 상점을 기웃거리며 윈도우 샤핑하는 사람들이 많다.

이 가운데 'Cartier'를 '칼체'로 발음하는 이들이 많다. 이것은 일본 사람들이 '-t-' 사운드를 '트'로 소리내지 못하고 특히 자음에서 't' 다음에 오는 'i'는 '츠'로 표기하고 소리내는 데서 비롯된 일본식 발음이다. 한국에서 이를 그대로 본떠 쓰는 사람들이 많다. 또 '카르티에'라 한 것도 일본에서 쓰는 한 발음법이다.

'Cartier'는 프랑스의 보석점의 이름이고 그 점포에서 만들어내는 액세서리, 보석 시계, 피혁제품, 향수, 필기구 등의 브랜드를 일컫는 말이다.

1847년에 보석 장식점의 점원이던 당시 18세의 '루이 프랑소와 칼티에이'가 창업했고, 그의 아들 알프레(Alfred)가 대를 이은 다음에는

"A. Cartier & Sons"로 회사의 형태를 바꾸고 세계적으로 지점을 확산하면서 일약 명품화되기 시작했다.

1902년에 런던의 버링턴 거리에 첫 지점을 낸 뒤, 1904년에는 영국의 에드워드 7세의 왕실용 애장품을 납품하면서 일약 세계 일류품으로 발돋움했다. 그리고 1908년에는 뉴욕 5번가에 지점을 낸 것이 대 성공의 기틀이 되었다.

'Cartier'의 제대로 된 발음은 '칼티에이'다.

캐더링
* **케이터링**

파티 등에 쓰기 위해서 요리나 식사를 제공하는 일을 영어로 '케이터(cater)'라 하는데 출장을 해서 상을 차리는 일을 말하기도 한다. 상차림이나 출장 상차림을 제공하는 영업을 '케이터링(catering)'이라 말하고 그런 영업을 하는 사람을 '케이터러(caterer)'라 한다.

그런데 한인들 사이에서는 '케이터링'을 대부분 '캐더링'으로 표기하거나 표현하는 이들이 많다. 케이터링에서 't'를 약음으로 한다 해도 '케이러링'에 가까운 소리를 내지만 그렇다고 그런 표현도 아닌 것이다.

'캐더링'의 표현은 일본 사람들이 'ケータリング(케-타링구)'로 표현한 데서 본받은 듯하다. 영어로는 '케이터링,' 또는 '케이터링 써비스'라 한다.

캐리아
* **커리어**

경력이나 생애를 일컫는 영어 '커리어(career)'를 흔히 '캐리아'로 표현하는 이들이 많다. '커리어'는 직업이나 출세를 뜻하는 명사지만, 생애나 경력을 통틀어 일컫는 형용사로도 많이 쓰인다. 또 직업적인 사람, 이를테면 직업군인은 'a career soldier,' 직업 외교관은 'a career diploma'이라 하고, 또는 궤도나 노선을 말하기도 한다.

그런데 '캐리아'라 해버리면 짐을 나르는 사람, 우편 배달원(집배원), 신문 배달원, 또는 운송업자나 운수회사 등을 표현하는 말이 된다. 또 항공모함을 가리키기도 하고 자전거의 짐받이를 일컫기도 한다. 바른 표현은 '커리어'로 소리낸다.

그런데 최근 미국에 사는 미국에서 태어난 2세나 한국에서 태어나 어렸을 때부터 미국에서 사는 사람을 일컫는 1.5세 사이에서는 한국의 영문 표시 'Korea(코리어)'를 '커리어'로 발음하는 이들이 많아 가끔 혼동이 갈 때도 있다.

캐리어 우먼
* **커리어 우먼**

직장 생활을 하는 여성이나 사회 활동을 하는 여성을 흔히 '캐리어 우먼'이란 말을 유행어처럼 쓰고 있다. 요조숙녀처럼 집안에만 들어앉아 안살림만 하지 않고 밖으로 나돌아다니면서 활동을 하는 자유 여인을 지향한다는 인상을 갖게 하는 표현이다. 많게는 숙련된 직업 경험을 갖고, 결혼 등을 이유로 은퇴하지 않고 계속해서 제1선에서 일을 하는 여성이라는 뜻으로 쓰이고 있다.

'Career woman' 이란 표현은 미국에서 1935-40년 사이에 일반적으로 널리 쓰여 관용화가 된 표현이다. 대개 '캐리어 우먼'이라 부르는 것이 일반적이지만 이것은 일본식 발음 'キャリアーウーマン(캬리아 우만)'에서 흉내낸 잘못된 발음이다.

Career woman은 반드시 '커리어 우먼'으로 표현하되 '커리어'인 경우 '-리-'에 액센트를 주고 '우먼'은 '우우먼'처럼 발음하면 썩 잘 되는 표현이 된다.

캐 쌰
* **캐쉬어**

회계를 맡은 사람, 금전등록기를 취급하거나 금전 출납을 담당하는 직원을 '캐 쌰'라 부른다. 영어로 'casher' 쯤으로 알고 사용하는지 몰라도 그런 영어나 그런 영어 발음은 없다. '캐 쌰'란 표현은 일본식 발음에서 흉내낸 것이다.

요즘도 일본에서는 금전등록기인 '캐시 레지스터'를 줄여서 '레지'라 말하는데 이 레지스터를 취급하는 여자 캐쉬어도 '레지'라 한다. 한국에서 이를 들여다 오용하고 있는 다방 웨이트리스를 일컫는 '레지'가 바로 여기에서도 와전된 표현이었다. 영어로는 '캐쉬어

순수한 우리말 찾기 품앗이

(cashier)'라 하고 '-쉬-'에 액센트를 준다.

한편 군대용어 가운데 '캐쉬어'는 장교의 파면, 면관, 면직한다는 타동사로 쓰이기도 한다. 또 '캐쉬어스 첵(cashier's check)'이라 하면 은행의 대리나 지배인이 서명을 하여 보증하는 수표, 즉 보증수표를 말한다. 그러나 미국에서인 경우 '캐쉬어스 첵'에는 지불 당사자의 개인 또는 회사의 이름을 기입하기 때문에 유통상의 사고를 방지하고 있다.

캐릭터 (연예인)
＊ 켈릭터 액터

요즘 한국에서 쓰이는 영어 단어 가운데 '캐릭터'가 엉뚱하게 와선뇌어 널리 쓰이고 있다. 심지어 영화배우나 일반 연예인들을 가리켜 캐릭터라고 부르며 좋아한다. 뿐만 아니라 산업계에서조차 '캐릭터 산업'이나 '캐릭터 브랜드' 따위의 말까지 나돌고 있다.

'캐릭터 브랜드'는 일본에서 'キャラクターズブランド(캬라쿠타즈 브란도)'라 표현하면서 영어 단어의 character's brand라고 주어 맞춘 억지 일본식 영어이다. 그들은 메이커(이 말도 일본식 영어 표현)가 "개성을 강조하면서 내는 브랜드를 말하는데 이를테면 탤런트 등의 캐릭터 등을 이미지로 하여 상품화한 복식 브랜드로 쓰는 말"이라고 했다. 또 이를 'TCブランド(TC 브랜드)'라고도 하여 가수나 배우 예능인 등 지명도가 높은 예능인(탤런트)의 이미지나 캐릭터를 상품화한 패션 브랜드를 말한다고 했다.

이 말을 한국에서 그대로 받아들여 '캐릭터'니 '캐릭터 브랜드,' 캐릭터 비즈니스,' '캐릭터 산업' 따위로 남용하고 있는 것이다.

물론 영어를 쓰는 나라의 사람들이 무슨 말인지 알아들을 리 없지만, 정작 일본에서 들여다 쓰는 과정에서 영어 발음에 가깝게 수정하거나 변질이 되어 쓰고 있기 때문에 일본 사람을 만나 이런 표현을 쓰거나 일본에 가서 표현한다 해도 역시 통하지 않는 국적불명의 말이 되어버리고 만다.

결국 특정 영어 단어를 일본에서 변조해서 억지로 만들어 일본 안에서 쓰기 위해 일본식 발음으로 표현하는 것을, 한국에서 들여다 영어식과 한국식 발음으로 수정하여 쓰고 있는 한 예다. 영어권이나 일본에서조차 써먹지도 못하는 찌꺼기 언어가 되어 한국에서만 통하는 말이 되고만 꼴의 대표적인 헛된 유행어가 된 셈이다.

영어 character는 영국에서 '캘릭터'로 발음하지만, 최근 미국에서는 '켈릭터' 더러는 '캘릭터'로 발음한다.

'켈릭터'는 물건의 특질이나 특성, 개인이나 국민의 성격, 품성, 인격, 지위, 자격, 소설의 등장인물, 영화나 연극의 배역(역할), 만화에서 성격 특성의 주인공, 평판이나 명성, 문자나 암호, 컴퓨터의 문자 또는 특수 기호 등을 뜻한다.

요즘 한국에서처럼 영화배우나 연예인을 무턱대고 '캐릭터'로 표현하는 것은 와전되어 잘못 쓰여지고 있는 표현이다. 다만 영화나 연극에서 성격 배우나 특이한 인물로 배역을 맡아 연기하는 배우를 '켈릭터 액터(character actor)'라 한다.

캔 커피, 캔 맥주
* 캔드 카피, 캔드 비어

작은 통에 밀폐한 음식이나 음료수가 많이 나돌고 있다. 이 가운데 '캔 맥주'나 '캔 커피'가 대표적이라 할 수 있다. 바쁜 생활에서 손쉽게 이용할 수 있는 통 커피나 통 맥주는 인기만큼이나 수요도 많다.

그런데 캔 커피인 경우에는 대부분의 젊은이들이 단음 처리로 '캔컵피'로 발음하는 폐단도 생겨났다. 또 캔 맥주인 경우도 어설픈 영어 단어와 한문의 뒤범벅이 되어 이것 또한 우습다.

'캔(can)'은 미국에서 양철통 또는 통조림, 깡통이란 뜻으로 쓰이고 있고, 캔 속에 음식물을 넣어 만든 통조림을 된 제품은 형용사 '캔드(canned)'를 붙여서 '캔드 카피,' '캔드 비어'로 해야만 제대로 된 표현이 된다.

여기서 '커피'는 한국에서만 쓰이는 표현이고 영어에서는 '코피' 또는 '카피'라 부르는 점에도 유의하자.

캠페인	
* **프러모션**	

방송이나 신문에서 '캠페인'이란 말을 자주 쓰고 있다. 특정한 내용에 대한 계도를 짧은 문장을 다듬어 연속 게재하거나, 1분 내외로 제작하여 수시로 방송하는 일을 말한다.

한국에서 간행된 '방송 대사전'이란 책에서는 "어떤 목적을 달성하기 위해 일관된 계획하에 TV, 라디오, 신문, 잡지, 영화 등 매스컴을 동원하여 일반 사람들에게 호소하는 일련의 운동, 또는 그 운동의 모든 단계를 말함"이라 했다. 한 국어 사전에서는 "야전, 사회적 정치적 목적을 위해 조직적으로 행해지는 운동, 선거전, 유세"라고 했다.

일본어 사전에서는 "어떤 목적을 위해서 조직적으로 사람들을 동원하는 활동, 선전, 계몽 활동"이라 주석을 달고 있다. 또 "시가(값)를 정해 놓고 특정의 문제에 대하여 계몽적인 역할을 갖도록 하는 운동, 또는 그런 운동을 돕는 방송"이라고 풀이하고 있다.

일본의 이런 주석을 한국 미디어들이 액면 그대로 들여다 옮겨 쓰고 있는 실정이다.

그런데 영어에서의 'campaign'은 군사 용어로 야전에서 군사적 행동이나 작전, 종군, 출전 등을 의미하는 말로 쓰인다. 정치 용어로는 선거 작전, 선거 운동 등에서 정치적 입후보자의 라이벌에 대하여 공식적이고 조직적인 경쟁을 뜻하는 말로 널리 쓰여지고 있다.

상업용어로는 특정 상품의 특별 판매촉진을 뜻하는 용어이다. 즉 선거 운동, 또 말이나 보트 자동차 등의 속도 경기에서 등수나 시리즈의 경쟁을 말할 때도 쓰이는 말이다. 미디어 용어로 '캠페인'은 특정 상품이나 서비스를 제공하는 직종에서 시장성이나 선전 활동이나 판매의 향상을 도모하는 일을 말한다. 그리고 이를 실행하기 위해서 이런 일을 지휘하는 직분의 사람을 '캠페인 디렉터' 또는 '캠페인 매니저'로 부른다.

그러니까 한국의 미디어들이 자체적으로 펼치는 계몽 문구의 반복을 '캠페인'이라 말하지 않고, 이를 영어로는 단순히 '프러모션(promotion)'이라 일컫고 있다.

캠핑카	자동차를 이용한 레저 생활이 보편화되면서 자동차로 캠핑을 하는 일을 즐기는 이들이 많다. 캠핑에 이용하는 자동차야 종류에 관계없이 이동 수단으로 이용하면 되겠지만, 캠핑을 위해 따로 고안된 형태의 자동차도 여러 가지가 있다.
* 캠퍼, 모빌 홈	

이런 차를 우리는 흔히 '캠핑 카'라고들 하는데 이것은 일본에서 들여온 잘못된 일본식 영어 표현이고 영어에는 그런 말이 없다. 우선 캠핑에 쓰이는 차는 승용차가 아닌 트럭 형태를 변형한 중형, 또는 대형이기 때문에 승용차를 뜻하는 '카(car)'라는 말을 붙여서는 안 된다. 영어로는 단순히 '캠퍼(camper)'라고만 하면 된다. 또 차에 침대와 조리대 등이 설치된 대형 '캠퍼'는 이를 '모빌 홈'이라고도 한다.

캡	신문사에서 정부 기관이나 공공 기관에 출입하는 취재기자(reporter)들을 둔다. 그리고 그 기관이 마련해 준 출입기자 전용실이 있고, 이 기자실에 속한 기자들 가운데서 대표를 뽑아 '캡'이라 한다. 이를테면 시경 기자실 대표인 경우 '시경 캡'이라 하고, 시청 출입기자실 대표는 '시청 캡'이란 표현을 쓴다. 또 신문사나 잡지사에서 특정 부서의 부장 또는 데스크를 '캡'이라고도 일컫는다. 사회부 캡, 정치부 캡 등이 그것이다. 통솔 책임자를 두고 하는 말이다.
* 취프, 헤드	

여기서 쓰고 있는 '캡'이란 표현은 모자를 뜻하는 '캡(cap)'이 아니라, 영어의 우두머리 또는 지휘관이라는 뜻의 '캡틴(captain)'의 머리 음절만을 따서 쓰고 있는 일본식 영어 표현에서 흉내낸 것이다. 마땅히 버려야 할 표현이다.

영어에서는 이를 '취프(chief),' '헤드(head),' '리더(leader)' 등으로 부르고 있다.

카디락	세계 굴지인 미국의 자동차 메이커 '제너럴 모터스(GM)'의 기함 승용차 시리즈 가운데서 'Cadillac'이 있다. 이 이름은 프랑스 사람 '앙트왕 드 라 모트 카디약(Antoine de la Mothe Cadillac: 1657-1730)'의
* 캐들랙	

성을 딴 이름이다. 그가 바로 미국의 자동차 생산 메카(mecca)인 디트로잇(Detroit)을 개발한 장본인이기도 하다. 그는 17세기 말 북어메리카 식민지 총독으로 있었다.

그의 이름이 자동차의 이름으로 붙여진 것은 1901년, 디트로잇 도시의 기초를 건설하면서부터이다. 오늘날 '캐들랙'은 성공한 미국인의 부와 번영을 상징하는 차로 여기는 명차이다. 엠브렘으로 쓰이고 있는 문장은 프랑스의 돌즈 백작의 가문에서 대대로 쓰고 있는 혈통을 상징하는 문장을 그대로 채용한 것이다.

'Cadillac'을 '갸니락'이라 발음하는 것은 일본식 표현에서 본받은 것이다. '캐들랙'으로 해야 옳다. 이 시리즈의 최고급은 '쎄벌(Seville)'이고, 값이 가장 싼 대중 모델은 '더빌(Deville)'이다.

캬라멜
* **카어멀, 캐러멜**

한국의 제과공업에서 '캬라멜'은 오래도록 어린이들의 구미에 맞는 과자였다. 국어 사전에서 "캐러멜"이란 표제로 "수크로오스에 우유, 초콜릿, 커피 등을 넣고 고아서 굳힌 과자인데 조그맣게 잘라 종이에 싸서 갑에 넣어 파는 것"이라 했다.

한국에서의 '캬라멜'은 일제시대부터 일본식 제과 기술에 의해 만들어져 팔려 왔다. 일본에서는 설탕과 물엿(또는 조청)에 우유 등을 섞어 끓인 다음 단단하게 만든 브라운색 엿과자라고 정의한다. 일본에서는 1899년(메이지 32년)에 처음으로 만들기 시작했는데 그 명칭은 영어에 쓰는 'caramel'에서 차용하여 'キャラメル(캬라메루)'로 표현했다.

영어의 caramel은 프랑스어 'caramel(카라멜)'에서 왔고, 프랑스어는 스페인어 'caramelo(까라멜로)'에서 차용했다. 이들의 표현도 포르투갈을 거쳐 그 근원은 라틴 말기의 'calamellus(칼라멜루스)'에서 찾을 수 있다.

'캬라멜'은 일본식 표기 '캬라메루'에서 변형된 표현이고 국어사전에서처럼 '캐러멜'도 아니다. 영어 표기로는 '카어멀,' 또는 '캐러멀'이라 한다.

요즘 미국에서는 맥도날드 같은 이터리(패스트푸드) 식당 등에서 아이스크림 위의 타핑(topping)에 묽은 캐러멜을 얹어 주기도 한다.

캬베쓰
* **캐비지**

우리가 식탁에서 자주 대하는 식물성 음식 재료 가운데서 서양식 배추를 '캬베쓰'라 한다. 이 야채는 두텁고 넓은 잎이 겹겹이 쌓여 마치 공처럼 둥근 모습으로 지름이 20~30cm 정도인 자생하는 2년생 식용 식물이다.

이것은 영어의 '캐비지(cabbage)'를 일본 사람들이 들여오면서 잘못 표기하고 발음한 데서 연유된 오용 표현인 것을 우리가 그런 줄도 모르고 그대로 본받은 표현이다.

커버 쏭
* **커버 레커드,
커버 버전**

어떤 음악 작품을 처음으로 리코딩한 가수(singer)나 악단의 연주 또는 뮤지컬 등, 무대공연을 통한 최초의 출연(performing)을 담은 레코드를 '오리지널 레커드(original record),' 또는 '오리지널 버전(original version)'이라 한다.

여기에 비해 오리지널 버전을 다른 사람이 편곡을 하여 다른 가수나 악단의 연주 또는 무대의 공연을 담은 레커드를 '커버 레커드(cover record)'라 하고, '커버 버전(cover version)'이라 한다. '버전'은 '버션'에 더 가까운 소리를 낸다.

이를 흔히 '커버 쏭'으로 표현하는 이들이 많은데, 이것은 사리에 맞지 않는 말이다. 왜냐하면 '커버'는 노래(가창)를 뜻하는 말이 아니라, 오리지널에 대해 다시금 새롭게 부르거나 연주하여 만든 레코드를 뜻하는 말이기 때문이다.

한편 커버 레커드를 오리지널에 비해 무명 가수가 부르거나 무명 악단이 연주한 레커드만을 뜻하는 것으로 잘못 아는 경우도 있다.

커버 버전이나 레커드는 유명하거나 무명을 불문하고, 오리지널 이외의 모든 레커드를 말하고 그 가운데서 히트되어 차트에 랭크된 버전을 리바이스, 리바이브, 리바이벌 레커드(revival record)라 한다.

커브 미러
* 칸벡스 미러

전방의 시야가 나쁜 급한 굴곡도로에 볼록 렌즈 거울을 설치한 곳이 있다. 이를 흔히 '커브 미러(curve mirror)' 라 하는 것은 일본식 영어 표현 '카부 미라' 에서 본받은 것이다.

그러나 영어에서는 이를 '칸벡스 미러(convex mirror)' 라고 한다. 도로의 '커브' 는 '벤드(bend)' 라 하기도 하는데 급한 커브길을 '헤어핀 턴' 또는 '헤어핀 벤드' 라고도 한다. 다만 이런 경우 우리가 일컫는 '헤어핀 커브' 도 일본식 영어 표현이다.

커브스
* 컵스

미국 야구의 메이저리그, 내셔널리그 소속 팀 가운데 시카고의 '컵스(Cubs)' 를 '커브스' 라 표기하고 발음하는 것은 일본식의 '카부스' 를 본받은 잘못된 표현이다. 'Cubs' 도 '컵스' 보다는 '캅스' 에 더 가까운 소리를 낸다.

'컵스' 는 1876년에 창설되었고, 프렌차이스 스테이디엄은 일리노이주 시카고에 있는 '링글리 필드(Wringley Field)' 이다.

커트
* 일러스트레이션

신문이나 잡지에서 특정 기사(article) 제목의 도안이나 삽화 또는 사진을 넣는 일을 흔히 '커트를 그린다,' '컷을 넣는다' 는 식으로 '커트(cut)' 란 표현을 쓰는 경우가 많다. 이것은 일본에서 사용하고 있는 잘못된 표현을 그대로 본받아 쓰는 것이다.

아마도 영화에서 '커트' 를 의미하는 명사형에서 응용한 듯하다. 영어의 'cut' 에는 도안이나 삽화 또는 사진을 의미하는 말은 없다.

이런 경우에 영어로는 '일러스터레이션(illustration)' 을 써야 하지만, 더러 사용하고 있는 '일러스트(illust)' 란 표현도 일본에서 잘라 쓰는 표현이기 때문에 이 또한 쓰지 말아야 한다.

영어에서 'cut' 은 타동사로 "자르다, 가르다, 차단하다, 말을 줄이다, 삭제 편집하다, 중지하다" 등의 뜻이고 자동사로는 "자르다, 촬영을 중단하다, 길을 질러가다" 등의 말이고 명사로는 "절단, 옷의 재단, 영화의 커트" 등을 뜻한다.

한편 가수나 연주 악단이 스튜디오에서 녹음(리코딩)을 하거나, 앨범에서 싱글을 따로 떼어내는 일을 '컷(cut)' 이라 한다.

커트 라인
*** 컷옵 포인트**

해마다 대학 입학 시즌이 되면 예비고사나 내신 성적에 의한 입학 사정을 통해 특정한 점수에 이르는 학생만을 골라 선발하게 된다. 이 때 대부분 응시 학생의 능력으로 평가된 취득 점수를 기준으로 하여 선발 인원 만큼에 맞도록 최고 점수 보유자로부터 일정한 제한 점수를 기준으로 설정하게 된다. 이를 한국에서는 '커트 라인' 혹은 '커틀라인' 등으로 표현한다.

그러나 영어에서는 그런 표현을 쓰지 않고 '컷옵 포인트(cutoff point)' 라 한다. 이런 경우 '커트오프-' 하는 식으로 표현하는 것은 극 동식 발음이다.

커피
*** 카피, 코피**

기호 식품 가운데 커피는 일상적인 식생활의 일부로 정착된 느낌이다. 식사 후에, 손님을 접대할 때, 대화할 때 등 우리 주변에서 가장 쉽게 내거나 사마시는 음료 가운데 대표적인 식품이다.

그런데 언제부턴가 우리는 이를 '커피' 라는 표기나 발음이 일반화되어 있다. 이것은 틀린 표현이다. 로마자의 'f' 의 발음을 우리 문자로 표기가 안되기 때문에 이를 'ㅎ' 보다는 파열음인 'ㅍ' 를 택하고 있어서 '-ffee' 를 '피' 로 적고 발음하지만, '커' 의 발음은 출처불명이다. 인터넷 용어 가운데서도 '.com(닷 캄)' 을 '쩜 찍고 콤,' '도트 콤' 이라 하다가 최근에는 '닷 컴' 으로 표기하는 것처럼 한국에서는 외래어 표기에서 불필요한 'ㅓ' 를 강조하는 경향이 있다.

'coffee' 의 영어 발음은 '코피' 이고 미국에서는 '카피' 가 일반적이다. 세계 어느 나라도 '커피' 라 부르지는 않는다.

커피는 아라비아에서 '카베(kahve)' 라 부른 것이 터키에서 '카페

순 수 한 우 리 말 찾 기 품 앗 이

(caffé)'로 변했고 이탤리에서 '카페(caffé)'라 부르면서 유럽 전역에서 이 말을 차용했다. 프랑스에서 '카페(café),' 스페인은 '카페(cafe),' 독일에서는 '카페(kaffee),' 오스트리아는 '카페'(kafe)' 등으로 도입하여 사용하고 있다. 또 라틴어로는 '코페아(cofea),' 그리스어로는 '카페스,' 러시아어는 '코피'라 한다. 그리고 영어에서는 1598년에 "Linschoten's Voyage"에서 'coffee' 라는 말을 처음 사용했다. 일본에서는 '코히'라 한 것은 로마자 'f'를 'ㅎ' 소리를 내기 때문이고, 영어를 포함한 유럽 각국에서 표현에서 'f' 사운드를 우리는 파열음 'ㅍ' 소리로 대치한 점을 감안하기 바란다.

커피 숍
* **코피 샵,**
카피 하우스

우리식의 '다방,' 일본식의 '끽다점,' 이를 혼용해서 멋스레 써보았던 '다실' 등의 주 메뉴는 'coffee'다. 그러다가 70년대부터는 아예 '코피샵(coffee shop)'이란 명칭이 더 관용화되었다. 그러다 '커피숍'으로 그 표기들이 바뀌어 버렸다. 외래어 표기 방식이 그렇게 유도했기 때문이다.

그런데 '커피' 항목에서 설명했듯이 'coffee'는 그 발음이 '쿠피'가 아니면 '카피'로 되는 것이 영어권에서 쓰이는 제대로 된 표현이다. 또 'shop' 은 구식 영어 발음 표현인 '쇼프,' '숍'이 아니라 '샵'이 되어야 한다. 따라서 'coffee shop'의 표현은 '코피 샵' 또는 '카피 샵'이 옳다.

미국에서 '코피 샵'은 커피와 간단한 음식과 음료를 제공하는 규모가 작고 값이 싼 레스터런트를 가리킨다. 한편 'coffee house(카피 하우스)'는 커피와 다과나 가벼운 음식물을 내고, 때로는 노래나 소규모의 밴드의 연주도 마련하는 대중이 찾는 전문 식당을 말한다.

커피 타임
* **카피 브레익**

일이나 근무시간, 또는 긴 회의 시간을 갖는 도중에 잠시 기분을 전환하기 위해서 차나 카피 등을 마시는 짬을 흔히 커피 타임, 티 타임 등으로 표현한다. 영어로 커피 타임이나 티 타임 등의 표현은 없다.

487

영어로 카피를 마시면서 잠시의 휴식 시간을 카피 브레익(coffee break)이라 표현한다. 이 때 '커피 브레이크' 라 하면 한국식 영어 발음 표현이 된다. break는 '브레이크' 로 소리내지 않고 '-크' 는 약음이거나 닫힘소리로 하여 '브레익' 으로 소리내는 점에 유의해 두자.

컨닝

* **취팅**

학생들이 시험 때 부정한 방법으로 답안지를 작성하는 행위를 흔히 '커닝' 또는 '칸닝구' 라는 말들을 흔히 쓴다. 이것은 일본 사람들이 만든 일본식 영어이어서 미국이나 영어를 쓰는 나라 사람들은 무슨 말인지 알아듣지를 못한다.

이것을 영어에서는 '취팅(cheating, 또는 cheat)' 이라고 약음으로 '취팅' 이라 소리낸다. 또 '커닝 페이퍼(쪽지)' 는 '첫 쉿스(cheat sheets)' 라고 표현한다.

커닝(cunning)은 본래 교활, 간사, 교묘한 또는 잔꾀라는 엉뚱한 뜻을 지닌 것을, 일본 사람들이 잘못 응용했고, 더구나 그들 발음의 '칸닝구' 는 더욱 아니다.

컨베이어(직선 운반)

* **캐러쎌**
(회전 운전)

공항에서 기내에 가지고 들어갈 수 있는 작은 짐이나 브립 케이스 말고 따로 보관했다가 도착지에서 휴대용 자기 짐을 찾기 위해서 러기지 에리어로 가게 된다. 대부분의 공항에서는 수하물을 되찾는 시설은 회전식으로 마련되어 있다. 이것을 우리는 '컨베이어(conveyer)' 라 불러왔다.

영어에서 '컨베이어' 는 운반하는 사람, 전달하는 사람, 운반하는 장치를 뜻한다. 공항에서인 경우 '컨베이어' 는 무거운 짐을 실어 나르는 지게차, 또는 벨트를 이용한 직선 이동 보조 기구 등을 말한다.

그러나 회전 이동식으로 짐을 찾는 장치는 이를 '컨베이어' 라 하지 않고 회전목마를 일컬을 때 쓰는 표현 그대로 '캐러쎌(carrousel)' 이라 표현한다.

순수한 우리말 찾기 품앗이

컴온(이리 오라) * **컴 오우버 히어**	다른 사람을 이쪽으로 오게 하거나 밖에서 안으로 들어오도록 권유하거나 응낙할 때 흔히 "come on"으로 생각하고 그렇게 쓰는 사람들이 적지 않다. 그러나 동사 come에 부사 on을 붙인 'come on'은 오라는 뜻이 전혀 아닌 엉뚱한 말이 된다. 'come one'은 군대 등에서 진군이나 공격을 한다는 뜻이고, 나중에 뒤따라간다는 뜻이다. 전등이나 전기기구의 스위치가 켜 있음을 뜻하는 말이다. 무대에 등장하고, TV에 출연하고 경기에 나가고, 야구에서 투구를 시작하는 것도 '컴온'이다. 계절이나 바람 또는 병이 생기는 일도 '컴온'이다. 또 농담하지 말라는 말, TV 프로그램이 방영되는 일, 영화가 상영(개봉)되는 일도 '컴온'이다. "빨리 하라, 어서 해라, 자 어서, 그만둬"란 뜻도 있다. 그러나 '이리 오너라, 들어오라'라는 뜻은 전혀 없다. 영어에서 '컴 히어(Come here!)'를 가장 많이 쓰고, '컴 오우버 히어(Come over here.),' '컴 인(Come in!)' 등이 자주 쓰인다. 그러나 이런 표현들은 가까운 친구 사이나 예를 갖추지 않은 사이에서 쓰이는 명령조임을 전제해서 사용해야 한다. 여기서 'come'은 '컴'보다는 오히려 '캄'에 더 가까운 소리가 나는 점에 유의해 두자.
컵 인 * **호울**	골프에서 각 코스마다 그린에 설치된 '호울(hole)'을 더러 '컵(cup)'이란 별명으로 부르기도 한다. 직경이 4와 1/4인치의 철제로 된 홈을 두고 일컫는 말이다. 그리고 이 홈으로 골프 공이 들어가는 것은 '컵 인(cup-in)' 또는 '홀 인(hole-in)'으로 표현하는 이들이 많다. 심지어 신문이나 방송 등 미디어의 스포츠 기사 가운데서도 서슴없이 그런 표현들을 쓰고 있다. 그러나 영어에서는 cup-in이나 hole-in이란 말은 없다. 영어에서 공이 구멍에 들어가는 것을 오히려 'out'을 써서 'hole out'이라 하는 점에 유의 필요가 있다. 골프 공이 그린의 홀 안으로 들

어가는 것을 '호울(hole),' 또는 '호울드(holed)' 라 한다.

홀 인, 컵 인, 홈 인, 골 인 등 스포쓰에서 득점을 이룩하는 상태를 나타내는 용어로 '-in' 을 붙여쓰는 버릇은 일본식 영어에서 많이 쓰는 것을 그대로 본받아 쓰는 타성에서 비롯되었다.

|케리 쿠파|
|***게어리 쿠퍼**|

"누구를 위하여 종을 울리나" 의 명배우 'Gary Cooper(1901-1961)' 를 '케리 쿠파' 라 부르는 이들이 많다. 그가 출연한 영화를 수입한 영화업자들이 포스터마다 그렇게 썼고, 다들 그렇게 여겨왔다. 일본 표기를 흉내내는 과정에서 파생된 잘못이다.

그러나 그의 이름은 '케리(Cary)' 가 아니라 '게어리(Gary)' 이다. 따라서 그의 이름은 '게어리 쿠퍼' 라 해야 옳다.

|케빈 코스트너|
|***케빈 카스너**|

미국 영화배우 가운데 "바디가드" 에서 열연한 '케빈 코스트너(Kevin Costner)' 가 여성들에게 인기가 많다고들 한다. 그러나 이 배우의 진짜 이름은 코스트너가 아니라 '카스너' 라 발음한다.

캘리포니아 주 로스 앤젤러스 북쪽에 인접 도시 패서디너 시에 있는 그가 경영하는 식당을 '카스너 레스터런트' 라고 부른다. 이 사람의 이름 가운데 't' 는 약음이거나 묵음이기 때문이다.

모음의 변화가 무쌍한 미국어에서 특히 사람의 이름인 경우에는 단순히 로마자 표기법에 따라 옮겨 읽다가는 큰 실수를 저지르는 경우가 많다.

|케스 바이 케스|
|***디펜스**|

어떤 일이 상황과 형편에 따라 적용될 수 도 있고 그렇지 않을 수 도 있다는 경우를 빗대어 이야기할 때 "그것은 케스 바이 케스이다" 란 말을 흔히 쓴다. 아마도 영어 단어 'case by case' 에서 인용한 말인 듯 하다. 한 마디로 영어에서 이런 말은 없다.

이런 말은 일본에서 영어 단어를 주워 맞춰 만든 일본식 영어를 그대로 본받아 쓰고 있는 영어 아닌 모방 영어에서 온 이상한 말이다.

순수한 우리말 찾기 품앗이

영어에서 문제 해결에 있어서 원칙적으로 당사자에게 달렸다는 의미는 '잇 디펜스(It depends)'라 표현한다.

한편 영어에서 case by case basis는 이디엄이 아니고 문장 가운데서 "…개개인의 사례를 개별적으로 취급하는" 정도의 말로 쓰이는 경우가 있다.

코너
* **디파트먼트, 쎅션**

백화점이나 샤핑 샌터 등에서 특정한 상품 매장을 흔히 '코너'라고 한다. 이를테면 여성 의류 코너, 남성복 코너, 화장품 코너, 아동복 코너 따위가 그것이다. 그러나 이런 표현은 일본식 영어에서 만들어 진 일본식 표현을 본받은 것이다.

영어로는 '디파트먼트(department),' 특설 코너는 '스페셜 쎅션(special section),' 또는 '카운터(counter)' 등이라 한다. '숫스 디파트먼트'라 하면 신사복 코너를 가리킨다.

한편 방송 프로그램을 진행하는 이들 가운데서 '코너'라는 말이 남용되고 있다. 본래 설정된 포맷 안에서 특정한 부분을 첨가하는 형태의 삽입 진행을 말하는데 이 표현 역시 일본의 방송계에서 만들어 쓰고 있는 용어를 그대로 받아 흉내내고 있는 잘못 사용되고 있는 억지 말이다.

영어에서는 이를 '쎅션(section),' 또는 '세그먼트(segment)'라 한다.

코디네이터
* **어씨스턴트**

'코디네이터(coordinator)'를 방송 대사전에서 "연출자에 협력해서 하나의 프로그램이 차질 없이 방송되도록 하는 운행계; 연출 내용에는 관계하지 않지만 방송 운행에 대한 책임을 진다"고 풀이했다.

일본의 외래어 사전(カタカナ語辞典)'에서는 'コーディネーター(코디네타)'로 표기하고 "조정계(調整係); 복잡화한 기구 안에서 업무의 흐름을 원활화하게 하는 전문직. 특히 장기이식 때 의사와는 달리 제공자와 수용자(환자나 가족)의 사이를 조정하는 사람"이라고 설명하고 있다. 또 테레비(일본 표현) 프로그램의 제작 진행 책임자 등을 말

한다고 했다. 그러면서 '인테리아 코디네타,' '화숀 코디네타(fashion-)' 도 있다고 덧붙이고 있다.

민중서관 슈프림 영한 사전(2001년판)에서는 "동격으로 하는 것: 조정자(관), TV 연출자에 협력하는 진행계(進行係)" 라 풀고 있다.

일본에서 가장 많이 팔리는 켄큐샤(硏究社) 영화(英和)사전(1999년판)에서는 "동격(대등)하는 사람(것): 조정하는 사람(것): [문법] 등위접속사" 라 풀이하고 있다.

웹스터 미디어 사전에서는 방송 용어로 coordinator란 말을 쓰지 않고 다만 coordinate는 "of the same or equal order or importance"라고만 풀고 있다.

웹스터 영어 사전에서는 '코우더네이터'로 발음하고 "someone who organizes the way people work in an activity"란 주석이 달려 있을 뿐 방송 용어에 'coordinator'란 말은 없음을 알 수 있다.

그렇다면 한국의 영한 사전은 일본의 영화 사전을 그대로 옮겨 실었고, 한국의 방송계에서는 일본의 방송계에서만 쓰는 '코디네이터' 라는 말을 배워 쓰고 있다는 결론이다. 그러니까 '코디네이터' 를 방송 진행계 따위로 쓰는 것은 일본 방송계에서만 사용하는 용어임을 알 수 있다.

미국의 방송계에서는 '코디네이터' 라는 말은 쓰지 않고 다만 '어씨스턴트(assistant)' 라는 표현은 있다.

코러스 그룹
* **코럴 그룹, 씽잉 그룹**

합창단이나 2인 이상이 조직되어 노래를 부르는 음악적 집합체를 더러 '코러스 그룹(chorus group)' 이라 표현하고 있는데 이는 일본식 영어 표현으로 옳지 않다. 일본 사람들이 그렇게 만들어 부르는 일본식 영어이기 때문이다.

물론 '코러스 그룹' 이란 말이 미국이나 영어권에서 통할 리 없다. 영어로는 '코럴 그룹(choral group),' 또는 '씽잉 그룹,' '보컬 그룹' 으로 해야 맞다.

코리아 타운 * **코리언타운**	해외에 이주해 사는 한국 동포들이 특정한 지역에 밀집해 살거나 생업을 위해 상가가 형성된 지역을 흔히 '코리아 타운(Korea town)'이란 말을 쓴다. 그러나 그냥 코리아 타운이라 해버리면 대한민국 영토의 한 부분을 뜻하는 말이 되는 오해를 사기 쉽게 된다. 이런 경우에는 한국인들이 사는 한국인들로 이루어진 마을이라는 뜻의 '코리언타운(Koreantown)' 이라는 식으로 한마디(one word)로 표시해야 옳다. 그러나 해외 이주 한인들 가운데 인구 밀집도가 가장 높은 미국 캘리포니아 주의 로스 앤젤러스 시에 이룩된 한인타운인 경우는 1970년에 L.A. 시에서 공식으로 'Koreatown' 이라고 명명했다. L.A. 코리아타운은 주로 라티노(라틴 아메리카 사람들)들이 거주하는 지역에 윌셔 블러바드를 중심으로 남쪽은 올림픽 블러바드, 북쪽은 베벌리 블러바드의 평행선상에, 벌만트 애버뉴와 웨스턴 애버뉴로 이루어지는 광활한 4각지대의 거리에 소매상가를 중심으로 식당, 호텔, 복합 어파트먼트, 교회 등이 형성되어 있다.
코먼 센스 * **카먼 나리지**	'코먼 센스' 또는 '콤몬 쎈스' 는 '카먼 쎈스' 의 한국식 발음 표현이다. 일반적으로 카먼 센스를 상식 또는 양식 정도로 이해하고 있다. 누구나 당연하게 갖고 있는 상식적인 지식을 뜻하는 형용사다. 영어에서 'common sense' 는 "특별한 분야에 대한 지식이나 수련을 통해 경험에 의한 양식과 건전한 판단력을 갖는 것"을 말하고 있다. 그러나 누구나 두루 알고 있거나 알아야 하는 사실, 즉 우리말의 '상식' 을 표시할 때는 명사 형태인 '카먼 나리지(common knowledge)' 또는 그냥 '카먼' 이라 한다.
코스트 * **프라이스, 리스트**	우리는 물건의 가격을 표시하거나 사거나 또는 값을 치르는 일을 말할 때 이를 통틀어 '코스트' 라고 말하는 경우가 많다. 그러나 코스트(cost)는 소매상(리테일러)이 손님에게 물건을 팔기 위

해 도매상이나 물품 공급처에 지불하는 대금, 즉 물품 구매 원가를 말한다. 그러니까 코스트는 쉽게 말하자면 도매 물품 구입 비용에 해당한다. 다만 가정의 생활비나 회사의 경비 등을 말할 때는 '코스트'를 쓴다.

미국에서는 소매값을 그 목적에 따라 여러 가지로 달리 표현하고 있다. 이를테면 프라이스(price)는 일반적인 상품의 매매되는 값을 말하고, 차지(charge)는 사람이나 기관을 이용해서 일을 의뢰하는 요금을 말한다.

또 페어(fare)는 교통기관, 즉 버스, 택시, 지하철, 항공기, 뱃삯 등의 티켓 값을 말한다. 그리고 피이(fee)는 학교 등록금, 수업료, 관청의 서류신청 수수료, 임대 주택의 집세(rental fee), 변호사 고용료, 의사 진료나 치료비, 가정교사 사례비 등, 유형·무형의 봉사와 전문직에 주는 값을 말한다.

코스트 다운
* 코스트커팅

경제에서 생산 원가의 가치를 내리는 일을 '코스트 다운(cost down)'이란 표현을 쓰는 이들이 많다. 또 물품을 거래할 때, 도매 물가 형성을 낮게 조정하는 일도 코스트 다운으로 표현하기도 한다.

그러나 '코스트 다운'이란 영어에 없는 일본식 영어 표현이다. 생산 원가의 절하를 뜻하는 영어는 '코스트커팅(costcutting),' '코스트 컷,' '로어 코스트(lower costs)'라 한다. 또 '리듀스 코스트(reduce costs),' '코스트 리덕션(cost reduction)'이란 말도 쓴다.

코스트 업
* 코스트 인크리스

경제에서 생산 원가의 상승하는 일을 흔히 '코스트 업'이라 하는 것은 영어에는 없는 일본식 영어 표현이다. 영어로는 '인크리스 인 코스트(increase in cost),' 또는 '코스트 인크리스(cost increase)'라 부르는 것이 제격이다.

코스트코
* **카스코,** **카스트코**

창고형 대형 도매 회원제 마켓 가운데 'Costco'가 번창하고 있다. 한국에도 서울의 상봉동, 양평동, 양재동 등, 3곳과 동대구와 서대전 지역 등 5곳이나 있고 일본에 2곳, 대만에 2곳이 진출한 정도로 국제적 유통업체로 발전했다.

미국에는 캘리포니아 주에 91곳을 비롯해서 289곳 등, 미 전국에 330개 점포 이상으로 확장해 있다. 'Costco'는 1985년 12월 5일에 멤버쉽 웨어하우스 클럽으로 발족했고, 1993년 10월 21일에는 '프라이스 클럽(The Price Club)'을 흡수하여 'Price/Costco Wholesale Companies, Inc.'로 이름이 바뀌었다. '프라이스 클럽'은 샌디에이고의 Mr. Price 부자가 설립했던 창고형 회원제 대형 도·소매점이었다.

1997년에는 'Costco Companies, Inc.'로 명칭을 바꾸면서 나스닥에 티켓 심볼 COST로 상장하기도 했다.

그리고 1999년 8월 30일에는 다시 'Costco Wholesale Corporation'으로 명칭을 바꾸면서 법인이 델러웨이 주에서 워싱턴 주로 옮겼다.

브랜드 네임의 상품과 품질을 보장하는 생산가의 5%만 마진으로 한다는 저렴한 가격으로 회원들에게 좋은 상품을 공급한다는 슬러건을 내세우고 있다.

이 유통 회사의 이름 'Costco'는 로마자로 그대로 읽으면 '코스트코'가 되어 한인 사이에서는 모두 '코스트코'로 통한다. 그러나 이 회사 직원이나 네이티브 스피커들은 Costco 가운데서 't'자를 약음으로 하거나 아예 생략하고 '카스코'로 발음하는 점에 유의해 줄 필요가 있다. 이 때 첫 음절 'Co-'는 '코'가 아니고 '카'로 소리를 낸다.

코요태
* **카이요티**

한국의 틴 댄싱 그룹 가운데 '코요태'가 있다. 아마도 영어의 '카이오티(coyote)'를 연상케 한다. 카이요티는 북어메리카 주 서부 평원에서 생식하는 여우보다는 약간 작은 몸집에 갈색과 회색 얼룩 표피를 갖고 있다.

그러나 '코요태'는 '코요테'라 적는 것이 근접한 표기가 되지만 국제어인 영어를 빌어 쓴다면 당연히 '카이요티' 라 해야 옳을 것이다.
'coyote' 는 멕시코에서도 널리 쓰이면서 '꼬요떼이' 라 발음하고 현명한 사람, 브로커, 중개인, 백인 등을 뜻하기도 하고, 한 집안의 최연소자를 일컫기도 하고, 혼혈아를 뜻하는 말로도 쓰이고 있다. 또 한국에서 성행(?)하는, 정당을 자주 바꾸며 무절제한 정치 생활을 하는 철새 정치가를 '꼬요떼이' 라 빗대어 표현하기도 한다.

한편 '카이요티' 는 미국에서 밀입국 불법 이민자를 일컫는 슬랭으로도 쓰인다. 'Coyote' 의 미국식 발음은 '-te' 를 약하게 처리해서 '카이요디' 라 발음하고 '카이요리' 처럼 들리는 점에도 유의해 두자.

코인 라운드리
* **론더렛, 론드러맷**

동전을 넣어야 작동되는 물세탁기와 건조기가 설치된 유료 세탁장을 흔히 '코인 라운드리' 라 표현하는 한인들이 많다. 영어 표기로 'coin laundry' 를 말하는 표현이다. 그러나 영어에서는 그런 말과 그런 발음은 없다.

다만 'coined operated washers/driers' 라 해서 "동전을 넣어 작동되는 물세탁과 건조기가 있는 셀프서비스 론드리" 라 했다. 여기서 'laundry' 는 '라운드리' 라 발음하지 않고 '론드리,' 또는 '란드리' 로 소리를 낸다. 따라서 물세탁기는 론드리, 석유계통의 세제를 쓰는 세탁은 '드라이 클리닝' 으로 구분하여 표현한다.

이런 세탁장을 영어에서는 '론더렛(laundrette)' 이라 하지만, 이런 기계를 만들어 유명해진 회사의 상표 이름인 '론드러맷(laundromat)' 이란 표현이 훨씬 더 관용화되고 있다.

'Laundromat' 은 미국 오하이오 주에 있는 White Consolidated Industries, Inc.에서 전기세탁기, 드라이 클리닝기, 건조기 등을 생산하는 회사이다. 또 펜실배니아 주에 있는 Westinghouse Electric Corp에서 1943년에 영국에다 현지 회사를 세워 '론드러맷' 을 상표로 등록하면서 더욱 이 말이 관용화되기 시작했다.

코팅	얇은 플라스틱 필름을 특정한 내용의 종이나 특수 용지에 덧씌우는 일이 많이 보급되어 있다. 많게는 각종 신분증명서나 명함판만한 크기에 덧씌우는 것들에서 레터 사이즈(흔히 말하는 A4 사이즈)에 덧씌우기도 한다.
* 래머네이팅	

플라스틱 필름을 덧씌우는 일을 흔히 '코팅' 한다고 표현하면서 비닐 코팅이니 플라스틱 코팅 따위의 표현들을 쓴다.

그러나 '코팅(coating)' 이란 말은 페인트나 페인트를 칠하거나, 과자나 특수 음식물 위에 식용 색채 등을 칠하는 따위를 두고 쓰는 말이다. 얇은 플라스틱 필름을 덧씌우는 일이라면 이를 '래머네이트(laminate)' 로 표현해야만 한다.

최근에는 누구나 쉽게 래머네이트를 할 수 있는 '래머네이팅 머쉰(laminating machine)' 이 크게 보급되어 150 달러 내외면 마음에 드는 제품을 골라 쓸 수 있다.

코펠	등산이나 야외용 간이 취사 도구를 한국에서 '코펠' 이라 표현하고 있다. 이 말은 국적불명의 표현이다. '코펠' 이란 말은 아마도 독일어 가운데 소형으로 간단하게 끓이는 기구, 캠프 등에서 쓰이는 끓일 수 있는 휴대용 취사용구를 말하는 '코헐(Kocher)' 을 일본 사람들이 도입하는 과정에서 'コッヘル(콧헤루)' 로 표현하고 있다. 이것을 한국에서 중계 도입하는 과정에서 '코헬' 이 kofer쯤 되어 'f'를 파열음 'p'로 수정하여 '코펠' 이라 부른 오용 표현이 아니었을까 싶다.
* 코헐	

그러니까 여기서 '콧헤루(코헤루)' 의 원어가 'f' 를 쓰는 것으로 착각하고 '코헤루' 를 수정하여 '코펠' 로 둔갑을 한 것이다. 다시 말해서 '코펠' 이란 한국에서만 통하는 이상한 표현이 되고 말았다. 영어에서는 '스토브(stove),' 또는 '쿠커(cooker)' 라 한다.

등산이나 캠프용 취사도구로 음식을 끓이거나 밥을 짓기 위한 야외 휴대용 취사 도구는 영어로는 '네스티드 쿠킹 셋(nested cooking set),' 또는 '네스티드 쿠킹 킷' 이라 한다.

독일어로는 '코헐(Kochelr)'이라고 하는데 반드시 대문자로 시작하는 것은 이를 개발한 사람의 이름에서 따왔기 때문이다. 독일어에서 'kohen(코헌)'은 "끓이다, 끓는, 요리하다" 등의 동사이다.

일부 국어사전에서까지 '코펠'을 "등산할 때 휴대하는 조립식 취사도구"라 표기한 것은 딱한 일이다. 독일어에서 Kochel은 '코헐'에 가깝게 발음되고, 속어로는 담배 파이프(Tabakspfeife=타박스파이페)를 뜻하는 말로도 쓰인다. '코펠'은 마땅히 '코헐'로 고쳐 사용해야만 한다.

콘도
콘도미니엄

한 국어 사전에서 '콘도'를 "소유자가 부재일 때에는 다른 제3자에게 빌려줄 수 있는 가구 달린 분양 주택"이라 정의를 하고 있다. 사실과 너무나 동떨어진 이 사전의 주석이 놀랍기만 하다. 먼저 '콘도'라는 말이 '콘도미니엄'을 일본식 영어의 간략형으로 만든 일본식 영어인데 그것을 그대로 본떴다는 설명이 은폐되어 있다.

'콘도미니엄'은 호텔의 한 형태로 하나의 방에 부엌이 설치된 형식을 말한다. 장기 체류자용이거나 하와이 등 여름 휴양지 등에서 볼 수 있다.

또 분양 아파트먼트를 일컫기도 한다. 미국이나 유럽에서는 아파트먼트를 대부분, 임대하여 주기 때문에 특별히 분양하는 경우를 '콘더미니엄 아파트먼트'라 하고, 현지 발음으로 '칸도미니엄'이라 부른다. 즉, 한국의 고층이나 기존 아파트 대부분이 분양의 형태를 취하고 있는데, 이를 구미에서는 '콘도미니엄'이라 한다.

한국에서는 매우 드물게 임대 아파트가 생겨나고 있는데 이런 임대하여 주는 아파트는 '어파트먼트'라 부른다. 그러니까 우리가 빌어 쓰고 있는 외래어의 주택 개념이 본래의 뜻과 달리 사용되고 있음을 알 수 있다.

콘도미니엄은 라틴어의 함께라는 뜻의 'con'과 지배한다는 뜻의 'dominium'이 합성되어 만들어진 말이다. 공동 소유로 관리 운영을 한다고 뜻에서 비롯되었다. 한국에서는 휴양지 등에서 공동 소유자가 사용하지 않을 때, 다른 사람이 일시 임대하여 쓰는 형태의 부엌 달린 방이란 뜻으로 변질되어 사용되고 있는 것이다.

콘센트
* **아웃렛, 소킷**

전기 용품의 플러그를 전원의 배선에 접속할 때, 그 배선꽂이를 흔히 '콘센트'라 한다. 그러나 이 말은 '컨센트릭 플럭(concentric plug)'에서 온 듯한 일본식 약어에서 비롯된 틀린 표현이다.

영어에서는 '아웃렛(outlet),' 또는 '아웃릿,' 영국에서는 '소킷(socket)'이라 한다.

콘텐츠
* **칸텐쓰**

요즘 미디어 용어 가운데 '콘텐츠'라는 표현이 자주 등장한다. 특히 I.T. 용어로 많이 동원되고 있다.

영어의 'content'에 흔히 복수형으로 써서 "무엇인가 들어 있는 것, 여러 예술 분야에서 글이나 말을 통해 설명하는 것, 형식에 대하여 내용이나 요지, 진의, 의미, 학문 분야의 대상, 의식 분야의 부분이나 요소 또는 내용, 철학에서는 내용, 심리학에서는 반응 내용, 수학에서는 면적이나 용적, 용량" 등을 뜻하는 명사로 쓰이면서 '칸텐트'로 발음한다.

'칸텐트'는 단수형은 추상적 의미이거나 어떤 성분의 양을 표시할 때 쓰이고, 복수형으로는 구체적인 것을 가리키는 말로 쓰이는 경우가 많다.

이 때 '칸텐트'의 복수형 'contents'의 표기는 '콘텐츠'가 아니라 '칸텐쓰'로 써야만 원어 발음에 가깝게 된다. 또 형용사로 "만족해서, 안심해서, 찬성해서"란 뜻을 품으면서 그 발음을 '컨텐트'가 된다.

'Contents'를 일본의 IT 용어 사전(集英社)에서 'コンテンツ(콘텐쑤)'라 표기하면서 "알맹이, 내용이란 뜻인데 IT용어로는 케이블 TV 등이나 퍼스널 컴퓨터 등에서 사용자에게 공급한 정보나 자료의 내용을 일컫고, 웹 페이지에 게재하는 정보"라고 풀이하고 있다.

일반적으로 멀티미디어에 의해서 제공된 내용이나 알맹이를 가리키는데 www에서 이미지 데이터나 음성 데이터, 문자 정보가 접속되는 일을 말하기도 한다고 했다.

'칸텐쓰 프로바이더(-provider)' 는 인터넷에서 사진이나 일러스트 등을 사용해서 홈페이지나 CD-ROM(씨디-람) 등의 칸텐쓰의 작성을 대신해 주는 업자를 일컫고, '칸텐쓰-어드레서블 메모리(contents-addressable memory)' 는 연관되는 연상(連想) 기억이라 풀고 있다.

'칸텐쓰 쉿쓰(contents sheets)' 는 멀티미디어 칸텐쓰 제작에서 스태프 사이에서 공유가 가능하도록 하는 연출이고 소재의 리스트 등의 정보가 기록된 서류를 뜻한다고 했다.

한편 동아일보사가 펴낸 현대 시사용어 사전(2002년판)에서 '콘텐츠' 로 표제어를 달로 "원래는 서적 논문 등의 내용이나 목차를 일컫는 말이었으나, 현재는 각종 유무선 통신망 등을 통해 매매 또는 교환되는 디지털화된 정보를 통하는 말로 자주 쓰인다. 예컨대 인터넷이나 PC통신 등을 통해 제공되는 각종 프로그램이나 정보 용물, 비디오테이프 컴팩트디스크 CD롬 등에 담긴 영화나 음악 게임 소프트웨어 등이 이에 속한다." 고 했다.

영어에서 '테이블 어브 칸텐트' 라고 하면 책이나 어떤 집약된 내용을 말하고, content는 '칸텐트' 로 contents는 '칸텐쓰' 에 가깝게 발음하되 '콘텐즈' 로 표현하면 통하지 않는 점에 유의하자.

한편 스포쓰 용어 가운데 스케이트 용어로 피겨에서 프리 스케이팅의 연기 내용을 일컫는다고 했다.

콘티
* **칸티뉴이티, 슈팅 스크립트**

영화나 텔레비전에서 촬영용 대본을 '콘티' 라고 말하는 것은 일본에서 억지로 'コンテ(콘테)' 라 생략하는 말에서 비롯된 잘못된 표현이다.

'콘티' 는 영어의 '칸티뉴이티(continuity)' 를 앞부분만 잘라 쓴 일본식 영어 '콘테' 를 영문자 스펠링대로 'conti' 로 수정하여 받아들인 것이다.

일본에서 '콘테'는 영화나 텔레비전 등의 화면 구성이나 동작, 대사 등을 커트하여 보여 주는 대본이라고 설명하고 있다. 그러면서 커트한 그림을 보여 주는 것은 그림 콘티라 한다고 덧붙이고 있다. 즉, 영화의 촬영 대본, 각본을 컷으로 나눈 그림을 기입하는 일을 말하고 있다.

영어에서 '칸티뉴이티'는 연속 상태, 연속성(논리의), 밀접한 연락을 일컫고 영화나 레디오, TV 등에서는 촬영이나 방송용 대본이나 프로그램 사이에 들어가는 연결되는 이야기나 음악을 뜻한다고 설명하고 있다.

'콘티'를 한 국어사전에서는 '콘티뉴이티'의 준말인데 "콘티를 짠다" 따위로 쓴다고 설명하고 있다. '콘티'라는 말이 결코 콘티뉴이티의 약자가 아니고 일본식 약어라는 점을 밝혔어야 했고, 세간에서 쓰고 있는 '콘티를 짠다'는 말도 어불성설인 것이다. 왜냐하면 영어 '칸티뉴이티'는 방송 용어로 방송하는 이들이 유려하게 말할 수 있도록 꾸민 우량 스크립(대본)을 말하기 때문이다. 따라서 "칸티뉴이티를 쓴다"는 말이 되지만, 이를 짠다는 말이나 '콘티'라는 억지 준말은 안 된다.

또 영화나 TV방송계에서 이벤트나 장면, 또는 촬영에서 까다롭고 변덕스런 여건을 자연스럽고 부드럽게 흐르도록 하는 효과를 내는 일을 지칭하기도 한다.

한편 '칸티뉴이티 걸'이라 하면 영화에서 각 쇼트의 상황을 자세하게 기록하는 여성 촬영기록계를 말한다. 영어의 continuity는 '콘티뉴이티'라는 구식 발음은 거의 쓰지 않고 '칸티뉴이티,' 미식 발음은 '칸티뉴어리'처럼 들린다.

콜라
* 콕크, 펩시

콜라(cola)는 짙은 암갈색 팝(pop=탄산음료)의 일종이고, 우리가 즐겨 마시는 청량음료의 대표적인 기호품이 되었다. 우리는 이것을 상표에 관계없이 '콜라'라고 말하면 통한다. 그런데 정작 미국 사람들은 콜라라고 하면 고개를 갸우뚱거린다.

콜러를 '콕' 또는 '코크(coke)'라 통칭하는 것이 일반적이다. 코크(coke)는 본래 코카 코울러(coca-cola)의 애칭이지만, 펩시 코울러를 포함하여 모든 콜러로 통한다.

콜러(cola)는 식물 가운데서 벽오동과에 속하는 상록 교목인데 그 씨(nut)로부터 채취한 강장 엑스트랙트를 일컫고, 보통 이 콜러 엑스트랙트 맛을 내는 청량음료를 뜻하는 말로 쓰인다.

미국에서는 어떤 특정한 상품을 원래의 명칭 대신 대표적인 메이커의 상품 이름으로 통칭하는 경우가 많다. 이를테면 '스카치 테이프'나 전화번호 색인을 '로라텍스'라고 하는 것 등이 그 대표적인 예다.

콜드 게임
* 코올드 게임, 터미네이트 어 게임

야구 시합 도중에 비가 내리거나 해가 져서 경기를 더 이상 계속할 수 없는 경우가 있다. 이런 상황을 흔히 콜드 게임(cold game)이라 한다. 즉 차가운, 식어버린 경기 정도의 뜻을 가진 것쯤으로 여기고 넘어가는 경우가 많다.

그러나 일기의 불순 현상이나 일몰 때문에 경기를 중단하는 일은 영어에서 '터미네이트 어 게임(terminate a game)'이라 말하고 또 '코올드 게임(called game)'이라고도 말한다. 여기서 코올(call)은 약속 등을 취소하거나 시합을 중지하다는 뜻으로도 쓰인다. 그러니까 '코올드 게임'이라 하면 취소 또는 중단된 경기를 말한다.

콤빠
* 파티, 컴퍼니

한국에서 70대 초부터 '콤빠'라는 말이 유행했었다. 일본에 한번이라도 다녀오면 견문을 자랑하면서 '콤빠'니 '아몬드 빵집'이란 유행을 필수적으로 받아들여야 한다는 식으로 말하는 이들이 많았다. '콤빠'는 젊은이 취향의 전문 스탠드 바를 뜻하는 말로 받아들였고, 주로 라운드 타입의 바로 이해되었다.

그러나 정작 일본에서는 젊은이들이 어울려 각자 비용으로 부담하는 친목 회식이나 파티를 뜻하는 말로 썼다. 즉 영어의 'company'를 일본에서 로마자 읽기식 일본 발음으로 '콤빠니'라 했고 이 가운데서 앞 음절 '콤빠-'만을 잘라 쓴 표현이었다.

그런데 company는 라틴어의 com(옛말로는 cum)이 영어의 with라는 의미이고 panis는 영어의 bread와 같은 뜻인데 com과 panis를 합쳐서 영어에서 company로 변형된 것이다. 그러니까 '함께 밥을 먹는다,' '같은 솥에 밥을 먹는 친구'라는 뜻에서 교제, 친구, 일행이라는 의미를 지녔다. Company는 학생이 각자 돈을 내는 친목 모임이나 파티를 두고 하는 말이고 이 말이 발전해서 모임, 회사라는 뜻으로 확대된 것이다.

하여튼 일본에서 각자 부담으로 먹고 마시는 모임이나 파티를 '콤빠'라 한 것이 한국에서 이 말을 들여다 카페 형태의 둥근 바만 있는 칵테일이나 맥주를 내는 술집으로 오용 했다.

콤비
페어, 팀

흔히 단짝을 이루거나 한패가 되는 일을 '콤비' 또는 '컴비'로 표현하다. 한국에서 발간되는 대부분의 국어 사전에도 '콤비'를 표제어로 올리고 그 뜻을 "무엇을 행하기 위해 두 사람이 짜는 일, 또 그 두 사람"이라 풀고 "명콤비라 쓰기도 한다"고 덧붙이고 있다.

신문의 연재소설에서 특정한 작가와 짝지어 삽화를 그리는 삽화가를 두고 명콤비라 한다. 대중가요를 만들 때 작곡가가 특정 작사가와 어울린 작품이 많을 때도 명콤비라는 말을 쓴다. 그러나 영어에서는 '콤비'라는 단어가 존재하지 않는다.

한편 M서림에서 펴낸 한영 사전에서 '콤비'가 "combination의 약자이고, 콤비네이션은 컴비를 보라"는 식의 설명을 하면서 '명콤비'니 '그는 B씨와 콤비다' 하는 식으로 예문까지 달고 있어서 어리둥절하게 만든다. 다시 말해서 '콤비'는 일본에서 만들어 쓰고 있는 combination의 간략형 일본식 조어이다.

'콤비'라는 말은 영어의 '캄버네이션(combination)'을 일본 사람들

이 'コンビネーション(콤비네숀)'으로 표현하고 이를 줄여 'コンビ'로 줄여 사용하면서 둘이서 하는 만담이나 야구에서 투수와 포수가 짝을 맞추는 일 등을 말한다. 이런 경우의 영어 표현으로는 '커펄(couple='커플'은 구식발음),' '페어(pair),' '투썸(twosome)' 또는 '듀오(duo)'라는 표현이 적절하다.

이를테면 '코미디 콤비'는 '코미디 듀오'인데 미국식 발음으로 '카머디 듀오'라 한다. 그러나 콤비네이션이라는 말이 꼭 2사람만을 제한적으로 가리키지 않고 2사람 이상의 복수를 뜻하고 있다. 두 사람 이상이 짝을 지어 어떤 행위나 표현을 함께 하는 일을 두고 통칭적으로는 '팀(team)'이라 부른다.

부부가 함께 노래하면 부부 콤비가 아니라 '허스밴드 & 와이프 팀,' 작사와 작곡하는 이들이 짝을 지어 작품을 쓰면 작사·작곡 콤비가 아니라 '쏭라이터 팀'이 된다. 영어 표현 combination은 '콤비네이션'이라 하지 않고 '캄버네이션'으로 발음하는 점에 유의해 두자.

콤비네이션
* **스포트 코트, 블레이저**

남자나 여자가 입는 외출복 가운데서 저고리(재킷)와 바지(팬쓰)가 같은 재질과 색상이 아닌 소재로 만들어진 한 벌의 의상을 흔히 '콤비,' '콤비네이션'이라 한다.

국어사전에서 '콤비네이션'은 "서로 맞춤 경합, 합동"이란 뜻과 "공연 숫자의 조합, 아래위가 붙은 속옷, 가죽과 즈크, 빛깔이 다른 가죽 등을 섞어 지은 구두, 위아래가 다른 양복 한 벌, 야구에서 투수가 타자에게 던지는 공의 구종의 배합"이라 풀이하고 있다. M서림이 펴낸 이 국어 사전의 주석이 일본의 유명한 '산세이토(三省堂)'에서 펴낸 일본어 사전 大辭林의 내용을 그대로 옮겨 놓고 있다.

그러나 영어의 combination에서 양복의 위아래가 다른 양복 한 벌이나 아래위가 붙은 속옷, 빛깔이 다른 가죽 등을 섞어 지은 구두라는 등의 뜻은 없다. 다시 말해서 양복이나 양장의 아래위가 다른 질감이나 색깔의 옷을 영어에서 콤비네이션이라 하지 않고 '스포트 코트

(sport coat),' '스포트 재킷,' 또는 '블레이저(blazer)' 등으로 표현하고 있다.

블레이저는 '스포트 재킷' 또는 미국 동부 명문 대학들을 일컫는 아이비리그(Ivy League) 학생들이 즐겨 입는다 해서 '아이비 루크(ivy look)'란 조어로도 불린다. 블레이저는 아웃사이드 파킷에 왼편 위 주머니 밖으로 특수한 마크나 로고를 새겨 넣어 스포티하게 보이는 멋진 재킷이다.

우리가 말하는 콤비를 입는 경우 영어에서 이를 따로 바지를 곁들여 부르는 이름은 마땅하지 않다.

콤프렉스
* **인피리어리티 캄프릭스**

열등감이나 마음의 응어리를 흔히 '콤프렉스(complex)'라 말한다. 그러나 영어에서 '컴프렉스'는 '열등감'이 아니고 과도한 염려라는 의미를 지닌다. 또 정신 분석학에서처럼 복합성이나 고정관념, 과도한 혐오나 공포를 말한다.

열등감을 영어로는 '인피리어리티 캄프릭스(inferiority complex),' 또는 '쎈스 어브 인피리어리티(sence of inferiority)'라 한다.

콩그레츄레이션
* **컨그레처레이션스**

어떤 사람이 성공이나 행운의 기쁨을 축하해 주는 표현을 할 때, '축하합니다'란 영어의 표현으로 흔히 '콩그레츄레이션'이라 한다.

영어의 'congratulation'이란 말이다. 그런데 이 말은 '축하'나 '경하'를 뜻하는 명사이고, 그를 축하하는 표현을 할 때는 반드시 복수형을 붙여 'congratulations!'로 해야만 옳은 전달이 된다. 또 발음도 '콩그레츄레이션'이 아니라, '컨그레처레이션스'가 된다.

한편 congratulations!의 독일어 표현은 '이히 그라투리이레(ich gratuliere!)'라 하고, 프랑스에서는 '페리시타시옹(felicitations)'으로 표현한다. 스페인어로는 '에노라부에나(enhorabuena)'로, 이탤리어로는 '아우구리(auguri!)' 또는 '콩그라툴라씨오니(congratulationi!)'로 말한다. 러시아에서는 '바스도라뷔리아유,' 일본에서는 '오메데

또우!' 라 한다.

콩글리시
* **코링그리쉬, 코리쉬**

영어를 한국식으로 말하거나 한국식 표현 방식에 맞춰 어설픈 영어를 구사하는 것을 일컬어 '콩글리시' 라는 표현을 즐겁게(?) 쓰는 이들이 있다.

TV나 라디오 등, 미디어에서 가끔 진행하는 이나 코미디언들 가운데 외국어나 외국어 단어로 표현하는 내용이 있을 때, 우리말에 억양만을 흉내내면서 외국말처럼 들리게 소리내거나, 로마자 읽기식을 강조하면서 된소리를 내어 관중이나 시청자들에게 억지 웃음을 강요하는 일이 가끔 있다.

더러 외국 출신 출연자를 초대하여 대화를 나누면서 서로 통하지 않는 말을 얼버무리며 억지 웃음으로 연결하는 일도 자주 본다. 이런 때 구사되는 잘못된 영어 표현에 우리말을 얼버무려 표현할 때도 콩글리시가 되는 셈이다.

진행자나 코미디언들이 외국인 출연자에 대하여 제대로 된 다이얼로 그에 대한 리허설 없이 "잘 모르는 것이 상식"과 같은 말로 언어 역공세로 일관하는 아이러니는 옛날이나 요즘 신출내기 진행자가 다를 바 없이 무성의한 태도는 매일반이다.

세상에서는 더러 영어 표현에 있어서 짧은 지식이거나 잘못된 표현을 구사하는 일에 대하여 '콩글리시' 를 적용하지만 이것은 잘못된 적용이다. 콩글리시는 'Korean' 과 'English' 를 복합시킨 조어이기 때문에 한국식 영어, 한국식으로 구사하는 잘못 쓰이는 영어라는 뜻을 갖고 있다.

그러나 영어를 잘못하거나 영어 구사에 아직은 미숙한 과정을 뜻하는 'broken English(브로컨 잉글리쉬)' 나 '어 리틀 잉글리쉬(a little English)' 와는 개념상으로 다른 표현이다.

이를테면 '오토바이' 가 영어에는 없는 한국에서 통용되는 영어라면 이것은 브로컨 잉클리시가 아니라 콩글리시가 되고, '오토바이' 가 한

순 수 한 우 리 말 찾 기 품 앗 이

국에서 만들어 쓰는 영어 표현이 아니라, 일본에서 만들어진 일본식 영어에서 본받아 온 것이기 때문에 '잡콩글리쉬(Jap-Konglish)'쯤으로 표현되어야만 보다 서양적이라는 생각을 해본다.

사실 우리가 콩글리시로 여기는 잘못된 영어 표현들의 95% 이상이 우리가 독자적으로 만들어 쓰는 것이 아니고 일본에서 만들어진 것을 그대로 들여다 각색하거나 부분적으로 변형하여 쓰고 있는 것들이라는 재인식이 필요하다.

그러나 콩글리시라고 만들어 쓰고 있는 조어에 대하여 의문이나 부정적인 이의를 제기하는 이들도 있다. 왜냐하면 Korean(한국어)과 English(영어)에서 'Ko-' 만을 택했고, English에서는 'E' 만을 탈락시켜 조합한 자체에 좀 무리가 있다.

차라리 Korea에서 'Kor-' 까지 취하여 'Korenglish(코링글리쉬)라고 했다면 보다 실체적인 표현이 될 것이다. Korean(한국어)에서 '-a-' 자 하나만 탈락시키면서도 English가 완전히 수용되는 표현이 되기 때문이다. 또는 'Korish(코리쉬)' 라 하면 보다 한국어가 강조되면서도 간편한 표현으로 가능하다.

콩클
*** 콩쿠르, 칸테스트**

'콩쿠르(concours)' 는 프랑스어로 경쟁 시합, 협력, 찬조, 공진회 스포츠에서 육상의 필드 경기 등을 뜻한다. 일부에서는 '콩쿠르' 라는 발음이 영락없이 일본식 발음처럼 느껴진 사람들 사이에서 이를 '콩클' 이라 표현한 경우도 자주 일어난다. 그러나 '콩클' 이란 표현의 말은 어느 나라에도 없다. 'concours' 는 프랑스 발음으로 '콩쿠르' 가 가장 가까운 발음 표현이다.

영어에서도 스펠링을 그대로 받아들여 '캉쿠르,' 또는 '캉쿠르즈' 로 발음한다. 영어로는 'contest' 라 하고, '칸테스트,' 또는 '컨테스트' 로 발음된다. 또 '캄퍼티션(competition)' 이라 하기도 한다. 음악이나 예술품의 우열을 겨루는 경쟁을 뜻할 때 쓰이는 말들이다.

구체적 표현으로는 음악 경연인 경우에는 '뮤지컬 칸테스트,' 사진

경쟁 대회는 '포토 칸테스트,' 신인 경연 대회는 '애머투어 칸테스트' 등으로 쓴다.

콩코드
* 캉커드, 콩커드

'콩코드' 하면 프랑스의 음속 돌파 여객기 'Concord'를 연상케 한다. 음속과 일치한다는 뜻으로 붙여진 이름이다. '콩코드'란 표현은 한국에서도 기아 자동차가 1980년대에 생산하던 승용차의 모델 이름으로 사용하기도 하여 귀에 낯설지 않다.

미국의 클라이슬러 자동차가 'Concord'란 이름의 시댄 시리즈를 내기 시작한 것은 1993년 모델부터이다.

이 이름은 미국 매사추셋스주 보스턴의 북서쪽에 있는 인구 16만 명의 도시 이름이다. 이 도시는 1775년 4월 19일 영국군과 싸운 미국 독립전쟁의 2번째 격전지로도 유명하다. 클라이슬러의 모델 이름이 바로 이 도시의 이름에서 연유한 것이다. 따라서 발음은 '캉커드,' 또는 '콩커드'로 한다.

한편 캉커드는 뉴햄프셔 주의 주도이고, 캘리포니아의 샌 프런시스코에 가까운 도시의 이름이고 중부 노스 캐롤라이너 주에 있는 도시 이름이기도 하다.

콩트
* 스킷

짧은 풍자나 비판을 흔히 '콩트'라 해서 방송이나 신문 등 미디어에서 즐겨 쓰고 있다. '콩트'는 프랑스어의 'conte(콩뜨)'를 일본에서 빌어다 '콩또'라 쓴 것을 본받아 프랑스 발음으로 바로잡은 것이다.

프랑스 말의 '콩뜨'는 "짧은 이야기"라는 뜻을 가진 남성 명사다. 단편소설의 한 형식으로 으레 기지가 풍부한 끝맺음이 특성이다.

이 말을 일본에서는 레디오나 텔러비젼에서 촌극이나 비판성 풍자를 뜻하는 말로 썼고, 스트립쇼 등에서 막간에 맛보기로 출연하는 풍자가 있는 촌극으로 변질하여 사용했다.

이 같은 내력을 가린 채, 대부분의 국어 사전에는 일본에서 만들어 쓴 표현을 아무렇지도 않게 담아 "유머, 풍자, 기지로 인생을 비판하거

순 수 한 우 리 말 찾 기 품 앗 이

나 그를 소재로 웃음을 자아내는 촌극" 등 따위로 풀이한 것은 우스 꽝스런 일이 아닐 수 없다.

'콩뜨'를 영어로는 '스킷(skit)'이라 한다. 스킷은 "풍자와 유머러스 하게 쓴 짧은 촌극 대본으로 연기하는 짧은 카머디(*코메디는 구식 발음)나 그 장면을 말한다."고 설명하고 있다.

쿠페
* 쿱, 쿠페이

바퀴가 4개 달린 승용차 가운데서 문이 2개 있고, 지붕이 단단한 구조로 만들어진 자동차를 '쿠페(coupe)'라 부른다. 이 말은 프랑스어에서 옛날에 2사람이 타는 상자형 마차를 일컬은 'coupee(쿠뻬)'에서 비롯되었다.

영어에서는 'coupe'로 받아들여 '쿠페이'로 발음하고 특히 미국에서는 이를 '쿱'이라 발음하는 점을 유의해야 한다.

쿵후
* 껑푸, 컹푸

중국의 호신술을 껑푸(功夫=gōng fu)라 한다. 1972년 10월 14일부터 미국의 ABC-TV에서 "Kung Fu"라는 무술 모험 시리즈를 3년 가까이 방영했고, 1992년부터는 속편 "Kung Fu: The Legend"를 계속 방송했다. 데이빗 캐러딘이 주연했고, 지금은 세상을 떠난 필립 안(도산의 장남)이 무술 사범으로 출연했다.

이 시리즈가 한국에서도 방영되면서 미국에서 붙인 "Kung Fu"란 표현을 일본 사람들이 붙여 표현한 '쿵후'로 표기했고, 세간에서는 아직도 그렇게 부르는 이들이 있다.

원 중국식 발음은 '껑푸'가 되고, 영어로 표기된 대로 부른다 해도 '컹푸'로 표현해야 옳다.

퀴즈 프로
* 크위스 쑈, 게임 쑈

레디오나 TV에서 경쟁자를 출연시켜, 특정한 질문을 주어 정답을 맞히며 경합시키는 프로그램은 흔히 '퀴즈 프로'라 하는 표현은 잘못된 발음 표현에다 일본식 약어를 혼합한 관용어가 된 채 오래도록 쓰이고 있다.

509

'퀴즈'는 영어의 'quiz'를 국어의 영어 표기법에 의해서 적고 있는데, 영어 발음에 '퀴-'란 발음은 없다. '크위-'가 되기 때문이다.

'프로'라는 것은 '프로그램(program)'을 일본에서 짤라 사용하고 있는 일본식 단축형이다. 이 표현을 제대로 옮긴다면 '크위스 프로그램'이 되어야 한다. 그러나 방송 용어에서 그런 표현을 쓰지 않는다.

출연자를 일반 경쟁자(칸테스턴트)로 동원하여 정답을 경합시키는 방법의 포맷은 이를 '게임 쑈(game show)'라 하고, 칸테스턴트와 패널리스트(panelists)가 출연하여 질문에 해답하는 포맷을 '크위스 쑈(quiz show)'로 구분한다.

여기서 '패널리스트'는 문제를 풀어 주는 해답자를 말하는데 으레 잘 알려진 예능인이나 사회적 명사를 출연대상으로 삼는 경우가 많다.

또 이들 '게임 쑈'나 '크위스 쑈'에는 보통 상금이나 상품이 붙어 있는 것이 보통이다. 이 때 '게임-'을 '께임'이라 하지 않고, '쑈'를 '쇼'로 발음되지 않게 유의해야 한다.

퀵써비스
✽ 익스프레스 딜리버리

한국의 도시들이 자동차의 운행이 폭주하여 가는 곳마다 차가 막혀 교통난이 상식이 되다시피 된 지 오래다. 이런 교통 환경에서 볼일을 제대로 볼 수 없는 것은 물론이고, 이로 더불어 업무상 장애를 받는 일이 이만저만이 아니다.

이런 환경에서 묘안을 내어 급속 배달 방식이 발달하게 되었다. 모터싸이클(오토바이)이나 자전거를 이용하여 수주 받은 물품이나 서류를 신속하게 전달하는 서비스 업이 성행하게도 되었다. 만성 교통 체증이 낳은 새로운 인기 직종이 생겨나고 성업을 하게된 셈이다. 이를 두고 한국에서는 '퀵서비스'라 부른다. 영어의 '쿠익 써비스'를 그렇게 발음하고 있다.

영어에 '쿠익키(quickie, quicky)'는 급하게 만든 것이거나 급히 서둘러 한 일 등을 일컫는 말이다. 미국에서는 비속한 말로 단시간에 섹스를 하는 일을 뜻하기도 한다.

쿠익 서비스(quick service)는 뒷골목 슬랭으로, 골목 으슥한 곳에서 선 채로 즉석에서 몸을 제공하는 윤락녀의 영업 행위를 말한다. 영어권의 네이티브 스피커들이 "한국에는 왜 그리 쿠익 써비스가 많으냐"라고 의문을 표시했다면 그것은 분명히 매춘 천국이라는 오해를 부르기에 충분한 오용 사례인 것이다.

신속 배달이란 말의 영어 표현은 '익스프레스 딜리버리(express delivery),' '익스프레스 스페셜 딜리버리' 또는 '스페셜 딜리버리' 라 한다.

퀸메리
* 크윈 메어리

'퀸메리' 호는 1936년에 건조된 영국의 호화 여객선의 이름이다. 8만 1천 톤에 32노트의 속력을 가졌는데, 1967년에 은퇴하여 현재 미국 캘리포니아주 로스 앤젤러스 카운티의 롱비치 항에 정박하여 호텔과 박물관으로 쓰이고 있다.

이 배의 이름을 우리는 '퀸메리' 호라 쓰고 그대로 발음한다. 그러나 이렇게 표현하면 미국 사람들은 잘 알아듣지를 못한다. 영어로 Queen Mary라 쓰고 발음은 '크위인 메어리' 라 발음하기 때문이다. 영어 단어 가운데 글머리에 'qu-' 가 오는 경우 우리는 무조건 '퀴' 식으로 발음하는 것에 한계가 있다. 즉 '퀸' 은 '크윈(queen)' 으로, '퀴즈' 는 '크위스(quiz)' 로, '슬로 슬로 퀵 퀵' 은 '슬로우 슬로우 크윅 크윅(slow slow quick quick)' 에 가깝게 발음된다. 또 방송에서 시청취자의 희망곡을 받는 '리퀘스트(request)' 도 '리크웨스트' 로 발음된다. 우리가 '위' 발음을 예사로 하지만 영어에서는 '위' 발음이 부자유스럽게 발음되거나 되지 않는다.

퀸 사이즈
* XXL

여성의류 가운데서 특대호를 두고 '퀸 사이즈' 라 하는 이들이 많다. 영어를 쓰는 나라 사람들이 '퀸 사이즈' 란 말을 알아들을 리 없다.
영어로 '퀸 사이즈' 는 '크윈 사이즈(queen size)' 라 발음되고, '-사이스' 의 '스' 는 '즈' 보다 '스' 에 가까운 소리를 낸다. 그러나 이나마 의류의 크기를 표현할 때 '크윈 사이즈' 란 표현은 쓰지 않는다.
여성옷의 특대호는 XX라아쥐(XXL), 익스텐디드 사이즈(extended size)라 한다. 영어에서 '크윈 사이즈' 라 하면 '킹 사이즈' 보다 약간 작은 너비 152cm, 길이 203cm 정도가 되는 큰 침대를 말한다.

퀸즈
* **크윈스**

뉴욕 시티에는 '맨해튼(Manhattan)' 을 비롯해서 '크윈스(Queens),' '브루클린(Brooklyn),' '브롱쓰(Bronx),' 그리고 '스태튼 아일랜드(Staten Island=일명 '리치먼드Richmond')' 등 5개의 '버로우(borough)' 로 구성되어 있다. '버로우' 는 독립된 행정 자치구를 말하는데 우리가 보통 '구역' 이란 표현으로 쓰고 있다. 이 가운데서 '크윈스' 버로우는 영국의 찰스 2세의 왕비이던 캐더린 어브 브라갠저(Catherine of Braganza: 1636-1705)의 이름을 따 붙인 지명이다. 영국의 식민지로 있던 시대에 당시 왕비의 이름을 붙이는 일이 많았는데, "여왕의 토지," 또는 "여왕의 나라" 라는 뜻이다.

그런데 정작 '크윈스' 에 사는 일부 한인들은 이 지역의 이름은 '퀸즈' 라 부르고 표기하고 있다. '퀸즈' 와 '크윈스' 와는 발음상 꽤 차이가 나고 네이티브 스피커들에게는 혼란스럽게 들리거나 잘 이해를 못하는 말로 들린다.

이런 유형은 1986년 1월 7일, 문교부 고시 제 85-11호로 제정된 한글의 외래어 표기법이 정한 규정이 낳은 엉뚱한 실수를 유도한 데서 비롯되었다 보겠다.

클래식 뮤직
* **클라시컬 뮤직, 클래시컬**

전통적이고 예술적인 서양 고전음악에 대하여 '클래식 뮤직' 이라 말하는 이들이 많다. 그러나 영어에서 '클래식 뮤직(classic music)' 이라 하면, 단순히 20년 이상 된 옛 노래, 옛 음악을 말하는 표현으로 더 많이 쓰인다. 여기에는 고전음악보다는 파퓰러 음악을 가리키는 말로 더 많이 사용하고 있다. 이를테면, 팻 부운의 "April Love"나 엘비스 프레슬리의 "Love Me Tender," 비틀즈의 "Yesterday," 마이클 잭슨이 부른 "Billie Jean" 등을 '클래식 팝(classic pop)'이라 한다. 비틀즈의 노래들도 '클래식 롹'이라 한다.

전통 고전음악을 지칭할 때는 반드시 '클래시컬 뮤직(classical music)'이라 해야 한다. 고전음악을 크라식 뮤직이라 한 표현은 일본에서 잘못 쓰여지고 있는 표현을 그대로 옮겨 쓴 데서 비롯되었지만, 일부 국어사전에서도, '크라식'과 '크래식컬'의 구분을 가려 설명을 하지 못한 점은 못내 안타깝게 느껴진다.

크라식스
* 클래시컬 뮤직

서양 고전음악이나 일반 대중 음악에 비해 예술적 음악을 구분하여 '클래시컬 뮤직(classical music)'이라 말한다. 이를 흔히 '클라식 뮤직'이라 표현하는 것은 일본식 표현에서 본받은 잘못된 지식이다. 그런데 최근에는 클래시컬 뮤직을 '크라식스(classics)'로 표현하는 이들도 있다. 이 또한 고전 음악이나 예술 음악을 가리키는 말이 될 수 없음은 물론이다.

파퓰러 뮤직을 '팝스(pops)'로 표현하는 일본 사람들이 클래시컬 뮤직조차도 '크라식스'라 표현하고 있는 것을 그대로 본받은 것이다. 파퓰러 뮤직을 '팝스,' 클래시컬 뮤직을 '크라식스' 하는 따위의 일본식 영어를 흉내내는 누를 범하지 않도록 유의해야 할 것이다.

한편 미국이나 유럽에서도 'classics'라는 표현도 가끔 쓰기는 하지만 영어에는 분명히 없는 특정 제품에 붙이는 고유 명칭으로 쓰이는 것에 불과하다.

크라크 케이불
* 클라크 게이벌

명화 "바람과 함께 사라지다" 등에서 명연기와 남성의 매력을 보여주던 미국의 명배우 'Clark Gable(1901-1960)'을 흔히 '크라크 케이불'로 부른다. 그가 출연하는 영화를 수입하던 한국의 일부 영화업자들이 '크라크 케이불'이라 표기한 데서 비롯되었고, 그래서 이 배우를 그렇게들 부르는 것이 관용화되다시피 되었다. 그러나 정확에 가까운 발음은 '클라크 게이벌' 또는 '클라악 게이벌'이다.

크락숀 * **호온**	자동차의 경음기를 흔히 '크락숀'이라 불러 왔다. 이 말은 영어의 '클랙선(klaxon)'의 일본식 발음 표기 'クラクション(쿠라쿠숀)'에서 비롯된 표현이다. '클랙선'은 미국에서 1910년경에 개발된 자동차 전기 경적 제조회사의 상표 이름이다. 지금은 미시건 주의 GM자동차 산하 AC 델코(Delco) 디비견이 이 상표를 소유하고 있다. 이 말은 그리스어의 우리들은 큰소리를 낸다는 뜻의 '클락쏘(klaxo)'에서 유래되었다는 설이 있다. 이 회사 제품의 경적은 승용차나 트럭에서 전기 방식에 의한 경음기의 대명사로 쓰이기 시작한 것이 그대로 경음기, 또는 그 소리라는 뜻으로 전해졌다. 그러나 미국 영어에서는 '호온(horn)'이라 한다. 한편 '클랙선'은 패트롤 카나 소방차 또는 구급차 등의 싸이렌을 의미하기도 한다.
크라식 기타 * **클래시컬 기타**	악기 가운데 클래시컬 음악을 연주하는 기타를 '클래시컬 기타(classical guitar)'라 한다. 이것은 주로 '어쿠스틱 기타(acoustic guitar)'를 사용한다. 그러나 흔히 일컫는 '크라식 기타(classic guitar)'라 말하면 오래된 골동품 기타를 뜻하는 악기의 상태(컨디션)를 말하는 표현으로 바뀌어 버리는 점에 유의해 두자.
크레딧 (영화 타이틀) * **크레딧스, 크레딧 타이틀**	1998년 1월에 개봉되어 사상 최대의 흥행기록을 세운 영화 "타이태닉(Titanic)"의 끝 장면 다음에 썰린 디안(Celine Dion)의 주제가가 흘러나오는 사이 4분 여 동안 자막이 길게 흐른다. 제작 스탭의 이름과 배역, 삽입곡에 대한 내용 등 주로 사람의 이름이 소개된다. 이렇듯 영화나 TV 또는 매스미디어의 표현 작품에 관련한 사람의 이름을 나열하는 일을 '크레딧 타이틀(credit title)'이라 하고, '크레딧스(credits)'라 줄여 말하기도 한다. 여기서 타이틀은 '자막'이란 뜻이다. 이런 경우 단순히 '크레딧'으로만 쓰지 않는 점에 유의하자.

**크레멘타인
(어부의 딸)**

* **클레멘타인
(광부의 딸)**

"넓고 넓은 바닷가에 오막살이 집 한 채/ 고기 잡는 아버지와 철모르는 딸 있다/ 내 사랑아 내 사랑아 나의 사랑 클레멘타인/ 늙은 아비 혼자 두고 영영 어디 갔느냐." 이 한국 가사는 누군가에 의해서 이렇게 번안이 되었다. 그러나 클레멘타인은 바닷가 어부의 딸이 아니라 산골짜기에서 금을 캐는 광부의 딸이었다.

1849년 미국의 캘리포니아 주에서는 금이 발견되자 동부와 중부에서 서쪽으로, 서쪽으로 일확천금의 꿈을 안고 캘리포니아로 몰린 골드럿시(Gold Rush)를 이뤘다. 이들을 49년에 몰려든 사람들이라는 의미로 '포타나이너스(Forty-niners)' 라 했다.

이 금은 산 속에 묻힌 금광을 파는 것보다는 시냇가 모래 속이나 산기슭의 흙속에 묻힌 사금(砂金)을 찾아내는 것이었다.

이 노래는 1884년에 보스턴 지역을 순회하던 보드빌(유랑 악극단 같은 것) 가수 파시 몬트로스가 구전하던 노래를 정리한 것으로 "The Brooklyn Bridge"란 작품을 뉴욕에서 공연할 때 처음으로 이 노래를 소개했다. 이어 대학가에서 널리 불려졌고, 1941년 가을에는 빙 클로스비가 불러 21위까지 오르면서 크게 유행하기 시작했다.

이 노래는 골짜기 한 젊은 광부가 늙은 광부의 딸 클레멘타인을 사랑했는데, 그 아가씨는 발이 무척 커서 신발을 사 신을 수 없었다. 그래서 상자로 만든 모조 신발을 신고 개울가에서 놀다 가시에 찔려 넘어지면서 그만 물에 빠져 허우적거리게 되었다. 이를 본 청년이 클레멘타인을 구해 주려 했지만 그는 수영을 할 수 없어 보고만 있어야 했다. 청년은 클레멘타인을 구해 주지 못한 죄책감으로 악몽에 시달리면서 클레멘타인의 어린 동생에게 정을 돌리며 그 악몽을 잊으려 애쓴다는 슬픈 사랑이야기를 담고 있다.

"클레멘타인"의 가사는 다음과 같다. "한 골짜기 오두막에 채광하는 포타나이너가 살고 있었네/ 그에게는 예쁜 딸 클레멘타인이 있었지/ 오 내 사랑, 클레멘타인, 그대를 영원히 잃었구나/ 비통하고 슬픈 클레멘타인이여/ 클레멘타인의 눈동자는 천사처럼 빛났었지/ 신발의 크기는 넘버 나인 사이즈/ 청어 상자로 개조한 샌들을 신은 클레멘타인이/ 매일 아침 9시면 오리 새끼들을 데리고 개울가로 나갔지/ 하루는 가시에 찔려 물거품 속으로 풍덩 빠졌지만 나는 수영을 못해 구해주지 못했네/ 골짜기 가까운 교회 묘지에는 은매화가 화환을 이루고/ 클레멘타인 곁에는 장미꽃도 무성하게 자랐구나/ 클레멘타인의 아버지는 소나무를 심고 딸의 곁에 있고 싶어하네/ 클레멘타인이 그립구나, 나는 클레멘타인을 잊기 위해서 그의 어린 동생에게 키스를 했네."

크레파스, 크레용
* **크레이안**

학생들의 미술용품 가운데 '크레파스'란 말이 크게 낯설지 않게 들린다. 국어 사전에서 크레파스는 크레용과 파스텔의 특색을 따서 만든 막대기 모양의 화구라 했다. 크레파스는 일본의 문구회사가 크레용과 파스텔의 중간적 특성을 살려 막대 모양으로 만들어 'Craypas'로 이름 붙인 상표명이다. 즉, 크레파스는 일본에서 만들어 쓰고 있는 일본식 화구이다. 물론 미국이나 서구에서 '크레파스'라는 것은 없다. 영어로는 그냥 '크레이안' 또는 '크레이언'으로 발음한다.

클레임
* **컴플레인**

물건을 산 사람이 그 상품을 판 사람에 대하여, 불만이나 불평을 하는 일을 '클레임(claim)'이라 한다. 또 상대방의 행동이나 처리에 대하여 불만이나 투정을 부리는 일도 '클레임'이라 표현하는 이들이 많다. 그러나 이런 경우에 쓰이는 '클레임'은 잘못 적용된 일본식 영어 표현을 흉내낸 것이다.

영어에서 '클레임'은 '계약 위반 등에 대하여 손해 배상을 청구'하는 말로 많이 쓰인다. 즉, 자기의 권리를 주장한다는 의미에서 생겨난 말이다.

상품에 대한 불평, 상대방에 대한 투정, 어떤 상황에 대한 불만 등에는 '컴플레인트(complaint)'라 하고, '불평을 하다'는 'complain,' 또는 'make a complaint'라 한다.

클로바 (트럼프)	한국에서도 커씨노(casino)가 대중화된 듯한 착각이 들 정도로 강원랜드에서 갖는 일확천금의 꿈에 푹 빠진 사람들이 속출하고 있다. 커씨노에서 가장 많이 사용되는 게임 기구 가운데 대표적인 것이 '트럼프'일 것이다.
* **카앗스**	

로마자로 'trump'라 쓰고 일본식 표기 'トランプ(토란푸)'를 그대로 본받아 '트럼프'로 받아들인 것이다. 그러나 '토란푸'나 '트럼프' 모두 영어에는 없는 발음이다. 카드놀이, 부정기선, 부랑인 등을 뜻하는 '트럼프'는 영어로 '트램프'로 발음하기 때문이다.

우리가 말하는 트럼프는 영어로 'cards'이고 '카앗스' 처럼 발음한다. 이때 유의해야 할 점은 '카드스'도 아니고 '카즈'는 더욱 아닌 점에 유의를 해야 한다.

카앗스는 기본적으로 4가지의 심볼이 있는데 '하앗(heart)'과 '다이어먼드(diamond),' '클럽(club),' 그리고 '스페이드(spade)' 등이 그것이다. 그런데 이 4가지 패 가운데서 우리는 '클럽'을 '크로바'로 부르고 있다. 영어에서는 '크로버'라 하지 않고 '클럽(club)'이라 부르는 점에 유념을 할 필요가 있다.

크로아티아	1998년 파리 월드컵에서 '크로에이셔' 대표팀이 4강(쿼터파이널=quarterfinal)에 오르는 기염을 보이면서 전세계 싸커 팬을 열광케 했다.
* **크로에이셔**	

남동 유럽의 지중해 동쪽에 연한 독립국가 'Croatia'를 우리는 '크로아티아'라 표현하지만 '크로에이셔'라 부른다.

크로에이셔는 1946년부터 1991년까지 유고슬라비아의 6개 연방국 가운데 하나였다가 독립했다. 그러나 이를 인정하지 않으려는 세르비아와의 무력 충돌이 잦았다.

면적은 5만6천537평방km이고 인구는 5천2만6천995명(1997년), 수도는 자그레브(93만 명)이고 공식적인 언어는 크로에이션을 사용한다.

키 홀더	열쇠를 끼우는 고리를 '키 홀더'라고 하는 것은 일본식 영어 표현이다. 영어에서는 '키 체인(key chain),' 또는 '키 링(key ring),' '키 케이스(key case)'라 한다.
* **키 체인, 키 링**	

미국은 "열쇠의 나라"라는 말이 실감날 정도로 아파트먼트 열쇠를 비롯해서 자동차 열쇠 두서너 개, 사무실 열쇠 등, 보통 여남은 개씩 주렁주렁 갖고 다니기 마련이다. 그래서 '키 체인'이라는 말이 실감날지도 모른다.

키스 마크	1959년 여름에 카니 프랜시스가 노래한 "Lipstick On Your Collar"란 노래가 유행했고 아직도 이 노래를 즐겨 듣는다. 누군가 드레스 셔트에 입술 자국을 남겼을까 하는 익살스런 사랑 타령이었다.
* **히키**	

성인 남자가 어떤 기회에 여자와 함께 있으면서 접촉이나 애무를 하다 목이나 옷의 어느 부위에 입술연지 자국이 남는 경우가 있는데 이를 흔히 '키스 마크(kiss mark)'라 한다.

그러나 영어에는 kiss mark라는 말이 없다. 일본식 영어 표현을 우리가 그대로 본받아 쓰고 있는 말이다.

영어로는 '히키(hickey)'라 한다. '히크'는 여드름이나 익살스럽도록 작다는 뜻의 '핌플(pimple)'이란 뜻이지만, 슬랭으로 "열정적 키스로 피부에 남긴 레디쉬(reddish)"라 했다. '레디쉬'는 연지 자국뿐만 아니라, 피부에 불그스레한 피맺힘 자국 등을 포함하는 표현이다.

키즈	영어의 'kid'는 우리의 '꼬마,' '어린이'에 해당한다. 'kid'는 본래 산양의 새끼, 또는 야산에서 야생하는 양의 가죽을 뜻하는 말인데, 속어로 '어린이(child, young people)'를 가리키는 말로 널리 쓰이고 있다.
* **킷스**	

그런데 'kid'의 복수형인 'kids'를 우리는 '키드스,' 또는 '키즈'라 표기하고 발음한다.

이것은 1985년 12월 28일에 문교부 고시로 된 '외래어 표기법'의 음성 기호가 정한 표본에 따른 때문이다. 현지 발음과 너무나 동떨어진 표기에 문제점이 그래서 발생하는 것이란 생각이 든다.

'kids'의 영어 발음은 '킷스'가 된다. 그러나 우리 발음에는 없는 파찰음 'z'는 '즈'보다는 '스'에 더 가까운 점에 유의할 필요가 있다.

킥 오프
* **킥압**

2002 FIFA 월드컵이 한국 상암 스테이디엄에서 역사적인 kick-off이 되었다. 싸커에서 쎈터 스팟(center spot)에 놓은 볼을 차냄으로 해서 경기는 시작된다. 싸커에서 kick-off는 시합이 시작되었다는 표현과 꼭 같은데 럭비에서도 같은 표현을 쓴다.

그런데 kick-off를 '킥 오프'로 쓴다. 키크 오프라 하던지 킥옵으로 표기해야만 사리에 맞지만 kick은 '킥'으로 닫으면서 off는 '오프'로 종성을 풀어쓰는 모순이 되어 웃다.

키크 오프나 킥옵은 현대 미어에서는 원워드로 하여 '킥압'이라 발음한다.

킨제이 보고서
* **킨지 보고서**

미국의 동물학자 가운데서 앨프릿 찰스 킨지(Alfred Charles Kinsey: 1894-1956)를 우리는 '킨제이'라 표현하고 있다. 이것은 일본식 발음에서 기인된 소리다.

킨지는 1948년부터 1953년까지 5년에 걸쳐 그가 조사 그룹을 이끌고 1만2천 명의 남녀에 대상으로 성행위에 관한 인터뷰와 앙케이트 조사를 행한 '킨지 보고(Kinsey Report)'는 유명하다. 그는 인간의 성적 행위에 대한 사실적 연구를 처음으로 시도한 결과, 1948년에 "남성에 있어서의 성행위"에 이어 1953년에는 "여성에 있어서의 성행위"를 잇달아 출판했다. 이를 세상에서 '킨지 보고'라고 하여 성 혁명의 선구적 가치로 평가했다. 그리고 우리는 이를 '킨제이 보고서'라고 익혀 왔다.

그러나 바른 표현은 '킨지 보고서'라 해야 하지만 여기서 킨지라고 할 때 '지'는 '시'에 더 가깝게 소리내기 때문에 우리 귀에는 오히려 '킨시'로 들린다.

킴 베신저	미국의 여배우 가운데서 '킴 베이싱어(Kim Basinger)' 가 있다. 1953년 12월 8일 미국 조지아 주 에이씬스에서 태어났고 1986년 "9주반" 에서 첫 주연했다. 이 여배우의 이름을 우리는 '킴 베신저,' '킴 베싱거' 등으로 갈피를 잡지 못하는데 그 해답을 본인이 잘 해결해 주었다.
* **킴 베이싱어**	

1998년 1월에 있었던 '어메리컨 피플스 초이스 어워스' 에서 여우조연상을 받고, 무대 뒤에서 수상 소감의 인터뷰가 있었다. "어메리컨 밴드 스탠드" 의 명호스트이던 딕 클락이 "세상에서 '킴 베이싱거' 또는 '베이싱어' 라 혼동을 주는데 어떤 발음이 그대를 부르는 옳은 것이냐" 는 질문에 "내 이름은 정확히 '킴 베이싱어' 라 불러 주세요." 라 했다.

미국에서 'Kim' 이란 성은 1만4천7백여 패밀리에서 사용하여 랭킹 369위에 들 정도로 희귀한 성 가운데서 비교적 많은 편이다.

미국의 가족 이름 사전에서도 'Kim' 의 오리진은 한국이라고 밝히고 있지만, 성(라스트 네임)으로 쓰는 경우는 적고, 대개 이름(퍼스트 네임=기본 네임)에 자주 사용한다. 미국 사람들의 퍼스트 네임으로 쓰는 Kim이 한국계가 아니고, 한국 혈통과 아무런 관련이 없는 경우가 대부분임은 물론이다.

킹 사이즈 (옷)	남성복 가운데 숫스(양복)나 드레스 셧트(와이샤쓰), 또는 내의 등 가운데서 특대형 사이즈에 대하여 '킹 사이즈(king size)' 라는 표현을 많이 쓴다. King-size처럼 붙여 쓰는 것이 옳다.
* **XXL** (엑스 엑스 라아쥐)	

'킹 사이즈' 또는 '킹사이즈' 는 담배(권련=시가렛) 가운데서 표준 사이즈보다 긴 것이거나, 침대 가운데서 크기의 너비 193~198cm, 길이는 203~213cm가 되는 것을 '킹사이즈' 라 한다. '킹사이즈' 는 일반적으로 보통 사이즈보다 길거나 큰 것을 뜻하는 말로 쓰이기는 하지만, 의류에 킹사이즈란 표현은 쓰지 않는다.

초대형 의복의 사이즈를 말할 때는 XXL(엑스 엑스 라아쥐), 또는 '익스텐디드 사이즈드(extended sized)' 라 한다.

타이거 우즈
* 타이거 웃스

1997년부터 프로페셔널 골프계에 선풍을 몰고 왔던 흑인 청년 Tiger Woods의 이름을 한국에서는 '타이거 우즈'라 표기하고 방송에서도 그렇게 발음들을 해오고 있다. 그러나 'Woods'는 '우즈'가 아니라 '스'라 하고 '즈'보다는 'ㅅ'에 가까운 탁음으로 처리해야 한다.
Wood는 나무라는 뜻인 것은 다 알지만 영어의 'Wood'의 발음을 단순한 우리의 '우드'가 아니라 '윗'에 가깝게 발음된다.
타이거 웃스는 2002년 4월에는 지난해에 이어 2년 연속 그랜드 슬램을 이룩하여 1997년을 포함하여 통산 3차례나 마스터스 우승의 영예를 안아 문자 그대로 골프의 황제로 불리기에 손색이 없음을 과시하기도 했다.

타이스, 타이츠
* 타잇쓰

신축성 있는 소재를 써서 하반신에 꼭 끼게 입도록 만들어 발레나 운동, 또는 방한용으로 입는 옷을 흔히 '타이스' 또는 '타이츠'라고 부르는 것은 일본식 발음에서 비롯된 잘못이다. 영어로는 '타잇스(tights)'라 발음해야 옳다.
또 무용가나 곡예사가 몸에 착 붙는 옷을 입는 것을 '리오타르(Leotard)'라고도 한다.
이 말은 19세기 프랑스의 공중 곡예사 쥘르 레오타르(Jules Leotard)의 이름에서 따온 것이다.

타이틀 백	영화나 텔레비전 드라마 등에서 필름이나 테이프의 앞뒤에 제작자, 스탭, 출연자 등의 이름이 자막으로 나오는 것을 '타이틀 백(title back)'이라 쓰는 것은 일본식 영어 표현이다. 영어로는 '크레딧 타이틀(credit title),' 또는 '크레딧스(credits)'라고 한다.
* 크레딧 타이틀	

타임 레코더	적정한 임금을 받고 일정한 시각에 출근하여 근무를 한 다음, 일정한 시각에 퇴근을 하는 사원(employee)들의 출퇴근 시각 파악을 위해서 설치하는 시각 체크 기계를 '타임 레코더(time recorder)'라 한다. 그러나 영어에서는 그런 말은 없다. 일본 사람들이 만들어 낸 일본식 영어다. 영어로는 '타임 클락(time clock)이라 한다.
* 타임 클락	

또는 로열사에서 만든 디지털 형태의 신형에는 '타임 매스터(time master)'란 상품명을 썼는데 이를 별칭으로 쓰기도 한다. 한편, '피래밋(Pyramid)'사 제품에는 '컴퓨터라이즈드 타임 리코더'라는 상품명을 붙이기도 하다가, '페이클락 포 윈도우 타임 시스템(Payclock for Window Time System)'이란 이름의 신형을 내놓기도 했다.

한편 타임 클락에 사용하는 용지를 '타임 카드(time cards)'라고 부른다.

탈랜트(티비 탤런트)	텔레비전 드라마에 출연하여 연기를 하는 배우를 우리는 흔히 '테레비 탈랜트'라고 일컫는다. 이것은 일본 사람들이 만들어 낸 일본식 영어이기 때문에 미국이나 영어를 쓰는 나라 사람들에게 "저 사람이 유명한 TV탤런트다"고 말하면 "TV에서 무엇을 하느냐"고 되묻거나 무슨 말인지 못 알아듣는다.
* 티비 스타, 텔레비전 배우	

여기서 테레비는 텔레비전을 일본식으로 줄여 부르는 일본식 단축어인데 한국에서 그대로 '테레비'란 얼치기 말을 들여다 쓰는 표현이고, '탤런트'는 '타렌토'란 일본식 발음 체계에 약간 수정을 가한 '탤런트'란 표현이다.

그런데 탤런트라고 하면 일반적으로 남을 즐겁게 해주거나 재능을 가진 사람을 뜻한다. 가수를 비롯해서 연기를 하는 배우, 코미디언, 말재주 부리는 사람들, 사회자도 모두 탤런트다. 그리고 탤런트 가운데서 인기와 명성을 가진 예능인을 '쎌러브러티(celebrity)'라고도 표현한다.

만일 텔러비젼 드라마에 출연하여 연기를 하고 인기 있는 사람이라면, 'TV 스타'가 보편적이고, '퍼포머'라는 표현도 가끔 쓴다. 정확한 표현은 TV 배우, TV 액터(actor), 여자 TV 액트리스(actress)다.

또 'TV 쎌러브러티(Television Celebrity)'는 TV 연기자 가운데서 스타급으로 인기가 높은 배우뿐만 아니라 TV에서 활동하는 유명 인사를 말한다. TV 탤런트는 요즘 일본에서조차 쓰지 않고 버린 말인데, 우리는 이 일본식 영어 표현을 아무 거리낌없이 너무도 오래도록 쓰고 있다.

탑승
* 보딩

비행기를 타거나 배에 오르는 일을 '탑승'이라 한다. 심지어 자동차를 타는 일도 탑승한다는 말로 남용되고 있다. '탑승'이란 말은 본디 우리말에는 없는 일본식 한자 표기이다.

연세 한국어 사전에서는 "비행기, 기차 따위의 탈것에 올라타다"라면서 '탑재'는 배나 비행기 따위에 물건을 싣는 것이라고 했다.

또 M서림 엣센스 국어 사전에서도 '탑승객'은 "배, 비행기 따위에 탄 손님"이고 '탑재'는 "배, 수레, 비행기 등에 물건을 실음"이라고 주석을 달고 있다. 그런데 우리말에도 없던 '탑승'은 도대체 어디서 온 말일까.

일본의 국어 사전에 보면 'とうさい(토우사이=搭載)'란 말이 있다. 배, 차, 비행기 등에 물건을 싣는 것을 말하고, 무기 등을 장비하는 것이라는 해석이다. 그러나 일본어에서 '탑승(搭乘)'이란 말은 잘 쓰이지 않는다. 결국 일본말 '탑재'는 짐을 싣는다는 뜻의 문자적 합리성은 있어 보인다. 그러나 짐을 싣거나 무엇을 쌓는다는 '탑(搭)'을 사람에게는 적용하지 않고 있다. 왜냐하면 비행기나 배, 또는 차에 사람

이 오르고 타는 것일 뿐, 사람을 태워 쌓는 것이 아니기 때문이다.

다시 말해서 '탑승'이란 말은 사람을 짐짝처럼 차곡차곡 쌓는다는 엉뚱한 표현이 되어 버린다. 하기야 한국의 실정으로 보아 출퇴근 시간의 지하철이나 대중 교통의 이용 인구가 많은 지역의 일부 노선의 버스에 사람을 짐짝처럼 태운다 할 때는 바로 '탑승'이란 표현이 과연 어울릴까?

비행기에 타고, 배에 오르고, 자동차에 탄다 같은 표현들로 충분히 설명이 될 수 있다. 그럼에도 굳이 뜻도 애매하고 비합리적인 일본식 한자까지 동원하여 비행기에 "탑승권을 갖고 탑승하고 비행기에서 하강하여 셔틀버스에 탑승하여 주십시오." 하는 식으로 억지 한자를 동원하여 일본식 한자 용어까지 엮어 써야만 하는 것인지 자못 못마땅한 느낌을 갖게 한다. 탑승이나 탑재를 사람에게 관계되는 말로는 부적합하다는 생각이다.

택배
＊ 도어 터 도어

신문이나 소포 등을 집으로 배달해 주는 일을 '택배(宅配)'란 표현을 쓴 지가 그리 오래지 않다. 우리 말에는 없는 일본에서 만들어 낸 조어이기 때문이다.

즉, 1975년부터 일본에서 일반 노선의 자동차 운송 사업이 활발해지면서 작은 꾸러미에 이르기까지 신속하게 집으로 직접 배달을 해주는 사업이 붐을 이루면서 생겨난 표현이다. 이를 일부 국어 사전에는 '자택 배달'이란 억지 주석까지 단 것은 우스꽝스럽다.

영어로는 '도어 터 도어(door to door)'라고만 해도 그 뜻이 모두 포함이 되지만, 정식으로 쓰자면 'door to door courier service,' 'door to door deliverly,' 또는 '홈 딜리버리 써비스(home delivery service)라 한다.

한편 최근 일부 국어 사전들이, 일본 사전에 오른 일본식 조어들을 뜻의 유래도 밝히지 않은 채 마구 전재하는 일이 많아 쓴웃음을 자아내게 한다.

| 탱크 로리 | 대형 탱크에 우유나 기름, 휘발유 등을 넣어 싣고 가는 화물 자동차를 흔히 '탱크 로리(tank lorry),' 또는 '탱크 로리 카' 라도 부른다. 이것은 잘못된 일본식 영어다. 로리는 본래 영국에서 화물 자동차 또는 덮개가 없는 화물 열차를 뜻했다.
* **탱크 트럭** |
|---|---|

미국에서는 '탱크 트럭' 이라 하지만 영국에서도 '탱크 로리(카)' 라 하지는 않는다. 또 트럭에는 '카' 라는 표현을 쓰지 않는다. '카' 는 자동차인 경우, 승용 자동차에 한하여 쓰는 말이다. 카는 승용차를 뜻하는 말로 많이 쓰이는 것을 감안하면 탱크 로리 카는 승용차에 기름 탱크를 싣도록 개조된 차쯤으로 엉뚱한 표현이 된다.

한편 컨테이너를 달고 가는 큰 화물 자동차는 '빅 릭(big rig)' 이라 하고, 컨테이너를 달지 않고 견인차만을 말할 때 '밥테일(bobtail)' 이라고 한다.

터미널 호텔, 빌딩	철도 역사를 민간 자본을 유치하여 빌딩화하면서, 그 건물 안에 백화점이나 호텔 등 복합 상가를 형성하는 일이 많다. 또 버스 터미널에도 그러한 시설의 건물이 있다. 그런데 이들 역사나 터미널 건물 안에 들어선 호텔을 '터미널 호텔,' '터미널 백화점' 하는 식으로 부르는 일이 많다.
* **디파트먼트 스토어 인 터미널 빌딩**	

그러나 영어에서 터미널 호텔이라 하면 암환자 등이 죽을 날만을 기다리는 환자들을 수용하는 병동을 뜻하는 엉뚱한 표현이 되어 버린다.

영어로는 '어 호텔 인 터미널 빌딩,' 또는 '어 디파트먼트 스토어 인 터미널 빌딩,' 'hotel located in a terminal building,' 'department store at a railroad terminus' 등으로 표현한다.

한편 철도의 시발이나 종착점에 세운 건물은 '터미널 빌딩' 이라 하지 않고 '패신저 터미널 빌딩,' 공항인 경우는 '에어 터미널' 이라 한다.

터치 아웃	야구에서 수비팀이 공격팀 쪽의 러너(주자)에게 공을 몸에 대어 아웃시키는 것을 '터치 아웃(touch out)' 이라 한다. 영어에서 'touch out'
* **택, 택아웃**	

이란 말은 쓰이고 있지 않은 일본에서 만들어 쓴 일본식 영어 표현이다. 영어에서는 '택(tag),' 또는 '택아웃(tag out=태가웃이라 발음)'이라 한다.

테마
* **띰, 씸**

'테마'는 독일어의 thema(테마)에서 그대로 본받아 쓰고 있는 '음악의 주제나 주선율' 또는 연극이나 논제 등의 주제를 뜻하는 말로 표현하고 있다. 그러나 영어에서는 '띰(theme),' 또는 '써브젝트(subject),' '타픽(topic)'이라 발음한다.

독일어에서 'thema'는 'h'가 무성이기 때문에 우리 표기의 '테마'로 발음되지만 '테에마'처럼 '테'가 장음이다. 'thema'는 주제, 논제, 화제, 논지, 소재란 뜻의 중성 명사이고, 음악에서 주제, 언어학에서는 글 가운데서 제시하여 서술된 주제를 말한다.

테레비
* **텔러비젼, 티비**

텔러비젼을 '테레비'라고 부르는 것은 순전히 일본 사람들이 줄여 부르는 일본식 영어다. '테레비 방송'이니, '테레비 연속극' 따위는 모두 일본식 표현에서 흉내낸 것이다. 올바른 표현이나 발음은 '텔러비젼' 또는 줄여서 '티-비-(TV)'로 해야만 한다.

또 미국에서는 텔러비젼의 준말로 '텔레(tele),' 또는 '텔리(telly)'란 표현은 가끔 쓰이고, 더러 합성어의 머리말로 인용되기도 한다.

그런데 텔러비젼의 준말 가운데 TV는 준말에 쓰는 구독점(피어리어드)을 써서 'T.V.'라 쓰지 않는 점에 대해 유념해 두자.

테마 송
* **띰 쏭**

영화나 방송에서 특정한 작품에 쓰여진 주제 음악을 일컫는 말로 '테마 송'이란 말을 흔히 쓴다. 이 말은 독일 말의 주제라는 뜻의 '테마(thema)'에다 영어의 노래(song)를 합성한 독·영 혼용어로 일본 사람들이 만들어 즐겨 쓰고 있는 표현이다.

영어로는 '띰 쏭(theme song), 타이틀 쏭(title song),' 또는 그냥 '띰(theme)'이라 한다.

순수한 우리말 찾기 품앗이

| 테마 뮤직
* **띔 뮤직,
씨그내쳐** | 라디오나 텔레비젼에서 특정 프로그램의 시작과 끝 또는 도중에 일정한 음악을 반복 사용하는 것을 '테마 뮤직'이라 쓰는 이들이 아직도 많다. 이 표현은 일본 사람들이 독일어의 '테마(thema)'와 영어의 '뮤직'을 합성한 일본식 영어의 표방이다.
영어에서는 '띔 뮤직(theme music),' '씨그내쳐(signature),' '타이틀 뮤직(title music),' 또는 더러 '프로그램 뮤직'이라고도 한다. 그러나 한국의 방송가에서 아직도 많이 쓰고 있는 '씨그널 뮤직(signal music)'이란 말은 영어에는 없는 억지 표현이다.
한국의 일부 국어 사전에서 '시그널 뮤직'을 실은 것 자체가 우스꽝스럽지만 "연속적, 정기적 방송 프로그램에서 그 방송의 직전, 직후에 연주하는 음악"이라 풀이한 것은 더욱 사리에 맞지 않는 난센스다. |

| 테스타
* **보울탬미터** | 전축이나 라디오, 또는 가전제품에서 여러 가지 전기용품에 이르기까지 전기회로에 의해 작동되는 전자 제품에 대하여 그 회로의 전압, 전류, 저항이나 단선 등에 이상이 있는지의 여부를 가려내기 위해서 쓰는 기구를 '테스터(tester)'라 한다. 그러나 이것은 일본식 영어 표현이다.
영어로는 '보울탬미터(voltameter)'라 한다. 또 줄여서 VOM, 또는 VOM미터, 멀티미터(multimeter)라 하기도 한다. '테스터(tester)'는 시험하는 사람이나 기구를 말한다. |

| 테이블 스피치
* **스피치** | 축하연이나 회식을 가질 때, 이를 주최하거나 대접하는 쪽의 사람이 식사 전에 인사말이나 축사를 하는 일이 있는데 이를 흔히 '테이블 스피치'라 하는 이들이 있다.
그러나 영어에는 이런 표현이 없다. 일본 사람들이 만들어 쓰는 일본식 영어 표현을 그대로 본떠 사용하는 것에 불과하다.
식사 전의 인사말이나 축사는 단순하게 '스피치'로 족하고, 본 식사 |

527

가 끝나고 커피 등 디저트를 들 때를 이용해서 하는 인사말이나 축사는 '애프터 디너 스피치(after dinner speech)'라 한다.

서양에서는 손님을 청한 뒤, 식사부터 하고 후식이 나눌 때, 인사말을 하거나 축사를 하는 것이 보통이다. 하기야 음식을 잔뜩 차려 놓고, 장황한 연설을 한다면, 손님은 군침만 넘어가고 지루하게 될 뿐만 아니라, 장내 분위기는 자칫 침통하게 흐르기 쉬운 것이 우리 주변의 인습이기도 하다.

한편 식탁에서 서로 나누는 대화는 '테이블 토크(table talk)'라는 표현을 쓴다.

테이프 커팅
* **리번 커팅**

새 빌딩을 지어 입주하거나 도로를 새로 개설하여 개통할 때, 전람회 등 공개 행사를 열 때, 그 의미를 부각하기 위해서 긴 리본을 늘어뜨린다. 그리고 관계 인사들이 가위를 들고 일시에 자르는 행사를 가질 때 이를 '테이프 커트'라고 한다. 이 말은 일본 사람들이 만들어 낸 억지 영어 표현이다.

영어로는 '컷 더 리번(cut the ribbon)'이라 하고 그 행사는 '리번 커팅 쎄러모니(ribbon cutting ceremony)'라 한다.

테제
* **띠시스**

대학의 졸업논문이나 학위논문을 흔히 '테제'라 말하는 이들이 있다. 이것은 독일어의 '테에저(these='테에서'에 가까운 발음)를 일본 사람들이 본떠 '테제'라 쓰고 있다. 영어로는 '띠시스(thesis)'이다. thesis는 철학이나 논리학에서의 명제, 정립을 말한다. 또 정치활동의 근본 방향이나 강령을 말하기도 한다.

텍사스캐나
* **텍서캐너**

애창 팝송 가운데 "카튼 필스(Cotton Fields)"는 누구나 쉽게 익히고 부르기 좋아한다. 그런데 가사 가운데서 '…just about a mile from Texarkana.'란 지명이 나오는 부분을 대부분의 사람들이 '텍사스캐나'로 인식하거나 그렇게 불러 버린다.

아마도 텍사스주에 인접한 곳이고, 발음이 텍사스 비슷하니까 그렇게 인식을 쉽게 해버린 결과라 믿어진다. 그러나 '텍서캐너'를 잘못 발음한 것이다.

'텍서캐너'는 텍사스 주의 북동쪽에 있는 인구 3만 1천여 명의 소도시인데, 아칸소 주의 남서쪽의 주 경계선상에 있다. 그리고 루이지애너 주와는 3마일쯤 떨어져 있는 옛 목화 농장이 광활하게 펼쳐져 있던 고장이다. 텍서캐너는 텍사스, 아칸소와 루이지애너의 합성 지명이다.

텔레폰 박스(복스)
* 텔레폰 부스

공중전화를 쓸 수 있는 시설 가운데서 문이 달린 작은 방의 구조로 된 것을 흔히 '텔레폰 박스,' '텔레폰 빡스,' '전화 빡스' 등으로 표현한다.

1904년에 영국에서 한 때 '텔리폰 복스(telephone box),란 표현을 쓴 적이 있었다. 공중전화 booth를 그렇게 일컬었다는 주석이 붙어 있는데 현재는 쓰이지 않고 있는 말이다.

영어로는 'telephone booth(텔레폰 부스)'라 부른다. 이 말은 1895년부터 쓰이기 시작했는데, 그 뜻은 "한 사람이 들어가거나 앉아서 공중전화를 걸 수 있도록 시설이 된 엔클로저(둘러쳐진 상자방)"라 했다.

텔레폰 리퀘스트
* 폰 인 리크웨스트, 콜 인

방송 특히 레디오 프로그램 가운데 청취자들이 전화를 통해 직접 희망하는 노래를 신청하는 포맷이 있다. 청취자 가담 프로그램 가운데 전형적인 적극 포맷으로 강한 반응 효과가 있다.

한국에서는 1960년 중반에 청취율 최고를 이루는 인기 있는 프로그램 포맷이었다. 군사정권 때는 반정부 데모를 선동하는 청취자가 전화를 통해 선동하는 도구로 삼는다는 이유로 당국에 의해 직접 전화 받는 프로그램에 대한 규제를 하던 촌극도 있었다. 전화를 받아 희망곡을 보내주는 프로그램을 흔히 "텔레폰 리퀘스트"라고 말하고 그런 표현들을 많이 쓴다.

그러나 영어에서 그런 표현을 쓰고 있지 않다. '폰 인 리크웨스트(phone-in-request),' 또는 '콜 인 프로그램(call-in program)'이라 하기 때문이다. '텔레폰 리퀘스트'는 일본에서 만들어 쓰고 있는 일본식 영어이다.

또 '전화 리퀘스트'라는 표현도 마찬가지로 얼치기 영어 표현이고 합당한 표현이 못된다.

토이레, 토일렛
* **레스트 룸스, 레버터리**

우리는 영어를 좀 배우고 알 때, 변소를 '토일렛(toilet),' 또는 '더블유 씨(W.C.)로 배웠고, 아직도 그런 표현을 많이 쓴다. '변소'라는 한자 숙어는 사실 일본에서 만들어 쓰고 있는 'べんじょ(벤죠)'의 한자 음역을 하여 쓰는 관용화된 말이고 우리말은 본디 '뒷간'이란 표현을 써 왔다. 또 일본식 약어로 '토이레'라는 말도 자주 쓴다.

그런데 영어 표현 '토일렛'은 일본의 영화 사전에서는 "화장실이나 세면대, 변소가 붙은 욕실, 또는 변소, 변기, 화장도구 세트" 등이라 풀이하고 있는데 한국의 영한 사전에서는 "화장, 몸치장, 몸단장, 머리 치장, 화장도구, 미국에서 목욕실, 세면소, 변소"라고 풀이하고 있다.

영어 사전에서는 '토일랏'이라 발음하면서 목욕실에 설치한 뚜껑 달린 변기(양변기)를 뜻하고, 목욕실로도 불린다고 했다.

'토일렛'은 프랑스에서 'toile(토일레)'에 'ette'를 붙여 'toilette' 꼴로 만들어 '뜨와렛'으로 발음하면서 얼굴을 씻고 머리를 빗으면서 옷을 갈아입는 몸단장, 또는 화장을 뜻하는 말로 썼고, 여성의 복장, 부인복, 드레스를 뜻하는 표현으로 만들었는데 어미에 복수(s)형을 붙여 'toilettes'로 쓰면 손씻는 곳, 변소를 뜻하는 말로도 썼다. 옛날에는 화장대에 까는 수건이나 덮개를 의미하기도 했다. 영어에서는 1540년에 의복을 싸는 자루를 뜻하다가 1695년에는 화장대로, 1819년에 화장실로 불리다가 1895년부터는 변소라는 뜻으로 사용되었다. 그러나 완곡한 표현으로 '레스트 룸,' '컴포터블 스테이션,' '파우더

룸,' '멘스 룸(men's room),' '레이디스 룸(ladies room),' '배스 룸(bath room)' 등으로 불린다. 미국에서는 '레스트 룸(rest room=복수의 변기가 설치되었거나 남녀 공용일 때는 '레스트 룸스'나 '레버터리(lavatory)'란 표현을 가장 많이 쓴다.

한편 독일에서는 '토이렛테(toilette),' 이탤리는 '또렛따(toletta),' 스페인이나 멕시코에서는 '라바또리오(lavatorio),' 또는 '레뜨레떼(retrete),' 라틴어로는 '쎌라(sella),' 일본에서는 '테아라이(手洗い)'라 각각 표현한다.

톱 러너, 톱 란나
* 탑 러너

육상 경기 가운데서 계주(릴레이)의 최초 주자를 흔히 '톱 란나'라 말하는 이들이 많다. 이것은 일본식 표현을 그대로 본받는 표현이다. 선두에 나선 주자를 '톱-'이라 한 것은 발음부터 '탑 러너(top runner)'가 되어야 하지만 그 표현 자체가 잘못이다.

유사한 표현법으로 스포쓰 경기에서 톱시드(topseed), 톱클래스(top-class)라는 표현도 사용된다.

영어로는 '퍼스트 러너(the first runner),' '스타팅 러너(the starting runner)'라 표현하고, 선두에 나선 주자는 '프론트 러너(front runner)'라 한다.

한편 영어에서 '탑 러너'라 하면 최고로 빠른 선수, 일류 주자를 뜻한다.

톱 메이커
* 리딩 매뉴팩처러

상품을 만들어 내는 유명 회사 가운데서 상급에 속하는 일류 제조회사를 일컬어 '톱 메이커(top maker)'라는 말은 쓴다. 이것은 일본식 영어 표현이다. 영어에서 '톱 메이커'는 1급 기술자를 말한다.

영어로는 '리딩 매뉴팩처러(leading manufacturer)'라 하고, '리딩' 대신 '탑 클래스(top class),' '탑 랭킹(top ranking)' 등의 표현도 쓴다.

여기서 'maker'는 사람(숙련 기술자)을 말하고, 'manufacturer'는 회사를 표시하는 것이 일반적인 점에 유의해야 한다.

톱 크라스	어떤 분야나 계층에서 으뜸이 되는 정도나 무리를 일컬어 최고급이
* **하이 클래스**	라는 의미로 '톱 크라스' 라는 말을 쓴다. 영어 표기로 'top class' 쯤

으로 알고 쓰는 모양이지만 영어에 그런 말은 없다. Top('탑'이라 발음)은 꼭대기이고 정상이기 때문에 비교나 상태를 나타내는 의미를 품고 있지 않다.

따라서 '탑'에는 종류나 계급 등의 부류를 나타내는 명사를 붙여 사용할 수가 없다. 만일 제1급에 속하거나 고급스럽고 세련된 경우를 표현한다면 '탑 크라스'가 아니라 '하이클래스(high class)'라 말해야 한다. '톱 클라스'란 표현은 한국에서 만들어 쓰는 영어가 아니라, 일본에서 단어를 긁어 맞춰 만든 일본식 영어 표현이다.

톱 타자, 톱 빠타	야구에서 공격에 나선 팀의 첫 타자를 '톱 타자' 또는 '톱 빠타' 등으
* **리드-오프 배터**	로 표현하는 것은 일본식 표현이고 잘못 쓰여지고 있는 용어다. '톱

타자(top batter=발음은 '탑 배터')'는 굳이 지적하자면 타율이 가장 뛰어난 최우수타자(플레이어)를 말하겠지만, 그나마 영어에서 그런 표현은 없다.

야구에서 공격조의 선두타자는 '리드-오프 배터(lead-off batter),' 또는 '퍼스트 배터(the first batter)'라 한다.

투-피스	여성의 의상 가운데서 저고리와 스커트가 떨어진 옷을 '투-피스' 라
* **수트**	하는데 이것은 우리말이 아닌 일본에서 만들어 일본에서만 쓰는 일

본식 영어로 잘못된 표현이다. 영어로는 '수트(suit)'라 한다.

한편 저고리와 스커트가 붙어 있는 여성 의상을 '원피스'라 하는 것도 마찬가지로 잘못된 일본식 영어에서 흉내낸 것이고, 영어로는 '드레스(dress)'라 말한다.

트래픽	교통 수단으로 자동차를 이용하는 비율은 절대적일 정도로 현대 생
* **트래픽 잼드**	활의 기본 일과가 되어 있다. 그런데 바빠 오고 가는 일이 많은 가운

데 교통량이 많거나 갑작스런 일이 생겨 자동차의 내달림이 지체되거나 오래 머뭇거리는 일을 자주 당하여 예정된 시각에 늦는 일이 생기게 된다.

이런 경우 "트래픽에 걸렸다."는 표현을 많이 쓰고 있다. 그러나 '트래픽에 걸렸다'고 표현하면 그것이 교통의 도로 여건인지, 운행 방법 준수의 실수로 교통경찰에 걸려 티켓을 받았는지에 대한 구분이 명확치 않은 애매한 표현이 되어 버린다.

만일 교통량이 많아 운행 예정시간이 지체되었거나, 사고 등으로 길의 소통이 잘 안되어 도로상에서 상당시간 머물러 있어야 하는 등의 일 때문이라는 표현은 이를 '트래픽 잼드(traffic jammed)'라 해야 옳다.

또 도로의 교통량이 많은 시간대에 걸린다는 표현은 "트래픽 잼을 피한다."고 해야 한다.

트럼프
* 카앗스, 플레잉 카앗스

카드놀이를 하기 위해 쓰는 딱지를 흔히 '트럼프(trump)'라 한다. 영어에서 '트럼프'란 모든 종류의 카드놀이를 하는 행위를 말하고 있다. 그러니까, '트럼프(놀이)'에 쓰이는 딱지는 트럼프가 아니고 '카앗스(cards),' 또는 '플레잉 카앗스(playing cards)'라 구분하여 쓰고 있다.

서양식의 다이어먼드, 하앗, 클럽과 스페이드가 각각 13장씩에다 조우커 한 장을 더한 53장인 플레잉 카앗스나 일본에서 유입된 48장 '화투,' 또는 중국에서 유입된 '투전' 등으로 하는 놀이나 도박놀이가 모두 트럼프에 해당된다.

이를 독일에서는 '카르테(karte),' 프랑스어로는 '카르트(cartes),' 이탤리어로는 '카르데 다 지오코(carte da gioco),' 스페인어로는 '나이페스(naipes),' 러시아어로는 '카르도우이'라 각각 표현한다.

트로트, 도롯도
* 팍스 트랏

한국 가요의 형태 가운데 '뽕짝'이니 '트로트'란 말이 관용화되어 있다. '뽕짝'은 무엇이고, '트로트'는 또 무엇인가 하는 의문을 제기하는 이들도 많다.

런던에서 발간된 "World Music(The Rough Guides 간)"을 보면 한국의 음악 가운데서 'Ponchak Rock' 이란 칼럼이 다루어져 있다. 한국은 20세기 아시아권에서 두드러진 음악 문화를 갖고 있다 전제하고 한국은 제2차 세계대전이 끝나기 전까지 36년 동안 일본에 의해서 언어와 역사 그리고 문화에 있어서 일본으로부터 극심한 공략을 받으면서 그 유산으로 생겨난 대중문화가 'torrotto(토롯토)' 라고 했다. 한국인들이 '토롯토' 라는 이상한 표현으로 불리는 대중 음악은 일본의 '엔카' 와 동일하게(equivalent) 표방한 센티멘털한 노래를 한국 가사로 표현한 것이라고 소개하고 있다.

그러나 영어의 'trot' 가 일본 발음인 '토롯또' 이지만 그렇다고 한국의 'torrotto' 가 결코 일본 엔카풍의 센티멘털 뮤직은 아니라고 덧붙였다. 그리고 이런 와중에서 현실적인 한국 대중음악을 'ponchak' 이라 표현하기도 한다고 했다. 이런 설명이 전적으로 정설일 수는 없지만 그렇다고 부인할 수도 없다.

한국의 가요 가운데 일제 때부터 형성되기 시작한 일본 엔카(演歌)풍의 노래를 언제부턴가 '뽕짝' 이라 부르다가 '도롯도' 라는 표현으로 슬그머니 바꼈고, 급기야는 '도롯도' 가 일본식 발음이라며 '트로트' 로 수정하여 사용하고 있다. 이렇게 해서 이른바 트로트는 한국 대중가요의 한 분야로 자리하려 하고 있다.

그러나 문제는 영어 단어인 '트로트' 가 한국의 엔카풍의 가요가 될 수 없고, 또 한국의 대중음악의 모양이 결코 '트로트' 가 아닌 데에서 문제는 자못 심각해진다. 본래 '트로트(trot=트랏)란 마술(馬術)에서 쓰이는 용어로 말의 느린 걸음과 빠른 걸음 사이의 중간에 해당하는 보조를 뜻하는 데서 나온 말이다. 즉 말이 오른쪽 앞발과 왼쪽 뒷발, 왼쪽 앞발과 오른쪽 뒷발이 번갈아가며 가볍게 걷는 모습을 상징한 표현이다. 이 말의 발음(트랏)을 응용해서 4/4 박자 리듬과 댄스로 다듬었고, 째즈 계열의 사교춤의 한 형태로 발전했다.

옛날에는 춤의 이름에 동물의 이름을 인용한 일이 많았는데 '트랏(trot)'도 바로 말 발걸음에서 따온 것이었다. 사교춤의 세계에서 '트랏'이 개발된 것은 1914년 여름에 보드빌(순회 가극단) 배우 해리 팍스(Harry Fox)에 의해서였다.

해리 팍스는 1882년 캘리포니아주 로스 앤젤러스 바로 동쪽에 위치한 포모나(Pomona) 출신 백인이다. 15살 때 서커스에 발을 들여놓았다가 샌 프런시스코의 한 보드빌에 입단한 뒤 카바레 가수로 활동했고, 뉴욕으로 진출하여 자신의 밴드 '어메리컨 뷰우티스'를 만들었다.

그는 뉴욕 극장에서 보드빌 공연을 갖게 되었는데, 이 자리에서 '자르당 드 당스(Jardin de danse)'에 맞춰 '달리 시스터즈'와 매일 밤 출연했다. 해리 팍스는 이 무대에서 자르당 드 당스에 자신이 개발한 새로운 춤 '트랏'을 선보이며 대단한 호응을 얻었다. 그래서 사람들은 렉타임(ragtime) 음악에 발빠른(trotting) 스텝을 적용한 이 새로운 형태의 리듬과 춤을 '해리 팍스의 트랏'이라는 별명을 붙여 주었다. 그리고 곧 '팍스-트랏(Fox-trot)'이란 표현이 파퓰러하게 쓰이는 계기가 되었다. 이렇게 해서 '팍스-트랏'이 생겨난 것이다

1914년 9월 3일에는 미국 댄스교사협회(American Society of Professors of Dancing)가 대중 무도(popular dances)에 대한 기본 스텝의 표준화를 발표하면서 '팍스-트락'도 포함시켰다. '팍스-트랏'은 볼룸 댄스에서 대단히 중요한 위치를 차지하는 개발이었다.

빠르고, 느린 템포를 잘 배합하면서 유연성 있는 춤을 구사할 수 있고, 단조로운 '원 스텝'과 '투 스텝'으로 되돌리기를 반복하는 즐거움을 주는 춤의 진수를 맛보게 하는 것이 특징이다. 결국 '팍스-트랏'은 다양한 형태의 다른 사교춤을 이끌어 내는 계기를 마련하기도 했다.

'팍스-트랏(The Fox-trot)'에서도 피바디(The Peabody), 크윅스텝(The Quickstep)과 로즐랜드 팍스-트랏(Roseland fox-trot) 등으로 파생하고 '스윙,' '지터벅(지러벅),' '자이브' 등을 포함하는 '린디(The

Lindy)' 와 80년대에 융성하던 '허슬'에까지 영향을 주었다.

한국에서 사교춤의 한 형태로서의 '곽스 트랏'은 1945년 8월 15일 해방 이후부터 일본식 발음 '후옥스 도롯도'로 부르며 불어닥치기 시작한 사교댄스의 선풍부터이지만, 그 바탕은 일제 때부터 일부 부유층이나 춤방에서부터 불렸던 '도롯도'로 불리면서부터였다.

이것이 한국에서는 일부 유랑극단의 무대에서 연기의 일부로 인용하거나 코미디에서 빗대어 오르내리는 일이 많았는데 여기서도 하나같이 '도롯도'라 표현했다. 그러나 진정한 의미의 '도롯도,' 즉 트랏은 빠른 템포의 4/4박자로 약간 빠른 걸음걸이에 해당되는 템포이지만, 이들 무대에서는 '도롯도 4분의 2박자' 운운하는 표현이 일반화하기 시작했다. 어불성설이지만 코믹한 인용으로만 웃어 넘겼다. 또 일부 작곡가나 악사, 가수들 사이에서도 곽스 트랏의 템포를 아예 4분의 2박자로 셈하여 "쿵짝, 쿵짝"하는 식으로 템포를 구분하는 일이 보편화되기도 했다.

여기서 2가지 재미있는 현상이 파생되었다. 하나는 "쿵짝, 쿵짝"으로 작곡되어 표현된 악보의 진행은 대체로 단조 형식의 일본 엔카에서 흘러 들어온 형태를 취하는 것이 보통이었다. 다른 한 가지는 "쿵짝, 쿵짝"이 차츰 "뽕짝, 뽕짝"이라는 별칭으로 부르기를 좋아하는 경향이 일반화되었다. 결국 한국 대중음악이 일본의 엔카에서 인용된 분위기와 진행을 답습하면서 뽕짝 음악이라는 별칭으로 비하되기도 했다. 그래서 일부에서는 이런 일본류의 가요에 대하여 '뽕짝가요'라는 말도 보편화된 적도 있었다.

그러다 '뽕짝'이란 표현이 한국 대중가요의 한 부분에 대한 비하한 표현이라 해서 이를 피해 나가는 과정에서 '도롯도'니 '전통가요' 등으로 어설프게 불리기도 했다. 그러나 엄밀히 따지고 보면 한국 대중가요가 일본의 '엥까'를 영입하여 한 형태로 발전시킨 이른바 '트로트'는, 그 모체가 일본 엔카임을 부인할 수 없는 일이다. 더구나 중요한 것은 그런 형태로 파생된 이른바 '트로트'가 한국의 고유한 가요 형태가 될 수는 더욱 없는 노릇이다.

어쨌든 한국 가요에서 엔카풍의 노래가 어떤 의미에서도 '트로트'라 부르는 일은 어불성설이고, 그 '트로트'라는 음악 형태가 최근에 이르러서는 더욱 노골적인 일본 엔카의 창법에서 편곡, 악기 편성, 진행에서 소재까지도 일본의 것을 거의 그대로 답습하면서 가사만 바꾸어 부르는 변칙적 복사 가요가 성행하고 있는 것은 사실이다. 하여튼 일본 엔카 풍의 한국 대중음악을 '트로트'로 와전된 오용은 하루 빨리 수정해야 하는 것이 큰 과제일 것이다.

더욱이 한국의 엔카 풍의 대중가요를 영어로 '트로트'라 표현했다가는 대단한 오해와 우스꽝스러운 대접을 받기 마련이니까. 일각에서는 한국의 엔카풍의 가요를 차라리 로마자 표기로 'Ponchak'이라 해두는 것이 오히려 근접한 표현이라 지적하는 이도 있다. 솔직히 일본 엔카풍의 한국 가요를 영어로 표현을 할 수 없는 것이 유감이다.

TV 러브
* **러브 투 TV**

한국 TV 프로그램들 가운데 상당 부분이 일본 TV의 포맷을 답습하거나 아예 타이틀까지도 똑같이 표방한 것도 있다.

그 대표적인 것 가운데 "그것이 알고 싶다"가 있고 내용을 꼭 닮아 방정을 떠는 어씨스턴트의 몸짓이나 말솜씨도 흉내를 내는 "TV는 사랑을 싣고"가 있다. 미국 명화 "Singin' In The Rain"을 "비는 사랑을 타고"로 의역한 제명을 연상케도 하지만 내용과 타이틀이 걸맞지 않는 것까지는 애교로 봐줄 수도 있다. 그런데 이 프로그램의 메인 포스트 세트 배경에 "TV LOVE"라는 표현이 아무래도 눈에 거슬린다. 아마도 "TV는 사랑을 싣고"를 의미하는 말일까 생각해도 이상하다.

TV LOVE라 하면 TV를 상대로 하는 로맨스이거나 TV 숭배, 또는 TV 광이라는 의미를 갖게 되겠지만 영어에 그런 말은 없다.

영어에서 'love'란 명사가 뒤에 오는 몇몇 대표적인 말 가운데서는 'courtly love'가 궁중 로맨스, 또는 귀부인 숭배를 뜻하고, 'free love'는 자유 연애주의이거나 프리섹스를 뜻한다. 'lady love'라 하면 가장 사랑하는 여성, 즉 정부(情婦)를 뜻하고, 'light-o'-love'는 가볍게 단기간 사랑을 나누는 애인을 뜻한다.

철학적인 개념의 'platonic love'는 이상주의적인 사랑을 뜻하는 말로 널리 쓰여지고 있고, 'puppy love'는 풋사랑, 'self-love'는 본능적인 이기심, 또는 자기 본위를 의미한다. 'strange-love'는 핵전쟁광을 뜻하고, 'true love'는 성실한 사랑을 나누는 연인 등을 뜻한다.

"TV는 사랑을 타고"는 일본의 TV에서 '해프닝 쑈'라 해서 우발적인 일을 끄집어내어 시청자들이 흥미를 갖게 하려는 의도로 만드는 예상된 흥미를 목표로 하는 프로그램 형태를 그대로 표방한 만큼, "TV LOVE"가 아니라 차라리 "TV 해프닝 쑈"가 제격일 것이다.

티 타임
* 코피 브레이크

사무원들이 근무 중에 잠시 휴식을 겸해 카피를 마시거나 간단한 스낵을 드는 것을 '티 타임'이라 한다. 그러나 영어에서는 '코피 브레이크(coffee break)라 말한다.

본래 '티 타임(tea-time)은 영국에서 근로자들이 오후 3시가 지나서 나른한 시간에 잠시 쉬며 차를 나누거나 접대받는 데서 비롯된 휴식 시간을 뜻하는 말로는 쓰였다.

티 테블
* 코피 테이블, 칵테일 테이블

한국에서는 으레 소파 앞에 놓아두는 키가 작은 탁자를 흔히 '티 테이블'이라 한다. 그러나 미국이나 영국에서는 이를 '코피 테이블(coffee table)'이라 부른다. 커피는 한국에서처럼 '커피'라 발음하지 않고, '코피,' 아니면 '카피'에 가깝게 발음하는 점에 유의할 필요가 있다.

Webster's Encyclopedic Dictionary에 따르면 코피 테이블이란 "소파 앞에 놓는 작은 탁자인데, 코피 잔, 과일 접시, 칵테일 잔(글래스), 재떨이, 스낵 그릇, 그리고 잡지 등을 올려놓는 용도에 쓰인다"고 설명하고 있다. 그래서 '칵테일 테이블(cocktail table)'이라고도 부른다.

티주아나	멕시코의 태평양 연안 북서쪽, 미국 서해안과 접경을 이룬 관광도시 'Tijuana'를 '티주아나'라 하지 않고, '티화나,' 또는 '티어와너'로 발음한다. 그러나 스패이쉬에서 'j'를 우리말의 'ㅎ' 사운드로 한다 해도 이를 '티후아나'라 발음하지 않는 것은 중모음 'ua'를 '우아'로 하지 않고 '와'로 발음하기 때문이다.
* **티화나, 타와나**	

'티화나'는 미국 샌 디에이고에서 불과 30분 거리이고, 누구나 미국에서 멕시코 쪽 티화나를 갈 때는 국경을 넘는 데도 여권이나 비자 없이 자유로이 들어갈 수가 있지만, 반대로 티화나에서 미국에 들어올 때는 엄격한 비자 심사를 거치게 된다. 티화나의 인구는 약 74만 여 명이다.

티타늄	1990년대 중반부터 골프 클럽 헤드의 소재로 '타이테이니엄 (titanium)' 제품이 큰 환영을 받고 있다. 특히 드라이브인 경우, 공이 가볍고 멀리 나가는 위력이 있다고 해서, 골프 클럽의 명문 중에서 "핑"이나 "캘러웨이" 등도 가장 잘 팔리는 '타이테이니엄' 제품 중의 하나다.
* **타이테이니엄**	

'타이테이니엄'은 짙은 회색이거나 은빛의 광택이 나며 재질이 매우 강하고 가볍고, 부식이 잘 되지 않는 특성이 있는 합금이다. 'tatanium'은 'uranium'과 'titan'의 합성어인데 화학의 금속원소의 기호는 'Ti'이고 원자번호는 22이다.

'타이테이니엄'을 로마자 읽기식으로 '티타늄'이라 소리내거나 표기하는 것은 잘못이다.

파

| 파드리스
| *** 파드레이스** | 미국 야구 메이저 리그의 내셔널 리그에 속한 샌 디에이고팀의 'Padres'를 한국의 미디어들은 '파드리스'라 표기하고 있는 것은 '파드레이스'를 잘못 표현한 것이다.

'파드레이스'는 1969년에 창단되어 프랜차이스 스테이디엄은 관중석 5만1천362석을 갖춘 샌 디에이고의 '잭 머피 스테이디엄'이다.

'padre'는 라틴말의 아버지, 조상(-s), 원로원 의원들(-s), 창시자, 신부란 뜻을 가진 'pater(파터),' 또는 'patris'에서 왔다.

영어에서는 'padre'로 표기하고, '파드레이'로 발음하지만, 프랑스어에서는 'pére'로 표기하고 '페에르'로 발음한다. 이탤리어와 스페인어에서는 'padre'라 쓰고 '빠드레'라 한다.

'파드레이'는 일반적으로 천주교의 신부를 지칭하는데 육군이나 해군의 종군 신부를 뜻하기도 한다.

파라보라 안테나
*** 쌔틀라잇 디쉬**

1980년대 후반부터 한국에서도 위성방송 수신용 안테나를 이용해서 위성방송 프로그램을 보는 사람들이 늘어나기 시작했다. 물론 일본이나 홍콩에서 발사되는 다른 나라의 방송이기는 했어도 관심과 수요가 급속하게 확산되었다. 그리고 이 때 사용하는 동그란 수신용 안테나를 '파라보라 안테나'라 불러 왔다.

파라보라(parabola)는 "비유, 비유하는 말"이라는 뜻을 가진 라틴어에서 유래되었고, 수학에서는 포물선을 이룬 면을 의미한다. '파라보라 안테나'는 'antena parabolica'라 하고 영어 표현으로 하자면 '패러볼릭 앤테너(parabolic antenna)'라 한다.

일부 사람들은 마치 접시처럼 생겼다 해서 '접시 안테나'라 부르기도 했는데, 미국에서도 "위성을 수신하는 접시"라는 뜻으로 '쌔틀라잇 디쉬(satellite dish),' 또는 그냥 간단히 '디쉬(dish)'라고 한다.

파레스
* **팰리스**

궁전이나 호화로운 건물을 '팰리스(palace)'라고 한다. 그런데 우리 주변에서 이를 '팔레스, 파레스'로 표기하는 경우를 가끔 본다. 이것은 일본 사람들의 그릇된 발음 표현을 그대로 들여온 것이다.

서울에 있는 오래된 한 호텔의 이름도 '파레스'로 표기하고 있다. 1997년에 미국 로스 앤젤러스에 잠시 진출했던 한국의 '파레스 호텔'은 미국의 지점마저도 '파레스'로 버젓이 간판을 달고 있었다. 미국에까지 와서 일본식 발음 그대로 간판을 단다는 것은 좀 생각해 볼 문제다.

영어로는 '팰리스' 또는 '팰러스'로 해야 옳다. 우리가 영어를 발음하고 표기하는 데 있어서 큰 제약이 없음에도 불구하고, 일본식 발음 표기를 흉내낸다는 것은 부끄러운 일이다.

파마
* **퍼머넌트 웨이브, 펌**

여자들이 미장원에서 머리에 웨이브를 넣는 것을 흔히들 '파마'라고 말하는데 이것은 일본 사람들이 '퍼머넌트 웨이브(permanent wave)'라는 영어를 일본 사람들이 말하기 쉽게 자르고 고쳐 발음한 것을 그대로 따라한 것이다.

올바른 표현은 '퍼머넌트 웨이브'지만 '퍼머넌트' 또는 간단히 '펌(perm)으로 줄여 쓰기도 한다.

패스보드
* **왈릿**

남성들, 또는 드물게 여성들이 호주머니에 넣고 다니는 지갑을 '패스보드'라고 말하는 사람이 있다. 물론 이 말은 영어의 '패스포트(passport)'에서 와전된 표현이다. 패스포트는 국가에서 외국을 여행하려는 사람에게 발행하는 여권을 말한다. 그밖에 특정한 장소에 출입할 수 있는 허가증이나 특수한 지위들을 증명하는 카드를 말하기도 한다.

대개 이 호주머니용 지갑들을 보면 각종 증명서와 카드를 넣고 다닐 수 있도록 디자인된 것이 대부분이기 때문에 이를 '패스포트,' 그리고 여기서 와전된 표현으로 '패스보드'라 부르게 된 것이다.

돈이나 각종 증명서나 카드를 넣어 호주머니에 보관하고 다니는 작은 지갑을 영어로는 '왈릿(wallet)'이라고 한다. 이때 '워레트'나 '월렛'으로 발음하지 않도록 유의해 주어야 한다.

'왈릿'을 독일어로는 '브리프탓쉐(brieftasche)'라 하고, 프랑스어로는 '포르트페이유(portefeuille),' 이탤리어로는 '뽀르타폴리오(portaforglio),' 스페인어로는 '까르떼라(cartera),' 라틴어와 그리스어로는 '페라,' 러시아어로는 '부마제닉'이라 한다.

파인 쥬스
* **파인애플 쥬스**

청량음료 가운데 파인애플에서 추출한 파인애플 주스(pineapple juice)를 즐기는 이들이 많다. 그런데 시중에서는 이것을 흔히 '파인 쥬스'라고 하는 사람들이 많다. 파인 쥬스라고 하면 소나무나 잣나무로 즙을 만들었다는 얘기일 것인데, 그렇다면 그 맛은 보나마나 씁쓰름할 것임에 틀림없다.

파인과 파인애플은 앞에 시작하는 말은 같아도 그 맛과 모양이 전혀 다른 것임을 모르는 사람은 아마 없을 것이다. 그러므로 '파인 쥬스'가 아니라 '파인애플 주스'라고 말해야 옳다.

파파라치
* **파파랏쏘**

지난 1997년, 영국의 다이애너 왕세자비가 파리에서 '파파라치'의 추적을 피하려다 불의의 교통사고로 불행을 당했을 때, 이 '파파라치'들은 여론으로부터 거센 비난을 받은 적이 있었다.

여기서 '파파랏쏘(paparazzo)'는 단수이고, 복수는 '파파랏씨(paparazzi)'라 한다. 또 영어에서도 이를 받아들여 미국에서는 '파퍼

랏소', 복수로는 '파퍼랏시'로 발음한다.

파파랏쏘는 탑스타, 정치인, 종교인 등 유명 인사를 끈질기게 미행하고 추적해서 흔히 볼 수 없는 장면들을 사진으로 찍어 이를 신문이나 잡지사에 거액을 받고 파는 일종의 모험사진 사업가의 성격을 갖고 있다.

'Paparazzo'를 '파파라조' 또 '파파라쵸'라 표기하거나 발음하는 것은 잘못이다. 이탤리어로는 '파파랏쏘'에 가깝게 발음한다. 이 말은 이탤리어로 자유계약의 탐방 사진가라는 뜻이다. 일종의 시사성과 화제성을 쫓는 사진 보도원을 말한다.

이 말은 1960년도에 제작된 이탤리 영화인 "달콤한 생활(La Dolce Vita)"에서 유럽에 온 미국 여배우를 밀착 취재하는 자유사진가를 가리켜 '파파랏쏘'라 부른 데서 유래되었다. 영화 속에서 그 사진가는 취재기자와 계약을 하고 헬리콥터와 자동차를 동원하여 집요하게 사진 공략을 펼치는데, 이 작품의 감독과 원안과 각색을 겸한 페데리코 펠리니가 만들어낸 말이었다.

이 작품은 한국에서도 상영되어 마르첼로 마스트로얀니와 애니터 엑벽의 열연이 인상적이었다.

| 팜프렛, 팜플렛 |
| * **브로슈어** |

몇 장 안 되는 분량의 얇은 인쇄물을 흔히 '팜프렛(pamphlet)'이라고 하지만, 제대로 표현하자면 '브로슈어(brochure)'라고 해야 옳다. 4에서 20페이지 안쪽의 적은 분량의 소책자는 '브로슈어'라 하고, 20페이지에서 40~50페이지 안쪽의 인쇄물을 팜프렛이라 하는 것이 일반적인 구분이다. 그러나 30페이지에서 100페이지 안팎의 분량에 종이 표지를 한 소책자는 '북릿(booklet)'이라 따로 구분하기도 한다.

브로슈어는 프랑스말에서 도입된 영어이고, 팜프렛의 정확한 발음은 '팸플릿'이다.

한편 '브로슈어' 대신 '리프릿(leaflet)', '폴더(folder)' 등의 표현도 자주 쓰인다.

팝스	파퓰러 뮤직을 줄여서 '팝 뮤직(pop music),' 또는 '팝(pop)이라고 짧게 표현하기도 한다. 세간에서는 더러 '팝스'라고 부르거나 쓰고 팝스 뮤직이라는 표현도 일상화되어 있다.
* **파퓰러, 팝**	

'pops'란 '뽀뿌스'라는 일본식 영어에서 비롯된 것이다. 물론 영어에서는 그런 의미로 'pops'라는 표현을 쓰지 않는다. 그럼에도 불구하고 우리나라에서는 심지어 방송 프로그램의 제목에서까지 '팝스 다이얼'이니 '굿모닝 팝스 코리아,' '팝스 투나잇'이라는 등의 말이 버젓이 쓰이고 있다.

원래 '팝스(pops)'는 고전음악을 주로 연주하는 관현악단이 규모를 줄여서 대중들이 선호하는 소품이나 파퓰러 음악을 관현악에 맞게 편곡해서 연주하거나, 야외에서 가벼운 음악회를 갖는 것을 말하고, 이를 '팝스 콘서트(pops concert)'라 한다. 이를테면 '보스턴 팝스 오케스트러'나 '신시내티 팝스 오케스트러' 등이 그 예이다.

패널리스트	요즘은 대선 때가 되면 한국에서도 대통령 후보들이 한 자리에 모여서 텔레비전 토론을 벌이거나, 몇몇 단체나 신문사에서 후보자를 초청해서 질의 응답을 하는 경우가 일반화되었다.
* **인콰이어러**	

이럴 때에는 후보자(들)가 있고, 사회자가 있고, 후보자에게 질문을 하는 여러 명의 질의자가 참가하는 것이 일반적인 구성이다. 그런데 질문을 하는 사람들을 '패널리스트(panelist),' 또는 줄여서 '패널'이라고들 한다.

영어에서 패널리스트는 패널 디스커션을 벌이는 사람, 즉 시사문제 등의 토론자가 청중 앞에서 다른 입장으로 토론을 벌여 일반의 관심을 고조시키려는 데 목표를 두고 있는 것이 보통이다. 또 심포지엄의 강사나 대표 발언자, 문제 제기자 등을 일컫기도 한다.

본래 '패널리스트'는 레디오나 텔레비전의 크위즈 프로그램 등에서 해답자, 또는 참가자를 말한다. 이렇게 놓고 보면 오히려 후보자들이 해답을 하는 입장이니까, 그 사람들을 '패널리스트'라고 해야 옳은

게 된다.

여기서 출연한 후보자에게 질문을 하는 사람들은 결코 해답을 제시하는 게 아니고 단지 질문만을 던질 뿐, 토론을 벌이는 것도 결코 아닙니다. 그렇다면 이런 경우에는 '패널리스트'가 아닌 '인테러게이터(interrogator),' 또는 '인콰이어러(inquirer)'라고 해야 옳다.

패션 쇼
* **모드 쑈, 컬렉션**

계절에 앞서 수퍼 모델들이 화사하게 차려입고 한 바탕 의상 전시를 하는 '패션 쇼'가 성행한다. 디자이너들은 저마다 유행 감각과 개성이 돋보이는 의상을 자랑한다.

이런 쇼를 우리는 '패션 쇼'라 해왔고, 당연히 영어 표현이겠거니 생각해왔다. 그런데 네이티브 스피커를 만나 "패션 쇼가 어쩌고…"라고 하면 무슨 말이냐고 되묻는다. 영어에서 'fashion show'라는 말이나 그런 행사가 없기 때문이다.

최신 디자인의 옷을 모델들에게 입혀 관객들에게 선보이는 쇼는 '모드 쑈(mode show)'라 하고, 패션 가운데서도 계절에 앞서 유행을 선도하는 고급 의상점의 최신 디자인 패션을 쑈로 꾸며 보이는 것을 '컬렉션(collection)'이라 부른다.

패시픽
* **퍼씨픽**

'Pacific'은 우리말로 태평양이다. 중국어로는 '타이핑양', 일본에서는 '타이헤이요우'로 발음하지만 한자로는 모두 '太平洋'으로 표기된다.

'Pacific'은 16세기 무렵에 프랑스어의 '빠시피크(pacific),' 또는 라틴어의 '피시피쿠스(pācificus)'에서 유래했는데, "평화 또는 협정에 의해 구속하는 일"이 본래의 뜻이다.

'The Pacific Ocean(태평양)'이란 말은 포르투갈의 항해사 페르디난드 마젤란(1408-1521)이 이 바다를 항해했을 때 폭풍우에 시달리지 않고 비교적 평온하게 순항을 했기 때문에 '마레 파시피쿰(Mare Pacificum)'이라 표현한 데서 유래했다. 포루투갈어로 'Mare'는 밀

545

물, 또는 조류(潮流)라는 뜻이고 'pacificum'은 평화롭다, 평온하다는 뜻이다.

영어로는 'Pacific'이라 쓰고 '퍼씨픽'으로 발음한다. 이때 '퍼시픽'이라 하지 않고 '-씨-'로 소리내도록 유념해야 한다. 주변에서 보면 더러 '패시픽'이나 '파시픽'으로 발음하는 사람들이 있는데, 이는 잘못이다.

팬티 스타킹
* **팬티 호즈**

여성용 내복 하의 중에 허리에서부터 발까지 일체로 된 스타킹을 흔히 '팬티 스타킹(panty stocking)'이라 부른다. 그러나 이것은 정확한 영어가 아닌 일본식 영어이고 잘못된 표현이다.

영어로는 '팬티 호즈(panty hose)'라고 부른다.

페미니스트
* **쉬벌러스 맨**

여성에게 친절하고 정중하게 예의를 지키는 남자를 흔히 '페미니스트(feminist)'라고 표현하는 사람들이 많다. 여성을 우대하고 신사도를 지키는 남자들을 가리켜 흔히 '페미니스트'라고 하는 것 같다.

그러나 영어의 '페미니스트'라는 말에는 그런 뜻이 없고, 남녀평등권을 부르짖거나 여성 해방운동, 또는 여권(女權)신장 운동을 하는 사람을 말한다.

여성에게 정중하고, 기사도적인 예절이 바른 남성이라면 영어로는 '쉬벌러스 맨(chivalrous man)'이라 한다. 가끔 '갤런트(gallant)'라는 표현을 쓰기도 하는데, 이 말 역시 여자들에게 친절하고 의협심이 강하다는 뜻을 갖고 있지만, 동시에 치근거리거나 오입쟁이를 뜻하기도 하므로 이 경우에는 해당되지 않고, 혹시 사용할 경우에도 주의해야 한다.

페이퍼 드라이버
* **드라이버 온 페이퍼 온리**

면허증은 취득했지만 자동차를 운전하지 않거나, 운전해 본 지 오래된 사람을 일컬어 '페이퍼 드라이버'라는 표현을 쓰는 이들이 있다. 얼핏 들으면 영어를 제법 하는 것처럼 들리지만, 알고 보면 이건 영어라기보다 차라리 일본어라고 해야 더 정확한, 일본식 표현이다.

위의 경우를 영어로 표현한다면 "He/She has a driver's licence, but seldom drives"라고 할 수 있고, 그런 사람은 '드라이버 온 페이퍼 온리(driver on paper only)'라 한다. 여기서 '온리(only)'에 우리말의 자음동화를 적용해서 '올리'라고 발음하지 않도록 유의할 필요가 있다. only는 차라리 '온니'에 더 가까운 소리를 낼지언정, '올리'라고는 하지 않는다.

페이퍼 테스트
* **리튼 테스트**

학교에서 실시하는 여러 형태의 시험 방법 가운데, 가장 일반화되어 있는 것은 아무래도 종이에 답안을 쓰는 필기시험이다. 그런데 상당수의 교사나 교수들이 이를 '페이퍼 테스트(paper test)'라 표현하면서 마치 멋진 영어 표현을 구사하기라도 한 듯이 만족해하는 경우를 많이 본다.

그러나 '페이퍼 테스트'란 말은 필기시험이 아니라, 엉뚱하게도 종이의 질을 살펴보는 시험이라는 원래의 뜻을 알고나면 '페이퍼 테스트'란 표현을 쓰는 교수의 영어 실력을 시험한 결과가 되어 민망해진다. 기업이나 회사의 입사 시험에서도 마찬가지다.

필기시험을 영어로는 '리튼 테스트(written test)'라 해야 옳다. 이와 반대되는 구술시험은 '오럴 테스트(oral test)'라 한다.

페팅(진한 애무)
* **헤비 페팅**
(목 감고 애무)

남녀 사이에 서로 몸을 허락하지 않는 범위에서 관능적인 짙은 애무를 하는 것을 '페팅(petting)'이라 한다. 그러니까 성적 접촉(intercourse)을 제외한 남녀간의 육체적인 접촉을 일컫는 말로 쓰이고 있다.

그러나 영어에서 petting은 남녀 사이의 애무는 맞지만 성교를 억제하는 육체적인 접촉이나 관능적인 짙은 애무가 아니라, 애인을 사랑하면서 목을 껴안고 가볍게 애무하는 모습을 말한다.

그러나 '헤비 페팅(heavy petting)'이라고 하면 성교를 억제하면서 애완동물을 쓰다듬듯이(pet) 하거나 목을 껴안고 키스를 하며 열정적으로 애무하는 모습을 뜻한다. 이 슬랭은 미국에서 1924~1925년에 유행하기 시작하면서 일반화되었다.

그러니까 한국과 일본에서 표현하는 '페팅'은 '헤비 페팅'을 의미하면서 '헤비-'를 떼어버리고 그냥 '페팅'만 사용한 것임을 알 수 있다.

펜치, 뻰찌
* 플라이어즈

철사를 자르거나 굽히고 펴는 데 쓰는 도구를 '뻰찌, 펜치'라고 하는데, 올바른 영어는 '플라이어즈(pliers)'이다.

펜치는 자르거나 죄는 사람, 또는 물건을 일컫는 '핀처(pinchers)'를 일본에서 잘못 받아들이는 과정에서 와전된 표현이다.

펜팔
* 펜 팰

편지를 통해 우정을 나누는 것을 '펜팔'이라 한다. '펜팔'은 국내나 국외에도 교신을 하면서 국경과 이성을 초월한 보이지 않는 친교를 이루는 것이 보통이다. '펜팔'은 영어의 '펜 팰(pen pal)'의 일본식 발음(펜 파루)을 그대로 가져온 표현이다. 'pal'은 단짝 친구를 뜻하는 말로 많이 사용된다.

한편 '펜 팰'을 '펜 프렌드(pen friend)'라 하는 이들도 있는데, 이 또한 일본에서 만든 일본식 표현이고 영어에서는 그런 말을 쓰지 않는다는 것을 유의해야 한다.

펨푸
* 핌프

모르는 남녀가 정사를 할 수 있도록 주선해 주는 사람을 '펨푸'라 부른다. 우리말의 '뚜쟁이'에 해당된다. 이 말은 영어의 '핌프(pimp)'에서 와전된 것이다.

'pimp'는 손님을 유혹하여 매음업소나 윤락녀에게 소개하여 주고 돈을 받는 일을 하는 사람을 일컫는다. 일부에서는 영어의 짧은 'i' 발음이 '에'에 가깝게 들리기 때문에 '펨푸'가 되었다고 설명하기도 하지만 억지일 뿐이다.

포르노, 뽀르노	'포르노'란 말이 일상화되어 있다. 일각에서는 날이 갈수록 대담한
* **포어나그라피, 포어노**	성적(sexual) 표현을 오히려 당연시하거나 미화하려는 사회 현상을 개탄하기도 한다.

국어 사전을 보면 '포르노'는 '포르노그라피(pornography)'의 준말로서 "성적 행위를 대상으로 한 문학, 회화, 사진, 영화 따위의 총칭"이라고 정의하고 있다.

일본어 사전에서는 '포르노'는 프랑스어이고, 창부(娼婦)를 뜻하는 그리스어에서 유래되었으며, 성적 흥미를 유발하는 묘사를 주로 한 문학, 회화, 사진, 영화 등을 일컫는다는 설명을 싣고 있다(이와나미 판 '광사원'). 외설스러운 책, 영화, 회화, 사진 등의 총칭이라는 설명도 덧붙여 실려 있다.

프랑스어 사전에 따르면 'porno'는 포르노 영화, pornographie, pornographique의 약칭인데 pornographie는 '문학, 회화, 영화 등의 포르노'라는 여성 명사이고, pornographique는 형용사로 '포르노의, 외설스러운'이라는 뜻이라고 풀이했다.

포르노가 일상어처럼 쓰이다보니 '포르노 영화,' '포르노 작가,' '포르노 스타,' '포르노 샵' 등, 포르노를 포함한 말이 범람하고 있다.

영어에서는 'pornography'로 쓰고, 그리스어 'pórnē(포르네=창녀라는 뜻의 'prostitute')'에서 왔는데 프랑스를 거쳐 도입된 표현이라고 했다.

그러나 영어에서는 'porno(포어노)'가 결코 'pornography(포어나그라피)'의 약자가 아니고, '가끔 속성을 나타내는'이란 형용사로 쓰이는 말이 된다.

영어에서 부부를 대상으로 만든 포르노는 '커플 피름(couple film)'이라 하고, 성인용 외설 비디오는 '어덜트 비디오(adult vedio),' 노골적인 성행위를 묘사한 것은 '언쎈서드 앤 언컷 비디오(uncensored and uncut video)' 등으로 표현한다.

결국 '포르노'는 프랑스어에서 도입했다며 애용하는 일본식 표현임에 틀림없다.

phonography와 유사한 영어 표현 가운데에는 'bawdry, ribaldry, indecency, obscenity, erotica, smut, filth, dirt, hard-core 또는 soft core, girlie movies, stag films, x-rated films, peep shows, skin flicks' 등이 있다.

영어에서도 'pornography'를 'porn(포언)' 또는 'porno(포어노)'라 줄여 쓰는 경우는 있다.

포케치프
* **행커칩 드레스**

남자의 '수트(suit)', 즉 정장 상의에는 왼쪽 윗주머니에 장식용으로 일종의 손수건류를 접어서 끝이 살짝 보이도록 꽂는데 이를 두고 흔히 '포케치프'라는 표현을 쓴다. 그러나 이런 표현은 일본에서 영어의 'pocket'과 'handkerchief'를 합성해서 '포켓토 치후,' 그리고 이 말을 다시 줄여서 '포케치후'라고 쓴 데서 유래된 것이다. 그러므로 포켓에 꽂는 행커칩이라는 뜻으로 쓴 말일 것이다. 그러나 영어에서는 '행커칩 드레스'라는 말로 쓴다.

행커칩 드레스의 스타일에는 대개 다음과 같은 5가지가 가장 많이 쓰인다. 즉, 삼각형으로 뾰족하게 끝이 나오게 하는 '트라이앵글 홀드,' 3각형을 3개가 겹치도록 내밀게 보이는 '쓰리피크,' TV 화면처럼 직사각형으로 내밀어 보이게 하는 'TV 홀드,' 마치 꽃송이처럼 보이게 하는 '크라슈드 스타일,' 그리고 타원으로 볼록하게 부풀어 보이게 하는 '아이비 홀드,' 혹은 부푼다는 뜻의 '퍼프트 스타일(puffed style)' 등이 그것이다.

포켓 머니(용돈)
* **파킷 머니(소액)**

호주머니에 넣고 다니면서 쓸 수 있는 용돈을 흔히 '포켓 머니'라 한다.

영어에서는 별로 큰 부담이 없는 적은 액수의 물건값을 말한다. 그러니까 pocket이란 말이 들어간다고 해서 호주머니 속에 넣고 다니는 잔돈이 아니라, 지출에 별 신경을 쓰지 않을 정도의 적은 액수를 말한다.

순 수 한 　우 리 말 　찾 기 　품 앗 이

'포케트 머니'는 일본에서 잔돈이라는 뜻으로 사용하는 '뽀켓또 마네'를 그대로 들여온 표현이다.

pocket도 '포케트'나 '포켓'이 아니라 '파킷' 또는 '파켓'으로 발음하는 점에 유의하자.

포토 라인
* 리번 라인

한국에서 언제부터인가 검찰청 현관에 포토 라인이라는 게 설정되었다. 세상에 이름이 알려진 정치가나 경제인, 또는 예능인들이 어떤 혐의가 있어서 조사를 받기 위해 검찰청에 불려 오게 되면, 어김없이 이 포토 라인 앞을 통과하게 된다.

이 '포토 라인(photo line)'이란 한때 캐머러맨들이 서로 사진을 찍으려고 뒤엉켜 무질서하게 소란을 피우자, 검찰 당국과 캐머러맨들이 협의를 해서 특정 지점을 설정해 두고, 캐머러맨들이 더 이상 가까이 가는 것을 막기 위해 지정한 것이다.

미국에서는 검찰에 출두하는 사람이 미디어 종사자나 '파파랏씨(가십 사진사)'가 사진을 촬영하려 할 때 거부할 수 있는 권리가 있고, 또 포토 라인 같은 것을 설정하여 출두하는 사람이 곤욕스럽거나 난처한 경우에 처하게 하는 일을 결코 없다. 이것은 인권 유린이라는 인식이 일반화되어, 어느 누구도 강요하거나 그런 캐머러맨들의 요구에 응하지도 않는다.

미국에서는 그런 표현과 필요성이 없고 다만 경찰이 수사상 일반인의 출입을 제한하는 구간에 리번을 설치하고 이를 '리번 라인'이라 한다.

폴라
* 터틀 넥, 폴로

모직을 소재로 한 T셔트 가운데 목둘레를 감싸도록 한 디자인을 흔히 '폴라,' 혹은 '폴라 셔트'라 부른다. 그런데 세계 어느 나라에서도 목둘레를 감싼 모직 T셔츠를 '폴라'라 부르는 나라는 없다. 다만 일본과 한국에서만 통용되는 이상한 옷 이름일 뿐이다.

목둘레를 감싼 반팔이나 긴팔의 T셔트를 '폴로(Polo) 셔트'라 한다.

본래 영국에서 폴로 경기를 할 때 경기용 셔츠로 즐겨 입은 데서 연유한 것이다.

면이나 혼방사를 소재로 하여 목둘레를 조이듯 감싸거나(round neckband), 뒤집어 감싼 칼라(turnover collar)로 스포티한 멋을 주는 셔트다. 그러나 이 디자인은 목이 긴 사람들에게 잘 어울리고, 비교적 목이 짧은 동양 사람들에게는 오히려 턴오버가 늘어나거나 벌어져 보이는 경향이 많아 오히려 멋이 없어 보이는 역효과도 있다.

우리가 사용하는 '폴라,' '폴라 샤츠'는 바로 영어의 '폴로,' '폴로 셔트(Polo shirt)'가 잘못 쓰인 표현이다.

한편, 한국에서 쓰이고 있는 '폴라'는 일본에서 표현하는 '뽀라'를 그대로 들여다 표방하면서 '폴라'로 와전된 표현이다.

'뽀라'는 감촉이 좋은 모직물을 말하는데 바람이 잘 통하도록 짰기 때문에 여름 옷감으로 매우 적합한 하복지로 주로 쓰인다.

영어로는 자라목처럼 된 스타일이라 해서 '터틀 넥(turtle neck)' 또는 원 워드로 '터틀넥 셔트(turtleneck shirt)'라 한다.

폴란드
∗ **폴런드**

동유럽의 독일과 러시아 사이에 있는 나라 'Poland'는 2002 월드컵에서 한국에게 2:0으로 패했지만, 싸커의 강국이다. 이 나라는 나치 독일에 짓밟히다가 공산주의에 물들어, 평원의 나라이면서도 농업의 생산성은 낮은 대신, 동구 최대의 중화학 공업국으로 발돋움했다.

Poland는 영어에서 사용하는 국명이고, 발음은 '폴란드'나 '폴랜드'가 아닌 '폴런드'이다. 폴런드는 123년 동안이나 타국의 지배를 받으며 나라 없는 설움을 겪은 나라이다. 폴런드의 정식 명칭은 '폴스카(Polska)'이다. 중세 독일의 고지에서 많이 쓰이는 독일어 가운데서 평지 사람들이라는 표현인 'Polanin(폴라닌)'에서 유래하였는데 옛 프랑스어에서 평원을 뜻하는 '폴리에(Polie)'란 뜻에서 왔다.

15세기에 이르러 폴란드 왕국은 한 때 '보히미어,' '리투아니아'를 포함한 동유럽의 넓은 지역을 지배하기도 했다. 그러나 곧 쇠퇴하기 시작했고, 1795년에는 러시아, 프로이센, 오스트리아에게 국토의 일부가 분할되거나 합병되면서 급기야 소멸해 버렸다.

제1차 세계대전 후 1918년에 공화국으로 부활했으나 1939년에 나치 독일과 소련의 침공으로 또 다시 나라가 소멸되는 비극을 맞았다. 제2차 세계대전 후에는 사회주의 정권이 들어선 공산국가였으나 1989년 이후부터는 동구에 밀어닥친 민주화의 물결에 차츰 민주화 국가로 전환했다.

폴란드 자체의 공식 국명은 'Polska Rzeczpospolita'이고 영어로 옮기면 'Republic of Poland(리퍼블릭 어브 폴런드)'가 된다.

폴리스 복스
* **커뮤니티 펄리스 브랜치**

경찰서에 소속된 파출소나 지서를 '폴리스 복스(Police Box)'로 표시하곤 하는데 원래 경찰서는 폴리스 스테이션이라 하는 것에 대해 경찰서의 분소, 지소, 파견소라는 뜻을 지닌 말이다. 파출소는 일본에서 '교번(交番)'이라 쓰고 'こうばん(koban)'이라 부른다. 또 군 이하의 면 단위에 설치된 '지서'는 '주재소(駐在所=츄사이쇼)' 등으로 한국에서도 일제 치하에서 그렇게 불렀고, 해방 이후에도 한동안 그렇게 불렀었다.

그러나 중국식 표기인 '파출소(派出所=paichusuo)'로 바꿔 지금에 이르고 있다. 그런데 파출소를 '폴리스 복스'로 영문 표기한 것은 영어에서 인용한 것이 아니고 일본에서 만들어 쓰고 있는 Police Box라는 표현을 그대로 들여다 쓰는 일본식 영어 표현인 것이다. 그 발음은 '펄리스 박스'로 해야 하지만 영어에는 그런 말이 없다.

미국에서인 경우 행정 단위가 넓은 지역에 'Police Department(경찰청에 해당)'가 있다. New York Police Department, Los Angeles Police Department로 쓰고 그 약어로 NYPD, LAPD 등으로 사용하고 있다. 그리고 그 관할 아래 주요 구역에 경찰서에 해당하는 Police Station을 두고 있다. 그러나 한국이나 일본처럼 '파출소'라는 것은 좀처럼 없다.

해외에서 한인들이 가장 많이 몰려 산다는 미국 로스 앤젤러스인 경우, 상주 한인이 70만 명으로 어림잡고 있어서 치안과 코리아타운 커뮤니티의 안정을 위해서 독립 경찰서의 설립을 필요로 하지만 좀처럼 뜻이 이루어지지 않고 있다. 경찰서의 기능을 축소한 준경찰서를 유치하려 해도 한인 이권 단체들 사이에서 의견일치가 잘 안되고 기금 관리에 부정이 개입하는 등 어려움이 많다.

사실 미국에서 준경찰서라는 제도도 없지만 그렇다고 일본식의 코반, 츄사이쇼, 또는 한국식의 파출소는 더욱 존재하지 않는다. 다만 L.A. 코리아타운 한 구석에 서너 평 남짓한 경찰 민원창구가 개설되어 경찰관 한둘이 가끔씩 들르는 정도가 있을 뿐이다. 이런 경우 '커뮤니티 폴리스 오피서(발음은 커뮤니티 펄리스 아퍼써)' 라 부르기는 한다.

영어로 파출소를 굳이 표현하자면 '펄리스 아웃포스트(Police Outpost),' 또는 '네이버훗 펄리스 브랜치(Neighborhood Police Branch)' 등으로 부르기는 한다.

그러나 우리식의 파출소라면 '커뮤니티 펄리스 브랜치(Community Police Branch)' 가 된다.

폼푸, 뽐뿌
＊ 펌프

기체나 액체를 압력에 의해서 빨아올리거나 밀어내는 기계장치를 '뽐뿌', 또는 '펌프' 라 부른다. 이 말이 얼핏 일본어로 이해하는 이들이 많지만 그것은 일본 사람들이 네덜란드어 '폼프(pomp)' 에서 빌어다 쓴 데서 비롯되었다. 네덜란드어로 'pomp' 는 물을 퍼올리거나 밀어내는 일을 말한다. 이를 영어로는 '펌프(pump)' 라 부른다.

플라타너스
＊ 플레인 트리,
시커모어

"플라타너스 길을 따라 님과 함께…" 어느 유행가의 가사가 로맨틱하게도 들린다. 키가 25m쯤 되는 버즘나무를 흔히 플라타너스라 부른다. 가로수나 공원의 관상수로 많이 심는다. 이 나무는 발칸반도 히말라야가 원산지로 알려져 있고, 북어메리카 주에서도 자생하고 있다.

'플라타너스'라는 표현은 라틴어의 '플라타누스(platanus)'에서 와전되어 사용하는 일본식 표현이고, 영어로는 '플레인 트리(plane tree),' 또는 '시커모어(sycamore)'라 한다.

푸쉬 폰
* **터치 톤 폰**

요즘 전화기는 회전식에서 버튼을 누르는 방식으로 대부분 바뀌었다. 상대방의 번호를 눌러서 호출한다 해서 '푸쉬 폰(push phone)'이라 말을 하고 있다.

이것은 일본의 NTT(일본전화전신주식회사)가 제작하여 판매하는 전화기의 등록상표의 이름 '푸쉬 버튼 폰(push-button phone)'이라 한데서 유래했다.

미국에서도 상품의 이름에서 유래된 '터치 톤(touch-tone)'이란 말을 써서 '터치 톤 폰(touch-tone phone)'이란 말이 일반화되어 있다. 호출 번호를 누르기 위해 키를 터치한다 해서 '터치'이고 버튼을 누를 때마다 전자음의 높낮이 소리(톤=tone)가 난다고 해서 붙여진 이름이다. 이를 영국에서는 '키 폰(key-phone)'이라 부른다.

풀 멤버
* **올 더 멤버스**

어떤 조직이나 단체에서 참여한 회원 또는 가입자 전원을 가리키는 말로 '풀 멤버(full member)'란 표현을 많이 쓴다. 그러나 영어에서 '풀 멤버'라 하면 완전한 자격을 갖춘 정회원이란 뜻이 된다.

영어로 회원 전원이란 표현은 '올 더 멤버스(all the members)'라 한다.

풀 모델 체인지
* **올 뉴**

자동차의 특정한 모델의 형태에 대하여 주기적으로 디자인을 바꾸는데, 차체의 모양이나 내장의 모습을 전체적으로 바꾸는 일을 흔히 '풀 모델 체인지(full model change)'라 한다. 영어 단어 하나 하나로는 틀림이 없지만, 영어에 이런 표현은 없다. 일본에서 만들어 쓰고 있는 일본식 영어이기 때문이다.

영어로는 '올 뉴(all new),' 또는 '올 뉴 마들(all new model)'이라 한다. '올 뉴'는 경우에 따라서는 전혀 다른 모델일 수도 있지만, 시리즈의 전통성을 중시하여 새 기술로 새로운 장치를 첨가하거나 개량하고, 디자인에 대한 전면적인 개선이나 변경을 가하면서 가격도 새롭게 설정하여 내는 것이 보통이다.

한국이나 일본에서는 4년을 전후로 하여 '올 뉴'를 단행하고, 미국이나 유럽 차들은 5년에서 8년, 또는 10년에 한번 '올 뉴'를 단행하는 사이클을 갖는 것이 보통이다.

프라스 타일
* 플래스틱 타일

건축 자재 가운데 최근에는 일반 타일 대신 플라스틱제 대용 타일이 많이 보급되어 있다. 특히 다양하고 우아한 색상과 충격에 유연성을 갖기 때문에 목욕탕이나 부엌에 많이 쓰인다. 그런데 시중에서 이를 '프라스 타일'이라 부르는 것은 일본식 영어 표현을 흉내낸 것이다. 영어로는 '플라스틱 타일(plastic tile)'이라 하고, 더러 'P 타일'이라고도 한다.

플래카드(현수막)
* 배너

플래카드(placard)를 우리는 '플랑카드,' 또는 '플랭카드'로 잘못 표현하는 경우가 많다. 그런데 국어 사전에서 플래카드는 "가로로 긴 천 등에 구호 등을 적고 양끝에 장대를 꿰어 단 선전물"이라 했다. 현수막이라고도 했다.

한 영한 사전에서는 벽보, 삐라, 게시, 포스터, 간판, 꼬리표 명찰 등을 통틀어 플래카드라는 해석을 달고 있다. 영영 사전에서는 광고나 커다란 글자로 많은 사람들이 볼 수 있도록 매달거나 들고 다니는 것이라고 했다.

결국 영어의 플래카드는 선전이나 자기 주장을 사람들에게 알리기 위해서 사람의 왕래가 많은 장소에 게시하거나 들고 다니는 것을 말하고 있다. 이를테면 정부나 특정 단체에 대항하는 주장을 펼치는 문구를 넣어 들고 데먼스트레이션을 하는 것이 바로 플래카드라고 했다.

우리가 이야기하는 현수막은 영어로 플래카드가 아니고 '배너(banner)'라 한다.

플래카드는 데모할 때 들고 다니는 피킷 같은 것이거나 종이 등에 광고나 자기 주장을 담아 게시하는 것을 말하는 반면, 배너는 그보다 규모가 크고 우리가 말하는 현수막과 같은 것을 지칭한다.

영어에서 '배너'는 국가나 군대, 부대 등의 기(flag)를 말한다고 했다. 또 도안이 된 기장 문장, 모토 또는 슬로건 등을 수놓거나 그린 것을 종교적 행사나 정치적 데먼스트레이션 등의 목적으로 들고 다니는 깃발이라고 했다.

그리고 인쇄된 넓은 천이나 플라스틱 등으로 제작하여 길을 가로질러 걸어 놓거나 특정한 장소나 건물의 입구 또는 행사장 벽에 거는 것 등을 '배너'라 부른다고 했다.

그러니까 흔히 한국식 선거 캠페인(운동) 때 큰 거리를 가로질러 양끝을 달아매는 것, 기념행사 등에서 무대 벽면이나 입구 등에 넓고 크게 붙이는 선전이나 인식을 위해 제작하여 내건 막 등을 '플래카드'가 아닌 '배너'라 한다.

프랭크 시내트라
* **프랭크 시나트러**

1915년에 태어나 1998년 5월 14일에 82세로 세상을 떠난 20세기 최고의 파퓰러 가수 프랭크 시나트러(Frank Sinatra)를 한국의 미디어들은 '프랭크 시내트라'라고 표기하고 있다. 그러나 생전의 본인은 물론, 그의 가족이나 미국의 미디어들은 '-시나트러'라 발음하고 있다. 'Diana'도 '다이애너'라는 식으로 불필요한 모음 변화를 주지만 네이티브 발음은 '다이아너'라 한다.

그가 눈을 감은 로스 앤젤러스의 '씨더스-싸이나이 메디컬 센터(Cedars-Sinai Medical Center)'도 '세다르스-시나이'니 '세드라-시나이' 등으로 제각기 잘못된 표기들을 하고 있었다.

프레시맨
* **뉴 임프로이이**

고등학교나 대학을 마치고 어떤 직장에 첫 취업이 된 신입사원에 대해 '프레시맨(freshman)'이라 말하는 이들이 많다. 이것은 영어로는 '뉴 임프로이이(new employee)'로 말해야 옳다. 신입사원이나 어떤

모임에 새로 가입한 사람에 대하여는 차라리 '뉴 페이스(new face),' 또는 '뉴 버드(new bird)' 정도는 쓸 수 있지만 '프레쉬맨'은 쓰지 않는다.

미국에서 '프레쉬맨'은 고등학교 1학년, 또는 대학 1학년을 말한다. 참고로 2학년은 '싸퍼모어(sophomore),' 3학년은 '주니어(junior),' 4학년은 '씨니어(senior)'라 한다. 그러나 영국에서는 1학년을 'first year(student)'라 말한다.

고등학교나 대학교에서 1학년 신입생 환영회는 '웰캄 미팅 포 더 프레쉬맨(Welcome Meeting for the Freshman)'이라 한다.

프레야
* **턴테이블, 포노그래프**

레코드 판을 돌리는 음향기구를 '프레야' 또는 '레코드 프레야'라 하는 것은 일본식 영어 표현이다. 영어로는 '턴테이블(turntable)'이나 '포노그래프(phonograph)'라 한다. 또 '레코드 플레이어(a record player)'라 부르기도 한다.

영어에서 '플레이어(player)'라 하면 경기하는 사람, 즉 선수를 뜻하는 말로 사용된다.

한때 뮤직홀에서 레커드를 틀어 주는 사람을 '레코드 플레이어'라 부르기도 했는데 이 또한 일본식 표현을 흉내낸 것이다.

'record'의 발음은 '리코드' 또는 '레커드'가 되지만 네이티브 스피커의 발음은 '레커엇'처럼 들린다.

프레지덴트
* **프레서던트**

대통령, 사장, 회장, 의장, 총재, 대학 총장 등을 일컬어 'president'라 하고 우리는 흔히 '프레지덴트'로 표기한다. 그런데 영어에서 's'가 'z' 사운드로 변하는 것을 무조건 '즈'로만 표기하는 데는 한도가 있어 보인다.

영어나 로마자로 표기되는 언어에서 'z' 사운드는 혀끝을 아랫니와 윗니의 사이에 대지 않은 상태에서 목청에서 나오는 소리가 여기에서 울리도록 내는 소리인 일종이 탁음이고 그 소리는 'ㅅ'에 가까운 울림소리를 낸다.

그러나 우리 표기의 'ㅈ'는 혀끝을 윗니 뒤 입천장에 가볍게 대었다 떼면서 내는 일종의 파열음이다. 이 때문에 외래어 표기에서 'z' 무조건 'ㅈ'로 표기되는 비극이 생겨나는 것이란 생각이다.

따라서 '프레지덴트'는 당연히 '프레서던트'로 소리내고 표기하는 것이 옳다. 또 한글로 표기한 '-스-'도 자연스럽게 'z' 사운드가 가까운 소리로 자연히 울려 나오게 되는 경우가 많다.

'프레서던트'는 본래 14세기 후기에 프랑스 옛말에서 비롯된 것인데 그 뜻은 "앞에 앉는 사람"이라는 라틴어의 'praesidēns'에서 유래한 것이다.

영어에서 맨 처음 쓰인 것은 신약성서 사도행전에서 점령지역 식민지를 통괄하는 총독을 지칭하는 표현으로 위크립이 처음 쓴 것으로 알려져 있다. 그리고 15세기 중기에 대학의 학장이란 의미로 쓰이기도 했다.

'President'를 대통령을 의미하는 표기로 사용한 것은 미국이 1898년에 미국 헌법을 기초하면서 쓰이기 시작했다.

프레온 까스
* **프리언**

메탄이나 에탄을 혼합한 탄화수소 화학물을 일컫는 말로 '프레온(freon)'이라 한다. 이 프레온 가스는 가정의 냉장고나 상점의 냉동실, 가정이나 자동차의 에어컨디셔너의 냉매로 많이 쓰이고 있기도 한다. 이를 '프레온'이라 일컫는 것은 일본에서 '후레온,' 또는 '후론'이라 표현한 것을 본받아 'f'의 표기 'ㅎ'를 'ㅍ'으로 고쳐 사용하는 데서 온 것이다.

이를 영어로는 '클로로플루오로카번(chlorofluorocarbon)'이라 하고 약어로 CFC라 쓴다.

프레온이란 말은 1915년에 창업한 미국 델러웨어 주에 있는 'E.I. du Pont de Nemours & Co., Inc'에서 생산하는 스프레이에 의한 분사용 개스와 용해제 등의 냉매를 생산해 내면서 붙인 상품의 이름이다.

빛과 냄새가 없고 인체에 직접적인 해가 없다고 했지만, 최근에는 지구의 대기 오존층을 파괴하고 자외선에 의한 피부암을 유발하는 작용이 있다는 주장에 따라, 일부 국가에서는 폐기하거나 제한하는 등의 수난을 겪고 있다. 프레온은 영어 발음으로 '프리언'이라 한다.

프로
* 퍼쎈트

백분율을 뜻하는 '퍼쎈트(percent)'를 흔히 '프로'라 말하는 이들이 많다.

라틴말에서 '퍼(per)'는 "…에 관하여"란 뜻이고, 100이란 뜻의 '쎈툼(centum)'을 합성한 데서 비롯된 말이다.

'프로'는 일본 사람들이 '프러페셔널(professional)'을 줄여서 쓰고 있다. 스포쓰나 일반 직장에서 일하는 사람이 흥미나 취미로 하지 않고, 전문성 있는 직업으로 갖는 사람을 말한다. '프로 야구'라 표현하고 '직업 야구'라 하는 것이 바로 일본식이다.

또 일본 사람들은 '프로'를 '프로그램', '프로스티튜트(창녀)', '프로쎈트', '프로덕션', '프롤레타리아' 등의 약어로 쓰기도 한다.

그러나 줄여 쓰기를 좋아하고 여러 말을 토막내어 꿰맞추는 조어를 많이 쓰는 일본 사람들도 '퍼쎈트'를 '프로'라 줄여 쓰지는 않고 그냥 '빠—'라 줄여 쓰기는 한다.

'퍼쎈트'를 '프로'라 하고, '퍼쎈티지'를 '프로테이지'라 변형해 표현하는 것은 한국뿐인 셈이다. 바로 고쳐 써야 할 시급한 오용 외래어 가운데 하나다.

프로테이지
* 퍼쎈티지

백분율 또는 백분비를 말하는 영어 표현으로 '퍼쎈티지(percentage)'를 쓴다. 엄격하게는 앞에 수사가 나올 때는 '퍼쎈트(percent)'로 하고, 헤아릴 수 없는 명사, 이를테면 small, large, high 등이 올 때에 '퍼쎈티지'로 표현이 구별되지만, 구어에서는 모두 구별 없이 쓰이고 있다.

그런데 세간에서 '퍼쎈트'를 '프로,' '퍼쎈티지'를 '프로테이지' 따위로 구사하는 이들이 의외로 많다. '프로'나 '프로테이지'는 출처

불명의 와전된 표현의 타성에서 비롯된 것이어서 마땅히 쓰지 말아야 할 것이다.

이 때 '-센-'으로 약하게 발음하지 않고 '-쎈-'으로 된발음을 해야 하는 점에 유의해 주어야 한다.

프로판 가스
* **프로우페인**

석유와 천연 개스로부터 채취한 '프로우페인'을 주성분으로 하는 액화 석유 개스를 우리는 '프로판 가스'라 부른다. 이 표현은 일본에서 붙여 사용하는 일본식 표현이다.

영어로는 단순히 '프로우페인(propane)'이라고만 표현한다.

프로포즈
* **프로포설**

성인이 된 남녀간에 교제를 청하거나, 결혼을 신청하는 일을 흔히 "프로포즈한다"는 표현을 쓴다. 그러나 '프로포스'는 '제의하다, 남자가 결혼을 신청하다' 등의 타동사이고, 자동사로도 '청혼하다'란 말이 된다.

따라서 결혼을 '신청'하거나 '청혼'을 하는 일을 표현하는 명사를 구사해야 할 때는 이를 영어로는 '프로포설(proposal)'이라 해야 한다.

그러니까 "그는 O양에게 청혼했다"고 할 때 "…프로포즈했다"하면 말이 안되고 "…프로포설했다"라 표현하는 것이 옳다.

프로필
* **프로파일**

어떤 사람의 옆 얼굴이나 윤곽을 말할 때 '프로필'이라 한다. 또 신문이나 잡지에서 특정한 사람의 간단한 인물 소개를 하는 고정란도 '프로필'이라고 한다. 이 말은 본래 라틴어의 '필룸(filum)'에서 유래되었는데 일본 사람들이 이탤리어 '프로필로(profilo)'를 도입하면서 '뿌로후이루'라 표기하고 발음했다.

그러니까 우리가 쓰는 '프로필'은 일본식 표기 'プロフィール'이라 해서 인물평, 인물소, 건물의 외면 윤곽이란 뜻으로 쓰는 일본식 외래어를 그대로 본받아 쓰고 있는 꼴이다.

영어에서는 'profile'이라 쓰고 '프로필'이라 하지 않고 '프로파일'

이라 발음하는 데 유의해야 한다.

프리 토킹
* 프리 컨버세이션, 오우픈 디스커션

형식에 구애됨이 없이 자유스런 토론을 하거나, 영어 회화를 배우는 과정에서 교과서에 의존하지 않고 자유로운 대화를 구사하는 학습을 우리는 흔히 '프리 토킹(free talking)'이라 한다. 그러나 이것은 일본 사람들이 만들어 낸 일본식 영어다.

더구나 한국에서는 외래어 표기법에서 파열음의 된소리(ㄲ, ㄸ, ㅃ)와 장모음 표기를 폐지한 폐단 때문에 우리 젊은이들로 하여금 외국어 표현이나 외래어 표기에서 커다란 오류를 유발하는 역효과의 파급이 걷잡을 수 없을 정도가 되었다.

이를테면 '프리 토킹'도 '프리 토오킹'이라 장음 발음인데도 이를 인정하지 않는 현실의 인습에 젖어 대부분의 젊은이들은 '프리 톡킹'이라고 해버린다. 아팟트, 댓통령 등이 이런 장음 폐지에서 온 대표적인 폐단이 아니겠는가!

영어로는 '프리 컨버세이션(free conversation),' 또는 '오우픈 디스커션(open discussion)'이라 한다. 영어에서 '프리 토크(free talk)'는 '무료 강연,' 또는 방송에 무료로 출연한다는 뜻이 된다.

프론트 그라스
* 윈드쉴드

자동차의 앞 유리창을 '프론트 그라스(front glass)'라 부르는 이들이 많다. 얼핏 들으면 앞쪽 유리는 프론트 그라스, 뒤쪽 차창은 '리어 그라스' 그리고 옆 차창은 '사이드 그라스' 쯤으로 부르는 게 이상할 것이 없어 보인다.

앞 차창을 '프론트 그라스'라 표현하는 것은 일본식 영어 표현에서 본받은 것이다. 그러나 자동차 용어로 미국에서는 이를 '윈드쉴드(windshield)'라 하고, 영국에서는 '윈도우스크린(windowscreen)'이라 한다. 이 때 두 표현 모두 사이를 떼지 않고 원 워드로 쓰는 점에 유의해 두자.

프리 패스 * **언첵드**	무사통과라는 뜻으로 '프리 패스(free pass)'라는 말을 자주 쓴다. 어떤 제약이나 통제되고 있는 상황에서 별다른 제재 없이 통과하는 것을 자랑처럼 으스대기를 좋아하는 특권 의식에 사로잡힌 사람들도 많다. 그러나 입학시험이나 취업시험에서 특정 과목이나 과정이 생략되고 합격하는 경우에 '프리 패스'를 쓰거나, 공항이나 항만에서의 세관 검사대에서 검색이 생략되어 통과되는 경우에도 '프리 패스'를 쓴다. 그러나 이것은 잘못이다. 이런 경우는 영어로 '언첵드(unchecked)'이라는 표현이 적절하다. 영어의 '프리 패스'는 무료입장권이나 무료승차권 등을 뜻한다. 즉, 이런 경우에서 '프리(free)'는 '무사,' 또는 '자유'가 아니라, '무료'라는 뜻이 더 강하다.
플라워 디자인 * **플라워 어레인지먼트, 플로럴 데커레이션**	꽃꽂이를 흔히 '플라워 디자인'이라 한다. 꽃꽂이 강사나 꽃집의 꽃꽂이를 전문으로 하는 사람도 '플라워 디자이너'라 할 것인가? '플라워 디자인'이란 표현은 일본에서 영어 단어를 꿰맞춰 만든 일본식 영어이고 잘못된 표현이다. 영어로는 '플라워 어레인지먼트(flower arrangement),' 또는 '플로럴 데커레이션(floral decoration)'이라 한다. 한편 '플라워 디자인'은 생화를 이용한 꽃꽂이가 아니라 모조 꽃모양을 만들기 위해 모양을 그리거나 컴퓨터 그래픽을 하고, 그린 모조 꽃을 취급하는 전문 인력을 뜻하는 말로는 더러 쓰인다.
플러스 마이너스 제로 * **노 게인스, 노 프라핏**	더하고 빼고 나니까 남는 것이 없다는 뜻으로 '플러스 마이너스,' 또는 '플러스 마이너스 제로,' '뿌라스 마이나스 이꼬루'라 표현하는 말을 자주 듣는다. 우리 속담에 '밑져봤자 본전'이라는 말과 같은 뜻일 것도 같다. 그러나 이것은 일본식 영어다. 영어에는 그런 표현이 없다.

영어로는 '노 게인스(no gains),' '노 프라핏(no profit),' '낫띵 게인드(nothing gained)'라 한다. 모두 남는 게 없다는 뜻이다.

플러스 알파
플러스 썸띵, 썸띵 엑스트러

어떤 일에 알지 못하는 덤이 있다는 표현을 할 때 '플러스 알파'라는 말이 유행어처럼 쓰이고 있다. '플러스 알파'란 표현은 일본에서 만들어진 억지 일본식 영어다. 기본적인 어떤 일이나 금전적 가치에 대하여 얼마쯤을 더하는 일을 두고 하는 말이다.

1992년 9월 17일자 일본의 '마이니찌 신문(每日新聞)' 조간에서 "뿌라스아루화를 낳은 열광적인 성원이 승패를 결정짓는 계기가 된다."란 기사가 쓰이면서부터 이 말이 쓰여지기 시작했다.

영어의 '플러스(plus)'와 그리스어 알파벳의 첫 자인 '알파(alpha)'를 합성한 표현이다. 그런데 일본에서 이런 표현이 나오자 야구에서 미지의 득점을 표시하는 x를 그리스 문자 α(알파)로 잘못 읽은 데서 나온 것이라는 지적이 나왔고, 요즘 일본에서는 문제의 '플러스 알파'라는 표현을 거의 쓰지 않는다. 그럼에도 불구하고 한국에서는 마치 신영어 용법이나 되는 것처럼 너나없이 덤을 좋아하는 표현으로 '플러스 알파'를 외쳐대고 있는 것은 참으로 어이없는 일이 아닐 수 없다.

한때 정치가에서 비자금이라는 부정한 정치자금의 액수를 들춰내는 과정에서 밝혀진 액수보다 더 많이 있다는 표현으로 '플러스 알파'라는 말을 유식한 척 인용한 적도 있고, 잇따라 여러 사안에서 이 말이 마치 유행어나 된 것처럼 남용하는 사례도 많다.

영어에 plus-alpha가 있을 리 없다. 이런 뜻을 영어로는 '플러스 썸띵(plus something),' '플러스 썸띵 엑스트러(-extra),' '플러스 어 리틀 모어(plus a little more)' 또는 '썸띵 엑스트러(something extra)'라 표현한다.

플레어 스커트	여성의 스커트가 주름이나 무늬를 넣지 않고 밑이 넓어 자연적으로 주름이 잡히게 하고 허리 부분만을 조이도록 한 스타일을 '후레아 스카트,' 또는 '플레어 스커트'라 한다. 이것은 영어의 불꽃이 너울거리거나 훨훨 타오르는 는 모습이나, 나팔꽃 모양으로 벌어진 것을 말하는 '플레어(plare)'를 일본에서 'フレア(후레아)'라 표현하는 것을 본받은 것이다. 영어의 flare는 동사이기 때문에 여러 의미 가운데서 'flare out'이라는 이디엄을 써서 'The dress flared out from the hips.'라는 말처럼 드레스가 허리춤으로부터 펄럭였다는 뜻으로는 쓰이지만 여성들의 스커트 명칭으로는 쓰이지 않는다.
* **게더 스커트**	이런 스타일의 여성 스커트를 영어로는 '게더 스커트(gather skirt)'라 한다.
프레이 보이 (오입쟁이)	사귀는 여성을 자주 바꾸고, 바람을 피우는 호색한 남자를 두고 흔히 '프레이 보이'라 한다. 그러나 영어에서 '플레이보이(playboy)'는 그 뜻이 다르다.
* **플레이보이 (한량)**	즉, 자유스러운 시간을 갖고 돈도 넉넉한 사람이 자기의 흥미의 대상으로 멋진 여성을 찾아 쾌락을 추구하는 사람을 말한다. 여기서 여성을 자주 바꾸거나 단순한 성적 유희의 대상으로 여성을 추구하지 않는 특징이 있다. 그러니까 진정한 의미의 '플레이 보이'는 우리 표현의 호색한, 즉 '오입쟁이(libertine)'가 아니라, 돈 잘쓰고 잘 노는 사람이란 뜻의 '한량(閑良)'에 해당한다.
프론트	호텔에 들어가면 가장 먼저 접수나 예약을 하는 데스크를 찾게 된다. 이를 우리는 대부분 '프론트'로 부르고 있다. 영어의 'front'를 표현하는 말이다. 그러나 영어를 쓰는 사람이나 외국인들에게 '프론트'라 하면 건물 앞이나 정면 현관쯤으로 오인을 한다.
* **리셉션 데스크**	호텔의 접수 데스크를 '프론트'로 여기는 것은 일본에서 'フロント'라 쓰는 말을 그대로 들여다 한국식 표기 방식에 따라 '후론토' 대신

'프론트'로 수정하여 사용한 것이다. 그러나 후론트나 프론트 모두 영어의 'front'와는 거리가 있는 억지 발음 표기임에도 틀림없다.

또 영어의 front를 이 단어 하나만을 사용할 경우에는 "-의 앞에"라는 전치사 용법에만 쓰이게 된다. 영어에서 호텔의 접수 데스크는 '리셉션(reception),' 또는 '리셉션 데스크,' 또는 그냥 '데스크'라 부르기도 한다.

한편 호텔에 묶기 위해서는 인적사항을 적어 두어야 하고, 요금의 선납, 또는 보증금을 걸고, 첵아웃할 때 요금 계산을 하는 일도 하기 때문에 '레지스트레이션 데스크(registration desk)'라 하기도 하고, 리셉션이 대부분 라비(lobby)에 설치되어 있는 것이 일반적이기 때문에 '라비 데스크'라는 표현도 쓴다.

프리 섹스 (자유 성애)
* 프리덤 오브 쎅스

'프리 섹스'라는 말을 가끔 듣는다. 동아 새국어 사전이나 민중 엣센스 국어 사전에서 '프리 섹스'란 자유 성애(性愛)라고만 풀어놓고 있다. 그러면 도대체 자유 성애는 무슨 뜻인가? 두 사전 모두 묵묵부답이다. 무책임이 이만 저만이 아니다. 그런데 그 해답이 있다.

바로 일본에서 만들어 쓰고 있는 일본식 영어에서 온 말을 한국의 국어 사전들이 그 말이 진짜 영어인 줄 알고 신나게 베껴 옮긴 것이다.

일본에서 'フリー セックス(후리 섹구수=프리 쎅스)'는 영어의 'free'와 'sex'를 접목시켜 만든 말인데 성(쎅스)에 있어서의 생각하는 방법의 하나 전제하면서 성의 해방, 결혼 등의 사회적 제약에 속박되지 않고, 사랑하는 사이의 남녀간의 성행위는 자유라는 생각을 하는 것이라고 했다. 자기 의사로 선택한 사람과 사회적 규제나 도덕적 관습에 구애되지 않고 쎅스를 즐기는 사람을 일컫는 말이다.

최근 한국에서 성 윤리가 극도로 문란해진 단면을 그대로 표출한 표현 같기도 하다. 그러나 영어에서 'free-sex'란 말은 없다. 다만 이런 경우 'freedom of sex'란 말이 해당된다 하겠다. 만일 누군가 'free sex'란 표현을 썼다면 아마도 몸파는 사람(prostitute)과 거저 놀아난

순 수 한 우 리 말 찾 기 품 앗 이

짓에 해당할까? 그러나 그런 표현조차도 없다.

한편 불특정 다수를 상대로 상호간 의사만 투합되면 윤리적 관념을 도외시한 채 성행위를 나누는 무리를 '캐주얼 쎅스(casual sex)' 라 하고, 기회가 있는 대로 여러 형태의 모든 쎅스를 즐기는 성적 취미를 '옴니 쎅스(omni-sex)' 라 일컫기도 한다.

| 피레츠, 파이럿츠 | 미국 야구 메이저 리그의 내셔널 리그에 속한 구단 가운데서 피츠버그의 '파이럿스(Pirates)' 를 '피레츠,' 또는 '파이레츠' 라 표현하는 것은 잘못된 표현이다.
| * **파이럿스** |

'파이럿스' 라 발음한다. '파이럿스' 는 1887년에 창설되었고 홈은 펜실베니아 주 핏스버그 시이고 프랜차이스 스테이디엄은 '쓰리 리버스 스테이디엄(Three Rivers Stadium)' 이다.

| 피만 | 서양요리나 최근 우리 식탁에도 '피만' 이란 식물을 요리의 재료로 많이 쓴다. 이를 '피만' 이라 발음하는 것은 '피망' 을 'ピーマン' 으로 표기한 일본 표현을 그대로 옮겨 쓴 데서 비롯되었다.
| * **피망** |

그리고 피망을 꽈리처럼 타원형인 것으로 잘못 인식되어 있기도 하다. 피망은 오히려 한국의 고추처럼 둥글고 긴 것이 특징이다. 푸르고 풋된 것은 요리에 많이 쓰고, 붉게 익은 것은 향신료로 쓰이는데, 그 맛은 약간 시고 달지만, 한국의 고추처럼 맵지는 않다.

피망은 프랑스어의 'piment' 로 표기하고, 영어로는 '피멘토우(pimento)' 등으로 표시하는데, 스페인어의 '피미엔또(pimiento)' 에서 유래했다.

| 피자 | 쟁반처럼 둥글고 납작하게 구운 빵을 우리는 '피자' 라고 부른다. 이탤리 음식에서 비롯된 pizza를 '피자' 로 부르는 것은 일본식 발음 'ピザ' 에서 기인된 잘못된 표현이다. 올바른 발음은 '핏사' 또는 '핏싸' 에 가깝게 소리낸다.
| * **핏싸** |

핏사에는 토마토나 치즈, 또는 야채와 고기를 얹는데 이것은 '타핑(topping)'이라고 표현한다.

|피츠버그|
|* **핏스버그**|

야구 캐스터가 로스 앤젤러스 '다저스(Dodgers)'와 상대하는 핏스버그(Pittsburgh) 파이럿츠(Pirates)의 경기를 중계하면서 계속 파이러츠를 '피레츠'라 발음한다. 영어 스펠링에서 '-ts'이거나 심지어 어미의 '-tes'까지도 'ㅊ'로 발음해 버리는 폐단을 적용한 것이다.

그러나 세계의 어느 나라도 단어나 발음 기호의 'ts'를 'ㅊ'로 발음하거나, 'ds'를 'ㅈ'로 몰아서 소리내는 말은 없다. 유독 한국에서 외래어 표기를 할 때 일괄적으로 표기하는 'ts'나 'ds'의 발음 표기 체계에 일대 수정이 필요하다는 생각이다.

'피츠버그'도 '핏스버그'라 해야 하고, '피레츠'도 '파이럿스'라 발음하는 점에 유의하자. 여기서 'pirate'는 해적이란 뜻의 명사인데 구식 영어발음은 '파이어럿'이라 하지만, 미국식 영어 발음에서는 '파이럿'이라 소리낸다.

한편 '핏스버그'는 실제로는 '핏스버억'처럼 소리내는데, 펜실바니아 주에 있는 인구 37만 명의 공업도시다. 1758년, 영국군의 손에 들어간 이 지역에 당시 영국의 수상 '윌렴 핏(William Pitt: 1708-1778)'의 이름을 따붙인 '포트 핏(Fort Pitt=피트 요새)'의 이름에서 연유하여 'Pittsbourg(핏스부르)'로 했다가, 다시 영국 주둔군의 존 폽스(John Forbes) 장군이 프랑스식 표현인 '-bourg'를 자신의 고향 스코틀랜드에서 쓰는 지명의 어미인 '-burgh(-버그)'를 응용하여 'Pittsburgh'로 바꿨다. 시민전쟁(남북) 때에는 이 도시에서 무기와 화약을 만드는 북군의 병기고로 유명했고, 이것이 연유가 되어 공업도시로 발전하게된 것이다.

한편 미국에는 어미가 '-bourg'처럼 '-g'로 끝나는 'Pittsburg'가 캘리포니아 주 서쪽 콘트러 코스터 카운티에 있는 도시의 이름이고, 오클라호마 주의 남동쪽에 있는 카운티의 이름으로 쓰이고 있다. 또 캔자스 주의 남동쪽 크로포드 카운티에 있는 도시이고, 북동부 텍사스 주 캠프 카운티에 있는 도시 이름이기도 하다.

피케이(PK) 전
* **페널티 킥**

2002 월드컵 2라운드에서 한국팀은 스페인 팀을 상대로 접전하여 연장전에서도 무승부가 되어 페널티 킥으로 승부를 다지는 드라마틱한 게임이 전세계 싸커 팬들의 가슴을 설레게 했다. 결국, 한국팀이 5대 3으로 극적 승리를 거두어 기적을 이룩했다며 축하를 받았다.

싸커 게임에서 두 팀의 실력이 비등하여 좀처럼 득점(고울=goal)이 나지 않을 때 연장전을 갖게 된다. 그래도 승부가 나지 않을 때는 마지막으로 페널티 킥의 방법을 택한다. 우리는 흔히 이 표현을 풀어서 '승부차기' 또는 'PK 전'이라는 표현을 잘 쓴다.

이 가운데 'PK 전(戰)'은 방송이나 신문 등 미디어에서 스포쓰 롸이터(체육기자)들이 곧잘 쓰기도 하고 신문의 스포쓰 섹션의 표제로도 잘 인용을 한다. 그러나 영어나 싸커 용어에서 로마자 PK라는 식의 약어는 인정하지 않고 존재하지도 않는다.

다만 일본에서 penalty kick이란 영문자의 머리글자를 따 억지로 약어화한 것뿐이고 이를 본받아 그대로 쓴 데에서 비롯된 표현이다.

한편 페널티 킥은 'penalty shoot-out(페널티 슈웃-아웃=페너리 슈라웃)'이라 하기도 한다.

피크닉
* **픽닉**

주말이나 휴일에 가족과 함께 피크닉을 떠나는 행위를 두고 역가 활동이라 표현한다. 우리가 아는 '피크닉(picnic)'은 야산이나 들, 또는 시냇가에 나가 휴대하거나 현장 조리로 만든 음식을 먹으며 즐기는 일을 뜻한다. 소풍이나 행락 일체를 '피크닉'의 범주로 보고 그렇게 사용하고 있다. 그러나 미국에서 피크닉의 개념은 상당히 다르다.

웹스터 사전에서는 "피크닉이란 소풍이나 야외에서 일행과 함께 준비해 간 음식을 먹거나 옥외에서 음식을 차려 먹는 일"이라 했다. 집에서 멀리 가지 않더라도 노천에서 음식을 먹는 일을 말하는데, 이웃이나 친지 집의 정원에서 야외 탁자에 음식을 차려 먹는 일도 이를 '피크닉'이라 한다.

그런데 우리가 표현하는 '피크닉,' 또는 '피크니크'는 일본식 발음 체계에서 본받은 것이다. 영어의 발음으로는 '픽닉'이 되고, 픽닉을 즐기는 사람을 '픽니커(picnicker)'라 한다.

피 알 (P.R.)
* **어드버타이싱, 커머셜**

선전이란 의미를 '피 알(P.R.)'이라 말하는 이들이 많다. 그런데 널리 알리거나 광고를 뜻하는 말 가운데도 여러 가지 다른 표현이 있다. 개인이나 조직 단체를 말할 때는 '퍼블릭시티(publicity)'라 하고, 종교단체가 포교를 하거나 어떤 사상이나 신앙을 전도할 때는 '프라퍼갠더(proaganda)'라고 말한다. 그러나 조직이나 단체 또는 회사를 선전하는 일은 '퍼블릭 릴레이션(public relation),' 줄여서 P.R.이라 하지만, 레디오나 텔러비전에서 행하는 상품의 선전이나 광고를 뜻하는 '어드버타이싱(advertising)'은 P.R.이라 하지 않고, '커머셜(commercials)'이라 한다.

이 때 '커머셜 메시지' 이를 줄여서 CM이라 하는 것은 일본에서 만들어 쓰고 있는 일본식 영어 표현이기 때문에 주의해야 한다.

핀세트
* **트위저즈**

우리말에 족집게란 말이 있다. 주로 "잔털이나 가시 따위를 뽑는 데 쓰는, 쇠로 만든 자그마한 집게"를 말한다. 한 국어사전에 따르면 '핀셋'은 "손으로 집기 어려운 물건을 집는, 족집게와 비슷한 모양의 쇠붙이 기구"라 했다.

핀셋은 얼핏 보기에 핀처럼 생긴 물체의 세트라는 뜻의 영어이겠거니, 생각하기 쉽다. 그러나 영어에는 'pinset'이라는 말은 없다. 다만 볼링에서 게임에 쓰는 핀을 정리하는 기계나 사람(핀보이)을 뜻하는 'pinsetter(핀세터)'라는 말은 있다.

'핀세트'란 말은 일본 사람들이 만들어낸, 그들 특유의 표현이다. 작은 물건을 집는 금속제 도구이고 V형으로 탄력을 갖고 의료나 세공물 등에 쓰인다고 풀이하고 있다. 그 말은 프랑스어에서 온 것임을 다음과 같은 예에서 엿볼 수 있다.

즉, 프랑스어의 부집게, 부젓가락, 족집게라는 뜻의 '펭세뜨(pincette)'란 말이 있는데 이 말을 일본에서 빌려다 영어식으로 발음을 본떠 'ピンセット(삔셋또)'라 표현한 데서 비롯되었다. 또 네덜란드 말의 '핀셋(pincet)'에서 본받았다고도 전한다.

'Pinset'이나 'pincet'는 모두 영어에는 없는 말이다. 또 미국에서 이런 말이 통하지 않는다. 영어에서는 '트위저즈(pair of tweezers)'라 한다.

핀트
* **포커스**

눈이나 렌즈의 초점을 '핀트'라 말한다. 또 어떤 일의 가장 중심점이 되는 요소를 일컫기도 한다. 이 말은 네덜란드어의 렌즈의 초점이나 화제의 중심 또는 초점이란 뜻의 'brandpunt(브란트푠트)'를 일본에서 들여오면서 와전된 표현으로 '핀트'가 된 것이다. 영어로는 '포커스(focus)'로 표현한다.

핑크 무드
* **에로틱**

'핑크'는 연분홍 빛을 뜻하는 영어인데, 어쩌다 '핑크'가 복합어를 이룰 때는 성적인 의미를 뜻하는 말로 변형하여 쓰는 것이 보통이다. 이를테면 핑크 무드는 성적인 분위기를 말하고, 핑크 무비라 하면 섹스를 주제로 다룬 영화를 뜻한다. 덩달아서 복숭아 빛깔이 분홍색인 점을 빗대어 한자의 '복숭아 도(桃)'자를 인용하여 '도색,' 즉 복숭아 색하면 그것이 바로 성적 관련 표현이라고 여기고 있다. 도색 잡지, 도색 영화, 도색 유회 등으로 쓰이고 있다.

'핑크 살롱'은 성적인 서비스를 파는 짓을 하는 바나 카바레 등 주점을 일컫고, '핑크 존'은 바, 카바레, 소프랜드(이전의 터키탕), 러브 호텔 등이 몰려 있는 지역을 일컫는다는 것이 일본식 영어의 또 다른 표현이다.

그런데 정작 영어에서 '핑크(pink)'가 성적인 것을 암시하거나 도색이란 뜻은 전혀 없다. 다만 일본 사람들이 '핑크'를 성적인 표현으로 쓴 것을 본받은 것뿐이다. 영어에서는 '에로틱(erotic),' 또는 빛에 비유하면 '블루(blue)'를 쓰고 있다. 섹스 영화는 이를 '블루 무비(blue movie)'라 한다.

핑크 칼러(도색물)

* **핑크 컬러, 핑크 컬러 잡 (여성사무원)**

여성이 압도적으로 많은 직종에 종사하는 임프로이(employee)를 '핑크 컬러(pink collar)'라 한다. 비서직을 비롯해서 리셉셔니스트(접수 안내), 은행 텔러(창구 행원), 사무원(office worker), 학교 교사, 간호원, 보모, 전화 교환원, 가정부, 여성 판매원, 여성 보험원 등 비교적 보수가 적은 여성 전용 직종을 일컫는다.

이들 '핑크 컬러 워커(pink-collar workers)'에 속하는 일에 종사하는 직업을 '핑크 컬러 잡(pink-collar job)'이라고도 한다.

그런데 흔히 '핑크' 하면 이성 접대 유흥업을 연상하거나 그렇게 잘못 쓰여지고 있는 경우도 많다. 이를테면 성적 묘사가 많은 영화이거나 성희 영화(포어나그라프)를 흔히 '핑크 무비(pink movie)'라 하는 것은 잘못이고, 영어로는 '블루 무비(blue movie)'라 해야 옳다.

한편 일반 사무직을 '화잇 컬러(white collar)'라 하고 육체노동에 종사하는 사람을 '블루 컬러(blue collar)'라 하는 것은 널리 알려진 대로다.

그 외에 '그레이 컬러(gray collar, 영국은 grey)'는 수리나 정비 등을 하는 기술자에 관계되는 직업을 말하고, '스틸 컬러(steel-collar)'는 노동력의 일부를 산업 로봇이 맡는 직종을 뜻한다.

핑크 지, 핑크 페이퍼

* **옐로 페이퍼**

개인의 프라이버시나 스캔들을 파고들어 이를 폭로하면서 대중의 흥미를 끌기 위해 출판하는 저질 신문을 '레드 페이프(red paper)'라 한다. 이 말은 일본에서 메이지(明治) 중기에 폭로 기사를 다루어 판매하던 "万朝報"라는 신문이 핑크빛 용지를 사용한 데서 붙여지기 시작했고, 일본어로 '아까신분'이라 한 데서 비롯되었다.

한국에서는 핑크빛 용지를 흉내낸 표현으로 '핑크 지,' 또는 '핑크 페이퍼' 라는 표현을 자주 쓰고 있다. '핑크 페이퍼' 란 우리 주변에는 섹스를 다룬 도색잡지를 말한다.

그러나 영어에서는 이를 '레드 페이퍼' 또는 '핑크 페이퍼' 라 하지 않고 '옐로우 페이퍼(yellow paper)' 라 하고, 이런 종류의 신문을 경멸하는 의미로 '옐로우 저너리즘(yellow journalism)' 이라 한다.

'옐로우 저너리즘' 은 저속한 흥미를 끌기 위해서 범죄나 추문 등의 기사를 과장하여, 선정적인 보도를 하는 신문이나 잡지를 일컫는다. 대개 이런 종류의 신문은 주간(weekly) 발행을 위주로 타블로이드 판형에 인쇄를 하기 때문에 '타블로이드' 라는 별칭으로도 부른다.

최근 한국에서는 정치하는 사람들의 주변 이야기를 끄집어내어 확대, 선동, 편견 등의 과장된 기사로 독자의 흥미를 끌기 위한 타블로이드형 주간지가 있고, 미국 등 재외 동포들에게까지 배포되기도 한다.

'옐로우 저너리즘' 이란 말이 생겨난 것은 1895년 미국 뉴욕의 신문계에서 "황색 옷의 소년"(Yellow Kid)' 이란 제목의 만화에 대한 연재 쟁탈전이 벌어지면서 널리 인용되기 시작했다.

한편 미국에서 '옐로 페이지(yellow page)' 란 말을 자주 듣게 되는데, 이는 전화 안내부의 상업 페이지를 노랑색 종이에 인쇄한 데서 붙여진 별명이다.

ㅎ

하레 데이비드슨
할리-데이빗선

'할리-데이빗선(Harley-Davidson)'은 미국의 세계적인 모터싸이클 회사의 브랜드 네임이다. 한국에서는 1960-80년대에 경찰에서 순찰용으로 대형 모터싸이클을 사용했는데 바로 이 회사의 이 브랜드를 쓰면서 '하레,' 또는 '하레 데이비드슨'이라고 불렀다. 물론 일본식 발음 '하레 다비도손'의 표현을 흉내낸 표현이다.

당시 한국 실정에 맞지 않는 고가에다 부속 공급조차 제대로 잘 되지 않았으며, 또 사치스럽다고 해서 말썽이 많던 모델이다.

'할리 데이빗선'은 미국 위스콘신주 밀워키에 있는 'Harley Davidson Inc.'의 제품 이름이다. 1901년에 윌럼 할리와 아서 데이빗선 형제에 의해서 처음 제작되었고, 1907년부터는 경찰의 순찰용을 비롯해서 전화회사, 우체국 등에서 많이 사용했다.

1969년 이후에는 'AMF Inc.' 산하로 흡수되어 'AMF/Harley-Davidson Motor Co., Inc.'로 회사 이름이 바뀌었다가 1981년에 다시 독립했다.

모터사이클 가운데서 호화롭고 중후한 품격을 자랑하면서 중량감과 속도, 성능과 신뢰성에 있어서 세계적인 평가를 받고 있다.

1980년대에는 폭주족이 타는 모터사이클이라는 별명을 받기도 하면서 영화 "Easy Rider"와 "Electra Glide In Blue" 등 모터사이클이 등장하는 영화에서 단골로 그 주역을 맡아 왔다. 특히 여피족을 향한 새로운 시장 활로에 성공했고, 지금은 미국에서 모터사이클 이용자 3명중 1명꼴로 '할리-데이빗선'을 타고 있는데 그 수요자의 60%가 화이트 컬러(백인)들이다.

하리 배라폰테
* **헤어리 벨러판티**

1950년대 이래 한국에서도 널리 알려진 미국의 팝과 캘립소 가수이자 영화 배우이기도 한 'Harry Belafonte'를 우리는 보통 '하리 배라폰테'로 부르고 더러 '해리 배라폰테'로도 표현한다. 다분히 일본식 발음 표기인 '하리 베라후온테'를 흉내낸 표현이고 로마자 읽기의 타성에 젖은 표현이다.

1927년 3월 17일, 뉴욕에서 저메이카 태생 어머니와 서인도 제도 출신 아버지 사이에서 태어날 때 본명은 해롤드 조오지 벨러판티였다.

이 가수는 큐바 음악 칼립소를 주로 노래할 망정, 미국에서 태어났고, 미국에서 활동하기 때문에 미국식 발음의 이름 표현을 갖고 있다.

우리에게는 1959년 4월 19일과 20일 뉴욕 카네기 홀에서 가졌던 칸서트 실황 음반이 매우 친숙해 있다. "데이-오," "쿠쿠루 쿠쿠 팔로마," "대니 보이," "마틸다" 등은 지금도 즐겨 듣는 벨러판티의 명창들이다.

이 가수를 미국의 방송 퍼스낼리티들과 네이티브 스피커들은 '헤어리 벨러판티,' 또는 '헤어리 벨러판테이'라 부른다.

하바 하바
* **허버 허버**

'하바 하바'는 빨리 빨리, 급하게라는 뜻이라고 여기고 있다. 이 말은 세계 제2차 대전에서 승리한 미군이 일본에 점령군으로 있을 때 유행한 말이라 여기고 있다.

영어 표기로는 'hubba hubba'라 쓰고 로마자 식으로 읽으면 '후바 후바'가 되고 더러 '하바 하바'로 표현하지만 실제 발음은 '하버 하버'에 가깝게 들린다.

이 말을 도입하는 과정에서 일본식 발음인 '하바 하바'를 그대로 본받아서, 한국에서도 한 때 서둘거나 재촉할 때 쓰는 표현으로 유행한 적도 있었다. 또 서울에서도 '하바 하바 사진관'을 비롯해서 '하바 하바 xxx' 간판이 즐비하기도 했다.

그런데 '하바 하바'는 태평양의 오랜 해전 생활에 지친 미군들이 "항구여, 어서 빨리 나타나다오"라 한 데서 비롯되었다는 웃지 못할 억지 해석이 나돌기도 했는데, 결코 항구인 'harbor(영국 표기는 harbour)'에서 나온 말은 아니다.

이 말은 종전 후 일본에 진주한 미국군들이 예쁜 일본 아가씨들이 나타나거나 지나갈 때, 감탄하며 함성을 지르거나, 데이트를 간청할 때 쓰는 슬랭에서 유래된 말이다. 이 말은 아랍어, 중국어, 스페인어를 합성해서 만들어졌다고 보고 있다.

또 램덤 하우스의 미국 슬랭 역사 대사전에서는 Hurry up!, Get busy!, Look alive! 등의 뜻도 지니면서 서둘고 재촉하는 말로도 쓴다고 풀이하고 있다.

하얀 연인들(영화)
* **트레즈 주르 앙 프랑스**

2002년 봄, KBS-TV는 미니 시리즈 "겨울 연가"를 방영하여 많은 시청률을 올렸다. 10대 청소년들의 시청이 많았고, 극중에 나오는 주역들의 복장이나 액세서리가 엉뚱한 유행 패션으로 소동을 벌이기도 한 아이러니까지 유발되었다.

평소 유행이나 사회풍조가 어떤 새로움에 대한 군중 호기심의 작용이 지나친 경우가 많기 때문에 한국 정서를 빗대어 '유니폼 문화'라 비유하는 말이 나올 만도 하다.

개성을 중시하지 않고, 오로지 유행만을 쫓는 심리의 바탕에는 왜소하고 편협한 심리적 긴장과 초조가 깔려 있다는 사회 심리적 요소를 쉽게 지적받을 만하다.

그런데 이 드라마에서 의도적이건 깊은 배려이건 간에 프랑스의 기록 영화에서 쓰여진 주제음악을 필요 이상으로 반복해서 듣기에 좀 민망하기도 했다. 1968년 프랑스 그레노블에서 열렸던 제 10회 동계 올림픽 기록영화의 주제음악이었기 때문이다.

크로드 루루슈 감독이 기록영화로 만들어 "13 Jours En France(트레즈 주르 앙 프랑스)"로 제명을 붙이고 영화음악의 거장 프랑시스 레이가 영상의 효과를 아름답게 장식하는 선율로 다듬어 제명과 같은 타이틀로 내놓아 명곡이 되었다. 이 타이틀은 "프랑스에서의 13일간의 열전"이란 의미이다.

이 게임에서 앨파인 스키잉('스킹'이라 하지 않음) 등 3관왕에 빛나는 프랑스 출신 스키어 '장 클로드 킬리(Jean-Claude Killy)'의 화려한 모습을 배경으로 이 주제음악이 새하얀 눈벌을 더욱 아름답게 수놓았다.

새하얀 눈 덮인 로맨틱한 분위기를 배경으로 꾸며진 이 기록영화가 주는 감동이 컸다. 이를 일본에서 수입 상영하면서 원제목과 관계없이 엉뚱하게 "白い戀人たち(시로이 코이비토타치)"로 의역한 제명을 붙였던 것이다. 그리고 한국에서도 이 일본식 제목을 그대로 들여다 번역하여 "하얀 연인들"로 옮겨 지금까지도 그렇게들 부르고 있는 것이다.

프랑스의 남동쪽 이세르 강변에 있는 인구 15만 명의 '그레노블(Grenoble)'은 옛 로마의 지배 아래 있었다. 제2차 세계대전 때 독일의 점령 아래 있을 때는 프랑스 레지스탕스들의 거점이기도 했다. 이 고장은 겨울철에 눈이 많이 내려 많은 관광객들이 찾아들고 '스키잉 쎈터'는 1968년 동계 올림픽이 열렸던 곳이다. 이 윈터 올림픽스가 13일 동안 열렸었다.

프랑스 정부가 이 13일 동안의 열전을 필름에 담아 "13 Jours En France"란 기록영화를 제작했던 것이다. 한국에서는 이 기록영화가 제작된 2년 뒤인 1970년에 수입하여 상영하면서 일본에서 만들어 붙인 "하얀 연인들"로 제명을 붙였던 것이다.

그러니까 그레노블 동계 올림픽 기록영화 주제가 "하얀 연인들"은 원제명과는 너무도 동떨어진 일본식 의역이기 때문에, 원제명 대로 "프랑스의 13일간의 열전"이어야 한다. 차라리 "그레노블의 백색잔치," "그레노블 윈터 올림픽의 주제가"라 하는 것이 더 어울릴 듯하다.

하이(야)
* **하이(안녕)**

하이(Hi)는 미국에서 누구에게나 가볍게 나누는 '안녕!', '안녕하세요' 라는 뜻의 인사말이다. 다시 말하면 격식을 갖추지 않은 'Hello' 라는 가벼운 감탄사의 표현이다.

여기서 '헬로우'는 '여보세요'란 뜻의 일상적인 인사말이고, 전화를 받을 때도 '여보세요'에 해당한다. 이것은 말하는 상대가 손위일 경우에는 가벼운 존댓말에 해당하고, 동료이거나 손아래 사람에게 행할 경우에는 '어어! 안녕하신가'에 해당된다.

그런데 언젠가 미국 L.A.에서 한인 12학년(고등학교 3학년에 해당) 여학생 6명이 하교길에서 지나던 하급생이 '하이!'라고 인사를 했다고 해서 집단 구타를 가한 불행한 사건이 있었다. 그 까닭은 언니들에게 건방지게 '하이'라고 했다는 것이다.

이 폭행 여고생들의 항변은 '하이'를 우리식의 '야,' 또는 '어이' 하고 아랫사람을 부르는 말 정도로 잘못 인식한 오해에서 비롯된 엉뚱한 격분이었다. 이들 12학년 여학생들은 모두 미국에 온지 6개월밖에 안 되는 유학생들이었다.

한국에서 발간된 대부분의 영한 사전에는 'Hi'를 구어에서 쓰는 "'야아,' '어이'라는 뜻의 인사 또는 주위를 끄는 말"이라고 표기하고 있다. 대부분의 내용이 일본의 사전류와 거의 비슷하게 짜여지고 해석된 영한사전이고 보면 그 원인은 이른바 영화(英和)사전에서 기인했는지도 모른다. 일본의 영화사전에서 표기한 'やあ'나 'よう'는 감탄사로 반갑거나 놀랄 때 쓰는 탄성이고, 호칭의 말 가운데서 '여보세요'에 해당한다. 그러니까 한국말에서 하대하는 호칭의 말 "야, 이 녀석아," "야" 등의 뜻이 아니였다. 일본 사전에서 표기한 'やあ'를 그대로 '야'로 옮겨 놓은 비극이고 난센스였다.

그런데 최근에 발간된 영화 사전(영어-일본어 사전)에는 이제 그런 주석을 수정하고 '만났을 때나 헤어질 때 쓰는 인사말,' '안녕하세요,' '안녕히 가세요'의 뜻이라는 표현으로 바꿔 해석하고 있다. 영영 사전에 의하면 중세 영어에서는 'Hi'가 '어이' 하고 친구 사이나 아랫사람을 부르는 표현으로 쓴 적이 있었다. 요즘의 '하이'는 다정한 사이에 격의 없이 나누는 '안녕'이라는 인사말이라고 받아들여야 한다.

미국에서는 웃어른이나 동료거나 손아래 사람과 관계없이 마주칠 때, 또는 첫 대면이나 인사 소개를 할 때 서로 가볍게 '하이!' 하고 인사하는 경우가 많다. 아주 상냥하고 정이 흐르는 인정을 나눈다는 전제가 어려 있는 우정 있는 인사법이다.

하이 라이스
* 해쉬드 롸이스

쇠고기를 잘게 썰어 양파와 기름에 볶은 다음, 걸쭉한 숩(soup)으로 만들어 쌀밥 위에 얹어 먹는 간이식을 흔히 '하이 라이스,' 또는 '하이스 라이스'라 한다. 이것은 영어의 '해쉬드 롸이스'의 와전된 발음이다.

'카레 라이스(커리드 롸이스)'와 함께 젊은이들 사이에서 즐겨 찾는 경양식집의 단골 메뉴이기도 하다. 그런데 여기서 쌀밥을 접시에 담아 내는 것은 '라이스'라고 하는데 '라이스'라 쓰고 그대로 발음해 버리면 자칫 '이'나 '기생충'을 뜻하는 'louse'의 복수형인 'lice'가 되어버려, 밥을 먹지 않고 이를 시켜먹는 꼴이 되어 버리기 쉽다.

영어로 쌀밥을 의미하는 'rice'는 '라이스'가 아니라 '롸이스'라고 하는 것이 보다 가깝게 발음이 되는 점에 유의해야 할 것이다.

하이 미스
* 올드 메이드

노처녀를 두고 표현하는 몇 가지 영어 단어 표현 가운데 '올드 미스'나 '하이 미스'가 있다. 그러나 이들은 모두 일본에서 만들어 쓰고 있는 일본식 영어여서 네이티브 잉글리쉬 스피커들에게는 통하지 않는 말이다.

결혼 적령기를 지난 여성에 대한 영어의 표현은 '올드 메이드(old maid),' 또는 좀 깔보는 표현으로 '스핀스터(spinster)'라 하지만 점잖은 표현으로는 '언메리드 우먼(unmarried woman),' 또는 '싱글 우먼(single woman)'이라 한다.

하이웨이(고속도로) ＊ **프리웨이**	'하이웨이(highway)'를 흔히 고속도로라 착각하는 이들이 많다. 미국에서 하이웨이는 도시와 다른 도시를 잇는 간선도로를 말한다. 영국에서는 구식의 모든 도로를 하이웨이이라고 말했다. 미국에서 고속도로는 '프리웨이(freeway: free와 way를 붙여써야 함)'가 일반적이고 '익스프레스웨이(Expressway),' 또는 '수퍼하이웨이'라고도 하지만 많이 쓰이지는 않는다. 미국에서의 주요 도로의 구분을 보면: • 프리웨이(Freeway) = 교통 신호가 없이 난 스탑(non stop)으로 달리면서 일반도로와 자유로이 출입이 가능한 무료도로. (고속 자동차 전용도로) • U.S. 하이웨이(U.S. highway) = 2개 주 이상을 연결하되 연방정부에서 관리하는 하이웨이. • 인터스테이트 로드(Interstate road) = 주(state)와 주 사이를 연결하거나 경유하는 간선도로. 2개 주 이상이 공동으로 관리한다. (국도) • 익스프레스 웨이(Expressway) = 중앙분리대가 있고 입구와 출구 도로가 특설되어 있고, 교차가 원칙적으로 없는 도로. (한국식의 고속도로와 비슷) • 스피드웨이(Speedway) = 통상적인 제한 속도보다 높은 스피드가 허용된 도로. (고속자동차도로) • 스테이트 하이웨이(State highway) = 단일 주가 관리하는 하이웨이. • 카운티 하이웨이(County highway) = 각 카운티 별로 관리하는 지방도로. • 수퍼하이웨이(Superhighway) = 편도 2차선 이상의 넓은 길에 중앙 분리대가 있고, 교차는 입체식 난 스탑 시스템으로 처리한 간선 고속도로. • 파크웨이(Parkway) = 도로의 중앙과 양쪽에 가로수와 화단이 있는 넓은 자동차전용도로지만 트럭의 통행을 제한하는 승용차 전용도로.

- 톨 로드(Toll road) = 유료도로
- 턴파이크 로드(Turnpike road) = 유료 고속도로

프리웨이, 인터스테이트 로드, 스피드웨이, 수퍼하이웨이 등은 2개의 단어로 이루어져 있지만, 떼어 쓰지 않고 원 워드(한 단어)로 쓰는 점에 유의해 두자.

하이츠
* **하잇쓰**

지대가 평지보다 좀 높거나 야산 기슭에 지은 아파트나 빌라 등에 '하이츠' 라는 말을 고유 명칭 뒤에 붙여 'XXX 하이츠' 등으로 표현한 것을 흔히 본다. 그러나 영어의 'heights' 는 지형이 고지를 이루거나 평지보다 높거나 언덕진 높은 곳을 말한다.

영어로 'heights' 의 발음은 '하잇쓰' 에 가깝지만 '하이츠' 는 아니다. 대개 단어의 끝 자음에 '-ts' 가 겹치면 일본 사람들은 '쑤' 에 가깝게 발음하고, 한국에서는 으레 '츠' 로 발음하는 폐단에서 기인한 탓이다.

일부 국어사전에서까지 '-ts' 를 '츠' 로 서슴없이 표기하고 있다. 'sports' 도 '스포츠' 라 잘못 표기되는 것도 그런 관행 때문이다. '스포쓰' 가 오히려 제대로 된 발음에 가깝다. hights를 '하이츠,' sports 를 '스포츠' 로 발음하는 나라는 한국뿐이다.

하이 칼러(하이카라)
* **마던 스타일스, 패셔너블**

서양풍의 패션에 민감하고 유행에 앞선 사람이나 복장을 이야기할 때, '하이카라' 라는 말을 쓴다. 이 말은 굳이 영문으로 표기하자면 high collar가 되지만 정작 영어에는 그런 말이 없다.

이것은 일본에서 이른바 明治시대(1868-1912)에 서양문물이 쏟아져 들어왔을 때 깃이 높은 양복이 유행했고, 이것이 서양풍의 앞선 패션이라고 생각한 일본 사람들이 '첨단유행' 이 깃을 높인 '하이카라' 란 말을 쓰기 시작한 데서 비롯되었다. 마땅히 버려야 할 말이다.

영어로는 '마던 스타일스(modern styles)' 라 하고, 그냥 '마던(modern)' 이라 해도 뜻이 통한다. 또 '패셔너블(fashionable),' '업 투

데이트(up-to-date),' '웨스터나이지드(westernized),' '스타일리쉬 펠로우(stylish fellow)' 라고도 한다.

하이킹 코스
* 하이킹 팻, 하이킹 트레일

가벼운 등산을 즐기는 사람들이 걸어 갈 수 있는 산이나 들의 길을 흔히 '하이킹 코스(hiking course)' 라고 하는 말을 통상적으로 사용하지만 알고 보면 일본에서 만들어 붙인 일본식 표현이다.

영어로는 작은 길이나 오솔길을 뜻하는 말을 써서 '하이킹 팻(hiking path),' 또는 산 속의 작은 길, 오솔길이란 뜻으로 '하이킹 트레일(hiking trail)' 이라 한다. 한편 '하이킹 코스' 하면 학원이나 특수 연수회에서의 '등산 강좌' 라는 의미로 변한다.

하이 타이
* 디터전트

세탁을 위해서 쓰이는 세제는 여러 형태가 있다. 옛날에는 세탁용 특수 비누를 썼지만 최근에는 중성 세제를 많이 쓴다. 더구나 세탁기에는 중성세제가 필수적이다.

중성 세제는 그 보급 과정에서 럭키(화학사)에서 만드는 상표명 '하이-타이' 가 상품으로 큰 히트를 치면서 중성세제의 대명사처럼 일반화되어 쓰여지고 있다.

그러나 일반 세제는 영어로 클리너(cleaner), 크린서(cleanser)라지만 미국에서는 '디터전트(detergent)' 라는 말이 일반화되어 있다. 디터전트라는 말 자체가 합성 또는 중성세제라는 말이지만, 따로 뉴트럴 디터전트라는 표현을 쓰기도 하고 연성세제는 '숖트 디터전트(soft detergent),' 합성세제는 '신테틱 디터전트(synthetic-)' 라 부르기도 한다.

'디터전트' 는 보통 어미의 '-트' 사운드를 약음화하거나 아예 생략하여 '디터전' 으로 발음하는 것이 보통이다.

한편 미국에서도 디터전트 가운데 '타이드(Tide)' 라는 브랜드가 유명하다. 냉장고를 비롯해서 가전제품의 명문 '휠풀(Whirlpool)' 에서 생산하는 'Cotton' 표 세제이다.

한편 세제를 '클리너(cleaner)'라 부른다는 사람도 있으나, '크리너스 (cleaners)'로 표기하여 동전을 넣고 자동 세탁하는 '코인 론드리 (coin laundry: * 미국 발음은 '란드리')'와 구분하여 일반 세탁소를 뜻하는 말인 점에 유의해 두어야 한다.

하이틴
* 레잇 틴스

10대 후반의 소년 또는 소녀들을 흔히 '하이틴'이라고 한다. 이 말은 영어에는 없는 일본 사람들이 꾸며 만든 일본식 영어인데 우리가 이 말을 거르지 않고 그대로 본떠 쓰고 있다. 심지어 한국의 방송이나 신문 등 매스 미디어에서까지 서슴없이 표현하고 있는 것은 크게 잘못된 관행이 아닐 수 없다.

굳이 '하이틴'이라는 표현을 억지로라도 풀어 본다면 틴스(teens) 가운데서 행실이나 생활이 고급스러운 부류를, '로우틴'이라고 하면 행실이 저급스럽고, 가난한 집안 아이들을 말하는 것 같은데 그나마 영어에는 그런 표현들조차도 없다.

13살부터 19살까지의 '틴스(teens=10대)' 가운데 13, 14, 15살 정도의 틴에이저를 나눠서 이야기할 때는 '얼리 틴스(early teens)'라 표현하고, 16, 17, 18, 19살 정도에 도달한 틴에이저는 '레잇 틴스(late teens)'라고 말한다.

하이 힐
* 하이-히일드 슈스

뒷굽이 유난히 뾰족하고 높은 여자의 구두를 흔히 '하이 힐(high heel)'이라 한다. 그러나 이것은 일본식 영어 표현이다. 만일 '하이 힐'이라 '힐'을 짧게 발음하면 언덕이라는 'hill'이 되고, '히일' 하는 식으로 장음이 되면 '굽'이라는 'heel'이 된다.

따라서 단순히 '하이 힐'이라고 해버리면 '높은 언덕'을 말하게 된다. 그러니까 여자가 굽 높은 신발을 신었다면 그것은 높은 언덕을 오르기 위해 마련된 신발이란 오해를 받기 십상이다.

영어로 여자의 굽 높은 구두는 '하이-히일드 슈스(high-heeled shoes)'라 한다.

하자드, 해자드	골프 용어 가운데서 벙커는 물론이고, 코스 안에 호수(lake) 등 장애물을 '해저드(hazard)' 라 한다. 연못(pond), 개울(stream), 도랑(ditch), 두더지 굴(mole burrow), 토끼 굴(rabbit burrow) 등도 '해저드'에 해당한다. 그러나 도로(road), 코스 도로(lane), 잔디가 없는 흙 노면(bare ground) 등은 '해저드'에 해당이 되지 않는다.
* **해저드**	

이 가운데서 물과 관계가 있는 '레이크(lake)'나 '판드(pond)', '스트림(stream)' 등을 '워터 해저드(water hazard)' 라 부른다.

1998년 7월 한국의 골퍼 박세리가 레이크 싸이드에 떨어진 공을 치기위해, 신발을 벗고 워터 해저드에 들어가 물을 딛고 선전한 감동적인 장면으로 챔피언이 된 일화는 유명하다.

이를 '하자드' 라 발음하는 것은 일본식이고, '해자드' 라 발음하는 것은 한국식 타성으로 모두 잘못된 발음이다. '해저드' 라 해야 옳다.

학도가(한국창가)	"창산 속에 묻힌 옥토/ 갈아야만 광채나네/ 낙낙장송 큰나무도 깎아야만 동량되네/ 공부하는 청년들아 너의 직분 잊지 마라/ 새벽달은 넘어가고/ 동천 조일 비쳐온다/ 유신 문화 벽두에 선도자의 책임중코/ 사회진보 깃대 앞에 개향자된 임무로다/ 농사 공업 왕성하면 국태민안 여기 있네/ 가급 인족하고 보면 국가 부영이 아닌가"
* **쏭**	

"학도가"라는 창가의 노랫말이다. 또 "학도야 학도야 백만학도야"로도 불렸다. 1967년 9월 1일에 발행된 한국 문화방송 편저 '가요 반세기'의 해설에서 "학도가"는 구한말 학부에서 발간한 보통교육 창가집에 수록된 노래로 작사, 작곡 노래 공히 미상이나, 일설에는 고 도산 안창호 선생이 대성학교를 설립한 후 지어 학생들에게 부르게 했다는 말도 있다.

따라서 음반 이전의 노래이므로 입에서 입으로 전해 내려온 구전적 교훈가라 할 수 있겠다. 당시 동경 유학생들이 방학이 끝나고 일본 땅으로 건너갈 때, 남대문역(현 서울역) 플레트 홈에서 곧잘 합창하던 풍경을 볼 수 있었다고 한다. 일설에 의하면 일본의 철도 개통 기념가라고도 하나, 아련한 옛일이라 더듬을 길이 없다. 우리 가요 사상 최연장의 노래라고 설명했다.

창가(唱歌)는 본디 일본의 학생들이나 사회에서 건전한 내용으로 부르는 가벼운 노래를 뜻하는 표현인데 대중음악을 '유행가' 라는 표현을 쓰기 직전에 쓰던 말이다.

그런데 한국에서 "학도가"라는 노래가 작사·곡·노래 모두 누가 지어 불렀는지 알 길이 없다고 했는데, 이 창가는 분명한 작가나 작곡가가 있었던 일본의 "철도 창가(데쓰도우 쇼카)" 를 번안한 것이었다.

즉, 일본의 국문학자 오오와다 타소키(1857-1910)가 시를 썼고, 작곡은 오오 우매카(多梅雅)가 썼다. 오오와다 타소키는 독학으로 국문학을 익혀 동경제국대학 문과대학 강사, 동경 고등사범학교, 동경여자 고등사범학교 교수를 역임했고, 1892(메이지 25년)에 "명치 창가집," "심상소학 제국창가" 에 이어 1899(메이지 32년)에 "지리교육 철도창가" 를 펴냈다.

"철도창가" 는 당시 신바시와 요코하마 사이를 운행하던 일본 최초의 철도 개통을 계기로 만들어진 "철도창가" 가운데 모두 66절로 된 제1집 '동해도' 가운데에 해당하는 창가인 것이다.

"학도가" 는 한국의 창작 창가가 아니고 완전한 일본의 "철도창가" 를 그대로 옮겨 쓴 것이다. 만일 "학도가" 가 한국에서 만들어진 노래라고 우겨댄다면 이것은 틀림없는 일본곡의 표절이 되는 것이다 .

할로겐 램프
* **핼러전 램프**

할로겐 개스를 봉입한 전구를 '할로겐 램프' 라 한다. 일반 백열 전구에 비해 보다 강한 빛을 내는 것이 특성이어서 자동차의 헤드 램프나 가정용에까지 널리 보급되어 쓰이고 있다. 할로겐은 독일말로 할로겐(halogen) 원소에서 비롯된 말이다.

미국인이 경영하는 전기기구 상점에 들어가서 "할로겐 램프 있습니까?"라고 물으면 알아듣지 못한다. '할로겐' 을 영어로는 '핼러전' 이라 발음하기 때문이다.

함프리 보카드	"캐서블랭커(Casablanca)"를 비롯한 수백 편의 영화에서 명성을 날린 미국의 배우 'Humphrey Bogart'가 있다. 우리는 그를 흔히 '함프리 보카드'라 부르거나 또 그런 표기로 포스터를 내건 영화 수입업자들이 많다. 물론 일본 표기를 그대로 옮기는 과정에서 빚어진 와전이지만, 너무 오랫동안 그릇된 표현이 반복되고 있다.
* **험프리 보우가트**	

1899년 1월 23일 뉴욕 시에서 태어나 1957년에 타계한 그의 이름은 '험프리 보우가트'가 원음에 가까운 발음이다. 한편 그는 '보기(Bogey)'란 애칭으로 불리기도 했다.

함박 스텍	스테이크(steak)는 쇠고기나 생선 등의 두텁게 자른 살을 말한다. 특히 불에 구어 먹기 위해 두텁게 썰어 놓는 쇠고기를 가리키는 말로 더욱 많이 쓰고 있다.
* **햄버그 스테이크, 햄벅 스테이크**	

일반적으로 '스테이크'라 하면 쇠고기의 살을 어른 손바닥 크기로 두텁게 잘라 놓은 쇠고기를 말하는데, 경우에 따라서는 살코기 말고도 다진 고기를 손바닥 넓이 만큼씩 다져 구어 먹는 햄버거 스테이크도 있다. 이를 함박 스텍, 함바그 스테이크 등으로 표현하는 것은 다분히 일본식 발음 표현에서 본받은 바람직하지 않은 표현들이 된다. 그렇다고 곧잘 원음에 가깝게 느껴지는 '햄버거 스테이크'도 아니다. 바른 표현은 '햄버그 스테이크(Hamburg Steak)'라 적고 '햄버억 스테이크'로 소리낸다.

한편 단순히 '햄버거(hamburger)'라 하면 쇠고기를 갈거나 다진 고기를 동글납작한 요리(patty=패티)로 만든 샌드위치를 말한다. 또 햄버그 스테이크는 단순히 햄버그, 비프버거 등으로 일컫기도 한다.

스테이크는 일반적으로 '셸 스테이크'인 '뉴욕 스테이크(뉴욕 컷 스테이크라고도 함)'가 가장 널리 알려져 있다.

스테이크의 종류 가운데는 비프 스테이크, 치스 스테이크, 쉬카고 스테이크, 찹 스테이크, 클럽 스테이크(립 스테이크), 플랭크 스테이크, 햄버그 스테이크, 캔자스 시티 스테이크, 라운드 스테이크, 셸 스테이크, 스커트 스테이크, 스트립 스테이크, 스위스 스테이크, 본 스테이크, 비에나 스테이크 등 다양하다.

항고
* **메스 킷**

등산이나 야전용 휴대식기를 흔히 '항고'라 한다. 군대의 병영 내에서도 '항고부대' 따위의 표현이 더러 쓰인다. 취사용구를 배낭에 주렁주렁 달고 가는 식사담당 사병을 일컫는 말로 사용되기도 했다.

'항고'는 알루미늄으로 만든 낮고 깊은 휴대용 취사도구를 말한다. 등산이나 캠핑 등 야외 활동이나 생활에서 간편하게 많이 쓰이는 간이 식기의 일체를 말하는 일본말 'はんごう(항고우)'에서 옮겨 쓴 표현이다. 이를 일본 한자로는 '飯盒'이라 쓰는데 한 때 한국에서도 이를 음역하여 '반합'이라 했고 일부 국어사전에서까지 그렇게 표제어로 등재한 것도 있다.

'항고우'는 본디 일본 군대에서 개발한 취반구(炊飯具)와 일반적으로 '벤또(도시락)'를 겸한 것으로 여기고 있다. 이를 영어로는 '메스 킷(mess kit)'으로 표현할 수 있다.

항카치
* **행커칩, 행커취프**

항카치란 표현은 매우 관용화되어 있는 일상 용어이다. 남자들에게는 외출 때마다 호주머니에 넣는 필수품이고, 여성들에게는 핸드백 등에 꼭 넣어 다니는 필요 불가결한 휴대용품이다. 우리는 이것을 보통 손수건이라 부르고 있다.

영어에서 handkerchief는 '행커칩'이라 발음하고 정방형의 면으로 만든 천이나 부드러운 천으로 만들어 호주머니 등에 넣어 다니면서 급히 코를 풀거나 얼굴의 티를 닦아내는 일에 유용하게 쓰이는 섬유로 만든 조각이라고 했다.

그런데 행커칩을 '항카치'라 부르는 것은 이를 일본에서 들여다 쓰는 과정에서 그들 나름의 약어로 사용한 표현 'ハンカチ(한카치)'로 쓰고, 손으로 쓰는 작은 네모 모양의 천을 일컫는다고 했다. 즉 일본에서는 'ハンカチ(한카치),' 또는 'ハンケチ(한케치)'로 표현하면서 이 말들이 'ハンカチーフ(한카치이후)'의 약어라고 했다. 영어의 'handkerchief'를 일본에서는 가타카나어 표기로 'ハンカチーフ'라 표기하고 있다.

항코트(반코트)
* **카 코트**

오버 코트보다는 짧고 재킷보다는 좀 긴 외출용 반코트를 '항코트'라 표현하는 이들이 아직도 상당히 많다. '항코트'는 반(半)코트라는 일본말 표기 'はんコート(한 코토)'에서 본받은 말이다. 한코토는 부인의 외출용 화복(와후쿠=和服)의 상의를 뜻하고 양복용의 짧은 외투를 일컫고 있다.

반코트라는 말은 영어의 'half-length coat'를 말하는데 이를 '카 코트'라 말하는 경우가 많다. '카 코트'는 힙(hip=엉덩이가 아님)에 닿을 정도의 길이의 오버코트나 재킷을 말하는데 본래 자동차를 운전 중에 입도록 고안된 데서 붙여진 이름이다.

해프닝 쇼
* **해프닝**

영어단어 '해프닝'을 우리는 즐겨 쓰면서 여러 가지 의미로 이해하고 있다. 일부 TV 프로그램에서 오랜만에 만나는 극적 장면을 강조하는 포맷이 유행이지만 대부분 사전에 조율되거나 억지로 꾸며진 내용들이 뻔히 드러나면서 재미를 잃어가고 있다. 어떤 이름 있는 DJ는 자신을 초기에 길러 준 은인을 30년만에 만난다는 감격스런 장면이 연출되었는데, 사실은 그들은 불과 2년 전까지만 해도 자주 만나오던 사이었다. 이런 일도 해프닝이라 말한다.

해프닝은 우발적인 일이나 사건을 말한다. 또 흥미 깊거나 중요하거나 이례적인 즐거운 일을 뜻하기도 한다. 방송에서는 뉴스 진행 예정에 없던 내용을 만들거나 특정한 인물을 내세우는 일을 말하기도 한다. 또 예술이나 무대 또는 버라이어티 쇼 등에서 관중 또는 방청객, 스테이지 밖에 나가 거리에서 사람 등을 급작스럽게 만나거나 불러들여 무대에 세우거나 인터뷰를 하는 일 등을 말한다.

그러나 이런 일들을 '해프닝 쑈'라고 말하지는 않는다. '해프닝 쑈'

라는 표현은 자칫 우스꽝스러운 급작스런 발작 같은 부정적인 뜻을 품는 속어로 더러 쓰이기는 한다.

'해프닝 쇼'는 '하프닝구 쇼'라 해서 일본의 TV들이 하고 있는 한 포맷인데 생각지도 않던 우발적인 일을 끄집어내어 시청자들이 흥미를 갖게 하려는 의도로 만드는 예상된 흥미를 목표로 하는 프로그램 형태를 두고 그렇게 표현한다. 물론 영어에는 없는 표현이다.

현대에서 '해프닝'은 슬랭으로 마약이나 약물을 뜻하기도 하고 구어로는 '최신의,' '유행의,' '자극적인'과 같은 말로도 응용하고 있다.

해피 엔드
* **해피 엔딩**

영화나 연극에서 주인공이 불행과 역경을 이겨낸 뒤, 극적인 환희나 기쁨을 찾게 되는 '행복한 결과'를 두고 흔히 '해피 엔드(happy end)'라는 표현을 한다.

'Happy end'라 해 버리면 이것이 행복한 결말이란 뜻이 아니라 자칫, 행복이 끝나버리게 되는 불행을 표현해 버리는 '엉뚱한 결과'로 오해를 빚기 쉽다. 결국에 가서는 마지막에 행복하게 된다는 표현은 반드시 '-ing'형을 붙여서 '해피 엔딩(happy ending)'이라 해야만 제대로 뜻이 통하게 된다.

한편 영화가 다 끝났음을 알리는 타이틀로 영어의 'The End'에 해당하는 여러 나라의 표현이 각기 다르다. 독일어로는 '엔데(Ende)'라 하고 프랑스어에서는 '펭(Fin)'이라 한다. 같은 스펠링을 쓰는 스페인어에서는 '핀'이다. 이탤리어로는 '피네(Fine)'라 하고, 라틴어로는 '피니스(Finis)'라 하며 러시아어로는 '카니엣스'로 표현한다.

프랑스 영화가 끝나고 마지막 장면에 'FIN'이 나왔을 때 '핀이다. 일어나자'라 하면 큰 잘못이 된다. '펭'이기 때문이다. 일본에서는 '終(오와루)'이라 쓰는데 한국에서 이것도 좋다고 본을 떠 '쫑'이란 말을 즐겨 쓰는 사람들도 있다.

핸드 브레키 * **파아킹 브레이크**	자동차의 보조 브레이크 시스템으로 주차 전용의 파아킹 브레이크가 채용되어 있다. 운전석에서 간단한 조작만으로 뒷바퀴만 로크가 되게 하는 방식이다. 이 파아킹 브레이크는 대개 운전자의 옆에 레버로 설치되는 것이 보통이기 때문에 '사이드 브레이크'라는 말을 쓰는 것이 보통이지만 이것은 본래의 영어가 아닌 일본에서 만들어 붙여쓰는 일본식 영어 표현이다. 또 '핸드 브레이크'라는 말도 쓰인다. 대개 이 파아킹 브레이크가 운전석 옆에 설치되어 손으로 레버를 당겨 걸거나 손으로 풀어 내리는 기구로 되어 있기 때문에 손으로 조작하는 브레이크라는 뜻에서 핸드 브레이크라는 표현을 쓴다. 이것 역시 일본식 영어이다. 그러나 요즘의 자동차는 운전석 옆에 레버를 드리워 작동하던 파아킹 브레이크 시스템이 차츰 브레이크 페들 왼편에 별도의 풋 페들로 설치된 것들의 보급이 늘어가는 추세다. 이런 경우에까지 핸드 브레이크가 될 수는 없게 된다. 사이드 브레이크나 핸드 브레이크 모두 일본에서만 쓰는 표현을 그대로 옮겨 쓰는 잘못된 자동차 용어 가운데 하나이다. 당연히 '파아킹 브레이크'라 해야 옳다. 이때 장음을 무시하고 '파킹 브레이크'라 해버리면 자칫 '팍킹-'처럼 소리내기 쉬워 이상한 말로 변질되기 쉽다. 우리말로 옮겨도 '주차 브레이크'면 족하다.
핸드폰, 휴대폰, 휴대전화 * **쎄륨러 폰, 쎌폰**	쎄률러(cellular) 방식에 의한 이동식 휴대용 전화기를 흔히 '핸드폰,' 또는 '휴대폰'으로 일컫고 있다. 1990년대 후반에는 한국에서도 그 보급률이 크게 신장되어 일반 공중전화의 사용이 종전보다 3분의 1이나 줄어들 정도였다. 그런데 이를 '핸드폰(hand phone)'이라 하는 것은 아마도 손에 갖고 다닌다는 의미를 쓴 재치 있는 표현인 듯하지만, 영어에는 이런 표현이 없다. 그나마 일본에서 'ハンドフォン(한도 후온)'이라 표현한 것

을 한국에서 그대로 본떠 '핸드폰'이라 한 것이다. 손에 들고 다닌다는 뜻에서 '핸디폰(handy phone)'이라 하면 좀 그럴 듯할지 모르지만, 그나마 영어를 쓰는 나라에서는 통하지 않는 표현이다.

굳이 손에 들고 다니는 전화를 영어로 표현한다면 hand-held phone(핸드 헬드폰)이 되겠지만, 손에만 들고 다니는 것이 아니고, 허리띠에 차거나, 호주머니 또는 핸드백, 백팩 또는 랩탑 케이스나 슷 케이스 등에 넣고 다니기도 하기 때문에 이처럼 핸드폰이라는 말은 편협하고 적절한 표현이 안 된다.

그래서 일본에서는 핸드폰을 '휴대폰'으로 바꾸었다. 그런데 한국에서도 슬그머니 그대로 '휴대폰'이 되었다. 그러다가 2000년 후반기부터 일본에서 이를 다시 '휴대전화'로 고쳐 부르기 시작했다. 한국에서 그 동안 핸드폰이니 휴대폰으로 부르다가 이번에는 또다시 '휴대전화'로 바꿔 부르고 있다. 다시 말해서 일본에서 쓰는 명칭을 그대로 따라가는 전형적인 속성을 보인 셈이어서 씁쓸하다.

더구나 미국에 살면서까지 주류사회에 통하지도 않는 한국식이나 일본식 영어 등, 이른바 극동식 영어를 고집한다는 것은 난센스다

영어로는. '쎄률러 폰(cellular phone),' 또는 '쎄률러(cellular)'라고 하고 이를 줄인 말로 '쎌폰(cell phone),' 또는 '와이어리스 폰(wireless phone)' 등으로 표현한다.

그리고 누구나 가지고 다니면서 어느 장소에서나 쓸 수 있는 전화라는 의미에서 '모벌 폰('모빌'이라 발음하지 않음=mobile phone)'이라 통칭하기도 한다.

이 때 '쎄률러'를 표기할 때 '쎌률러'처럼 'ㄹ' 소리를 겹쳐 소리내는 지나친 표현은 오히려 네이티브 스피커들에게 듣기 불편한 표현이 된다. 왜냐하면 '쎄률러'라 소리내 보면 이미 영문 'l' 사운드가 충분히 구사되기 때문이다. 또 '세룰라'라 발음하거나 쓰지 않도록 유의해야 한다.

| 핸들
* **스티어링 휠** | 자동차의 방향 조종 손잡이를 흔히 핸들이라고 말하는 것은 일본 사람들이 '핸들(handle)' 을 그들 발음으로 '한도루' 라 부른 데서 흉내 낸 잘못에서 비롯되었다. 자동차에서 '핸들' 은 도어 핸들, 윈도우 핸들, 트렁크 리드 핸들, 차를 타고 내릴 때 손잡이로 쓰는 그랩 핸들, 구식 차의 스타팅 핸들 등이 있다. 영어로는 '스티어링 휠(steering wheel)' 이라 한다. 또 줄여서 그냥 '스티어링' 이라고도 한다.
또 이를 단순히 '운전대' 라 부르는 이들도 있는데 운전대는 운전자가 자동차를 운전하는 데 필요한 운전석, 각종 계기와 조작 페달, 레버, 스티어링 휠 등 일체를 말하는 표현이 옳다. |

| 핸디
* **핸디캡** | 골프를 하는 사람 사이에서 통속적으로 많이 쓰는 용어 가운데 '핸디' 가 있다. 각 코스의 표준(기준) 타수를 기준으로 할 때, 플레이어의 평균 타율(avarage scores), 즉 기량을 수치로 표현하는 것을 말이다.
그러나 영어에서는 골프 용어로 '핸디' 라는 표현을 절대 쓰지 않는다. 만일 골프와 관련된 대화 중에 '핸디' 라 한다면 공을 잘 다루거나 무엇이 편리하다는 handy라는 엉뚱한 뜻으로 이해되어 버릴 수도 있다. 반드시 '핸디캡(handicap)' 이라 해야 한다.
또 핸디캡이 1에서 9 사이가 되는 플레이어를 '씽글(single)' 이라 한다. 그러나 단순히 "나는 씽글이다."라고 해버리면 "나는 독신자입니다."라고 말해버린 게 된다.
이런 경우에도 반드시 '씽글 핸디캡' 이라 해야 하고, 더 정확하게는 '씽글 디짓 핸디캡(single-digit handicap)' 이라 하거나 'My handicap is single' 이라 한다. |

| 햄버거 빵
* **번** | 햄버그나 핫도그에 쓰는 둥글 납작한 빵을 '번(bun)' 이라고 한다. '번' 을 일부 영한사전에서 '건포도 롤빵' 이란 설명을 달고 있는 것은 잘못이다. 물론 건포도나 들깨 참깨를 섞어 넣을 수는 있지만 둥글거나 좁고 긴 빵의 배를 갈라놓은 상태의 것을 '번' 이라고 한다. |

따라서 햄버거 빵이라 하는 것은 햄버그 스테이크에 곁들어 내는 둥글고 납작한 빵을 뜻하는지는 몰라도 구미에는 그런 종류의 빵은 없다.

또 둥글다고 해서 무조건 '롤빵' 도 아니고, 좁고 긴 빵이라 해서 '롱빵' 도 더욱 아니다. 간단히 '번' 이라 하면 된다. 이 때 '번' 은 오히려 우리 표현인 '반' 에 더 가까운 소리를 낸다.

향정신성 의약품
* **싸이코트라픽 드럭**

일본어 사전을 보면 'こうせいしんやく(코우세이신야쿠)' 라는 말이 있다. 한자로 써서 向精神藥이라 하고 중추신경계에 작용해서 정신 기능에 영향을 주는 약물의 총칭이라 했다. 아편, LSD, 환각제, 앨코홀, 최면제, 진정제, 정신치료제 등 일체를 일컫는 말로 쓰고 있다. 이를 영어로는 'psychotropic drug' 이라고 했다.

한국의 국어 사전(동아 2001년판)에서는 '향정신성 의약품' 이라는 표제어를 "중추신경에 작용하여 정신 상태에 영향을 주는 의약품을 통틀어 이르는 말인데 각성제, 수면제, 안정제, 진정제 따위"라고 덧붙여 풀이하고 있다.

또 엣센스 국어 사전(민중서관 2002년판)에서는 "중독되기 쉬운, 습관 작용이 있는 것으로서, 인간의 정신 기능에 영향을 미치는 의약품인데 LSD나 바르비탕 따위"라고 설명하고 있다. 이들 설명이 일본의 국어 사전을 그대로 옮겼음을 알 수 있다.

일본말에서 한자 '향(向)' 자를 숙어 앞에 붙여 'こう(코우)' 로 소리 내면서 어떤 사항이나 일이 그런 방향이나 경향으로 기우는 모습을 뜻하는 전치사 같은 성격의 글자로 쓴다. 또 그들은 향광성, 향일성, 향학열, 향심력, 향지성 같은 말로 쓰고 있다.

그러니까 '向精神性' 이라 한다면 정신성으로 되는, 정신성을 목표로 하는, 정신성 전문인 따위의 뜻을 의미한다. 그런데 어디 우리말에 이런 식의 한자 나열의 관습이나 문자가 있었던가? 본디 우리말에 '향정신약' 이니 '향정신성 의약품' 따위의 말은 없었다.

종전에 '습관성 의약품'이라 일컫다가 일본에서 만들어 쓰고 있는 표현이 좋아 보였던지 우리 언어 습관이나 관용이 아닌 일본식 한자 표현을 그대로 도입해서 마치 신식 용어인 것처럼 그대로 옮겨 쓰고 있는 것이다.

영어로는 '싸이코트라픽 드럭(psycotropic drug)'이라 한다. 이를 일본말 표기를 흉내낼 것이 아니라 차라리 '정신안정 마약'이라는 등의 쉬운 표현이 더 낫지 않을까 생각된다.

허드슨 강
* **헛슨 리버(강)**

미국 북동부, 뉴욕 주의 동부를 흘러 뉴욕 시티의 맨해튼 섬의 서쪽을 감싸다가 대서양의 뉴욕만으로 흘러 들어가는 강을 '허드슨(Hudson)' 강이라 부르고 있다. 그러나 이 발음은 일본 사람들이 '하도숀'이라 발음하는 속성을 흉내낸 것이다.

뉴욕에 사는 사람은 물론 미국 사람들은 이를 '헛슨'이라 발음한다. 우리의 발음 체계나 표현이 이렇듯 원음에 가깝게 발음하고 쓸 수 있는 우수한 표현 능력이 있음에도 불구하고 혀가 잘 안돌아 가는 일본 사람들이 그들의 특성에 맞춘 제한된 발음을 굳이 흉내낸다는 것은 아무래도 큰 잘못이 아닐 수 없다.

한편 단어 중간에 '-ds-'가 겹치는 몇 가지 발음도 이와 같은 경우다. '로버트슨(Robertson)'은 '롸벗슨'으로, '리차드슨(Richardson)'은 '리찻슨'으로, '앨버트슨(Albertson)'은 '앨벗슨' 등으로 발음해야 옳다.

허리우드 *할리우드
* **할리웃**

미국 캘리포니아 주 로스 앤젤러스 시의 쎈타 모니카 산 남쪽에 동서로 길게 드리운 지역을 'Hollywood'이라 한다.

일년 내내 날씨가 아름답고 비가 적기 때문에 영화 촬영에 가장 적합하고 제작에 유리한 지리적 여건 때문에 일찍이 이곳에 영화 산업이 번성했다. 그래서 지금은 세계영화산업의 중심지처럼 여겨진 명소가 되었다.

Hollywood은 우편 구역상 도시명으로 되고 명예시장도 있지만, 행정상으로는 독립된 시가 되지 못하고 로스 앤젤러스 시(City of Los Angeles)에 속해 있다.

본디 '가브리에리노(The Gabrielino)' 인디언 종족이 살다가 스페인 사람들이 들어와 여러 차례 땅의 주인이 바뀌어 왔다. 1886년에는 캔자스 출신 하비 윌칵스(Harvey Wilcox)가 지금의 할리웃 지역을 매입했고, 1887년에 그의 이름의 이미지를 살려 '할리(holly)' 나무가 많은 지역이라는 뜻으로 '할리웃' 이라 명명했다.

2002년 여름부터는 할리웃이 로스 앤젤러스 시로부터 독립된 시가 되기 위한 주민투표에 붙여지는 등, 새로운 도시로 태어날 움직임이 활발하다. 2000 인구 센서스에서 할리웃 커뮤니티는 인구 18만3천700명으로 나타났고, 백인이 50%에 히스패닉이 35%, 에이션이 11%, 흑인이 4%의 분포를 보이고 있다.

우리는 이곳을 '허리우드,' '헐리우드,' 또는 '할리웃' 등으로 발음하고 표기해 왔다. 그러나 현지에서 이런 표현들은 네이티브 스피커들에게는 통하지 않는다.

'Holly'의 'o'는 완전한 '아' 사운드가 되고, wood의 종성 'd'는 닫힘 소리이기 때문에 'ㅅ'으로 닫아야 한다. 그래서 '할리웃' 이라 발음한다. 그리고 'wood'도 우리 표기의 단조로운 '우드,' 또는 '웃' 보다는 '워드,' 또는 '웟'에 가깝게 발음되는 점에도 유념할 필요가 있다. '할리웟'처럼 말이다.

허스
* **허비**

여인네들이 자기 남편을 가리킬 때 영어로 흔히 '허스' 라 일컫는 이들이 많다. '허스'는 영어의 '허스밴드(husband)' 란 말의 앞 음절만을 잘라 토막을 내고는 '허스' 로 부르는 것이다.

이런 식의 약어나 약자가 영어에는 없다. 다만 일본에서 이를 'ハズ' (하즈)' 로 사용하는 말을 그대로 본받은 데서 나온 표현이다.

영어로 남편을 말할 때는 '허비(hubby)' 라 표현하고 그 소리는 '하비'에 더 가까운 소리를 낸다.

헤드 업
* **룩 업**

골프에서 티 오프를 하면서 드라이버로 공을 치거나, 클럽으로 공을 칠 때, 놓인 공을 보지 않고, 공을 치기가 무섭게 머리를 들어 공이 날아가는 상태를 미리 보려 고개를 일찍 드는 일을 흔히 '헤드 업(head up)'이라고 말한다.

야구에서도 배트를 휘둘러 공을 칠 때, 머리를 들어 공이 날아갈 방향을 보기 위해 시선이 공에서 떨어지는 모습을 '헤드 업'이라 한다. 이런 말들은 모두 일본 사람들이 만들어 낸 일본식 영어다. 영어를 구사한 골프 용어에서는 '룩 업(look up)'이라 해야 제격이다.

영어의 '헤드 업'은 자동차 계기가 앞을 향한다는 뜻이고, 속어로는 좀 모자라거나 주의력이 없다는 뜻으로 쓰여지고 있다. 그러니까 골프를 하다가 '헤드 업' 했다고 지적을 한다면, 그 골퍼에게 주의력이 없이 모자라는 친구라는 굴욕적인 표현이 되어 버린다. 사실 고개를 일찍 들어올리는 주의력이 없기는 하지만 말이다.

헤르만 헤세
* **헬만 헤서**

독일의 유명한 시인 Herman Hesse를 우리는 보통 '헬만 헷세'로 표기하거나 불러 왔다. 그러다 최근 미디어에서는 이를 '헤르만 헤세'로 표기하기 시작했다.

2002년 6월 12일에 쓰여진 한 일간신문이 연합뉴스를 받아 실은 '헤르만 헤세의 환상 동화집'이라는 제목의 기사에서 "독일 작가 헤르만 헤세(1877-1962)의 '환상 동화집(민음사)'이 완역 출간됐다. 이 책은 헤세가 동화의 형식을 빌려 쓴 중·단편 26편을 모은 것이다"라고 했다.

독일어 '-er'를 '-에르'로 읽는 것은 다분히 일본식 발음 표기의 잔재이다. 독일어 문법의 첫 걸음에서 동사의 공식을 외울 때 '디-데르-데르-디' 하는 식의 발음을 익혀 왔다. 그러나 독일어의 발음은 '디-델-델-디'라 소리낸다.

'Herman'인 경우도 '헤르만'이 아니고 '헬만'으로 적고 소리 내야 한다. 'Hesse'인 경우도 일본에서는 'ヘッセ'로 적고 '헷세'로 발음한다. 일본 표기에서는 '-어' 발음의 표기가 부자연스럽기 때문에 불가피 '-에르'라 표기하고 소리 낼 수밖에 없다. 따라서 '헷세'도 '헤세'도 아닌 '헤서'로 쓰고 발음하는 것이 옳다. 결국 '헬만 헤서'가 옳은 표현이 된다.

헬만은 1877년 7월 2일에 남부 독일에서 목사의 아들로 태어났는데 어머니도 목사의 딸이었다. 그는 아름다운 자연, 평화로운 종교적 가정의 분위기와 동방을 향한 동경이 작품 활동의 바탕을 이루었다. 그리고 1946년에는 노벨 문학상을 받았다. 그는 1962년 8월 9일에 타계한 독일의 시인이고 소설가이다.

헤어핀 커브
＊ 헤어핀 턴

자동차 도로 가운데 U턴에 가깝도록 급격한 커브진 길을 흔히 '헤어핀 커브,' 또는 '헤어핀 코너'라 한다. 마치 헤어핀처럼 급한 각도로 꺾어진 길이어서 그렇게 붙여 쓰고 있다. 산악지대에 드리운 고갯길일수록 그런 구조의 급커브 길이 많이 설치되어 있다. 특히 자동차 경주로에는 U턴 길을 많이 설치하기도 한다.

그러나 영어로 머리가 흘러내리지 않거나 적당한 모양을 갖도록 하기 위해 꽂은 핀을 '헤어핀'이란 표현을 쓰지만, 이를 길에 비유할 때는 헤어핀 로드(hairpin road)라 하고 U형으로 굽은 길은 '헤어핀 샤드 턴(hairpin sharped turn)'이라 하고, 줄여서 '헤어핀 턴(hairpin turn)'이란 표현을 쓴다.

헬기
＊ 헬리콥터, 차퍼

헬리콥터를 흔히 '헬기'라고들 한다. TV방송에서도 교통 정보나 긴급 보도를 위해 헬리콥터 취재를 하면서 보도 기자는 연신 "헬기에서 말씀드리고 있습니다…"라 강조한다.

헬리콥터를 헬기로 줄여 쓰는 것은 '헬리콥터 비행기'라는 중복 표현의 준말이 되는 셈이어서 옳지가 않다. 또 헬리콥터가 내리고 뜨는 작은 비행장을 '헬기장'이라고도 하는 것은 더욱 잘못이다. 영어에서는 '헬리포트'다.

그리고 TV방송사의 취재용 헬리콥터는 '헬리캐스터(helicaster)'라는 말을 쓰고 있는데 미국의 TV방송사 자가용 헬리콥터 안의 방송실은 방음 시설을 잘한 탓에 엔진과 프로펠러 소음이 거의 들리지 않는다. 우리가 표현하는 '헬리콥터'는 '헬리캅터'가 옳은 발음이다. 헬리캅터를 미국에서는 '차퍼(chopper)'라고 부르는 게 대중화되어 있다. '차퍼'는 1950년대 초, 한국 전쟁 때, 미군들이 부대에서 쓰던 슬랭에서 비롯되었다. 헬리캅터가 뜰 때 대형 프로펠러가 돌기 시작하는 소리가 마치 '찹-찹-찹-찹' 한다는 데서 온 별명에서 비롯되었다 한다. 헬리캅터는 1941년에 미국에서 처음으로 만들어졌고, 1950년 한국 전쟁이 일어났을 때부터 실전 배치되어 맹위를 떨치기 시작하여 베트남 전쟁에서 위력을 발휘했다.

한편 영어에서 또 다른 단축형으로 '캅터(copter)'를 쓰기도 하고, 풍차처럼 큰 바람개비가 돈다 해서 '윈드밀(windmill),' 빙빙 돌며 소용돌이친다는 뜻에서 '휠리버드(whirlybird),' '에어 지입(air jeep)'이라 부르기도 한다.

형광 펜
* **하일라이터, 마킹 펜**

책이나 노트, 또는 메모지 등의 어떤 부분이 눈에 잘 띄도록, 투명한 여러 색상의 펜을 사용한다. 이것을 흔히 '형광 펜'이라 부르는데 이는 일본식 표기를 그대로 쓰고 있는 표현이다.

영어로는 '하일라이터(hightlighter),' 또는 '마킹 펜(marking pen)'이라 한다. 특정한 색상의 것을 말할 때는 '플루어레슨트 레드 마커(fluorescent red marker)' 등으로 쓰기도 한다.

헤르츠
* **헬쓰, 헐쓰**

주파수의 단위에서 1초 동안 진동하는 주기의 수를 헤아리는 단위를 '헤르츠(Hertz)'라 한다. 1초에 1번 진동하면 1헤르츠라 한다. 이 말은 전자파를 연구하다 알아낸 독일의 물리학자 하인리히 루돌프 헬

쓰의 이름을 따서 쓰는 말이다. 일본에서 이를 도입하면서 그들의 발음과 표기로 '헤루쑤' 라 한 것이 우리가 그를 본떠 도입하는 과정에서 '헤르츠' 라고 와전되었다.

독일어의 발음에서는 '헬쓰' 가 되는 점에 유의하자. 독일어 단어의 어미에 '-tz' 가 우리 표현의 '츠' 가 아니라 '웃스' 즉 '쓰' 에 가깝게 발음된다. 영어에서는 '허얼쓰(hertz)' 라 발음한다.

기호로는 Hz라 쓴다. 방송에서는 khz의 단위가 보통인데 이를 '킬로 헤르츠,' 또는 '킬로 헬츠' 라고 하는 말은 '킬로 헬쓰,' 또는 '킬로 헐쓰' 로 발음해야 옳다.

헬스 센터 * **리크리에이션 쎈터**	영어로 '헬스 쎈터(health center)' 라 하면 건강관리 시설이나 보건소와 같은 의료기관의 일종을 의미한다. 이것은 체력 증진을 위하거나 오락적 요소의 뜻은 없다. 풀(수영장)이나 사우나에 테니스 코트 등, 각종 휴양 시설이 있는 이런 곳은 '리크리에이션 쎈터(recreation center),' 또는 '어뮤스먼트 쎈터(amusement center)' 라 해야 옳다.
헬스 클럽 * **피트니스 클럽**	건강 증진을 위해 운동기구를 구비해 놓고 회원들이 이용하는 실내운동 클럽을 흔히 '헬스 클럽' 이라 한다. 우선 이 명칭의 발음부터가 '헬스–' 가 아니라 '헬쓰–' 에 가깝게 소리나지만, 이런 식으로 불리우는 클럽이 미국에는 없다. 영어로는 '피트니스 클럽(fitness club)' 이라 한다.
호세 펠리치아노 * **호세 펠리시아노**	호세 펠리시아노(Jose Feliciano)는 "Rain" 이나 "Once There Was A Love," 또는 "Che Sara" 등의 명곡을 통해 우리와 매우 친숙한 가수다. 1945년 9월 8일, 미국 자치령인 푸에르토리코의 라레스에서 태어나 뉴욕에서 성장했다. 태어날 때부터 앞을 못 본 불행을 극복하고 어려서부터 노래부르기와 기타 퉁기는 일에 남다른 재능을 보여 9살 때

대중 앞에서 공연을 하기 시작했다.

그가 태어난 푸에르토리코는 미국의 자치령이지만 스페인 말과 영어를 혼용한다. 호세라는 이름도 물론 스패니쉬로 지어진 이름이다. 그의 라스트 네임 Feliciano는 스페인 발음으로 '펠리시아노'가 된다.

그런데 한국의 방송에서 음악 프로그램을 진행하는 일부 진행자나 관련된 글을 쓰는 사람들 가운데 '펠리치아노'라 표기하거나 그렇게 소리내는 이들이 상당히 많다.

스페인 말에서 'c(쎄)'가 모음 a, o, u 와 합치면 [k](크) 소리를 내지만, e와 i 앞에서는 [θ], 즉 'ㅅ'에 가까운 소리를 낸다. 펠리치아노라 발음을 하는 것은 아마도 이탤리식 발음 체계와 혼동한 데서 온 것 같아 보인다. 이탤리 말에서 'c(취)'는 a, o, u 앞에 올 경우에는 [k](크) 소리를 내지만 e 나 i 앞에 올 경우에는 [츠] 소리를 낸다. Luciano는 스페인 발음으로는 '루시아노'가 되겠지만 이탤리 발음으로는 '루치아노'가 되고 Placido는 스페인 발음으로 '플라시도'지만 이탤리 발음으로는 '플라치도'가 된다.

호스테스
* **바 호스티스**

우리가 표현하는 '호스테스'는 바나 나이트 클럽 등에서 남성 손님을 접대하고 보수를 받는 여성을 말한다. 이 말은 일본에서 쓰는 것을 그대로 본받은 표현이다. 그러나 미국이나 영국에서는 그런 직종이 없고, 우리식의 접대 여성을 굳이 말한다면 '바 호스티스'라 구분해서 사용할 수 있다. 또 클럽 등에서 손님의 요구에 따라 춤의 상대가 되기 위해 고용된 여성은 '택시 댄서(taxi dancer)'라 한다.

영어에서 '호스티스'라 하면 자기 집이나 특정한 장소에서 손님들을 초대해서 음식을 제공하거나 여흥을 베푸는 여주인을 말한다. 또 식당이나 유흥업소에 고용되어 고객에게 입장에서 자리까지 안내를 하며 머무는 동안 불편이 없도록 도와주는 여자를 말하기도 한다.

레디오나 텔러비젼의 프로그램에 출연하여 진행이나 토론의 사회를 맡거나 인터뷰를 하는 진행자, 또는 보조진행 여성(호스트가 있는 경우)을 말할 때도 호스티스라는 표현을 쓴다.

호이루 *호일
* **휠**

자동차 바퀴의 타이어를 끼우는 둥근 쇠틀을 '호이루'라고 말하는 이들이 많다. 최근에는 알루미늄 합금한 경량의 고급 재질도 많이 나오고 있는데 이를 '알미늄 호이루'라 하기도 한다. '호이루'는 아직까지 일본식 발음에 젖어, 답습을 거듭하는 자동차 기술 용어들 가운데 대표적인 잘못된 표현이다.

영어로는 '휠(wheel),' '얼루미넘 휠(aluminum wheel)'이라 한다. 이때 '휠'은 '휘얼'처럼 소리내는 점에 유의해 두자.

호치게스
* **스테이플러**

수동식으로 ㄷ 자 모양의 가는 철사로 2장 이상의 서류를 철하는 기구를 '호치기스,' 또는 '호치게스'라고들 부른다. '호치기스'가 마치 일본말처럼 들리지만 이것은 사람 이름이다.

미국의 기관총 등을 발명한 B. B. 호치키스(Hochikiss)가 세운 회사 'Hochikiss and Company'의 회사에서 만들어낸 상표의 이름에서 유래했다. 일본에서 이 기구를 들여다 팔면서 'ホッチキス(홋치키수)'로 불러 왔던 것이다. 더러 'Hotchikiss paper-fastener'라 쓰기도 한다.

그러나 영어로는 'ㄷ'자 모양의 철사는 '스테이플(staple)'이라 하고 그 기구는 '스테이플러(stapler)'라 한다. 또 대형이거나 공장 같은 데서 쓰는 것은 '스테이플 머쉰(staple machine)'이라 한다.

호트 스포트
* **핫 스팟**

특정한 장면이 지나치게 밝거나 반사되는 일을 'hot spot'이라 한다. 마치 불타는 듯한 집중 광선(spotlight=스팟라잇) 같다는 뜻에서 비롯된 말이다.

텔러비젼이나 영화의 조명 처리에서 과도하게 밝은 부위(area)나 출연자를 말한다. 여기서 한국 방송대사전이 표기한 '핫 스포트'는 모순이다. 왜냐하면 'hot'의 발음은 미식으로 '핫'이라 하고 'spot'는 영식발음인 '스포트'로 했기 때문에 얼핏 'hot sport'로 들려서 마치 격돌하는 스포쓰를 연상케 한다.

올바른 발음 표현은 '핫 스팟'이라 해야 한다.

홀인
＊호울드

골프에서 18 코스마다 그린에 홀(hole)이 있고, 플레이어는 각 코스마다 공을 홀에 넣는 것으로 득점을 셈하는 기준으로 삼는다. 이 때 공이 홀에 들어간 것을 '홀 인(hole in)'으로 표현하는 사람들이 많은데 이는 일본식 영어 표현이다.

hole in이라 하면 슬랭으로 숨다, 몸을 숨기거나 호텔 등에 일시적으로 방을 얻어 은신하는 일 등을 말한다. 또 골프 용어 가운데 '홀인'은 'hole in one'을 뜻하는 말로는 더러 쓰인다.

영어로 각 홀마다 그린의 홀에 공이 들어 간 상태를 말할 때에는 '호울드(holed)'라 한다.

홀 인 원
＊에이스

골프에서 플레이어가 티에서 친 공이 곧 바로 홀에 들어가는 것을 '홀 인 원(hole in one)'이라 한다. 영어의 into the hole in one stroke를 줄여 표현한 것이다.

그러나 영어를 쓰는 나라에서는 '홀 인 원'이기 보다는 '에이스(ace)'라는 용어를 일상적으로 더 많이 쓰고 있다.

18개의 골프 코스 가운데서 4개가 파 3로 구성되어 있다. 만일 핸디캡 20의 플레이어가 파 3 코스에서 티에서 친 공이 단번에 '홀'에 들어가 '에이스'가 되는 확률은 5천 분의 1이라고 하는데 한 게임에서 그 확률은 2만 분의 1이 되는 셈이다.

일생에 1번 있을까 말까한 이 행운을 얻기란 그야말로 하늘에 별 딴 요행이 아닐 수 없다.

홈닥터 * **패밀리 닥터, 패밀리 피지션**	가정 주치의나 가족의 건강을 특별히 체크하고 관리해 주는 전문의를 흔히 '홈 닥터(home doctor)'라 한다. 그러나 이것은 일본에서 영어 단어 'home'과 'doctor'를 합성해서 'ホーム・ドクタ(호무 도쿠타)'로 만들어 쓰고 있는 일본식 영어 표현을 본받은 것이다. 어떤 가정이 특정한 의사를 지정하여 가족의 일상적이 건강 관리에 대한 상담을 해 주고, 병이 났을 때 1차적인 진료와 치료를 해주는 의사를 말한다. 물론 영어에서 '홈 닥터'라는 표현은 없다. 영어로는 '패밀리 닥터(family doctor),' 또는 '패밀리 피지션(family physician)'이라 한다. 한편 '경영 홈 닥터 제'라는 따위의 말도 굳이 그런 표현을 사용한다면 '경영 패밀리 닥터 시스템,' 또는 '경영 피지션 시스템' 등의 표현이 더 나을 듯하다.
홈 드라마 * **패밀리 드라머, 쏘웁 아퍼러**	텔러비전 프로그램 가운데서 드라마 시리즈를 '홈 드라마'라 부른다. 이 표현은 일본에서 만들어 쓰고 있는 일본식 영어 표현이다. 영어로는 '패밀리 드라머(family drama)'라 말하고, 미국이나 영국에서 일반화된 관용 표현으로는 '소웁 아퍼러(soap opera)'라 한다. 가정을 주제로 제작되는 드라마가 주로 낮 시간에 방영이 되고, 대부분의 스폰서가 화장비누 회사였던 데서 기인된 명칭이란 사실은 널리 알려진 대로다. '아퍼러'는 '오페라'의 미국식 발음이다.
홈 드레스 * **하우스 드레스**	부인들이 가정에서 집안에서만 입는 일상복을 '홈 드레스(home dress)'라 부르는 이들이 많다. 이 표현은 일본에서 만들어 진 일본식 영어다. 영어로는 '하우스 드레스(house dress)'라 해서 집안에서 활동하기에 편한 넉넉한 품과 단조로운 디자인과 값이 비싸지 않은 드레스를 말한다.

홈 빠 * **바 엣 홈**	집안에 '홈 바(home bar)'를 꾸며 놓았다며 자랑하는 이들이 있다. 하우스의 응접실이나 식당의 한쪽에 칵테일을 할 수 있는 간이 탁자와 바를 설치하고 이를 '홈 바'라 부르는 것은 일본식 영어 표현이다. 차라리 하우스 바라면 애교 있는 표현을 될 수 있을지 모르지만 그런 표현도 영어에는 없다. 영어로는 '바 엣 홈(bar at home),' '미니 바(mini bar)' 등으로 표현하고, 더러 'cocktail lounge in a private home'이란 표현도 쓴다.
홈 쏭 * **패밀리 쏭**	가정에서 가족이 함께 듣거나 노래할 수 있을 만큼 쉽고(평이), 밝은(건전) 노래를 흔히 '홈 쏭'이라 일컫는다. 그러나 영어에는 이런 말이 없다. 일본 방송이나 음악 관련 서적들에서 '호무 송구'라는 어설픈 영어 표현을 많이 발견하게 된다. 한국 방송계에서도 '홈 송'이라는 표현은 남용되고 있는 느낌이다. 굳이 'home song'이라 한다면 가족을 주제로 다룬 노래이거나 가정을 예찬한 노래 작품이거나 그런 아류의 노래를 일컬을 수는 있을지 몰라도 그런 영어도 없다. 가족과 함께 즐길 수 있는 성격의 음악을 영어에서는 단순하게 '패밀리 쏭(family song)'으로 표현한다.
홈 스테이 * **오 페어**	2002 월드컵 때 관광객들의 호텔 투숙이 여의치 않거나 한국의 가정 문화를 외국인들에 알리는 계기를 마련하기 위하여 '홈 스테이'를 한다는 말이 자주 나왔다. 종전에는 이를 '민박'이라는 말로 표현해 오다가 언제부터인가 슬그머니 '홈 스테이'란 영어를 즐겨 쓰기 시작했다. 사실 '홈 스테이'는 일본에서는 오래 전부터 관용화되다시피 한 외래어로 쓰고 있었다. 유학생이나 일정 기간 여행을 하는 사람이 호텔이나 여관을 이용하지 않고, 인척의 집이나 일반 개인의 주택(home)에

순수한 우리말 찾기 품앗이

머물러 지내는 일을 흔히 '홈 스테이(home stay)'라고 표현한다. 어떤 사람의 가정에 머물러 있으면서 그 집 가족과 함께 생활하는 일도 홈 스테이라 한다. 단기간 해외 여행을 하거나 어학 연수 등을 위해서 인척이나 남 모르는 사람의 집에서 머무는 일도 홈 스테이라고 한다.

'홈 스테이'는 옛날 영국에서 더러 쓰인 적이 있지만 요즘은 거의 쓰지 않는 사어가 되다시피 했고, 이제 일본 사람들이 매우 즐겨 쓰는 표현이다.

미국에서는 홈 스테이 대신 '오 페어(au pair)'라는 말을 쓴다. '오 페어'는 프랑스 말에서 왔는데 젊은 외국 방문객이 어린이 돌보는 일이나 집안 일을 하기 위해 가정집에 머무는 데서 온 말이다. '오 페어'는 주로 외국에 사는 인척이나 친지들이 특정한 시기에 서로 번갈아 가며 상대방의 집에 머무르면서 상대방 나라의 말도 배우는 기회도 갖게 되는 일을 말하기도 한다.

홈 오피스
* **홈 오토메이션**

개인용 컴퓨터의 보급이 일반화하면서 직장에서 하던 업무를 가정에서 처리하는 근무 형태가 널리 이용되고 있다. 이를 흔히 '재택 근무,' 또는 영어 표현으로 '홈 오피스(home office)'라 일컫는 사람들도 있다. 이를 일부 미디어에서조차 그런 표현을 서슴치 않고 있다.

'홈 오피스'는 일본에서 만든 일본식 영어이기 때문에 영어권이나 네이티브 스피커들에게는 통하지 않는 말이다.

영어에서는 '홈 오토메이션(home automation)'이라 한다. 가정에다 P.C, 팩스, 카피어 등, 전자 사무기기를 들여다 놓고, 정보 통신 방법에 의해 업무를 보는 것을 뜻한다.

한편 '홈 오피스'라 하면 특정한 회사의 본부 사무실이 있는 본사를 뜻하는 말이다. 또 영국에서는 선거, 귀화, 경찰 업무 등을 관장하는 행정부의 내무부를 '홈 오피스'라는 뜻으로 쓰기도 한다.

| 홈 인 | 야구 경기에서 공격조의 주자(러너)가 홈 플레이트로 들어와 득점이 되는 것을 '홈 인(home-in)'이라 한다. 야구 경기를 중계하는 캐스터가 이 득점 장면을 흥분된 어조로 "홈 인!"하고 외치는 소리를 늘 듣는다. 이 표현은 일본에서 만들어 쓰고 있는 일본식 영어를 그대로 본받은 잘못된 표현이다.
* **크로스 홈, 스코어** |

영어로는 '크로스 홈(cross home),' '크로스 더 플레이트(cross the plate),' 또는 '스코어(score)'라고 한다.

운동 경기에서 쓰이는 용어가 일본에서 변조되어 만들어진 억지 영어 표현이 많고 일본식 한자나 의미로 번역된 것을 그대로 받아들여 쓰고 있는 경우가 많다. 특히 야구 용어에 있어서 일본식 표현의 번역 사용에는 많은 문제점이 있다.

참고로 일본에서 야구를 들여다 일본식 용어를 만든 경로를 보면, 1873년 이른바 메이지(明治) 6년에 개성학교의 미국 선교사에 의해 미국 야구가 최초로 소개되었다. 이때 용어를 일본식 한자 표현으로 만드는 과정에서 어려움과 논란을 겪었는데, 요즘 한국 야구계에서 사용하는 야구 용어 대부분이 바로 이때 일본에서 만들어져 쓰이고 있는 일본식 용어들이 대부분이라는 데에 관심을 둘 필요가 있다.

| 홈 코메디 | 텔러비전의 코미디 프로그램 가운데서 고정 출연자가 연속적인 출연으로 매회 다른 내용을 방송하는 프로그램을 흔히 '홈 코메디'라 말하는 것은 일본식 표현의 억지 영어다.
* **시츄에이션 카머디, 싯캄** |

영어로는 '시츄에이션 카머디(situation comedy),' 줄임말로 '싯캄(sitcom)'이라 한다.

한편 TV의 일반 드라마가 고정 출연자에 의해 매회 다른 내용의 연속물은 이를 '시츄에션 드라마'라 하지 않고, '리미티드 시리즈(limited series)'라고 따로 구분한다.

물론 매회마다 이전 이야기를 이어가는 '콘티뉴드 시리즈'와는 구분된다.

홈 파티	손님을 자기 집에 초대하여 담소를 나누면서 차를 내거나 식사를 제공하는 일은 매우 아름답고 정다운 이웃 인정이 어려 있다. 더욱이 그 집안 사람 가운데 생일이거나 무슨 축하해야 할 일이 있을 때 손님을 초대하여 축하를 서로 나누는 일은 아름다운 풍습이다.
* **하우스 파티**	

그런데 더러는 남의 집에 초대받아 간 사람들 가운데는 초대해 준 호스트나 그 집안의 가족이나 경사를 중심으로 화제를 나누는 것이 예의이지만 초대 분위기와는 아무런 관련도 없는 세상사나 남의 험담을 잔뜩 퍼부으며 술이 거나하게 취해 나오는 일들도 많이 본다. 매우 추한 모습들이 아닐 수 없다.

집에 손님을 초대하여 파티를 여는 일을 흔히 '홈 파티'라고 말하는 이들이 많다. 그러나 '홈 파티'라 해버리면 가족끼리 하는 모임이라는 축소된 의미에 한정되는 수가 있지만 그런 표현을 영어에서는 쓰지 않는다.

반드시 '하우스 파티(house party)'라 해야만 한다. home은 가정이나 가족으로 범위를 한정하고 있지만 '하우스'라고 하면 집이면서도 가정이라는 뜻도 모두 포함하고 있다.

화이트	백지나 서식 등에 글씨를 쓰거나 타자를 하다가 잘못 쓰거나 오타를 하는 경우 이를 수정해 주어야 한다. 그렇지 않으면 새로운 용지에 다시 쓰거나 찍어야 하지만 이 일이 마음처럼 쉽지는 않다.
* **화잇-아웃, 커렉션 테이프**	

이런 경우, 수정을 위해 흰색 수정액을 칠하고 건조된 다음에 그 위에 다시 쓸 수 있도록 고안된 것이 '화이트-아웃(white-out)'이다. 미국의 굴지 종합문방 체인 '스테이플스(Staples)'에서 발간하는 카탈로그에서 발음을 따라 'white-out'이라 표기하기도 했다.

종전에는 리크위드 솔류션(liquid solusion) 등으로 부르면서 백색 페인트를 용해액과 함께 섞어 썼다. 그러다 최근에는 백색 접착 테이프를 수정 표면에 대고 덧씌우기만 하면 건조 시간이 필요 없이 즉시 간단하게 수정이 되는 커렉션 테이프(correction tape)가 널리 보급되어 있다.

이 수정 테이프는 리쿠워드 방식의 번거로움이나 실수로 더럽히는 일이 없이 깨끗하고 간편하여 많이 활용하고 있다.

White-out을 그냥 '화이트'라 부르는 것 자체가 잘못이지만 이제 '화이트-아웃'을 쓰는 일도 드물게 되었다.

화이트 데이
* **화잇 데이**

90년대 후반부터 한국의 젊은이들 사이에서 '화이트 데이'라는 것이 성행하기 시작했다. 서양에서 '밸런타인스 데이'가 있으니 우리도 우리식의 사랑 고백의 날쯤 가져보는 것이 좋겠다고 해서 만들어진 축제의 날쯤으로 여기고 있다.

그러나 이것이 한국에서 만들어 낸 젊은이들의 축제날이 아니고 바로 일본에서 만들어진 아이디어이고 그들이 오랫동안 지내왔던 축제일이라고 안다면 얼굴이 벌개질 일이다.

해마다 2월 14일이 되면 '밸런타인스 데이'에 여성으로부터 초코릿을 받은 남성이 그 답례로 여성에게 선물을 보내는 날로 '화이트 데이'라는 것을 만들어 냈다. 즉, 일본에서 1978년에 후쿠오카에 있는 과자집 '이지무라万盛堂'이 발의하여 '화이또 데-'라는 것이 생겨났다.

초코릿을 받은 남자가 이번에는 캔디로 여자에게 답례를 한다는 데 착안하여 일본의 전국사탕과자공업협동조합이 3월 14일을 '캔디의 날'로 PR하기 시작했다. 일본말 화이또(희다는 뜻의 white)는 초콜릿이 진한 갈색인 점에 대응해서 흰색으로 택했다는 것이 그들의 설명이다.

그리고 1985년부터는 일본의 '보디패션 협회(내의공업협회)'가 주동이 되어 "화이트 데이에 '화이트 숏(팬티)'을!"이란 슬러건으로 캠페인을 벌이면서 이 때부터 캔디 대신 남성이 여성에 대하여 흰색 팬티를 선물해 주기 시작한 것이다.

이것을 한국에서 흉내내는 과정에서 남자나 여자가 뒤죽박죽으로 흰색 팬티를 주고받으면서 '화이트 데이'는 한국에서 만든 사랑 고백의 날이라 떠드는 사람들이 있다.
매우 서글프고 안쓰러운 표방 문화이고 도용 문화라는 느낌이 든다.

| 화이트 속스 | 미국 야구 메이저 리그의 시카고 '화잇 싹스(White Sox)'를 '화이트
| **화잇 싹스** | 속스'라 표기하거나 발음하는 이들이 많다. 이것은 잘못이다. 중세 영국식 표현이기 때문이다. '화잇 싹스'라 소리낸다.
이 야구팀은 1901년에 창설되어 일리노이 주 쉬카고에 홈을 두고 프렌차이스 스테이디엄은 '카미스키 파크(Comiskey Park)'이다.

| 화이팅(파이팅) | 1997년 말, 대통령 선거가 끝나고 당선자가 어느 기업의 작업장을 방문했을 때, 일단의 근로자들이 당선자를 환영하는 환호로 '화이팅!'
| **치어스, 렛스 고,** | 을 연호하고 있었다.
| **카만** |

1999년 여름에 미국 로스 앤젤러스의 다저스 구장에서 '다저스' 팀이 샌프란시스코 '자이언쓰' 팀과 플레이를 하고 있었다. 이 게임에는 한국출신 박찬호 선수가 투수로 활동하고 있었다. 박 선수가 마운드에 서서 공을 던질 때마다 관중석에 있던 한인 응원단원들이 목이 터져라 '박찬호 화이팅!'을 외쳐대고 있었다. 그런데 옆에 있던 한 백인이 필자에게 물었다. "지금 저분들이 '화이팅'이라고들 했는데, 그것이 한국말인가, 그러면 무슨 뜻인가?"고 물어 왔다. 마땅한 대답을 쉽게 찾을 수가 없었다.
언제부터인가 한국에서는 운동경기를 할 때 선수를 격려하거나, 특정한 사람에 대하여 환호를 할 때 으레 '화이팅'을 외쳐댄다.
2002년 월드컵에서 한국팀이 의외로 선전하여 3, 4위전 진출의 순항을 탈 때도 어김없이 "코리아 화이팅(또는 파이팅)"이 터져 나왔다.
영어에서 '화이팅'이란 희게 한다는 뜻이고, 표백한다는 말이다. 또 바다에 서식하는 식용의 검고 은빛 나는 고기를 말한다. 또 조가비를 태워서 만든 백색안료인 호분을 말하기도 한다. 이렇게 놓고 볼 때 '화이트'라는 발음이 당치도 않은 표현이 된다.

그런데 여기서 쓰고 있는 '화이팅'은 영어의 'fight'의 일본식 발음에서 연유한 것이다. 일본에서는 유치원 학생 때부터 운동시합을 할 때마다 "화이또! 화이또!"하며 응원하는 용어로 널리 쓰이고 있다.

일본 사전에서 'ファイト(화이토)'는 "영어의 fight인데 싸움, 시합 특히 복싱 시합이고, 투지, 전의, 기력, 원기라 하면서 특히 스포쓰에서 'かんばれ(칸바레)'의 뜻으로 지르는 소리"라고 설명하고 있다. 일본말 '칸바레'는 힘내라!, 분발해라!의 뜻이다.

이 말을 한국에서 들여다 여기에 '–ing'형을 붙인 명사화된 '화이팅'으로 수정하여 그 뜻은 일본에서와 같은 응원의 격려 언어로 사용하고 있는 것이다. 굳이 'fighting'을 쓴다면 그 발음이 우리식으로는 '파이팅'이 될 것이다. 그러나 'fight'는 권투선수가 격돌하는 시합을 말할 때나 쓰이고, 야구를 하거나 구기 경기에서는 '플레이(play)'라고 한다.

그러니까 차라리 "박찬호, 플레이, 플레이" 또는 "카만 박찬호 렛스 고우(Come on! … Let's go!)"가 제격이고 훨씬 더 어울리는 표현이 된다. 그런데 영어에서 fighting은 싸우는 일, 호전적인 도전적인 뜻으로 자주 쓰인다. 스포쓰에서 fighting은 권투선수나 닭싸움, 또는 개싸움을 시키는 일을 말한다.

'화이또(fight)'는 일본에서조차 운동경기의 응원 용어로 적합치 않다는 비판이 강하게 제기되고 있는 터에 한국에서 '화이팅'을 계속 외쳐댄다는 모순을 어떻게 설명해야 할지 모르겠다.

영어에서 운동경기의 격려를 경우에 '허레이(Hurray!),' 또는 '힙 힙 허레이(Hip, hip, hurray!)'라 한다. 또 단체응원에서 함성으로 "We will, we will rock you!"라는 그룹 '크윈(Queen)'의 히트곡 가사를 인용하기도 하는데 주로 '카만(come on),' 또는 '렛스 고우(let's go)'도 많이 쓴다.

일반적으로 격려를 나타내는 표현으로는 '런!(Run),' '고우!(Go),' '고우 포 잇(고포릿=Go for it),' '웨이러 고우(way to go),' 또는 '캄

온=카만(Come on)' 등도 많이 쓰인다.

우리말로는 차라리 '필승!' 이 어설픈 화이트나 파이트보다 훨씬 낫지 않는가. 화이팅도 아니고 파이팅도 아닌 고약한 발음을 억지로 구사하자니 말도 아니고 소리도 아닌 것을….

후리간, 훌리건
* **후울리건**

영어에서 '후울리건(hooligan)' 은 불량배, 깡패, 무뢰한, 건달, 갱, 건맨을 뜻하고 속어로 2류 자동차 레이스나 서부 카우보이 쇼의 텐트를 말하기도 한다.

이 말은 19세기 말 런던에 살던 폭력 집단이 아일랜드 출신 '패트릭 후리건(Patrick Hooligan Houlihan)' 이었고, 이들 무법 일가의 만행을 주제로 한 노래가 나오면서부터 생긴 말이다.

'훌리건' 은 싸커에서 많이 인용이 된다. 특히 월드컵의 시합이 있을 때마다 열광하는 팬들 가운데서 폭도로 변하거나 처음부터 난동을 목적으로 싸커 팬을 가장한 무리들이 존재하고 있는 것이다.

2002 월드컵을 전후로 한국에서도 인천 국제공항 등에서 국제 훌리건의 입국을 적극 막거나 예방하는 특별 경계를 편 일이 있다.

이를 '후리간' 이라 표현하는 것은 일본식 로마자 읽기식으로 잘못 쓰이는 말이기 때문에 반드시 '후울리건,' 또는 '후울리간' 으로 발음해야 한다.

훌라 댄스
* **훌라 훌라**

하와이의 여러 섬 아가씨들이 독특한 전통적인 민속춤을 추는 것을 '후라 댄스,' '훌라 춤' 등으로 표현한다.

한국의 중량 있는 여가수가 부른 "하와이 연정" 이란 노랫말에도 '훌라 춤' 이라는 가사가 나온다. '후라' 는 '훌라' 의 일본식 발음에서 본받은 것이다.

유연한 몸 동작으로 하늘거리면서 독특한 음운의 영창과 리듬 드럼이나 스틸 기타의 가락에 맞춰 훌라 스커트를 걸친 히프를 좌우로 요동치면서, 두 손을 들어 손바닥과 손가락으로 자연 풍광을 뜻하는 독특한 율동을 펼치는 매혹적인 춤을 춘다.

'훌라(hula)'는 하와이 말로 '춤춘다'는 뜻이다. 따라서 'hula dance'란 말은 존재하지 않는다. '훌라,' 또는 '훌라 훌라'라 표현한다. 그리고 영어에서는 '훌러,' '훌러-훌러'로 소리낸다.

후록구
* **플루크**

당구(빌리어드) 게임에서 큐로 친 공이 정확한 타구가 아닌데도 득점으로 연결되어 버리는 의외의 행운이 있다. 이를 흔히 '후록구,' 또는 '후로꼬'로 맞았다는 표현들을 많이 쓴다. 이것은 일본식 발음의 폐습을 그대로 본받은 표현이다.

영어로는 '플루크(fluke)'라 한다. 고래 꼬리의 갈라진 부분의 어느 한쪽을 말하는데, 구어로 요행, 요행수를 뜻한다.

후론트
* **프론트 데스크, 리셉션 데스크**

사무실 건물의 접수 안내원이 있는 근무용 탁자나, 호텔에서 손님의 체류 등록과 회계를 맡기 위해 현관이 가까운 위치에 설치된 카운터를 흔히 '후론트'라고만 부르는 예가 많다. 이것은 바로 일본식 표현이고 발음이다.

영어로는 '프론트 데스크(front desk)'라 하지만, '리셉션 데스크(reception desk)'란 표현을 더 많이 쓴다. 여기서 근무하는 직원을 '리셉셔니스트(receptionist)'라 한다.

후라이 판
* **프라잉 팬**

계란을 굽거나 기름을 끓인 뒤, 쇠고기나 돼지고기, 또는 생선들을 가루 반죽에 버무려 튀기는 데 쓰는 손잡이가 달린 철제 쟁반을 '후라이 판'이라 부른다. 이것은 완전한 일본식 발음 표현이다. 이를 영어로 써보면 'fly pan'이 되는데, 일본 사람들은 로마자의 'f' 발음을 'ㅎ'으로 하기 때문에 '후라이'가 되고 'pan'은 팬이라 발음하지 않고 '판'으로 발음하기 때문에 '후라이 판'이 된 것이다.

이 가운데 '-판'은 우리 일상어 가운데 널판지나 나뭇조각, 쇳조각 등을 일컫는 말을 응용한 것으로도 여기는 이들이 있지만, 영어의

'팬'은 납작한 냄비나 오븐용 접시를 말한다.

그런데 '프라이'라고만 하면 기름으로 튀긴다는 동사형이기 때문에 여기에 '-ing'를 붙여서 'frying pan'(프라잉 팬)이라 해야 옳다.

한편 이보다 조금 오목한 모양으로, 적은 기름으로 살짝 튀기는 요리를 '쏘테,' 또는 '쏘테이(saute)'라 하고 이런 요리를 만드는 요리도구를 '쏘테이 팬(saute pan)'이라 한다. '쏘테이'는 프랑스 말에서 온 표현이다.

후랍빠
* 탐보이

말괄량이나 향락적인 현대판 아가씨를 일컬어 흔히 '후랍빠'라는 표현을 쓴다. 이것은 일본에서 1920년대 중반 이후에 자유를 갈구하며 복장과 행동에서 구태를 타파하려던 젊은이들 사이에 크게 유행하던 모습을 가리키는 말이었다. 짧은 스커트에 긴 머리, 찰스턴 춤의 파티를 즐기고, 담배를 피우며 성적 자유주의를 지향하는 대담성을 보였다. 그런데 아직도 우리 주변에 이 표현을 쓰는 이들이 많다.

'후랍빠'는 물론 일본식 발음이지만, 영어의 '플래퍼(flapper)'에서 따온 말이다.

그러나 영어에서는 '탐보이(tomboy)'라는 표현을 더 쓴다. 탐보이는 사내아이에게 붙이는 표현이 아니라 '말괄량이 아가씨'라는 뜻이다.

후레
* 허레이, 허라

스포츠 경기를 할 때, 관중이 응원을 하면서 소리치는 함성 가운데 '후레 후레'를 연발하는 소리를 자주 듣는다. 응원의 함성은 '화이팅'이니, '플레이, 플레이, XXX' 'V-I-C-T-O-R-Y' 등 여러 가지 있지만 그 가운데 '후레'도 한몫 거든다. 그러나 '후레'의 철자와 의미가 선명치 못함은 물론이다.

'후레'는 영어의 '만세'라는 뜻의 '허라(hurrah)'의 별칭인 '허레이(hurray)'를 일본에서 들여다 일본식으로 발음한 데서 비롯되었다.

영어에서 응원이나 축하를 위한 함성으로 만세를 연호할 때 'Hip, Hip, Hurrah!(힙, 힙, 허라!),' 또는 'Hip, Hip, Hooray(힙, 힙, 후레이)'

라 한다. 연호의 방법은 치어리더가 먼저 '힙, 힙' 하면 관중이나 좌중이 '후레이(또는 허레이)' 로 화답한다.

스페인어로는 'Hurra!(우라),' 독일어로는 'hurra(후라),' 프랑스에서는 'Hip, hip, hip Hourra(입,입,입, 우라)' 라 한다. 또 이탤리에서는 'urra(우라),' 또는 'evviva(에비바)' 라 한다.

후앙
* 팬

송풍기나 선풍기 또는 바람을 일으키는 전기기구를 '후앙' 이라 부른다. 이것은 영어의 'fan' 을 일본 사람들이 'ファン'(후안) 이라 발음한 것을 우리가 그대로 모방하는 과정에서 '후앙' 으로 와전된 것이다.

일본의 영어 표기 가운데 'f' 는 '흐' 로 적고, 우리는 파열음이기 때문에 '프' 로 적지만 일본이나 한국 모두 'f' 의 정확한 표기 문자는 없다.

훌 베이스
*풀 베이스
* 베이시스 풀

야구에서 '퍼스트 베이스(1루),' '쎄컨드 베이스(2루),' 그리고 '써드 베이스(3루)' 에 '러너(주자)' 가 모두 진출해 있는 상태를 '훌 베이스' 라 하는 것은 일본식 영어 표현이다.

'훌 카운트' 처럼 일본식 영어에서 'full' 을 앞에 내세우는 관행으로 '훌 베스' 하는 것도 일본식 영어 표현임은 물론이다.

영어로는 '베이시스 풀(bases full),' 또는 '베이시스 로디드(bases loaded)' 라 한다.

또 '베이시스' 꽉찬 상태에서 홈 런(호머)을 날리게 되면 '베이시스 로디드 홈 런(만루 홈런)' 이라 한다.

훌 카운트
* 쓰리-투

야구 경기에서 배터(타자)가 스트라이크 2개와 볼이 3이 된 상태는 어느 것 가운데 하나만 추가하게 되면 사활이 걸리는 결정적 순간이 된다. 이런 상태를 두고 '훌 카운트(full count)' 라 한다. 그러나 이 표현은 일본식 영어와 일본식 발음을 그대로 본받은 것이어서 마땅히 바로 잡아 써야 할 것이다.

첫째 영어에서 'full count'란 말은 쓰이지 않는 표현이다. 둘째 구미의 야구에서 스트라익과 볼의 셈은 한국이나 일본처럼 "투 스트라이크, 쓰리 볼" 하는 식으로 스트라익을 볼 앞에 셈하는 것이 아니고, 'three ball, two strike'이라 한다. 그래서 단순히 'three, two'라 하면 우리식으로 스트라익이 3, 볼이 2이란 뜻이 아니고 정반대로 볼이 세 개, 스트라익이 두 개라는 뜻이 된다.

영어의 야구 용어에서는 '쓰리-투(three-two)'라 하면 이 숫자 자체가 '풀 카운트' 상태를 의미한다.

흘러간 팝송
* 클라식 팝, 올디스 팝

'흘러간 노래'라는 표현을 우리 주변에서 흔하게 듣는다. 또 여기에 빗대어 '흘러간 팝송'이라는 말도 관용화되다시피 쓰이고 있다. 그러나 이 말들은 모두 사리에 맞지를 않는다. 우리말에 '흘러가다'는 흐른다의 현재형이고, '흘러간'이라 하면 '흘러가 버리고 없는'의 과거 완료형이 되어 버린다.

그러나 정작 이들 '흘러간 노래'나 '흘러간 팝송'들은 옛날에 유행했지만, 지금도 추억되어 다시금 불리거나 향수에 젖게 하는 되돌림이 있는 뜻을 품고 있기 때문에 사리에 맞지 않은 표현이다.

이런 표현들은 1960년대 중반부터 가요계의 일부에서, 일본 표현의 대중 유행 음악을 뜻하는 '유행가(流行歌)'의 한자 뜻을 풀어서 '흘러가는 노래'라는 표현을 자주 써왔고 이 말이 와전되어 '흘러간 노래' 따위로 된 것이다.

영어에서는 '흘러간 노래'라는 식의 표현은 없다. 다만 옛날에 유행하고 지금도 좋아하는 추억이 어린 노래들을 통괄하여 '클라식 뮤직,' '클라식 파퓰러 송,' 또는 '올디스,' '골든 팝' 등으로 표현한다. 또 '올디스 밧 구디스(oldies but goodies),' '올디 구디'로도 쓰고 '올디,' '올디스'라고만 쓰기도 한다. 그러나 '구디스'만을 따로 떼어 말하지는 않는다.

그리고 1950년대 중반부터 1970년 초반사이에 유행하던 성가나 높은 파퓰러 뮤직들을 통틀어 '골드 에이지 뮤직' 이라 하고, 그 시대를 '골든 이어(the golden year)' 라 표현하고 있다.

한편 골드 뮤직이나 골든 이어의 음악을 주 포맷으로 삼는 음악 전문 레디오 방송을 '골드 레디오(Gold Radio)' 라 말하기도 한다.

히로퐁
* 메터드린,
메탐페타민

최근 들어 '필로폰' 으로 바꿔서 표현하기 전까지 모든 미디어에서 '히로퐁' 이란 말을 사용했었다. 각성제의 일종인 염산(鹽酸) 메탐페터민(methamphetamine)을 일본에서 'ヒロポン(히로폰=Philopon)이라는 상표 이름으로 쓰고 있다.

한국의 유력 일간지가 발간하는 현대시사용어사전에서 "일명 메스암페타민" 이라 설명하면서 '히로뽕' 이란 일본말에서 왔다고 덧붙였다. 결국 메탐페터민을 들여다 일본에서 '히로폰' 이라 이름 붙여 팔고 있고, 한국에서는 히로뽕으로 와전된 것인데 일본에서 붙여쓴 일제 상품 용어를 그대로 유지하면서 'f' 사운드만 파열음으로 살짝 바꿔 '필로폰' 으로 바꿔친 것에 불과하다. 그러니까 '히로뽕' 이건 '필로폰' 이건 간에 이런 표현은 모두 일본말이나 다름없는 셈이다.

미국에서는 메탐페타민을 '앰퍼태민(amphetamine)' 이라 줄여 부르기도 하지만 메터드린(methedrine)이라 부르기도 하는데 이것 역시 '필로폰' 과 마찬가지로 메탐페타민의 일종을 생산 판매하는 상표의 이름이다.

히어링
* 리스닝 캄프리헨션

누구나 경험하게 되는 일이지만, 외국어를 처음 익힐 때, 특정한 나라의 말을 알아듣는 일을 흔히 '히어링(hearing)' 이라고들 한다. 그러나 영어에서 '히어링' 은 귀가 잘 들리는 지의 여부를 일컫는 말로, 소리를 잘 들을 수 있는지 그렇지 않은지 청력을 구분하는 의미로 쓰인다. 또 법률 용어로는 심문을 하거나 청문을 일컫는다.

외국어의 뜻을 알아듣는 일은 '히어링' 이라 하지 않고, '리스닝

(listening),' '리스닝 어비리티(-ability),' 또는 '오럴 캄프리헨션 (aural comprehension)'이라 한다. 따라서 외국어의 듣기 시험은 '히어링 테스트'라 하지 않고, '오럴(리스닝) 캄프리헨션 테스트(청취력-)'라 한다.

국내의 서점에 진열된 영어 관련 도서 가운데서 그 책제목부터 "히어링…." 운운한 것은 일본식 영어 독본이거나 그를 베꼈다는 증거로 오해하기 쉽다.

히트 상품
* **핫 아이템, 베스트 쎌러**

새롭게 개발된 특정 상품이 수요자들에 의해 큰 호응을 받고 괄목할 만한 판매고를 올리며 베스트 쎌러가 되는 경우 이를 두고 '히트 프러닥트,' 또는 '히트 상품'이라는 말을 쓴다. 이런 표현은 모두 일본에서 만들어 쓰고 있는 일본식 영어 표현이다.

케이블 TV의 HBO, 인터넷의 '익스플로러,' 폴쉐 '박스스타,' 디스카운트 스토어 'K마트,' 바이애그러, 스타벅스 카피 등, 갑자기 대중들의 인기를 집중하면서 높은 수익으로 이어지는 아이템이나 그 상품에 대하여 일컫는 말이다.

그러나 영어에서는 이를 '핫 아이템(hot item),' 또는 '베스트 쎌러(best seller)'라 표현한다.

히프(엉덩이)
* **힙(옆구리)**

우리가 사용하는 히프(hip)는 신체 부분 가운데서 엉덩이를 가리키는 말로 알고 있다. 국어사전에서 '히프'는 엉덩이라 했고, 한영사전에서도 둔부, 엉덩이 궁둥이, 엉덩이 둘레의 치수라고 풀이하고 있다. 일본의 영화(英和)사전을 옮겨 실은 비극이다.

그러나 정작 영어에서 히프는 허벅지와 허리 사이에 좌우로 둥그스름하게 돌출한 양쪽 부분을 말한다. 우리가 인식하고 있는 신체의 뒷면과는 전혀 다른 뜻이다.

자동차 실내 시트의 크기를 구분하는 척도 가운데서 '힙 룸(hip room)'이란 말도 사람이 시트에 앉은 바닥의 넓이가 아니라 사람이

시트에 앉았을 때, 양쪽 옆 호주머니 언저리의 옆쪽으로 가장 돌출된 양쪽 부분의 니비를 말한다.

영어로 엉덩이는 '럼프(rump),' '포스티리어(posterior)' 라 하고 자리에 앉을 때 바닥에 닿는 부분을 '버턱스(buttocks)' 라 한다. 또 속어로 '애스(ass)' 라 하기도 한다. '힙' 을 '히프' 로 발음하면서 엉덩이로 착각하여 사용한 것은 일본 사람들의 오류를 그대로 본받은 데서 비롯된 잘못이다.

동양 여인들의 엉덩이가 처져있다는 말을 "히프가 처져 있다" 고 하지만 실은 버턱스, 또는 애스가 처져 있다고 해야 옳다.

색인

ㄱ

가, 로 · 12
가곡 · 9
가곡원류 · 9
가드 우먼 · 10
가드맨 · 10
가든(마당) · 10
가든 파티 · 10
가라오케, 카라오케 · 11
가라지 · 14
가모 · 15
가방 · 16, 216
가버디인 · 199
가브리엘리뇨 인디언 · 349
가빠 · 15
가솔린 스탠드 · 15
가수 · 17
가스 렌지 · 391
가스 스토브 · 17
가스펄 · 34
가십 맨 · 269
가요 · 18
가요곡 · 18
가이드 · 222, 320
가제 · 19
가톨릭 · 19
갈리디아서 · 286
갈채 · 64
감독 · 21, 367
감속 띠 · 45
갓길 · 21
갓바 · 15
강속구 · 367
강판 · 367
개그맨 · 22
개라 · 23
개런티 · 23
개솔린 · 24, 393
개스(휘발유) · 393
개스 레인지 · 17, 391
개스 렌지 · 128

개스 스탠드 · 24
개스 스테이션 · 15, 24
개스 스토브 · 17, 128
개스 쿠커 · 17, 36
개스 펌프 · 393
개스 페들 · 354
개스 히터 · 17
개스 스테이션 · 15
객ість(객스터) · 23
갤라리아 · 24
갤러리어 · 24
갤런트 · 546
갤리 · 29
갱스터 · 25
거라쥐 · 14, 471
거라쥐 쎄일 · 14
거쓰 · 37
거즈 · 19
거품 만드는 기계 · 196
건배 · 26
걷어내다 · 25
걸 프렌드 · 27
걸 헌트 · 28
걸레이션즈 · 286
게더 스커트 · 563
게라 · 29
게릴라 · 29
게스트 · 383
게쌍 · 476
게어리 쿠퍼 · 490
게이 보이 바 · 30
게이 빠 · 30
게임 세트 · 30
게임 쑈 · 509
게츠버그 · 31
게티즈벅 · 31
견본시장 · 32
고 · 32
고 사인 · 34
고, 스톱 · 35
고든 젠킨스 · 150
고로케 · 33

고린도전서 · 286
고린도후서 · 286
고무 · 34
고무 반도 · 34
고스트(사랑과 영혼) · 90
고스트타운 · 76
고우 · 32, 610
고 사인 · 34
고스펠 · 34
고우 온 · 32
고우 포 잇(고포릿) · 610
고우—슬로우 · 261
고울 · 41, 43, 302, 304, 569
고울 쎌러브레이션 · 42, 43
고즈 · 19
곤로 · 35
곤색 · 36
곤조 · 37
곤조우이로 · 36
골 세리머니 · 41
골 세리모니 · 42
골 포스트 · 304
골던 고울 · 38
골던 썬 · 118
골덴 바지 · 37
골드 러시 · 515
골드 레디오 · 616
골드 레커드 · 39
골드 에이지 뮤직 · 616
골드 고울 · 38
골드 디스크 · 39
골드 볼 · 38
골드 아워 · 40
골드 이어 · 616
골드 팝 · 616
골로새서 · 286
골—인 · 43
골프 넛 · 166
골프 매니액 · 166
골프 매니어 · 165
골프 클럽 · 537
공구리 · 44

과속 방지턱 · 45
관광 코스 · 45
관광 트립 · 45
광사원(이와나미 서점, 제5판) · 87, 124, 173, 226
교차로 · 46
교차점 · 46
교통 체증 · 46
교통섬 · 139
구데타 · 47
구디 · 404
구디스 · 403
구루푸 사운드 · 52
구원투수 · 368
구주 예수 그리스도 · 53
굿 모닝 · 447
굿바이 · 335
그녀 · 48
그라운드 · 43, 49
그랑 · 202
그랑드 바캉스 · 202
그래피토우 · 61
그랜드 세일 · 50
그랜드 스탠드 · 438
그랜드 슬램 · 367
그랩 핸들 · 592
그레노블 · 577
그레이 컬러 · 572
그레이드 업 · 51
그레주에잇 · 391
그로서리 스토어 · 304
그로타 · 51
그로테스크 · 51
그룹 마인드 · 397
그룹 사운드 · 51, 139
그룹 샷 · 300
그리스도 · 52
그리스정교 · 348
그린 라잇 · 34
그린 하우스 · 251
그릴 · 53
그릴 룸 · 53

620

근성 · 37
글래머 · 50
글로발(지구촌) · 53
글로벌(세계적인) · 53
금주의 탑 텐 · 227
기니 픽 · 183
기브 앤드 테이크 · 54
기브스 · 54
기어 쉽트 · 460
기어 스틱 · 460
기차 · 55
기푸스 · 54
기프스 · 55
기프트 카드 · 48
길딩 · 177
길어깨 · 22
깁스 · 54
깁트 바우처 · 48
깁트 써티피컷 · 48
까너 · 474, 475
까라멜로 · 483
까르떼라 · 542
까마라 · 469
까메라 포토그라피카 · 469
까스떼라 · 471
까스띠야 · 470, 471
까페 · 20, 340
까페 테라스 · 21
깐시온 · 476
깐쏘네 · 475
깐토 포폴라레 · 476
깟똘리코 · 20
깽 · 25
껑푸 · 509
꼴레(COLLE) · 41
꼼쁠레 · 290
끝 멘트 · 179

ㄴ

나띵 게인드 · 564
나랑하 · 391
나레이터 모델 · 56
나바조(인디언) · 57
나버호 · 57
나버호 내셔널 모뉴먼트 · 57
나버호 카운티 · 57
나블 마인디드 · 398
나성 · 109
나스미깡 · 390
나스닥 · 57, 58
나이브 · 58
나이스 피겨 · 50
나이타 · 58
나이터 경기(게임) · 58
나이트 쇼 · 59
나이트 클럽 · 112
나이페스 · 533
나이프 · 175
나일 · 371
나잇(나이트 게임) · 58
나잇 스탠드 · 439
나잇 왓처 · 10
나잇 클럽 · 111
나잇 테이블 · 267
나쭈찌 · 59
나타리 우드 · 60
나투씨 · 59
나팔 · 60
나폴리타 송 · 272
나홈 · 286
낙삼기 · 109
낙서 · 61
난 스탑 · 77, 560
난 어브 원스 비지니스 · 75
난타이틀드 맷취 · 77
난-프라핏 · 294
남바링 · 61
남방 샤츠 · 62
남방샤쓰 · 274
낫 웨어링 어 브라 · 72
낫스 베리 파암 · 75
낭만 · 62, 63
내 사랑 릴리 · 64
내 사랑 클레멘타인 · 64
내 인생의 전부였던 그 여인 · 371
내레이터 모델 · 56
내레이터 · 57
내비 · 71
내셔널 리그 · 366
내스닥 · 57
내야 안타 · 367
내일을 향해 쏴라 · 63, 64, 134
내추럴 개스 쿠커 · 37
내틀리 옷 · 60
너가트비 에커나믹 그로우스 · 161
너가티브 그로우스 · 1610
너배더 · 66
너버서스니스 · 74
넘버링 · 62
넘버링 머신 · 61
넘버스 · 285
넘브 플레이트 · 65
넛 프릭 · 166
넛스 베리 파암 · 443
네고 · 65
네고시에이션 · 65
네덜란드 · 179
네덜란드어 · 260
네덜런드 · 389
네덜런드 왕국 · 390
네덜런스 · 390
네바다 · 66
네스티스 쿠킹 셋 · 497
네오니오 · 67
네온 사인 · 66, 67
네옹 · 67
네이비훗 펄리스 브랜치 · 554
네이벌 룩 · 67
네이벌 블루 · 67
네이블 오린지 · 390
네이블 토크 · 528
네이비 · 71
네이비 룩 · 67
네이비 블루 · 67
네이티브 스피커 · 390, 415
네이티브 잉글리쉬 스피커 · 579
네이험 · 285
네일 바니쉬 · 167
네일 세다카 · 68
네일 팔리쉬 · 166, 167
네임 밸류 · 68
네임 브랜드 · 69, 176
네임 브랜드 굿스 · 176
네임 카드 · 69
네트 인 · 70
네트 타치 · 70
네트웍 앵커 · 365
넥밴드 · 209
넥타이 핀 · 69
넷 볼 · 70
넷 코드 · 70
넷 파울 · 70
넷웍 앵커 · 366
넷웍 프로그램 · 344
노 게인스 · 564
노 넥타이 · 73
노 대깅 · 74, 75
노 마크 · 71
노 브라스 · 72
노 브랜드 · 72
노 카트 · 72, 73
노 커트 · 73
노 크랏지 · 73
노 타이 샤쓰 · 74
노 타이 · 73, 74
노 프라핏 · 564
노 하우 · 76
노가다 · 70, 71
노가다 판 · 70
노견 · 21
노구랏찌 · 73
노다지 · 75
노두아 · 75
노래 · 18, 476
노래꾼 · 18
노래방 · 10
노브라 · 72

노우하우 · 76
노이로제 · 74
노츠 베리 팜 · 75
노카타 · 71
노타치 · 74
노타블 · 69
노터치 · 75
노톨 · 75
노트북 컴퓨터 · 95
노트북 · 95
녹색의 산 · 221
녹크 · 401
논 스톱 · 76, 77
논스톱뿌 · 77
논타이틀 · 77
놀먼 쥬이슨 · 206
놋북 · 95
누가복음 · 286
누구를 위하여 종을 울리나 · 490
누드 쇼 · 78
누로우서스 · 74
누즈 · 78, 315
눈물로 핀 꽃 · 383
뉴 버드 · 558
뉴 옥스퍼드 어메리컨 딕셔너리 · 295
뉴 임프로이이 · 558
뉴 잉글랜드 · 371
뉴 페이스 · 558
뉴 하이테크나라지 컴파니 · 228
뉴 하이텍 · 229
뉴 햄프셔 · 159, 371
뉴로우시스 · 74
뉴스 · 78
뉴스 스탠드 · 310
뉴스 앵커 · 333
뉴스 카버리지 · 269
뉴스 캐머러맨 · 469
뉴스 캐스터 · 333
뉴스페이퍼 캐머러맨 · 469
뉴욕 맨해튼 · 140
뉴욕 멧스 · 177
뉴욕 스테이크 · 586

뉴욕 컷 스테이크 · 586
뉴욕 필하모닉 · 120
뉴잉글랜드 · 159, 350
뉴즈 · 78, 315
뉴트럴 디터전트 · 582
느헤미야 · 285
나꾸사꾸 · 79
니니수빠 · 188
니루 쎄다ука · 68
니스 · 80
니안 싸인 · 66, 67
니어마이어 · 285
니얼 씨대키 · 68
니커틴 · 80, 81
니코친 · 81
니코틴 · 80, 81
니클 캐드미엄 쎌 · 81
니클 · 87, 437
니트 패브릭 · 174
니트굿스 · 174
니트웨어 · 174
닉카드 전지 · 81
닉스 · 174
닝겔 · 154
닝겔 액 · 81

ㄷ

다나 안드류스 · 82
다너 와이스 · 230
다너 쿡 · 372
다널드 · 82
다니엘 · 285
다니엘러 · 83
다니예 · 82
다니오 · 82
다스 · 83
다스바이다니야 · 335
다시방 · 83
다우 존스 & 컴퍼니 · 85
다우존스 공업지구 · 84
다우존스 산업지수 · 84

다이닝 카 · 465
다이아 · 85
다이애너 · 320
다이야 · 85
다이어먼드 · 86, 517
다이어먼드 레코드 · 40
다이얼로그 · 506
다인 · 289
다임 · 86, 437
다이러 벤쓰 자동차회사 · 229
다이러 벤쓰 · 230
다이러–벤쓰 AG · 180
다이러–벤쓰사 · 181
다저스 · 568
다크 블루 · 37
다트머스 · 346
닥터 프로그램 · 204
닥터스 프로그램 · 204
단겔 · 82
단클레 · 82
달러 · 86, 437
달리시스터즈 · 535
닷 캄 · 100, 486
닷 컴 · 100, 486
당꼬 쓰봉 · 316
대니 보이 · 335, 575
대니 소년 · 335
대니 · 82
대니얼 · 82, 285
대면하다 · 439
대미지 히스 이미지 · 424
대사림 · 87, 226
대쉬보드 · 83
대통령의 사람들 · 134
대하(드라마 · 소설) · 86
대하(타이가) · 88
댄싱 크윈(춤추는 왕비) · 88
더 게임스 오우버 · 30
더 라스트 · 258
더 벤쳐스 · 278
더 핏 · 394
더글러스 매카더 · 110

더글러스 머카더 · 171
더니스 리쳇스 · 89
더랜 더랜 · 102
더미 모어 · 90
더블 베드 · 89
더블 플레이 · 367
더블유 씨 · 530
더블헤드 · 59
더빌 · 483
더전 · 83
더티 마인드 · 397
더티 마인디드 · 398
덤푸카 · 98
덤프 카 · 465
덤프 트럭 · 99, 465
덧치 · 179
데니스 리쳐스 · 89
데니오 · 82
데드 볼 · 90, 91
데디케이티드 쎅션 · 294
데레비 · 522
데먼스트레이션 레이디 · 56, 57
데메리크 · 174
데미 무어 · 90
데뷔 · 91
데살로니가전서 · 286
데살로니가후서 · 286
데설로니언즈 · 286
데스 프레인스 · 169
데스크 · 91
데스크 램프 · 438
데스크 키퍼 · 92
데스크 탑 · 95
데스크 톱 · 95
데어리 밸리 · 291
데이너 앤드루스 · 82
데뷰 · 91
데이비드 · 96
데이빗 · 96
데이빗 게잇스 · 347
데이-오 · 575
데이크 코스 · 96

데이터 프로세싱 · 459
데일라잇 쎄이빙 타임 · 283
데자토 · 96
데저트(후식) · 96
데지그네이티드 히트 · 367
데쳄 두오 · 83
데코레이션 케이크 · 97
데파토 · 92
데파트 · 92
데프레 · 97, 430
데하지메 · 462
데후레 · 97
덴뿌라 · 97
뎀뿌라 · 98
도국 근성 · 38
도나 도나 · 446
도나스 판 · 94
도나스 · 93
도나쓰 · 93
도날 · 82
도너츠 · 93
도너츠 판 · 94
도라이바 · 98
두라 · 94, 95
도란스 · 99
도랑 · 94
도레이닝구 샤쑤 · 461
도롯도 · 534, 536
도루 · 141, 367
도색 · 572
도세나 · 83
도씨나 · 83
도어 터 도어 · 524
도우넛 · 93
도카타 · 70, 71
도트 콤 · 99, 486
독서 매니어 · 165
독수리처럼 날고파 · 458
돈 바키 · 382
돈 타치 · 75
돈까스 · 100
돈부리(돼지고기 덮밥) · 101

돈카쑤 · 100
동아일보 · 208
두란 두란 · 101
두제노 · 83
두즈 · 83
듯쌘트 · 83
듀터라너미 · 285
드라마 · 326
드라머 · 326
드라이버 싸이드뷰 미러 · 217
드라이버 온 페이퍼 온리 · 410, 547
드라이브 맵 · 102
드라이브 모어 쎄이플리 · 292
드라이브 세이폴리 · 355, 357
드라이브 스루 · 427
드라이브 웨이 · 102
드라이브 인 레스토란트 · 169
드라이브 코스 · 102
드라이브 투우 패스트 · 316
드라이빙 레인지 · 427
드럼 메이저렛 · 204
드레스 · 15, 532
드레스 셔츠 · 73, 289, 444, 472, 518
드레스 셧 · 406
드레스 셧트 · 520
드레싱 룸 · 95
드로 업 어 리스트 · 152
드리다 · 449
드리벌 · 103
드리볼 · 103
드리브 마이 오운 카 · 387
드리절 · 104
드리펄 · 104
드립터스 · 150
드링크 · 360
드링크 업 · 26
들에 핀 백합 · 340
들판 · 368
등판 · 103, 281
디 올림픽 게임스 · 404

디 올림픽스 · 403, 404
디도서 · 286
디렉토리 · 100
디렉트 · 21
디메리트 · 160
디모데전서 · 286
디모데후서 · 286
디벨롭먼트 · 106
디쉬 · 328
디스꼬텍 · 105
디스앤드밴티지 · 174
디스카운트 스토어 · 617
디스카운트 · 105, 106
디스코 테크 · 104
디스코테크 · 105
디스코텍 · 104, 105
디스크 자키 · 333, 384
디스프레이 · 116
디안 워워 · 272
디앙 · 268
디일 · 65
디일링 · 65
디입 퍼플 · 297
디입 프라이드 · 97, 98
디저트 · 96
디즈니랜드 · 75, 443
디캘 · 311
디터트전트 · 582
디트로잇 · 483
디파트 · 92, 274
디파트먼트 스토어 · 92
디파트먼트 · 491
디펜더스 · 190
디펜드 온 이치 아더 · 54
디펜스 · 490
디플레이션 · 97, 431
딕 클락 · 296, 520
딥 블루 · 37
딸라 · 86
땐스 파티 · 88
땐싱 퀜(디스코 여왕) · 88
떼르노 · 290

또렛따 · 531
또스트 · 239
띠너 · 328
띠시스 · 528
띰 · 526
띰 뮤직 · 317, 318, 527
띰 송 · 526
띰 파크 · 448
띰쏭 · 424

라 졸라 · 112
라 호야 · 112
라끼에따 · 189
라디오 · 107
라디오포노 · 107
라레스 · 600
라르르의 여인 · 337
라멘 · 108
라면 · 108
라미안 · 108
라바또리오 · 531
라부(로후) · 109
라비 · 566
라비 데스크 · 566
라비이스트 · 136
라비즘 · 136
라비잉 · 136
래빠 · 61
라성 · 108, 109, 110
라스 베이거스 · 66, 196, 344
라운드 · 330
라운더바웃 · 139
라운드 스테이크 · 586
라운드 어브 식스틴 · 330
라운지 수트 · 289
라이반 · 110
라이방 · 110
라이브 쇼 · 111
라이브 콘서트 · 110
라이브 하우스 · 111

라이선스 넘버 · 217
라이쎈스 플레이트 · 65
라인스먼 · 112
라잇 마인디드 · 398
라잇웨잇 코우트 · 315
라졸라 · 112
라지오 · 107
라쿠쇼 · 61
라테리(복권) · 132
라토 · 라로 · 132
라티노 · 493
라틴 문자 · 113
라틴 어메리카 뮤직 · 113
라틴 음악 · 113
란나 · 113
란드리 · 583
랄프 리첫슨 · 165
랄프스 · 114, 115
랏빠 · 61
랏지 · 182
랑데부 · 341
래머네이팅 · 497
래먼테이션 · 285
랜드로더 · 352
램 커리 · 467
램프 웨이 · 115
램프(도로) · 115
랩탑 컴퓨터 · 94
랩탑(놋북) 컴퓨터 · 116
랩톱(노트북) 컴퓨터 · 116
러기지 · 216
러너 · 113, 614
러닝 슈스 · 117
러닝 트랙 · 444
러버 · 34
러버 밴드 · 34, 209
러버스 레인 · 96
러브 투 TV · 537
러브호텔 · 117, 225
러뽈따쥐 · 147
러언드 워먼 · 384
러프트 스타일 · 550

럭색 · 146
럭쌕 · 79
런 · 367, 611
런닝샤쓰 · 116, 274
런천미트 · 312
럼프 · 618
럿셀 왓슨 · 213
레귤러 카피 · 339, 340
레너드 버언스타인 · 120
레너드 번스타인 · 120
레너드 번스틴 · 120
레너드 코언 · 120
레드 속스 · 118
레드 싹스 · 118
레드 썬(붉은 태양) · 118
레드 카아드 · 129
레드스 · 122
레디쉬 · 518
레디오 · 107
레디오 가요 · 9
레디오 씨티 뮤직홀 · 140
레뜨레떼 · 531
레버네이팅 머쉰 · 497
레버레이션 · 286
레버터리 · 530, 531
레벨 · 371
레벨 고우스 업 · 119
레벨 업 · 118
레서 백 · 16
레스터런트 · 119, 487
레스토랑 · 119
레스트 룸 · 531
레스트 룸스 · 530, 531
레오날드 다 빈치 · 181
레오날드 번시타인 · 119
레오날드 코헨 · 120
레위기 · 285
레이 찰스 · 206
레이 A. 크록 · 169
레이디 어브 리이저 · 423
레이디스 룸 · 531
레이디오우 · 107

레디오텔레그래피 · 107
레디오텔레포니 · 107
레이디-후-런치 · 423
레이밴 · 111
레이블 · 125
레이스 더 레벨 · 118
레이스 레커드 · 337
레이스 뮤직 · 337
레이저드 우먼 · 423
레이즌 브레드 · 214
레이철 롸벗스 · 165
레이크 · 584
레인 · 13, 455, 456
레인 마크 · 456
레인 코트 · 15, 200
레인보우(나이트 클럽) · 104
레인지 · 127
레인코트 · 15
레이트리 카운티 · 64
레잇 틴스 · 583
레저 · 121
레저베이션 · 241, 369
레즈 · 121
레즌(합성수지) · 351
레지 · 122
레지스터 · 123
레지스트레이션 데스크 · 566
레지스트레이션 플레이트 · 65
레카차 · 126
레칸 트립 · 139
레커드 플레이어 · 558
레커드 · 123
레커사이즈 · 497
레커엇 · 558
레코드 · 123, 126
레크리에이션 · 125, 126
레키 트립 · 139
레터 싸이즈 · 376
레테루 · 125
레텔 · 125
레트-로만스 · 63
레퍼터리 시스템 · 124

레퍼토리 · 124
레퍼트와 · 124
레페르트와르 · 124
레포츠 · 125, 126
레포트 · 126
레푸블리카 이탈리아나 · 426
레퓨테이션 · 424
레프리 · 112, 129
레프트 필더 · 367
렉 카 · 126
렉커 · 126
렉타임 · 535
렌지 · 127
렌트맙 · 128
렌터카 · 129
렌터캅 · 128
렌트카라우드 · 128
렌트픽 · 128
렌틀카 · 129
렌트 보이 · 128
렌트 북 · 129
렌트 카 · 128, 129
렌트겐 · 128
렌트겐 사진 · 128
렌트겐 선 · 128
렏 카드 · 129
렛스 · 121
렛스 고 · 609
렛스 고우 · 130, 611
렛쯔 · 122
렛츠고 · 129
렛터르 · 125
로고 · 163, 330
로고송 · 130
로고타입 · 130
로데오(드라이브) · 130
로데이오 드라이브 · 130, 131, 476
로드 맵 · 102
로드 쇼 · 131
로드 스타이거 · 206
로드 아일랜드 · 159, 371

로드싸이드 써비스 · 22
로디오 드라이브 · 131, 252
로디오 · 130
로딩 촤지스 · 146
로또 · 132
로라텍스 · 502
로마서 · 286
로만스어 · 63
로맨스 · 62
로맨스 그레이 · 133
로먼 캐설릭 · 20
로먼즈 · 286
로멘 롤랑 · 87
로버트 듀발 · 135
로버트 드 니로 · 134
로버트 레드포드 · 134
로버트슨 · 134, 358, 594
로비스트 · 135, 136
로비이스트 · 136
로산제루스 · 137
로서벨트 · 443
로성 · 110
로스 · 137, 160, 161
로스(고기) · 137
로스(L.A.) · 382
로스 안헬레스 · 110, 137
로스 앤절리스 · 137
로스 앤젤러스 다저스 · 177, 221, 366, 381
로스 앤젤러스 타임스 · 38, 289
로스 앤젤러스 · 13, 76, 108, 110, 114, 137
로스 앤젤레스 · 110, 137, 381
로스 앤젤리스 · 110, 381
로스 엔젤스 · 137
로스 인카스 · 459
로스 타임 · 161
로스 트레스 디아만테스 · 142
로스트 · 137
로어 맨해튼 · 189
로어 이스트 싸이드 · 189
로어 코스트 · 494

로우(루) · 141
로우 보트 · 407
로우 테크나라지 · 460
로우 프로파일 디제이 · 384
로우잉 보트 · 407
로우저벌트 · 143
로우컬(지역) · 138
로우콜 · 138
로우프 · 432
로즐랜드 팍스-트랏 · 536
로칼(시골) · 137
로칼판 · 138
로코모티브 · 55
로컬 매그니튜드 · 153
로컬 앵커 · 365
로케 · 138
로케이션 · 138
로케 헌팅 · 139
로크 · 140
로큰롤 · 140
로터리 · 139
로테리 · 132
로토 · 132
로푸(loufu) · 109
로프 어브 브레드 · 214
록 그룹 · 139
록 앤드 롤 · 139
록 · 140
록키 산맥 · 140
록펠라 센터 · 140
록펠라 · 140
론드렛 · 496
론드러맷 · 496
롤러 코스터 · 443
롤리스틸몰 · 306
롤빵 · 593
롤업 셔터 · 277, 278
롭 라이닝 · 200
롯기 · 285
롯또 · 132
롱 넘버 · 217
롱 드레스 · 416

롱 비치 항 · 511
롱 샷 · 299
롱 아일랜드 · 344
롸벗 더 니로 · 134
롸벗 두볼 · 135
롸벗 렛퍼드 · 63, 134
롸벗선 블러바드 · 135
롸벗슨 · 358, 594
롸우스 · 115
롸우프스 · 114, 115
롸이 롸저스 · 142
롸이스 커리 · 466
롸켓 · 188
롸크로울 · 140
롹 그룹 · 52, 139, 298
롹 밴드 · 52, 140
롹커펠러 쎈터 · 140, 141
롹커펠러 재단 · 141
롹키 산맥(마운틴즈) · 140
롹포드 · 431
루 · 141
루나 레나 · 142
루나 예나(만월) · 142
루럴 · 225
루스 몰건 · 458
루스 일저벳 데이버스 · 230
루스벨트 · 143, 443
루심 · 368
루오사지 · 109
루이 암스트롱 · 458
루이 프랑소와 칼티에이 · 476
루즈벨트 · 143
루치아노 베네톤 · 223
루크 · 286
루크사크 · 146
루크싸크 · 79
루트 · 103
루페 · 143
루프 · 143
룩 디퍼런트 · 425
룩 업 · 596
룸 사롱 · 144

룸 쿨러 · 473
룸사롱 · 144, 145
룸살롱 · 144, 145
룸싸롱 · 274
룸차지 · 145
룸펜 · 146
룸펜 거진덜 · 146
룻스 · 285
류구삭쿠 · 146
류쿠삭쿠 · 79
류크 사쿠 · 146
륙색 · 79
르포 · 147
르포 라이터 · 147
르포르떼르 카메라만 · 148
르포르타쥐 · 147
르포르테 · 147
리걸 싸이즈 · 376
리노 · 66
리듀스 코스트 · 494
리드-오프 배터 · 532
리듬 & 블루스 · 336
리듬 앤드 블루스 · 336
리디아 · 343
리딩 매뉴팩처러 · 176, 531
리모콘 · 148
리뭇 컨트롤로 · 148
리뭇 컬트롤 · 148
리무젱 · 149
리무지너 · 288
리무진 버스 · 149
리무진 · 149
리미티드 드라마 · 326
리미티드 시리즈 · 325, 327
리믹스 · 352
리바 · 60
리바이바루 · 150
리바이벌 · 150
리바이벌 레코드 · 485
리바이벌 히트 · 150
리바이빌 히트곡 · 150
리바이브드 · 150

리바이스 · 150
리버스 · 218
리버스 기어 · 210
리버프론트 스테이디엄 · 122
리번 라인 · 551
리번 커팅 · 528
리번 커팅 쎄러모니 · 528
리베이트(소개비) · 151
리베이트(조건부 할인) · 151
리브 더 마운드 · 367
리브리 디비니 · 284
리비티커스 · 284
리빙 · 434
리상란 · 368
리서브 라인스먼 · 112
리쎕셔니스트 · 572, 612
리쎕션 데스크 · 566, 612
리스닝 · 617
리스닌 캄프리헨션 · 616
리스닝 어비리티 · 617
리스트 업 · 151
리스트 · 494
리스트밴드 · 209
리슨 · 325
리쎄션 · 97
리어뷰 미러 · 217
리이브 더 마운드 · 104
리이서 · 121, 125
리이프릿 · 258
리차드 후라이샤 · 153
리처드 먹다널드 · 169
리처드 플라이셔 · 153
리처드스 · 89, 594
리처즈 · 90
리챗슨 · 594
리카너전스 · 139
리커 · 360, 438
리커 스토어 · 188
리코딩 · 207, 486
리코딩 세션 · 352
리쿠이다이저 · 196
리크리에이션 쎈터 · 599

리크위드 솔류션 · 607
리타이어먼트 빌리지(은퇴자 마을) · 328, 329
리테일러 · 494
리투아니아 · 553
리트 · 9, 476
리튼 테스트 · 392, 547
리틀 락 · 351
리틀 시스터 · 178
리틀 이탈리 · 189
리페어 샵 · 280
리포터(취재보조원) · 152
리포터 · 147, 152, 269, 333, 469
리포트 · 126
리포트 멤버 · 269
리프릿 · 543
리프트 걸 · 375
리프트 오퍼레이터 · 375
리히타 · 154
리히터 규모 · 153
리히텐슈타인 · 184
릭터 스케일 · 154
린디 · 536
린지 앤더슨 · 165
릴레이 · 531
릴리스 · 463
릴리아 스칼라 · 341
릴리즈 · 206, 207
릴리프 피처 · 367
립트 더 레벨 · 118
릿스 · 166
링거 샷 · 155
링거 솔루션 · 81, 154
링게루 · 82, 154
링게르 · 154
링겔 · 81, 154
링글리 필드 · 485

마 담 · 157

마가린 · 156
마가복음 · 286
마네킹 · 156
마니 매니즈먼트 · 436
마니아 · 165
마니큐아 · 166
마다로스 · 158
마다무 · 157
마담(술집) · 157
마던 스타일스 · 581
마도로스 · 158
마돈나 · 158
마레 파시피쿰 · 546
마르모뜨 · 183
마르첼로 마스트로얀니 · 543
마르텡 뒤 가르 · 87
마셜 맥클루언 · 53
마스터 선생님 · 209
마쓰모토 · 260
마아크 · 286
마이크 랍션 · 164
마요네즈 · 160
마이 아파트 · 162
마이 오운드 카 · 163
마이 오운드 하우스 · 162
마이 와이프 · 162
마이 카 · 162
마이 카드 · 69
마이 페어 레이디 · 448
마이 홈 · 162
마이너스 · 161
마이너 체인지 · 162
마이너스 · 160
마이너스 성장 · 161
마이너스 스크루드라이버 · 99
마이커 · 285
마이크 피아자 · 177
마이크 피앗싸 · 177
마이크로 버스 · 163
마이크로 웨이브 오븐 · 128
마이크로삽트 · 418
마이크로웨이브 · 439

마이클 볼튼 · 150
마이클 소프트 · 418
마이트로 소프트 · 418
마일드 커피 · 339
마저린 · 156
마카로니 웨스턴 · 163
마커 · 168
마크(회사 마크) · 163
마크 로브슨 · 164
마킹 펜 · 168, 598
마타로스 · 158
마태복음 · 286
마틸다 · 575
마후라 · 164
만루 · 141, 367
만슬리 싸이클 · 178
만슬리 텀스 · 178
만슬리 플라워 · 178
만시리스 · 178
만켕 · 156
만태너 · 184, 185
만하탄 · 179
만향옥 · 368
말라기 · 286
말콤 맥도웰 · 164
맛싸쥐 팔러 · 450, 451
매거진 북 · 186
매그너파잉 글래스 · 143
매그니튜드 · 153
매너 · 165
매너스 · 165
매너큐어 · 166
매뉴얼 트랜스미션 · 73
매니액 · 165, 166, 389
매니어 · 165, 389
매니저 · 21, 367
매니큐리스트 · 167
매니큐어 · 166
매니킨 · 157
매덤 · 384
매러너 · 158
매러랜드 · 363

매사추세츠 · 120, 159, 371, 508
매사추시섯 · 159, 160
매슈 · 169
매스 게임 · 167
매스 미디어 · 373
매스 짐내스틱 · 167
매스킹 테이프 · 307
매스터 어브 세레마니스 · 383
매스터스 프로그램 · 204
매직 미러 · 167
매직 테이프 · 307
매직 펜 · 168
매출 · 463
매카더 · 110, 170, 473
매킨타쉬 · 15
매트 · 168
매트리스 커버 · 224
매트리스 · 168
맥나마라 · 171
맥다늘드 · 169
맥도날드 · 169
맥도날드 · 484
맥아더 · 170
맥크너매러 · 171
맨 투 맨 · 172
맨더린 오린지 · 390
맨션 · 171
맨체스터 · 165
맨하탄 · 180
맨해튼 · 141, 179, 512
맬러카이 · 286
맬컴 먹도우얼 · 164, 165
맷치 · 31
머다너 · 159
머댈리언 · 174
머린스 · 177
머메이스 · 347
머세이디스 · 180
머세이디스-벤쓰 · 229, 230
머스탱 · 185, 186
머카더 · 170
머튼 바비큐 · 453

머플러 · 164
먹(mug) · 444
먹다늘드 · 169
먹도널드 · 427
먼해른 · 179
멀써네리 · 298
멀티 플래티넘 · 40
멀티미터 · 527
메가 넘버 · 114
메너포즈 · 178
메달 · 172, 174
메데 · 175
메들 · 174
메디나트 이스라엘 · 422
메디아스 · 174
메럴런드 · 175
메르체데스 · 180
메리아스 · 174
메리트 · 174
메릴랜드 · 175, 363
메서추셋스 · 119
메스 · 174, 175
메스 킷 · 587
메시아 · 52, 431
메어리 파핀스 · 448
메어리랜드 · 175
메이 데이 · 175
메이구오 · 193
메이데이 · 175
메이-데이 · 175
메이드 투 오더 · 388
메이아 · 175
메이야쑤 · 174
메이어네이즈 · 160
메이커 · 175, 480
메이크 어 리스트 · 152
메이크 업 · 95
메이크업 룸 · 95
메이크업 맨 · 469
메이크업 아티스트 · 95
메이크-업 · 95
메일 프렌드 · 235

메츠 · 176
메탐페타민 · 616
메테드린 · 616
메튜 · 286
멕끼 · 177
멕시코 국경 · 113
멘스 룸 · 531
멘스 멘시즈 · 177
멘스트루아치온 · 177
멘스트루에이션 · 178
멘시즈 · 178
멘즈 · 178
멘트 · 178, 379
멜세데스 · 180
멧스 · 176, 177
명차(메이카) 창가집 · 585
명콤비 · 503
모나리자 · 180
모나리자의 미소 · 181
모너 리싸 · 181
모너 리써 · 180
모니터 · 181, 182
모닝 서비스 · 182
모닝 콜 · 182, 183
모드 쑈 · 545
모르모트 · 183
모리스 먹다늘드 · 169
모멘트 매그니튜드 · 154
모벌 폰 · 591
모빌 홈 · 395, 396, 482
모쌀트 · 183
모오닝 쎠비스 · 182
모오쌀트 · 184
모정(영화) · 64
모짜르트 · 183
모찰트 · 184
모터 풀 · 14, 184
모터 호텔 · 117
모터 홈 · 396
모터(링) 호텔 · 118
모터리스트 · 387
모터맨 · 411

모터바이크 · 395
모터사이클 윗 어 사이드카 · 272, 273
모터사이클 · 574
모터싸이클 · 394, 510
모터케이드 · 473
모텔 · 400
몬나리싸 · 181
몬타나 · 184
몽(mont) · 221
무겐 · 77
무드 랭그러스 릴렉세이션 · 185
무디한 분위기 · 185
무로마치지다이 · 174
무비 법 · 196
무빙 세일 · 196
무빙 티킷 · 311
무스탕 · 186
무크 · 186
무크지 · 186
무한한 사랑 · 383
문라이트 · 339
문민 · 186, 187
뮤지컬 칸테스트 · 507
뮤직 비디오 · 187
미가 · 286
미국 댄스교사협회 · 535
미국 · 192
미니 모터 홈(뺀) · 396
미니 바 · 604
미니 슈퍼 · 187, 188
미니 시리즈 · 325
미니버스 · 163
미대륙 · 192
미드 나이트 · 189
미드 섬머 · 189
미드 써머 · 190
미드웨이 · 189, 190
미드타운 · 189
미드필더스 · 190
미드필드 라인 · 189
미드필드 · 189, 190

미들 네임 · 442
미들필드 · 190
미들필드 · 189, 190
미디어 · 373
미디엄 샷 · 299
미루쿠 쿠리무 · 248
미사일 · 188, 189
미셔네리 스쿨 · 191
미소라 히바리 · 158
미숀 스쿨 · 190
미수리 · 193
미스 캐러스세닉스 · 167
미스 · 191
미스테이크 · 191
미스테익 · 191
미시시피 · 371
미식축구 · 43
미싱 · 192
미썰 · 188, 189
미쓰 더 댁 · 75
미쓰 · 192
미씰레 · 189
미씰르 · 189
미안바오 · 214
미이팅 · 194
미조리 · 193
미주 전국 · 193
미주 · 192
미주리 · 193
미칸 · 390
미캐니컬 펜슬 · 277
미팅 · 194
믹사라지스트 · 212
믹서 · 195, 196
믹스 · 194, 195
믹스 테이프 · 194
믹스한 CD · 194
민박 · 604
민수기 · 285
밀애 · 64
밀크 쉐이크 · 169
밋 나잇 · 189

밋나잇 쑈 · 59
밋볼 · 396
밋써머 · 189
밋웨이 · 189
밋타운 · 189
밋팅 · 194

바(바아) · 310
바(bar) · 305
바 엣 홈 · 604
바 키퍼 · 157
바 호스테스 · 600
바겐 세일 · 196
바니쉬 · 80
바닛 · 236
바다르체스카 · 198
바다제후스카 · 198
바디 샵 · 280
바디가드 · 490
바디치리 · 410
바라르체스카 · 198
바러렐라103
바리깡 · 199
바리꽝 에 마르 · 199
바리칸 · 199
바리톤 쌕서폰 · 292
바맨 · 212
바메이드 · 212
바바리 코트 · 199
바스 · 222
바스도라뷔리아유 · 505
바스토우 · 344
바스트 샷 · 299
바아즈 · 201
바이개그러 · 617
바이널(vinyl) · 94, 123
바이늘 · 168, 251
바이-바이 · 211
바이블 · 283, 284
바이시클 카트 · 153

바이애그러 · 252, 430
바이어 · 201
바이어런트 드라머 · 363
바이어런트 액션 스타 · 363
바이얼 · 200, 201
바이에니얼 · 253
바이에루 · 201
바이엘 · 200, 201
바이킹 · 153
바이토 · 338
바지(선) · 203
바지션 · 201
바처라이넘 · 233, 234
바카레 · 202
바카씨오네스 · 203
바칸쎄 · 203
바캉스 · 202, 203
바케쓰 · 203
바쿠테리아 · 205
바턴 트월러 · 203, 204
바텀스-업 · 419
바텐더 · 212
바통걸 · 203
박 비어 · 248
박사 코스 · 204
박서 쏫스 · 212
박스 넘버 · 217
박스킹 · 204
박싱 트렁크스 · 213
박찬호 · 122, 310, 366
박테랴 · 205
박테리아 · 205
박테리어 · 205
박테이로 · 205
박효관(가객) · 9
반겔리스 · 205
반도 · 209
반젤리스 · 205
반카 · 208
발매 · 463
발칸방도 · 555
발표 · 206

밤의 열기 속에서 · 206
밧데리 · 206
방가로 · 207
방꾀어 · 208
방끄 · 208
방송 대사전 · 481
방송 모니터 · 181
방출 · 463
방카쉬랑스 · 208
방카슈랑스 · 207, 208, 209
방코 · 208
방크 · 208
배거밴드 · 146
배기지 · 216
배너 · 556
배런타인스 데이 · 608
배스 룸 · 531
배쓰룸 · 224
배지 · 163
배큐엄 바틀 · 373
배터리 · 206
백 · 16, 216
백 핀 · 69
백그라운드 뮤직 · 255
백드 업 · 218
백딕스 기어 · 445
백시네이션 · 406
백신 · 406
백업 뮤지션 · 217
백워드 · 218
백킹 모지션 · 218
백킹 밴드 · 218
백티리어 · 205
백팩 · 79, 146
밴 · 414
밴드 · 51, 139
밴드(바지) · 209
밴드 리더 · 209
밴드 마스터 · 209
밴드 스탠드 · 438
밴드의 채널 할당 · 457
밸러드 · 371

발코니(2층 이상) · 225, 226
뱅커 · 210
뱅커런스 · 207, 209
뱅크 · 208
뱅킹슈어런스 · 209
버글 · 60
버글러 · 61
버로우 · 13, 179, 512
버몬 · 221
버몬트 · 159, 371
버밍검(영국) · 102, 219
버밍엄 · 219
버밍햄(미국) · 219
바바이 · 211
버베리 코트 · 199
버베리스 리미티드 · 199
버스 걸 · 222, 320
버스 디포 · 223
버스 보이 · 222, 319, 320
버스 스탑 · 212
버스 스탠드 · 222, 223
버스 스테이션 · 223
버스 터미널 · 223
버스 호스티스 · 222
버스·뻐쓰 · 222
버스트(여자) · 219
버스트 · 215, 220
버어만트 · 221
버클 업 · 355
버킷 타입 · 204
버킷 · 203
버튼스 업 · 26
버튼 · 232
버페 카 · 465
버페이 · 267
벅 · 86
벅스킨 · 204
번 · 592
번지 · 220
벌걸로우 · 207
벌룬 · 334
벌만트 · 221

벌만트 애버뉴 · 493
벌몬 · 221
벌브 · 115
법스 · 301
베네똥 · 223
베네싸아 · 223
베네치아 · 223
베네톤 · 223, 224
베니셔 · 223
베니아 판 · 224
베드 카바 · 224
베드 타운 · 224, 225
베드로전서 · 286
베드로후서 · 286
베드룸 · 224
베떼랑 · 226
베란다(지상층) · 225
베르 · 221
베르리나 · 288
베를린 · 288
베를린다 · 288
베버리 힐즈 · 252
베벌리 블라바드 · 493
베벌리 쎈터 · 286
베벌리 힐즈 · 131, 252, 355, 476
베벌리 힐스 시 · 221, 286
베스트 · 238, 444
베스트 셀러 · 617
베스트 텐 · 227
베이고꾸 · 193
베이그 · 423
베이비 돌 · 476
베이스 · 141
베이스 볼 · 366
베이스 엄파이어 · 367
베이스 온 볼 · 367
베이스 온 볼스 · 237, 260
베이시스 로디드 · 614
베이시스 풀 · 614
베이커리 · 214
베이커스 샵 · 214

베이크 샵 · 214
베케이션 · 202, 203
베터런 · 226
베테랑 · 226
베토나무 · 227
베트남 · 226, 227
베트런 · 226
베트콩 · 227
베티 데이버스 · 231
베티 데이비스 · 231
벤드 · 470, 485
벤또 · 587
벤-보이 · 236
벤쓰 · 79, 180, 530
벤챠 비지네스 · 228
벤처 · 229
벤처 기업 · 228
벤처 비즈니스 · 228
벤처 촌 · 229
벤츠 · 79, 180, 229, 230
벤치 · 208
벨 바텀스 · 61
벨루두 · 252
벨리 밴드 · 209
벨몽 · 221
벨버틴 · 252
벨벳 · 252
벨보이 · 236
벨트 · 209
벨합 · 236
벳 데이버스 · 230, 231
벳룸 커뮤니티 · 225
벳스프레드 · 224
벳트 데이비스 · 230, 231
벼룩시장 · 231
변화구 · 368
병살 · 367
보당 · 232
보도 사진사 · 469
보드빌 · 515, 535
보드카 · 232
보따우 · 232

보또네 · 232
보똔 · 232
보리스 예친 · 387
보물의 주 · 185
보세 가요 · 274
보쉬 & 롬 · 111
보스턴 팝스 오케스트러 · 544
보스톤 백 · 232
보올 룸 · 238
보올 · 238
보우너스 · 235
보올 어브 탑드 롸이스(덥밥) · 102
보울 · 328
보울탬미터 · 527
보이 프렌드 · 28, 235
보이 힌트 · 65
보이프렌드 · 448
보컬 & 인스트루멘털 그룹 · 52
보컬 그룹 · 51, 493
보탁스 · 233
보톡스 · 233
보통화(중국 표준어) · 268
보히미어 · 553
복음성가 · 35
본 스테이크 · 587
본네트 · 236
본다제후스카 · 199
본루심 · 141, 367
볼 · 234, 236, 237, 238
볼 넷 · 367
볼 펜 · 237
볼 포인트 펜 · 237, 238
볼넷 · 260
봇카 · 232
부기 · 238
부라보 · 238, 239
부라자 · 250
부루스 · 239, 240
부마제닉 · 542
부머랭 · 240
부머랭 베이비 · 240

부머랭 킷 · 241
부머랭 효과 · 240
부메란 · 240
부메랑 베이비 · 241
부메랑 효과 · 241
부스토 · 219
부쓰 · 242, 364
부츠 · 242
부치 캐시디와 썬댄스 킷의 이야기 · 63, 134
부커 T. & M.G.'s · 338
부커진 · 186
부케 · 254
부케이 · 244
부킹 · 241
부통 · 232
북 스탠드 · 438
북 재킷 · 242
북릿 · 543
북커버 · 242
북키핑 · 238
분기점 · 243
분민 · 187
분키텐 · 243
불가사의한 임무 · 441, 442
불러바드 · 250
불바아르 · 250
붉은 석양 · 118
붐(유행) · 243
붐타운 · 244
붓치와 썬댄스 스토리 · 63
뷔스트 · 219
뷰케 · 244
브라 · 72, 250
브라다 걸 · 245
브라디 마인디드 · 397
브라바 · 239
브라보 · 238, 239, 361
브라시에르 · 72
브라시우 · 246
브라실리아 · 246
브라운 관 · 245

브라운 브레드 · 214, 346
브라운 튜브 · 245
브라운서 뢰러 · 244
브라자 · 249
브라지우 · 246
브라질 · 245
브라쿠 고히 · 249
브랄리스 · 72
브래시얼 · 245
브래실 · 245
브랜드 · 169, 224
브러시어 · 72
브러지어(여자용) · 249, 250
브레드 · 213, 214
브레드 그룹 · 347
브레드 앤드 버터 · 214
브레드 앤드 쨈 · 214
브레드 크럼스 · 214
브레드 플레이트 · 328
브레이지어 · 72
브레이킹 뉴스 · 315
브레이킹 볼 · 367
브레익 다운 · 364
브렉퍼스트 스페셜 · 182
브로마이드 · 246
브로슈어 · 543
브로컨 잉글리쉬 · 506
브로트 · 214
브롱스 · 179
브롱쓰 · 512
브롱크스 · 179
브루클린 · 179, 512
브루트 · 214
브리프 · 212
브리프팟쉐 · 542
브립 뉴스 · 315
브립케이스 · 16
브이티알 · 246
블라이어 · 258
블라인드 데이트 · 193
블란트퓬트 · 571
블랙 비어 · 248

블랙 카메디 · 249
블랙 커피 · 248
블랙 코미디 · 249
블랙-아웃(이허설) · 247
블랙아웃(통제) · 247
블러드 메어리 · 178
블러바드 · 13, 362
블레이저 · 250, 421, 504, 505
블레이저(남성용) · 249
블레이저 코트 · 250
블렌더 · 194
블루 · 572
블루 무비 · 572
블루 셔츠 · 406
블루 진스 · 452
블루 컬러 · 572
블루 코멧스 · 52
블루버드 · 250
블루베리 힐 · 458
블루스 · 239, 240
블링커 · 420
블아인드 드랙 · 194
비 올 확률 · 253
비감 · 255
비니드보나 · 418
비닐 · 168, 251
비닐 빽 · 250
비닐 하우스 · 251
비디오 카셋 리코더 · 247
비디오 클립 · 187
비디오 테이프 · 310
비라 · 258
비련의 송림천 · 446
비로도 · 251
비리 · 258
비린딘씨 · 27, 239
비린시스 · 239
비밀요정 · 144, 274
비바리 힐즈 · 252, 253
비바리히루즈 · 252
비벨 · 284

비브리아 · 284
비블 · 284
비블리아 · 284
비스 · 361
비스니스 · 254
비써 · 254
비씨알 · 247
비아그라 · 252, 253
비어트너미즈 · 227
비얼 게잇스 · 260
비에나 스테이크 · 587
비에너 · 417, 418
비엔나 · 417, 418
비엔날레 · 253, 254
비엣남 · 226
비엣캉 · 227
비엣콩 · 227
비우티 설란 · 274
비의 학률 · 253
비이너 · 418
비이어 · 200
비이취 엄브렐러 · 256
비이취 하우스 · 292
비자(사증) · 254
비제 · 337
비즈니스 · 254, 358
비즈니스 수트 · 289
비즈니스 카드 · 69
비지네스 · 254
비지팅 카드 · 69
비창 · 255
비치 파라솔 · 256
비테리나 · 426
비퍼 · 258
비프 가스 · 257
비프 까스 · 100
비프 컷릿 · 257
비하인드 · 385, 402
빅 쎄일 · 50
빈 · 417
빈센트 병원 · 271
빌(비일) · 145

빌 게이츠 · 259
빌 게잇스 · 259
빌라 · 257, 291
빌러 · 257, 292
빌레몬서 · 286
빌리 조얼
빌리 조엘
빌리마 · 189
빌립보서 · 286
빌헤름 콘라트 뢴트겐 · 128
빕 빕 · 258
빕비아 · 284
빙 크로스비 · 142, 151
빙하 국립공원 · 185
빠 · 305
빠꾸 기아 · 210
빠꾸 오 라이 · 389
빠네 · 214
빠떼루 · 210, 211
빠스 · 223
빠시피크 · 545
빠이 빠이 · 211
빠테티크 · 255
빠텔 · 212
빤 · 213, 214
빤쓰 · 212, 213
빤츠 · 213
빨테르 · 210, 211
빨테르 포지션 · 211
빵 · 213, 214
빵꾸 · 215
빵빠레 · 215
빽 · 216
빽 넘버 · 216
빽 뮤지션 · 218
빽 밀러 · 217
빽 밴드 · 217
빽 스트릿 · 423, 424
빽 업 · 218
빽드 마스터 · 209
뺀찌 · 218
뻐쓰 걸 · 222

뻐쓰 · 222, 223
뻐웅 · 213
뻣스 · 222
뻬스트 · 238
뻰찌 · 218, 548
뽀나스 · 235, 236
뽀라 · 552
뽀르노 · 549
뽀르뚜가우 · 246
뽀르타폴리오 · 542
뽀빠이 · 236
뽀뽀스 · 544
뽀이 · 236
뽀켓또 · 551
뽈 · 238
뽐뿌 · 554
뽕짝 · 534, 536
뿌라스 마이나스 이꼬루 · 564
뿌에쳉(불야성 · 상하이의 별명) · 269
쀄라 · 258, 556
쀄쀄 · 258
쀤셋또 · 571

사구 · 90, 260
사내들은 어디 있을까 · 65
사도행전 · 286
사라다 · 260
사린 쌜린 · 260
사무엘 하 · 285
사무엘상 · 285
사보타쥬 · 263
사보타지 · 260, 263
사사기 · 285
사상 가장 긴 날 · 64
사상 최대의 작전 · 64
사아지 · 269
사양 · 263
사양서 · 264
사운드 오브 뮤직 · 448

사이다 · 264
사이드 미러 · 217
사이드 브레이크 · 590
사이드 브레키 · 265
사이드 시트 · 265, 267
사이드 잡 · 266
사이드 테이블 · 266
사이드카 · 272, 273
사인 · 267
사인회 · 268
사지 · 268
사지 쓰봉 · 268
사진기자 · 268
사커 그라운드 · 269
산 빈센트 · 270
산 쟈친토 · 271
산 조스 · 271
산도 · 270
산세이또 · 87
산세이토의 대사림 · 124
산스크리트 · 60
산타루 치아 · 272
살라트 · 260, 260
살롱 · 273
살수스 · 260
삼성당 대사림 · 97
삼진 · 367
상설매장 · 274
상하이 · 268
새러 본 · 248
샌 프란시스코 만 · 229
샌 프란시스코 · 359
샐러드 · 260
생명의 양식 · 213
샤렷 처지 · 213
샤부-샤부 · 453
샤쓰 · 117, 274
샤츠 · 117, 406
샤퍼 · 176
샤프 펜 · 277
샤프너 · 238
샤핑 몰 · 92, 93

샤핑 센터 · 93
샤핑 · 345
삼브르 · 469
샵 · 277
샷 · 299
샷 앤드 비어 · 419
샷따 · 277, 278
샷타 · 278
상송 · 9, 476
상하이 트위스트 · 279
상하이 · 279
상하이 · 쌍하이 · 268, 269
섀미 · 204
생하이드 · 278
서브웨이(지하철) · 279
서비스 · 279
서비스 공장 · 280
서클(트래픽) · 139
서클 · 281
서클라인 · 281
선 · 437
선 크림 · 282
선거 캠페인(선거 운동) · 130, 557
선단 과학 · 460
선발투수 · 281, 368
선생님을 존경해요 · 65
선의의 사람들 · 87
선탠 · 282
선탠 로숀 · 283
선탠 크림 · 282
선팅 · 282
설룬 · 144, 145
설룬 키퍼 · 157
섭웨이 트레인 · 55
성 니콜라스 성당 · 89
성 콜럼바 · 165
성경 · 283
성서 · 283
성유 · 52
세계가족 · 451
세계사람들의 전쟁과 평화 · 53
세그먼트 · 491

세다르스–시나이 · 287, 558
세단 · 287
세라그라피 · 441
세루후 · 295
세리누 디온 · 296
세리모니 · 288
세멘 · 289
세멘다인 · 289
세멘토 · 289
세븐 업 · 265
세븐 일레븐 · 188
세비로 · 289
세비스 센터 · 280
세빌 · 483
세실리아 바르토리 · 291
세이크리드 송 · 35
세이프 힛 · 367
세이프티 벨트 · 367
세인트 루이스 · 193
세인트 루이스의 혼 호 · 65
세일 · 196
세일러 · 157
세일스 위먼 · 57
세칸 하프 · 295
세컨드 하우스 · 291
세컨드 홈 · 291
세팟또 · 290
세퍼레이트 · 93
세프티 드라이버 · 292
섹션 마크 · 294
섹숀 · 294
섹스폰 · 293
센트 · 86
센티미터 · 324
셀 · 206
셀러페인 · 307
셀린 디옹 · 296
셀스 클럽 · 599
셀프 비지네스 · 293
셀프 스타팅 모터 · 295
셔로인 · 137
셔츠 · 277, 406

셔터 릴리즈 버튼 · 278
셔트 · 93, 274, 313, 406
셔트 · 셧 · 274
셔틀버스 · 149
셜리 두볼 · 135
셧 · 277
셧스 · 406
셧츠 · 277
소개팅 · 194
소녀의 기도 · 198
소더 · 360
소로 · 445
소리꾼 · 18
소서 · 328
소아시아 · 343
소우더 · 264
소우카키 · 264
소우프 랜드 · 451
소킷 · 499
소프래뇌 쌕서폰 · 292
소프랜드 · 572
소프트웨어 · 296, 297, 348
소호 · 189
소호토웨아 · 297
솔로이스트 · 217
솔지어 오브 포춘(직업군인) · 297
솝트 디터전트 · 582
솟빵 · 327
솟스 넘버 · 216
솟스탑 피처 · 367
쇼바 · 298
쇼울더 · 21
쇼트 커트 · 298
쇼퍼 · 409, 411
쇼핑 카 · 299
쇼핑 카트 · 299
쇼핑 · 345
숄더 백 · 16
숏 · 299
숏스 · 117
수 인디언 · 350
수메르 · 343

수쓰 · 421
수용자 · 300, 325, 492
수우퍼마킷 · 303
수웻 수트 · 463
수트 · 289, 313, 416, 532, 550
수퍼 글루 · 289
수퍼 드라머 · 86
수퍼 드러머 · 88
수퍼 라토 · 114
수퍼 슈파 *자막 · 301
수퍼 스크립트 · 303
수퍼 스타 · 345
수퍼 스트렛취 리머진 · 149
수퍼 · 301
수퍼마킷 · 303, 304
수퍼맨 더 이스케이프 · 444
수퍼바이싱 에디터 · 91, 92
수퍼바이저 · 91, 92, 210
수퍼임퍼지션 · 301
수퍼하이웨이 · 580, 581
순진한 시골처녀 · 64
숏스 디파트먼트 · 491
숏스 · 520
숏케이스 · 16, 216
쉐벌레이 · 322
쉐볼레 · 321, 322
쉐브렐레이 · 321
쉐비 · 322
쉐퍼드(양치기) · 290
쉘리 두발 · 135
쉐레브포트 · 373
쉬벌러스 맨 · 546
쉬앙 · 268
쉬어 스테이디엄 · 177
쉬카고 · 431
쉬카고 대학교 · 141
쉬카고 스테이크 · 586
쉽스킨 재킷 · 434
쉽트 기어 · 460
쉽트 레버 · 460
쉿 쉿스 · 488

슈스 · 242
슈우퍼 · 303
슈츠 · 313
슈크림 · 302
슈트림 빵 · 214
슈팅 스크립트 · 500
슈퍼 · 301, 303, 304
슈퍼 마켓 · 304
슈퍼마켓 · 16, 250, 299, 303
숯 꼴인 · 304
숯 · 305
스가랴 · 286
스낵 바 · 306
스낵 빠 · 306
스낵 코너 · 306
스라이드–패스너 · 433
스매커 · 86
스몰 마인디드 · 398
스바냐 · 286
스왐프 · 372
스웻 팬쓰 · 461
스웻 셧 · 461
스위밍 트렁크스 · 213
스위스 스테이크 · 587
스윗 사이더 · 264
스윙 · 536
스치로풀 · 306
스카치 테이프 · 307, 502
스카페이스 · 359
스캇치 · 307
스캘펄 · 174, 175
스커트 스테이크 · 587
스카프 · 164
스컹크 · 350
스케쥴 · 85
스코어 · 606
스콜 · 27
스크래치 힛 · 367
스크루드라이버 · 99
스크리블링 · 61
스크린 뮤직 · 308
스크립 · 501

스키 글래시스 · 308
스키 레조트 · 309
스키 립트 · 308
스키 붓스 · 308
스키 슛스 · 308
스키 이크입먼트 · 308
스키 팬스 · 308
스키잉 · 577
스키잉 그라운드 · 308
스키잉 리조트 · 309
스키잉 슬로프 · 308
스키장 · 308
스킨 · 309
스킷 · 508, 509
스킷캄 · 327
스타 · 345
스타디움 · 309, 310
스타벅스 카피 · 617
스타웃 비어 · 248
스타이러포옴 · 306
스타일리쉬 펠로우 · 582
스타터 · 281, 291, 295
스타터모터 · 445
스타틱 러너 · 531
스타팅 피처 · 367
스타팅 핏처 · 281, 282
스타팅 핸들 · 592
스탁 카 · 402
스탑 모우션 · 310
스태튼 아일랜드 · 512
스탠다드 석유회사 · 141
스탠드 바 · 310
스터디드 스노우 타이어 · 311
스테이디엄 · 309, 310
스테이션 웨건 · 415
스테이크 · 586
스테이트 어브 이스리얼 · 422
스테이트하이웨이 · 580
스테이튼 아일랜드 · 179
스테이플 머신 · 601
스테이플러 · 601
스테이플스 · 376, 607

스토브 · 391, 497
스톨론 베이시스 · 367
스톰 쉴드 · 200
스톱 모숀 · 310
스튜디오 · 413
스트라이트 셔트 · 406
스트랩 · 200
스트럭 아웃 · 274, 367
스트레이트 백 · 404
스트레이트 카피 · 248
스트렛취 리머진 · 149
스트리퍼 · 78
스트림 · 584
스트립 · 420, 421
스트립 스테이크 · 587
스트립 쑈 · 78
스트립티서 · 78
스트릿 · 13, 362
스트릿 넘버 · 220, 221
스트릿 네임 · 221
스트릿 데이트 · 463
스티로폼 · 306
스티립티스 · 78
스티어링 휠 · 592
스티잉 런 · 308
스티카 · 311
스틱 · 73
스팀 아이언 · 346
스파이스트 햄 · 312
스파이크 타이어 · 311
스파이크아이전 · 349
스판서 · 440
스팜 · 312
스팟 · 178
스팟 뉴스 · 314, 315
스팟 TV · 294
스팟라잇 · 601
스패게티 웨스턴 · 163
스팸 · 312
스펀지 케익 · 470
스페셜 딜리버리 · 511
스페셜 세일스 룸 · 274

스페셜 쎅션 · 493
스페셜 오더 · 388
스페셜리스트 디제이 · 384
스페셜리스트 · 226
스페이드 · 515
스펙테이터스 · 301
스포쓰 · 125, 312, 313
스포쓰 롸이터 · 269
스포쓰 쎅션 · 296
스포쓰 앵커 · 366
스포쓰 이벤트 · 332
스포쓰 캐스터 · 104, 126
스포쓰먼 · 313
스포쓰먼쉽 · 313, 314
스포쓰먼쉽(정당한 정신) · 313
스포쓰우먼 · 314
스포쓰재킷 · 313
스포쓰캐스터 · 313
스포쓰퍼슨 · 314
스포오쓰 · 93
스포오트 · 312
스포츠 선수 · 314
스포츠 · 125, 312, 314
스포츠맨십(섬수의 매너) · 314
스포트 · 312
스포트 뉴스 · 314, 315
스포트 유틸리티 비히클(SUV) · 380, 396, 415
스포트 재킷 · 505
스포트 코트 · 504
스프라잇 · 265
스프링필드 · 430
스프일 코트 · 315
스프트 드링크 · 450
스플릿 마인드 · 397
스피드 다운 · 315
스피드 범프 · 45
스피드 업 · 315
스피드 오버 · 316
스피드 웨이 · 102
스피드웨이 · 102, 580, 581
스피딩 · 316

스피릿 · 360
스피치 · 527, 528
스핀스터 · 579
슬라 · 260
슬로 다운 · 260
슬로 모우션 · 317
슬로 비디오 · 317
슬로우 다운 · 97, 263
슬로우 댄스 · 240
슬로우 모션 리플레이 · 317
슬로우 슬로우 크윅 크윅 · 511
슬로우다운 · 97, 315
슬립레스 언더셔트 · 117
슬리핑 카 · 465
슬아이드 어브 브레드 · 214
시.엠(C.M) · 323
시경 캡 · 482
시그내쳐 뮤직 · 318
시그널 · 367
시그널 뮤직 · 317, 318
시나이이(반도) · 316
시네콤 · 319
시다 · 320
시댄 · 380, 415
시드니 포이쳐 · 320
시드니 프와티어 · 206, 336, 340
시드니 프와티에 · 320
시로이 코이비토타치 · 577
시멘트 콩크리트 · 45
시멘트 · 289
시민 케인 · 164
시민전쟁(남북) · 569
시베리아 벌판 · 321
시베리아 · 321
시보레 · 321, 322
시부오레 · 322
시비르 · 321
시설리 · 322
시소쿠오코토 · 191
시스터 보이 · 327
시실리 · 322

시엠 송 · 324
시청(TV) · 324
시청자 · 325
시초우샤 · 325
시추에이션 · 326
시추에이션 드라마 · 325
시추에이션 시리즈 · 325, 326
시추에이션 카머디 · 326
시추에이션 코미디 · 327
시츄에이션 · 606
시칠리(섬) · 322
시칠리아 · 291, 322
시커모어 · 555
시타 · 320
시터 · 321
시트콤 · 326
시판 · 462
시편 · 285
식빵 · 334
식사라 · 327, 328
신나 · 328
신명기 · 285
신사복 코너 · 391
신시내티 팝스 오케스트러 · 544
신시내티 · 115
신테틱 디터전트 · 582
실리코운 밸리 · 229
실리콘 밸리 · 271
실버 그레이 헤어 · 133
실버 스테이트 · 66
실버 타운(요양소) · 328
실버타운 · 329
실비아 레나터 소머라스 · 88
실점 · 367
실책 · 367
심볼 마크 · 330
심상소학 제국창가 · 585
심진 · 274
심판 · 368
십계명 · 446
십자 드라이바 · 99
십팔번 · 330, 331

싯 벨트 · 355, 356
싯캄 · 606
싱글 우먼 · 579
싱글 포터그랩 · 246
싱어 · 17
싱어롱 테이프 · 11
싸보타쥐 · 263
싸암스 · 285
싸운드트랙 · 308, 392
싸이 파이 · 448
싸이나이 · 287, 319
싸이드 스트릿 · 424
싸이드 잡 · 339
싸이드 카 · 273
싸이드라인 · 266
싸이드뷰 미러 · 217
싸이드워크 캐페이 · 21
싸이먼 & 가핑컬 · 458
싸이비리어 · 321
싸이카 · 272
싸이코누러시스 · 74
싸이코트라픽 드럭 · 593, 594
싸이-파이 · 153
싸인 퍼밋 · 67
싸인 · 367
싸일런서 · 164
싸잇씨잉 트립 · 46
싸커 · 41, 189, 245, 305, 461
싸커 필드 · 50
싸퍼모어 · 558
싹스 · 421
싼 요셉 · 272
싼 하신토 비에호 · 271
싼 하신토 · 271
싼뿌라 · 273
싼타 루치아 · 272
싼테라모 인 콜레 · 59
싼프라 · 273
쌀롯떼 · 27
쌀쓰부르크 · 184
쌉트웨어 · 296, 348
쌔느위춰 · 270

쌔린 · 260
쌔무 잠바 · 434
쌔버타쥐 · 260, 263
쌔털라이트 시티 · 225
쌔털라이트 타운 · 224, 225
쌔틀라잇 디쉬 · 541
쌕서퍼운 · 293
쌕서포운 · 293
쌕서폰 · 293
쌕스 · 293
쌕스오픈 · 293
쌘 디에이고 · 112, 539
쌘 머테이오 카운티 · 271
쌘 버나디노 · 169
쌘 버센테이 · 271
쌘 버센테이 블러바드 · 271
쌘 버센티 · 270
쌘 오세이(쌘노세이) · 272
쌘 저신토 · 271
쌘 호세이 · 271
쌘드위치 · 270
쌘위춰 · 270
쌘타 모니카 · 135
쌘타 크루스 · 271
쌘터 모니카 · 594
쌘플래티넘 · 273
쌜러드 · 260
쌤모드 대학교 · 219
쌩 호세이 · 272
샤핑 카아트 · 299
샤핑 · 345
쌱업소버 · 298
쌍반(출근) · 269
쌍쉬에(등교) · 269
쌍우(오전) · 269
쌍자(상사) · 269
쌍쿠어(수업) · 269
쌍하이 · 268, 269
써든 데쓰 · 39
써디셔스 핸드빌 · 258
써리러스 · 290
써머 베케이션 · 203

써머 하우스 · 292
써머스 바틀 · 373
써버브 · 225
써브 타이틀 · 301
써브젝트 · 526
써빌 로우 · 289
써어쥐 · 268
써큘러 라인 램프 · 281
써클 · 139
썩커 · 5
썬글래스 · 110
썬글래시스 · 110
썬데이 써비스 · 182
썬스크린 · 282
썬탠 · 283
썬툼 · 560
썰란 · 274
썰레브러티 · 69
썰룬 · 274, 288
썰리서턴트 · 136
썰리스터 · 136
썰리시트 · 136
썰린 디안 · 296, 514
썸띵 엑스트러 · 564, 565
썸머 · 283
썸머 타임 · 283
썹웨이 · 279
쎄구로 · 208
쎄라노 인디언 · 350
쎄러리드 맨 · 285
쎄러머니 · 42, 288
쎄러브러티 · 523
쎄러브레이션스 · 289
쎄루 모타 · 295
쎄률러 폰 · 590, 591
쎄르저 · 269
쎄리너 디옹 · 296
쎄리토스 · 290
쎄미파이널스 · 246, 330
쎄이프 드라이버 · 292
쎄인트 앤드루스 애버뉴 · 364
쎄일 · 196

쎄일링 베이설 · 407
쎄일링 보트 · 407
쎄일보트 · 407
쎄컨드 아큐페이션 · 266
쎄컨드 잡 · 338
쎄컨드 해프 · 295
쎄컨드 홈 · 291, 292
쎅션 · 296, 297
쎈스 어브 인피리어리티 · 505
쎈스 어브 휴머 · 423
쎈시티브 · 58
쎈타 필다 · 295
쎈터 서클 · 189
쎈터 스팟 · 519
쎈터 피일더 · 295
쎈트 · 437
쎌 스테이크 · 586
쎌라 · 531
쎌러리 맨 · 295
쎌러브레이션 · 43, 288
쎌폰 · 590, 591
쎌프 스타팅 모터 · 295
쎌프 임프로이이 · 294
쎌프 읶플로이드 · 293
쏘시얼 마인디스 · 397
쏘시얼 씨큐리티 카운트 · 97
쏘시얼 어포인트먼트 · 194
쏘울 프러프라이어터쉽 · 293
쏘웁 아퍼라 · 603
쏘윙 머쉰 · 192
쏘테이 팬 · 613
쏘테이 · 613
쏠져 어브 포어쳔(돈벌레) · 297
쏩트웨어 · 297
쏭 어브 쌀러먼 · 285
쑈 미 스테이트 · 193
쑈우퍼 · 410
쑛 팬쓰 · 213
쑛 헤어 · 298
쑛스 · 117, 213, 216
쑛팬쓰 · 450
쑤우퍼 · 303

쑤트린켄 · 239
쑤퍼 · 303
쑤퍼마킷 · 303
쑤퍼마트 · 303
쑤퍼맨 · 303
쑤퍼바이저 · 303
쑤퍼베이비 · 303
쑤퍼보울 · 303
쑤퍼비젼 · 303
쑤퍼스타 · 303
쑤퍼스토어 · 303
쑤퍼싸운드 · 303
쑤퍼우먼 · 303
쑤퍼차져 · 303
쑤퍼카 · 303
쑤퍼컴퓨터 · 303
쑤퍼하이웨이 · 303
쓰리 박스 카 · 414
쓰리 피스 수트 · 289
쓰리-투 · 615
쓰리피크 · 550
쓰봉 · 450
씨 월드 · 112
씨그내처 · 527
씨그너처 · 267
씨그널 뮤직 · 527
씨그널 · 267
씨너 · 328
씨네마 콤플렉스 · 319
씨니어 · 385, 402, 558
씨니어 씨티즌 · 75
씨닉 드라이브 · 103
씨댄 · 287, 288
씨더스 싸이나이 · 287
씨더스 어브 레바넌 · 287
씨더스-싸이나이 · 287
씨더스-싸이나이 메디컬 쎈터 · 558
씨다-람 · 500
씨리어스 마인디드 · 398
씨맨 · 157
씨빅 마인디드 · 397

씨빌리언 · 186, 187
씨스터 보이 · 327
씨시 · 327
씨야 · 211
씨에라 너배더 · 66
씨유 · 211
씨커스 · 245
씨큐러티 가드 · 10
씨티즌 밴드 · 457
씸 쏭 · 130
씻캄 · 326, 327
씽가 매표 발틀 미싱 · 192
씽글 핸디캡 · 592
씽글 · 592
씽잉 그룹 · 492, 493

아 · 목동아 · 335
아가 · 285
아나 · 334
아나운사 · 402
아나운서 · 332, 333
아네모네 탄식 · 334
아네모네 · 334
아놀드 빵집 · 502
아니젠바안 · 348
아더씨 · 388, 389
아도 나이 · 385
아드발론 · 334
아디언스 · 301
아디예 · 335
아디오 · 301, 334
아디오스 · 334
이란 랏도 · 335, 336
이란치아 · 391
이랍-이스라엘 · 319
아랜비 · 336
아루바이토 · 338
아르바이트 · 338
아르트루 루빈슈타인 · 68
아를레시엔 · 337

아를르의 아가씨 · 337, 338
아를르의 처녀 · 338
아리베데르치 · 335
아리비 리그 · 505
아리아 · 9
아리어 · 9
아린지 · 390, 391
아마 · 339
아마 골프 · 339
아마 바둑 · 339
아마존 · 371
아마추어 · 339
아먼 · 341
아메리칸 커피 · 339
아멘 · 340
아모스 · 285
아바 · 88
아베크 · 341
아샤 · 343
아세아 · 342, 343
아쉬랑스 · 208
아스파라가스 · 342
아스팔트 · 342
아스팔트 콩크리트 · 342
아스하르토 · 342
아시아 · 342, 343
아쑤사 · 350
아쑥샤빗 · 349
아쑥싸그냐 · 349
아아먼 · 341
아아멘 · 341
아오다이 · 343
아오쟈이 · 343
아우구리 · 505
아우리가 · 410
아우토파러 · 410
아우트 복싱 · 344
아우트 포켓 · 343
아우티스타 · 410
아우티스타디 피앗싸 · 410
아우프 비더제언 · 335
아울렛 · 343

아웃 복싱 · 344	아이콘 · 348	알로하 셔트 · 62	애스레틱 셔트 · 117
아웃 어브 개스 · 365	아주사 · 349	알루미늄 · 357	애스폴트 · 45, 342
아웃 파이틴 · 344	아지엔 · 343	알바이터 · 338	애쓰리트 · 314
아웃도어 슛팅 · 138	아지트 · 349	알바이트 · 338	애인 · 28
아웃도어 필르밍 · 138	아카시아 · 332	알버트슨 · 358	애저테이션 포인트 · 349
아웃도어 · 426	아칸사스 · 350	알케이트 · 360	애정이 꽃피는 나무 · 64
아웃렛 · 343, 499	아칸소 · 350	알코올 · 360	애프터 디너 스피치 · 528
아웃릿 · 344	아케이드 · 93	알-코홀 · 360	애프터 쎄일 써비스 · 354
아웃박서 · 345	아케타리아 · 260	알토스 · 214	애플 커리춰컨 · 467
아웃사이드 파킷 · 343	아크릴 · 351	암 벨트 · 209	애플로스 · 361
아웃파이팅 · 345	아퍼라 · 603	압팟트 · 194	액셔너 · 363
아이 쇼핑 · 345	아퍼스 워커 · 296	앗시쿠라씨오네 · 208	액션 드라마 · 362
아이 코옷 플루 · 429	아프 레코 · 352	앙쉬랑스 · 208	액션 리포터 · 363
아이들 리취 우먼 · 423	아프레 걸 · 353	앙케트 · 360	액션 스타 · 362
아이들 스타 · 345	아프레 게르 · 353	앙코라 · 365	액숀 스타 · 362
아이들라이지드 스타 · 345	아프로 디테스 최일드 · 205	앙코르 · 360, 361	액스 · 286
아이롱 · 346	아프파이트 · 338	앙코어 · 361	액셀러레이터 · 354
아이비 루크 · 505	아프터 서비스 · 353	앙콜 · 360	액추얼 퍼포먼스 · 111
아이비 리그 · 346	아피리스인 · 391	앙키라 · 365	앤도 란 · 367
아이소약테인 · 401	아피스 워어커 · 399	앙트왕 드 라 모트 카디약 · 483	앤드 런 · 367
아이스 롤리 · 347	아후 레코 · 352	앞선 과학 · 459	앤드루스 공군기지 · 363, 364
아이스 온 어 스틱 · 347	아후타 레코딩구 · 352	앞승객석 · 445	앤드류 공군기지 · 363
아이스 캔디 · 346	악셀 페달 · 354	애너스타셔 · 64	앤디 윌렴스 · 150
아이스 커피 · 347	악쌍 · 296	애니메니션 · 310	앤-마거릿 · 357
아이스 케키 · 347	악테인 넘버 · 217, 401	애드 립 · 361	앤즈루 · 364
아이스 크림 · 347	안 마가레트 · 357	애드밴티지 · 174	앤커맨 · 365
아이스바안 · 348	안남 · 227	애드벌룬 · 334	앨 커폰 · 359
아이스반 · 347	안녕(하세요) · 447	애드헨십 테이프 · 307	앨러미더 스크릿 · 359
아이스트 카피 · 347	안드레아 보첼리 · 213	애들립 · 361	앨러미더 · 359
아이스트 코피 · 347	안라인 · 402	애디셔널 비즈니스 · 266	앨러지 · 357
아이시 디머너 · 288	안쑤크 · 290	애딕트 · 166	앨러직 · 357
아이시 로드 · 347	안전벨트 · 355	애머처 · 339	앨런 랫 · 336
아이시 싸이드워크 · 348	안전운전 · 355	애머터 · 339	앨류미니엄 · 357
아이시클 · 347	안정환 · 38	애머투어 칸테스트 · 508	앨리게이터 · 372
아이썬 · 349	안쿠루 부쑤 · 243	애머투어 · 339	앨머 메이터 · 392
아이쏘네 · 348	안타 · 367	애버뉴 · 362	앨버트슨 · 594
아이어닝 보드 · 346	알 & 비(R&B) · 358	애버뉴 어브 더 어메리커스 · 141	앨벗선 · 358
아이언 · 346	알 카포테 · 358	애버뉴 · 13, 362	앨벗슨 · 594
아이자이어 · 285	알라딘 · 356	애비뉴 · 362	앨세이션 · 290
아이젠 · 348, 349	알라메다 · 359	애서테이트 · 307	앨커홀 · 212, 264, 305, 360
아이진(애인) · 28, 49	알란 랏드 · 336	애수 · 65	앨토 쌕서폰 · 292
아이칸 · 348	알레르기 · 357	애스 · 618	앨파인 스키잉 · 577

앰퍼태민 · 616
앰펙스사 · 247
앱썬트 마인디드 · 397
앱터 디너 코스 · 96
앱터 리코딩 · 352
앱터 스킨 로우션 · 309
앳 리비텀 · 362
앳립 · 361
앳히시브 글루 · 289
앳히시브 테이프 · 308
앵겔 부츠 · 364
앵꼬 · 364
앵커 · 332
앵커맨 · 366
앵커우먼 · 365
앵컬 붓츠 · 364
앵콜 · 360, 365
앵클 부쓰 · 242
야간 수사작전 · 206
야고보서 · 286
야구 · 366
야드(마당 · 돌) · 10
야드 쎄일 · 15
야래학 · 368
야소기독 · 53
야외 캠프 · 369
야채 샌드 · 270
야트 · 406
야하웨 · 385
야-호 · 369
야흐트 · 407
약속(프로미스) · 369
약요한 3서 · 286
안키스 · 371
양자강 · 370
양쯔강 · 370
양찌강(키앙) · 370
양찌키앙(강) · 370
양초우 · 370
양키 · 370
앵키 고 홈 · 370
앵키 · 351, 370

어 롱 스토리 · 88
어 커펩 카피 · 339
어 페어 어브 스키스 · 308
어나운스먼트 · 178, 179
어네머니 · 334
어느 소녀에게 바친 사랑 · 371, 372
어덜트 비디오 · 550
어덜트 컨템퍼레리 · 205
어덜트 호텔 · 117
어드바이싱 · 570
어드버타이싱 징글 · 324
어드버타이싱 · 324, 570
어라 · 613
어람나이 · 392
어맬검 · 177
어메리컨 피플스 초이스 어워스 · 520
어메이컨 밴드 스탠드 · 520
어메이컨 뷰우티스 · 535
어뮤스먼트 센터 · 599
어번 · 391
어슈어런스 · 208
어스패러거스 · 342
어쌔일럼 포 디 에이지드 · 329
어쌔일럼 · 330
어쏘시에션 풋볼 · 462
어쏘시에이션 · 392
어쑤서 · 349
어씨스턴트 · 152, 320, 491
어지테이션 핸드빌 · 258
어쿠스틱 기타 · 514
어쿠스틱스 · 377
어크릴릭 · 351
어테쉐이케이스 · 17
어트랙티브 피겨 · 50
어파트먼스 · 171, 257, 352
어파트먼트 하우스 · 352
어퍼 클래스먼 · 385, 402
어퍼 클래스먼 · 402
어포인먼트 · 369, 370
어헤드 · 215, 385, 402

언더 셔트 · 174
언더 클래스먼 · 385
언더 훗 · 237
언더그라운드 패시지 · 279
언더그라운드 · 279
언더셔트 · 117, 174
언더팬쓰 · 212
언드 런 · 367
언론 · 373
언마약드 · 72
언마크드 · 71
언메리드 우먼 · 579
언밸런스 · 373
언밸런스트 · 373
언센서드 · 72, 73
언쎈서드 앤 언컷 비디오 · 550
언제나 마음만은 태양 · 64
언첵드 · 563
언컷 · 72, 73
얼람나이 · 392
얼람너스 · 392
얼래든 · 356
얼루미늄 앨로이 · 357
얼루미늄 앨로이 · 557
얼루미늄 휠 · 601
얼루미늄 · 357
엄파이어 · 367
업 투 데이트 · 582
업그레이드 · 51
에그 샌드 · 270
에그 프라이 · 374
에그 후라이 · 374
에그헤드 · 430
에끼스 · 374
에끼스또라꾸뚜 · 374
에나멜 구두 · 375
에노라부에나 · 505
에덴의 동쪽 · 375
에라레타 지칸 · 449
에러 · 367
에레미야 · 285
에레미야애가 · 285

에레베타 걸 · 375
에레이 · 109
에로 문학 · 375
에로 영화 · 375
에로 장면 · 375
에로 · 375
에로틱 · 571, 572
에리아 카잔 · 375
에버샵 · 277
에베소서 · 286
에비바 · 614
에뻬쏘오도 · 378
에스겔 · 285
에스더 · 285
에스라 · 285
에스코트 · 474
에스터 · 285
에아 뽀다 · 373
에어 지입 · 598
에어 캇 · 373
에어 컨디셔너 · 473
에어 포트(보온병) · 373
에어컨디셔너 · 559
에어포트 버스 · 148, 149
에이 뽀 봉시(A4) · 376
에이릿 · 381
에이머스 · 285
에이멘 · 340
에이셔 · 343
에이스 · 602
에이프릴 풀 · 377
에이프릴 풀스 데이 · 377
에즈러 · 285
에케이셔 · 332
에코 · 377
에틸벤젠 · 306
에퍼숏 · 377
에페머넛 보이 · 328
에포렛 · 200
에피소드(삽화) · 379
에피소드(이야기) · 328
에호바 · 385

637

엑서더스 · 284
엑서비션 게임 · 396
엑스 선 · 128
엑스 엑스 라쥐 · 520
엑스-레이 · 128
엑스트랙트 · 374
엑스퍼트 프러패셔널 · 226
엑싯 램프 · 116
엑싯 · 427
엔 즈라이버 · 411
엔데 · 589
엔드 테이블 · 266, 267
엔딩 · 379
엔딩 멘트 · 379
엔딩 토크 · 379
엔라징 · 106
엔살라다 · 260
엔스도 · 379
엔지 스톨드 · 379
엔지 컴파트먼트 · 237
엔진 룸 · 380
엔진 부룩 · 380
엔진 브레끼 · 379
엔진 브레이크 · 380
엔진 브레이킹 · 379, 380
엔진 스톨 · 364
엔진 스톨드 · 365
엔진 스톱 · 365, 379
엔진 스페이스 · 287
엔진 추라벌 · 379
엔진 컴파트먼트 · 380
엔진 키 · 380
엔진 페일리어 · 379
엔카 · 535
엔터네인먼트 리포터 · 269
엔트런스 램프 · 116
엔트런스 · 427, 427
엘 도라도 · 351
엘 레이(극장) · 381
엘 콘돌 파사 · 458
엘덜리 젠틀먼 윗 실버 그레이 헤어 · 133

엘러베이트 더 레벌 · 118
엘레이 · 109, 381
엘리뜨 · 382
엘리베이러 아퍼레이러 · 375
엘리베이터 아퍼레이터 · 375
엘리싸벳타 · 181
엘리트(수재) · 381
엘리트 코스 · 382
엘에이 · 108, 109
엘에이(에레이) · 381
엠블럼 · 330
엠씨 · 383
엡시클 · 347
엣센스 · 374
엥가 · 274
엥카 · 537
여름 휴양지 · 64
여사(사회적인 활동 여성) · 384
여사(시집간 여자 존칭) · 384
여왕의 나라 · 512
여왕의 토지 · 512
여정(원제 Summertime) · 133
여호수아 · 285
여호아 · 385
역대상 · 285
역대하 · 285
연인 · 28
연희전문 · 190
열왕기상 · 285
열왕기하 · 285
열차 · 55
영거(후배) · 385, 402
영광의 탈출 · 446
영업용 택시 · 385, 386
예 라이 샹 · 368, 369
예고 멘트 · 179
예란쉼 · 369
예리친 · 387
예상슈 · 369
예상후아 · 369
예수 그리스도 · 386
예일 · 346

예창 · 9
옐로우 캡 · 385
옐로우스톤 국립공원 · 184, 185
옐씬 · 387
옐친 · 387
오 라이 · 389
오 르바르 · 335
오 페어 · 604, 605
오.에스.티(O.S.T.) · 392
오너 드라이버 · 387
오더 · 388
오도와세 · 353
오돗쎄우스 · 388
오디세이 · 388
오디시어스 · 388
오디쎄우스 · 388
오디언스 · 300, 301, 325, 379, 383
오디오 · 301
오디오 마니아 · 389
오디오 모델 · 389
오디오 프릭 · 166, 389
오디오-파일 · 389
오또아세 · 353
오또아와세 · 353
오란다 · 389, 390
오란저 · 391
오랑쥐 · 391
오럴 캄프리헨션 테스트 · 617
오럴 캄프리헨션 · 617
오럴 테스트 · 547
오렌지 · 390, 391
오로라 · 431
오르되브르 · 396
오리저널 버전 · 484
오리지널 레커드 · 484
오리지널 싸운드 트랙 · 392
오리지널 아메리컨 · 416
오리진 · 390, 391
오린지 소더 · 450
오린지 주스 · 450
오메데또우 · 505

오버나잇 백 · 232
오버다이어 · 285
오버코트 · 588
오븐 · 127, 391, 439
오비(O.B.) · 391
오비 팀 · 391
오션 웰스 · 164
오스트리아 · 417
오엑스 문제 · 392
오엑스 퀴즈 · 392, 393
오오 우캐라 · 585
오오화다 카소키 · 585
오와루 · 589
오우디씨어스 · 388
오우디우스 · 388
오우편 마인디스 · 397
오우편 햐얀티드 · 397
오우편 디스커션 · 562
오운 카 · 162
오울디 · 404
오울디스 · 404
오일 · 393
오차 · 394
오챠 · 394
오카미 · 157
오커스트러 핏스 · 394
오케스트라 복스 · 394
오토 캠프 · 395
오토 캠프장 · 396
오토 케어 센터 · 280
오토 트립 · 396
오토 · 395, 465
오토그래프 쎄션 · 268
오토그랩 · 269
오토그리드 북 · 268
오토그리드 포토 · 268
오토매틱 트랜스미션 · 73
오토매틱 펜슬 · 277
오토메이션 · 57
오토바이 · 273, 394, 506, 510
오토버스 · 222
오토볼 · 396

오토비스 · 222
오토케이드 · 473
오트볼 · 396
오티스 레딩 · 150, 341
오퍼레이터 · 411
오페라 · 603
오픈 마인도 · 397
오프 브랜드 · 72
오프닝 게임 · 396
오프닝 멘트 · 179
오프닝 세일 · 196
오픈 게임 · 396
오픈 디스커션 · 562
오픈 전 · 398
오픈 카 · 398
오피스 걸 · 399
오피스 디포 · 376
오피스 러브 어페어 · 399
오피스 러브 · 399
오피스 레이디 · 399
오피스 로맨스 · 400
오피스 와이프 · 399
오피스 워커 · 295, 296, 399
오피스 호텔 · 400
오피스 홈 · 400
오피스텔 · 358, 400
옥스퍼드 영어사전(2011년판) · 93, 416
옥시돌 · 400, 401
옥탄가 · 401
온 더 씬 롸이터 · 147, 148
온 더 잡 로맨스 · 400
온 로케이션 · 138
온라인 · 402, 403
온리 · 547
올 뉴 · 162, 556
올 더 멤버스 · 555, 556
올 라잇 · 389
올 백 · 404
올 웨더 코우트 · 315
올 쥬 마들 · 556
올 폼 쑈 · 405

올나잇 쑈 · 59
올드 · 385, 402
올드 레이디 · 402
올드 메이드 · 579
올드 뮤직 · 404
올드 미스 · 402
올드 보이 · 391
올드 송 · 404
올드 퍼슨 · 75
올드 포크 · 75
올디 구디 · 616
올디스 밧 구디스 · 404, 405, 616
올디스 팝 · 615, 616
올라인 · 402, 404
올란다 · 390
올림피아 · 404
올림피언 게임 · 404
올림픽 · 403, 404
올림픽 게임 · 404
올림픽 블러바드 · 493
올림픽 써커 게임 · 462
올림픽스 · 403
올베라 · 359
옴니부스 · 222
옵션 · 263
옷 로비 · 136
옹브렐 · 256
와니수 · 80
와레 · 335
와싱턴 D.C. · 363
와싱턴 · 412
와이드 쇼 · 405
와이드 프로그램 · 408
와이샤쓰 · 73, 274
와이샤추 · 406
와이샤츠 · 406, 444, 472
와이어리스 폰 · 591
와쿠솜뿌 · 413
왁신 · 406
왁친 · 406
알릿 · 541, 542

왓선 · 413
왓치 · 325
외래어 표기법 · 312, 475
요나 · 285
요나다 · 285
요엘 · 285
요우 호우 · 369
요트 · 406, 407
요한 1서 · 286
요한 2서 · 286
요한계시록 · 286
요한복음 · 286
욕망이란 이름의 전차 · 375, 476
윰기 · 285
우가크파 · 350
우니도우즈 · 418
우돈(우동) · 435
우라 · 614
우먼 러브 · 407, 408
우먼스 리버레이션 · 407
우먼스 립 · 407
우옥카 · 232
우향우 · 좌향좌 · 408
운펜슈 · 410
운펜시 · 411
운전기사 · 409
운전사 · 410
운전수 · 410
운전자 · 410
웃버리 · 344
워 코레스판던트 · 152
워드카 · 232
워런 웃스 · 206
워레트 · 542
워밍 업 · 411
워스 · 379
워싱턴 · 412
워싱턴 디씨 · 412
워크 · 237, 260, 367
워크숍 · 412
워크-업 아파트먼스 · 352
워터 해저드 · 584

워터프론트 · 476
워털루 다리 · 65
워트슨 · 413
웍샵 · 413
원 복스 카 · 414
원 샷 · 299
원 스텝 · 535
원 아워 포토 샵 · 107
원 온 원 · 172
원 웨이 글래스 · 167, 168
원룸 · 413
원룸 어파트먼트 · 413
원맨 버스 · 414
원맨 카 · 414
원샷 · 418, 419
원어민 · 415
원피스 · 416
원피스 에이프런 드레스 · 433
월 스트릿 저널 · 84, 180
월노운 · 69
월드컵 챔피언쉽(월드컵) · 462
월터 헌트 · 192
월하향 · 368
웜 업 · 411
웝깁 · 412
웝업 · 461
웨더 앵커 · 366
웨딩밴드 · 209
웨스트나이지드 · 582
웨스턴 애버뉴 · 493
웨스트 미들랜드 · 219
웨스트 빽 · 416, 417
웨스트 싸이드 스토리 · 60, 120
웨이스트 포치 · 417
웨이크 업 콜 · 182, 183
웨이터 · 236
웨이트리스 · 122, 236
웨이트리싱 · 122
웨이퍼스 · 417
웨하스 · 417
웬스데이 나잇 써비스 · 182
웰 노운 · 69

웰 에듀케이티드 퍼슨 · 430
웰캄 미팅 포 더 프레쉬맨 · 558
웰페어 · 329
웹 싸이트 · 100
웹스터 · 미디어 & 커뮤니케이션 사전 · 301, 333
위닝 고울 · 38
위닝 넘버 · 114
위다웃 어 타이 · 73, 74
위드 브레이커 · 434
위안 · 437
위엔나 · 417
위즈 · 360
위즈 키드 · 417
위켄드 앵커 · 366
위크 카피 · 340
위트니스 스탠드 · 439
원 비에너 · 417
윈도 · 418
윈도 브라시 · 419
윈도우 쌰핑 · 345
윈도우 클리너 · 420
윈도우 핸들 · 592
윈도우스 · 418
윈드밀 · 598
윈드쉴드 · 283, 562, 563
윈드스크린 · 420
윈드실드 · 420
윈드실드 와이퍼 · 419
윌럼 왓선 경 · 413
윌럼 핏 · 568
윌셔 블러바드 · 381
윗다웃 웨어링 어 브라 · 72
윙커 · 420
유격수 · 367
유니버설 스튜디오 · 75, 76
유니버시티 어브 펜실배니아 · 346
유니언 스테이션 · 359
유니폼(싸커) · 420
유니폼 넘버 · 216
유니폼 문화 · 421
유다서 · 286

유다야 · 421
유다이아인 · 421
유대인 · 421, 422
유리시스 · 388
유머 · 422
유모어 · 422
유스호스텔 · 400
유야무야 · 423
유우 후우 · 369
유칸 마다무 · 423
유크샤쿠 류크샤크 · 79
유태인 · 421, 422
유틸리티 · 352
유한 마담 · 423
유행가 · 19, 585, 615
유-후 · 369
은행원 · 210
이그니션 키 · 380
이그소스트 파이프 · 164
이너 에어 컨디셔너 · 473
이너선트 · 58
이디션 · 216
이따에루 · 449
이딸리아노 · 426, 427
이라타시즘 · 375
이라틱 · 375
이마누엘 · 431
이매뉴얼 · 431
이메지 걸 · 426
이메지 송 · 424
이메지 체인지 · 425
이메지 캐릭터 · 425
이면도로 · 423
이모리칸 · 348
이모티콘 · 348
이미지 다운 · 424
이미지 업 · 425
이베리아반도 · 29
이봐 쌔니키 · 382
이브닝 게임(싸커) · 58
이브닝 킥오프 · 59
이븐 마인디스 · 398

이사야 · 285
이소프로필-메틸호스폰산프리올리타 · 260
이스라엘 · 421
이스태브리쉬트 매너팩처러 · 176
이스테잇 쎄일 · 15
이에 라이 산 · 368
이에수 구리스도 · 386
이에수스 크리스토스 · 52, 386
이에쑤 · 386
이에쑤기두 · 53
이에호후아 · 385
이엣냄 · 227
이요호(요호) · 370
이유 없는 반항 · 60
이즈리어라이트 · 421
이지키얼 · 285
이클리지애스티즈 · 285
이탈루스 · 426
이탈리아 · 426
이탈리아나 · 426
이탈리엔 · 426
이탤리 · 426
이터리 · 427
이털리 · 426
이털리언 웨스턴 무비 · 163
이프레이션 · 429
이피전즈 · 286
이히 그라투이리레 · 505
익스텐디드 사이즈 · 512
익스텐디드 사이즈드 · 520
익스텐션 플레이 · 94
익스티어리 디자인 · 430
익스페스 딜리버리 · 510
익스프레스 딜리버리 · 511
익스프레스 스페셜 딜리버리 · 511
익스프레스 웨이 · 580
익스플로러 · 617
인 · 427
인도어 골프장 · 427, 428
인도차이나 · 227
인디사이시브 · 423

인디케이터 · 420
인베스트게이티브 리포터 · 148
인사 멘트 · 179
인살라타 · 260
인수시애스트 · 166
인수어런스 · 208
인스턴트 누들 · 108
인스턴트 리베이트 · 151
인스트러멘털 패널 · 84
인콰이어러 · 544, 545
인크리스 이미지 · 425
인크리스 인 코스트 · 494
인터섹션 · 139, 243
인터 쎅션 · 47
인터스테이트 로드 · 580
인터캄 · 429
인터폰 · 429
인터러게이터 · 545
인테리 · 429
인테리겐챠 · 429
인테리어 · 430
인텔리겐씨아 · 429
인트렉추얼 · 429
인티리어 데커레이션 · 430
인티리어 디자인 · 430
인포머셜 · 431
인프래(기간산업) · 428
인프러스터럭처 · 428
인프레 · 97
인프렌자 · 429
인플레이션 · 97, 431
인플루언스 · 429
인플루엔자 · 429
인피리어리티 캄프릭스 · 505
인필드 힛 · 367
인후라 · 428
인후레 · 429
일러노이 · 430
일러스트레이션 · 485
일렉트릭 아이언 · 346
일렉트릭 쿠커 · 37
일리노이스 · 430

일리니 · 430
일리어 커잰 · 375
일리어스 하위 · 192
일리어커잰 · 376
일리저벳 웰즈 · 448
일리저벳 테일러 · 286
일리트 · 381, 382
일제 보세 야구 · 274
잃어버린 시간을 찾아서 · 87
임마누엘 · 431
임멘시타 · 382
임밸런스 · 373
임퍼턴스 · 430
임포 · 430
임포마샬 · 431
임프레션스 · 340
임프로이 · 572
임프루브 · 118
임프루브 히스 이미지 · 425
입 · 입 · 입 · 우라 · 614
입-합 · 336
잇 디펜스 · 491

자깅 트랙 · 444
자니 캐쉬 · 372
자니 호턴 · 371, 372
자동차생활 · 466
자동통보 · 57
자르당 드 당스 · 535
자리 띠 · 355
자이브 · 536
자이언쓰 · 432, 609
자이언츠 · 432
자이테쿠 · 436
자일 · 432
자책점 · 367
작꾸 · 433
잔 · 286
잔 더렉 · 446
잔 데이빗선 롹커펠러 · 141

잔 타머스 왓선 · 413
잔 테일러 · 102
잔바 · 433, 434
잔파 · 433
잠바 · 433, 434
잡 홀더 · 295, 296
잡콩글리쉬 · 398, 507
장 클로드 킬리 · 577
장강 · 370
장느 · 434
장르 · 435
재 테크 · 436
재수없는 사람(일) · 453
재키 디쉐넌 · 230
재킷 · 204, 433, 434, 444, 504
잭 베니 · 349
쟈슈어 · 285
쟝 크리스토프 · 88
쟝 크리토프 · 87
저것이 파리의 등불이다 · 65
저너리즘 · 366
저먼 쉐퍼드 독 · 290
저지 · 461
저지 넘버 · 216
적(잔) · 374
적(jug) · 444
전 · 437
전기 스탠드 · 438
전도서 · 285
전미증권협회(NASD) · 57
전자 레인지 · 439
전자 렌지 · 127
전쟁과 평화 · 451
전파 밴드 · 457
젊은이들 · 65
점퍼 스커트 · 434
점퍼 · 434
접촉하다 · 439
접하다 · 439
젓지스 · 285
정체 · 47

정크션 · 47, 243
제 5전선 · 441, 442
제공 · 440
제공자 · 492
제너럴 모터스 · 482
제너럴 스토어 · 187, 188
제너럴 하스피털 · 90
제너시스 · 284
제러마이어 · 285
제록스 · 441
제수 트리스토 · 386
제수스 크리스투스 · 386
제이 케이(J.K.) · 442
제이 피(J.P.) · 442
제임스 듀이 왓선 · 413
제임즈 · 286
제커라이어 · 285
제트 코스타 · 443
제퍼나이어 · 285
제퍼슨 시티 · 193
젯 프러펄션 · 442
조 스태퍼드 · 150
조깅 코스 · 46, 444
조까(덧웃) · 444
조까(잔) · 444
조니 도렐리 · 382
조로 · 445
조수석 · 445
조안 바에즈 · 445
조안 우드워드 · 446
조얼 · 285
조오지 걸 · 245
조우너 · 285
조우애너 · 446
조우앤 웃워드 · 446
조운 바이에스 · 445
조온 챈도스 바이에스 · 446
조정계 · 491
조조우 · 157
조지 A. 호일 & Co. · 312
존 더렉 · 446
존 폽스 · 568

좁 · 285
좋은 아침(인사) · 447
좌석 띠 · 355
좌익수 · 367
주니어 · 385, 402, 558
주데이즘 · 422
주드 · 286
주디즘 · 422
주라기 공원 · 448
주라산맥 · 448
주라성총영사관 · 108
주라시대 공원 · 448
주라 공원 · 448
주리 앤드류스 · 364
주리안드류스 · 448
주스 · 449
주심 · 368
주어지다 · 449
주이쉬(유대인) · 287
주제공원 · 76
죽박스 · 11
줄리 앤드루스 · 364, 448
중간 멘트 · 179
쥐이팬 이글 딜러 · 454
쥐입 · 454
쥐퐁 · 316, 450
쥬 · 422
쥴리아나 베네톤 · 223
즈봉 · 450
증기탕 · 450
지구가정마셜 맥클루언 · 451
지구촌 · 53, 456, 451
지구촌 사람들 · 54
지그재그 · 452
지락스 · 441
지리교육 철도창가 · 585
지명 타자 · 367
지앙 · 268
지저스 크라이스트 · 386
지터벅 · 536
지토우샤 · 410

지피 · 454
직잭 · 452
진 바지 · 317
진생 에끼스 · 375
진스 · 317
징글 · 130, 324, 424
징기스칸 · 453
징스 · 453, 454
징크스 · 453
짬뽕 · 435, 436
째스 · 437
째즈 · 436
째즈 음악 · 436
쨱 · 158
쪼끼 · 444
쫑 · 589
쯔아지앙미안 · 435
찝차 · 454

천사가 먹는 빵(밥) · 213
천사의 드레드 · 213
철도창개(일본) · 584, 585
철새는 날아가고 · 458
철쭉꽃 피는 언덕 · 458
첨단 과학 · 459, 460
첫 멘트 · 179
체스터 카얄슨 · 441
체스트(남자) · 219
체인지 레버 · 460
체칠리아 바르톨리 · 291
초원의 빛 · 60, 375
촌극 · 326
촬리 스파이백 · 150
쵸코 · 455
쵸키 · 444
쵸페르 데 까미온 · 410
쵸페르 · 410
추레닝 샤츠 · 461
추상 · 64
축구(어쏘시에이션) · 461
출고 · 462
출반 · 463
출시 · 462
출애급기 · 285
취재기자 · 482
취췌 · 55
취컨 · 464
취컨 너깃 · 464
취컨 숩 · 464
취팅 · 488
취프 · 482
츠루 오어 폴스 · 392, 393
치스 스테이크 · 586
치어 걸 · 203
치어 리더 · 464
치어걸 · 463
치어리더 · 463
치스 · 26, 239, 609
치킨 · 464
치팅 · 488
칩 엄파이어 · 367

ㅋ

캐(모든차) · 465
캐(승용차) · 465
카 브레익 다운 · 379
카 세리모니 · 288
카 스페이스 · 471
카 오우너 · 387
카 코트 · 588
카 쿨러 · 473
카 키 · 381
카 트립 · 396
카 퍼레이드 · 473
카 포어 렌트 · 128
카너 · 474
카너 영화제 · 475
카네기 홀 · 575
카노쬬 · 49
카니 프랜시스 · 518
카니엣스 · 589
카덴싸 · 465
카덴차 · 465
카드스 · 69, 517
카-디펜던트 라이프 · 466
카라이프 · 466
카레 라이스 · 466, 579
카르데 다 지오코 · 533
카르도우이 · 533
카르테 · 533
카르트 · 533
카리스마 · 467
카만 · 609, 611
카머디 · 509, 606
카머디 듀오 · 504
카머디언 · 23
카메라 · 469
카모셜 액터 · 323
카먼 나리지 · 493
카먼 쎈스 · 493
카먼터리 · 333
카메라 · 468
카메라 기자 · 147, 468

카믹 · 23
카바레 · 572
카베 · 487
카보네이티드 드링크 · 264
카보챠 · 469
카부키 · 174
카부키쥬하치반 · 331
카브 · 470
카브리올레 · 398
카블리오레 · 399
카슈 · 19
카스너 레스터런트 · 490
카스댁 · 58
카스코 · 495
카스터머 써비스 · 353
카스텔라 · 470
카스트코 · 495
카시튜드 · 290
카아스 · 533
카알 16세 구스타프 국왕 · 88
카알 몰던 · 476
카알 브라운 · 244
카얏스 · 517
카어멀 · 483
카-오리엔테드 라이프 · 466
카요코쿠 · 18
카운터 · 491
카운티 하이웨이 · 580
카이레 · 335
카이스 타이츠 · 521
카이요리 · 496
카이후(개봉) · 463
카즈 · 517
카지노 · 471
카튼 언더웨어 · 117
카튼 필스 · 528
카티지 · 292
카파 · 15
카페 · 111, 340, 487
카페 아 라 모드 · 474
카페 오 레 · 474
카페랏테 · 474

카포트 · 471
카프치노 · 340
카피 브레익 · 488
카피 윗 밀크 · 474
카피 하우스 · 112, 487
카피어 · 376, 441
카후스 보당 · 472
칵테일 라운지 · 305
칵테일 테이블 · 539
칵핏 · 266
칸(영화제) · 474, 475
칸 영화제 · 475
칸닝구 · 488
칸도미니엄 · 172
칸도미니엄 · 498
칸바레 · 610
칸벡스 미러 · 485
칸보이 · 474
칸빅스 미러 · 485
칸선 · 75
칸쏘네 · 475
칸씨온 · 142
칸초네 · 475
카테스턴트 · 510
칸테스트 · 507
칸텐쓰 숏쓰 · 500
칸텐쓰 프로바이더 · 500
칸텐쓰 · 499
칸텐쓰—어드레서블 메모리 · 500
칸텐트 · 500
칸투스 · 476
칸트 · 475
칸티뉴어리 · 501
칸티뉴이티 걸 · 501
칸파이 · 239, 419
칼 말덴 · 476
칼라멜루스 · 483
칼러젠 · 234
칼릭 · 402
칼슨 시티 · 66
칼체 · 476
칼티에어 · 476

칼피스 · 467
캄버네이션 · 503
캄퍼티션 · 507
캄펄레이션 · 194
캅터 · 598
캉커드 · 508
캐너다 몬트리올 · 120
캐더린 어브 브라갠저(영국 황비) · 512
캐더링 · 477
캐들랙 · 482
캐디 · 299
캐러멀 · 483, 484
캐러멜 · 484
캐러배닝 · 396
캐러쎌 · 68
캐럴 킹 · 477
캐리아 · 478
캐리어 우먼 · 10
캐리오키 · 11, 426, 480
캐릭터 · 479
캐릭터(연예인) · 479
캐릭터 브랜드 · 480
캐릭터 비즈니스 · 479, 480
캐릭터 산업 · 479, 480
캐머라맨 · 147, 551
캐머러 · 468
캐머러맨 · 468
캐비지 · 484
캐빈 스페이스 · 287, 415
캐빈 · 207
캐서블랭커 · 586
캐설릭 · 20
캐설린 로즈 · 64
캐소우드 레이 튜브 · 245
캐쉬어 · 478, 479
캐쉬어스 첵 · 479
캐스터(아나운서) · 122
캐시 레지스터 · 478
캐싸 · 478
캐주얼 쎅스 · 567
캐챠 · 295

캐치 볼 스트레이트 · 274
캐터고리 · 434, 435
캐페이 · 20, 112
캔 맥주 · 479
캔 커피 · 479
캔드 비어 · 479
캔드 카피 · 479
캔들 스탠드 · 438
캔저스 시티 스테이크 · 586
캔저스 시티 · 193
캘러웨이 · 539
캘리포니아 공과대학 · 153
캘리포니아 · 381
캘립소 · 575
캠브릿지 사전 · 93
캠퍼 · 482
캠페인 · 481
캠페인 걸 · 57
캠페인 레이디 · 56
캠프 · 369
캠프 그라운드 · 395
캠프 스누피 · 76
캠프장 · 395
캠핑카 · 482
캡 스탠드 · 438
캡 · 482
캡션 · 301
캣처 · 267, 367
캣쳐 · 295
캬디락 · 482, 483
캬라 · 23
캬라메루 · 483
캬라멜 · 483
캬라쿠타 · 426
캬베쓰 · 484
커닝 페이퍼 · 488
커닝 · 488
커렉션 테이프 · 607
커리 소스 · 467
커리드 라이스 · 466, 579
커리드 스캘롭스 인 라이스 링 · 467

커리드 치컨 펍스 · 467
커리드 터키 앤드 햄 크루와상 · 467
커리드 튜너 샐러드 · 467
커리드 파인애플 패스터 샐러드 · 467
커리어 · 477
커리어우먼 · 478
커리즈머 · 467
커린시언스 · 286
커맨도우 액션 드라머 · 363
커머 · 100
커머셜 · 294, 323, 223, 431, 570
커머셜 띰송 · 324
커머셜 마들(모델) · 425, 426
커머셜 메시지 · 433
커머셜 액터 · 323
커머셜 징글 · 324
커머셜 퍼슨 · 426
커머셜 필름 · 322
커뮤니티 · 138
커뮤니티 펄리스 브랜치 · 554
커뮤니티 폴리스 브랜치 · 553
커뮤터 타운 · 224
커버 레코드 · 484
커버 버전 · 484
커버 쏭 · 484
커뷰터 타운 · 224
커브 미러 · 485
커브 · 470
커브스 · 485
커스터머 퍼니쉬드 · 322
커스텀 테일러드 · 388
커스텀메이드 · 388
커씨노 · 517
커씨노우 · 471, 472
커트 · 485
커트 라인 · 486
커틀라인 · 486
커티스 음악원 · 120
커펄 · 341, 504

커프 링스 · 472, 473
커프 버턴스 · 473
커플 피름 · 550
커플 · 504
커피 숍 · 487
커피 타임 · 488
커피 하우스 · 112
커피 · 486
컨그레쳐레이션스 · 505
컨닥터리스 · 222
컨덕터 · 320
컨버터블 · 398
컨베어 · 488
컨비니언 스토어 · 438
컨비니언스 스토어 · 187, 188
컨센트릭 플럭 · 499
컨쑤머 리셉션 테스터 · 182
컨테스트 · 507
컬러션즈 · 286
컬럼비어 · 346
컬렉션(수집) · 194
컬렉션(의상) · 545
컬렉션 테이프 · 194, 607
컴 오우버 히어 · 489
컴 인 · 489
컴 히어 · 489
컴버터블 · 399
컴비 · 503
컴온(이리 오라) · 489
컴파일 · 194
컴파트먼트 · 415
컴퍼니 · 100, 502
컴퍼니 임플로이이 · 296
컴퍼니 프레센스 · 440
컴펙트 디스크 · 123
컴포터블 스테이션 · 531
컴플레인 · 517
컵스프렌차이스 스테이디엄 · 485
컵-인 · 489
컵피 · 194
컷 더 리번 · 528
컷옵 포인트 · 486

컹푸 · 509
케리 쿠파 · 490
케러터 액터 · 479, 480
케빈 카스너 · 490
케빈 코스트너 · 490
케스 바이 케스 · 490
케스트 써베이어 · 181
케이 카이저 · 458
케이크 · 214
케이크 더 마운드 · 368
케이터링 · 477
켄터키 치컨 · 427
코 인 프로그램 · 530
코너 · 491
코넝크렁크 데르 네덜란덴 · 390
코네티컷 · 159, 371
코도로이 팬쓰 · 38
코디네이터 · 491
코러스 그룹 · 492, 493
코럴 그룹 · 492, 493
코레스판던트 · 152
코리쉬 · 506, 507
코리아 타운 · 493
코리아 파이팅 · 609
코리아타운 · 221
코리아타운 커뮤니티 · 554
코리아타운 · 493
코링그리쉬 · 506
코링글리쉬 · 507
코먼 센스 · 493
코멘트 · 379
코뮤니티 폴리스 오피서 · 554
코미디 듀오 · 504
코미디 스켓치 · 327
코믹터치 컨테뉴드 드라마 · 326
코소비치 · 272
코스 · 46
코스닥 · 58
코스댁 · 58
코스탁 · 58
코스트 · 494
코스트 가드 · 359

코스트 다운 · 494
코스트 리덕션 · 494
코스트 업 · 494
코스트 인크리스 · 494
코스트커팅 · 494
코스트코 · 495
코-앵커 · 333, 365, 366
코어넬 · 346
코올드 게임 · 502
코요태 · 495
코요테 · 495
코우반 · 104
코우세이신야쿠 · 593
코이비또(연인) · 49
코이비토 · 28
코인 라운드리 · 496
코인 론드리 · 583
코치 스테이션 · 223
코찬-차이나 · 227
코카 코울러 · 502
코크 · 379, 502
코팅 · 177, 497
코퍼레이션 · 293
코페아 · 340, 487
코펠 · 497
코피 · 339, 486
코피 브레이크 · 394, 537
코피 샵 · 487
코피 테이블 · 539
코헌 · 498
코힐 · 497, 498
코헬 · 497
코히 · 340
콕크 · 501, 502
콘그라툴라씨오니 · 505
콘도 · 498
콘도르 · 458, 459
콘도미니엄 · 352, 498
콘서트 · 110, 499
콘솔 타입 에어 컨디셔너 · 473
콘테 · 501
콘텐츠 · 499, 500

콘티 · 500
콜 인 · 529
콜글리시 · 506
콜넷 · 293
콜드 게임 · 502
콜라 · 501
콜링 카드 · 69
콤몬 쎈스 · 493
콤비 · 503, 505
콤비네숀 · 504
콤비네이션 · 504
콤빼 · 502
콤빠니 · 503
콤프레토 · 290
콤프렉스 · 505
콤필레이션 · 194
콧헤루 · 497
콩그레츄레이션 · 505
콩그리시 · 506
콩뜨 · 509
콩커드 · 508
콩코드 · 508
콩쿠르 · 507
콩쿠리 · 45
콩크리트 · 44
콩클 · 507
콩트 · 508
콩티뉴이티 · 501
콰터파이널스 · 330
쿠데타 · 48
쿠와포 · 350
쿠원 · 360
쿠이스 · 360
쿠익 서비스 · 511
쿠익 써비스 · 510
쿠익키 · 510
쿠커 · 36, 497
쿠쿠루 쿠쿠 팔로마 · 575
쿠키 · 270
쿠킹 스토브 · 36, 127
쿠테타 · 48
쿠페 · 509

쿠페이 · 509
쿨러 · 473
쿱 · 509
쿵짝·쿵짝 · 536
쿵후 · 509
쿼터 · 86
퀘스쳐네어 · 360
퀘터 · 437
퀘테이션 · 449
퀴즈 프로 · 509
퀴즈 · 510
퀵써비스 · 510
퀸 사이즈 · 511
퀸 · 89
퀸메리 · 511
퀸스 · 179
퀸시 존스 · 206
퀸즈 · 512
크노프 · 232
크라스트리디움 · 233
크라식 기타 · 514
크라식 · 513
크라식스 · 513
크라우디오 빌라 · 382
크라이밍 로우프 · 432
크라이밍 아이언스 · 349
크라이스트 · 53
크라이슬러 · 180, 181
크라크 케이불 · 513
크락숀 · 514
크랍 · 298
크래시컬 뮤직 · 437
크래식컬 · 513
크램판스 · 348, 349
크랭크 바 · 265
크레딧(영화 타이틀) · 514
크레딧 타이틀 · 514, 522
크레딧스 · 514
크레멘타인(어부의 딸) · 515
크레용 · 516
크레이안 · 516
크레일러링 · 396

크레잇스 · 522
크레파스 · 516
크렌취 코트 · 200
크로디스 마들 · 157
크로바(트럼프) · 517
크로스 더 프레이트 · 606
크로스 홈 · 606
크로스바 · 305
크로아티아 · 517
크로에이셔 · 517
크로케드 · 34
크로켓 · 33
크로포드 카운티 · 569
크리너스 · 583
크리스쳔 스쿨 · 190, 191
크리스타퍼 핸디 · 239
크리스토 · 53
크리스토스 · 53
크리스투스 · 53
크리스트 · 52, 53
크리피 · 51
크린서 · 582
크림 번 · 214
크림 펍 · 302
크웨스쳐네어 · 360
크웬틴 피오리 · 53, 451
크우스 쑈 · 509, 510
크우스 프로그램 · 417, 510
크위스 · 392
크워 취컨 커리 · 467
크웍스텝 · 536
크원(락그룹) · 611
크원 메어리 · 511
크원 베드 · 89
크원 사이스 · 511, 512
크원 사이즈 베드 · 89
크원 · 89
크원스 버로 · 344
크원스 · 179, 512
클라시컬 뮤직 · 512
클라식 파퓰러 송 · 616
클라식 팝 · 615

클라이슬러 · 67
클라크 게이벌 · 513
클락쏘 · 514
클래시컬 · 512
클래시컬 기타 · 514
클래시컬 뮤직 · 513
클래식 쁙 · 513
클래식 뮤직 · 512
클랙 · 210
클럽 · 281
클럽(club)(트럼프) · 517
클럽 카아트 · 299
클레멘타인(광부의 딸) · 515
클레임 · 516
클로드 킹 · 372
클로로플루오르카번 · 560
클로바(트럼프) · 517
클로스트 캡션 디코더 · 301
클로싱 세일 · 196
클로징 멘트 · 179
클리너 · 583
클리어런스 세일 · 196
클리퍼스 · 199
클리피 · 222
키 링 · 518
키 체인 · 518
키 케이스 · 518
키 폰 · 555
키 홀더 · 518
키드스 · 518
키스 마크 · 518
키즈 · 518
키트 · 421
킥 오프 · 519
킥백 · 151
킥압 · 519
킨제이 보고서 · 519
킨지 보고서 · 519
킴 베신저 · 520
킴 베이싱어 · 520
킴 칸스 · 230
킷 · 420

킷스 · 518, 519
킹 사이즈(옷) · 520
킹 사이즈 · 89

타다·오르다 · 523
타렌토 · 522
타박스파이페 · 498
타수 · 83
타스 · 83
타운 하우스 · 257
타이 클립 · 69, 70
타이 핀 · 69
타이거 우즈 · 521
타이거스 · 52
타이드 · 582
타이커 웃스 · 521
타이태닉 · 514
타이터스 앤드로니커스 · 118
타이터스 · 286
타이테이니엄 · 539
타이틀 뮤직 · 318, 527
타이틀 백 · 522
타이틀 쏭 · 526
타이팡앙 · 545
타이헤이유우 · 545
타임 레코더 · 522
타임 마스터 · 522
타임 카드 · 522
타임 클락 · 522
타임테이블 · 85
타잇쓰 · 521
타잔 · 446
타크 쑈 · 179
타퍼 · 315
타픽 · 526
타핑 · 484
탁 쑈 · 179
탐보이 · 245, 613
탑 랭킹 · 531, 532
탑 러너 · 531

탑 메이커 · 531
탑 클라스 · 531
탑 텐 · 227
탑스타 · 543
탑승 · 523, 524
탑승객 · 523
탑자 · 523, 524
탑코우트 · 315
택 아웃 · 526
택배 · 524
택시 댄서 · 600
택시 드라이버 · 411
택시 스탠드 · 310, 438
택시 · 385
택시미터 · 386
택시캡 · 386
탤런트 · 144, 333, 480, 522, 523
탱저린 오린지 · 390
탱커드 · 444
탱크 탑 · 117
터닝 포인트 · 243
터미네이트 어 게임 · 502
터치 더 넷 앤 폴 인투 · 70
터치 톤 · 555
터치 톤 폰 · 555
터치다운 · 43
터키 커리 · 467
터틀 넥 · 552
터틀 넥 셔츠 · 552
턴 시그널 · 420
턴테이블 · 558
턴피이크 로드 · 581
텀 페이퍼 · 126
테너 쌕서폰 · 292
테노르 · 401
테레비 · 492
테레비 방송 · 526
테레비 연속극 · 526
테레비 탈랜트 · 522, 526
테마 · 526
테마 뮤직 · 318, 527

테마 송 · 526
테스타 · 527
테스트 리스너 · 182
테스트 맷취 · 398
테스트 뷰어 · 182
테스트 써베이어 · 182
테스트 유저 · 182
테아라이 · 531
테에저 · 528
테오도로 콧트라우 · 272
테이블 스피치 · 527
테이블 어브 칸텐트 · 500
테이쿄우 · 440
테이크 더 블레이트(마운드) · 103
테이크 아웃 · 25
테이프 커팅 · 528
테일러 메이드 · 388
테일러스 초크 · 455
테제 · 528
테크나러지 · 436
테크니컬 노우하우 · 76
테클라 봉다 쎕스카 · 198
텍사스캐나 · 528
텍서스 레인저스 · 309
텍서캐너 · 351, 528, 529
텐 베스트 · 227
텐 베스트 팝송 · 227
텐 워스트 · 227
텐더로인 · 137
텐저린 · 390
텔러 · 210
텔러비전 · 526
텔러비전 배우 · 522
텔러폰 부스 · 529
텔레 · 526
텔러폰 넘버 · 217
텔러폰 리퀘스트 · 529
텔러폰 박스(복스) · 529
텔룸 · 189
텔리 · 526
템퍼러리 스토어 · 274
템페루 · 97, 98

텡헤르 오린지 · 390
토란수 · 100
토란푸 · 517
토롯토 · 534
토머스 버베리 · 200
토스트 · 26, 214, 239
토우 · 126
토우 비히클 · 126
토우 어웨이 존 · 127
토우 어웨이 · 127
토우 트락 · 126
토우반 · 104
토우사이 · 523
토우잉 · 127
토이레 · 530
토이렛테 · 531
토일레 · 531
토일렛 · 530
토크 쑈 · 179
토트 콤 · 100
톡킹 · 194
톤킨 · 227
톨 로드 · 581
톱 란나 · 531
톱 런너 · 531
톱 메이커 · 531
톱 빠타 · 532
톱 크라스 · 531
톱 타자 · 532
통듀스 · 199
투 런 힛 · 367
투 박스 카 · 415
투 스텝 · 535
투 잡스 · 266
투르 드 니스 · 180
투마로우(나이트 클럽) · 104
투수 · 367
투피스 · 416
투-피스 · 532
튜버 · 293
튜브 · 245, 279
튜브로우스 · 368

트라우서스 · 450
트라우저스 · 316
트라이앵글 홀드 · 550
트락 · 127
트란트넥 · 322
트랏 · 535, 536
트래픽 · 533
트래픽 라잇 · 35
트래픽 바이어레이션 티킷 · 311
트래픽 서클 · 139
트래픽 씨그널 · 35
트래픽 잼 · 47
트래픽 잼스 · 47, 533
트랜스 · 99, 100
트랜스미션 플루어드 · 394
트랜스미션 · 393
트랜스페런트 앳히시브 테이프 · 308
트랜스페런트 테이프 · 307
트랜스포머 · 99
트럭 드라이버 · 410
트럭 · 127
트럼프 · 533
트럼핏 · 60
트렁스 · 213
트렁크 · 16, 461
트렁크 리드 핸들 · 592
트렁크 스페이스 · 287
트레닝 샤츠 · 461
트레블링 백 · 17, 232
트레블링 밴 · 395
트레이닝 숫 · 461
트레이닝 팬스 · 461
트레이드 마크 · 163, 330
트레이드 페어 · 32
트레이러링 · 395
트레인 · 55
트렌취 코트 · 199
트로이 전쟁 · 388
트로트 · 274, 534, 537
트로피 · 456
트롯또 · 534

트리 런 힛 · 367
트리나크리아 · 322
트리니댓 · 321
트와이나잇 · 58
트위스트 · 278
트위저스 · 570, 571
틀리너 · 582
티(차) · 394
티 브레이크 · 394
티머시 · 286
티보가의 사람들 · 87, 88
티비 · 526
티비 스타 · 522
티비 탤랜트 · 522
티어드랍 스타일 · 111
티어와너 · 539
티와나 · 539
티주아나 · 539
티타늄 · 539
티화나 · 112, 539
틴에이지 스토리 · 65
틴트 · 283
틴티드 글래스 · 282, 283
틸 · 503, 504

파니스 · 213
파드레이스 · 540
파드리스 · 540
파라보라 안테나 · 540
파라쏠레 · 256
파레스 호텔 · 541
파마 · 541
파스보드 · 541
파스텔 · 516
파스트 네임 · 442
파시 몬트로스 · 515
파아크 · 184
파아킹 · 184
파아킹 브레이크 · 265
파아트너쉽 · 293

파암 프로덕트 · 77
파우더(빵가루) · 33
파우더 룸 · 531
파이낸셜 쎄션 · 294
파이럿스 · 567, 568
파이레츠 · 567
파이버 글래스 · 351
파이어볼 · 367
파이저 · 252
파이킹 브레이크 · 590
파이팅 · 609, 610, 611
파인 주스 · 542
파인애플 주스 · 542
파일럿 · 111
파크웨이 · 13, 580
파킷 머니(소액) · 551
파킷 페이저 · 258
파킹 · 184
파킹 랏 · 13, 184
파킹 티킷 · 311
파트 타임 잡 · 338
파트 타임 · 338
파티 · 502
파파라초 · 543
파파라치 · 542
파파랏쏘 · 543
파파롯씨 · 551
파파이 · 236
파파랏소 · 543
파파랏시 · 543
파풀러 · 544
파풀러 쏭 · 18
팍스 트랏 · 239, 534
팍스-트랏 · 536
판드 · 584
판쓰 · 212
판파레 · 215
팔레스 · 541
팔레스티나 · 421
팜 스프링스 · 372
팜 팜 걸 · 464
팜프렛 · 543

팝(탄산음료) · 264, 265
팝(pop=탄산음료) · 501
팝 뮤직 · 544
팝쏭 · 18
팝 스타 · 345
팝스 · 544
팝스 콘서트 · 544
팝시클 인더스트리스 · 347
팝시클 · 346, 347
팡우 · 327
팡킨 · 469
팡파르 · 215
패널 디스커션 · 545
패널 할당 · 457
패널리스트 · 510, 544, 545
패드(거품 유형) · 243, 244
패러솔 · 256
패밀리 닥터 · 603
패밀리 드라마 · 603
패밀리 쏭 · 604
패밀리 피지션 · 603
패서디너 · 402, 490
패셔너블 · 581
패션 마들 · 157
패션 쇼 · 545
패스 · 260, 367
패스보드 · 541
패스트푸드 · 169, 484
패스포트 · 542
패시픽 · 545
패시저 캐빈 · 415
패킹 테이프 · 307
패트롤 · 341
패트롤 스테이션 · 16
패튼트 레서 슈즈 · 375
패피트릭 후리건 · 611
팬 프렌드 · 548
팬 · 614
팬더 미러 · 217
팬션 모델 · 144
팬시 케익 · 97
팬쓰 · 212 213, 316, 450, 504

팬터룬스 · 450
팬텔룬스 · 316
팬트 스타킹 · 546
팬티 호즈 · 546
팬티스 · 212, 213
팬페어 · 215
팰러스 · 541
팰리스 · 541
팻스 다미노 · 458
퍼네틱 · 166
퍼락사이드 · 400
퍼루비언 · 458
퍼머넌트 웨이브 · 541
퍼블릭 릴레이션 · 570
퍼블릭시티 · 570
퍼서내리티 · 333, 384
퍼서낼리티 디제이 · 384
퍼스낼리티 · 575
퍼스트 네임 · 442
퍼스트 러너 · 531
퍼스트 배터 · 532
퍼스트 베이스맨 · 367
퍼시픽 · 546
퍼쎈티지 · 560
퍼쎄틱 · 255
퍼쎈트 · 560, 561
퍼쎈티지 · 561
퍼씨픽 · 545, 546
퍼씨픽 코스트 대학 · 164
퍼어스 · 16
퍼타그러퍼 · 269, 469
퍼트롤 카 · 272, 273
퍼트롤 · 341
퍼포머 · 523
퍼포먼스 피 · 24
퍼포밍 · 207
퍽(puck) · 103
펄리스 아웃포스트 · 554
펌 · 541
펌킨 · 469
펌프 · 554
펑크처 · 215

페너리 슈라웃 · 569
페널티 킥 · 569
페널티슈웃-아웃 · 569
페니 · 86, 437
페디큐어 · 167
페리시타시옹 · 505
페리어드 · 178
페미니스트 · 407, 408, 546
페어 데이트 · 341
페어 마인디드 · 398
페어 · 494, 503
페이머스 · 69
페이버릿 폴드 · 330, 331
페이스 렙트 · 409
페이스 롸잇(렙트) · 408, 409
페이스 리프트 · 161
페이스 립트 · 161
페이저 · 259
페이지 · 259
페이클락 포 위도우 타임 시스템 · 522
페이튼 · 399
페이퍼 드라이버 · 547
페이퍼 테스트 · 547
페일 · 203
페치코트 · 316
페트롤 · 24, 393
페티코트 · 450
페팅(진한 애무) · 547
펜 파루 · 548
펜 팰 · 548
펜치 · 548
펜팔 · 548
펠리시아노 · 600
펠씨셔룽 · 208
펠트 팁 마커 · 168
펠트 팁 펜 · 168
펨푸 · 548
펩시 · 501
펭 · 214
펭세뜨 · 571
포노그래프 · 558

포르노 샵 · 549
포르노 · 549, 550
포르투갈 · 246
포르트페이유 · 542
포모나 · 535
포볼 · 274, 367
포수 · 368
포스터 · 258
포스트 리코딩 · 352
포스트 싱크 · 352
포스트 싱크로나이즈 · 352
포스티리어 · 618
포어 볼 · 260
포어 · 235
포어나그라피 · 549
포어노 · 549, 550
포언 · 550
포워드 · 190
포취 · 225
포커스 · 571
포케치프 · 550
포켓 머니(용돈) · 551
포켓벨 · 258
포크 컷렛 · 100
포크로인 · 137
포터 · 236
포터그래프 · 469
포토 라인 · 551
포토 랩 · 106
포토 써비스 · 106
포토 오브 스타 · 246
포토 칸테스트 · 508
포토 피니슁 써비스 · 106
포트 핏 · 568
포티나이너스 · 515
폭력교실 · 255, 320
폰 인 리퀘스트 · 529
폰 인 리크웨스트 · 530
폰-섹스 · 293
폴 뉴먼 · 63
폴 렝스 나블 · 88
폴 싸이먼 · 459

폴더 · 543
폴라 · 552
폴라 샤츠 · 552
폴라닌 · 553
폴란드 · 552
폴랜드 · 552
폴로 · 552
폴리 · 522
폴리스 도거 · 290
폴리스 리포터 · 269
폴리스 복스 · 553
폴리스 스테이션 · 554
폴리스티렌 · 306
폴리에 · 553
폴리티컬 리포터 · 269
폴쉐 박스스타 · 617
폴스 · 393
폴스타 · 552
폴트 · 332
폼프 · 554
푸가비챠 · 232
푸룻 보울 · 328
푸쉬 폰 · 555
푸에르토리코 · 600
푸통화(중국 표준어) · 268
풀(수영장) · 599
풀(푸울) 써비스 · 16
풀 멤버 · 555
풀 모델 체인지 · 162, 546
풀 베이스 · 614
풀 사이즈 · 89
풀 샷 · 299
풀 카운트 · 615
풋 브레이크 페들 · 265
풋 페쳐들 · 590
퓨리턴 스테이트 · 159
퓨얼 · 393
프라미스 · 370
프라버비리티 포어캐스트 오브 레인폴 · 253
프라스 타일 · 556
프라시도 도밍고 · 213

프라이드 엑스 · 374
프라이빗 포테이토 · 169
프라이빗 비즈니스 · 293
프라이빗 카 · 162
프라이스 클럽 · 495
프라이스 · 494
프라이어 · 258
프라임 아워 · 41
프라임 타임 · 41
프라잉 팬 · 612, 613
프라티누스 · 555
프라퍼갠더 · 570
프란체스코 델 죠콘다 · 181
프랑스의 13일 · 64
프랑스의 13일간 열전 · 577
프래스틱 서저리 · 161
프래스틱 타일 · 556
프래퍼 · 613
프랙티스 게임 · 398
프랜차이스 스테이디엄 · 540
프랭크 시나트러 · 150, 557
프랭클린 덜러노우 로우저벌트 · 143
프로듀스 · 77, 78
프로듀스 · 78
프로모션 · 481
프로스 · 178
프로페셔널 · 560
프레디 마틴 · 150
프레서던트 · 559
프레센스 · 440
프레시 버터 · 156
프레시맨 · 558
프레싱 아이언 · 346
프레야 · 558
프레어 스커트 · 565
프레온 가스 · 559
프레이 트리 · 555
프레이보이(오입쟁이) · 565
프레이어 · 314
프레잉 카아스 · 533
프레지던트 · 559

프렌드 어브 마인 · 27
프렌들리 게임 · 398
프렌치 드레싱 · 260
프렌치 초크 · 455
프로 · 560
프로그램 · 560
프로덕션 · 560
프로마이드 · 246
프로센트 · 560
프로스티튜트 · 560
프로우페인 · 561
프로이센 · 553, 560
프로젝터 램프 · 420
프로즌 스노우 서페이스 · 348
프로테이지 · 560, 561
프로파일 · 561, 562
프로판 가스 · 561
프로포절 · 561
프로포즈 · 561
프로필 · 601
프로필로 · 562
프론 데스크 · 612
프론트 · 566
프론트 그라스 · 562
프론트 러너 · 531
프론트 컴비네이션 램프 · 420
프론트 패션저 시트 · 445
프론트 패씬저 씨잇 · 265
프롤레타리아 · 560
프롤어 램프 · 438
프루어레슨트 레드 마커 · 598
프루어레슨트 벌브 · 281
프루크 · 612
프루트 · 313
프루프 · 29
프루프리딩 · 29
프리 리코디드 백킹뮤직 · 11
프리 섹스(자유성애) · 566
프리 컨버세이션 · 562
프리 토킹 · 562
프리덤 어브 쎅스 · 566
프리마 돈나 · 272, 279

프리뷰 · 131
프리섹스 · 537
프리언 · 559
프리에프 · 214
프리웨이 인터스테이트 로드 · 581
프리웨이 · 243, 580
프리즈 프레임 · 310
프리패스 · 563
프리스 · 301
프린스턴 · 346
프린팅 · 106
플라스틱 백 · 250
플라시도 · 600
플라워어레인지먼트 · 563
플라이 우드 · 224
플라이어(싸이드 컷) · 218
플라이어 · 218, 258
플라이어즈 · 548
플라잇 넘버 · 217
플라잉 · 234
플라타너스 · 555
플랑가드 · 556
플래가드(현수막) · 556
플래스틱 그린 하우스 · 251
플래카드 · 556, 557
플래티넘 · 40, 273
플랫 · 215
플러드라잇 게임 · 59
플러스 마이너스 제로 · 564
플러스 썸띵 엑스트러 · 565
플러스 썸띵 · 564, 565
플러스 알파 · 564
플러스 어 리틀 모어 · 565
플레스터 캐스트 · 54, 55
플레어스 써네임 · 216
플레이 플레이 · 613
플레이보이(한량) · 565
플레이트 · 104
플레이팅 · 177
플레트 홈 · 584
플레티넘 · 40
플로릴데커레이션 · 563

플로어 샷 · 299
플루 · 429
플루크 · 612
플리 마킷 · 231
피 알(P.R) · 570
피너포어 · 433
피네 · 589
피니스 · 589
피래밋 · 522
피레츠 · 568
피만 · 567
피망 · 567
피메일 오피스 워커 · 399
피바디 · 536
피서지에서 생긴 일 · 64
피서지의 사건 · 64
피쉬 · 86
피스 어브 브레드 · 214
피이 · 494
피자 · 568
피츠버그 · 568
피치 · 237
피케이(PK)전 · 569
피크 스테이크 · 586
피크닉크 · 570
피크닉 · 570
피터 · 286
피터 그레입스 · 442
피트니스 클럽 · 599
피퍼 · 433
픽 업 어 걸 · 28
픽니커 · 570
픽닉 · 570
픽업 · 396
픽쳐 튜브 · 245
핀보이 · 571
핀세터 · 571
핀셋트 · 570
핀셋 · 571
핀처 · 549
핀쳐스 · 218, 219
핀트 · 571

필드 · 43, 50, 269
필드 써비스 · 353, 354
필드 앵커 · 366
필라델피아 쏘울 · 105
필로우 커버 · 224
필로폰 · 616
필룸 · 562
필름 뮤직 · 308
필름 스코어 · 308
필리먼 · 286
필리피언스 · 286
필립스 스크루드라이버 · 99
핌프 · 548
핏스버그 · 567, 568
핏싸 · 568
핏취 · 267
핏춰 · 269
핏치 · 237
핑 · 539
핑크 무드 · 571, 572
핑크 살롱 · 572
핑크 존 · 572
핑크 칼라(도색물) · 572
핑크 컬러 워커 · 572
핑크 컬러 잡(여성사무원) · 572
핑크 컬러 · 572
핑크 · 572

하드 사이더 · 264
하레 데이비드슨 · 574
하리 배라폰테 · 575
하바 하바 · 575
하박국 · 286
하버드 대학 · 120
하버드 · 346
하앗(heart) · 517
하얀 연인들 · 64, 576
하와이 연정 · 611
하우스 넘버 · 220, 221
하우스 드레스 · 603

하우스 파티 · 607
하우스 헌팅 · 139
하이(안녕) · 578, 579
하이(예) · 578
하이 라이스 · 579
하이 마인디드 · 398
하이 미스 · 579
하이 칼러 · 581
하이 클래스 · 532
하이 타이 · 582
하이 테크나라지 · 459, 460
하이 텍 · 459
하이 힐 · 583
하이드로젼 퍼락사이드 · 401
하이드로젼 · 400
하이브라우 · 430
하이스 라이스 · 579
하이웨이 · 13, 102, 580
하이츠 · 581
하이킹 코스 · 582
하이킹 트레일 · 582
하이킹 팻 · 582
하이핀 · 583
하이-히일드 슈스 · 583
하일라이커 · 598
하잇쓰 · 581
하자드 · 584
하프웨이 라인 · 189
학개 · 286
한도 후온 · 590
학도개(한국창가) · 584, 585
한쓰봉 · 316
한음병음방안 · 268
한카치이후 · 588
한케치 · 587
할러데이 세일 · 196
할런드 · 389, 390
할로겐 램프 · 585
할라-데이빗선 · 574
할리우드 · 594, 595
할리웃 · 76, 132, 594, 595
함박 스테크 · 586

함프리 보카드 · 586
핫 넘버 · 217
핫 스팟 · 601, 602
핫 스프링스 · 381
핫 아이템 · 617
핫 하우스 · 251
핫도그 스탠드 · 310
핫도그 · 592
핫뽀우(발표) · 207
항고 · 587
항카치 · 587
항코트 · 588
해가이 · 285
해리 팍스 · 535
해쉬드 롸이스 · 579
해자드 · 584
해저 2만 마일 · 153
해저드 · 584
해프닝 쇼 · 588
해프닝 쑈 · 537
해프닝 · 588
해프웨이 라인 · 270
해피 엔드 · 589
해피 엔딩 · 589
핸드 브레이크 · 265
핸드 브레키 · 590
핸드 카트 · 152
핸드 헬드폰 · 591
핸드빌 · 258
핸드폰 · 590, 591
핸들 · 592
핸디폰 · 591
핼러전 램프 · 585
햄 샌드 · 270
햄버거 빵 · 592
햄버거 스탠드 · 310
햄버거 · 586
햄버그 스테이크 · 586, 592, 593
햄벅 스테이크 · 586
행어라운드 · 29
행어바웃 · 28

행커취프 · 587
행커쳅 드레스 · 550, 587
향정신성 의약품 · 593, 594
허드슨 강 · 594
허라 · 614
허레이 · 610, 613, 614
허리우드 · 594, 595
허백컵 · 285
허버 허버 · 575
허비 · 596
허스 · 595
허스밴드 & 와이프 팀 · 504
허스밴드 · 595
허슬 · 536
헌팅 트립 · 139
헐쓰 · 599
험프리 보우가트 · 586
헛슨 리버 · 594
헤 비브로스 · 284
헤노오코스 · 410
헤드 · 482
헤드 업 · 596
헤드램프 와이퍼 · 420
헤루쑤 · 599
헤르만 헤세 · 596, 597
헤르츠 · 599
헤비 메틀 사운드 · 297
헤비 페팅(목갇고 애무) · 547, 548
헤수스 크리스토 · 386
헤어 살롱 · 274
헤어 클리퍼스 · 199
헤어리 벨로판테이 · 575
헤어리 벨로판티 · 575
헤어밴드 · 209
헤어핀 턴 · 485
헤어핀 로드 · 597
헤어핀 샵드 턴 · 597
헤어핀 커브 · 470, 485, 597
헤어핀 코너 · 597
헤이핀 턴 · 597
헤푸브리가 페데라티바 도 브

라시우 · 246
헨리 롬 · 111
헬기 · 597
헬리캅터 · 181, 597
헬리캐스터 · 598
헬리콥터 비행기 · 598
헬리포트 · 598
헬만 헤서 · 596, 597
헬스 센터 · 599
헬쓰 · 599
헵테인 · 401
헷세 · 597
현대시사용어사전 · 208
형광 펜 · 598
호놀루루 · 196
호립산 · 319
호무 바스 · 367
호무란 · 367
호보 · 146
호세 카레라스 · 213
호세 펠리시아노 · 599
호세아 · 285
호스테스 · 600
호스트 · 332, 313, 383, 520
호스티스 · 600, 601
호아이또 샤쑤 · 406
호온 · 514
호울 · 489, 490
호울드 · 490, 602
호이루 · 601
호일 · 601
호지어 · 285
호치게스 · 601
호텔 · 400
호텔 빌 · 145
호텔 뽀이 · 236
호트 스포트 · 601
혼(Horn) · 514
홀 스탠드 · 439
홀 인 원 · 602
홀란트 · 390
홀-인 · 489

홀인 · 602
홀트란트 · 390
홈 드라마 · 603
홈 드레스 · 603
홈 딜리버리 써비스 · 524
홈 런 · 367
홈 베이스 · 367
홈 빠 · 604
홈 스탠드 · 439
홈 스테이 · 604, 605
홈 쏭 · 604
홈 오토메이션 · 605
홈 오피스 · 605
홈 인 · 606
홈 코메디 · 606
홈 파티 · 607
홈 플레이트 · 141, 367
홈닥터 · 603
홈런 · 367
홍키 통크 · 274
화슌 코디네타 · 492
화옥(히다마) · 367
화이또 데 · 608
화이토 · 610
화이트 · 607
화이트 데이 · 608
화이트 셔트 · 406

화이트 속스 · 609
화이트 숏(팬티) · 608
화잇 무비 · 572
화잇 브레드 · 214
화잇 싹스 · 609
화잇 칼라 워커 · 296
화잇-아웃 · 607
환상 동화집 · 596
황금의 태양 · 118
황야의 결투 · 64
황야의 수녀들 · 320
후드 · 236, 237
후디드 스웻셧 · 463
후라 · 612, 614
후라이 판 · 612, 613
후랍빠 · 613
후레 후레 · 613
후레 · 613
후레아 · 565
후레온 · 559
후로꼬 · 612
후록구 · 612
후론 · 559
후론토 · 566, 612
후루 · 274
후리 마케또 · 231
후리간 · 611

후리건 · 611
후버 댐 · 66
후아보루 · 367
후안 · 614
후앙 · 614
후옥스 도롯도 · 536
후울리건 · 611
후키리(봉절) · 463
훌 베이스 · 614
훌라 · 612
훌라 댄스 · 611
훌라 춤 · 611
훌라 훌라 · 611
훌리건 · 611
훗 · 237
훨풀 · 582
휘스 킷 · 417
휘얼 · 601
휠 · 358, 601
휠리버드 · 598
휴대전화 · 590
휴대폰 · 590
휴머 · 422
흐리스토스 · 53
흑인영가 · 35
흑판 정글 / 교실의 음모 · 64
흘러간 노래 · 615

흘러간 팝송 · 615
희미한 옛사랑의 그림자 · 142
히로뽕 · 616
히로폰 · 616
히로퐁 · 616
히바리의 마도로스 · 158
히브루즈 · 286
히브리서 · 286
히어링 · 325, 616
히오 즈 자네이루 · 246
히키 · 518
히키가타리 · 12
히트 상품 · 617
히트런 · 367
히프(엉덩이) · 617, 618
힙(엽구리) · 617
힙 룸 · 618
힙 힙 허라 · 27
힙 힙 허레이 · 612
힙, 힙, 허라! · 615
힙, 힙, 후레이 · 615
힛 바이 피쳐 · 91
힛 배터 · 90
힛 앤드 런 · 367
힛 · 367

A

a base on ball · 367
a base on balls · 237
a bowl of boiled beef and rice · 101
a bowl of boiled pork and rice · 101
a bowl of rice capped with eggs · 101
a bowl of topped rice · 101
A Bronx Tale · 134
a career diplomat · 477
a career soldier · 477
A Clockwork Orange · 165
a cup of coffee · 339
a frequency band assigned to a radio & TV · 457
a little English · 506
a loaf of bread · 214
a long story · 88
a pair of pliers · 219
a pari of skies · 308
a piece of bread · 214
a roundabout · 139
a shot · 419
a shot of whisky · 234
a slide of bread · 214
A Summer Place · 64
a traffic circle · 139
a warm up · 412
A Whole New World · 356
absent minded · 397
acacia · 333
accel pedal · 354
accelarator · 354
accompaniment · 178, 179
acetaria · 260
acoustic guitar · 514
acoustics · 377
acrylic · 351
action movie · 363

action reporter · 363
action star · 362, 363
actioner · 363
actor · 520
actress · 523
actual performance · 111
ad libitum · 361, 362
ad · 324
Adagio Pathetique · 255
adballoon · 334
addict · 166
additional · 266
additional space · 266
adhensive tape · 308
adhevise glue · 289
adieu · 335
adios · 335
ad-to come · 362
adult vedio · 550
advantage · 174
advertising · 324, 570
advertising jingle · 324
advertizement · 179
after dinner course · 96
after dinner speech · 528
after recording · 352
after sales service · 354
after skin lotion · 309
agitation point · 349
agitpunkt · 349
agreement · 179
ahead · 385, 402
Ain't Go · 364
Air Force One · 364
air jeep · 598
air pot · 373
airport control tower · 247
Al Capone · 359
Aladdin · 356
Alameda · 359
Alan Ladd · 335
Albertson · 358, 594

Alfred Cartier & Sons · 477
Alfred Charles Kinsey · 519
alignment · 179
All Fools' Day · 377
All For The Love Of A Girl · 371, 372
all new · 162
all new model · 556
All President's Men · 134
all right · 389
all the members · 555
all weather coat · 315
allegic · 357
allegie · 357
Allergan · 233
all-night show · 59
All The Young Men · 335
alma mater · 393
Aloha Shirt · 62
Alphonse Capone · 359
Alsatian · 290
Aluminum alloy · 357
aluminum wheel · 601
alumna · 391
alumnae association · 391
alumnae · 391
alumni association · 391
alumni · 391
alumnus · 391
amalgam · 177
amateur · 339
ambo · 113
Amen · 340, 341
amendment · 179
American Motors · 454
American Society of Professors of Dancing · 535
AMF inc. · 574
AMF/Harley-Davidson Motor Co., Inc. · 574
amper · 482
Ampex Co. · 247

amphetamine · 616
amusement center · 599
amusement · 179
Anastsia · 64
anc(h)ora · 365
anchor · 365
anchorman · 365
anchorwoman · 365
andle · 364
Andrews Air Force Base · 363
andyra · 365
anemone · 334
ankle boots · 242
Annam · 227
Ann-Margret · 357
announcement · 179
announcer or announcer's booth · 333
answer song · 68
antena parabolica · 541
Anzug · 290
apartment · 171, 172, 179, 194, 351
apartments · 171, 172, 225, 352
Aphrodite's Child · 205
applause · 361
appointment · 179
apres-guerre · 354
April Fool · 377
April Fools' Day · 377
April Love · 512
arancia · 391
arbeit · 338
area · 601
aria · 9
Arkansas · 350, 351
armband · 209
arrangement · 179
arrivederci · 335
Ashukhavit · 349
Asia · 343

Asia Minor · 318, 343
Asien · 343
asparagus · 342
asphalt · 342
ass · 618
assicurazione · 208
assignment · 179
assistant · 152, 320, 492
Association Football · 462
assurance · 208
Asuksagna · 349
asylum for the aged · 329
asylum · 329
athlete · 314
athletic shirt · 117
atmosphere of languorous relaxation · 185
attachecase · 16
attractive figure · 50
au pair · 605
au revoir · 335
audience · 300, 301
audio freak · 166, 389
audio · 301
audio-phile · 389
auf wiedersehen · 335
auguri · 505
Aurora · 431
autista · 410
autista di piazza · 410
auto care center · 280
auto · 301, 414
auto trip · 396
autobike · 395
autobus · 222
autocade · 473
autofahrer · 410
autofahrerin · 410
automatic pencil · 278
automatic transmission · 73
automobile · 410
avarage scores · 592

avec · 342
a-venire · 362
avenue · 13, 362
Azusa · 349
Azusa Pacific University · 350

B. J. 타머스 · 64
B.G.M.(비지엠) · 255
back · 210, 389
back band · 217
back musician · 218
back number · 217
back seat fucking · 470
back street · 425
back up · 218
backed up · 48, 218
background music · 255
backing band · 218
backing musicians · 218
backpack · 180, 146
backup musician · 218
backward · 218
bactererio · 205
bacteria · 205
Bacterium · 205
Bad Sister · 230
badge · 164
bag · 15, 216
baggage · 216
bags · 216
bahn · 348
bake shop · 214
baker · 214
baker's dozen · 83
baker's shop · 214
bakery · 214
bakterie · 205
balcony · 225
ball · 234, 237, 238

ball point pen · 238
balloon · 334
ball-room · 238
banca · 208
band · 208, 457
band leader · 209
band master · 209
Bank of America · 114
bankassurance · 208, 209
bankinsuarance · 210
banner · 557
banque · 208
banquier · 208
bar keeper · 157
bar · 305
Barbarella · 102
bare ground · 584
bargain · 196
Barge · 201, 202
barmaid · 212
barman · 212
bartender · 212
base on balls · 260
base steal · 141
base umpire · 368
bases full · 614
bases loaded · 141, 614
bat at home · 604
bat room · 531
batao · 232
bateria · 206
bathroom · 224
baton twirler · 204
batter · 141
battery · 206
Bausch & Lomb, Inc · 110
bawdry · 550
Bayer Corporation · 200
beach house · 292
beach unbrella · 257
beautiful moring · 447
beauty salon · 274

bed cover · 224
bed town · 225
bedroom community · 225
bedroom · 224
bedspread · 224
beef cutlet · 257
behind · 385, 402
bell-boy · 236
bellhop · 236
bellyband · 209
beloved · 96
belt · 209
bench · 208
bend · 470
Benetton · 223, 224
berlina · 288
berlinda · 288
berline · 288
best ten · 227
Bette Davis Eyes · 230
Bette Davis · 230
Beverly Hills · 130, 220
bicycle · 395
bicycle cart · 152
biennale · 253
biennial · 253
big sale · 50
Bill Gates · 259
Billie Jean · 513
Billy Joel · 257
Birmingham · 219
Bizet · 337
black beer · 248
black bumor · 249
Black Coffee · 248
black comedy · 249, 250
black humor · 249
Blackboard Jungle · 64, 320
blackout · 247
black-out · 420
blade · 420
blazer · 249, 505

blender · 194
blind date · 194
blind drag · 194
blinker · 420
Bloody Mary · 178
bloody minded · 397
blue collar · 572
blue jeans · 452
blue movie · 572
Blue Shadows On The Trail · 142
blue · 572
Blueberry Hill · 458
bluebird · 250
blues · 239
bock beer · 248
bod shop · 280
Bois Yeltsin · 387
bonnet · 237
bonus · 235
book cover · 242
book jacket · 242
bookazine · 186
book-keeping · 238
boom · 243
boomerang effect · 241
boomerang kid · 241
boomerang · 240
boomtown · 244
boots · 242
borough · 179, 512
Botox · 233
bottle · 374
bottoms up · 26
bottoms-up · 419
botton · 232
bottone · 232
Botulinum · 233
Boulevard · 13, 250, 362
bouquet · 244
bouton · 232
Boutulinum Toxin Type A · 233

bowl · 101, 328
box number · 217
boy friend · 28, 235
boy hunt · 28
bra · 72
braba · 239
brabo · 361
braless · 72
brandpunt · 571
brass band · 216
brass · 60
brassiere · 72, 249
Braunsche Rohre · 244
bravo · 239
Brazil · 245
bread and butter · 214
bread and jam · 214
bread crums · 214
bread flour · 214
bread plate · 328
Bread · 214, 327
break down · 364
break the jinx · 454
breakfast special · 182
breaking ball · 368
Breaking News · 202, 315
breif news · 315
breifs · 212
bressire · 72
briefcase · 16
brieftasche · 542
brindisi · 27, 239
brochure · 543
broken English · 506
Bronx · 179, 512
brood · 214
Brooklyn · 179, 512
brot · 214
brother girl · 245
brown bread · 214, 346
Bruce · 240
buck · 89

buckle up · 356
buckskin · 204
buffet · 267
buffs · 301
bugle · 60
Buick · 321
bulb · 115, 281
bun · 214, 592
Bundesrepublik Deutsch-
 land · 184
bungalow · 207
bus boy · 320
bus depot · 223
bus girl · 222, 320
bus hostess · 222
bus station · 223
bus stop · 223
bus terminal · 223
bus · 222
Busch Memorial Stadium · 432
business · 254, 293, 358
bust · 219
buste · 219
busto · 220
bugler · 60
busyness · 255
Butch Cassidy and Sundance Kid · 63
buttocks · 618
bye · 211
bye-bye · 212

Ⓒ

C.M. · 323
C.M. song · 324
cabbage · 484
cabin space · 355
caddy · 299
cadenza · 465
Cadillac · 482

cafe au lait · 474
cafe · 20, 340, 487
calamellus · 483
calcium · 468
California Institute of Tech-
 nology · 153
called game · 502
call-in program · 530
calpis · 467
caltec(칼텍) · 153
camboja · 470
Cambridge · 160
camera · 468
camera obscura · 468
cameraman · 468
camp · 369
campaign · 481
camping · 314
cancion · 476
canned coffee · 479
cannes · 475
canto popolare · 476
cantus · 476
canyon · 13
Cape Cod Bay · 159
Captain Carry U.S.A. · 181
captain · 482
caption · 301
car · 414
car break down · 379
car for rent · 128
car key · 380
car owner · 265, 387
car trip · 396
caramel · 483
caramelo · 483
caravanning · 396
carbonated drink · 264
career · 477
career woman · 478
car-life · 466
car-orineted life · 466

carport · 471
carrousel · 489
car-seat sex · 470
Carson City · 66
carte da gioco · 533
cartera · 542
cartes · 533
Cartier · 477
Casablanca · 586
case by case · 490
case by case basis · 491
cashier · 122, 479
cashier's check · 479
casino · 471, 517
castilla · 470
casual sex · 567
catcher · 141, 295, 368
category · 435
caterer · 477
catering · 477
cathode ray tube · 245
Catholic · 20
CC boy · 327
CD-ROM · 123, 500
Cecilia Bartoli · 291
cedar · 287
Cedars-Sinai Medical Center · 287, 558
celebrate · 288
celebration · 288
celebrations · 289
celebrity · 69, 523
Celine Dion · 296, 514
cell · 207
cellophane · 307
cellulose acetate · 307
cement · 289
center circle · 189
center fielder · 295
center spot · 519
centimeter · 324
centum · 560

ceremony · 43, 215, 288
cerrito · 291
Cerritos · 291
CF · 322
CF 모델 · 323
chack · 433
chalk · 455
chambre · 468
chamois · 204
champion cup · 456
championship · 330
championship cup · 456
chan peng · 435
Chandos Baez · 446
change one's image · 425
chanson · 476
character · 425, 480
character actor · 480
character's brand · 479
charge · 494
charge for a room · 145
Chariots of Fire · 205
Charles Francis Richter · 153
chauffeur · 388, 410, 411
Che Sara · 599
cheat sheets · 488
cheating · 488
cheergirl · 463
cheerleader · 463
cheers · 26, 239
chest · 220
Chester Carlson · 441
Cheverolet · 321
Chevy · 322
Chiang Kai-Shek · 48
chicken · 464
chicken nugget · 464
chicken soup · 464
chief · 482
chief umpire · 141, 368
chin chin · 27

chivalrous man · 546
chlorofluorocarbon · 560
chofer de camion · 410
chofer · 410
chopper · 598
choral group · 493
chorus group · 492
chou a la creme · 302
Christ · 53
Chrysler · 454
chtcher · 324
cider · 264
Cinema Complex · 540
cinquina · 113
circle · 13, 281
circline · 281
circular fluorescent · 281
City of Beverly Hills · 252
City of Los Angeles · 595
civic minded · 397
civilian · 187
claim · 516
Clark Gable · 514
classic guitar · 514
classic music · 512
classic pop · 513
classical guitar · 514
classics · 513
Claudio Villa · 382
cleaner · 582, 583
cleaners · 583
cleanser · 582
clerk · 210
climbing irons · 349
climming rope · 432
clinking · 324
clippie · 222
closed caption decoder · 301
clothes model · 157
club · 281
CM 송 · 324

CM 탤런트 · 323
CM · 570
CNN · 260
coach station · 223
co-anchors · 365
coating · 177, 497
Cochin-China · 227
cockpit · 266
cocktail lounge in a private home · 604
cocktail rounge · 306
cocktail table · 539
coddea · 340
cofea · 487
coffee · 194
coffee break · 488, 537
coffee house · 112
coffee table · 537
coin laundry · 583
coined operated washers /driers · 496
cold game · 502
collagen · 235
colleague · 402
colleaguemanship · 402
collection · 545
Columbia · 346
com · 101
combination · 503, 504
come here! · 489
come in · 489
come on · 489, 610, 611
come over here · 489
comedy sketches · 327
comedy · 249
come-in · 304
Comiskey Part · 609
commando action drama · 363
comment · 379
commercial · 324
commercail song · 324

commercial film · 322
commercial jingle · 324
commercial message · 324
commercial model · 426, 431
commercial theme song · 324
commercials · 570
common knowledge · 493
common sense · 493
Community Police Branch · 554
commuter town · 225
company · 100, 503
company employee · 296
competition · 507
compilation · 195
compile · 194
complaint · 516
completo · 290
complex · 505
complimentary · 280
company · 502
concentric plug · 499
concern · 75
concert · 110
Concord · 159, 508
concours · 507
concrete · 45
conditon · 302
condominium · 172
condor · 459
conductor · 320
conductress · 222
congratulation · 505
congratulationi · 505
congratulations · 505
consumer reception tester · 182
conte · 508
contemporary · 404
contender · 404
content · 499
contents · 499

contents sheets · 500
contents-sddressable memory · 500
contest · 507
continents · 342
continuity · 500
conveyer · 488
convix mirror · 485
convoy · 474
coodinator · 491
cooker · 497
cooler · 473
coordinator · 492
copa · 15
corduroy pants · 38
Cornell · 346
cornet · 293
Corporation · 293
correction tape · 607
correspondent · 152
cost · 494
cost down · 494
cost increae · 494
cost reduction · 494
Costco · 495
Costco Wholesale Corporation · 495
costcutting · 494
cottage · 292
Cotton Fields · 528
cotton underwear · 117
counter · 491
country · 360
County highway · 580
coup d' Etat · 48
coupe · 509
coupee · 509
couple film · 550
couple · 341, 504
court · 13
courtly love · 537
cover record · 484

cover version · 484
crampons · 349
crank bar · 266
Craypas · 516
cream bun · 214
cream puff · 302
credit title · 514, 522
credits · 514, 522
creepy · 51
cricular line lamp · 282
Croatia · 518
crop · 299
croquette · 34
cross home · 606
cross the finish line · 45
cross the plate · 606
crossbar · 305
CRT · 245
Cubs · 485
cuff buttons · 473
cuff-links · 473
cunning · 488
cup-in · 489
curb · 47, 470
curried rise · 467
curry · 466
curve mirror · 485
curve · 470
Customer Furnished · 323
customer service · 354
custom-tailored · 388
custum-made · 388
cut · 73, 486
cut the ribbon · 528
cutoff point · 486

Ⓓ ····▶

D.C. · 105, 106
d/c · 106
Daimler Banz AG · 229
Dairy Valley · 291

damage on's image · 424
Dan · 82
Dana Andrews · 82
Dancing Queen · 88
Dangel · 82
Dangle · 82
Daniau · 82
Danielle · 82
Danite · 82
Danny · 82
Danny Boy · 83, 335
Darling Lili · 64
Dartmouth · 346
dashboard · 83
date · 342
David · 96
Davidson · 231
Davies · 232
day trip · 46
daylight savig time · 283
daylight time · 283
dead ball · 90, 91
deal · 65
dealing · 65
debut · 91
decal · 311
decem · 83
decoration · 430
decoration cake · 97
dedan chair · 287
deejay · 384
deep fried fish or vegetables · 98
deep fried · 98
Deep Purple · 298
defeat · 345
defenders · 190
deflation · 97, 429
Delco · 514
Dell · 95
demerit · 160, 174
Demi Moore · 90

Deniau · 82
Denice · 89
dental corps · 106
Denys · 89
depart · 92, 274
department · 491
department store · 92
depend on each other · 54
desert · 96
designated hitter · 367
desk · 91
desk keeper · 92
desk top · 93
dessert · 96
detergent · 582
development · 106
deviation clause · 106
Deville · 483
dhej apdlem · 388
diagram · 85
diamond · 85
dime · 437
dinghy · 407
dirt · 550
dirty mind · 397
disadvantage · 174
disc jockey · 383
disco · 105
discotheque · 104
discount · 105, 106
diskos · 104
ditch · 584
Do Not Touch · 75
Do You Know The Way To San Jose? · 271
docena · 83
doctor's program · 204
Dodgers · 177, 568
Dohran · 94, 95
dollar · 86, 437
Domhnall · 82
Don Backy · 382

Donald · 82, 169, 171
donna · 158
Donna Cook · 372
Donna Donna · 446
don't touch · 75
door to door courier service · 524
door to door deliverly · 524
door to door · 524
DOS · 101
dot · 100
double bed · 89
double column · 106
double play · 367
doubleheader · 58
Doug · 171
doughnut · 95
Douglas · 171
Douglas MacArthur · 170
douzaine · 83
Dow Jones 30 Industial Average · 84
Dow Jones Industiral Average · 84
dozen · 83
dozzina · 83
DP & E · 106
draw up a list · 152
dress · 531
dress shirt · 406, 416
dribble · 103
drink up · 27
dripple · 104
drive · 13
drive course · 103
drive map · 102
drive more safely · 292
drive thru · 427
drive way · 102
driver · 410
driver on paper only · 547
driving too fast · 316

drizzle · 104
drum majorette · 205
dump car · 98
dump truck · 98
duo · 83
Duran Duran · 101
dutzend · 83
DVD · 124
dyne · 289

E

earlier days · 404
early teens · 583
earned run · 367
Earthquake · 164
eatery · 427
echo · 388
effeminate boy · 327
egghead · 430
eikon · 348
eisbahn · 348
Eisenbahn · 348, 349
eiszone · 348
El Condor Pasa · 458
El Dorado · 351
El Lay · 381
El Rey · 381
elastic band · 34
Electra Glide in Blue · 574
elevate the level · 118
elevator operator · 375
Elia Kazan · 376
Elias Howe · 192
eligere · 382
emblem · 330
emcee · 383
emotion · 348
employee · 522, 572
enamel · 375
end table · 367
endalada · 260

Ende · 589
engine braking · 380
engine compartment · 380, 414
engine failure · 379
engine room · 380
engine stalled · 365, 379
engine stop · 379
engine trouble · 379
enhorabuena · 505
enlarging · 106
enseurance · 208
enthusiast · 166
entrance ramp · 116
entrance · 427
Ep · 40
epaulet · 200
episode · 389
Epsicle · 347
equivalent · 534, 535
erotic · 375
erotica · 550, 572
eroticism · 375
error · 367
escort · 474
essence · 374
Essy Rider · 574
established manufacturer · 176
estate sale · 15
even minded · 398
evenig game · 58
evening kick-off · 59
eversharp · 277
evviva · 614
Examine Your Zipper · 433
exhaust pipe · 164
exhibition game · 397
exit · 427
exit ramp · 116
expert · 226
express deliverly · 511

Expressway · 580
extended size · 512
Extension Play · 94
exterior design · 430
extract · 374

F

face left · 410
face lift · 162
face right · 409
fad · 244
fair minded · 398
family doctor · 603
family drama · 603
family physician · 603
family song · 604
famous · 69
fanatic · 166
fancy cake · 97
fanfare · 215
fare · 386, 494
Farm Product · 77
fashion madel · 157
fashion show · 545
fashionable · 581
Fast Food · 169
favorite song · 331
FDA · 252, 430
FDR · 443
Feliciano · 600
felicitations · 505
felt-tip marker · 168
felt-tip pen · 168
feminist · 406
Fenway Park · 118
field · 269
field anchor · 367
field service · 354
FIFA · 462
fight · 610
fight number · 217

fighting · 610
film industial · 85
film music · 308
filth · 550
filum · 562
Fin · 589
Fine · 589
Finis · 589
finish line · 45
fireball · 367
first base · 141
fish · 86
fishing · 314
fitness club · 599
flag · 557
flapper · 613
flare out · 565
flat · 215
flea market · 232
floodlight game · 59
floods · 178
floral decoration · 563
flower arrangement · 563
flu · 429
fluke · 612
fluorenscent red marker · 598
fly pan · 613
fly-in · 304
FM band · 457
focus · 571
folder · 544
football · 461, 464
football round · 269
for sale · 198
fore · 235
Fort Pitt · 568
forte · 331
Forty-niners · 515
forwards · 190
four ball · 260
fox-rot · 239
Fox-trot · 239, 535

Frank Sinatra · 557
Franklin Delano Roosevelt · 143, 443
fransfer · 100
frazen snow surface · 348
freak · 166, 389
freaks · 301
Freanch chalk · 455
free conversation · 562
free lovelight-o-love · 537
free market · 231
free pass · 563
Free State · 175
free talking · 562
free, it's free · 279
freedom of sex · 567
free-sex · 567
freeway · 580
freeze frame · 311
freon · 559
fresh butter · 156
freshman · 558
fried eggs · 374
friend of mine · 28
friendly game · 398
fromt · 566
fromt combinatin lamp · 420
fromt passenger seat · 445
front desk · 612
front glass · 562
front runner · 531
Frontenac · 321
frown line · 233
fruit · 313
fruit bowl · 328
fruit flavored ice · 347
fruits · 78
frying pan · 613
full length novel · 88
full count · 615
full member · 555
full model change · 162, 556

full service · 16
full size · 89

G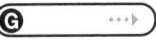

G 판(G pan) · 453
Gaelic · 154, 171
gagman · 23
gagster · 23
gallant · 547
galleria · 24
galley · 29
game and st over · 31
game set · 30
gang · 25
gangster · 25
garage · 14, 471
garage sale · 14
garden party · 10, 48
Gary Cooper · 490
gas(휘발유) · 354
gas cooker · 16, 36
gas fire · 16
gas heater · 17
gas pedalf · 354
gas pump · 394
gas range · 17
gas station · 15, 24
gas stove · 17
gasoline · 24, 393
gather shirt · 565
gauze · 19
gaze · 19
gear · 210
gear shift · 460
gear stick · 460
general Purpose Vehicle · 454
general store · 188
genre · 434
George Girl · 245
George Washington · 412
German shepherd dog · 290

gesang · 476
get busy · 576
gettysburg · 31
Giants · 432
gift card · 48
gift certificate · 48
gift voucher · 48
gilding · 177
gips · 55
girl friend · 28
girl hunt · 28
girlie movies · 550
Giuliana Benetton · 223
giv ethe green light · 34
give the go signal · 34
give-and-take · 54
given name · 431
glamour girl · 50
glen · 13
Global · 53
Global Village · 255, 451, 452
go ahead · 33
go back · 33
go for it · 611
go project · 33
go sign · 34
go stop · 35
go theme · 33
go · 33
goal · 304, 305, 569
goal boundary · 39
goal ceremony · 43
goal post · 305
goal-in · 44
gogging track · 444
Gold Radio · 616
gold record · 40
Gold Rush · 516
golden goal · 39
golf nut · 167
gom · 34

Good Advice · 90
Good afternoon · 447
Good evening · 447
Good morning · 447
Good night · 447
goodby · 335
good-bye · 211
goodies · 405
goody · 405
go-slow · 264
gospel · 35
got married · 44
grade-up · 51
graduate · 391
graffito · 61
grand slam · 367
grandes vacances · 202
gray color · 572
Green Onion · 337
green · 13
green light · 34
green-house · 251
Grenoble · 577
grill room · 53
grocery store · 304
grotesque · 51
grotestk · 51
grotta · 51
group mind · 397
group sounds · 52, 140
guarantee · 23
guerilla · 29
guerrilla · 29
guide · 222, 320
guinea pig · 183

hairband · 209
hairpin bend · 470
hairpin turn · 470
half-length coat · 588

halfway line · 189, 271
halogen · 585
Hamburg Steak · 586
Hamburger · 586
hand cart · 152
handicap · 592
handkerchief · 587, 588
handle · 592
handy · 592
hangabout · 29
hangaruond · 29
happy end · 589
happy ending · 589
harbor · 576
harbour · 576
hard cider · 264
hard-core · 550
Harley-Davison · 574
Harry Belafonte · 575
Harry Fox · 535
Harvard · 346
Harvey Wilcox · 595
hazard · 584
head up · 596
head · 482
health center · 599
hearing · 325, 616
heavey petting · 548
heights · 581
helicaster · 598
Hello · 578
help me! · 176
Henry Lomb · 111
Herman Hesse · 596
Herodotos · 343
Herr Mercedes · 180
hertz · 599
Hi · 578, 579
hickey · 518
high class · 532
high minded · 398
high tech · 459

high technology · 459
hight heel · 583
hightbow · 430
hight-heeled shoes · 583
hightlighter · 598
highway · 13, 103, 580
hiking course · 582
hiking path · 582
hiking trail · 582
hiking · 314
hip · 588
hip hip hurrah · 27
Hip, hip, hip, Hourra · 614
Hip, Hip, Hoora · 614
Hip, Hip, Hurrah! · 614
hip, hip, hurray · 610
hip-hop · 336
hip-room · 618
hit · 367
hit and run · 367
hit by a pitch · 90
hi-tech · 229
hobo · 146
Hockikiss · 601
Hochikiss and Company · 601
Holanda · 390
hole in · 602
hole in one · 602
hole out · 490
holed · 490, 602
hole-in · 489, 490
Holland · 390
holly · 595
Hollywood · 594, 595
Holtland · 389, 390
home automation · 605
home bar · 604
home base · 141
home delivery service · 526
home doctor · 603
home dress · 603
home office · 605

659

home plate · 141, 367
home run · 367
home song · 604
home stay · 605
home-in · 606
Honeymoon Machine · 28
Honky Tonk · 274
hood · 237
hooded sweat · 461
hooligan · 611
Hoover Dam · 66
hors-d'oeuvre · 396
hospitale · 400
hot number · 217
Hot Spring · 351
hot sport · 602
Hotchikiss paper-fastener · 601
hotel · 400
house dress · 603
house number · 221
house party · 607
hubba hubba · 575
hubby · 596
hula dance · 612
humor · 422
Humphrey Bogart · 586
hunting · 138, 314
hunting trip · 138
hurrah · 610, 614
hurry up! · 576
hydrogen peroxide · 401

I

I caught(the) flu. · 429
I get 1 free · 280
I Just Don't Understand · 357
I miss you so. · 192
IBM · 95
ice candy · 346
ice coffee · 347

ice lolly · 347
ice on a stick · 347
ice-cream · 347
iced coffee · 348
ich gratuliere · 505
icon · 348
icy demeanor · 289
icy road · 348
icy sidewalk · 348
idle rich woman · 423
idol · 345
idolized star · 346
Iesous Khristos · 52
Iesus Christus · 387
I' Immensita · 383
ikon · 348
Ilinois · 430
I'll Be Seeing You · 446
Illini · 430
illustration · 485
I'm A Man · 120
image · 348, 424
image girl · 426
image up · 425
imbalance · 373
Immanuel · 431
immensita · 382
immensity · 383
impotence · 430
impotentz · 430
improve · 118
In The Heat Of The Night · 206, 320
increase in cost · 494
indecency · 550
indecisive · 423
indicator · 420
Indochina · 227
in-door · 428
inferority complex · 505
infield hit · 367

inflation · 98, 428
influence · 429
influenza · 429
information · 431
infrastructure · 428
inn · 117
inner air conditioner · 473
innocent · 58
inquirer · 545
insalata · 260
inspiration · 35
insurance · 208
intelligentsiya · 429
intercom · 429
intercourse · 548
interior design · 430
interphone · 429
interrogator · 545
intersection · 646, 139
Interstate road · 580
into the hole in one stroke · 602
investigative writer · 148
iron · 346
Ironing board · 346
IRS · 405
isooctane · 401
Issac M. Singer · 192
it depends · 491
Italia · 426
Italian Western movie · 163
Italiano · 426
Italien · 426, 427
Italus · 426
Italy · 426
It's deal. · 65
It's free. · 279
It's Still Rock And Roll To Me · 258
Iva Zanicchi · 382
Ivy League · 346, 505
ivy look · 505

J

J. C. Wahl · 277
J. D. 확커펠러 · 140
jacket · 434
jam · 48
James Dewey Watson · 413
Jan kees · 371
Japkonglish · 388
Jap-Konglish · 507
Jardin de danse · 535
Jean-Claude Killy · 577
jeans · 317, 452
Jeep & Eagle Dealer · 454
Jeep & Eagle · 454
Jefferson City · 194
jersey · 216, 461
Jesus Christ · 386, 431
jet propulsion · 442
Jew · 422
Jewish · 422
Jezebel · 231
JFK · 443
jiang · 268
jinx · 454
Joan Baez · 445
Joanna · 446
Joanne Woodward · 446
job · 296
job-holder · 296
Joh Forbes · 568
John Davidson Rockefeller · 141
John Derek · 446
John Fitzereld Kennedy · 443
Johnny Dorelli · 382
Johnny Horton · 372
Johoo · 369
Jose Feliciano · 599
Judaism · 422
jug · 374

Jules Leotard · 521
Julie Andrews · 364
jumper · 433
junction · 47
junior · 385, 558
junx · 454
Jura Mountains · 448
Justice of the Peace · 442
jynx · 454

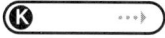

K마트 · 617
kaffee · 340, 487
kahve · 487
karl Braun · 244
Karl Malden · 476
karte · 533
kazino · 472
Kentucky Chicken · 427
Kevin Costner · 490
key case · 518
key chain · 518
key narrator · 365
key ring · 518
key-phone · 555
kickback · 151
kick-off · 519
kid · 518
kids · 519
Kim Basinger · 520
Kim Carnes · 230
king size · 89, 291, 521
Kinsey Report · 52
kiss mark · 518
kit · 421
klaxon · 514
knapsack · 146
knit · 174
knit fabric · 174
kniti goods · 174
knits · 174

knitwear · 174
knock · 401
knopf · 232
Knott's Berry Farm · 76
knowhow · 76
koban · 553
Kochel · 497, 498
Kohen · 498
Koninklijk der Nederlanden · 390
Korea · 493
Korea town · 493
Koreantown · 493
Koreatown · 493
Korenglish · 507
Korish · 507
KOSDAQ · 58
Kung Fu · 509

L.A. · 109, 381
L.A. 다저스 · 122
La Dolce Vita · 543
La Jolla · 112
La Priere D'une Vierge · 198
label · 125
ladd · 336
ladies room · 531
lady · 122
lady of leisure · 423
lake · 584
laminate · 497
laminating machine · 497
lamp · 115
land grants · 271
Land of Opportunity · 350
lane · 13, 584
lane line · 456
lane mark · 456
lao-tou-er · 75
laptop computer · 116

laptop · 95
late teens · 583
laundrette · 496
laundromat · 496
lavatorio · 531
lavatory · 531
leader · 482
leading manufacturer · 176, 531
lead-off butter · 532
leaflet · 543
learned woman · 384
leasure · 125
leather bag · 16
leave the mound · 104, 368
Leeds · 165
left fielder · 367
Legal Structure · 293
leisure · 121
leisured woman · 423
Leonard Berstein · 119
Leonard Cohen · 120
Leonard Cohen; Live Songs · 120
Leonardo da Vinci · 182
Leotard · 521
Let's go · 610
letter · 125
level up · 118
Lexinton · 159
liberation · 408
libertine · 565
lice · 579
license number · 217
license plate · 65
lied · 476
lift operator · 375
lift the level · 118
light minded · 398
lights · 35
lightweight overcoat · 315
Lilies of the Field · 320, 340

limited series · 327, 606
L'immensita del L'universo · 383
L'Immensita · 382
limousine · 148, 288
linesman · 112
Linschoten's Voyage · 487
Lipstick On Your Collar · 518
liquid solusion · 607
liquidizer · 195
liquor store · 188
lise · 467
list up · 151
listen to the radio · 325
listen · 325
listeners · 300
Little Brown Jug · 444
Little Rock · 351
little sticks · 205
live house · 111
live show · 111
lobby · 566
lobbying · 136
lobbyism · 136
lobbyist · 136
local · 136
location · 138
lock · 52, 140
locomotive · 55
lodge · 182
lodging charges · 145
logo · 330
logo song · 424
Londonderry Air · 83
long dress · 416
long form · 405
long or short · 405
look alive · 576
look different · 425
look up · 596
Los Angeles Police Department · LAPD · 554

Los Angeles Times · 39
Los Angeles · 110, 381
Los Incas · 459
Los Tres Diamantes · 142
loss · 160
Lost Command · 164
loto · 132
lotto · 132
Louis Chervrolet · 321
lounge suit · 290
louse · 467, 579
love hotel · 117
Love Is A Many Splendored Thing · 64
Love Me Tender · 513
low profile D.J. · 384
low technology · 460
lower costs · 494
Lucinao · 600
Luciano Benetton · 223
luggage · 216
lumpen gesindel · 146
lumpen · 146
Luna Llena · 142
luncheonmeat · 312
Lupe · 143
Lydia · 343

Ⓜ ···▶

M*A*S*H · 135
M.C. · 383
ma · 158
ma dame · 157
mackintosh · 15
madame · 157, 385
made-to-order · 388
Madonna Louise Ciccone · 159
madonna · 158, 159, 181
Magazine · 186
magazine book · 187

magic mirror · 167
magic pen · 168
magic tape · 307
magnifying glass · 143
Magnitude · 154
mahonnais · 160
maintenance service · 354
make a complaint · 516
make a list · 152
make a mistake · 191
make a slip of the tongue · 191
maker · 176
make-up man · 469
make-up · 94, 95
Malcolm McDowell · 164
male friend · 235
man to man · 172
manager · 21, 368
mandarin orange · 391
Manhattan · 179, 512
mania · 165, 389
maniac · 166, 389
manicurist · 167
mannequin · 156
Manner · 165
Manners · 165
mansion · 171
manufacturer · 532
Maoan · 160
Mare Pacificum · 546
margarine · 156
mariner · 158
Mark Robson · 164
marker · 168
marking pen · 169, 598
marmotte · 183
Marshall McLuhan · 53, 451
Maryland · 175
mass calisthenics · 167
mass game · 167
mass gymnastic · 167

mass media · 373
massage parlor · 451
master key · 156
master of ceremonies · 383
master's program · 204
mat · 168
match over · 31
matroos · 158
Matthew · 169
mattress · 168
May Day · 175
may-day · 175
mayonnaise · 160
McArther · 171
McArthur · 171
McArthy · 171
McCarty · 171
McDonald · 427
McDonald's Corp · 169
meat ball · 396
mechanical pencil · 277
medal · 174
medalion · 174
media · 174
medias · 174, 174
Medinat Israel · 422
meeting · 194
meias · 174, 174
Melody Time · 142
menopause · 178
men's · 178
men's room · 531
menses · 178
menstruation · 177, 178
ment · 178
Mercedes · 230
Mercedes-Benz · 79, 180, 230
mercenary · 298
mes · 174
mess kit · 587
Messiah · 431

methamphetamine · 616
methedrine · 616
MHWH · 385
micro bus · 163
midcult · 190
middlefield · 190
midfield · 190
midfield line · 189
midfielders · 189
mid-summer · 190
midtown · 189
Mike Piazza · 177
mild coffee · 339
military band · 209
miller · 217
mind · 397
mini bar · 604
minibus · 163
mini-super · 188
minor change · 161
Minorca · 160
misil · 189
miss the dagk · 75
miss · 192
missile · 189
mission school · 191
Mission: Impossible · 441, 442
missionary school · 192
Missouri · 193
mistake · 191
Mitch Miller & His Gang · 25
mixer · 194, 195
mixologist · 212
mixture · 436
mmissile · 189
mode show · 545
model · 56
model-year · 186
modern styles · 581
mole burrow · 584
Mona Lisa · 181

662

money management · 436
monitor · 181
Montana · 184, 185
monthlies · 178
monthly cycle · 178
monthly terms · 178
moody · 185
mook · 186
moonlight · 340
morning call · 183
morning service · 182
motel · 400
Mother of the West · 193
motor pool · 14, 184
motorbike · 395
motorcade · 473
Motorcycle with a sidecar · 273
motorist · 387
motorman · 411
Mount Horeb · 319
movie buff · 166
moving ticket · 311
muffler · 164
multimeter · 527
Multimixer · 169
musical performance · 52
Mustang · 185
mutton barbecue · 453
my car · 162
my card · 69
My Darling Clementine · 64
my home · 162
My Last Date With You · 357
my owned house · 162
my wife · 162

N

nail vanish · 168
naive · 58
name brand · 69
name value · 68
name-brand goods · 176
Nancy · 121
naranja · 391
narrate · 56, 57
narrator · 56
NASDAQ · 57
Natalie Wood · 60
native American · 416
native speaker · 416
native speaker of English · 416
Natuzzi · 59
Navajo · 57
naval blue · 67
naval look · 67
nave · 71
navel orange · 390
navvy · 71
navy blue · 68
navy look · 67
neckband · 209
negative economic growth · 161
negative growth · 161
negotiation · 65
Neighborhood Police Branch · 554
Neil Sedaka · 68
Neon Sign · 67
neonio · 67
nerve gas · 260
nervousness · 74
nested cooking set · 497
net ball · 70
net corde · 70
net foul · 70
Netherlands · 389, 390
neurosel · 74
neurosis · 74
Nevada · 66
new bird · 558

new employee · 558
new face · 558
New Hightechnology Company · 229
New York Numbers · 114
New York Police Department · NYPD · 554
NHK 홍백가합전 · 19
nickel · 437
nickel cadmium cell · 81
nicotine · 80, 81
night game · 58
night table · 267
nighter · 58
no bras · 72
no clutch · 73
no dagging · 75
no gains. 564
no game · 309
No Graffiti · 61
no profit · 564
No scribbling · 61
no touch · 74, 75
noble minded · 398
no-how · 76
Non Pensare Ame · 382
non titled bout · 77
non titled match · 77
none of my business · 74
none of one's business · 74
Non-profit · 293
non-stop · 77
noodle stewed with meat and vegetables · 436
not wearing a bra · 72
notable · 69
notebook · 95
nothing gained · 564
noveles · 78
NSWE · 79
nude show · 78
number plate · 65

numbering · 61
nut · 166

O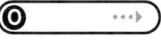

O & R(Office & Residence building) · 358
O Lucky Man · 165
O Sole Mio · 272
O. K. · 389
obscenity · 550
octane · 401
octane number · 217, 401
off brand · 72
Office Depot · 377
office love affair · 400
office worker · 296, 572
Oh · Carol · 68
Oh · Neil · 68
Olanda · 390
old boy · 391
old folk · 75
old lady · 402
Old Line State · 175
old maid · 402, 579
old song old music · 404
older · 402
oldie · 404
oldies but goodies · 405, 616
Olympia · 404
Olympic · 403
Olympic Boulevard · 250
ombrelle · 256
omni-sex · 567
on location · 138
on sale · 198
on the house · 280
on the job romance · 400
Once There Was A Love · 599
one hour photo shop · 106
one on one · 172
one piece · 416

663

one shot · 419
one-man bus · 414
one-room apartment · 414
one's forte · 331
one-to-one · 172
one-way glass · 168
on-line · 403
online. 402
only · 547
on-the-scene writer · 148
open discussion · 562
open minded · 397
operator · 411
option · 263
oral test · 547
orange · 391
orchestra pits · 394
orchestra · 11, 394
order · 388
origin · 416
original payment · 151
original record · 484
original sound-track · 392
original version · 484
out of gas · 365
out of pocket · 343
out pocket · 343
outbox · 345
outdoor filming · 138
outdoor shooting · 138
out-door · 428
outfighting · 345
outlet · 344, 499
outside pocket · 344
oven · 127, 391
overnight bag · 232
OVERTIME · 41
own car · 162
OX quiz · 393
oxidizing bleach · 400
Oxydol · 400, 401
oxyful · 400

P

pacific · 545
pacificum · 546
pacificus · 545
packing tape · 308
Padres · 540
paichusuo · 553
pain · 214
pair of tweezers · 571
pair · 341, 504
palace · 541
pamphlet · 543
pan · 214
pane · 214
panelist · 544
panelists · 510
Panis Angelicus · 214
pantaloons · 316, 450
panties · 212
pants · 213, 316, 450
panty hose · 546
panty stocking · 546
paparazzi · 543
paparazzo · 542, 543
paper bag · 250
parabola · 540
parabolic antena · 541
parasol · 256
parking · 184
parking brake · 265
parking lot · 14, 515, 184
parking space · 14
parking ticket · 311
parkway · 13, 580
part time job · 338
partial refund · 151
Partnership · 293
partter · 210
pass · 260
passage · 279
passenger cabin · 414

passenger seat · 266
passport · 542
patent leather shoes · 375
pater · 540
pathetic · 256
Pathetique · 255
Pathetisch · 255, 256
Patrick Hooligan(Houlihan) · 611
patris · 540
patrol car · 273
patrol station · 16
Patty · 586
pause · 310
pay a hotel bill · 145
Payclock for Window Time System · 522
pedicure · 167
peep shows · 550
pen friend · 548
pen pal · 548
penalty kick · 569
penalty shoot-out · 569
Peninshula War · 29
penny · 437
percent · 560, 561
percentage · 561
performance fee · 24
performing · 20+A79578, 484
permanent wave · 541, 542
personality D.J. · 384
personality · 383
pet · 548
petrol · 24, 393
petting · 547, 548
Pfizer · 252
Philips screwdriver · 99
Philopon · 616
phone-in-request · 530
phone-sex · 293
phonography · 550, 558
photo finishing service · 106

photo line · 552
photo of star · 246
photo rap · 106
photo service · 106
photograph · 469
photographer · 269, 469
picnicker · 570
piment · 567
pimento · 567
pimiento · 567
pimp · 548, 549
pimple · 518
pinafore · 433
pinchers · 219, 548
pineapple juice · 542
pink · 572
pink collar · 572
pink movie · 572
pink-collar job · 572
pink-collar workers · 572
pinset · 571
pinsetter · 571
Pirates · 567, 568
pitch · 237, 269
pitcher · 368
pitcher's mound · 104
Pittsburgh · 568, 569
pizza · 568
placard · 557
place · 13
Placido · 600
plane tree · 555
plare · 565
plaster cast · 55
plastic bag · 250
plastic tile · 556
platanus · 555
plate · 104
plating · 177
platinum · 40, 273
platonic love · 537
play tough characters · 134

664

playboy · 565
player · 314, 558
player's surname · 217
playing cards · 533
plaza · 13
pliers · 219
plus a little more · 565
plus extra · 565
plus something · 565
plus-alpha · 565
plywood · 224
pocket · 550, 551
Poland · 552
Polanin · 553
Police Box · 553
Police Department · 553
police dogge · 290
Police Outpost · 554
Polie · 553
polo shirt · 552
polo · 552
Polska · 553
Polska Rzeczpospolita · 553
polystyrene · 306
pom pom girl · 464
pornographie · 549
pomp · 555
Ponchak Rock · 534
pond · 584
pop · 544
pop(soda) · 265
pop music · 544
pop star · 345
pops concert · 544
pops · 513
pop song · 18
Popsicle Industries · 347
popsicle · 347
Popsicles And Icicles · 347
popularized by · 150
popularly revived in · 151
porch · 225

pork loin · 137
porn · 550
porno · 550
pornographie · 549
pornographique · 549
pornography · 549, 550
portaforglio · 542
portefeuille · 542
porter · 236
post recording · 353
post synchronize · 352
posterior · 618
practice game · 398
Prairie State · 430
president · 559
pressing iron · 346
price · 494
Price/Costco Wholesale
  Companies · 495
primary business · 266
Princeton · 346
printing · 106
private · 293
private car · 162
proaganda · 570
probability forecast of rain-
  fall · 253
produce · 77
professional · 227, 560
profile · 562
program · 510
projector lamp · 420
promise · 371
promising employees · 382
promotion · 481
propane · 561
proposal · 561
prostitute · 550, 567
psychoneurosis · 74
psychotropic drug · 593
psycotropic drug · 594
public relation · 570

publicity · 570
puffed · 551
pump · 554
pumpkin · 469
puncture · 215
pungere · 215
puppy love · 537
Puritan State · 159
purse · 16
push botton · 232
push phone · 555
push-button phone · 555
Pyramid · 522

Q

Quapaw · 350
quarterfinal · 517
quarterfinals · 330
quaterna · 113
Queen · 511, 611
queen bed · 89
Queen Mary · 511
queen size · 511
Queens · 179, 512
Quentin Fiore · 53, 451
quick service · 511
quikie · 510
quiky · 511
quiz show · 510
quiz · 392, 510, 511
quotation · 449

R

R & B · 358
R&B · 337
rabbit burrow · 584
race music · 337
Raging Bull · 134
ragtime · 535
railway schedule · 85

Rain And Tears · 205
rain or shower chance · 253
Raindrops Keep Falling On
  My Head · 64
raise the level · 118
Raise to a higher level · 119
raisin bread · 214
Ralphs · 114, 115
ramp · 116
ramp metering · 115
Rancho Azusa · 350
range · 127, 457
rava · 60
Ray A. Kroc · 169
Ray-Ban · 110, 111
RCA 빌딩(지금은 GE) · 141
readers · 300
rear car · 152
rear view mirror · 217
Rebel · 371
recce trip · 139
reception · 566
reception disk · 612
receptionist · 612
recession · 97
recon · 139
reconnaissance · 139
record · 123
recording · 207
recreation center · 599
red paper · 573
Red Sox · 118
reddish · 518
Reds · 122
reduce costs · 494
referee · 112
region · 138
regional · 138
register · 122
registration desk · 566
regular coffee · 340
release · 207, 463

release button · 278
relief pitcher · 368
remix · 352
remote control · 148
remote controller · 148
rendezvous · 342
Reno · 66
rent book · 128
rent boy · 128
rent-a-car · 128
rent-a-cop · 128
rent-a-crowd · 128
rental car · 129
rental fee · 494
rent-a-mob · 128
rent-a-pig · 128
repair service · 354
repair shop · 280
Repblica Federativa do Brasil · 246
repertorium · 124
repertory · 124
reporter · 152, 269, 469, 482
reports · 125, 126
Republic of Poland · 553
reputation · 424
request · 511
reservation · 241
reserve linesman · 112
residence · 358
resistration plate · 65
rest room · 531
Restaurant · 119
retail · 303
retierement village · 329
Retirement and Assisted Living · 329
retrete · 531
return of part · 151
reverse gear · 210, 218
reverse · 218
revise · 150

revised · 150
revival record · 485
Rhaeto-Romance · 63
RHDNF · 41
RHF · 41
RIAA(미국 음반산업협회) · 40
ribaldry · 550
ribbing · 434
ribbon cutting ceremony · 528
rice · 579
rice and curry · 467, 468
Richard Fleischer · 153
Richards · 89
Richardson · 594
Richmond(N.Y.) · 512
Richter Scale · 154
Ringer shot · 154
Ringer solusion · 154
Rio de Janeilo · 246
River In The Pines · 446
Riverfront Stadium · 122
road · 13, 73, 584
road map · 102
road show · 133
roadside · 22
roast · 137
robe lining · 200
Robert De Niro · 134
Robert Duvall · 135
Robert Redford · 134
Robert Strange McNamara · 171
Robertson Boulevard · 134
Robertson · 134, 358, 594
rock · 52, 140
rock band · 52, 140
rock group · 52
Rockefeller · 140, 141
Rocky Mountains · 140
Rocky Mts. · 140
Rodeo Drive · 130, 132
rodeo · 130

roeper · 60
roller-coaster · 443
roll-up shutter · 278
romance · 63
roman-fleuve · 87
room pen · 146
roomcharge · 145
Roosevelt · 143
rope · 432
Roseland fox-trot · 536
round neckband · 552
round of · 17, 331
roupe · 143
route · 102, 103
row baot · 407
rowing · 407
Roy Rogers & The Pioneers · 142
rubber · 34
rubber band · 34, 209
rucksack · 79, 146
ruin one's reputation · 424
rump · 618
run · 367
runner · 113
running shoes · 117
running track · 444
Rupubblica Italiana · 426
rural · 225
Ruth Elizabeth Davis · 230

Ⓢ

S.O.S. · 175
sabotage · 263
sacred song · 35
safe driver · 292
safe hit · 367
safety belt · 355
safety driver · 292
Sahngyoung · 114
sail · 196

sailboat · 407
sailing boat · 407
sailing vessel · 407
sailor · 158, 269
Saint Cecillia · 291
Saint Columba · 165
Saint Hyacinth · 271
Saint Louis Blues · 239
salad · 260
salada · 260
salade · 260
salaried man · 295
salary man · 296
salat · 260
Salem · 159
sales tex · 105
salon · 288
saloon bar · 145
saloon keeper · 157
saloon · 274
salpis · 468
salsus · 260
Salzburg · 185
sampler · 33
San Diego Zoo · 112
San Francisco Bay · 229
San Jacinto Viejo · 271
San Jacinto · 271
San Jose · 272
San Vicente Boulevard · 270
sandwich · 270
sanskrit · 468
Santa Lucia · 272
sarin · 260
satellite dish · 541
Satellite town · 225
saucer · 328
saute pan · 613
saute · 613
saxhorn · 293
saxophone · 293
scarf · 164

scarface · 359
scenic drive · 103
Sci-Fi · 448
score · 606
Scotch · 307
scratch hit · 367
screen music · 308
screwdriver · 98
scribbling · 61
seaman · 158
seat belt · 355
seater · 320
second base · 141
second half · 295
second house · 291
second job · 338
second occupation · 266
section · 491
sedan chair · 287
sedan · 149, 287, 380, 415
see a movie · 325
see ya · 211
see you · 211
Seed · 230
segment · 491
seguro · 208
seil · 432
self service · 16
Self starting motor · 295
Self-employed · 293, 294
self-love · 537
self-service retail market · 303
sella · 531
semifinals · 330
semi-note book computer · 117
sence of humor · 422
sence of inferiority · 505
senior · 402, 558
sensitive · 58
serge · 269
serious minded · 398

service center · 280
settlemen · 412
Seven Up · 265
Seville · 483
sexphone · 293
sexual · 549
sexual intercourse · 235
shake · 274
Shane · 335
Shanghai(도시) · 268, 269, 278
shanghai(해양슬랭) · 269
Shanghied · 278
shaving · 309
Shea Stadium · 178
Shelley Duball · 135
she · 49
shepherd · 290
shepherd dog · 290
shiang · 268
shift gear · 460
shift lever · 460
shirt · 94, 274, 313, 471
shirts · 277, 406
shock absorber · 298
shoe cream · 302
shoe polish · 302
shoes · 242
shoot · 304
shoot goal-in · 304
shopper · 177
shopping car · 299
shopping cart · 299
shopping center · 93
shopping mall · 92
short hair · 298
short pants · 213, 316, 450
shorts · 117, 212
shortstop · 367
shot · 300, 305
shot and beer · 420
shoulder · 21

shoulder bag · 16
Show-Me State · 193
shutter · 278
Siberia · 321
Sicilia · 322
Sicily · 322
side job · 338
side mirror · 217
side seat · 266
side street · 424
side table · 266
side work · 266
sidecar · 272
sideline · 266
sideview mirror · 217
sidewalk cafe · 21
Sidney Poitier · 321
Sidney Ringer · 81
Sierra Nevada · 66
sigle woman · 579
sign · 267
signal music · 318
signal · 268, 367, 457
signature music · 318
signature · 267, 527
sightseeing trip · 46
silencer · 165
Silicon Valley · 229
silver dollar · 86
Silver State · 66
silver town · 329
silverly moon · 118
Sinai · 287, 318
singer · 18, 484
Singer Co. · 192
Singing in The Rain · 537
single · 86
single(골프) · 592
single photograph · 246
single-digit handcap · 592
singnal music · 527
Sioux · 350

Sir William Watson · 413
sirloin · 137
sissy · 327
sister boy · 327
sitcom · 326, 606
situation comedy · 327, 606
situation series · 326
ski boots · 308
ski equipment · 308
ski flicks · 550
ski glasses · 308
ski lift · 308
ski pants · 308
ski suits · 308
skiing · 308
skiing ground · 308
skiing resort · 309
skiing run · 308
skiingslope · 309
skilled · 382
skin · 309
skit · 509
skitcom · 327
skunk · 350
sleepless undershirt · 117
slide-fastener · 433
slow down · 263, 316
slow motion replay · 317
slow motion · 317
slow slow quick quick · 511
slowdown · 97
Slowly · 357
smacker · 86
small minded · 398
snack bar · 306
sniang · 268
soap land · 451
soccer · 25, 245, 305, 461, 462
soccer ground · 269
Social minded · 397
socket · 499

soda · 265
soft core · 550
soft detergent · 582
software · 296
Soldier of Fortune · 297
Sole Proprietorship · 293
solicit · 137
solicitant · 136
solicitor · 136
somethig extra · 565
Song of Leonard Cohen · 120
sophomore · 558
soul · 337
soulful · 35
Sound of Music · 448
soup · 579
spaghetti western · 163
SPAM · 312
special order · 388
special section · 491
specialist D.J. · 226, 384
spectators · 301
speed bump · 46
speed down · 315
speed up · 315
speeding · 316
speedway · 103, 580
Spiced Ham · 312
spike tire · 311
spinster · 579
spiritul · 35
split mind · 397
sponge cake · 471
sport · 312
sport coat · 505
sport-person · 314
sports · 93, 125, 313
sportsman · 314
spot · 178, 602
spot news · 315
spotlight · 601

Springfield · 431
Sprite · 265
SSANGYONG · 113
St. Andrews Avenue · 364
St. Joseph · 272
stadium · 310
stag films · 550
stand bar · 310
staple machine · 601
staple · 601
stapler · 601
Staples · 376, 607
Starship Troopers · 90
starter · 282, 295
starting pitcher · 282, 368
starting · 266
State Highway · 580
State name · 220
State of Israel · 422
State of Washington · 412
Staten Island · 179, 512
station wagon · 415
steak · 586
steel-collar · 473
steering wheel · 592
steigeisen · 349
stick · 73
sticker · 311
stoal · 27
stock car · 402
stolen bases · 367
stop motion · 310
storm shield · 200
Stormbringer · 297
story(신문기사) · 269
stout beer · 248
stove · 497
straight coffee · 248
strange-love · 537
strap · 200
stream · 584
street · 13, 362

street date · 463
street name · 220, 251
Street number · 220
stretch limousine · 149
strip · 421
strip show · 78
striped shirt · 406
stripper · 78
striptease · 78
stripteaser · 78
struck out · 367
stud · 311
studded snow tire · 312
student · 558
stylish fellow · 582
Styrofoam · 306
styrol · 306
subjiect · 526
submarine · 279
sub-title · 302
suburbs · 225
subway · 279
subway train · 55
sudden death · 40
suit · 313, 532, 550
suitcase · 16
suitcases · 216
Sumer · 343
Summer Holiday · 202
summer house · 292
summer time · 283
sunglasses · 110
sun-screen · 282
suntan · 283
super drama · 88
Super Lotto · 114
super · 304
super tretch limousine · 149
superhighway · 580
superimposition · 301
super-market · 187
supermarket · 312, 304

super-script · 302
superviser · 92
supervising editor · 92
supervisor · 92, 210
surpass · 345
sweat pants · 461
sweat shirt · 461
sweet cider · 264
sycamore · 555
Sydney Ringer · 154
synthetic detergent · 582

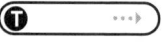

T 셔트 · 552
tabakspfeife · 498
table talk · 528
tag out · 526
tailer's chalk · 455
tailor made · 389
Take out · 26
take the mound · 368
talk · 379
talking · 194
tangerien orange · 390
tank top · 117
tankard · 444
Tatar Khante of Sibir · 321
taxi dancer · 600
taxicap · 385
TC 브랜드 · 480
tea · 394
tea break · 394
team · 504
teardrop style · 111
tea-time · 537
technical knowhow · 76
technology · 436
teens · 583
Tekla Badarzewska · 198
tele · 526
telephone booth · 530

668

telephone box · 529
telephone number · 217
Television Celebrity · 523
teller · 210
telly · 526
telum · 189
teminate a game · 502
tempero · 98
ten worst · 227
Tender Mercies · 135
tenderloin · 137
Teodoro Cottrau · 272
term paper · 126
terno · 113, 290
Terra Mariae · 175
territory · 193
test listner · 182
test match · 399
test surveyor · 182
test user · 182
test viewer · 182
tester · 527
Texarkana · 351, 529
TGV 로비 · 136
That's the game · 30
The Best Years of Our Lives · 82
The Big Sky State · 185
The Bridge of TokoRi · 164
The Brooklyn Bridge · 515
The Country Girl · 64
the Creator · 176
The Crogger Company · 114
The Dow Chemical Co. · 306
the dress flared out from the hips · 565
The Echoes · 257
The Empire Stakes · 114
The End · 589
the first batter · 532
the first runner · 531
The Fox-tort · 536

The Gabrielino · 595
The Godfather II · 134
the golden sun · 118
the golden year · 616
The Impressions · 340
The Inn of the Sixth Happiness · 164
The Jazz Singer · 153
The Ladies Who Lunch · 424
the level goes up · 119
The Lindy · 537
The Little Old Lady from Pasadena · 402
The Longest Day · 64
The Lord · 385
The Maker · 176
The Menace · 230
The Mermaids · 347
the Olympian Games · 404
the Olympic Games · 404
the Olympics · 404
the original word(language) · 416
The Pacific Ocean · 546
The Peabody · 536
the pit · 394
The Price Club · 495
The Procter & Gamble Co. · 401
The Quickstep · 536
The Seekers · 245
the silver moon · 118
The Skin of Our Teeth · 376
The Spirit of St. Louis · 65
the starting runner · 531
The Treasure State · 185
The U.S. Bicentennial Dollar · 86
The Ventures · 278
The Young Ones · 65
thema · 526
thema music · 318

theme · 526
theme music · 318, 527
theme park · 76
theme song · 308, 524, 526
thermos bottle · 373
theses · 528
thigh-boots · 242
third base · 141
Thomas Burberry & Sons · 201
three ball · two strike · 615
three box car · 414
Three Rivers Stadium · 567
three run hit · 367
three swings · 274
three-two · 615
tide · 582
tie clip · 70
tie pin · 69
Tiger Woods · 521
tights · 521
Tijuana · 539
time cards · 523
time clock · 522
time master · 522
time recorder · 522
time table · 85
TIME · 263
tinkling · 324
tint · 283
tinted · 283
tire shop · 281
Titanic · 514
titanium · 539
title back · 522
title music · 318, 527
title song · 527
Titus Andronicus · 118
to do the sex act · 234
to life · 27
To Sir With Love · 65
to your health · 27

toast · 26, 214, 239
tobacco · 80
toile · 530
toilette · 530, 531
toletta · 531
toll road · 581
tomboy · 245, 613
Tommy And the T-Rex · 90
Tonkin · 227
top batter · 532
top class · 531
top maker · 531
top ranking · 533
top runner · 531
top ten · 227
topcoat · 315
topic · 526
topper · 315
topping · 101, 568
topside · 531
Tora! Tora! Tora! · 153
torrotto · 534
touch the net and fall into · 70
touch-tone phone · 555
tow · 126
tow away zone · 127
tow away · 127
towing · 126
town house · 257
trade fair · 33
trade mark · 330
traffic island · 139
traffic jammed · 48, 533
traffic signal · 35
traffic violation ticket · 311
traffics are backed up · 218
trail · 13
trailering · 396
train · 55
training suit · 461
tramp · 517
traning pants · 461

traning shirt · 461
transaction · 100
transferred · 100
transformer · 99
transit · 100
transitive · 100
translated · 100
translation · 100
translator · 100
transmission fluid · 394
transparent · 100, 307
transport · 100
transportation · 100
transpose · 100
transverse · 100
travel by train · 242
traveling bag · 17, 232
trench coat · 200
Trinacria · 322
Trinidad · 321
trophy · 456
trot · 534
trotting · 535
trousers · 316, 450
true love · 537
true/talse · 393
trump · 533
trumpet · 60
trunk · 16, 461
trunks · 213
tuba · 293
tuberose · 368
turn signal · 420
turning piont · 244
turnover collar · 552
turnpike road · 581
turntable · 558
turtle neck · 553
TV 러브 · 537
TV 배우 · 144, 523
TV 스타 · 523
TV 쎄러브리티 · 523

TV 애딕트 · 166
TV 액터 · 523
TV 액트리스 · 523
TV 탤런트 · 23
twinight · 58
two box car · 414
two jobs · 266
two run hit · 367
twosome · 504

U.C. 쌘 디에이고 · 113
U.S. 하이웨이 · 530
UCLA
Ugakhpah · 350
umlaut · 91
umpire · 368
unbalance · 373
unbalanced · 373
uncensord and uncut vedeo · 550
uncensored · 73
Uncercover Brothers · 90
unchecked · 563
uncut · 73
under hood · 237
under shirt · 117, 174
underground · 279
underpants · 212
underwear · 212
uniform number · 216
uniforn · 420
University of Pennsyl-
  vania · 346
Unix · 100
unmarked · 71
unmarried woman · 579
up to 50% off · 198
upgrade · 51
upper classman · 402
up-to-date · 582

uranium · 307

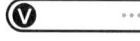

vacance · 202
vacare · 202
vacation · 202
vaccination · 407
vaccine · 406
vacuum bottle · 374
vagabond · 146
vague · 423
vakzin · 406
vale · 335
Valley of the Dolls · 164
Vangelis · 205, 414
varmish · 80
Varnish · 80
VCR · 246, 247
vegegables · 78
veludo · 253
velvet · 252
velveteen · 252
veneer · 224
Venetia · 223
Venezia · 223
Venice · 223
venture · 229
veranda · 225
Vermont · 221
Vermont Avenue · 221
versicherung · 208
Vert · 221
Vert mont · 222
vest · 444
veteran · 226
veteranus · 226
viagra · 430
V-I-C-T-O-R-Y · 613
video clip · 187
videocassette recorder · 247
videotape recorder · 247

Vietnamese · 227
view · 13
viewers · 300
villa · 257, 292
vinyl · 250, 251
violent drama · 363
Visa · 254
Visa Card · 254
visiting card · 69
vista · 13
visual control room · 247
Vitelia · 426
Vitello · 426
Vitulus · 426
vocal & instrumental group · 52
vodka · 232
voltammeter · 527
VOM · 528
Von Ryan's Express · 164
VTR · 246

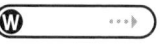

wachusett · 159
wage-earner · 296
waiter · 236
waitress · 236
wake-up call · 183
walk · 237, 260
walk · pass · 367
walk-up apartments · 352
wall · 180
wallet · 542
Walter Hunt · 192
War and Peace in the Global
  Village · 53, 451
War Hunt · 134
warm up · 412
warming up · 412
Washington Irving · 412
Washington, D.C. · 412

Wassinatun · 412
watch · 324
water hazard · 584
Waterloo Bridge · 65
Watson · 413
Way Back Home · 230
way · 13
We Shall Overcome · 446
We Will Rock You · 611
weak coffee · 390
Webster's collegiate Dictoinary · 124
Webster's Encyclpedic Dictionary · 537
Webster's Media & Communications · 178
wedding band · 209
weekly · 573
Welcome Meeting for the Freshman · 558
well known · 69
well-educated person · 430
Wessyng · 412
westernized · 582
Westinghouse Electric Corp. · 496
Whahl Adding Machine Co. · 277
What Am I Supposed To

Do · 357
wheel · 357
Where The Boys Are · 28, 64
Whirlpool · 582
whirlybird · 598
white bread · 214
White Christmas · 150
white coffee · 248
white collar · 572
white collar worker · 296
White Consolidated Industries · Ins. · 496
white shirt · 406
White Sox · 609
white-out · 607, 608
wide or narrow · 405
wide show · 405
Wild Thigns · 90
Wilhelm Conrad Rontgen · 128
William Pitt · 568
Willis · 454
windmill · 598
window cleaner · 420
window shopping · 345
windowscreen · 563
windscreen · 420
windshield · 563
winker · 420
winning goal · 39

Wiringley Field · 485
without a tie · 74
without wearing a bra · 72
Wolfgang Amadeus Mozart · 183
woman's liberation · 407, 409
Wood · 521
Woodbury · 345
words · 379
work-shop · 412, 413
wrapper · 242
wrecker · 126
wristbands · 209
written test · 392, 547
wrong number · 217

xaipe · 335
Xerography · 441
Xerox · 441
X-mas · 337
x-rated films · 550
X-ray photograph · 128
X-ray picture · 128
XXL · 512, 520
XYZ · 433

yacht · 407
Yale · 346
Yankee · 371
yard sale · 15
Ye Lai Shiang · 368
Yellow Journalism · 573
Yellow Kid · 573
yellow page · 573
yellow paper · 573
Yesterday · 207, 512
Yo-ho · 369
Yoo-hoo · 369
younger · 385, 402
youth hostel · 400
Yudaea · 421

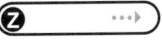

zigzag · 452
Zip Code · 220
zipper · 433
Zorro · 445
zutrinken · 239